차례

⬇ 정답과 해설은 EBS 초등사이트(primary.ebs.co.kr)에서 다운로드 받으실 수 있습니다.

교재 내용 문의 교재 내용 문의는 EBS 초등사이트 (primary.ebs.co.kr)의 교재 Q&A 서비스를 활용하시기 바랍니다.

교재 정오표 공지 발행 이후 발견된 정오 사항을 EBS 초등사이트 정오표 코너에서 알려 드립니다. 교재 검색 ▶ 교재 선택 ▶ 정오표

교재 정정 신청 공지된 정오 내용 외에 발견된 정오 사항이 있다면 EBS 초등사이트를 통해 알려 주세요. 교재 검색 ▶ 교재 선택 ▶ 교재 Q&A

자기주도학습 체크리스트

- 선생님의 친절한 강의로 여러분의 예습·복습을 도와 드릴게요.
- 공부를 마친 후에 확인란에 체크하면서 스스로를 칭찬해 주세요.
- 강의를 듣는 데에는 30분이면 충분합니다.

날짜	강의명	확인
	강	
	강	
	강	
	강	
	강	
	강	
	강	
	강	
	강	
	강	
	강	
	강	
	강	
	강	
	강	
	강	
	강	
	강	
	강	
	강	
	강	
	강	
	강	
	강	
	강	

날짜	강의명	확인
	강	
	강	
	강	
	강	
	강	
	강	
	강	
	강	
	강	
	강	
	강	
	강	
	강	
	강	
	강	
	강	
	강	
	강	
	강	
	강	
	강	
	강	
	강	
	강	
	강	

자기주도학습 체크리스트로 공부의 기쁨이 차곡차곡 쌓일 것입니다.

국어 4-1

차례와 교과서 작품

구성과 특징

개념책

교과서 개념을 충실하게 반영하였으며 실전 문제로 교과 학습을 완벽하게 이해할 수 있도록 내용을 구성하였습니다.

단원 평가

다양한 문제를 풀어 보며 자신의 학습 상태를 점검하고 학교 단원 평가에 대비할 수 있도록 내용을 구성하였습니다.

1 교과서 지문 학습

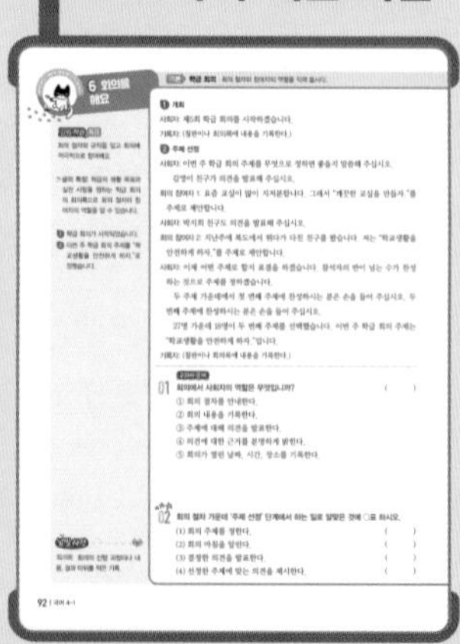

국어 교과서 지문과 활동을 자세히 살펴보고, 문제를 통해 해당 내용을 꼼꼼하게 익힐 수 있습니다.

만점왕 국사과 통합 정보		국어 교과서 정보		
단원명	페이지	교과서	작품명	지은이
6 회의를 해요	92	국어 (나)	회의 절차와 참여자 역할 익히기 회의 주제에 맞게 말할 내용 준비하기 절차와 규칙을 지키며 회의하기	
7 사전은 내 친구	106	국어 (나) 국어 활동	최첨단 과학, 종이 수아의 봉사 활동 동물 속에 인간이 보여요 영국 노팅 힐 축제	김해보, 정원선 고수산나 최재천 유경숙
8 이런 제안 어때요	124	국어 활동	복도에 안전 거울을 설치해 주세요	윤예진
9 자랑스러운 한글	137	국어 (나)	훈민정음의 탄생 한글이 위대한 이유 주시경	이은서 박영순 이은정
10 인물의 마음을 알아봐요	153	국어 (나) 국어 활동	수업 시간에 두근두근 탐험대 밥 묵자 놓지 마 미리와 준수의 안전 이야기	박현진, 윤정주 김홍모 민성아 홍승우 질병관리본부

2 교과서 핵심 정리

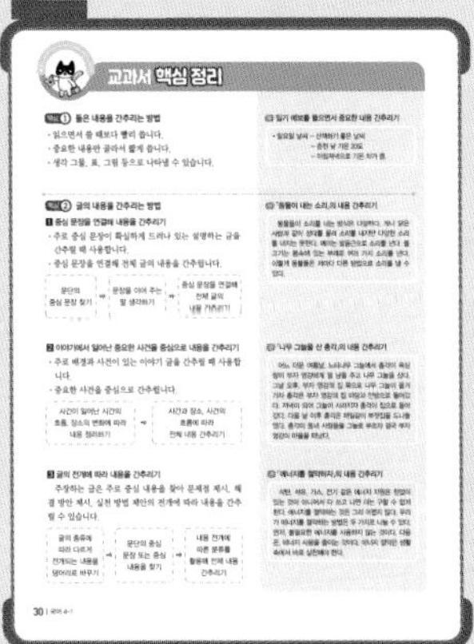

국어 교과서 각 단원에서 익혀야 할 학습 목표와 관련된 개념을 정리할 수 있습니다.

3 단원 정리 평가

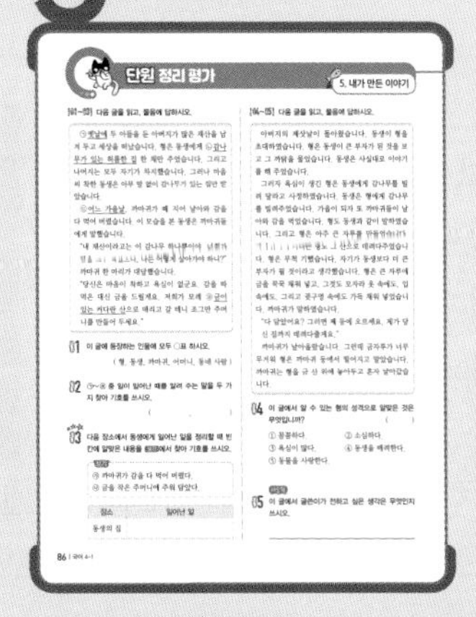

꼭 알아야 할 단원의 핵심 문제를 풀어 봄으로써 자신의 실력을 점검해 볼 수 있습니다.

4 서술형 문제 & 수행 평가

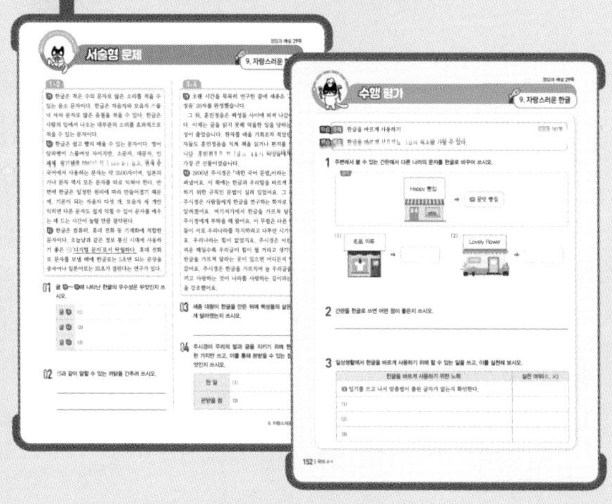

각 단원에서 익힌 내용을 활용하여 학교 시험의 서술형 문제와 수행 평가에 대비할 수 있습니다.

1 생각과 느낌을 나누어요

단원 학습 목표

시나 이야기를 읽고 생각이나 느낌을 나누어 보아요.

> **그림의 특징:** 청록색을 먼저 보느냐, 주황색을 먼저 보느냐에 따라 하나의 그림이지만 다르게 보이는 그림입니다.

낱말 사전

청록색 푸른빛을 띤 초록색. 또는 그런 색의 물감.

주황색 빨강과 노랑의 중간색.

준비 생각이나 느낌이 서로 다른 까닭을 말해 봅시다.

청록색의
모양을 보니…….
주황색의
모양을 보니…….

교과서 문제

01 **청록색과 주황색의 모양을 보면 무슨 그림으로 보이는지 쓰시오.**

(1) 청록색의 모양: (   )

(2) 주황색의 모양: (   )

02 **같은 그림이 다르게 보이는 까닭으로 알맞은 것에 모두 ○표 하시오.**

(1) 사람마다 경험과 사고방식이 같기 때문이다. (   )

(2) 같은 그림이지만 느낀 점이 다를 수 있기 때문이다. (   )

(3) 같은 것을 보고도 상황에 따라 다르게 생각할 수 있기 때문이다. (   )

서술형

03 **다음은 그림을 보고 선생님과 친구들이 나눈 대화입니다. ㉠에 들어갈 알맞은 말을 쓰시오.**

선희: 양산을 쓰고 강을 바라보는 여인이 보여요.

이린: 사람들이 한가롭게 쉬고 있는 모습이 평화로워 보여요.

미애: 공원에서 즐겁게 나들이하는 사람들을 보니까 행복해요.

선생님: 다양한 의견이 나왔네요! 이렇게 같은 그림을 보고도 생각한 점이나 느낀 점이 사람마다 다르지요? 그 까닭은 (㉠   ).

꽃씨

몰래
겨울을 녹이면서
봄비가 내려와 앉으면

꽃씨는
땅속에 살짝 돌아누우며
눈을 뜹니다.

봄을 기다리는 아이들은
쏘옥
손가락을 집어넣어 봅니다.

꽃씨는 저쪽에서
고개를 빠끔
얄밉게 숨겨 두었던
㉠ 파란 손을 내밉니다.

- 글의 종류: 시
- 글쓴이: 김완기
- 글의 특징: 봄이 되어 꽃씨가 싹을 틔우는 모습을 노래한 시입니다.

04 이 시는 어느 계절을 표현하고 있는지 쓰시오.

(　　　　　　　　)

05 이 시에서 ㉠이 뜻하는 것은 무엇입니까? (　　)

① 꽃씨　② 나무　③ 새싹
④ 봄비　⑤ 땅속

06 다음은 이 시를 읽고 친구들이 시에 대한 생각이나 느낌을 나눈 대화입니다. 같은 시를 읽고 생각이나 느낌이 서로 다른 까닭으로 알맞은 것에 ○표 하시오.

> 연화: 봄비가 내려와 앉는다고 하니까 비가 사람같이 느껴져.
> 서영: 아이들이 손가락을 땅속에 쏙 집어넣는다고 하니까 내가 흙을 만지는 듯한 느낌이 들어.

(1) 시를 읽고 재미를 느낀 부분이 서로 달랐기 때문이다. (　　)
(2) 시에서 일어나는 일을 서로 비슷하게 생각했기 때문이다. (　　)

낱말 사전

빠끔 살며시 문 따위를 조금 여는 모양.

얄밉게 말이나 행동이 약빠르고 밉게.

- 글의 종류: 시
- 글쓴이: 장승련
- 글의 특징: 좋아하는 친구에게 고백할 때, 친구와 화해할 때의 경험을 효과적으로 표현한 시입니다.

어느새

내가 친구에게
좋아한다 말해 볼까
생각만 해도
마음은 어느새
㉠ 두근두근.

토라진 친구와
웃으며 화해해 볼까
생각만 해도
마음은 어느새
방실방실.

07 이 시는 모두 몇 개의 연으로 이루어져 있는지 쓰시오.

( )

08 이 시에서 ㉠이 뜻하는 것은 무엇입니까? ( )

① 친구를 좋아하는 마음
② 친구를 기다리는 마음
③ 친구에게 미안한 마음
④ 친구를 위로하는 마음
⑤ 친구를 도와주고 싶은 마음

서술형

09 보기 와 같이 이 시와 비슷한 자신의 경험을 쓰시오.

보기

문애: 시를 읽으니 좋아하는 친구의 얼굴이 떠올라서 나도 마음이 두근거렸어.
지민: 전학 온 친구에게 친구가 되자고 말했던 날, 가슴이 떨렸어.

낱말 사전

두근두근 몹시 놀라거나 불안하여 자꾸 가슴이 뛰는 소리나 모양.

토라진 마음에 들지 아니하고 뒤틀리어서 싹 돌아선.

화해해 싸움하던 것을 멈추고 서로 가지고 있던 안 좋은 감정을 풀어 없애.

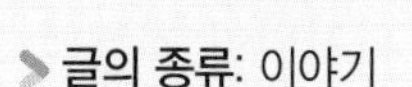

가훈 속에 담긴 뜻

옛날 옛적 경주에 최씨 성을 가진 아주 큰 부자가 살았습니다. 일 년에 쌀이 만 석 정도 나올 만큼의 많은 논을 가진 큰 부자였지요. 할아버지의 할아버지, 또 그 할아버지의 할아버지부터 대대로 부자였습니다. 곳간도 어마어마하게 크고, 논도 어마어마하게 많았습니다. 부리는 하인도, 찾아오는 손님도, 아무튼 모든 것이 다 어마어마했습니다. 그중에서 가장 어마어마했던 것은 바로 최씨 부자의 마음이었답니다.

최 부잣집 도령들은 매일 아침마다 사랑채에서 붓글씨로 가훈을 씁니다.

㉠"너 이놈, 종이를 아낄 줄 모르고 이렇게 함부로 쓰다니!"

아침부터 최 부잣집 도령 준이 할아버지에게 야단맞고 있습니다. 종이에 낙서를 하다가 할아버지에게 들킨 것이지요.

- **글의 종류**: 이야기
- **글쓴이**: 조은정
- **글의 내용**: 최 부잣집 도령 준은 할아버지께서 다른 사람들에게 베푸는 모습을 알게 되면서 가훈을 마음속 깊이 새기게 되었습니다.

교과서 문제

10 준이 할아버지께 야단맞은 까닭은 무엇입니까? (　　　)

① 가훈을 잘 못 써서　② 곳간에서 잠을 자서
③ 사랑채에 늦게 와서　④ 종이에 낙서를 해서
⑤ 붓글씨를 쓰고 정리를 하지 않아서

☆☆☆

11 ㉠에 나타난 할아버지의 말씀에 대하여 자신의 생각이나 느낌을 알맞게 말하지 않은 친구는 누구인지 쓰시오.

승철: 손자에게 어릴 때부터 아끼는 습관을 가르쳐 주려고 할아버지께서 엄하게 말씀하시는 것 같아.
은영: 그렇구나. 나는 할아버지 말투가 너무 무서웠어.
지수: 종이를 아껴 써야 하는 것은 당연해. 할아버지께서 옳은 말씀을 하셨어.
도영: 할아버지의 말씀은 똑같은데 너희들은 생각이 모두 달라. 생각을 정리해서 하나로 통일시켜 봐.

(　　　　　　　　)

서술형

12 ㉠에 나타난 할아버지의 말씀에 대한 자신의 생각이나 느낌을 쓰시오.

낱말 사전

석 곡식의 부피를 나타내는 단위.

가훈 한 집안의 조상이나 어른이 자손들에게 일러 주는 가르침.

안채 한 집 안에 안팎 두 채 이상의 집이 있을 때, 안에 있는 집.

야속했습니다 무정한 행동이나 그런 행동을 한 사람이 섭섭하게 여겨져 언짢았습니다.

흉년 농작물 제배가 질되시 않아 굶주리게 된 해.

헐값 그 물건의 원래 가격보다 훨씬 싼 값.

호되게 매우 심하게.

영문 일이 돌아가는 형편이나 그 까닭.

뒤주 쌀 따위의 곡식을 담아 두는 나무로 만든 통.

"대감마님, 준 도련님이 안 계시는데요."

해가 뉘엿뉘엿 지는데, 준이 보이지 않았습니다. 하인들이 안채와 사랑채를 다 뒤져도 준은 어디에도 없었습니다. 할아버지는 아침에 준을 혼낸 것이 마음에 걸렸습니다.

할아버지는 곳간 안을 살펴보았습니다. 준은 곳간 빼곡히 쌓인 쌀가마니 사이에서 새근새근 잠들어 있었습니다.

할아버지는 준을 방에 눕혔습니다.

㉠ 이튿날 늦잠을 잔 준은 헐레벌떡 사랑채로 갔습니다. 할아버지는 준이 늦은 것을 애써 모른 체했습니다. 어제 일에 화가 덜 풀린 ㉡ 준은 입을 쭈욱 내밀고 붓글씨를 쓰기 시작했습니다. 오늘도 사랑채는 손님으로 북적였습니다. 할아버지는 항상 하인들에게 정성껏 음식을 차려 손님을 맞게 했습니다. 준은 먹어 보지도 못한 귀하디귀한 마른 청어도 내놓았지요. 손님들에게만 맛있는 것을 주는 할아버지가 조금 야속했습니다.

㉢ 준은 할아버지가 손님들과 이야기하는 틈을 타 붓글씨 쓰는 것을 내팽개치고 논으로 놀러 나갔습니다. 마을 아이들이 ㉣ "흰죽 논, 흰죽 논." 하면서 논 사이를 뛰어다니고 있었습니다. 흉년에는 흰죽 한 끼 얻어먹고 논을 팔아넘긴다고 해서 흰죽 논이라는 말이 생겨났지요.

"아이고! 최 부잣집 도련님 아니십니까? 이 근방에는 흰죽 논이 없습죠. 대감마님께서 올해같이 논이 헐값일 때는 논을 사지 않으신답니다. 이거 정말 감사할 노릇입죠."

---

13 ㉠에서 준이 헐레벌떡 사랑채로 뛰어간 까닭으로 알맞은 것에 ○표 하시오.

(1) 할아버지와 가훈 쓰는 시간에 늦어서 (　　　)

(2) 할아버지께 아침 인사를 드리지 못해서 (　　　)

(3) 하인들이 정성껏 차린 음식을 먹어 보고 싶어서 (　　　)

서술형

14 ㉡에서 준이 입을 쭈욱 내민 까닭은 무엇인지 쓰고, 준의 행동에 대한 자신의 생각이나 느낌을 쓰시오.

준이 입을 내민 까닭	(1)
자신의 생각이나 느낌	(2)

15 ㉢에서 준이 붓글씨 쓰는 것을 내팽개치고 논으로 놀러 나간 까닭은 무엇입니까? (　　　)

① 사랑채가 손님으로 북적여서
② 할아버지만 맛있고 귀한 음식을 먹어서
③ 할아버지께서 꾸지람하신 일에 속상해서
④ 하인들이 준이 좋아하지 않는 마른 청어를 내놓아서
⑤ 손님에게만 맛있는 것을 주는 할아버지가 야속하여서

16 ㉣ '흰죽 논'의 의미를 글에서 찾아 쓰시오.

농부는 하던 일을 멈추고 논에서 나와 준에게 이야기를 해 주었습니다.

"한번은 이런 일도 있었습죠. 큰 흉년이 들어 굶어 죽는 사람이 허다했는데, 대감마님께서 곳간을 열고 굶고 있는 사람들에게 죽을 끓여 먹이라고 했습죠."

농부는 낫을 내려놓으며 말을 이었습니다.

"어디 그것뿐이겠습니까? 헐벗은 이에게는 옷까지 지어 입혔습죠."

하인들이 바깥마당에 큰솥을 걸고 연일 죽을 끓이는 모습이 준의 머릿속에 그려졌습니다. 할아버지를 칭찬하는 농부의 말에 준은 우쭐해졌습니다.

준은 문득 작년 이맘때 일이 생각났습니다. 한 하인이 장사가 끝날 때쯤 생선 가게에 가서 헐값에 청어를 사 왔다가 할아버지에게 호되게 혼이 났었습니다.

㉠"물건을 살 때는 아침에 가서 제값을 주고 사 오라고 했거늘 어찌 끝날 때쯤 헐값을 주고 사 오느냐? 헐값에 생선을 넘기는 생선 장수의 마음을 헤아릴 줄 모른단 말이냐?"

㉡그 일이 있은 후 장사치들은 너도나도 좋은 물건들을 가지고 최 부잣집을 찾아오게 되었지요.

교과서 문제

17 **농부는 어떤 마음으로 준에게 할아버지 이야기를 들려주었습니까?** (　　　)

① 준을 걱정하는 마음으로
② 준에게 미안한 마음으로
③ 스스로에게 뿌듯한 마음으로
④ 할아버지를 존경하는 마음으로
⑤ 할아버지를 안타깝게 여기는 마음으로

교과서 문제

18 **할아버지께서 ㉠처럼 하인을 호되게 혼낸 까닭은 무엇입니까?** (　　　)

① 하인이 게으름을 피웠기 때문에
② 하인이 가훈을 기억하지 못했기 때문에
③ 생선 가게에 아침 일찍 가지 않았기 때문에
④ 생선 가게에서 좋은 물건을 사 오지 않았기 때문에
⑤ 생선 가게에서 제값을 주고 청어를 사지 않고 헐값을 주고 사 왔기 때문에

19 **㉠을 읽고 인물의 말에 대한 생각이나 느낌을 알맞게 말하지 않은 친구는 누구인지 쓰시오.**

은진: 생선을 헐값으로 사 오지 못한 하인은 알뜰하지 못했어.
현화: 할아버지는 생선 장수의 마음을 헤아리라는 말을 통해 함께 살아가는 법을 말씀하신 것 같아.
승언: 어려운 처지에 있는 사람의 마음을 잘 헤아릴 줄 알아야겠다는 생각이 들어.

(　　　　　　　　　)

20 **㉡은 어떤 일을 가리킵니까?** (　　　)

① 큰 흉년에 곳간을 연 일
② 농부가 할아버지를 칭찬한 일
③ 생선을 사 오지 않고 잡아온 일
④ 헐벗은 이에게 옷을 지어 입힌 일
⑤ 생선 가게의 물건을 제값에 사 오지 않아 꾸중 들은 일

1 단원

할아버지에게 화를 냈던 준은 슬며시 부끄러워졌습니다. 준이 집으로 돌아왔을 때, 할아버지는 제사를 준비하느라 바빴습니다. 밤이 되어 제사가 시작되었습니다.

그런데 제사가 끝나자 또 다른 제사가 시작되었습니다.

'왜 제사를 또 지내지?'

할아버지가 절을 하고, 아버지도 절을 했습니다. 준은 영문도 모른 채 절을 했습니다.

절을 한 뒤에 준이 하인에게 물어보았습니다.

"이건 누구 제사지?"

"전쟁터에서 함께 싸우고, 끝까지 그 곁을 떠나지 않았던 하인들의 제사입죠."

준은 양반인 할아버지와 아버지가 죽은 하인들에게 절을 하는 것이 좀 이상하기는 했지만, 주인을 위해 목숨을 바쳤던 하인들의 제사를 지내는 것은 훌륭한 일이라는 생각이 들었습니다.

다음 날 준은 아침 일찍 일어나 사랑채로 건너갔습니다. 어젯밤 늦게까지 제사를 지내 조금 피곤했지만 꾹 참았지요. 할아버지는 모처럼 일찍 사랑채에 건너온 준이 신기한 듯 동그란 눈으로 준을 바라보았습니다. 준은 다른 도령들과 함께 얌전히 꿇어앉아 "사방 백 리 안에 굶어 죽는 사람이 없게 하라."라는 가훈을 크게 썼습니다.

붓글씨를 쓴 뒤에 할아버지는 준과 다른 도령들에게 희한하게 생긴 뒤주를 보여 주었습니다.

"이 뒤주는 가난한 사람들이나 지나가는 나그네가 쌀을 퍼 갈 수 있도록 만든 것이란다."

교과서 문제

21 최 부잣집에서 제사를 두 번 지내는 까닭은 무엇입니까? (　　)

① 양반은 하인에게 절을 할 수 없기 때문에
② 최 부잣집에서 오래 일했던 하인들을 기리기 위해
③ 최 부잣집 조상들께 감사한 마음을 두 번 전하기 위해
④ 최 부잣집 제사는 두 번 지내야 한다는 가훈이 있기 때문에
⑤ 전쟁터에서 함께 싸우고 끝까지 곁을 지켰던 하인들의 제사를 지내기 때문에

22 최 부잣집의 가훈은 무엇인지 쓰시오.

____

____

23 22에서 답한 최 부잣집 가훈의 의미에 대해 친구들이 나눈 대화입니다. 가훈의 의미를 알맞게 이해한 친구는 누구인지 쓰시오.

> 혜빈: 되도록 먼 곳의 사람들만 도와주라는 뜻이야.
> 성동: 다른 사람의 불행을 그냥 넘기지 말고 도와주라는 뜻이야.
> 현주: 백 리 밖의 사람들의 일에 대해서는 마음을 두지 말라는 뜻이야.

(　　　　　　)

24 최 부잣집에서 가난한 사람들이나 지나가는 나그네가 쌀을 퍼 갈 수 있도록 만든 것은 무엇인지 쓰시오.

(　　　　　　)

준은 쌀을 한 줌 꺼내 보았습니다. 할아버지의 훈훈한 마음이 전해지는 것 같았지요. 최 부잣집에는 가난한 사람들을 위해 쌀을 담아 놓은 뒤주가 있었습니다. 쌀 삼천 석 가운데 천 석을 불쌍한 사람들을 돕는 데 썼다고 합니다.

그때 아랫마을에서 사람이 찾아왔습니다.

"대감마님! 아랫마을에 논이 하나 나왔는데, 대감마님께서 사시면 어떨까요?"

마을 사람들은 어디에선가 팔 땅이 나오면 할아버지에게 사라고 했습니다. 할아버지는 쌀이 만 석 이상 곳간에 쌓이면 농부들이 최 부잣집의 논밭을 사용하고 내는 돈을 조금만 받기 때문이었지요. 그래서 ㉠ 마을 사람들은 할아버지가 땅을 사면 오히려 좋아했습니다.

준은 할아버지가 무척 자랑스러웠습니다. 다른 사람들에게 베풀고, 잘 살도록 도와주며 아랫사람들에게도 나누어 줄 줄 아는 할아버지가 참 좋았습니다.

'나도 꼭 할아버지처럼 되어야지.'

준은 할아버지가 가르쳐 주신 가훈을 다시 한번 마음속 깊이 새겼습니다.

25 ㉠에서 마을 사람들이 할아버지께서 땅을 사면 좋아했던 까닭으로 알맞은 것에 ○표 하시오.

(1) 쌀이 만 석 이상 곳간에 쌓이면 땅을 팔았던 사람들에게 돌려주어서 (　　)

(2) 쌀이 만 석 이상 곳간에 쌓이면 마을 사람들에게 쌀을 모두 나누어 주어서 (　　)

(3) 쌀이 만 석 이상 곳간에 쌓이면 농부들이 논밭을 사용하고 내는 돈을 조금만 받아서 (　　)

26 할아버지를 본받고 싶은 준의 마음이 나타난 문장을 글에서 찾아 쓰시오.

27 준이 할아버지가 자랑스러웠던 까닭으로 알맞은 것에 모두 ○표 하시오.

(1) 할아버지의 땅이 많아서 (　　)

(2) 아랫사람들에게 나누어 줄 줄 알아서 (　　)

(3) 다른 사람들에게 베풀고 그들이 잘살도록 도와줘서 (　　)

서술형

28 보기 를 참고하여, 이야기를 읽고 자신의 생각이나 느낌을 표현할 수 있는 활동을 한 가지 더 떠올려 쓰시오.

보기
- 이야기를 읽고 생각이나 느낌 나누기
- 인물의 처지가 되어 집중 탐구하기
- 인물에 대한 기사 쓰기

- 글의 종류: 이야기
- 글쓴이: 현덕
- 글의 내용: 유리구슬 한 개를 잃어버린 노마는 기동이를 의심하다가 유리구슬을 찾게 되어 얼굴이 벌게지고 말았습니다.

의심

어쩌다가 노마는 유리구슬 한 개를 잃어버렸습니다. 아주 이쁘게 생긴 파란 구슬인데요, 어디서 어떻게 하다 잃었는지 아무리 생각해도 모르겠습니다. 아마 토끼처럼 깡충깡충 뛰고 놀다가 흘렸나 하고 우물둔덕에도 가 보았습니다. 거기도 없습니다. 영이하고 나뭇잎을 줍다가 흘렸나 하고 집 뒤 버드나무 밑에도 가 보았습니다. 거기도 없습니다. ㉠아무리 찾아도 연기처럼 아주 없어진 듯이 구슬은 간 데를 모르겠습니다.

하지만 유리구슬은 연기나 그런 것이 아니니까 아주 없어질 리는 없는데요, 이렇게 아무리 찾아도 없을 때엔 아마 누가 집어서 제 것처럼 가졌나 봅니다.

---

29 노마가 잃어버린 구슬의 생김새는 어떠합니까? ( )

① 이쁘게 생긴 파란 구슬 ② 얼룩이 묻은 나무 구슬
③ 아주 못생긴 빨간 구슬 ④ 무늬가 멋진 노란 구슬
⑤ 말랑말랑한 촉감의 고무 구슬

교과서 문제

30 노마는 구슬을 잃어버린 것을 알고 어떻게 했습니까? ( )

① 구슬을 새로 샀다.
② 구슬을 빌리러 다녔다.
③ 구슬을 찾으러 돌아다녔다.
④ 구슬을 영이에게 달라고 했다.
⑤ 속상해서 방 안에 들어가 어디서 잃어버렸는지 골똘히 생각했다.

31 잃어버린 구슬을 찾기 위해 노마가 찾아다닌 두 곳을 글에서 찾아 쓰시오.

(,)

☆☆☆

32 ㉠의 상황에서 노마가 느꼈을 마음으로 알맞은 것의 기호를 쓰시오.

> ㉮ 영이를 탓하는 마음
> ㉯ 영이에게 미안한 마음
> ㉰ 낡은 구슬을 잃어버려서 후련한 마음
> ㉱ 잃어버린 구슬을 다시 가지고 싶은 마음

( )

낱말 사전

잃어버렸습니다 가졌던 물건이 자신도 모르게 없어졌습니다.

우물둔덕 우물 둘레의 작은 둑 모양으로 된 곳.

모퉁이 구부러지거나 꺾어져 돌아간 자리.

선선하게 성질이나 태도가 까다롭지 않고 주저함이 없게.

을러메는데도 위협적인 말과 행동으로 을러서 남을 억누르는데도.

그러다가 노마는 담 모퉁이에서 기동이를 만났습니다.

그리고 노마는 기동이 아래위를 보다가 입을 열어 물었습니다.

"너, 내 구슬 봤니?"

"무슨 구슬 말야?"

"파란 유리구슬 말야."

"난 못 봤다."

그러나 노마는 그 말을 정말로 듣지 않나 봅니다. 여전히 기동이 조끼 주머니를 보고, 두 손을 보고 합니다.

그러다가 노마는 입을 열어 또 물었습니다.

㉠"너, 구슬 가진 것 좀 보자."

"그건 봐 뭣 해."

"보면 어때."

"봐 뭣 해."

하고 기동이는 조끼 주머니를 손으로 가립니다.

정말 기동이가 그 구슬을 얻어 제 것처럼 가졌나 봅니다. 아니면 선선하게 보이지 못할 게 뭡니까.

노마는 더욱 ㉡의심이 났습니다. 그래서,

"내가 잃어버린 구슬 네가 집었지?"

"언제 네 구슬을 내가 집었어?"

"그럼 보여 주지 못할 게 뭐야?"

1 단원

교과서 문제

33 ㉠에서 노마가 기동이에게 구슬을 보여 달라고 한 까닭은 무엇입니까? (   )

① 기동이의 말을 믿을 수 없어서
② 기동이가 가진 구슬이 부러워서
③ 기동이와 똑같은 구슬을 다시 사기 위해서
④ 기동이가 가지고 있는 구슬이 몇 개인지 궁금해서
⑤ 기동이가 잃어버린 구슬을 함께 찾아 줄 것이라고 생각해서

☆☆☆

34 이 글에서 일어난 일에 대한 노마의 마음을 알맞게 정리한 것에 ○표 하시오.

노마는 기동이에게 자신의 구슬을 가지고 있는지 캐물음.

(1) 기동이를 의심하고 있다. (   )
(2) 기동이를 부러워하고 있다. (   )
(3) 기동이에게 미안해하고 있다. (   )

서술형

35 보기 와 같이 기동이를 대하는 노마의 말과 행동에 대한 자신의 생각을 쓰시오.

보기
- 노마의 행동: 여전히 기동이 조끼 주머니를 보고, 두 손을 보고 한다.
- 자신의 생각: 구슬을 잃어버린 마음은 이해하지만 자꾸 친구를 의심하면 안 된다.

노마의 말이나 행동	(1)
자신의 생각	(2)

36 ㉡의 낱말을 바르게 사용해 문장을 만든 것에 ○표 하시오.

(1) 흥부는 의심이 많아 놀부를 도와주었다. (   )
(2) 누나는 의심이 많아 친구도 잘 믿지 못한다. (   )

기본 의심

그제는 기동이도 하는 수 없나 봅니다. "자아." 하고 조끼 주머니에서 구슬을 꺼내 보입니다. 하나를 꺼냅니다. 둘을 꺼냅니다. 셋, 다섯도 넘습니다. 모두 똑같은 모양, 똑같은 빛깔입니다. 노마가 잃어버린, 모두 똑같은 그런 파란 유리구슬입니다.

어쩌면 그중에 노마가 잃어버린 구슬이 섞여 있을 성싶습니다. 그래서 노마는,

"너, 이 구슬 다 어디서 났니?"

"어디서 나긴 어디서 나. 다섯 개는 가게서 사고 한 개는 영이가 준 건데, 뭐."

"거짓부렁. 영이가 널 구슬을 왜 줘?"

"그럼 영이한테 가서 물어봐."

그래서 노마와 기동이는 영이를 찾아가기로 했습니다. 담 모퉁이를 돌아서 골목 밖으로 나갔습니다. 그리고 조그만 도랑 앞엘 왔습니다.

그런데 그 도랑물 속에 무엇이 햇빛에 번쩍하는 것이 있습니다. 유리구슬 같습니다. 정말 유리구슬입니다. 바로 노마가 잃어버린 그 구슬입니다.

㉠"네 구슬 여기다 두고, 왜 남보고 집었다고 그러는 거야."

하고, 기동이가 바로 을러메는데도 할 말이 없습니다. 그만 노마는 얼굴이 벌게지고 말았습니다.

교과서 문제

37 노마가 잃어버린 구슬은 어디에 있었는지 빈칸에 알맞은 낱말을 쓰시오.

(   ) 속에 있었다.

38 이 글에서 일어난 일에 대한 노마의 마음으로 알맞은 것을 모두 찾아 선으로 이으시오.

(1) 기동이와 함께 영이를 찾아 나섬.	• 구슬을 찾아 기쁜 마음
(2) 도랑물 속에서 잃어버린 구슬을 봄.	• 기동이에게 미안한 마음
	• 기동이의 말이 틀리기를 바라는 마음
	• 영이가 기동이에게 구슬을 주었는지 확인하고 싶은 마음

서술형

39 자신이 노마라면 ㉠의 말을 듣고 무엇이라고 말했을지 쓰시오.

____

40 이 글 전체를 읽고 나서 민지가 낸 의견입니다. 의견과 까닭으로 나누어 쓰시오.

민지: 노마가 기동이를 의심하기는 했지만 안타까운 마음에 저지른 실수라고 생각합니다. 자기가 소중히 여기는 물건을 잃어버렸을 때에는 누구나 속상하기 때문입니다.

의견	(1)
까닭	(2)

수사슴의 뿔과 다리

1 숲에서 뛰어놀던 수사슴이 목이 말라 연못을 찾아왔어요.
수사슴은 물에 비친 자신의 모습을 보며 생각했어요.
'내 뿔 좀 봐! 정말 멋지다니까. 하지만 내 다리는 정말 못 봐 주겠어. 왜 이렇게 가늘기만 한 걸까?'

2 그때 어디선가 사냥개 짖는 소리가 들려왔어요.
"앗! 사냥꾼이 가까이 왔구나. 어서 도망쳐야지."
수사슴은 깊은 숲을 향해 서둘러 뛰어갔어요.
그러다 그만 사슴의 멋진 뿔이 튀어나온 나뭇가지에 걸리고 말았어요.
"이런, 내 뿔 때문에 이제 꼼짝없이 붙잡히게 되었네. 안 돼! 그럴 수는 없어."
수사슴은 가늘지만 튼튼한 다리로 힘껏 발버둥을 쳤어요.
그리고 마침내 나뭇가지에서 빠져나올 수가 있었지요.
㉠가는 다리 덕분에 수사슴은 사냥꾼을 피해 멀리 도망갈 수 있었답니다.

> 글의 종류: 이야기
> 글의 특징: 수사슴이 평소에 가늘기만 해서 싫어했던 다리 덕분에 목숨을 구하게 되는 이야기입니다.

1 수사슴은 자신의 뿔은 멋지고 다리는 못 봐 주겠다고 생각했습니다.

2 수사슴이 사냥꾼을 피해 뛰어가다 뿔이 나뭇가지에 걸렸는데, 튼튼한 다리를 이용해 도망갔습니다.

41 수사슴이 자신의 모습을 어떻게 생각하는지 알맞게 선으로 이으시오.

(1) 뿔 • • ㉮ 정말 멋지다.

(2) 다리 • • ㉯ 정말 못 봐 주겠다.

42 ㉠에서 일어난 일에 대한 의견으로 알맞은 것은 무엇입니까? (   )

① 멋진 뿔이 아니었으면 사냥꾼에게 잡혔을 거야.
② 사슴은 평소에 가늘어서 싫어했던 다리 덕분에 목숨을 구했어.
③ 소리를 듣고 사냥꾼이 가까이 온 것을 알아챈 사슴은 영리한 것 같아.
④ 자신의 모습에 다 만족하는 사슴처럼 나도 내 모습을 있는 그대로 좋아하고 싶어.
⑤ 나는 코털을 싫어했는데, 공기 중의 먼지를 걸러 주는 역할을 한다는 것을 알고 고마움을 느꼈어.

서술형

43 이 글에서 일어난 일에 대한 자신의 의견을 쓰시오.

____

수사슴 사슴의 수컷.

꼼짝없이 현재의 상태를 벗어날 방법이나 여지가 전혀 없이.

교과서 핵심 정리

핵심 ① 같은 시를 읽고도 사람마다 생각이나 느낌이 다른 까닭

- 시에서 일어나는 일을 다르게 생각하기 때문입니다.
- 사람마다 생각이 다르기 때문에 재미를 느낀 부분이 서로 다릅니다.

예 「꽃씨」를 읽고 재미를 느낀 부분 말하기

- 시에서 봄비가 내려와 앉는다고 하니까 비가 사람인 것처럼 느껴져.
- 시에서 아이들이 손가락을 땅속에 쏙 집어넣는다고 하니까 내가 흙을 직접 만지는 것 같은 느낌이 들어.

핵심 ② 시를 읽고 생각이나 느낌 나누기

- 시의 장면을 상상하며 읽어 보고, 시 속의 인물의 느낌이 어떨지 이야기해 봅니다.
- 시에 대한 생각이나 느낌을 여러 가지 방법으로 표현해 봅니다.

예 시에 대한 생각이나 느낌을 여러 가지 방법으로 표현하기

- 노래 부르기
- 그림으로 표현하기
- 몸으로 표현하기
- 삼행시 짓기 등

핵심 ③ 같은 이야기를 읽고도 벌어진 일에 대한 생각이나 느낌이 다른 까닭

- 각자 살아온 경험이나 체험이 다르기 때문입니다.
- 사람마다 가지고 있는 사고방식, 가치관이 다르기 때문입니다.
- 좋아하는 것이 서로 다르기 때문입니다.

예 「가훈 속에 담긴 뜻」을 읽고 인물의 말이나 행동에 대한 자신의 생각이나 느낌 정리하기

- 할아버지의 말: "너 이놈, 종이를 아낄 줄 모르고 이렇게 함부로 쓰다니!"
- 생각이나 느낌: 손자에게 어릴 때부터 아끼는 습관을 가르쳐 주려고 할아버지께서 엄하게 말씀하시는 것 같아.

- 준의 행동: 준은 할아버지께서 손님들과 이야기하는 틈을 타 붓글씨 쓰는 것을 내팽개치고 논으로 놀러 나갔다.
- 생각이나 느낌: 준은 할아버지께 서운한 마음을 핑계로 하라는 글공부 대신 놀러 간 것 같아.

핵심 ④ 이야기를 읽고 생각이나 느낌 나누기

- 일어난 일에 대한 인물의 마음을 생각합니다.
- 이야기에 나오는 인물의 말이나 행동에 대한 생각이나 느낌을 나누어 봅니다.
- 일어난 일에 대한 자신의 의견을 말해 봅니다.

예 「의심」을 읽고 기동이와 노마의 행동에 대한 자신의 생각 말하기

- 노마의 행동: 여전히 기동이 조끼 주머니를 보고, 두 손을 보고 한다.
- 자신의 생각: 구슬을 잃어버린 마음은 이해하지만 자꾸 친구를 의심하면 안 된다.

- 기동이의 행동: "자아." 하고 조끼 주머니에서 구슬을 꺼내 보인다.
- 자신의 생각: 기동이는 아무런 잘못 없이 의심을 받아서 기분이 나빴겠지만 노마의 기분을 이해하고 자신의 구슬을 정확히 설명해 주는 것이 좋겠다.

단원 정리 평가

1. 생각과 느낌을 나누어요

01 다음은 같은 일에 대해 생각이 달랐던 경험을 말한 친구들의 대화 내용입니다. ㉠에 들어갈 말로 알맞은 것은 무엇입니까? (　　　)

> 세미: 나는 박물관 전시실이 어두워서 작품을 감상하기에 좋다고 생각했는데, 누나는 전시실이 더 밝았으면 좋겠대.
> 은빈: 나는 영화 속 주인공이 용감하다고 생각했는데, 내 친구는 그 주인공이 겁 없이 위험한 행동만 한다고 생각했대.
> 미애: 같은 일에 대한 생각이나 느낌이 다른 까닭이 뭘까?
> 해은: 그 까닭은 (　　　㉠　　　).

① 일을 겪은 장소가 다르기 때문이야.
② 경험한 시간이 서로 다르기 때문이야.
③ 재미있게 느끼는 부분이 서로 같기 때문이야.
④ 사람마다 가지고 있는 경험과 가치관이 서로 같기 때문이야.
⑤ 같은 것을 보고도 상황에 따라 다르게 생각할 수 있기 때문이야.

[02~05] 다음 시를 읽고, 물음에 답하시오.

> 꽃씨
>
> 몰래
> 겨울을 녹이면서
> 봄비가 내려와 앉으면
>
> 꽃씨는
> 땅속에 살짝 돌아누우며
> ㉠눈을 뜹니다.
>
> 봄을 기다리는 아이들은
> 쏘옥
> 손가락을 집어넣어 봅니다.
>
> 꽃씨는 저쪽에서
> 고개를 빠끔
> 얄밉게 숨겨 두었던
> ㉡파란 손을 내밉니다.

02 아이들이 봄을 기다리며 한 행동은 무엇입니까? (　　　)

① 꽃밭을 청소했다.
② 꽃씨를 땅에 심었다.
③ 봄비를 맞으며 시를 썼다.
④ 땅 위에 누워 하늘을 보았다.
⑤ 땅속에 손가락을 집어넣었다.

03 ㉠이 의미하는 것은 무엇입니까? (　　　)

① 꽃씨가 비틀어지다.
② 꽃씨의 껍질이 하얘지다.
③ 물을 머금은 꽃씨가 부풀다.
④ 땅속 지렁이가 꽃씨를 옮기다.
⑤ 겨울 동안 잠을 자던 꽃씨가 깨어나다.

04 이 시에서 아이들이 땅속에 손가락을 집어넣어 보는 모습을 흉내 내는 말을 찾아 쓰시오.

(　　　　　　　　　　)

☆☆☆
05 이 시에서 ㉡이 뜻하는 것은 무엇인지 쓰시오.

(　　　　　　　　　　)

06 같은 시를 읽고도 생각이나 느낌이 서로 다른 까닭을 알맞게 설명한 것에 ○표 하시오.

(1) 시는 이야기보다 글자 수가 적기 때문이다. ( )

(2) 시를 읽는 데 걸리는 시간이 사람마다 다르기 때문이다. ( )

(3) 사람마다 생각이 달라서 시에서 재미를 느끼는 부분도 다르기 때문이다. ( )

[07~11] 다음 시를 읽고, 물음에 답하시오.

어느새

내가 친구에게
좋아한다 말해 볼까
생각만 해도
마음은 어느새
㉠ 두근두근.

토라진 친구와
웃으며 화해해 볼까
생각만 해도
마음은 어느새
㉡ 방실방실.

07 어떤 상황을 생각하며 쓴 시인지 알맞게 선으로 이으시오.

(1) 1연 • • 친구에게 좋아한다고 말할 때

(2) 2연 • • 토라진 친구와 웃으며 화해할 때

08 ㉠과 바꿔 쓸 수 있는 표현으로 알맞은 것은 무엇입니까? ( )

① 콩닥콩닥
② 멈칫멈칫
③ 바글바글
④ 희끗희끗
⑤ 도란도란

09 토라진 친구와 화해하기 전 '나'의 마음에 대한 설명으로 알맞은 것에 ○표 하시오.

(1) 친구와 화해해서 잘 지낼 생각에 마음이 가볍고 설렌다. ( )

(2) 친구와 오해를 잘 풀어야겠다는 생각에 마음이 속상하다. ( )

(3) 친구와 행복했던 추억을 떠올리며 그리운 마음에 잠긴다. ( )

10 ㉡과 바꿔 쓸 수 있는 표현을 한 가지 떠올려 쓰시오.

( )

서술형

11 친구와 다투고 화해했던 경험을 바탕으로 이 시를 읽고 떠오르는 생각이나 느낌을 쓰시오.

[12~17] 다음 글을 읽고, 물음에 답하시오.

이튿날 늦잠을 잔 준은 헐레벌떡 사랑채로 갔습니다. 할아버지는 준이 늦은 것을 애써 모른 체했습니다. 어제 일에 화가 덜 풀린 준은 입을 쭈욱 내밀고 붓글씨를 쓰기 시작했습니다. 오늘도 사랑채는 손님으로 북적였습니다. 할아버지는 항상 하인들에게 정성껏 음식을 차려 손님을 맞게 했습니다. 준은 먹어 보지도 못한 귀하디귀한 마른 청어도 내놓았지요. 손님들에게만 맛있는 것을 주는 할아버지가 조금 야속했습니다.

준은 할아버지가 손님들과 이야기하는 틈을 타 붓글씨 쓰는 것을 내팽개치고 논으로 놀러 나갔습니다. 마을 아이들이 ㉠"흰죽 논, 흰죽 논." 하면서 논 사이를 뛰어다니고 있었습니다. ㉡흉년에는 흰죽 한 끼 얻어먹고 논을 팔아넘긴다고 해서 흰죽 논이라는 말이 생겨났지요.

12 준은 왜 할아버지가 야속하다고 생각했습니까? (   )

① 손님들과 대화를 많이 나누어서
② 할아버지 혼자만 귀한 음식을 먹어서
③ 귀한 음식인 청어를 손님들에게만 줘서
④ 손님들이 오실 때마다 심부름을 시켜서
⑤ 붓글씨를 열심히 쓰는 준의 노력을 몰라줘서

13 이 글의 내용으로 알맞지 않은 것은 무엇입니까? (   )

① 준은 어제 일에 화가 덜 풀렸다.
② 사랑채는 손님으로 자주 북적인다.
③ 할아버지는 손님들에게 대접을 잘하신다.
④ 준은 "흰죽 논." 하며 논 사이를 뛰어다녔다.
⑤ 할아버지는 귀한 청어를 손님들에게만 내놓으셨다.

14 ㉠에 나타난 '흰죽 논'의 의미를 알맞게 설명한 것에 ○표 하시오.

(1) 흉년에 헐값에 논을 팔아넘긴다는 뜻이다. (   )
(2) 흉년에 먹을 것이 없어 흰죽을 먹는다는 뜻이다. (   )
(3) 영양가 없는 흰죽을 흉년에 빗대어 표현하는 말이다. (   )

15 ㉠과 보기 의 내용을 바탕으로 최 부잣집 주변에 흰죽 논이 없는 까닭을 바르게 설명한 것은 무엇입니까? (   )

보기

농부: 아이고! 최 부잣집 도련님 아니십니까? 이 근방에는 흰죽 논이 없습죠. 대감마님께서 올해같이 논이 헐값일 때는 논을 사지 않으신답니다. 이거 정말 감사할 노릇입죠.

① 흰죽 논이 인기가 많아서
② 농부가 부지런히 농사를 지어서
③ 할아버지가 풍년일 때는 논을 사지 않기 때문에
④ 할아버지가 논이 헐값일 때는 논을 사지 않기 때문에
⑤ 할아버지가 흉년이 들었을 때 논을 헐값에 사들이기 때문에

서술형

16 ㉡의 낱말 뜻은 무엇인지 짐작하여 쓰시오.

1 단원

17 다음 밑줄 친 농부의 말에 이어질 내용을 알맞게 말한 친구는 누구인지 쓰시오.

> 농부는 하던 일을 멈추고 논에서 나와 준에게 이야기를 해 주었습니다.
> "한번은 이런 일도 있었습죠."
> ……
> 할아버지를 칭찬하는 농부의 말에 준은 우쭐해졌습니다.

> 선희: 할아버지가 마을 사람들을 도와주었던 과거 이야기들이 나올 것 같아.
> 지흠: 할아버지가 편찮으셨을 때 마을 사람들이 찾아보지 않았던 이야기가 나올 것 같아.
> 범수: 할아버지가 양반이라서 자신이 잘못한 일을 하인들에게 사과하게 했던 이야기가 나올 것 같아.

( )

[18~20] 다음 글을 읽고, 물음에 답하시오.

> 어쩌다가 노마는 유리구슬 한 개를 잃어버렸습니다. 아주 이쁘게 생긴 파란 구슬인데요, 어디서 어떻게 하다 잃었는지 아무리 생각해도 모르겠습니다. 아마 토끼처럼 깡충깡충 뛰고 놀다가 흘렸나 하고 우물둔덕에도 가 보았습니다. 거기도 없습니다. 영이하고 나뭇잎을 줍다가 흘렸나 하고 집 뒤 버드나무 밑에도 가 보았습니다. 거기도 없습니다. 아무리 찾아도 연기처럼 아주 없어진 듯이 구슬은 간데를 모르겠습니다.
> 하지만 유리구슬은 연기나 그런 것이 아니니까 아주 없어질 리는 없는데요, 이렇게 아무리 찾아도 없을 때엔 아마 누가 집어서 제 것처럼 가졌나 봅니다.
> 그러다가 노마는 담 모퉁이에서 기동이를 만났습니다.
> 그리고 노마는 기동이 아래위를 보다가 입을 열어 물었습니다.
> "너, 내 구슬 봤니?"
> "무슨 구슬 말야?"
> "파란 유리구슬 말야."
> "난 못 봤다."
> 그러나 노마는 그 말을 정말로 듣지 않나 봅니다. ㉠ 여전히 기동이 조끼 주머니를 보고, 두 손을 보고 합니다.

18 노마는 구슬을 잃어버린 것을 알고는 어떻게 하였습니까? ( )

① 구슬을 찾으러 돌아다녔다.
② 새로운 구슬을 사러 문방구에 갔다.
③ 게시판에 구슬을 찾는다는 안내문을 붙였다.
④ 구슬을 포기하고 다른 장난감을 가지고 왔다.
⑤ 기동이에게 함께 구슬을 찾아 달라고 부탁했다.

19 구슬을 찾지 못한 노마는 어떤 생각을 했습니까? ( )

① 집에 놔두었나 보다.
② 담 모퉁이에 흘렸나 보다.
③ 연기가 되어 사라졌나 보다.
④ 기동이가 잘 보관하고 있나 보다.
⑤ 누가 집어서 제 것처럼 가졌나 보다.

☆☆☆
20 ㉠의 행동에 대한 자신의 생각을 말한 것으로 가장 알맞은 것에 ○표 하시오.

(1) 친구는 오래될수록 좋다. ( )
(2) 정확한 근거 없이 친구를 의심하면 안 된다. ( )
(3) 기분이 안 좋을 때는 숨을 깊이 들이마셔야 한다. ( )

서술형 문제

1~2

몰래
겨울을 녹이면서
봄비가 내려와 앉으면

꽃씨는
땅속에 살짝 돌아누우며
㉠ 눈을 뜹니다.

봄을 기다리는 아이들은
쏘옥
손가락을 집어넣어 봅니다.

꽃씨는 저쪽에서
고개를 빠끔
얄밉게 숨겨 두었던
파란 손을 내밉니다.

01 ㉠에서 '눈을 뜨다'라고 표현한 장면은 무엇일지 쓰시오.

02 이 시에서 재미를 느낀 부분과 그렇게 느낀 까닭을 쓰시오.

재미있는 부분	(1)
그 까닭	(2)

3~4

가 노마는 더욱 의심이 났습니다. 그래서,
㉠ "내가 잃어버린 구슬 네가 집었지?"
"언제 네 구슬을 내가 집었어?"
"그럼 보여 주지 못할 게 뭐야?"

나 "너, 이 구슬 다 어디서 났니?"
"어디서 나긴 어디서 나. 다섯 개는 가게서 사고 한 개는 영이가 준 건데, 뭐."
"거짓부렁. 영이가 널 구슬을 왜 줘?"
"그럼 영이한테 가서 물어봐."
그래서 노마와 기동이는 영이를 찾아가기로 했습니다. 담 모퉁이를 돌아서 골목 밖으로 나갔습니다. 그리고 조그만 도랑 앞엘 왔습니다.
그런데 그 도랑물 속에 무엇이 햇빛에 번쩍하는 것이 있습니다. 유리구슬 같습니다. 정말 유리구슬입니다. 바로 노마가 잃어버린 그 구슬입니다.
"네 구슬 여기다 두고, 왜 남보고 집었다고 그러는 거야."
하고, 기동이가 바로 을러메는데도 할 말이 없습니다. 그만 노마는 얼굴이 벌게지고 말았습니다.

03 ㉠에 나타난 노마의 마음은 어떠할지 쓰시오.

04 노마가 기동이를 의심한 일에 대한 자신의 의견과 그렇게 생각한 까닭을 쓰시오.

의견	(1)
까닭	(2)

수행 평가

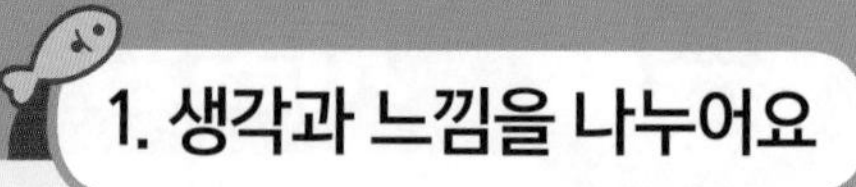

학습 주제 이야기를 읽고 생각과 느낌 나누기 배점 20점

학습 목표 이야기 속 등장인물에게 궁금한 점이나 물어볼 내용을 질문으로 만들 수 있다.

활동 방법

- 「의심」에 등장하는 인물들에게 궁금한 점이나 물어볼 내용을 질문으로 만듭니다.
- 기자가 되어 등장인물에게 이야기 내용과 관련해 질문합니다.
- 이야기 속 등장인물이 되어 기자의 질문에 대답합니다.

1 기자가 되어 등장인물에게 궁금한 점을 질문으로 만들어 쓰시오.

	노마	기동이
질문 1	•	•
질문 2	•	•

2 이야기 속 등장인물 '노마'가 되어 **1**에서 만든 기자의 질문에 대한 대답을 쓰시오.

	대답
질문 1	(1)
질문 2	(2)

3 이야기 속 등장인물 '기동이'가 되어 **1**에서 만든 기자의 질문에 대한 대답을 쓰시오.

	대답
질문 1	(1)
질문 2	(2)

준비 **일기 예보** 들은 내용을 간추려 봅시다.

2 내용을 간추려요

단원 학습 목표

글의 내용을 간추릴 수 있어요.

- **글의 종류**: 일기 예보
- **글의 특징**: 오늘의 전국 날씨와 주말 날씨 정보를 알려 줍니다.

일기 예보

듣기 자료

안녕하십니까? 날씨 정보입니다. 저는 지금 봄꽃이 가득한 공원에 나와 있습니다. 날씨가 따뜻해지면서 공원에는 나들이를 나온 시민들이 많아졌습니다. 활짝 핀 벚꽃이 성큼 찾아온 봄을 느끼게 해 줍니다. 오늘 하루는 전국적으로 맑은 날씨가 되겠습니다. 서울, 춘천은 19도, 강릉, 청주, 전주 등은 20도까지 낮 기온이 올라가겠습니다. 일요일에도 산책하기 좋은 날씨가 되겠습니다. 서울, 춘천은 20도, 청주와 진주 등은 21도의 따뜻한 날씨가 예상됩니다. 하지만 아침저녁으로는 5도에서 6도의 쌀쌀한 날씨가 예상됩니다. 일교차가 크니 감기에 걸리지 않도록 조심하세요.

교과서 문제

01 **가족 나들이를 준비하면서 일기 예보를 들을 때 생각할 점을 보기에서 찾아 기호를 쓰시오.**

보기
㉮ 듣는 목적을 생각한다. ㉯ 아는 내용이나 경험을 떠올린다.
㉰ 들은 내용을 어떻게 할지 생각한다.

(1) "일요일에 춘천으로 나들이를 가도 좋은 날씨인지 확인하며 들어야겠어." ( )
(2) "작년 이맘때는 봄이었는데도 추웠던 것 같아." ( )
(3) "나에게 필요한 내용을 써 놔야겠어." ( )

02 **들은 내용을 간추리는 방법으로 알맞은 것을 두 가지 고르시오.** (,)

① 바른 글씨를 위해 천천히 쓴다. ② 읽으면서 쓸 때보다 빨리 쓴다.
③ 들은 내용을 자세히 모두 쓴다. ④ 중요한 내용만 골라서 짧게 쓴다.
⑤ 들은 내용 이외에 자신이 상상한 내용도 쓴다.

03 **다음은 일기 예보를 듣고 간추려 쓴 내용입니다. ㉮ 부분을 쓴 방법으로 알맞은 것에 ○표 하시오.**

- 오늘 날씨: 전국적으로 맑음.
- 일요일 날씨 – 산책하기 좋은 날씨
  – 춘천 낮 기온 20도
  – 아침저녁으로 기온 차가 큼.
  ➡ ㉮ • 나들이 가능 • 따뜻한 옷 필요

(1) 나들이 갈 요일을 썼다. ( )
(2) 중요한 날씨 정보를 썼다. ( )
(3) 나들이 갈 때 필요한 준비물을 썼다. ( )

낱말 사전

나들이 집을 떠나 가까운 곳에 잠시 다녀오는 일.

성큼 어떤 때가 갑자기 가까워진 모양.

일교차 기온, 습도, 기압 등이 하루 동안에 변화하는 차이.

2 단원

- **글의 종류**: 설명하는 글
- **글쓴이**: 문희숙
- **글의 특징**: 동물들이 소리를 내는 다양한 방식을 설명한 글입니다.

❶ 동물들이 소리를 내는 방식은 다양합니다.
❷ 개나 닭은 사람과 같이 성대를 울려 소리를 내지만 다양한 소리를 내지는 못합니다.
❸ 매미는 발음근으로 소리를 냅니다.
❹ 물고기는 몸속에 있는 부레로 여러 가지 소리를 냅니다.
❺ 동물들은 저마다 다른 방법으로 소리를 낼 수 있습니다.

동물이 내는 소리

❶ 동물들이 소리를 내는 방식은 다양합니다. 성대를 이용하여 소리를 내는 동물도 있고 다른 부위를 이용하는 동물도 있습니다.

❷ 개나 닭은 사람과 같이 성대를 울려 소리를 내지만 다양한 소리를 내지는 못합니다. 왜냐하면 성대나 입과 혀의 생김새가 사람과 다르기 때문입니다. 그래서 몇 가지 소리만 낼 수 있습니다. 동물들은 대개 서로를 부르거나 위협하기 위해서 소리를 냅니다.

❸ 매미는 발음근으로 소리를 냅니다. 매미는 수컷만 소리를 낼 수 있고, 암컷은 소리를 내지 못합니다. 매미의 배에 있는 발음막, 발음근, 공기주머니는 매미가 소리를 내게 도와줍니다. 그런데 암컷은 발음근이 발달되어 있지 않고 발음막이 없어서 소리를 낼 수 없답니다. 수컷은 발음근을 당겨서 발음막을 움푹 들어가게 한 다음 '딸깍' 하고 소리를 냅니다. 이 소리가 커지고 반복되면 '찌이이' 하고 소리가 납니다.

❹ 물고기는 몸속에 있는 부레로 여러 가지 소리를 냅니다. 부레 안쪽 근육을 수축하거나 부레의 얇은 막을 진동해 소리를 낼 수 있습니다. 물고기가 조용하다고 느끼는 이유는 우리가 들을 수 없는 높낮이로 소리를 내기 때문입니다.

❺ 이와 같이 동물들은 성대나 발음근, 부레를 이용해 소리를 냅니다. 그 밖에도 날개를 비비거나 꼬리를 흔들어 소리를 내는 동물들도 있습니다. 이렇게 동물들은 저마다 다른 방법으로 소리를 낼 수 있습니다.

---

04 **동물들이 소리를 내는 까닭을 두 가지 고르시오.** (,)

① 위협하기 위해서 ② 먹이를 찾기 위해서
③ 서로를 부르기 위해서 ④ 잠잘 곳을 찾기 위해서
⑤ 냄새를 잘 맡기 위해서

☆☆☆
05 **문단 ❷의 내용을 중심 문장과 뒷받침 문장으로 나누려고 합니다. 중심 문장에는 ○표, 뒷받침 문장에는 △표 하시오.**

(1) 개나 닭은 사람과 같이 성대를 울려 소리를 내지만 다양한 소리를 내지는 못합니다. ( )
(2) 왜냐하면 성대나 입과 혀의 생김새가 사람과 다르기 때문입니다. ( )
(3) 그래서 몇 가지 소리만 낼 수 있습니다. ( )
(4) 동물들은 대개 서로를 부르거나 위협하기 위해서 소리를 냅니다. ( )

낱말 사전

성대 후두의 중앙부에 있는 소리를 내는 기관.

발음막 진동하여 소리 내는 막.

부레 어류의 몸 속에 있는 공기주머니.

나무 그늘을 산 총각

옛날 어느 마을에 커다란 느티나무가 있었어요. 동네 사람이 모두 쉬어 갈 만큼 큰 나무였지요. 느티나무 앞에는 기와집이 한 채 있었어요. 욕심쟁이 부자의 집이었지요. 부자는 느티나무 그늘에서 낮잠 자는 걸 무척 좋아했어요.

어느 더운 여름날이었어요.

"어휴, 덥다. 그늘에서 잠깐 쉬어 갈까?"

총각이 뜨거운 볕을 피해 나무 그늘로 들어섰어요.

"드르렁, 드르렁, 푸!"

나무 그늘에는 부자가 코를 골며 자고 있었지요. 잠깐 쉬어 가려던 총각도 그만 잠이 들고 말았어요.

얼마 뒤, 욕심쟁이 부자가 깨어났어요. 부자는 총각을 보자 버럭버럭 소리를 질렀어요.

"너 이놈, 허락도 없이 남의 나무 그늘에서 잠을 자다니!"

총각이 부스스 눈을 뜨며 물었어요.

"나무 그늘에 무슨 주인이 있다고 그러세요?"

"이건 우리 할아버지의 할아버지가 심은 나무야. 그러니 그늘도 당연히 내 것이지!"

부자 영감의 말에 총각은 기가 딱 막혔어요.

'이런 욕심쟁이 영감, 어디 한번 당해 봐라!'

---

06 부자 영감이 나무 그늘을 자기 것이라고 우긴 까닭은 무엇입니까? (　　　)

① 자기가 낮잠을 자던 그늘이라서
② 자기가 직접 심은 나무 그늘이라서
③ 자기 집 안에 있는 나무 그늘이라서
④ 할아버지가 좋아하신 나무 그늘이라서
⑤ 자기의 할아버지의 할아버지가 심은 나무의 그늘이라서

☆☆☆ **07** 부자 영감의 성격은 어떠합니까? (　　　)

① 착하다.
② 정직하다.
③ 게으르다.
④ 욕심이 많다.
⑤ 남에게 베풀 줄 안다.

- **글의 종류**: 이야기
- **글쓴이**: 권규헌
- **글의 특징**: 욕심을 부려 나무 그늘을 팔았던 부자 영감이 총각의 지혜로 부끄러움을 당한 이야기로, 시간과 장소의 흐름에 따라 전개됩니다.

낱말 사전

채 집을 세는 단위.

볕 해가 내리쬐는 기운.

무르자고 사거나 바꾼 물건을 원래 임자에게 도로 주고 돈이나 물건을 되찾자고.

콧노래 입을 다문 채 코로 소리를 내어 부르는 노래.

부글부글 착잡하거나 언짢은 생각이 뒤섞여 자꾸 마음이 들볶이는 모양.

볶았어요 성가시게 굴어 사람을 괴롭혔어요.

북적거렸어요 많은 사람이 한곳에 모여 매우 수선스럽게 자꾸 들끓었어요.

총각은 욕심쟁이 부자를 혼내 주기로 했어요.

"영감님, 저한테 이 나무 그늘을 파는 건 어때요?"

부자는 귀가 솔깃했어요.

'아니, 이런 멍청한 녀석을 봤나?'

부자는 억지로 웃음을 참으며 말했어요.

"흠, 자네가 원한다면 할 수 없지. 대신 나중에 무르자고 하면 절대로 안 되네!"

부자는 못 이기는 척 나무 그늘을 팔았답니다.

총각은 열 냥을 주고 나무 그늘을 샀어요.

"영감님, 제 나무 그늘에서 나가 주시지요."

"허허, 그러지. 이제 자네 것이니까."

부자는 콧노래를 부르며 집으로 돌아갔어요. 총각은 나무 그늘에 벌렁 드러누웠어요. 그리고 해님을 보며 빙긋이 웃었지요. 시간이 지나자 나무 그늘은 점점 부자 영감의 집 쪽으로 옮겨 갔어요.

마침내 나무 그늘은 부자 영감의 집 마당까지 길어졌지요.

'슬슬 시작해 볼까?'

총각은 성큼성큼 부자 영감의 집 안으로 들어갔어요.

"아니, 남의 집엔 왜 들어오는 거냐?"

부자 영감은 담뱃대를 휘둘렀어요. 총각은 나무 그늘에 서서 말했어요.

"하하하, 영감님. 여기는 제 그늘인걸요."

마당까지 들어온 그늘을 보고 부자 영감은 아무 말도 할 수 없었지요.

총각은 부자의 마당에서 뒹굴뒹굴 신이 났어요.

"역시 비싼 나무 그늘이라 시원하군!"

마당을 빼앗긴 부자는 그늘을 피해 다니며 부글부글 속을 끓였지요. 시간이 지날수록 나무 그늘은 점점 더 길어져 안방까지 들어갔어요.

총각은 그늘을 따라 안방으로 들어갔어요.

부잣집 식구들이 깜짝 놀라 소리쳤어요.

"아니, 여기가 어디라고 함부로 들어오는 거예요?"

교과서 문제

08 이 글에서 일이 일어난 장소의 변화를 빈칸에 알맞게 쓰시오.

부자 영감의 집 앞 느티나무 그늘	➡	부자 영감의 집 마당과 ( )

09 총각이 부자 영감의 집 안까지 들어간 까닭은 무엇입니까? (   )

① 길을 찾기 어려워서
② 부자 영감과 함께 살기 위해서
③ 부자 영감네 식구들이 초대해서
④ 부자 영감네 식구들을 따라가려고
⑤ 집 안으로 들어간 나무 그늘을 따라가려고

10 마당을 빼앗긴 부자 영감의 마음은 어떠했는지 쓰시오.

(   )

11 이와 같은 글을 간추리는 방법으로 알맞은 것은 무엇입니까? (   )

① 이야기 속 모든 사건을 정리한다.
② 중심 문장을 연결해 글의 내용을 간추린다.
③ 문제점, 해결 방안, 실천 방법으로 나누어 간추린다.
④ 중심 문장과 뒷받침 문장을 모두 정리하여 간추린다.
⑤ 이야기에서 사건이 일어난 시간과 장소의 흐름에 따라 내용을 간추린다.

"제가 영감님께 이 나무 그늘을 샀답니다."

식구들은 총각의 말을 듣고 어이가 없었어요.

"아이고, 영감. 어쩌자고 그늘을 팔아요?"

"아버지, 얼른 돈을 돌려주고 저 사람을 내쫓아요!"

식구들이 부자 영감을 달달 볶았어요.

"조금만 참아 봐. 저 녀석도 곧 집에 가겠지."

부자는 식구들을 달랬어요. 돈을 돌려주기는 싫었거든요.

"아함! 잘 잤다!"

저녁이 되어 그늘이 사라지자 총각은 집으로 돌아갔어요.

"허허, 그것 보라니까. 별 수 없이 집으로 가잖아. 저 멍청한 녀석 덕분에 열 냥이나 벌었다니까!"

그런데 다음 날도 그다음 날도 총각은 매일매일 부잣집을 드나들었어요.

"당장 돈을 돌려주세요!"

식구들은 팔딱팔딱 뛰었어요. 부자도 더 이상은 참을 수가 없었지요.

"여보게, 그늘을 다시 나에게 팔게. 내가 열 냥에다 열 냥을 더 보태 주겠네."

"이렇게 좋은 그늘을 겨우 스무 냥에 팔라고요?"

총각은 눈도 깜짝하지 않았어요.

총각은 동네 사람들을 그늘로 불렀어요. 욕심쟁이 부자를 골려 주는 일이니 모두 신이 나서 달려왔지요. 부자 영감의 집은 날마다 사람들로 북적거렸어요.

"이보게, 제발 이 그늘을 다시 팔게!"

부자 영감은 사정사정했어요.

"그늘을 사고 싶으면 만 냥을 내십시오."

"뭐라고? 마, 만 냥?"

부자 영감은 눈알이 튀어나올 것 같았지요.

"그렇게 욕심을 부리더니, 꼴좋다!"

사람들은 입을 모아 부자 영감을 놀렸어요. 부자 영감은 부끄러워서 얼굴을 들 수가 없었지요. 결국 욕심쟁이 영감은 짐을 꾸려 마을을 떠나고 말았어요. 총각은 기와집과 나무 그늘을 큰 쉼터로 만들었어요. 쉼터는 누구나 마음 놓고 쉬어 가는 곳이 되었답니다.

2
단원

12 이 글에서 시간을 나타내는 말을 두 가지 고르시오. (,)

① 기와집 ② 다음 날
③ 나무 그늘 ④ 저녁이 되어
⑤ 동네 사람들

13 이 이야기의 주제는 무엇입니까? ( )

① 나무를 잘 가꾸자.
② 내 것을 잘 챙기자.
③ 부지런한 생활을 하자.
④ 이웃과 함께 나누는 삶을 살자.
⑤ 남의 집에 함부로 들어가지 말자.

서술형

14 이야기의 흐름에 따라 이 글 전체의 내용을 간추려 쓰시오.

어느 더운 여름날, 부자 영감의 집 앞 느티나무 그늘에서 총각이 열 냥을 주고 부자 영감의 나무 그늘을 샀다.

그날 오후, 부자 영감의 집 쪽으로 나무 그늘이 옮겨 가자 총각은 부자 영감의 집 마당과 안방으로 들어갔다.

____

____

다음 날 이후, 총각이 동네 사람들을 그늘로 부르자 결국 부자 영감이 마을을 떠났다. 총각은 기와집과 나무 그늘을 큰 쉼터로 만들었다.

2 내용을 간추려요

기본 **에너지를 절약하자** 글의 전개에 따라 내용을 간추려 봅시다.

> **글의 종류**: 주장하는 글
> **글의 특징**: 에너지 사용의 문제점, 그에 관련한 해결 방안과 실천 방법을 제시하면서 에너지 절약을 실천하자는 의견을 주장하는 글입니다.

❶ 우리는 생활을 편하고 넉넉하게 하려고 많은 에너지 자원을 사용하고 있다.
❷ 에너지 자원은 한없이 있는 것이 아니어서 다 쓰고 나면 에너지 자원을 구할 수 없다.
❸ 에너지 절약은 작은 일부터 실천하면 된다.
❹ 에너지를 절약하려면 에너지를 불필요하게 사용하지 않는다.
❺ 에너지를 절약하려면 에너지 사용을 줄여야 한다.
❻ 에너지 절약은 말로 이루어지는 것이 아니라 생활 속에서 실천해야 한다.

에너지를 절약하자

❶ 우리는 생활을 편하고 넉넉하게 하려고 많은 에너지 자원을 사용하고 있다. 음식을 만들거나 집을 따뜻하게 하거나 불을 밝히려고 가스나 전기를 쓴다. 또 자동차를 타고 다니려면 석유가 필요하며 공장에서 생활에 필요한 물건을 만들 때에도 전기를 사용한다.

❷ 석탄, 석유, 가스, 전기 같은 에너지 자원은 한없이 있는 것이 아니다. 다 쓰고 나면 더는 에너지 자원을 구할 수 없게 된다. 특히 석유는 우리나라에서는 나지 않아 외국에서 수입해 오고 있다. 이처럼 중요한 에너지를 어떻게 절약해야 할까?

❸ 에너지를 절약하는 것은 그리 어렵지 않다. 관심을 가지고 내가 할 수 있는 작은 일부터 실천하면 된다.

❹ 우리가 에너지를 절약하는 방법은 두 가지로 나눌 수 있다. 먼저, 에너지를 불필요하게 사용하지 않는 것이다. 쓰지 않는 꽂개는 반드시 뽑아 놓고, 빈방에 켜 놓은 전깃불은 끈다. 그리고 뜨거운 음식은 식힌 뒤에 냉장고에 넣는다.

❺ 다음은, 에너지 사용을 줄이는 것이다. 가전제품은 에너지 효율이 높은 것을 쓰고, 조명 기구는 전기가 적게 드는 제품을 사용한다. 한여름에는 냉방기를 적게 쓰고 겨울에도 난방 기구를 덜 쓰도록 노력해야 한다.

❻ 지금까지 에너지 절약 방법을 알아보았다. 에너지 절약은 말로 하는 것이 아니다. 생활 속에서 바로 실천해야 한다.

---

15 에너지를 절약해야 하는 까닭으로 알맞은 것은 무엇입니까? ( )

① 에너지 자원을 사용하는 것이 번거롭기 때문이다.
② 에너지 자원을 생산하는 시간이 오래 걸리기 때문이다.
③ 에너지 자원을 사용하고 있는 곳이 부족하기 때문이다.
④ 에너지 절약은 일상생활에서 실천하기 어려운 일이기 때문이다.
⑤ 에너지 자원은 한없이 있는 것이 아니어서 다 쓰고 나면 에너지 자원을 구할 수 없기 때문이다.

16 이 글에서 제시한 문제점에 대한 해결 방안을 두 가지 찾아 쓰시오.

(1)	
(2)	

낱말 사전

수입해 다른 나라로부터 상품이나 기술 따위를 국내로 사들여.

꽂개 '플러그'를 우리말로 순화한 것.

난방 실내의 온도를 높여 따뜻하게 하는 일.

국어 활동 옛날과 오늘날의 우비 글의 내용을 간추리는 방법을 아는지 확인해 봅시다.

옛날과 오늘날의 우비

❶ 비가 올 때 사용하는 도구에는 어떤 것이 있을까? 옛날 사람들은 비가 올 때면 삿갓이나 도롱이를 사용했다. 삿갓은 대오리나 갈대로 거칠게 엮어 만든 모자이다. 반면 도롱이는 짚이나 띠 같은 풀을 두껍게 엮어 만든 망토이다. 삿갓과 도롱이를 함께 쓰면 비를 맞지 않고 양손을 자유롭게 사용할 수 있다. 그래서 농부들은 삿갓과 도롱이를 많이 활용했다.

❷ 오늘날 사람들은 천이나 비닐로 만든 가벼운 우산을 쓴다. 처음에 우산은 갈색이나 검은색 비단에 쇠살을 붙인 모습이었다. 그런데 비단에 쇠살을 붙인 우산은 비에 젖으면 무거워졌다. 그래서 비에 잘 젖지 않는 천과 가벼운 소재로 우산을 만들게 되었다. 요즘에는 자동식 우산이나 접이식 우산도 있다.

> 글의 종류: 설명하는 글
> 글의 특징: 옛날과 오늘날의 우비를 비교해 설명한 글입니다.

교과서 문제

17 각 문단에서 중심 문장을 찾아 알맞게 선으로 이으시오.

(1) 문단 ❶ • • ㉮ 오늘날 사람들은 천이나 비닐로 만든 가벼운 우산을 쓴다.

(2) 문단 ❷ • • ㉯ 옛날 사람들은 비가 올 때면 삿갓이나 도롱이를 사용했다.

18 이 글의 내용을 간추리는 방법입니다. ㉠~㉢에 들어갈 말을 보기에서 찾아 쓰시오.

보기
문장 전체 문단

각 (㉠)의 내용은 파악한다.
⬇
문단의 내용을 대표하는 (㉡)을/를 찾는다.
⬇
각 문단의 중심 내용을 바탕으로 하여 글 (㉢) 내용을 간추린다.

(1) ㉠: ( ) (2) ㉡: ( )
(3) ㉢: ( )

낱말 사전

망토 소매가 없이 어깨 위로 걸쳐 둘러 입도록 만든 외투. 남녀가 다 입으며, 손을 내놓는 아귀가 있음.

양손 양쪽 손.

소재 어떤 것을 만드는 데 바탕이 되는 재료.

교과서 핵심 정리

핵심 ① 들은 내용을 간추리는 방법

- 읽으면서 쓸 때보다 빨리 씁니다.
- 중요한 내용만 골라서 짧게 씁니다.
- 생각 그물, 표, 그림 등으로 나타낼 수 있습니다.

예 일기 예보를 들으면서 중요한 내용 간추리기

- 일요일 날씨 – 산책하기 좋은 날씨
  – 춘천 낮 기온 20도
  – 아침저녁으로 기온 차가 큼.

핵심 ② 글의 내용을 간추리는 방법

1 중심 문장을 연결해 내용을 간추리기

- 주로 중심 문장이 확실하게 드러나 있는 설명하는 글을 간추릴 때 사용합니다.
- 중심 문장을 연결해 전체 글의 내용을 간추립니다.

문단의 중심 문장 찾기 ➡ 문장을 이어 주는 말 생각하기 ➡ 중심 문장을 연결해 전체 글의 내용 간추리기

예 「동물이 내는 소리」의 내용 간추리기

동물들이 소리를 내는 방식은 다양하다. 개나 닭은 사람과 같이 성대를 울려 소리를 내지만 다양한 소리를 내지는 못한다. 매미는 발음근으로 소리를 낸다. 물고기는 몸속에 있는 부레로 여러 가지 소리를 낸다. 이렇게 동물들은 저마다 다른 방법으로 소리를 낼 수 있다.

2 이야기에서 일어난 중요한 사건을 중심으로 내용을 간추리기

- 주로 배경과 사건이 있는 이야기 글을 간추릴 때 사용합니다.
- 중요한 사건을 중심으로 간추립니다.

사건이 일어난 시간의 흐름, 장소의 변화에 따라 내용 정리하기 ➡ 시간과 장소, 사건의 흐름에 따라 전체 내용 간추리기

예 「나무 그늘을 산 총각」의 내용 간추리기

어느 더운 여름날, 느티나무 그늘에서 총각이 욕심쟁이 부자 영감에게 열 냥을 주고 나무 그늘을 샀다. 그날 오후, 부자 영감의 집 쪽으로 나무 그늘이 옮겨 가자 총각은 부자 영감의 집 마당과 안방으로 들어갔다. 저녁이 되어 그늘이 사라지자 총각이 집으로 돌아갔다. 다음 날 이후 총각은 매일같이 부잣집을 드나들었다. 총각이 동네 사람들을 그늘로 부르자 결국 부자 영감이 마을을 떠났다.

3 글의 전개에 따라 내용을 간추리기

주장하는 글은 주로 중심 내용을 찾아 문제점 제시, 해결 방안 제시, 실천 방법 제안의 전개에 따라 내용을 간추릴 수 있습니다.

글의 종류에 따라 다르게 전개되는 내용을 덩어리로 바꾸기 ➡ 문단의 중심 문장 또는 중심 내용을 찾기 ➡ 내용 전개에 따른 분류를 활용해 전체 내용 간추리기

예 「에너지를 절약하자」의 내용 간추리기

석탄, 석유, 가스, 전기 같은 에너지 자원은 한없이 있는 것이 아니어서 다 쓰고 나면 더는 구할 수 없게 된다. 에너지를 절약하는 것은 그리 어렵지 않다. 우리가 에너지를 절약하는 방법은 두 가지로 나눌 수 있다. 먼저, 불필요한 에너지를 사용하지 않는 것이다. 다음은, 에너지 사용을 줄이는 것이다. 에너지 절약은 생활 속에서 바로 실천해야 한다.

단원 정리 평가

2. 내용을 간추려요

01 다음은 일기 예보를 들을 때 생각할 점 중에서 무엇과 관련 있는지 알맞은 것에 ○표 하시오.

나에게 필요한 내용을 써 놔야겠어.

(1) 듣는 목적을 생각한다. ( )
(2) 아는 내용이나 경험을 떠올린다. ( )
(3) 들은 내용을 어떻게 할지 생각한다. ( )

[02~03] 다음 글을 읽고, 물음에 답하시오.

안녕하십니까? 날씨 정보입니다. 저는 지금 봄꽃이 가득한 공원에 나와 있습니다. 날씨가 따뜻해지면서 공원에는 나들이를 나온 시민들이 많아졌습니다. 활짝 핀 벚꽃이 성큼 찾아온 봄을 느끼게 해 줍니다. 오늘 하루는 전국적으로 맑은 날씨가 되겠습니다. 서울, 춘천은 19도, 강릉, 청주, 전주 등은 20도까지 낮 기온이 올라가겠습니다. 일요일에도 산책하기 좋은 날씨가 되겠습니다. 서울, 춘천은 20도, 청주와 진주 등은 21도의 따뜻한 날씨가 예상됩니다. 하지만 아침저녁으로는 5도에서 6도의 쌀쌀한 날씨가 예상됩니다. 일교차가 크니 감기에 걸리지 않도록 조심하세요.

02 이 일기 예보를 듣고 알 수 있는 내용이 아닌 것은 무엇입니까? ( )

① 오늘은 전국적으로 흐린 날씨이다.
② 오늘 춘천의 낮 기온은 19도 정도이다.
③ 오늘 전주의 낮 기온은 20도 정도이다.
④ 일요일 서울의 낮 기온은 20도 정도이다.
⑤ 일요일은 아침저녁으로 일교차가 클 것이다.

03 이 일기 예보를 듣고 다음과 같이 메모하였습니다. 다음 글을 쓴 방법으로 알맞은 것은 무엇입니까? ( )

일기 예보
- 오늘 날씨: 전국적으로 맑음.
- 일요일 날씨 – 산책하기 좋은 날씨
  – 춘천 낮 기온 20도
  – 아침저녁으로 기온 차가 큼.
    - 나들이 가능
    - 따뜻한 옷 필요

① 중요한 낱말을 썼다.
② 관련 없는 내용도 적었다.
③ 중요한 정보는 쓰지 않았다.
④ 나들이 갈 때 필요한 준비물을 쓰지 않았다.
⑤ 일기 예보에 나온 내용을 하나도 빠짐없이 다 썼다.

04 들은 내용을 정리할 때 메모를 하면 좋은 점으로 알맞은 것을 두 가지 고르시오. (,)

① 글씨 연습을 할 수 있다.
② 나중에 내용을 기억하기 쉽다.
③ 내용을 재미있게 꾸밀 수 있다.
④ 듣지 않은 내용도 모두 알 수 있다.
⑤ 중요한 내용을 빠짐없이 기억할 수 있다.

05 들은 내용을 쉽고 정확하게 정리하는 방법으로 알맞은 것은 무엇입니까? ( )

① 모든 내용을 다 쓴다.
② 들으면서 내용을 자세히 쓴다.
③ 읽으면서 쓸 때보다 빨리 쓴다.
④ 중요한 내용을 자세히, 길게 쓴다.
⑤ 정성을 많이 들여 글씨를 천천히 쓴다.

2 단원

[06~10] 다음 글을 읽고, 물음에 답하시오.

❶ 매미는 발음근으로 소리를 냅니다. 매미는 수컷만 소리를 낼 수 있고, 암컷은 소리를 내지 못합니다. 매미의 배에 있는 발음막, 발음근, 공기주머니는 매미가 소리를 내게 도와줍니다. 그런데 암컷은 발음근이 발달되어 있지 않고 발음막이 없어서 소리를 낼 수 없답니다. 수컷은 발음근을 당겨서 발음막을 움푹 들어가게 한 다음 '딸깍' 하고 소리를 냅니다. 이 소리가 커지고 반복되면 '찌이이' 하고 소리가 납니다.

❷ 물고기는 몸속에 있는 부레로 여러 가지 소리를 냅니다. 부레 안쪽 근육을 수축하거나 부레의 얇은 막을 진동해 소리를 낼 수 있습니다. 물고기가 조용하다고 느끼는 이유는 우리가 들을 수 없는 높낮이로 소리를 내기 때문입니다.

❸ 이와 같이 동물들은 성대나 발음근, 부레를 이용해 소리를 냅니다. 그 밖에도 날개를 비비거나 꼬리를 흔들어 소리를 내는 동물들도 있습니다. 이렇게 동물들은 저마다 다른 방법으로 소리를 낼 수 있습니다.

06 이 글의 내용으로 알맞지 않은 것은 무엇입니까? (　　)

① 매미 암컷은 발음막이 없다.
② 매미는 발음근으로 소리를 낸다.
③ 매미는 암컷만 소리를 낼 수 있다.
④ 물고기는 몸속에 있는 부레로 소리를 낸다.
⑤ 동물들은 성대나 발음근, 부레를 이용해 소리를 낸다.

07 물고기가 조용하다고 느끼는 이유는 무엇인지 글에서 찾아 쓰시오.

____

____

08 글 ❶의 중심 문장으로 알맞은 것은 무엇입니까? (　　)

① 매미는 발음근으로 소리를 냅니다.
② 매미는 수컷만 소리를 낼 수 있고, 암컷은 소리를 내지 못합니다.
③ 매미의 배에 있는 발음막, 발음근, 공기주머니는 매미가 소리를 내게 도와줍니다.
④ 암컷은 발음근이 발달되어 있지 않고 발음막이 없어서 소리를 낼 수 없답니다.
⑤ 수컷은 발음근을 당겨서 발음막을 움푹 들어가게 한 다음 '딸깍' 하고 소리를 냅니다.

09 글 ❸의 중심 문장에는 ○표, 뒷받침 문장에는 △표 하시오.

이와 같이 동물들은 성대나 발음근, 부레를 이용해 소리를 냅니다.	(1)
그 밖에도 날개를 비비거나 꼬리를 흔들어 소리를 내는 동물들도 있습니다.	(2)
이렇게 동물들은 저마다 다른 방법으로 소리를 낼 수 있습니다.	(3)

☆☆☆
10 이 글의 내용을 간추리는 방법에 맞게 ㉮와 ㉯에 공통으로 들어갈 말을 보기에서 골라 쓰시오.

보기
문단　　중심 문장　　뒷받침 문장

- 각 문단의 (㉮)을 찾는다.
- 문장을 이어 주는 말을 생각한다.
- (㉯)을 연결해 전체 글의 내용을 간추린다.

(　　　　　　)

[11~12] 다음 글을 읽고, 물음에 답하시오.

어느 더운 여름날이었어요.
"어휴, 덥다. 그늘에서 잠깐 쉬어 갈까?"
총각이 뜨거운 볕을 피해 나무 그늘로 들어섰어요.
"드르렁, 드르렁, 푸!"
나무 그늘에는 부자가 코를 골며 자고 있었지요. 잠깐 쉬어 가려던 총각도 그만 잠이 들고 말았어요.
얼마 뒤, 욕심쟁이 부자가 깨어났어요. 부자는 총각을 보자 버럭버럭 소리를 질렀어요.
"너 이놈, 허락도 없이 남의 나무 그늘에서 잠을 자다니!"
총각이 부스스 눈을 뜨며 물었어요.
"나무 그늘에 무슨 주인이 있다고 그러세요?"
"이건 우리 할아버지의 할아버지가 심은 나무야. 그러니 그늘도 당연히 내 것이지!"
부자 영감의 말에 총각은 기가 딱 막혔어요.
'이런 욕심쟁이 영감, 어디 한번 당해 봐라!'
총각은 욕심쟁이 부자를 혼내 주기로 했어요.

11 이 글에서 사건이 일어난 시간과 장소를 쓰시오.

시간	(1)
장소	(2)

12 부자 영감이 총각에게 화를 낸 까닭은 무엇입니까? ( )

① 총각이 잠을 깨워서
② 총각이 심하게 코를 골아서
③ 총각이 잠꼬대를 심하게 해서
④ 총각이 멋대로 자기 집에 들어와서
⑤ 총각이 허락 없이 나무 그늘에서 잠을 자서

[13~14] 다음 글을 읽고, 물음에 답하시오.

총각은 동네 사람들을 그늘로 불렀어요. 욕심쟁이 부자를 곯려 주는 일이니 모두 신이 나서 달려왔지요. 부자 영감의 집은 날마다 사람들로 북적거렸어요.
"이보게, 제발 이 그늘을 다시 팔게!"
부자 영감은 사정사정했어요.
"그늘을 사고 싶으면 만 냥을 내십시오."
"뭐라고? 마, 만 냥?"
부자 영감은 눈알이 튀어나올 것 같았지요.
"그렇게 욕심을 부리더니, 꼴좋다!"
사람들은 입을 모아 부자 영감을 놀렸어요. 부자 영감은 부끄러워서 얼굴을 들 수가 없었지요. 결국 욕심쟁이 영감은 짐을 꾸려 마을을 떠나고 말았어요. 총각은 기와집과 나무 그늘을 큰 쉼터로 만들었어요. 쉼터는 누구나 마음 놓고 쉬어 가는 곳이 되었답니다.

13 이 글에서 중요한 사건을 알맞게 정리한 것은 무엇입니까? ( )

① 사람들이 부자 영감을 놀렸다.
② 총각이 그늘을 만 냥에 팔았다.
③ 총각이 동네 사람들을 그늘로 불렀다.
④ 부자 영감의 집은 날마다 사람들로 북적거렸다.
⑤ 총각이 동네 사람들을 그늘로 부르자 부자 영감이 마을을 떠났다.

14 부자 영감이 떠나자 총각이 한 행동은 무엇입니까? ( )

① 나무 그늘을 큰 쉼터로 만들었다.
② 나무 그늘을 부자 영감에게 다시 팔았다.
③ 나무 그늘을 동네의 다른 사람에게 팔았다.
④ 나무 그늘을 자기만의 낮잠 장소로 만들었다.
⑤ 나무 그늘에 아무도 들어오지 못하게 하였다.

2 단원

[15~20] 다음 글을 읽고, 물음에 답하시오.

우리는 생활을 편하고 넉넉하게 하려고 많은 에너지 자원을 사용하고 있다. 음식을 만들거나 집을 따뜻하게 하거나 불을 밝히려고 가스나 전기를 쓴다. 또 자동차를 타고 다니려면 석유가 필요하며 공장에서 생활에 필요한 물건을 만들 때에도 전기를 사용한다.

석탄, 석유, 가스, 전기 같은 에너지 자원은 한없이 있는 것이 아니다. 다 쓰고 나면 더는 에너지 자원을 구할 수 없게 된다. 특히 석유는 우리나라에서는 나지 않아 외국에서 수입해 오고 있다. 이처럼 중요한 에너지를 어떻게 절약해야 할까?

에너지를 절약하는 것은 그리 어렵지 않다. 관심을 가지고 내가 할 수 있는 작은 일부터 실천하면 된다.

우리가 에너지를 절약하는 방법은 두 가지로 나눌 수 있다. 먼저, 에너지를 불필요하게 사용하지 않는 것이다. 쓰지 않는 꽂개는 반드시 뽑아 놓고, 빈방에 켜 놓은 전깃불은 끈다. 그리고 뜨거운 음식은 식힌 뒤에 냉장고에 넣는다.

다음은, 에너지 사용을 줄이는 것이다. 가전제품은 에너지 효율이 높은 것을 쓰고, 조명 기구는 전기가 적게 드는 제품을 사용한다.

15 우리가 많은 에너지 자원을 사용하는 까닭이 아닌 것은 무엇입니까? ( )

① 음식을 만들려고
② 집을 따뜻하게 하려고
③ 생활을 불편하게 하려고
④ 생활을 넉넉하게 하려고
⑤ 자동차를 타고 다니려고

16 에너지 자원에 해당하지 않는 것은 무엇입니까? ( )

① 석탄 ② 석유 ③ 가스
④ 전기 ⑤ 가전제품

17 이 글에서 말한 에너지 절약에 대한 설명으로 알맞은 것은 무엇입니까? ( )

① 매우 어려운 일이다.
② 관심이 필요 없는 일이다.
③ 크고 멋진 일부터 실천해야 한다.
④ 내가 할 수 있는 작은 일부터 해야 한다.
⑤ 생활 속에서 실천할 수 없는 일을 해야 한다.

서술형

18 이 글에서 글쓴이가 제시한 문제점은 무엇인지 쓰시오.

19 글쓴이가 이 글을 쓴 목적은 무엇입니까? ( )

① 새로운 에너지를 알리기 위해서
② 에너지 절약을 주장하기 위해서
③ 에너지의 종류를 설명하기 위해서
④ 에너지 사용의 목적을 알리기 위해서
⑤ 에너지와 관련된 경험을 말하기 위해서

20 이와 같은 글을 간추리는 방법이 아닌 것은 무엇입니까? ( )

① 의견을 내세운 글이라는 점을 생각한다.
② 문단의 중심 문장이나 내용을 찾아본다.
③ 글의 내용이 어떻게 전개되는지 살펴본다.
④ 사건이 일어난 시간의 흐름에 따라 정리한다.
⑤ 문제점, 해결 방안, 실천 방법으로 구분해 살펴본다.

서술형 문제

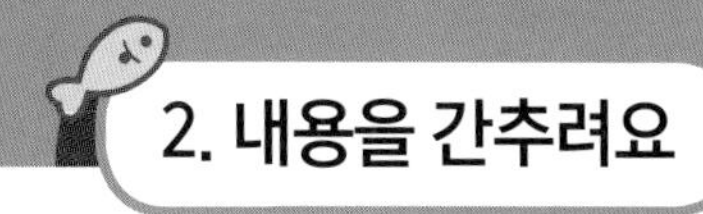

2
단원

1~2

❶ 개나 닭은 사람과 같이 성대를 울려 소리를 내지만 다양한 소리를 내지는 못합니다. 왜냐하면 성대나 입과 혀의 생김새가 사람과 다르기 때문입니다. 그래서 몇 가지 소리만 낼 수 있습니다. 동물들은 대개 서로를 부르거나 위협하기 위해서 소리를 냅니다.

❷ 매미는 발음근으로 소리를 냅니다. 매미는 수컷만 소리를 낼 수 있고, 암컷은 소리를 내지 못합니다. 매미의 배에 있는 발음막, 발음근, 공기주머니는 매미가 소리를 내게 도와줍니다. 그런데 암컷은 발음근이 발달되어 있지 않고 발음막이 없어서 소리를 낼 수 없답니다. 수컷은 발음근을 당겨서 발음막을 움푹 들어가게 한 다음 '딸깍' 하고 소리를 냅니다. 이 소리가 커지고 반복되면 '찌이이' 하고 소리가 납니다.

❸ 물고기는 몸속에 있는 부레로 여러 가지 소리를 냅니다. 부레 안쪽 근육을 수축하거나 부레의 얇은 막을 진동해 소리를 낼 수 있습니다. 물고기가 조용하다고 느끼는 이유는 우리가 들을 수 없는 높낮이로 소리를 내기 때문입니다.

01 각 문단에서 중심 문장을 찾아 쓰시오.

문단 ❶	(1)
문단 ❷	(2)
문단 ❸	(3)

02 이와 같은 글의 내용을 간추리는 방법을 쓰시오.

3~4

❶ "영감님, 저한테 이 나무 그늘을 파는 건 어때요?"
부자는 귀가 솔깃했어요.
'아니, 이런 멍청한 녀석을 봤나?'
부자는 억지로 웃음을 참으며 말했어요.
"흠, 자네가 원한다면 할 수 없지. 대신 나중에 무르자고 하면 절대로 안 되네!"
부자는 못 이기는 척 나무 그늘을 팔았답니다.
총각은 열 냥을 주고 나무 그늘을 샀어요.

❷ 마침내 나무 그늘은 부자 영감의 집 마당까지 길어졌지요.
'슬슬 시작해 볼까?'
총각은 성큼성큼 부자 영감의 집 안으로 들어갔어요.
"아니, 남의 집엔 왜 들어오는 거냐?"
부자 영감은 담뱃대를 휘둘렀어요. 총각은 나무 그늘에 서서 말했어요.
"하하하, 영감님. 여기는 제 그늘인걸요."

03 총각이 부자 영감의 집 안으로 들어간 까닭은 무엇인지 쓰시오.

04 이야기의 흐름에 따라 이 글의 중요한 사건을 정리해 쓰시오.

수행 평가

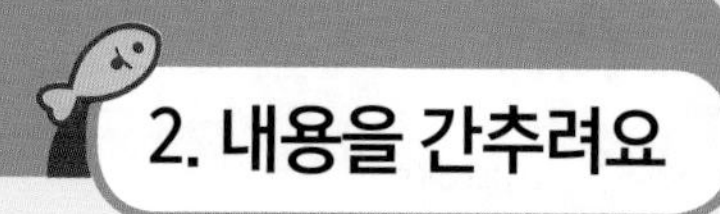

학습 주제 글의 내용 간추리기 **배점** 20점

학습 목표 글의 전개에 따라 내용을 간추릴 수 있다.

석탄, 석유, 가스, 전기 같은 에너지 자원은 한없이 있는 것이 아니다. 다 쓰고 나면 더는 에너지 자원을 구할 수 없게 된다. 특히 석유는 우리나라에서는 나지 않아 외국에서 수입해 오고 있다. 이처럼 중요한 에너지를 어떻게 절약해야 할까?

에너지를 절약하는 것은 그리 어렵지 않다. 관심을 가지고 내가 할 수 있는 작은 일부터 실천하면 된다.

우리가 에너지를 절약하는 방법은 두 가지로 나눌 수 있다. 먼저, 에너지를 불필요하게 사용하지 않는 것이다. 쓰지 않는 꽂개는 반드시 뽑아 놓고, 빈방에 켜 놓은 전깃불은 끈다. 그리고 뜨거운 음식은 식힌 뒤에 냉장고에 넣는다.

다음은, 에너지 사용을 줄이는 것이다. 가전제품은 에너지 효율이 높은 것을 쓰고, 조명 기구는 전기가 적게 드는 제품을 사용한다. 한여름에는 냉방기를 적게 쓰고 겨울에도 난방 기구를 덜 쓰도록 노력해야 한다.

1 글쓴이가 이 글을 쓴 목적은 무엇인지 쓰시오.

2 이 글의 전개에 따라 내용을 간추려 쓰시오.

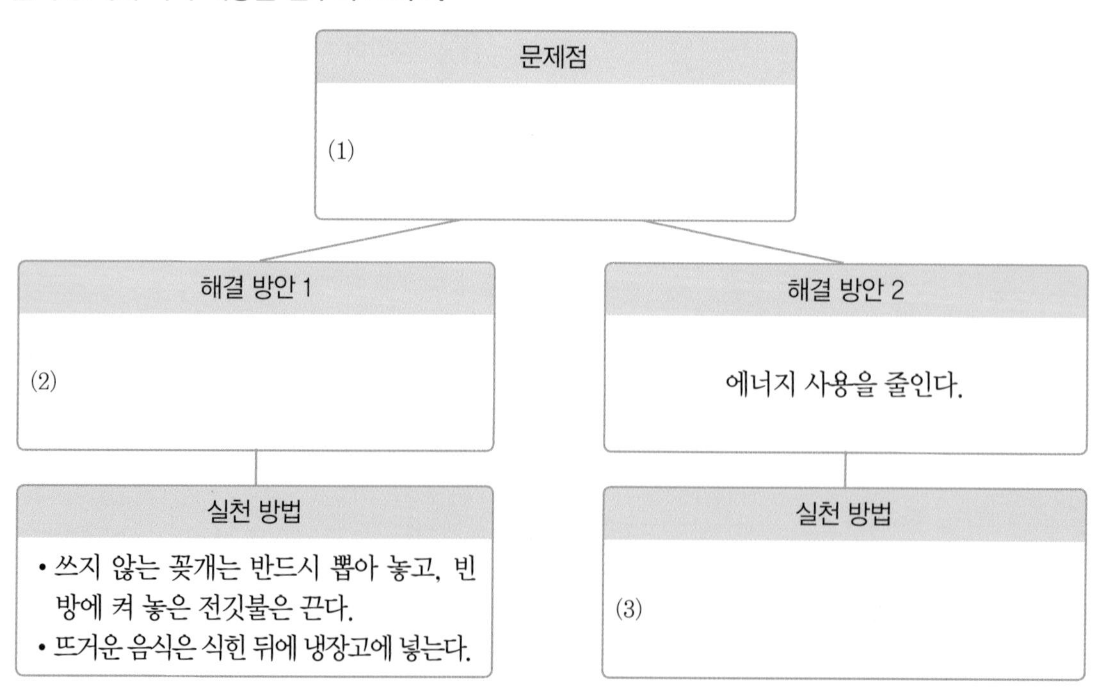

문제점
(1)
해결 방안 1
(2)
해결 방안 2
에너지 사용을 줄인다.
실천 방법
• 쓰지 않는 꽂개는 반드시 뽑아 놓고, 빈방에 켜 놓은 전깃불은 끈다.
• 뜨거운 음식은 식힌 뒤에 냉장고에 넣는다.
실천 방법
(3)

준비 상황에 알맞은 표정, 몸짓, 말투의 효과를 알아봅시다.

❶

❷
동생과 사이 좋게 지내야지.
네, 그럴게요.

❸

❹

교과서 문제

01 **이 그림과 상황이 어울리는 것에는 ○표, 어울리지 않는 것에는 ×표 하시오.**

(1) 그림 ❶: 칭찬을 듣고 힘이 나서 대답하는 상황 ( )
(2) 그림 ❷: 꾸중을 듣고 뉘우치는 상황 ( )
(3) 그림 ❸: 기뻐서 마음이 설레는 상황 ( )
(4) 그림 ❹: 좋아하는 일을 하게 되어 기뻐하는 상황 ( )

02 **남자아이와 여자아이가 공통으로 말한 대답은 무엇인지 쓰시오.**

그림 ❶, ❷	(1)
그림 ❸, ❹	(2)

03 **이 그림을 통해 알 수 있는 점은 무엇입니까?** ( )

① 칭찬을 듣고 힘이 날 때는 슬픈 표정을 짓는다.
② 같은 대답을 할 때에는 항상 같은 말투를 사용한다.
③ 상황이 달라지더라도 같은 대답을 할 때에는 항상 같은 몸짓을 한다.
④ 상황이 달라지더라도 같은 대답을 할 때에는 항상 같은 표정을 짓는다.
⑤ 같은 대답을 하더라도 상황에 따라 표정, 몸짓, 말투가 달라질 수 있다.

3 느낌을 살려 말해요

단원 학습 목표

자신의 생각과 느낌이 잘 드러나게 말해 보아요.

> **그림의 특징**: 상황에 따라 '네'를 어떻게 말해야 하는지 생각할 수 있습니다.

낱말 사전

기다리던 어떤 사람이나 때가 오기를 바라던.

3 단원

준비 상황에 알맞은 표정, 몸짓, 말투의 효과를 알아봅시다.

▶ **그림의 특징**: 공식적인 상황에서 말할 때 알맞은 표정, 몸짓, 말투를 생각해 볼 수 있습니다.

❶ 학급 회의를 진행하면서 밝게 웃고 있습니다.
❷ 학급 회의를 진행하면서 굳은 표정을 짓고 있습니다.
❸ 발표하면서 듣는 사람을 바르게 서서 바라보고 있습니다.
❹ 발표하면서 비뚤게 서서 손으로 머리를 긁적였습니다.

장면 1

❶ ❷

제○회 학급 회의를
시작하겠습니다.
제○회 학급 회의를
시작하겠습니다.

장면 2

❸ ❹

제가 다녀온
박물관에 대해
말씀드리겠습니다.
제가 다녀온
박물관에 대해
말씀드리겠습니다.

교과서 문제

04 그림 ❶~❹에서 말하는 사람에 대한 설명으로 알맞지 않은 것은 무엇입니까? (　　)

① 그림 ❶의 말하는 사람은 밝게 웃고 있는 표정이다.
② 그림 ❷의 말하는 사람은 긴장해 굳은 표정을 하고 있다.
③ 그림 ❸의 말하는 사람은 듣는 사람을 바르게 서서 바라보고 있다.
④ 그림 ❹의 말하는 사람은 듣는 사람을 바르게 서서 바라보고 있다.
⑤ 그림 ❹의 말하는 사람은 비뚤게 서서 손으로 머리를 긁적이고 있다.

낱말 사전

회의 여러 사람이 한자리에 모여 어떤 문제를 놓고 토의하는 것. 또는 그런 모임.

박물관 옛날 물건이나 예술 작품, 학술 자료 같은 것을 모아 간수하고 여러 사람한테 보여 주는 곳.

☆☆☆

05 그림 ❶~❹ 중 듣는 사람에게 자신의 생각을 더 잘 전달할 수 있는 상황을 두 가지 골라 그림 번호를 쓰시오.

(　　　　,　　　　)

장면 3
5
우승하신 소감
좀 말씀해 주세요.
기분이 매우 좋습니다.
운이 좋았던 것 같아요.
6
우승하신 소감
좀 말씀해 주세요.
당연히 기분 좋죠.
안 좋겠어요.

5 우승 소감을 말하면서 공손하게 기쁨을 표현했습니다.
6 우승 소감을 말하면서 어색하고 예의 없게 말했습니다.

3 단원

교과서 문제

06 '장면 3'에서 남자아이의 말투가 어떠한지 보기에서 찾아 기호를 쓰시오.

보기
㉮ 공손하게 기쁨을 표현한다.
㉯ 어색하고 예의 없게 말한다.

(1) 그림 5: (　　　　　　　　)
(2) 그림 6: (　　　　　　　　)

07 학예회에서 사회를 볼 때 알맞은 표정, 몸짓, 말투는 무엇입니까? (　　　)

① 밝은 표정으로 말한다.
② 긴장해 굳은 표정으로 말한다.
③ 어색하고 예의 없는 말투로 말한다.
④ 비뚤게 서서 손으로 머리를 긁적인다.
⑤ 긴장해서 듣는 사람을 쳐다보지 않는다.

08 상황에 알맞은 표정, 몸짓, 말투를 사용하면 좋은 점이 아닌 것은 무엇입니까? (　　　)

① 듣는 사람이 잘 알아들을 수 있다.
② 자신의 느낌을 잘 표현할 수 있다.
③ 듣는 사람의 기분을 잘 헤아릴 수 있다.
④ 자신의 생각을 분명하게 전달할 수 있다.
⑤ 말하는 내용을 자연스럽게 표현할 수 있다.

낱말 사전

우승하신　경기, 대회에서 일등을 차지하신.

당연히　그렇게 하는 것이 마땅하게.

기본 **가방 들어 주는 아이** 적절한 표정, 몸짓, 말투를 사용해 말해 봅시다.

> **동영상의 특징:** 석우가 다리가 불편한 영택이의 가방을 들어다 주며 서로 친한 친구가 되어 가는 내용입니다.

가방 들어 주는 아이

[동영상 내용]

2학년 첫날, 석우는 선생님의 부탁으로 다리가 불편한 영택이의 가방을 들어 주어야 하는 역할을 맡게 됩니다. 석우는 처음엔 영택이의 가방을 들어다 주는 것이 너무나 귀찮고 싫었습니다. 영택이의 가방을 들어다 주는 일 때문에 오후에 친구들과 맘대로 놀지도 못하고, 다른 친구들이 영택이의 졸병이라고 놀렸기 때문입니다. 그러나 석우는 영택이의 가방을 들어다 주면서 영택이를 진심으로 걱정해 주고 좋아하게 됩니다.

영택이의 생일에 영택이는 생일이라는 것을 숨기고 석우를 초대하지만, 석우는 축구 시합 때문에 약속을 미룹니다. 축구 시합이 끝난 후 영택이의 집에 가 본 석우는 영택이가 집에 안 온 것을 알고 걱정하며 온 동네로 영택이를 찾아다닙니다. 영택이의 집 앞에서 영택이를 만난 석우는 그때서야 영택이가 생일이었던 것을 알게 되고 영택이의 집에 들어가서 생일 케이크를 먹으며 생일 축하를 해 줍니다.

서로 마음을 나누며 영택이와 친한 친구가 된 석우는 2학년의 마지막 날이 지나고 3학년이 되어서도 영택이의 가방을 들어 주는 우정을 이어 나갑니다.

---

09 석우가 영택이의 가방을 들어 주게 된 까닭은 무엇입니까? (　　)

① 선생님의 부탁이라서　② 영택이를 좋아해서
③ 함께 놀 친구가 없어서　④ 친구들이랑 내기를 해서
⑤ 영택이가 옆집으로 이사를 와서

10 석우의 마음으로 알맞지 않은 것은 무엇입니까? (　　)

① 영택이를 도와줄 수 있어서 2학년 첫날부터 기뻤다.
② 처음에 영택이의 가방을 들어다 주는 것이 귀찮았다.
③ 다른 친구들이 영택이의 졸병이라고 놀려서 속상했다.
④ 친구들과 맘대로 놀지 못해 영택이의 가방을 들어 주기가 싫었다.
⑤ 영택이의 가방을 들어다 주면서 영택이를 진심으로 좋아하게 되었다.

11 이와 같은 동영상을 볼 때 주의할 점으로 알맞은 것은 무엇입니까? (　　)

① 말하는 이의 대사만 듣는다.　② 말하는 이의 표정만 살펴본다.
③ 말하는 이의 손동작만 살펴본다.　④ 이야기가 재미있는지만 살펴본다.
⑤ 말하는 이의 표정, 몸짓, 말투를 함께 살펴본다.

낱말 사전

불편한　어떤 일을 하기가 까다롭거나 힘든.

졸병　계급이 낮은 병사.

미룹니다　정한 시간이나 기일을 나중으로 넘기거나 늘입니다.

우정　친구 사이의 정.

[장면 내용]

어느 등교하는 길에 석우는 길에 있는 음료수 깡통을 발로 차며, 영택이에게도 차 보라고 말합니다. 다리가 불편한 영택이는 못할 것 같다고 말했지만, 석우가 음료수 깡통을 가져다주며 한번 차 보라고 용기를 줍니다. 영택이는 석우의 응원에 힘입어 목발을 짚고 음료수 깡통을 발로 차는 일을 해냅니다. 석우와 영택이는 환하게 웃으며 함께 학교에 갑니다.

석우: ㉠ 자, 멀리 찼지? 자, 네 차례야.
영택: ㉡ 잘 못할 것 같은데…….
석우: 에이, 해 봐. ㉢ 오, 민영택! 센데!

> **장면의 특징:** 석우와 영택이의 표정, 몸짓, 말투가 어떠한지 생각해 볼 수 있습니다.

3 단원

교과서 문제

12 ㉠을 말할 때 석우의 말투로 알맞은 것은 무엇입니까? (　　　)

① 피곤하고 힘든 말투　② 밝고 장난스러운 말투
③ 귀찮고 짜증나는 말투　④ 섭섭하고 속상한 말투
⑤ 소리가 작고 걱정스러운 말투

13 ㉡을 말할 때 영택이의 표정으로 알맞은 것은 무엇입니까? (　　　)

① 밝은 표정　② 억울한 표정
③ 화가 난 표정　④ 장난하는 표정
⑤ 자신 없는 표정

서술형

14 ㉢을 말할 때 석우의 알맞은 표정, 몸짓, 말투를 쓰시오.

15 표정, 몸짓, 말투를 사용해 말할 때 주의할 점으로 알맞은 것은 무엇입니까? (　　　)

① 듣는 사람은 고려하지 않는다.
② 내가 자신 있는 표정만 사용한다.
③ 사용하려는 목적을 생각하지 않는다.
④ 상황과 관계없이 부드러운 말투만 사용한다.
⑤ 표정, 몸짓, 말투가 서로 어울리게 사용한다.

낱말 사전

깡통　양철을 써서 둥근기둥 꼴로 만든 통조림통 따위의 통.

목발　다리가 불편한 사람이 겨드랑이에 끼고 걷는 지팡이.

짚고　바닥이나 벽, 지팡이 따위에 몸을 의지하고.

해냅니다　맡은 일이나 닥친 일을 능히 처리합니다.

돈을 왜 만들었을까?

❶ 돈이 없어도 전혀 불편하지 않았던 시절이 있었어요. 우르르 몰려다니며 짐승을 사냥해서 먹거나 나무 열매와 식물을 채집해서 먹으며 동굴에서 잠을 자던 원시 시대지요. 인류는 그런 생활을 무려 수만 년이나 해 왔답니다. 당연히 돈 같은 게 필요 없었지요.

하지만 농사를 짓기 시작하면서 상황은 달라졌어요. 그전까지 인류는 뭔가를 만들어 내는 '생산 활동'을 하지 않았어요. 자연에 널려 있는 짐승과 식물을 거두어 이용하는 것만으로도 충분했으니까요.

처음에는 겨우겨우 먹고살 만큼만 농사를 지었어요. 그러다가 괭이나 쟁기 같은 농기구가 개발되고 농사 기술이 발전하면서 수확하는 곡식의 양도 늘어났지요. 가족이 먹고도 남을 만큼요. 이렇게 남은 생산물을 '잉여 생산'이라고 해요. 이제 인류는 남는 곡식을 어떻게 처리할까 조금은 행복한 고민에 빠지게 되었어요.

❷ 육천 년 전, 드디어 사람들은 저마다 남는 물건을 바꾸기 시작했어요. 물물 교환이 시작된 거예요.

하지만 물물 교환은 쉽지 않았어요. 쌀을 가져온 농부가 어부의 고등어와 맞바꾸려면 어부 역시 쌀을 원해야 하잖아요? 그런데 어부가 원하는 것이 사냥꾼의 곰 가죽이라면 이 거래는 이루어질 수 없겠지요. 또 운 좋게 그런 상대방을 만나도 교환이 늘 순조롭지만은 않았어요.

- **글의 종류**: 설명하는 글
- **글쓴이**: 김성호
- **글의 특징**: 돈이 없었던 시대부터 물물 교환을 하는 시대를 지나 돈이 생겨나게 된 과정을 설명한 글입니다.

❶ 원시 시대에는 돈이 필요 없었지만, 농사 기술이 발전하면서 남는 곡식을 어떻게 처리할지 고민하게 되었습니다.

❷ 육천 년 전, 물물 교환이 시작되었으나, 늘 순조롭지만은 않았습니다.

교과서 문제

16 원시 시대에 돈이 필요 없었던 까닭은 무엇입니까? (　　)

① 농사를 지었기 때문이다.
② 농기구가 개발되었기 때문이다.
③ 농사 기술이 발전하였기 때문이다.
④ 사냥이나 채집을 하며 생활했기 때문이다.
⑤ 짐승이나 나무 열매가 부족하였기 때문이다.

17 글 ❷에 나타난 물물 교환의 문제점을 두 가지 고르시오. (　　,　　)

① 원하는 물건이 서로 다르다.
② 물물 교환을 할 시간이 없다.
③ 물물 교환을 할 물건이 없다.
④ 물물 교환을 원하는 사람이 없다.
⑤ 가치를 매기는 기준이 서로 다르다.

낱말 사전

수확　익은 농작물을 거두어들임. 또는 거두어들인 농작물.

잉여　쓰고 난 후 남은 것.

맞바꾸려면　더 보내거나 빼지 아니하고 어떤 것을 주고 다른 것을 받으려면.

거래　주고받음. 또는 사고팖.

"어부야, 고등어 한 마리랑 쌀 한 봉지랑 바꾸자."

"두 봉지는 줘야지."

3 그래서 인류는 물건의 가격을 매길 수 있는 제삼의 물건을 생각해 냈어요. 바로 돈이었지요. 기록에 전해지는 최초의 돈은 중국인들이 사용한 조개껍데기예요.

'애걔, 그 흔한 조개껍데기를 돈으로 사용했단 말이야?'라고 생각하겠죠? 하지만 이 조개는 우리가 흔히 볼 수 있는 그런 조개가 아니라 더운 지방에서만 나는 '자안패'라는 귀한 조개였어요. 이 조개껍데기에 구멍을 뚫어 실을 꿰면 장신구가 되기도 했지요.

4 조개껍데기가 나지 않는 지역은 다른 물건을 돈으로 사용했어요.

초콜릿의 원료인 카카오가 많이 나는 남아메리카에서는 카카오 열매를, 소금이 풍부했던 아프리카와 지중해 지역에서는 소금을, 농경 지역에서는 곡식과 옷감을, 가축이 재산이었던 유목민은 동물을 각각 돈으로 사용했어요. 이렇게 물건을 돈으로 사용하는 것을 '물품 화폐', 또는 '상품 화폐'라고 해요.

5 그럼 이제 돈이 등장했으니 물물 교환은 사라졌을까요? 아니에요. 비록 물품 화폐가 나왔지만 여전히 대부분의 거래는 물물 교환으로 이루어졌어요. 물품 화폐는 물물 교환의 보조 수단에 불과했지요.

3 인류는 물건의 가격을 매길 수 있는 돈을 생각해 냈고, 최초의 돈은 '자안패'라는 조개껍데기였습니다.

4 지역에 따라 다른 물건을 돈으로 사용했으며, 이것을 '물품 화폐', 또는 '상품 화폐'라고 합니다.

5 대부분의 거래는 물물 교환으로 이루어지고, 물품 화폐는 물물 교환의 보조 수단에 불과했습니다.

3 단원

---

18 인류 최초의 돈으로 사용된 것은 무엇이었는지 찾아 쓰시오.

( )

19 이 글에 대한 내용으로 알맞지 않은 것은 무엇입니까? ( )

① 남아메리카에서는 돈으로 소금을 사용했다.
② 가축이 재산이었던 유목민은 동물을 돈으로 사용했다.
③ 조개껍데기가 나지 않는 지역은 다른 물건을 돈으로 사용했다.
④ 물건을 돈으로 사용하는 것을 '물품 화폐', '상품 화폐'라고 한다.
⑤ 돈이 등장했으나, 물품 화폐는 물물 교환의 보조 수단에 불과했다.

☆☆☆

20 이 글의 내용을 듣는 사람에 따라 소개하는 방법으로 알맞은 것의 기호를 쓰시오.

㉮ 동생에게 쉬운 말로 소개한다.
㉯ 여러 사람 앞에서 예사말로 소개한다.

( )

낱말 사전

장신구 몸치장을 하는 데 쓰는 물건.

유목민 목축을 업으로 삼아 물과 풀을 따라 옮겨 다니며 사는 민족.

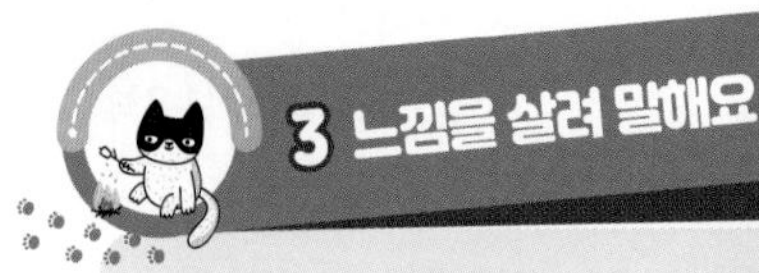

> 글의 종류: 설명하는 글
> 글쓴이: 김성호
> 글의 특징: 동전과 지폐를 만드는 재료가 무엇인지 설명한 글입니다.

1 동전은 주재료가 구리인데, 여기에 아연이나 니켈, 알루미늄 같은 금속을 조금씩 섞어서 만듭니다.

돈의 재료

1 돈은 크게 동전과 지폐로 나눌 수 있어요.

동전은 주재료가 구리인데, 여기에 아연이나 니켈, 알루미늄 같은 금속을 조금씩 섞어서 만들어요. 이 섞는 금속에 따라서 동전 색깔이 달라지지요.

옛날 10원 동전은 지금과 달리 누런색이었어요. 그것은 동전에 섞인 아연 때문이에요. 새로 나온 10원짜리는 구릿빛으로 붉어요. 그 이유는 아연을 빼고 구리를 씌운 알루미늄을 사용했기 때문이지요. 반면 100원, 500원 동전이 은백색인 것은 니켈 때문이에요. 지금은 쓰이지 않지만 1원짜리 동전은 구리가 전혀 섞이지 않은 100퍼센트 알루미늄으로 만들었어요.

---

21 동전을 만들 때 동전의 색깔을 바꾸게 하는 것은 무엇인지 찾아 쓰시오.

( )

22 이 글에 대한 내용으로 알맞은 것은 무엇입니까? ( )

① 돈은 동전만 있다.
② 동전의 주재료는 아연이다.
③ 옛날 10원 동전은 누런색이다.
④ 새로운 10원 동전은 은백색이다.
⑤ 1원짜리 동전은 100퍼센트 구리로 만들어졌다.

교과서 문제

23 다음과 같이 동전의 재료를 간단히 설명해 주려고 할 때, 듣는 사람으로 가장 알맞은 것에 ○표 하시오.

> 동전의 주재료가 무엇인지 아시나요? 동전은 주재료가 구리입니다. 여기에 아연이나 니켈, 알루미늄과 같은 금속을 조금씩 섞어 동전을 만들지요. 이 섞는 금속에 따라서 동전 색깔이 달라집니다.

(1) 동생에게 말할 때 ( )
(2) 친구에게 말할 때 ( )
(3) 여러 사람 앞에서 말할 때 ( )

낱말 사전

섞어서 두 가지 이상의 것을 한데 합쳐서.

구릿빛 구리의 빛깔과 같이 붉은 빛을 많이 띤 갈색빛.

씌운 먼지나 가루 따위를 몸이나 물체 따위에 덮이게 한.

은백색 은의 빛깔과 같은 흰색.

2 그럼 지폐는 무엇으로 만들까요?

당연히 종이라고 생각하겠지만, 지폐는 솜으로 만들어요. 방적 공장에서 옷감의 재료로 사용하고 남은 찌꺼기 솜인 낙면이 그 재료이지요. 이 솜으로 만든 지폐는 습기에도 강하고 정교하게 인쇄 작업을 할 수 있으며 위조를 방지할 수 있다는 장점이 있어요. 그래서 오늘날 대부분의 국가들은 솜으로 지폐를 만들어요.

그렇지만 특이하게 플라스틱으로 지폐를 만드는 나라도 있어요. 호주와 뉴질랜드는 플라스틱의 일종인 폴리머라는 재료로 지폐를 만들어요.

3 우리나라의 화폐 제조 기술은 세계적인 수준인데 동전의 경우 현재, 유럽과 미국을 포함한 40여 개 국가, 25억의 인구가 우리나라에서 생산한 소전으로 자기들의 동전을 만들고 있어요. 소전이란, 무늬를 새겨 넣기 전의 동전판을 말해요.

---

24 오늘날 대부분의 국가들이 솜으로 지폐를 만드는 까닭은 무엇입니까? (　　　)

① 예쁘기 때문이다.
② 습기에 약하기 때문이다.
③ 플라스틱이 부족하기 때문이다.
④ 위조를 방지할 수 있기 때문이다.
⑤ 정교한 인쇄 작업은 어렵기 때문이다.

25 무늬를 새겨 넣기 전의 동전판을 무엇이라고 합니까? (　　　)

① 낙면　② 소전　③ 기본판
④ 인쇄판　⑤ 폴리머

서술형

26 보기를 참고하여 이 글의 내용을 동생에게 알려 줄 때 주의할 점은 무엇인지 쓰시오.

보기
듣는 사람을 고려해 상황에 맞게 말한다.

2 다양한 장점 때문에 대부분의 국가들은 솜으로 지폐를 만들며, 플라스틱으로 지폐를 만드는 나라도 있습니다.

3 우리나라의 화폐 제조 기술은 세계적인 수준이어서, 많은 나라가 우리나라에서 생산한 동전판으로 동전을 만듭니다.

3 단원

낱말 사전

방적　동식물의 섬유나 화학 섬유를 가공하여 실을 뽑는 일.

정교하게　솜씨나 기술 따위가 정밀하고 교묘하게.

위조　어떤 물건을 속일 목적으로 꾸며 진짜처럼 만듦.

방지할　어떤 일이나 현상이 일어나지 못하게 막음.

기본 **생태 마을 보봉** 읽는 사람을 고려해 생각을 써 봅시다.

- **글의 종류:** 설명하는 글
- **글쓴이:** 김영숙
- **글의 특징:** 독일의 보봉이 생태 마을이 된 과정과 이를 위해 마을 주민들이 실천한 점을 설명한 글입니다.

1 독일의 보봉은 군대가 있던 곳이지만, 주민들의 합의와 실천 조항으로 생태 마을이 되었습니다.

생태 마을 보봉

1 보봉은 독일에 있는 생태 마을로, 태양 에너지, 녹색 교통, 주민 자치 등 환경 정책이 두루 잘 실현되고 있는 곳입니다. 보봉은 1992년까지 군대가 있던 곳이었습니다. 군대가 철수하고 난 뒤 마을 사람들은 이 지역을 어떻게 활용할지에 대해 고민하게 되었습니다. 여러 가지 활용 방안을 놓고 회의를 한 결과, 주민들은 이곳을 생태 마을로 만들기로 합의하였습니다. 마을 사람들은 이곳을 어떻게 생태 마을로 만들까 고민했습니다. 오랫동안 토론한 끝에 다음과 같은 실천 조항들을 만들었습니다.

"태양광을 우리 마을의 주 에너지원으로 합시다."

"자동차 사용을 줄이고 물을 아낄 수 있는 곳으로 만듭시다."

"콘크리트를 쓰지 않는 곳으로 만듭시다."

이런 노력으로 보봉은 생태 마을이 되었습니다.

---

27 이 글에 대한 내용으로 알맞지 않은 것은 무엇입니까? (　　)

① 보봉은 독일에 있는 마을이다.
② 보봉은 현재 군대가 있는 마을이다.
③ 보봉은 환경 정책이 잘 실현되고 있는 곳이다.
④ 주민들은 보봉을 생태 마을로 만들기로 합의하였다.
⑤ 주민들이 만든 실천 조항으로 보봉은 생태 마을이 되었다.

교과서 문제

28 주민들이 보봉을 생태 마을로 가꾸려고 실천한 점이 아닌 것은 무엇입니까? (　　)

① 물을 아꼈다.
② 자동차 사용을 줄였다.
③ 콘크리트를 쓰지 않았다.
④ 물건을 재활용하지 않았다.
⑤ 태양광을 마을의 주 에너지원으로 했다.

29 이 글의 '생태 마을'은 어떤 곳인지 빈칸에 알맞은 말을 쓰시오.

(　　　　　　　)을/를 보호하며 살아가는 마을이다.

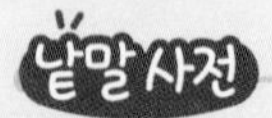

생태　생물이 살아가는 모양이나 상태.

철수하고　진출하였던 곳에서 시설이나 장비 따위를 거두어 가지고 물러나고.

합의하였습니다　서로 의견이 일치하였습니다.

2 보봉 생태 마을의 주민인 알뮤트 슈스터 씨는 다음과 같이 말했습니다.
"보봉 마을에는 전력 생산 주택이 있습니다. 열 손실을 최소화한 주택에 태양 전지를 지붕 위에 얹은 공동 주택입니다. 이 주택의 태양 전지가 일 년간 생산하는 전기는 한 가구당 약 7000킬로와트 정도입니다. 대개 가정에서 필요한 양이 5500킬로와트 정도입니다. 남는 전력은 인근 발전소에 팔아서 월 평균 100유로(약 14만원) 정도의 수익을 얻습니다.

3 또 보봉 마을에는 개인 주차장이 없습니다. 그 대신 정원과 공원, 어린이 놀이터, 자전거 주차장이 있습니다. 이 마을에 들어와 살려면 개인 주차장을 짓지 않겠다고 약속해야 합니다. 그 대신 유료 공동 주차장이 있는데, 차 한 대당 주차장 이용료로 3700유로(약 500만 원)를 내야 합니다. 상황이 이렇다 보니 아예 차를 사지 않는 주민이 많습니다.

2 보봉 마을에는 전력 생산 주택이 있습니다.

3 보봉 마을에는 개인 주차장이 없습니다.

30 열 손실을 최소화한 주택에 태양 전지를 지붕 위에 얹은 공동 주택을 무엇이라고 하는지 찾아 쓰시오.

( )

31 이 글을 읽고 나서 생각하거나 느낀 점으로 알맞지 않은 것은 무엇입니까? ( )

① 전력 생산 주택의 생김새가 궁금하다.
② 태양광으로 어떻게 전기를 만드는지 궁금하다.
③ 우리나라에도 생태 마을이 있는지 찾아보고 싶다.
④ 가정에서 전기를 쓰고 남는 전력이 없어서 아쉽다.
⑤ 열 손실을 최소화한 주택의 특징을 찾아보고 싶다.

32 이 글을 읽고 나서 자신의 의견을 글로 쓰려고 합니다. 읽는 사람을 위해 고려해야 할 점이 아닌 것은 무엇입니까? ( )

① 읽는 사람의 나이를 고려한다.
② 읽는 사람의 처지를 고려한다.
③ 읽는 사람의 생김새를 고려한다.
④ 읽는 사람의 기분이 상하지 않도록 표현한다.
⑤ 읽는 사람이 내용을 잘 알고 있는지 살펴본다.

낱말 사전

전력 단위 시간에 사용되는 에너지.

손실 잃어버리거나 축나서 손해를 봄. 또는 그 손해.

유로 유럽 연합의 화폐 단위.

유료 요금을 내게 되어 있음.

3 단원

4 보봉 마을은 대중교통을 이용하거나 '승용차 함께 타기'가 활발하게 이뤄지고 있습니다.

5 주민들의 실천이 지금의 보봉 생태 마을을 이루었습니다.

4 전차 같은 대중교통을 이용하거나 자동차를 함께 타거나 빌려 타는 '승용차 함께 타기'가 활발하게 이루어지고 있습니다. 저도 보봉이 어린아이들의 천국이라는 점 때문에 이사를 했고, 이곳에서 아들을 낳고 길렀습니다.

5 보봉은 오랫동안 군대가 머무는 곳으로 묶여 있어 생기라고는 찾아볼 수 없는 스산한 마을이었습니다. 지금의 보봉으로 새롭게 태어날 수 있었던 것은 주민들의 뜻과 의지가 있었기 때문입니다. 주민들이 스스로 생태 마을을 만들자고 결정했고, 주민의 실천으로 생태 마을을 이루었습니다. 차 없는 마을, 자원 순환 마을, 태양광 에너지 주택 마을, 이것은 모두 주민이 실천하지 않았다면 불가능했을 것입니다."

교과서 문제

33 알뮤트 슈스터 씨가 보봉으로 이사 온 까닭은 무엇입니까? (　　　)

① 정원이 없기 때문이다.
② 개인 주차장이 있기 때문이다.
③ 어린이 놀이터가 없기 때문이다.
④ 유료 공동 주차장이 있기 때문이다.
⑤ 어린아이들의 천국이라는 점 때문이다.

교과서 문제

34 생태 마을이 되기 전에 보봉은 어떤 마을이었는지 쓰시오.

---

35 이 글을 읽고 글을 쓴다면 누구에게 어떤 내용을 쓰는 것이 알맞을지 정리한 것입니다. 빈칸에 가장 알맞은 사람을 보기 에서 찾아 기호를 쓰시오.

보기
㉮ 학급 신문을 읽는 친구들
㉯ 텔레비전을 자주 보시는 부모님
㉰ 마을 온라인 게시판을 이용하는 주민들

읽을 사람	글의 내용	읽는 사람을 위해 글을 쓸 때 고려할 점
	보봉 마을 사람들처럼 환경을 위해 자동차 사용을 줄이자고 제안하는 내용	보봉 마을의 예를 자세히 제시해 생활에 어떻게 활용할지 안내한다.

(　　　)

낱말 사전

전차 공중에 설치한 전선으로부터 전력을 공급받아 지상에 설치된 궤도 위를 다니는 차.

생기 싱싱하고 힘찬 기운.

스산한 몹시 어수선하고 쓸쓸한.

국어 활동 '것', '수', '줄'의 쓰임과 바르게 띄어 쓰는 방법을 익혀 봅시다.

'것', '수', '줄'의 쓰임과 바르게 띄어 쓰는 방법

- '것', '수', '줄'은 혼자서는 쓸 수 없는 낱말입니다.
- 앞에 오는 다른 낱말과 함께 써야 하고, 쓸 때에는 '것', '수', '줄' 앞에서 띄어 써야 합니다.
  예 손을 깨끗이 씻을 것
- 그러나 '이것', '저것', '그것'은 하나의 낱말이므로 붙여 씁니다.
  예 이것 좀 봐!

'것', '수', '줄'은 "것을 아니?"와 같이 혼자서는 쓸 수 없는 낱말이에요.

36 파란색으로 쓰인 부분을 바르게 띄어 쓰시오.

(1) 그 길은 공사 중이니 조심할것. → (　　　　)

(2) 그 일은 찬혜만 할수있어요. → (　　　　)

(3) 너만 그걸 할줄 아는구나. → (　　　　)

(4) 아는것이 힘입니다. → (　　　　)

(5) 하다 보면 그럴수도 있지. → (　　　　)

(6) 나도 그럴줄은 몰랐어요. → (　　　　)

37 밑줄 친 부분을 바르게 띄어 쓰시오.

(1) 제게 마실것 좀 주세요.

(　　　　)

(2) 효원이는 하는수없이 터벅터벅 집에 돌아왔어요.

(　　　　)

(3) 잘 듣고 가던 물컵을 엎지를줄이야!

(　　　　)

낱말 사전

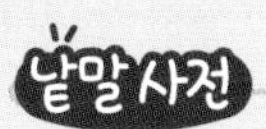

터벅터벅 느릿느릿 힘없는 걸음으로 걸어가는 모양.

교과서 핵심 정리

핵심 ① 상황에 알맞은 표정, 몸짓, 말투를 사용하면 좋은 점

- 자신의 생각을 분명하게 전달할 수 있습니다.
- 느낌을 잘 표현할 수 있습니다.
- 듣는 사람이 잘 알아들을 수 있습니다.

예 회장 선거에 나가서 의견을 말할 때 알맞은 표정, 몸짓 알아보기

- 밝게 웃는 표정을 짓는다.
- 듣는 사람을 바르게 서서 바라본다.

핵심 ② 적절한 표정, 몸짓, 말투로 말하기

- 듣는 사람에게 맞게 사용합니다.
- 표정, 몸짓, 말투가 서로 어울리게 사용합니다.
- 사용하려는 목적을 생각합니다.

있었던 일을 설명할 때	상대를 설득할 때
• 자신 있는 표정을 짓는다. • 두 손을 활용하여 설명한다. • 정확하게 말한다.	• 따뜻한 표정으로 상대를 바라본다. • 손을 적절하게 사용한다. • 부드러운 말투를 사용한다.

예 「가방 들어 주는 아이」에서 친구의 성공을 축하해 줄 때 표정과 몸짓 알아보기

석우: 오, 민영택! 센데!

표정	몸짓
친구의 성공을 반기는 표정	엄지손가락을 위로 올리는 몸짓

핵심 ③ 듣는 사람을 고려해 상황에 맞게 말하기

- 듣는 사람을 고려해 말합니다.
- 듣는 상황을 고려해 말합니다.
- 내용을 말할 때 알맞은 표정, 몸짓, 말투를 사용합니다.

예 「돈은 왜 만들었을까?」의 내용을 상황에 맞게 말하기

동생에게 말할 때	이해하기 쉬운 말로 말한다.
친구에게 말할 때	관심 있어 하는 내용을 흥미롭게 말한다.
여러 사람 앞에서 말할 때	높임말을 사용한다.

핵심 ④ 읽는 사람을 고려해 생각 쓰기

- 읽는 사람의 처지를 생각합니다.
- 읽는 사람의 상황을 떠올립니다.
- 읽는 사람의 나이를 고려해 어휘를 고릅니다.

예 「생태 마을 보봉」을 읽고 누구에게 글을 쓸지 생각해 보기

읽을 사람	글의 내용	읽는 사람을 위해 고려할 점
학급 신문을 읽는 친구들	우리나라의 생태 마을을 조사한 내용	• 친구들이 관심을 가질 만한 내용 쓰기 • 사진 자료도 활용하기

단원 정리 평가

3. 느낌을 살려 말해요

[01~03] 다음 그림을 보고, 물음에 답하시오.

1
제가 다녀온 박물관에 대해 말씀드리겠습니다.

2
제가 다녀온 박물관에 대해 말씀드리겠습니다.

01 그림에서 말하는 사람에 대한 설명으로 알맞은 것에 모두 ○표 하시오.

(1) 그림 ❶의 말하는 사람은 바르게 서 있다. (　　)

(2) 그림 ❶의 말하는 사람은 머리를 긁적이고 있다. (　　)

(3) 그림 ❷의 말하는 사람은 비뚤게 서 있다. (　　)

(4) 그림 ❷의 말하는 사람은 듣는 사람을 바라보고 있다. (　　)

02 이 그림을 통해 알 수 있는 점은 무엇입니까? (　　)

① 말할 때 웃는 표정을 짓지 않는다.
② 말할 때 듣는 사람을 바라보지 않는다.
③ 상황에 알맞은 표정과 몸짓이 필요하다.
④ 듣는 사람에게 바르고 고운 말을 사용한다.
⑤ 여러 사람 앞에서는 높임말을 사용하지 않는다.

서술형

03 두 친구의 공통된 발표 주제는 무엇인지 쓰시오.

____

[04~06] 다음 글을 읽고, 물음에 답하시오.

> [장면 내용]
> 어느 등교하는 길에 석우는 길에 있는 음료수 깡통을 발로 차며, 영택이에게도 차 보라고 말합니다. 다리가 불편한 영택이는 못할 것 같다고 말했지만, 석우가 음료수 깡통을 가져다주며 한번 차 보라고 용기를 줍니다. 영택이는 석우의 응원에 힘입어 목발을 짚고 음료수 깡통을 발로 차는 일을 해냅니다. 석우와 영택이는 환하게 웃으며 함께 학교에 갑니다.
>
> 석우: 자, 멀리 찼지? 자, 네 차례야.
> 영택: ㉠ 잘 못할 것 같은데…….
> 석우: 에이, 해 봐. ㉡ 오, 민영택! 센데!

04 이 장면에서 석우가 한 행동은 무엇인지 빈칸에 알맞은 말을 쓰시오.

> 석우가 영택이에게 깡통을 가져다주며 한 번 차 보라고 (　　　　　)을/를 주었다.

05 ㉠을 말하는 영택이의 말투로 알맞은 것은 무엇입니까? (　　)

① 신나는 말투　② 피곤한 말투
③ 화가 난 말투　④ 걱정스러운 말투
⑤ 밝고 장난스러운 말투

06 ㉡을 말하는 석우의 표정, 몸짓, 말투로 알맞지 않은 것은 무엇입니까? (　　)

① 밝고 기뻐하는 말투
② 눈을 크게 뜨는 표정
③ 귀찮고 짜증나는 표정
④ 친구의 성공을 반기는 표정
⑤ 엄지손가락을 위로 올리는 몸짓

[07~08] 다음 글을 읽고, 물음에 답하시오.

하지만 물물 교환은 쉽지 않았어요. 쌀을 가져온 농부가 어부의 고등어와 맞바꾸려면 어부 역시 쌀을 원해야 하잖아요? 그런데 어부가 원하는 것이 사냥꾼의 곰 가죽이라면 이 거래는 이루어질 수 없겠지요. 또 운 좋게 그런 상대방을 만나도 교환이 늘 순조롭지만은 않았어요.

"어부야, 고등어 한 마리랑 쌀 한 봉지랑 바꾸자."
"두 봉지는 줘야지."

그래서 인류는 물건의 가격을 매길 수 있는 제삼의 물건을 생각해 냈어요. 바로 돈이었지요. 기록에 전해지는 최초의 돈은 중국인들이 사용한 조개껍데기예요.

07 돈이 생겨난 까닭은 무엇입니까? ( )

① 조개껍데기가 많았기 때문에
② 물물 교환이 쉽지 않았기 때문에
③ 남아 있는 물건이 없었기 때문에
④ 모두 같은 물건을 원했기 때문에
⑤ 물건의 가치를 알지 못했기 때문에

08 다음과 같이 이 글의 내용을 말할 때, 듣는 사람으로 가장 알맞은 사람은 누구인지 ○표 하시오.

사람들이 왜 돈을 만들었는지 아시나요? 물물 교환을 할 때 사람들은 서로 원하는 것도 다르고 각자가 생각하는 물건의 가치도 달라서 불편했다고 합니다. 그래서 사람들은 물건의 가격을 매길 수 있는 새로운 물건을 생각해 낸 것이죠. 그것이 바로 돈이랍니다. 최초의 돈은 중국인들이 사용한 조개껍데기입니다.

(동생, 친구, 여러 사람)

[09~11] 다음 글을 읽고, 물음에 답하시오.

조개껍데기가 나지 않는 지역은 다른 물건을 돈으로 사용했어요.

초콜릿의 원료인 카카오가 많이 나는 남아메리카에서는 카카오 열매를, 소금이 풍부했던 아프리카와 지중해 지역에서는 소금을, 농경 지역에서는 곡식과 옷감을, 가축이 재산이었던 유목민은 동물을 각각 돈으로 사용했어요. 이렇게 물건을 돈으로 사용하는 것을 '물품 화폐', 또는 '상품 화폐'라고 해요.

그럼 이제 돈이 등장했으니 물물 교환은 사라졌을까요? 아니에요. 비록 물품 화폐가 나왔지만 여전히 대부분의 거래는 물물 교환으로 이루어졌어요. 물품 화폐는 물물 교환의 보조 수단에 불과했지요.

09 물건을 돈으로 사용하는 것을 무엇이라고 하는지 찾아 쓰시오.

( )

10 지중해 지역에서 돈으로 사용한 것은 무엇입니까? ( )

① 소금
② 옷감
③ 곡식
④ 가축
⑤ 카카오 열매

11 이 글의 내용에 맞게 ㉮와 ㉯에 공통으로 들어갈 말을 쓰시오.

- 이제 돈이 등장했으니 (㉮)은/는 사라졌을까요?
- 물품 화폐는 (㉯)의 보조 수단에 불과했지요.

( )

[12~14] 다음 글을 읽고, 물음에 답하시오.

돈은 크게 동전과 지폐로 나눌 수 있어요.
동전은 주재료가 구리인데, 여기에 아연이나 니켈, 알루미늄 같은 금속을 조금씩 섞어서 만들어요. 이 섞는 금속에 따라서 동전 색깔이 달라지지요.
옛날 10원 동전은 지금과 달리 누런색이었어요. 그것은 동전에 섞인 아연 때문이에요. 새로 나온 10원짜리는 구릿빛으로 붉어요. 그 이유는 아연을 빼고 구리를 씌운 알루미늄을 사용했기 때문이지요. 반면 100원, 500원 동전이 은백색인 것은 니켈 때문이에요. 지금은 쓰이지 않지만 1원짜리 동전은 구리가 전혀 섞이지 않은 100퍼센트 알루미늄으로 만들었어요.

12 동전의 주재료는 무엇입니까? ( )

① 구리
② 아연
③ 니켈
④ 알루미늄
⑤ 섞는 금속

13 동전을 만들 때 섞는 금속에 따라 바뀌는 것은 무엇입니까? ( )

① 동전의 무늬
② 동전의 색깔
③ 동전의 크기
④ 동전의 이름
⑤ 동전의 모양

14 이와 같은 글을 읽고 듣는 사람을 고려해 말하는 방법으로 알맞지 않은 것은 무엇입니까? ( )

① 듣는 사람이 동생이라면 쉬운 말로 설명한다.
② 듣는 사람이 여러 사람이라면 높임말로 말한다.
③ 듣는 사람이 동생이라면 너무 길게 설명하지 않는다.
④ 듣는 사람이 학급 친구들이라면 작은 목소리로 말한다.
⑤ 듣는 사람이 친구라면 관심 있어 하는 내용을 말해 준다.

[15~16] 다음 글을 읽고, 물음에 답하시오.

그럼 지폐는 무엇으로 만들까요?
당연히 종이라고 생각하겠지만, 지폐는 솜으로 만들어요. 방적 공장에서 옷감의 재료로 사용하고 남은 찌꺼기 솜인 낙면이 그 재료이지요. 이 솜으로 만든 지폐는 습기에도 강하고 정교하게 인쇄 작업을 할 수 있으며 위조를 방지할 수 있다는 장점이 있어요. 그래서 오늘날 대부분의 국가들은 솜으로 지폐를 만들어요.
그렇지만 특이하게 플라스틱으로 지폐를 만드는 나라도 있어요. 호주와 뉴질랜드는 플라스틱의 일종인 폴리머라는 재료로 지폐를 만들어요.
우리나라의 화폐 제조 기술은 세계적인 수준인데 동전의 경우 현재, 유럽과 미국을 포함한 40여 개국가, 25억의 인구가 우리나라에서 생산한 소전으로 자기들의 동전을 만들고 있어요. 소전이란, 무늬를 새겨 넣기 전의 동전판을 말해요.

15 이 글의 내용으로 알맞은 것은 무엇입니까? ( )

① 오늘날 대부분의 지폐는 종이로 만든다.
② 플라스틱으로 지폐를 만드는 나라는 없다.
③ 호주와 뉴질랜드는 솜으로 지폐를 만든다.
④ 우리나라의 화폐 제조 기술은 세계적인 수준이다.
⑤ 다른 나라에서 생산한 소전으로 우리나라의 동전을 만들고 있다.

서술형

16 오늘날 대부분의 국가들이 솜으로 지폐를 만드는 까닭은 무엇인지 쓰시오.

3 단원

[17~20] 다음 글을 읽고, 물음에 답하시오.

보봉 생태 마을의 주민인 알뮤트 슈스터 씨는 다음과 같이 말했습니다.

"보봉 마을에는 전력 생산 주택이 있습니다. 열 손실을 최소화한 주택에 태양 전지를 지붕 위에 얹은 공동 주택입니다. 이 주택의 태양 전지가 일 년간 생산하는 전기는 한 가구당 약 7000킬로와트 정도입니다. 대개 가정에서 필요한 양이 5500킬로와트 정도입니다. 남는 전력은 인근 발전소에 팔아서 월 평균 100유로(약 14만원) 정도의 수익을 얻습니다.

또 보봉 마을에는 개인 주차장이 없습니다. 그 대신 정원과 공원, 어린이 놀이터, 자전거 주차장이 있습니다. 이 마을에 들어와 살려면 개인 주차장을 짓지 않겠다고 약속해야 합니다. 그 대신 유료 공동 주차장이 있는데, 차 한 대당 주차장 이용료로 3700유로(약 500만 원)를 내야 합니다. 상황이 이렇다 보니 아예 차를 사지 않는 주민이 많습니다.

전차 같은 대중교통을 이용하거나 자동차를 함께 타거나 빌려 타는 '승용차 함께 타기'가 활발하게 이루어지고 있습니다. 저도 보봉이 어린아이들의 천국이라는 점 때문에 이사를 했고, 이곳에서 아들을 낳고 길렀습니다.

보봉은 오랫동안 군대가 머무는 곳으로 묶여 있어 생기라고는 찾아볼 수 없는 스산한 마을이었습니다. 지금의 보봉으로 새롭게 태어날 수 있었던 것은 주민들의 뜻과 의지가 있었기 때문입니다. 주민들이 스스로 생태 마을을 만들자고 결정했고, 주민의 실천으로 생태 마을을 이루었습니다. 차 없는 마을, 자원 순환 마을, 태양광 에너지 주택 마을, 이것은 모두 주민이 실천하지 않았다면 불가능했을 것입니다."

17 보봉 마을에 대한 설명이 아닌 것은 무엇입니까? (　　)

① 개인 주차장이 없다.
② 전력 생산 주택이 있다.
③ 유료 공동 주차장이 없다.
④ 전차 같은 대중교통을 이용한다.
⑤ '승용차 함께 타기'가 이루어지고 있다.

18 보봉이 생태 마을이 될 수 있었던 이유는 무엇입니까? (　　)

① 주민의 실천　② 편리한 교통
③ 정부의 지원　④ 과학의 발전
⑤ 군대의 보호

19 다음은 이 글을 읽고 난 뒤 친구들이 말한 의견입니다. 알맞지 않은 것에 ×표 하시오.

(1) 어린이 놀이터가 없다니 너무 아쉬워. (　　)
(2) 마을을 바꾸는 데에는 주민의 실천이 중요한 것 같아. (　　)
(3) 우리나라도 자연환경을 보호하기 위한 노력을 많이 해야 해. (　　)

20 이 글을 읽고 글을 써서 자신의 생각을 전달하고자 합니다. 읽을 사람과 글을 쓰는 방법이 알맞게 짝 지어지지 않은 것은 무엇입니까? (　　)

① 학급 신문을 읽는 친구들－사진 자료를 활용한다.
② 학급 신문을 읽는 친구들－친구들이 관심을 보일 만한 내용을 쓴다.
③ 부모님－자신이 자주 놀러 가는 놀이터의 문제점에 대한 의견을 쓴다.
④ 부모님－환경 보호를 함께 실천할 수 있도록 부탁드리는 내용을 쓴다.
⑤ 마을 온라인 게시판을 이용하는 주민들－보봉 마을의 예를 자세히 제시해 생활에 어떻게 활용할지 안내한다.

서술형 문제

1~2

[장면 내용]

어느 등교하는 길에 석우는 길에 있는 음료수 깡통을 발로 차며, 영택이에게도 차 보라고 말합니다. 다리가 불편한 영택이는 못할 것 같다고 말했지만, 석우가 음료수 깡통을 가져다주며 한번 차 보라고 용기를 줍니다. 영택이는 석우의 응원에 힘입어 목발을 짚고 음료수 깡통을 발로 차는 일을 해냅니다. 석우와 영택이는 환하게 웃으며 함께 학교에 갑니다.

석우: 자, 멀리 찼지? 자, 네 차례야.
영택: ㉠ 잘 못할 것 같은데…….
석우: 에이, 해 봐. ㉡ 오, 민영택! 센데!

01 이 글의 내용으로 역할 놀이를 하려고 합니다. ㉠과 ㉡을 어떤 표정, 몸짓, 말투로 표현하면 좋을지 쓰시오.

	표정, 몸짓, 말투
㉠	(1)
㉡	(2)

02 표정, 몸짓, 말투를 사용해 말할 때 주의할 점을 쓰시오.

3~4

그럼 지폐는 무엇으로 만들까요?

당연히 종이라고 생각하겠지만, 지폐는 솜으로 만들어요. 방적 공장에서 옷감의 재료로 사용하고 남은 찌꺼기 솜인 낙면이 그 재료이지요. 이 솜으로 만든 지폐는 습기에도 강하고 정교하게 인쇄 작업을 할 수 있으며 위조를 방지할 수 있다는 장점이 있어요. 그래서 오늘날 대부분의 국가들은 솜으로 지폐를 만들어요.

03 이 글을 읽고 내용을 전달하려고 합니다. 보기와 같이 듣는 사람을 고려해 말할 때 주의할 점은 무엇인지 쓰시오.

보기

여러 사람 앞에서 말할 때에는 높임말을 사용한다.

동생에게 말할 때	(1)
친구에게 말할 때	(2)

04 이 글의 내용을 동생에게 말해 주려고 할 때 말할 내용을 알맞게 정리하여 쓰시오.

3 단원

수행 평가

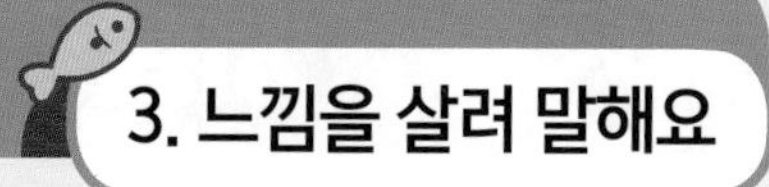

학습 주제 읽는 사람을 정해 생각 쓰기 배점 20점

학습 목표 읽는 사람을 고려해 생각을 쓸 수 있다.

보봉은 독일에 있는 생태 마을로, 태양 에너지, 녹색 교통, 주민 자치 등 환경 정책이 두루 잘 실현되고 있는 곳입니다. 보봉은 1992년까지 군대가 있던 곳이었습니다. 군대가 철수하고 난 뒤 마을 사람들은 이 지역을 어떻게 활용할지에 대해 고민하게 되었습니다. 여러 가지 활용 방안을 놓고 회의를 한 결과, 주민들은 이곳을 생태 마을로 만들기로 합의하였습니다. 마을 사람들은 이곳을 어떻게 생태 마을로 만들까 고민했습니다. 오랫동안 토론한 끝에 다음과 같은 실천 조항들을 만들었습니다.

"태양광을 우리 마을의 주 에너지원으로 합시다."

"자동차 사용을 줄이고 물을 아낄 수 있는 곳으로 만듭시다."

"콘크리트를 쓰지 않는 곳으로 만듭시다."

이런 노력으로 보봉은 생태 마을이 되었습니다.

1 이 글에서 전달하고 싶은 내용은 무엇인지 쓰시오.

2 이 글을 읽고 마을 온라인 게시판을 이용하는 주민들에게 글을 쓸 때 어떻게 쓰면 좋을지 정리해 보시오.

글의 내용	(1)
읽는 사람을 위해 글을 쓸 때 고려할 점	(2)

3 2에서 답한 내용을 바탕으로 하여 마을 온라인 게시판을 이용하는 주민들에게 글을 쓰시오.

준비 사실과 의견의 차이점을 알아봅시다.

4 일에 대한 의견

가

박물관에 단원 김홍도의 그림이 있었어.
응, 맞아. 그 가운데에서 나는 씨름하는 장면을 그린 그림이 가장 마음에 들었어. 사람들의 모습과 표정이 실감 났거든.
정우
석원

나 정우와 함께 박물관 현장 체험학습을 다녀왔다. 박물관에는 우리 조상의 생활 모습을 담은 그림들이 전시되어 있었다. 그림에 나타난 조상의 생활 모습은 오늘날과는 많이 다르다는 생각이 들었다.

교과서 문제

01 가에서 실제로 있었던 일을 말한 친구는 누구인지 쓰시오.

( )

02 나에서 대상이나 일에 대한 생각을 쓴 것에 ○표 하시오.

(1) 정우와 함께 박물관 현장 체험학습을 다녀왔다. ( )

(2) 박물관에는 우리 조상의 생활 모습을 담은 그림들이 전시되어 있었다. ( )

(3) 그림에 나타난 조상의 생활 모습은 오늘날과는 많이 다르다는 생각이 들었다. ( )

03 사실과 의견이 어떻게 다른지 ㉮와 ㉯에 알맞은 말을 보기에서 찾아 쓰시오.

보기

사건 생각 실제로 미래에

사실은 (㉮) 있었던 일이고, 의견은 대상이나 일에 대한 (㉯)이다.

(1) ㉮: ( ) (2) ㉯: ( )

단원 학습 목표

사실과 의견을 생각하며 글을 읽고 쓸 수 있어요.

가

- **대화의 특징**: 정우와 석원이가 박물관에서 단원 김홍도의 그림을 보고 나누는 대화입니다.

나

- **글의 특징**: 박물관에 다녀와서 석원이가 쓴 일기입니다.

4 단원

낱말 사전

김홍도 조선 후기의 뛰어난 화가. 산수화와 인물화 등 여러 작품을 남김. 특히, 조선 후기 백성들의 생활 모습을 담은 '씨름', '서당' 등 풍속화가 유명함.

전시되어 여러 가지 물품이 한곳에 벌여 놓아져 볼 수 있게 되어.

- **글의 종류**: 기행문
- **글의 특징**: 독도에 다녀와서 쓴 글로, 독도에서 경험한 일과 그 일에 대한 생각과 느낌이 잘 드러난 글입니다.

❶ 지난 방학 때 평소에 관심이 많던 독도를 가족과 함께 다녀왔다.

❷ 독도에 도착하는 순간 가슴이 떨렸고 수많은 괭이갈매기가 우리를 반겨 주었다.

독도를 다녀와서

❶ 지난 방학 때 나는 가족과 함께 독도를 다녀왔다. 평소에 독도에 관심이 많아 독도에 대한 책도 읽고 사진도 여러 장 찾아보았다. 그런데 마침 아버지께서 독도를 다녀오자고 하셨다. 책이나 인터넷에서만 보던 독도를 직접 가 보는 것이 좋겠다고 생각했다.

❷ 우리는 울릉도에 가서 다시 독도로 가는 배를 탔다. 배는 항구를 떠나 독도로 향했다. 우리는 바다를 바라보며 독도에 대한 이야기를 나누었다. 한참을 지나 드디어 독도에 도착했다. 배에서 내려 독도에 발을 내딛는 순간 이상하게 가슴이 떨렸다. 수많은 괭이갈매기가 우리를 반겨 주었다.

교과서 문제

04 글쓴이가 평소에 독도에 관심을 가지고 한 일은 무엇입니까? (　　　)

① 독도 박물관에 다녀왔다.
② 독도에 가는 방법을 찾아보았다.
③ 독도의 정확한 위치를 검색해 보았다.
④ 독도에 사는 친구와 편지를 주고받았다.
⑤ 독도에 대한 책도 읽고 사진도 여러 장 찾아보았다.

05 글쓴이의 의견이자 생각이나 느낌을 나타낸 것은 무엇입니까? (　　　)

① 독도에는 괭이갈매기가 산다.
② 배는 항구를 떠나 독도로 향했다.
③ 아버지께서 독도를 다녀오자고 하셨다.
④ 독도에 발을 내딛는 순간 가슴이 떨렸다.
⑤ 바다를 바라보며 독도에 대한 이야기를 나누었다.

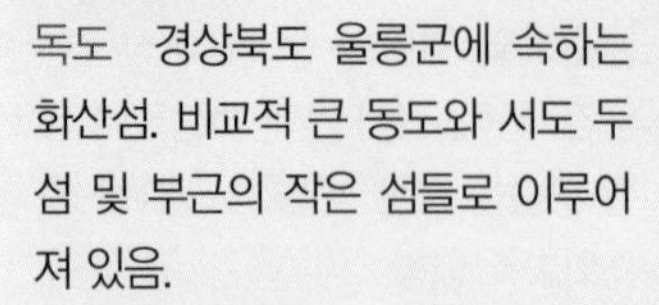

독도　경상북도 울릉군에 속하는 화산섬. 비교적 큰 동도와 서도 두 섬 및 부근의 작은 섬들로 이루어져 있음.

마침　어떤 경우나 기회에 알맞게. 또는 공교롭게.

☆☆☆ **06** 다음 문장들을 읽고 사실과 의견을 구별하여 기호를 쓰시오.

㉮ 우리는 울릉도에 가서 다시 독도로 가는 배를 탔다.
㉯ 책이나 인터넷에서만 보던 독도를 직접 가 보는 것이 좋겠다고 생각했다.

(1) 사실: (　　　　　)　(2) 의견: (　　　　　)

3 독도에는 괭이갈매기뿐만 아니라 슴새, 바다제비 같은 새도 산다고 한다. 또 멧도요, 물수리, 노랑지빠귀 들은 독도를 휴식처로 삼아 철마다 머물다 간다고 한다. 책에서만 보던 슴새나 바다제비를 직접 보니 신기하기만 했다.

독도는 화산섬이라서 식물이 잘 자라기 힘든 곳이다. 이러한 자연환경에서도 번행초, 괭이밥, 쇠비름 같은 풀이 잘 자란다고 한다.

4 ㉠ 독도에서 동해를 바라보니 가슴이 탁 트이는 것 같았다. 우리나라 동쪽 끝 섬인 독도를 아끼고 독도에 관심을 가져야겠다고 생각했다. 아름답고 생명력 넘치는 독도가 우리 땅이라는 것이 아주 자랑스러웠다.

독도

3 독도는 식물이 잘 자라기 힘든 환경에도 불구하고 번행초, 괭이밥, 쇠비름 등이 자라고 있었다.

4 독도를 아끼고 독도에 관심을 가져야겠다고 생각하였다.

---

07 ㉠에 대한 설명으로 알맞은 것은 무엇입니까? (　　　)

① 의견이며, 느낌을 나타낸다.
② 의견이며, 생각을 나타낸다.
③ 사실이며, 한 일을 나타낸다.
④ 사실이며, 본 일을 나타낸다.
⑤ 사실이며, 들은 일을 나타낸다.

교과서 문제

08 글쓴이가 독도에서 직접 본 것을 모두 고르시오. (　　　)

① 동해 ② 슴새 ③ 기러기
④ 멧돼지 ⑤ 바다제비

09 다음 중 '사실'이면서 '들은 일'을 나타낸 문장은 무엇입니까? (　　　)

① 배는 항구를 떠나 독도로 향했다.
② 수많은 괭이갈매기가 우리를 반겨 주었다.
③ 우리는 울릉도에 가서 다시 독도로 가는 배를 탔다.
④ 아름답고 생명력 넘치는 독도가 우리 땅이라는 것이 아주 자랑스러웠다.
⑤ 독도에는 괭이갈매기뿐만 아니라 슴새, 바다제비 같은 새도 산다고 한다.

4 단원

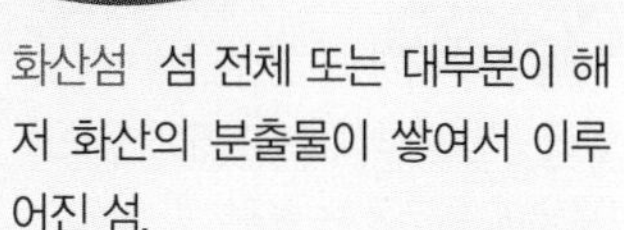

낱말 사전

화산섬 섬 전체 또는 대부분이 해저 화산의 분출물이 쌓여서 이루어진 섬.

생명력 생물체가 생명을 유지하여 나가는 힘.

- **글의 종류**: 설명하는 글
- **글쓴이**: 이광표
- **글의 특징**: 신사임당의 병풍 작품인 「초충도」 중 '수박과 들쥐' 그림에 대한 사실과 의견을 쓴 글입니다.

1 여덟 폭으로 이루어진 병풍 작품인 「초충도」는 중앙에 식물을 두고, 각종 벌레와 곤충을 배치했습니다.

2 '수박과 들쥐' 그림은 화면 가운데 아래쪽에 큼지막한 수박 두 개가 있습니다.

3 수박 옆으로 뻗어 올라간 줄기와 줄기 위로 예쁜 두 마리 나비의 색깔이 서로 대비를 이루고 있습니다.

묵직한 수박 위로 나비가 훨훨!

1 ㉠「초충도」는 여덟 폭으로 이루어진 병풍 작품입니다. 이 그림들은 섬세한 필체와 부드럽고 세련된 색감이 돋보이지요. 전체적으로 구도가 비슷합니다. 화면의 중앙에 핵심이 되는 식물을 두고, 그 주변에 각종 벌레와 곤충을 배치했어요. 그림의 화면은 정사각형에 가깝고 식물과 곤충이 화면을 비교적 꽉 채우고 있습니다. 이 중 '수박과 들쥐' 그림을 자세히 살펴볼까요?

2 화면 가운데 아래쪽에 큼지막한 수박 두 개가 있습니다. ㉡참으로 당당해 보이는 수박 덩어리이지요. 수박 덩굴줄기가 왼쪽에서 오른쪽으로 휘어져 뻗어 있고, 뻗어 나간 줄기 위에 나비 두 마리가 예쁘고 우아하게 날갯짓을 하고 있네요. 큰 수박 오른쪽에는 패랭이꽃 한 그루가 조용히 피어 있습니다.

3 수박 옆으로 뻗어 올라간 줄기를 볼까요? 왼쪽 수박에서 위쪽으로 화면 한복판을 가로질러 둥근 곡선을 그리며 뻗어 올라간 줄기가 매우 인상적입니다. ㉢줄기에 작은 수박 하나가 더 매달려 있군요. 수박 밑부분은 검게 표시해 땅임을 알 수 있게 해 주고 있네요.

수박 줄기 위로는 예쁜 나비 두 마리가 아름답게 날갯짓을 하고 있어요. 붉은 나비와 호랑나비인데, 모두 사실적으로 묘사되어 있군요. 나비의 색깔이 서로 대비를 이루어 인상적입니다.

---

10 이 글은 무엇에 대해 쓴 글입니까? ( )

① 신사임당
② 병풍의 쓰임새
③ 그림을 잘 그리는 방법
④ 조선 시대의 서민들 모습
⑤「초충도」의 '수박과 들쥐' 그림

11 ㉠~㉢ 중 '의견'을 쓴 것을 찾아 기호를 쓰시오.

( )

교과서 문제

12 '수박과 들쥐' 그림에 대한 문장 중 '사실'에는 ○표, '의견'에는 △표 하시오.

(1) 나비의 색깔이 서로 대비를 이루어 인상적입니다. ( )
(2) 화면 가운데 아래쪽에 큼지막한 수박 두 개가 있습니다. ( )
(3) 화면의 중앙에 핵심이 되는 식물을 두고, 그 주변에 각종 벌레와 곤충을 배치했어요. ( )

낱말 사전

병풍 바람을 막거나 장식용으로 방 안에 둘러치는 물건.

묘사되어 어떤 사물에 대해 그림을 그리듯이 생생하게 표현되어.

4 이제 아래쪽으로 시선을 옮겨 수박을 자세히 들여다보죠. 수박의 껍질이 요즘 보는 수박과 다르지요? 조선 시대 사람들이 먹었던 수박은 아마도 표면이 이러했던 모양입니다. 같은 땅에서 나온 수박인데도 시대가 흐르면서 그 모습이 바뀌었다는 사실이 참 흥미롭습니다.

5 당시의 사람들은 수박이 아이를 많이 낳는 것을 상징하고 나비는 화목과 사랑을 상징한다고 생각했습니다. 그렇다면 이 그림 속의 수박과 나비는 아이를 많이 낳아 서로 행복하게 잘 살아가길 바라는 마음을 담고 있는 것으로 생각할 수 있겠지요.

6 그런데 가장 큰 수박 밑동을 보니 재미있는 일이 벌어졌습니다. 작은 쥐들이 커다란 수박을 열심히 파먹고 있는 게 아니겠어요? 수박 껍질을 뚫어 내고 수박씨를 먹고 있는 모습입니다. 그래도 수박의 붉은 속과 씨들이 그대로 드러나 있습니다. 참 재미있는 풍경입니다. 쥐들이 수박을 좋아한다는 것도 흥미로운 사실이지요. 맛있는 수박을 먹고 있기 때문인지 들쥐들의 표정이 매우 만족스러워 보입니다.

전체적으로 보면 수박 주변에서 벌어지는 다양한 생명체의 움직임을 사실적이고 섬세하게 표현해 놓았습니다.

4 시대가 흐르면서 수박의 모습이 바뀌었다는 것이 흥미롭습니다.

5 이 그림은 아이를 많이 낳아 서로 행복하게 잘 살아가길 바라는 마음을 담고 있습니다.

6 작은 쥐들이 커다란 수박을 열심히 파먹고 있는 모습을 사실적이고 섬세하게 표현했습니다.

'수박과 들쥐' 그림

교과서 문제

13 「초충도」는 주로 무엇을 그린 작품입니까? (　　)

① 산과 들　② 강과 바다
③ 기와집과 마당　④ 조선 시대의 민속놀이
⑤ 식물과 그 주변의 벌레와 곤충

교과서 문제

14 '수박과 들쥐' 그림에서 수박과 나비는 무엇을 상징하는지 쓰시오.

수박	(1)
나비	(2)

15 다음 중 글쓴이의 의견을 나타낸 문장에 모두 ○표 하시오.

(1) 참 재미있는 풍경입니다. (　　)
(2) 수박의 붉은 속과 씨들이 그대로 드러나 있습니다. (　　)
(3) 맛있는 수박을 먹고 있기 때문인지 들쥐들의 표정이 매우 만족스러워 보입니다. (　　)

낱말 사전

상징한다고　추상적인 개념이나 사물을 구체적인 사물로 나타낸다고.

밑동　식물에서 뿌리와 줄기가 닿는 부분.

4 단원

기본 묵직한 수박 위로 나비가 훨훨!

7 화면의 색감은 초록빛과 붉은빛이 대비를 이루고 있습니다.

8 수박 두 덩어리가 무게 중심을 잡고 있고 수박 줄기와 패랭이꽃의 줄기가 대비를 이루는 구도가 안정적입니다.

9 이 그림에는 신사임당이 화가로서 지닌 재능과 감각이 나타나 있습니다.

7 이번에는 화면의 색감을 볼까요? 수박은 검은 초록, 수박과 꽃의 줄기는 초록이고, 꽃과 나비 한 마리, 쥐들이 파먹고 있는 수박의 속 부분은 붉은색입니다. 초록빛과 붉은빛이 서로 색상의 대비를 이루고 있습니다.

8 구도도 안정적입니다. 커다란 수박 두 덩어리가 화면의 무게 중심을 잡고 있고 여기에 둥글게 휘어져 올라간 수박 줄기와 오른쪽 패랭이꽃의 반듯한 직선 줄기가 서로 대비를 이룹니다. 그래서 다른 「초충도」에서 발견할 수 없는 모습을 보여 줍니다. 안정감 속에 변화와 생동감이 은근히 배어 있지요.

9 왼쪽 수박에서 둥글게 뻗어 올라간 줄기는 이 그림의 여러 요소 가운데 단연 눈에 띕니다. 수박의 줄기를 크게 타원형으로 배치해 율동감을 살려 냈어요. 반면 오른쪽 패랭이꽃은 곧게 서 있어 화면에 안정감과 생동감을 부여해 주고 있습니다. 또한 두 개의 수박을 아래쪽 한가운데에 배치하지 않고 왼쪽에 치우치게 배치함으로써 화면의 단조로움을 극복하고 변화와 움직임을 주었습니다. 이것이 바로 신사임당이 화가로서 지닌 재능과 감각이라고 할 수 있겠지요.

교과서 문제

16 '수박과 들쥐' 그림에서 안정감을 느낄 수 있는 까닭은 무엇입니까? ( )

① 수박의 줄기를 타원형으로 배치했다.
② 두 개의 수박을 왼쪽에 치우치게 배치했다.
③ 수박은 검은 초록, 수박의 꽃과 줄기는 초록색이다.
④ 초록빛과 붉은빛이 서로 색상의 대비를 이루고 있다.
⑤ 커다란 수박 두 덩어리가 화면의 무게 중심을 잡고 있다.

17 이 글에서 '의견'을 나타낸 것은 무엇입니까? ( )

① 오른쪽 패랭이꽃이 곧게 서 있다.
② 수박의 줄기를 크게 타원형으로 배치했다.
③ 수박은 검은 초록, 수박과 꽃의 줄기는 초록색이다.
④ 작은 쥐들이 수박 껍질을 뚫어 내고 수박씨를 먹고 있다.
⑤ 이것이 바로 신사임당이 화가로서 지닌 재능과 감각이라고 할 수 있다.

서술형

18 글 **7**~**8**을 읽고 새롭게 알게 된 사실을 쓰시오.

낱말 사전

색감 색에 대한 감각. 색에서 받는 느낌.

배어 느낌, 생각 따위가 깊이 느껴지거나 오래 남아 있어.

단연 확실히 단정할 만하게.

지리산 반달가슴곰, '세쌍둥이' 출산

지난겨울 지리산에서 반달가슴곰이 세쌍둥이를 출산했다고 한다. 야생 반달가슴곰은 한꺼번에 두 마리 이상 새끼를 낳는 일이 드물다. 그런데 세쌍둥이를 낳은 것은 지리산의 자연 생태가 곰이 살아가는 데 알맞다는 증거라고 한다. 우리는 지리산의 자연 생태계를 보전하려고 노력해야 한다. 그러기 위해서는 숲을 가꾸고 사람들이 들어갈 수 없는 곳을 정해야 한다.

- 글의 종류: 기사문
- 글의 특징: 지리산 반달가슴곰의 세쌍둥이 출산을 통해 자연 생태계 보전을 위해 노력해야 한다는 의견을 제시하였습니다.

교과서 문제

19 이 글에 나오는 문장 중 의견을 두 가지 고르시오. (,)

① 지난겨울 지리산에서 반달가슴곰이 세쌍둥이를 출산했다고 한다.
② 야생 반달가슴곰은 한꺼번에 두 마리 이상 새끼를 낳는 일이 드물다.
③ 그런데 세쌍둥이를 낳은 것은 지리산의 자연 생태가 곰이 살아가는 데 알맞다는 증거라고 한다.
④ 우리는 지리산의 자연 생태계를 보전하려고 노력해야 한다.
⑤ 그러기 위해서는 숲을 가꾸고 사람들이 들어갈 수 없는 곳을 정해야 한다.

20 다음 내용은 무엇의 증거가 되는지 알맞은 것에 ○표 하시오.

> 야생 반달가슴곰은 한꺼번에 두 마리 이상 새끼를 낳는 일이 드문데, 지난겨울 지리산에서 반달가슴곰이 세쌍둥이를 출산했다.

(1) 겨울에는 곰이 새끼를 낳지 않는다는 증거 ( )
(2) 지리산에는 야생 반달가슴곰이 없다는 증거 ( )
(3) 지리산의 자연 생태가 곰이 살아가는 데 알맞다는 증거 ( )

서술형

21 이 글을 읽고 새롭게 알게 된 사실과 그것에 대한 의견을 쓰시오.

새롭게 안 사실	(1)
그것에 대한 의견	(2)

낱말 사전

세쌍둥이 한 어머니에게서 한꺼번에 태어난 세 아이.

출산했다고 아이를 낳았다고.

생태 생물이 살아가는 모양이나 상태.

보전하려고 온전하게 보호하여 유지하려고.

4 단원

교과서 핵심 정리

핵심 ① 사실과 의견의 차이점 알기

사실	• 실제로 있었던 일입니다. • 사실을 나타낸 부분에는 한 일, 본 일, 들은 일 등이 나타나 있습니다.
의견	• 대상이나 일에 대한 생각입니다. • 의견을 나타낸 부분에는 느낌이나 생각이 나타나 있습니다.

예 사실과 의견 구별해 보기
- 호랑이는 동물이다. → 사실
- 친구들과 사이좋게 지내야 한다. → 의견
- 나는 누나와 설거지를 했다. → 사실
- 사람은 동물을 사랑해야 한다. → 의견

핵심 ② 글을 읽고 사실과 의견 구별하기

- 글을 읽고 사실과 의견을 구별해 봅니다.
- 구별한 내용이 사실 또는 의견인 까닭을 생각해 봅니다.

예 「독도를 다녀와서」를 읽고 사실과 의견 구별하기

글	사실/의견	구별 근거
우리는 울릉도에 가서 다시 독도로 가는 배를 탔다.	사실	실제로 한 일을 썼다.
독도에서 동해를 바라보니 가슴이 확 트이는 것 같았다.	의견	생각, 느낌을 썼다.

핵심 ③ 사실에 대한 의견을 말하기

- 글에서 새롭게 알게 된 사실을 찾습니다.
- 사실에 대한 자신의 의견을 말합니다.

예 「묵직한 수박 위로 나비가 훨훨!」을 읽고 사실에 대한 의견 말하기

- **새롭게 알게 된 사실**: 조선 시대와 지금의 수박 껍질 모습이 다르다.
- **그 사실에 대한 의견**: 똑같은 우리나라 땅에서 자란 수박인데 껍질의 모습이 다른 까닭이 궁금하다.

핵심 ④ 사실에 대한 의견 쓰기

- 정확한 사실을 씁니다.
- 사실과 관련한 의견을 씁니다.

예 현장 체험학습을 다녀온 일에 대해 사실과 의견이 잘 드러나게 글 쓰기

지난주 수요일에 우리 반은 에너지 박물관에 현장 체험학습을 다녀왔다. 박물관에는 에너지 절약과 관련한 다양한 전시물과 대체 에너지 체험 기구들이 있었다. 처음 보는 대체 에너지 체험 기구들이 신기했다. 선생님께서는 겨울에 입는 내복 하나, 종이 뒷면을 한 번 더 활용하는 습관 하나가 에너지를 아낄 수 있다고 말씀하셨다. 에너지를 아껴 쓰는 방법이 의외로 간단하다고 생각했다. 박물관을 나서며 나부터 소중한 에너지를 아껴 써야겠다고 생각했다.

단원 정리 평가

4. 일에 대한 의견

[01~02] 다음을 보고, 물음에 답하시오.

박물관에
단원 김홍도의
그림이 있었어.
응, 맞아.
그 가운데에서 나는
씨름하는 장면을 그린 그림이
가장 마음에 들었어.
사람들의 모습과 표정이
실감 났거든.
정우
석원

01 그림을 보고 의견을 말한 친구는 누구인지 쓰시오.

( )

02 친구들의 대화에 대한 설명으로 알맞은 것은 무엇입니까? ( )

① '사람의 모습'은 의견을 나타내는 표현이다.
② '그 가운데에서'는 의견을 나타내는 표현이다.
③ '씨름하는 장면'은 의견을 나타내는 표현이다.
④ '마음에 들었어'는 의견을 나타내는 표현이다.
⑤ '김홍도의 그림이 있었어'는 의견을 나타내는 표현이다.

[03~05] 다음 글을 읽고, 물음에 답하시오.

지난 방학 때 나는 가족과 함께 독도를 다녀왔다. 평소에 독도에 관심이 많아 독도에 대한 책도 읽고 사진도 여러 장 찾아보았다. 그런데 마침 아버지께서 독도를 다녀오자고 하셨다. 책이나 인터넷에서만 보던 독도를 직접 가 보는 것이 좋겠다고 생각했다.

우리는 울릉도에 가서 다시 독도로 가는 배를 탔다. ㉠ 배는 항구를 떠나 독도로 향했다. 우리는 바다를 바라보며 독도에 대한 이야기를 나누었다. 한참을 지나 드디어 독도에 도착했다. 배에서 내려 독도에 발을 내딛는 순간 이상하게 가슴이 떨렸다. 수많은 괭이갈매기가 우리를 반겨 주었다.

03 이 글에 대한 설명으로 알맞은 것은 무엇입니까? ( )

① 설득을 목적으로 쓴 글
② 지식이나 정보를 쉽게 풀어서 설명한 글
③ 책을 읽고 자기 생각이나 느낌을 적은 글
④ 대상을 그림 그리듯이 생생하게 표현한 글
⑤ 여행하면서 보고, 듣고, 생각하거나 느낀 것을 쓴 글

04 글쓴이가 독도를 가게 된 까닭은 무엇입니까? ( )

① 독도의 자연환경을 조사하기 위해
② 괭이갈매기, 슴새, 바다제비를 보기 위해
③ 방학을 맞아 가족 여행을 계획했기 때문에
④ 독도에 사는 친구를 만나기로 했기 때문에
⑤ 아버지가 독도에 다녀오자고 하셨기 때문에

☆☆☆ **05** ㉠은 사실과 의견 중 무엇인지 ○표 하시오.

(사실, 의견)

4 단원

[06~09] 다음 글을 읽고, 물음에 답하시오.

독도에는 괭이갈매기뿐만 아니라 슴새, 바다제비 같은 새도 산다고 한다. 또 멧도요, 물수리, 노랑지빠귀 들은 독도를 휴식처로 삼아 철마다 머물다 간다고 한다. 책에서만 보던 슴새나 바다제비를 직접 보니 신기하기만 했다.

독도는 화산섬이라서 식물이 잘 자라기 힘든 곳이다. 이러한 자연환경에서도 번행초, 괭이밥, 쇠비름 같은 풀이 잘 자란다고 한다.

독도에서 동해를 바라보니 가슴이 탁 트이는 것 같았다. 우리나라 동쪽 끝 섬인 독도를 아끼고 독도에 관심을 가져야겠다고 생각했다. ㉠ 아름답고 생명력 넘치는 독도가 우리 땅이라는 것이 아주 자랑스러웠다.

06 독도에 대한 설명으로 알맞지 않은 것은 무엇입니까? ( )

① 화산섬이다.
② 식물이 잘 자라기 쉬운 곳이다.
③ 번행초, 괭이밥, 쇠비름 같은 풀이 자란다.
④ 괭이갈매기, 슴새, 바다제비 같은 새가 산다.
⑤ 멧도요, 물수리, 노랑지빠귀 들이 철마다 머물다 간다.

07 이 글에 나타난 글쓴이의 의견은 무엇입니까? ( )

① 독도의 날씨가 좋다고 생각했다.
② 독도에 사람이 살고 있는지 궁금하다.
③ 독도를 아끼고 독도에 관심을 가져야겠다.
④ 독도에 관한 책을 미리 읽는 것이 중요하다.
⑤ 독도가 우리나라 땅이라는 것을 알려야겠다.

08 이 글에 쓰인 문장을 사실과 의견으로 구별하여 쓰시오.

(1)	독도에는 괭이갈매기뿐만 아니라 슴새, 바다제비 같은 새도 산다고 한다.	( )
(2)	독도에서 동해를 바라보니 가슴이 탁 트이는 것 같았다.	( )

서술형

09 ㉠이 사실과 의견 중 '의견'인 까닭은 무엇인지 쓰시오.

10 다음은 글에서 사실과 의견을 구별하는 방법입니다. ㉮와 ㉯에 들어갈 말을 보기 에서 찾아 쓰시오.

보기

사실 의견

현재에 있는 일이나 실제로 있었던 일을 나타내면 (㉮)이고, 대상이나 일에 대한 생각이 드러나 있으면 (㉯)이다.

(1) ㉮: ( )
(2) ㉯: ( )

[11~14] 다음 글을 읽고, 물음에 답하시오.

「초충도」는 여덟 폭으로 이루어진 병풍 작품입니다. 이 그림들은 섬세한 필체와 부드럽고 세련된 색감이 돋보이지요. 전체적으로 구도가 비슷합니다. ㉠ 화면의 중앙에 핵심이 되는 식물을 두고, 그 주변에 각종 벌레와 곤충을 배치했어요. 그림의 화면은 정사각형에 가깝고 식물과 곤충이 화면을 비교적 꽉 채우고 있습니다. 이 중 '수박과 들쥐' 그림을 자세히 살펴볼까요?

화면 가운데 아래쪽에 큼지막한 수박 두 개가 있습니다. ㉡ 참으로 당당해 보이는 수박 덩어리이지요. 수박 덩굴줄기가 왼쪽에서 오른쪽으로 휘어져 뻗어 있고, 뻗어 나간 줄기 위에 나비 두 마리가 예쁘고 우아하게 날갯짓을 하고 있네요. 큰 수박 오른쪽에는 패랭이꽃 한 그루가 조용히 피어 있습니다.

수박 옆으로 뻗어 올라간 줄기를 볼까요? ㉢ 왼쪽 수박에서 위쪽으로 화면 한복판을 가로질러 둥근 곡선을 그리며 뻗어 올라간 줄기가 매우 인상적입니다. 줄기에 작은 수박 하나가 더 매달려 있군요. 수박 밑부분은 검게 표시해 땅임을 알 수 있게 해 주고 있네요.

수박 줄기 위로는 예쁜 나비 두 마리가 아름답게 날갯짓을 하고 있어요. 붉은 나비와 호랑나비인데, 모두 사실적으로 묘사되어 있군요. 나비의 색깔이 서로 대비를 이루어 ㉣ 인상적입니다.

11 '수박과 들쥐' 그림이 들어 있는 병풍 작품은 무엇인지 글에서 찾아 쓰시오.

( )

12 ㉠~㉢을 사실과 의견으로 나누어 기호를 쓰시오.

(1) 사실: ( )

(2) 의견: ( )

13 '수박과 들쥐' 그림의 전체적인 구도로 알맞은 것은 무엇입니까? ( )

① 화면 가운데는 비어 있고 아래 글씨만 있다.
② 화면 한복판을 가로질러 나뭇가지만 뻗어 있다.
③ 화면 가운데 호랑이가 있고 뒤로 산을 배치했다.
④ 화면 아래 패랭이꽃들이 가득 있고 위에 새들을 배치했다.
⑤ 화면 가운데 수박 두 개를 두고 그 주변에 나비 두 마리를 배치했다.

14 ㉣을 넣어 만든 문장으로 알맞지 않은 것에 ×표 하시오.

(1) 영화 주인공의 빨간 구두가 인상적이다. ( )

(2) 내 동생은 눈썹이 진한 것이 인상적이다. ( )

(3) 우리가 매일 밥을 먹는 것은 인상적 생활이다. ( )

15 겪은 일에 대한 사실과 의견을 정리할 때 떠올릴 질문으로 알맞지 않은 것은 무엇입니까? ( )

① 왜 했나요?
② 무엇을 했나요?
③ 어떤 생각을 했나요?
④ 누구와 함께 있었나요?
⑤ 중요한 내용만 골랐나요?

4 단원

[16~20] 다음 글을 읽고, 물음에 답하시오.

❶ 그런데 가장 큰 수박 ㉠밑동을 보니 재미있는 일이 벌어졌습니다. 작은 쥐들이 커다란 수박을 열심히 파먹고 있는 게 아니겠어요? 수박 껍질을 뚫어 내고 수박씨를 먹고 있는 모습입니다. 그래도 수박의 붉은 속과 씨들이 그대로 드러나 있습니다. 참 재미있는 풍경입니다. 쥐들이 수박을 좋아한다는 것도 흥미로운 사실이지요. 맛있는 수박을 먹고 있기 때문인지 들쥐들의 표정이 매우 만족스러워 보입니다.

❷ 이번에는 화면의 색감을 볼까요? 수박은 검은 초록, 수박과 꽃의 줄기는 초록이고, 꽃과 나비 한 마리, 쥐들이 파먹고 있는 수박의 속 부분은 붉은색입니다. 초록빛과 붉은빛이 서로 색상의 대비를 이루고 있습니다.

❸ 구도도 안정적입니다. 커다란 수박 두 덩어리가 화면의 무게 중심을 잡고 있고 여기에 둥글게 휘어져 올라간 수박 줄기와 오른쪽 패랭이꽃의 반듯한 직선 줄기가 서로 대비를 이룹니다. 그래서 다른 「초충도」에서 발견할 수 없는 모습을 보여 줍니다. 안정감 속에 변화와 생동감이 은근히 배어 있지요.

16 이 글에 나오는 그림 속 쥐들은 무엇을 하고 있습니까? ( )

① 나비를 쫓고 있다.
② 수박을 파먹고 있다.
③ 수박을 나르고 있다.
④ 방 벽에 구멍을 내고 있다.
⑤ 패랭이꽃을 파헤치고 있다.

서술형

17 글쓴이가 그림을 보고 '흥미로운 사실'이라고 생각한 것은 무엇인지 쓰시오.

____

☆☆☆

18 이 글에서 사실을 나타낸 것은 무엇입니까? ( )

① 수박과 꽃의 줄기는 초록색이다.
② 수박 밑동을 보니 재미있는 일이 벌어졌다.
③ 안정감 속에 변화와 생동감이 은근히 배어 있다.
④ 수박의 붉은 속과 씨들이 드러나 있는 것은 재미있는 풍경이다.
⑤ 맛있는 수박을 먹고 있는 들쥐들의 표정이 매우 만족스러워 보인다.

19 ㉠과 바꾸어 쓸 수 있는, 뜻이 비슷한 낱말은 무엇입니까? ( )

① 위
② 왼쪽
③ 아래
④ 오른쪽
⑤ 가운데

20 이 글에서 설명하는 그림이 안정적인 구도를 보이는 까닭은 무엇입니까? ( )

① 꽃과 나비 한 마리가 그려져 있기 때문에
② 수박의 붉은 속과 씨들이 그대로 드러나 있기 때문에
③ 커다란 수박 두 덩어리가 화면의 무게 중심을 잡고 있기 때문에
④ 수박 줄기는 초록색이고, 수박의 속 부분은 붉은색이기 때문에
⑤ 작은 쥐들이 커다란 수박을 먹고 있는 모습이 그려져 있기 때문에

서술형 문제

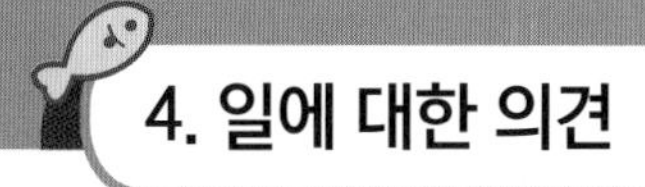

1~2

지난 방학 때 나는 가족과 함께 독도를 다녀왔다. 평소에 독도에 관심이 많아 독도에 대한 책도 읽고 사진도 여러 장 찾아보았다. 그런데 마침 아버지께서 독도를 다녀오자고 하셨다. 책이나 인터넷에서만 보던 독도를 직접 가 보는 것이 좋겠다고 생각했다.

우리는 울릉도에 가서 다시 독도로 가는 배를 탔다. 배는 항구를 떠나 독도로 향했다. 우리는 바다를 바라보며 독도에 대한 이야기를 나누었다. 한참을 지나 드디어 독도에 도착했다. 배에서 내려 독도에 발을 내딛는 순간 이상하게 가슴이 떨렸다. 수많은 괭이갈매기가 우리를 반겨 주었다.

01 글쓴이는 언제 어디로 누구와 여행을 다녀왔는지 쓰시오.

02 글쓴이가 여행지에 도착했을 때 생각하거나 느낀 점은 무엇인지 쓰시오.

3~4

지리산 반달가슴곰, '세쌍둥이' 출산

지난겨울 지리산에서 반달가슴곰이 세쌍둥이를 출산했다고 한다. 야생 반달가슴곰은 한꺼번에 두 마리 이상 새끼를 낳는 일이 드물다. 그런데 세쌍둥이를 낳은 것은 지리산의 자연 생태가 곰이 살아가는 데 알맞다는 증거라고 한다. 우리는 지리산의 자연 생태계를 보전하려고 노력해야 한다. 그러기 위해서는 숲을 가꾸고 사람들이 들어갈 수 없는 곳을 정해야 한다.

03 지리산의 자연 생태계와 관련하여 글쓴이가 하고 싶은 말은 무엇인지 쓰시오.

04 지리산의 자연 생태계를 보전하기 위한 실천 방법을 글에서 찾아 쓰시오.

4 단원

수행 평가

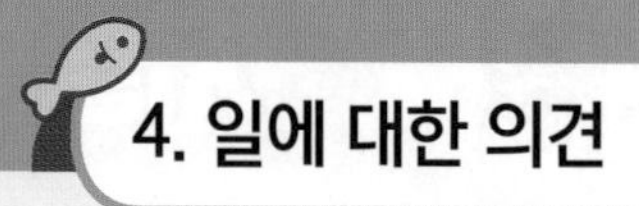

학습 주제 사실에 대한 의견 쓰기 배점 20점

학습 목표 사실과 의견이 잘 드러나게 한 편의 글을 쓸 수 있다.

1 우리 반 친구들의 한 달 독서량을 조사해 보고, 조사 결과를 표나 그래프로 정리해 보시오.

2 **1**의 조사 결과에서 알 수 있는 사실을 정리해 쓰시오.

(1)	
(2)	

3 **2**에서 정리한 내용에 대해 친구들과 함께 의견을 나누고, 그 의견을 정리해 쓰시오.

친구 이름	의견
(1)	
(2)	

4 조사 결과에서 알 수 있는 사실과 의견이 잘 드러나게 글을 쓰시오.

준비 **구름 공항** 그림의 차례를 정해 이야기를 꾸며 봅시다.

5 내가 만든 이야기

단원 학습 목표

이야기의 흐름을 파악하며 이어질 내용을 상상해 쓸 수 있어요.

> **그림의 특징**: 글자가 없는 그림책의 장면들로, 한 소년이 장난꾸러기 구름 사람을 만나 구름 공항으로 간 내용입니다.

1 빌딩에서 한 소년이 장난꾸러기 구름 사람을 만났습니다.
2 구름 사람이 소년에게 모자와 목도리를 만들어 줍니다.
3 구름 사람이 구름 공항에 있던 다른 구름 친구들에게 소년과 소년의 멋진 그림 솜씨를 소개합니다.

01 이 그림의 상황에 대한 설명으로 알맞은 것에는 ○표, 알맞지 않은 것에는 ×표 하시오.

그림	상황 설명	○, ×
1	소년과 구름 사람이 만나는 모습이다.	(1)
2	구름 사람이 소년의 모자와 목도리를 벗기는 모습이다.	(2)
3	구름 사람이 소년의 멋진 그림 솜씨를 소개하는 모습이다.	(3)

02 이야기를 꾸며 쓸 때 주의할 점으로 알맞은 것은 무엇입니까? (　　　)

① 이야기와 그림이 어울리지 않아도 된다.
② 이야기의 흐름이 꼭 자연스러울 필요는 없다.
③ 이야기의 흐름과 상관없이 무조건 재미있게 꾸민다.
④ 일어난 일들이 서로 원인과 결과로 연결되도록 꾸민다.
⑤ 그림 내용보다 자신이 상상한 이야기가 더 많게 꾸민다.

5 단원

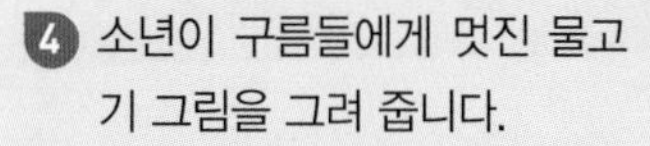

❹ 소년이 구름들에게 멋진 물고기 그림을 그려 줍니다.
❺ 구름 사람이 소년을 태우고 하늘 높이 날았습니다.
❻ 구름 사람이 소년을 구름 공항에 데리고 갔습니다.

03 그림 ❻의 내용을 볼 때 그림 ❺에서 소년이 구름 사람을 타고 어디로 날아가고 있는지 쓰시오.

( )

교과서 문제

04 그림의 차례를 정해 순서대로 그림 번호를 쓰시오.

(❶) → ( ) → ( ) → ( ) → ( ) → ( )

서술형

05 04에서 정한 그림의 차례에 따라 이야기를 꾸며 쓰시오.

낱말 사전

공항 항공 수송을 위하여 사용하는 공공용 비행장. 주로 민간 항공기와 같은 정기 항공기의 이착륙에 사용함. 일반 여객과 화물의 수송을 주목적으로 하며 활주로, 유도로, 관제탑, 격납고, 급유·정비 시설, 여객·수하물·화물을 처리하는 시설 따위를 갖추고 있음.

기본 **까마귀와 감나무** 사건의 흐름을 파악하며 이야기를 읽어 봅시다.

까마귀와 감나무

1 옛날에 두 아들을 둔 아버지가 많은 재산을 남겨 두고 세상을 떠났습니다. 형은 동생에게 감나무가 있는 허름한 집 한 채만 주었습니다. 그리고 나머지는 모두 자기가 차지했습니다. 그러나 마음씨 착한 동생은 아무 말 없이 감나무가 있는 집만 받았습니다.

2 어느 가을날, 까마귀가 떼 지어 날아와 감을 다 먹어 버렸습니다. 이 모습을 본 동생은 까마귀들에게 말했습니다.

"내 재산이라고는 이 감나무 하나뿐이야. 너희가 감을 모두 먹었으니, 나는 어떻게 살아가야 하니?"

까마귀 한 마리가 대답했습니다.

"당신은 마음이 착하고 욕심이 없군요. 감을 따 먹은 대신 금을 드릴게요. 저희가 모레 금이 있는 커다란 산으로 데리고 갈 테니 조그만 주머니를 만들어 두세요."

> **글의 종류**: 이야기
> **글의 특징**: 착한 동생은 금을 가져와서 부자가 되고, 욕심 많은 형은 금을 가져오지 못한 이야기입니다.

1 아버지의 많은 재산 중 동생은 감나무가 있는 허름한 집 한 채만 가지고, 나머지는 형이 차지했습니다.

06 **아버지가 돌아가시자 형이 한 행동은 무엇입니까?** (　　　)

① 동생에게 재산을 모두 주었다.
② 동생과 재산을 똑같이 나누어 가졌다.
③ 어려운 사람들에게 재산을 모두 기부했다.
④ 감나무가 있는 허름한 집 한 채만 갖고, 나머지는 모두 동생에게 주었다.
⑤ 동생에게 감나무가 있는 허름한 집 한 채만 주고, 나머지는 모두 자기가 차지했다.

07 **까마귀가 감을 다 먹어 버린 일이 일어난 장소는 어디인지 쓰시오.**

(　　　　　　　　　　　　　　　　)

교과서 문제

08 **까마귀가 동생에게 금을 준다고 한 까닭은 무엇입니까?** (　　　)

① 먹은 감이 맛있었기 때문이다.
② 동생을 놀리고 싶었기 때문이다.
③ 동생이 욕심이 많아 보였기 때문이다.
④ 동생과 산에서 놀고 싶었기 때문이다.
⑤ 동생의 감을 모두 먹어 버렸기 때문이다.

낱말 사전

허름한　좀 헌 듯한.

차지했습니다　사물이나 공간, 지위 따위를 자기 몫으로 가졌습니다.

떼　목적이나 행동을 같이하는 무리.

모레　내일의 다음 날.

5 단원

❷ 까마귀 떼가 동생 감나무의 감을 다 먹었습니다.
❸ 까마귀가 동생을 금으로 가득한 산에 데려갔습니다.

말을 끝내자 까마귀 떼는 어디론가 날아갔습니다. 동생은 까마귀의 말대로 조그만 주머니를 만들어 두었습니다.

❸ 정말 이틀이 지난 뒤에 우두머리 까마귀가 찾아와서 말했습니다.

"주머니를 다 만들었나요?"

"여기 다 만들어 두었단다."

동생이 대답했습니다. 그러자 까마귀는 땅으로 내려와 말했습니다.

"주머니를 꼭 쥐고 제 등에 타세요."

동생이 등 위에 올라타자 까마귀는 날개를 펴고 훨훨 날기 시작했습니다. 까마귀는 하늘 위로 날았습니다.

까마귀는 바다를 지나고 또 다른 바다를 지나, 이 산꼭대기와 저 산꼭대기를 지났습니다. 드디어 온통 금으로 가득한 산 위에 내려앉았습니다.

"여기가 바로 우리가 찾던 곳이에요. 금은 얼마든지 가져도 좋습니다."

09 까마귀가 동생에게 만들어 두라고 한 것은 무엇입니까? (　　)

① 금　② 날개　③ 감나무
④ 주머니　⑤ 까마귀 인형

교과서 문제

10 우두머리 까마귀가 동생을 데려간 곳은 어디입니까? (　　)

① 형의 집
② 까마귀의 집
③ 푸르른 바다
④ 감나무가 많은 집
⑤ 금으로 가득한 산

11 이 글에서 일어난 사건의 흐름을 생각하며 빈칸에 들어갈 알맞은 말을 보기에서 찾아 쓰시오.

보기
인물　장소　시간

사건이 일어나는 (　　　　　　)이/가 동생의 집에서 금으로 가득한 산으로 바뀌었다.

낱말 사전

우두머리 어떤 일이나 단체에서 으뜸인 사람.

훨훨 날짐승 따위가 높이 떠서 느릿느릿 날개를 치며 매우 시원스럽게 나는 모양.

온통 내 있는 전부.

❹ 동생은 눈이 부신 금덩이들 한가운데에 서 있는 것을 알고 깜짝 놀랐습니다. 그는 주변에 흩어져 있는 금을 주머니에 주워 담았습니다. 우두머리 까마귀가 물었습니다.

"다 담았어요? 그러면 제 등에 오르세요. 제가 당신 집까지 데려다줄게요."

동생은 한 손에 금이 든 작은 주머니를 들고, 다른 손으로는 우두머리 까마귀 등을 꼭 잡았습니다. 까마귀는 날개를 펴고 하늘로 날아올랐습니다. ㉠첩첩이 쌓인 이 구름 저 구름을 지나 한참 만에 감나무 바로 아래로 내려왔습니다.

❺ 아버지의 제삿날이 돌아왔습니다. 동생이 형을 초대하였습니다. 형은 동생이 큰 부자가 된 것을 보고 그 까닭을 물었습니다. 동생은 사실대로 이야기를 해 주었습니다.

❹ 동생은 작은 주머니에 금을 주워 담은 뒤에 집으로 돌아왔습니다.

---

12 작은 주머니에 금을 담은 행동으로 보아 동생의 성격은 어떠합니까? (　　　)

① 욕심이 많다.
② 욕심이 없다.
③ 사교성이 좋다.
④ 장난을 좋아한다.
⑤ 다른 사람의 말을 잘 듣지 않는다.

13 글 ❹의 내용으로 알맞지 않은 것은 무엇입니까? (　　　)

① 동생은 작은 주머니에 금을 담았다.
② 동생과 우두머리 까마귀가 등장한다.
③ 동생의 집에서만 일이 일어나고 있다.
④ 우두머리 까마귀가 동생을 집에 데려다주었다.
⑤ 동생은 금덩이들 한가운데에 서 있는 것을 알고 깜짝 놀랐다.

서술형

14 다음 보기 처럼 ㉠의 낱말을 사용하여 문장을 만들어 쓰시오.

보기
산속에 눈이 첩첩이 쌓였습니다.

낱말 사전

흩어져　한데 모였던 것이 따로따로 떨어지거나 사방으로 퍼져.

꼭　야무지게 힘을 주어 누르거나 죄는 모양.

첩첩이　여러 겹으로 겹쳐 있는 모양.

한참　시간이 상당히 지나는 동안.

제삿날　제사를 지내는 날.

기본 까마귀와 감나무

그러자 욕심이 생긴 형은 동생에게 감나무를 빌려 달라고 사정하였습니다. 동생은 형에게 감나무를 빌려주었습니다. 가을이 되자 또 까마귀들이 날아와 감을 먹었습니다. 형도 동생과 같이 말하였습니다. 그리고 형은 아주 큰 자루를 만들었습니다. 까마귀 우두머리는 형도 그 산으로 데려다주었습니다. 형은 무척 기뻤습니다. 자기가 동생보다 더 큰 부자가 될 것이라고 생각했습니다. 형은 큰 자루에 금을 꾹꾹 채워 넣고, 그것도 모자라 옷 속에도, 입 속에도, 그리고 귓구멍 속에도 가득 채워 넣었습니다. 까마귀가 말하였습니다.

"다 담았어요? 그러면 제 등에 오르세요. 제가 당신 집까지 데려다줄게요."

6 까마귀가 날아올랐습니다. 그런데 금자루가 너무 무거워 형은 까마귀 등에서 떨어지고 말았습니다. 까마귀는 형을 금 산 위에 놓아두고 혼자 날아갔습니다.

5 형은 동생의 감나무를 빌려 동생과 같이 까마귀에게 감을 주고 금이 많은 산에 가서 금을 자루와 온몸에 가득 채웠습니다.

6 형의 금자루가 너무 무거워 까마귀 등에서 떨어졌고, 까마귀는 혼자 날아갔습니다.

서술형

15 형이 동생에게 감나무를 빌려 달라고 사정한 까닭은 무엇인지 쓰시오.

____

16 형이 까마귀 등에서 떨어진 까닭은 무엇입니까? (　　　)

① 집에 가기 싫었기 때문이다.
② 금을 더 챙기고 싶었기 때문이다.
③ 동생의 집에 가기 싫었기 때문이다.
④ 까마귀가 너무 빨리 날았기 때문이다.
⑤ 형의 금자루가 너무 무거웠기 때문이다.

17 이 글을 통해 글쓴이가 전하고 싶은 생각은 무엇입니까? (　　　)

① 동물을 사랑하자.
② 욕심을 부리지 말자.
③ 거짓말을 하지 말자.
④ 예의 바르게 행동하자.
⑤ 부지런한 사람이 되자.

18 이야기를 읽고 사건의 흐름을 파악할 때 생각하지 않아도 되는 것은 무엇입니까? (　　　)

① 인물
② 장소
③ 글쓴이
④ 일어난 일
⑤ 일의 차례

낱말 사전

사정하였습니다 어떤 일의 형편이나 까닭을 남에게 말하고 무엇을 간청하였습니다.

자루 속에 물건을 담을 수 있도록 헝겊 따위로 길고 크게 만든 주머니.

모자라 기준이 되는 양이나 정도에 미치지 못하다.

기본 **아름다운 꼴찌** 이야기의 흐름을 이해해 봅시다.

아름다운 꼴찌

❶ 종례 시간, 선생님이 반 아이들에게 말했습니다.

"다음 주 금요일에 마라톤 대회가 열릴 거예요. 그동안 열심히 연습해서 모두 완주할 수 있도록 해요."

수현이는 마라톤이라는 말에 덜컥 걱정이 되었습니다.

"끝까지 못 뛸 게 뻔한데……. 친구들에게 놀림을 당하면 어쩌지?"

그러자 꼭 완주하고 싶다는 마음이 들었습니다.

그날 이후, 수현이는 날마다 공원에 가서 달리기 연습을 했습니다.

❷ 드디어 마라톤 대회가 열리는 날입니다.

화창한 날씨는 수현이의 마음을 설레게 했습니다.

"우리 아들, 파이팅! 마라톤 잘 뛰고 와."

엄마, 아빠도 수현이에게 힘을 불어넣어 주었습니다. 출발선에 섰을 때, 같은 반 친구인 재혁이가 수현이의 등을 토닥이며 싱긋 웃어 보였습니다. 수현이는 끝까지 포기하지 않겠다고 다짐했습니다.

❸ 탕!

출발을 알리는 총소리가 하늘을 가르자 가벼운 발걸음들이 앞을 향해 내달리기 시작했습니다.

---

19 수현이가 마라톤 대회에 대해 가지고 있던 생각은 무엇입니까? (　　　)

① 뛰다가 힘들면 포기하고 싶다.
② 연습하지 않아도 잘할 수 있다.
③ 마라톤 대회를 나가고 싶지 않다.
④ 마라톤 대회에서 꼭 완주하고 싶다.
⑤ 마라톤 대회에서 우승을 하고 싶다.

20 글 ❷에서 일이 일어난 때를 찾아 쓰시오.

(　　　　　　　　　　　　　　　　)

서술형

21 글 ❶과 ❷에서 일어난 일을 정리하여 쓰시오.

글 ❶	(1)
글 ❷	(2)

- **글의 종류:** 이야기
- **글쓴이:** 이철환
- **글의 특징:** 수현이는 마라톤 대회에서 자신보다 뒤에 달리는 친구가 있다는 것에 힘을 얻어 마라톤을 완주하였는데, 그 친구는 아버지였습니다.

❶ 마라톤 대회에서 완주하기 위해 수현이는 달리기 연습을 했습니다.

❷ 마라톤 대회 날, 수현이는 마라톤에 참가해 완주하겠다고 다짐했습니다.

낱말 사전

마라톤 육상 경기에서 42.195킬로미터를 달리는 장거리 경주 종목. 기원전 490년 아테네의 용사가 전쟁터인 마라톤에서 아테네까지 달려와 전승의 소식을 전하고는 죽었다는 데서 유래함.

완주할 목표한 지점까지 다 달릴.

출발선 경주할 때 출발점으로 그어 놓은 선.

5 단원

3 수현이가 힘들어서 포기하려고 했을 때 자신의 뒤에서 꼴찌로 달리는 친구가 있다는 것을 알고 힘을 냈습니다.

낱말 사전

경사진 땅이나 바닥 따위가 한쪽으로 기울어진.

현기증 어지러운 기운이 나는 증세.

도중 일이 계속되고 있는 과정이나 일의 중간.

격려 용기나 의욕이 솟아나도록 북돋워 줌.

안도하면서 어떤 일이 잘 진행되어 마음을 놓으면서.

한참을 달리다 경사진 언덕을 오를 때였습니다. 갑자기 가슴이 뻐근해지고, 어질어질 현기증이 일었습니다. 다른 친구들은 이미 수현이를 앞질러 간 상태였습니다.

'헉, 헉! 숨이 차서 더는 못 달리겠어.'

수현이는 너무 힘든 나머지 도중에 포기해야겠다고 생각하고는 몇 걸음 천천히 걸었습니다.

그때 등 뒤에서 사람들의 환호 소리가 들렸습니다.

"와, 조금만 더 힘내요!"

그것은 수현이와 100미터 이상 떨어진 거리에서 쓰러질 듯 달려오는 한 친구에게 보내는 격려의 소리였습니다. 수현이는 꼴찌가 아니라는 사실에 안도하면서 조금씩 힘을 내기 시작했습니다.

'이제 거의 다 왔어. 나도 조금만 더 힘을 내자!'

수현이는 숨이 턱까지 차오르고, 땀이 비 오듯 흘렀지만 마지막까지 온 힘을 다해 뛰기로 마음먹었습니다.

---

22 마라톤 대회에서 수현이의 마음이 바뀐 순서대로 기호를 쓰시오.

㉮ '헉, 헉! 숨이 차서 더는 못 달리겠어.'
㉯ '이제 거의 다 왔어. 나도 조금만 더 힘을 내자!'

( ) → ( )

23 이 글에 대한 내용으로 알맞지 않은 것은 무엇입니까? ( )

① 수현이가 꼴찌로 달리고 있었다.
② 다른 친구들은 이미 수현이를 앞질러 간 상태였다.
③ 수현이는 힘들어서 도중에 포기해야겠다고 생각했었다.
④ 수현이는 뒤에서 달리는 친구를 보고 힘을 내어 끝까지 뛰기로 했다.
⑤ 사람들이 수현이와 뒤에 쓰러질 듯 달려오는 친구에게 환호를 보냈다.

24 이야기의 흐름에 따라 일어난 일을 정리할 때 빈칸에 알맞은 말을 각각 쓰시오.

- 일어난 일을 차례대로 정리한다.
- 일어난 일을 처음, ( ), ( )으로 정리한다.

4 드디어 결승점에 도착했습니다!

깊은숨을 훅훅 몰아쉬는 수현이의 가슴이 산처럼 솟았다 가라앉기를 여러 차례 반복했습니다. 선생님과 친구들은 끝까지 포기하지 않고 달린 수현이를 향해 뜨거운 박수를 보냈습니다.

수현이는 꼴찌로 들어올 친구를 기다렸습니다. 그 친구에게 응원의 박수를 보내 주고 싶었습니다. 그런데 잠시 후, 그 친구가 결승점을 얼마 남기지 않고 경기를 포기했다는 사실을 알게 되었습니다. 수현이는 왠지 마음이 아팠습니다.

5 집으로 돌아온 수현이는 아빠, 엄마에게 마라톤에서 완주한 일을 몇 번이고 자랑했습니다.

"내 뒤에서 달려오던 친구가 없었다면 나도 중간에 포기하고 말았을 거예요."

아빠와 엄마는 그런 수현이가 무척 대견했습니다.

6 그날 밤, 모두가 잠든 시각이었습니다. 안방 문틈 사이로 아빠의 낮은 신음 소리가 들렸습니다. 그리고 가느다란 엄마의 목소리도 들렸습니다.

"당신도 몸이 약한데, 수현이 뒤에서 함께 뛰다니……. 너무 무리한 것 같아요. 병원에 안 가도 되겠어요?"

수현이는 그제야 알았습니다. 자신 뒤에서 꼴찌로 달렸던 사람은 바로 아빠였던 것입니다.

교과서 문제

25 **수현이가 꼴찌로 들어올 친구를 기다린 까닭은 무엇입니까?** (　　　)

① 친해지고 싶어서
② 함께 물을 마시기 위해서
③ 엄마, 아빠에게 소개하고 싶어서
④ 응원의 박수를 보내 주고 싶어서
⑤ 자신이 가져온 간식을 주고 싶어서

☆☆☆
26 **이야기의 흐름을 생각할 때, 이야기의 끝부분에 해당하는 생각이나 느낌으로 알맞은 것의 기호를 쓰시오.**

> ㉮ 아빠가 자신을 위해 달려 준 것을 알고 정말 감사할 것 같아.
> ㉯ 자신의 목표를 달성하기 위해 꾸준히 연습하는 모습을 응원하고 싶었어.
> ㉰ 달리기를 포기하려다가 힘을 내어 끝까지 포기하지 않는 모습이 보기 좋았어.

(　　　　　　　　　　)

4 수현이가 결승점까지 달렸습니다.
5 수현이는 끝까지 달린 사실을 부모님께 자랑했습니다.
6 그날 밤, 수현이는 자신의 뒤에서 달렸던 사람이 아빠였다는 것을 알게 되었습니다.

5 단원

낱말 사전

결승점　육상·수영 따위에서, 승부가 결정되는 지점.

대견했습니다　흐뭇하고 자랑스러웠습니다.

시각　시간의 어느 한 시점.

기본 **초록 고양이** 이야기를 읽고 이어질 내용을 상상해 써 봅시다.

- **글의 종류:** 이야기
- **글쓴이:** 위기철
- **글의 내용:** 초록 고양이가 꽃담이의 엄마를 데려갔지만, 꽃담이는 엄마의 냄새를 맡고 엄마를 찾아냅니다.

1. 어느 날 꽃담이의 엄마가 사라졌습니다.
2. 초록 고양이는 꽃담이에게 엄마를 찾으려면 자신을 따라오라고 했습니다.

초록 고양이

1 어느 날 엄마가 사라졌어요.

이 닦으러 욕실에 들어가서 나오지 않았어요.

꽃담이는 욕실 문을 열어 봤어요.

엄마가 없었어요. 감쪽같이 사라져 버린 거예요.

꽃담이는 엄마가 틀어 놓은 수돗물을 잠갔어요.

2 그때 낄낄낄 웃음소리가 들렸어요.

"너희 엄마는 내가 데려갔어."

초록 고양이가 말했어요. 빨간 우산을 쓰고 노란 장화를 신고 있었어요.

꽃담이가 말했어요.

"우리 엄마를 돌려줘!"

초록 고양이가 수염을 쓰다듬으며 말했어요.

"쉽게 돌려줄 수는 없어. 엄마를 찾고 싶으면 나를 따라와."

초록 고양이가 빨간 우산을 빙글빙글 돌렸어요.

---

27 꽃담이의 엄마가 어디에서 사라졌는지 쓰시오.

(　　　　　　　　　　)

28 꽃담이에게 일어난 일로 알맞지 않은 것은 무엇입니까? (　　　)

① 엄마가 갑자기 사라졌다.
② 초록 고양이가 나타났다.
③ 초록 고양이가 엄마를 데려갔다고 했다.
④ 초록 고양이가 빨간 우산을 선물로 주었다.
⑤ 초록 고양이가 엄마를 찾고 싶으면 따라오라고 했다.

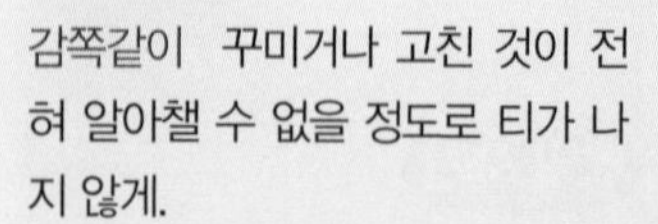

감쪽같이　꾸미거나 고친 것이 전혀 알아챌 수 없을 정도로 티가 나지 않게.

장화　목이 길게 올라오는 신. 가죽이나 고무로 만드는데 비가 올 때나 말을 탈 때에 신음.

빙글빙글　큰 것이 잇따라 미끄럽게 도는 모양.

29 이 장면에 나오는 인물을 보기에서 두 가지 찾아 기호를 쓰시오.

보기

㉮ 꽃담이　㉯ 꽃담이 아빠　㉰ 꽃담이 할머니
㉱ 초록 고양이　㉲ 초록 고양이 엄마

(　　　,　　　)

❸ 커다란 동굴 안에 하얀 항아리들이 잔뜩 놓여 있었어요.

"항아리는 모두 40개야. 이 가운데 하나에 너희 엄마가 있어. 어느 항아리에 있는지 찾아봐. 항아리를 두드려 봐도 안 되고, 엄마를 불러서도 안 돼."

초록 고양이는 또 낄낄낄 웃었어요.

"기회는 딱 한 번뿐이야. 만일 틀린 항아리를 고르면, 너는 엄마를 영영 못 찾게 될 거야."

꽃담이는 어이가 없었어요.

"만일 내가 찾으면 어떻게 할 건데?"

초록 고양이는 빨간 우산을 접으며 말했어요.

"그야 엄마를 집으로 돌려보내 주지."

"겨우 그뿐이야?"

초록 고양이 눈이 커졌어요. 꽃담이가 조금도 겁을 먹지 않아서 화가 났나 봐요.

"좋아, 이 빨간 우산을 너에게 주겠어."

"그 우산으로 뭘 할 수 있는데?"

"그냥…… 비 올 때 쓸 수 있지."

❸ 초록 고양이는 꽃담이에게 40개의 항아리 중에서 엄마가 들어 있는 항아리를 찾으라고 했습니다.

---

30 꽃담이 엄마가 있는 곳은 어디입니까? ( )

① 욕실 ② 빨간 우산 안 ③ 초록 고양이 집
④ 동굴 안의 상자 ⑤ 동굴 안의 항아리 중 하나

31 이 글의 내용으로 알맞지 않은 것은 무엇입니까? ( )

① 꽃담이는 커다란 동굴로 갔다.
② 동굴 안에는 40개의 항아리가 있었다.
③ 초록 고양이는 빨간 우산을 가지고 있었다.
④ 초록 고양이가 항아리를 고를 기회는 여러 번 준다고 하였다.
⑤ 초록 고양이가 틀린 항아리를 고르면 엄마를 찾을 수 없다고 하였다.

교과서 문제

32 꽃담이가 엄마를 찾는 데 지켜야 할 조건을 두 가지 고르시오. (,)

① 항아리를 깨면 안 된다.
② 엄마를 불러서는 안 된다.
③ 항아리 냄새를 맡으면 안 된다.
④ 항아리의 위치를 바꾸면 안 된다.
⑤ 항아리를 두드려 봐서는 안 된다.

낱말 사전

잔뜩 한도에 이를 때까지 가득.

틀린 셈이나 사실 따위가 그르게 되거나 어긋난.

영영 영원히 언제까지나.

5 단원

❹ 꽃담이는 엄마 냄새를 맡고 엄마가 있는 항아리를 찾았습니다.

초록 고양이는 더욱 화가 난 듯이 말했어요.
"너는 우산이 중요하니, 엄마가 중요하니? 엄마를 찾고 싶지 않아?"
꽃담이가 빙긋 웃으며 말했어요.
"그건 너무 간단한 일이야. 아마 너는 엄마가 없는 모양이구나."
초록 고양이가 따졌어요.
"나도 엄마 있어! 진짜야!"
"알았어. 믿어 줄게."

❹ 꽃담이가 항아리들이 놓여 있는 곳으로 갔어요. 초록 고양이가 비아냥거렸어요.
"흥! 못 찾기만 해 봐라. 엄마를 영영 안 돌려줄 테야."
꽃담이는 킁킁 냄새를 맡았어요.
"바로 이 항아리야!"
그 항아리에서 고소하고 달콤하고 향긋한 냄새가 났거든요. 바로 엄마 냄새였지요.
꽃담이가 너무 쉽게 찾으니까 초록 고양이가 심통이 났나 봐요.
"칫! 좋아. 엄마를 데려가!"
그 말을 하고 초록 고양이는 뿅 사라졌어요.

교과서 문제

33 꽃담이가 엄마를 찾은 방법은 무엇입니까? (　　)

① 냄새를 맡았다. ② 항아리를 깼다. ③ 엄마를 불렀다.
④ 항아리를 두드렸다. ⑤ 항아리 뚜껑을 열어 보았다.

34 초록 고양이는 왜 심통이 났습니까? (　　)

① 꽃담이가 항아리들을 깨뜨려서
② 꽃담이가 우산을 돌려주지 않아서
③ 꽃담이가 욕실에서 나오지 않아서
④ 꽃담이가 엄마를 너무 쉽게 찾아서
⑤ 꽃담이가 엄마를 영영 안 돌려줄 거라고 말해서

35 글 ❶~❹에서 일어난 일을 정리한 것입니다. 일이 일어난 차례에 알맞게 순서대로 기호를 쓰시오.

㉮ 초록 고양이가 엄마를 데려갔다.
㉯ 꽃담이가 엄마의 냄새를 맡고 바로 찾았다.
㉰ 초록 고양이가 꽃담이에게 항아리에서 엄마를 한 번에 찾으라고 했다.

(　　) → (　　) → (　　)

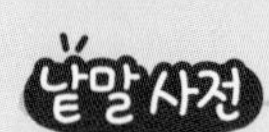

비아냥거렸어요 얄밉게 빈정거리며 자꾸 놀렸어요.

심통 마땅치 않게 여기는 나쁜 마음.

5 어느 날 꽃담이가 사라졌어요.

세수하러 욕실에 들어가서 나오지 않았어요.

엄마는 욕실 문을 열어 봤지만, 꽃담이가 없었어요. 감쪽같이 사라져 버린 거예요.

그때 낄낄낄 웃음소리가 들렸어요.

"꽃담이는 내가 데려갔어요."

초록 고양이가 말했어요. 발에 노란 장화를 신고 있었어요.

엄마가 말했어요.

"우리 꽃담이를 돌려줘!"

초록 고양이가 수염을 쓰다듬으며 말했어요.

"쉽게 돌려줄 수는 없어요. 딸을 찾고 싶으면 나를 따라와요."

초록 고양이가 노란 장화 신은 발을 탁탁 굴렀어요.

6 커다란 동굴 안에 하얀 항아리들이 잔뜩 놓여 있었어요.

"항아리는 모두 40개예요. 저 가운데 하나에 꽃담이가 들어 있어요. 어느 항아리에 들어 있는지 찾아보세요. 뚜껑을 열어 봐서도 안 되고, 딸 이름을 불러서도 안 돼요."

초록 고양이는 또 낄낄낄 웃었어요.

"기회는 딱 한 번뿐이에요. 만일 틀린 항아리를 고르면, 딸을 영영 못 찾게 될 거예요."

5 어느 날 꽃담이가 사라져 버렸습니다.

6 초록 고양이는 엄마에게 40개의 항아리 중에서 꽃담이가 들어 있는 항아리를 찾으라고 했습니다.

---

36 엄마가 꽃담이를 찾는 데 지켜야 할 조건을 두 가지 고르시오. (　　,　　)

① 항아리를 굴려서는 안 된다.
② 딸 이름을 불러서는 안 된다.
③ 항아리 냄새를 맡으면 안 된다.
④ 항아리를 두드려 봐서는 안 된다.
⑤ 항아리 뚜껑을 열어 봐서는 안 된다.

37 이 글에 이어질 이야기를 상상하는 방법으로 알맞지 않은 것은 무엇입니까? (　　)

① 사건의 흐름에 맞게 쓴다.
② 이야기의 앞부분과 어울리게 쓴다.
③ 이야기의 처음, 가운데, 끝을 생각하고 쓴다.
④ 사건들 사이에 원인과 결과 관계가 있게 쓴다.
⑤ 이야기의 가운데 부분에 새로운 사건을 만들어 쓴다.

낱말 사전

굴렀어요　선 자리에서 발로 바닥을 힘주어 쳤어요.

뚜껑　그릇이나 상자 같은 것을 덮는 물건.

5 단원

국어 활동 '만큼', '대로', '뿐'의 쓰임과 바르게 띄어 쓰는 방법을 익혀 봅시다.

'만큼', '대로', '뿐'을 띄어 쓸지 붙여 쓸지 앞에 오는 낱말을 보면 쉽게 알 수 있어요.

'만큼', '대로', '뿐'의 쓰임과 바르게 띄어 쓰는 방법

- '만큼', '대로', '뿐'은 앞에 오는 다른 낱말과 함께 쓰는 낱말입니다.
- 형태가 바뀌는 낱말 가운데에서 '-는', '-을', '-던' 등과 같이 '-ㄴ/-ㄹ'로 끝나는 말 뒤에서는 띄어 써야 합니다.
  예 볼 만큼, 있는 대로, 들었을 뿐이에요
- 그러나 사람이나 사물의 이름을 나타내는 낱말이나 수를 나타내는 낱말 뒤에서는 붙여 씁니다.
  예 달만큼, 돌뿐, 하나만큼, 둘뿐

38 파란색으로 쓰인 부분을 바르게 띄어 쓰시오.

(1) 볼만큼 보았어. → (　　　　　　)

(2) 될 수 있는대로 빨리 오세요. → (　　　　　　)

(3) 소문으로만 들었을뿐이에요. → (　　　　　　)

(4) 노력한만큼 얻게 될 거야. → (　　　　　　)

(5) 원하는대로 해 주겠습니다. → (　　　　　　)

(6) 모두 구경만 할뿐이었어요. → (　　　　　　)

39 밑줄 친 부분을 바르게 띄어 쓰시오.

(1) 교실 안은 숨소리가 <u>들릴만큼</u> 조용했어요.

(　　　　　　)

(2) 솔직히 <u>아는대로</u> 말해 봅시다.

(　　　　　　)

(3) 말만 하지 <u>않았을뿐이지</u> 모두가 알고 있어요.

(　　　　　　)

낱말 사전

솔직히　거짓이나 숨김이 없이 바르고 곧게.

교과서 핵심 정리

핵심 ① 이야기를 읽고 사건의 흐름을 파악하는 방법 알기

- 이야기에 나타난 인물, 장소, 일어난 일을 찾습니다.
- 이야기에서 일어난 중요한 일을 찾습니다.
- 일이 일어난 차례를 살핍니다.

이야기 속 인물, 배경 알아보기

인물	이야기에 등장하는 인물은 누구누구인지 알아봅니다.
배경	• 언제 어디에서 일어난 일인지 알아봅니다. • 사건이 일어나는 배경은 어떻게 바뀌었는지 살펴봅니다.

예 「까마귀와 감나무」에서 인물에게 일어난 일 찾기

인물	장소	일어난 일
동생	어느 마을	감나무가 있는 집 한 채만 받았다.
	동생의 집	까마귀가 감을 다 먹어 버렸다.
	금으로 가득한 산	금을 가져와 부자가 되었다.
형	어느 마을	감나무가 있는 집 한 채만 동생에게 주고 나머지를 모두 자기가 차지했다.
	동생의 집	동생에게 감나무를 빌렸다.
	금으로 가득한 산	욕심을 너무 많이 부려 금도 못 가져오고, 집에도 오지 못했다.

핵심 ② 이야기의 흐름을 정리하는 방법 알기

- 일이 일어난 차례대로 정리합니다.
- 일어난 일을 처음, 가운데, 끝의 흐름으로 정리합니다.

일어난 일을 처음, 가운데, 끝으로 정리하기

처음에 일어난 일은 무엇인지 알아봅니다. ➡ 가운데에 일어난 일은 무엇인지 알아봅니다. ➡ 끝은 어떻게 마무리되는지 알아봅니다.

예 「아름다운 꼴찌」를 읽고 이야기의 흐름에 따라 일어난 일 정리하기

처음	마라톤 대회에 참가하기 위해 수현이는 달리기 연습을 한다.
가운데	• 수현이는 마라톤에 참가해 완주하겠다고 다짐한다. • 힘들어서 달리기를 포기하려고 했을 때, 자신의 뒤에서 꼴찌로 달리는 친구가 있다는 것을 알게 된 수현이는 힘을 얻어 결승점까지 달린다. • 수현이는 마라톤을 완주한 사실을 부모님께 자랑한다.
끝	수현이는 뒤에서 달렸던 사람이 아빠였다는 것을 알게 된다.

핵심 ③ 이어질 내용을 상상하여 쓰는 방법 알기

- 사건의 흐름에 맞게 이어질 내용을 상상합니다.
- 이야기의 처음, 가운데, 끝을 생각하고 씁니다.
- 사건들 사이에 원인과 결과 관계가 있어야 합니다.

예 「초록 고양이」를 읽고 이야기의 흐름에 맞게 이어질 내용 상상하기

- 항아리를 깨뜨려서 꽃담이를 찾을 것 같다.
- 꽃담이처럼 항아리의 냄새를 맡아서 꽃담이를 찾을 것 같다.

5 단원

단원 정리 평가

[01~03] 다음 글을 읽고, 물음에 답하시오.

㉠ 옛날에 두 아들을 둔 아버지가 많은 재산을 남겨 두고 세상을 떠났습니다. 형은 동생에게 ㉡ 감나무가 있는 허름한 집 한 채만 주었습니다. 그리고 나머지는 모두 자기가 차지했습니다. 그러나 마음씨 착한 동생은 아무 말 없이 감나무가 있는 집만 받았습니다.

㉢ 어느 가을날, 까마귀가 떼 지어 날아와 감을 다 먹어 버렸습니다. 이 모습을 본 동생은 까마귀들에게 말했습니다.

"내 재산이라고는 이 감나무 하나뿐이야. 너희가 감을 모두 먹었으니, 나는 어떻게 살아가야 하니?"

까마귀 한 마리가 대답했습니다.

"당신은 마음이 착하고 욕심이 없군요. 감을 따 먹은 대신 금을 드릴게요. 저희가 모레 ㉣ 금이 있는 커다란 산으로 데리고 갈 테니 조그만 주머니를 만들어 두세요."

01 이 글에 등장하는 인물에 모두 ○표 하시오.

(형, 동생, 까마귀, 어머니, 동네 사람)

02 ㉠~㉣ 중 일이 일어난 때를 알려 주는 말을 두 가지 찾아 기호를 쓰시오.

(,   )

03 다음 장소에서 동생에게 일어난 일을 정리할 때 빈칸에 알맞은 내용을 보기에서 찾아 기호를 쓰시오.

보기
㉮ 까마귀가 감을 다 먹어 버렸다.
㉯ 금을 작은 주머니에 주워 담았다.

장소	일어난 일
동생의 집	

[04~05] 다음 글을 읽고, 물음에 답하시오.

아버지의 제삿날이 돌아왔습니다. 동생이 형을 초대하였습니다. 형은 동생이 큰 부자가 된 것을 보고 그 까닭을 물었습니다. 동생은 사실대로 이야기를 해 주었습니다.

그러자 욕심이 생긴 형은 동생에게 감나무를 빌려 달라고 사정하였습니다. 동생은 형에게 감나무를 빌려주었습니다. 가을이 되자 또 까마귀들이 날아와 감을 먹었습니다. 형도 동생과 같이 말하였습니다. 그리고 형은 아주 큰 자루를 만들었습니다. 까마귀 우두머리는 형도 그 산으로 데려다주었습니다. 형은 무척 기뻤습니다. 자기가 동생보다 더 큰 부자가 될 것이라고 생각했습니다. 형은 큰 자루에 금을 꾹꾹 채워 넣고, 그것도 모자라 옷 속에도, 입 속에도, 그리고 귓구멍 속에도 가득 채워 넣었습니다. 까마귀가 말하였습니다.

"다 담았어요? 그러면 제 등에 오르세요. 제가 당신 집까지 데려다줄게요."

까마귀가 날아올랐습니다. 그런데 금자루가 너무 무거워 형은 까마귀 등에서 떨어지고 말았습니다. 까마귀는 형을 금 산 위에 놓아두고 혼자 날아갔습니다.

04 이 글에서 알 수 있는 형의 성격으로 알맞은 것은 무엇입니까? (   )

① 꼼꼼하다.
② 소심하다.
③ 욕심이 많다.
④ 동생을 배려한다.
⑤ 동물을 사랑한다.

서술형

05 이 글에서 글쓴이가 전하고 싶은 생각은 무엇인지 쓰시오.

[06~09] 다음 글을 읽고, 물음에 답하시오.

가 종례 시간, 선생님이 반 아이들에게 말했습니다.

"다음 주 금요일에 마라톤 대회가 열릴 거예요. 그동안 열심히 연습해서 모두 완주할 수 있도록 해요."

수현이는 마라톤이라는 말에 덜컥 걱정이 되었습니다.

"끝까지 못 뛸 게 뻔한데……. 친구들에게 놀림을 당하면 어쩌지?"

그러자 꼭 완주하고 싶다는 마음이 들었습니다.

그날 이후, 수현이는 날마다 공원에 가서 달리기 연습을 했습니다.

나 '헉, 헉! 숨이 차서 더는 못 달리겠어.'

수현이는 너무 힘든 나머지 도중에 포기해야겠다고 생각하고는 몇 걸음 천천히 걸었습니다.

그때 등 뒤에서 사람들의 환호 소리가 들렸습니다.

"와, 조금만 더 힘내요!"

그것은 수현이와 100미터 이상 떨어진 거리에서 쓰러질 듯 달려오는 한 친구에게 보내는 격려의 소리였습니다. 수현이는 꼴찌가 아니라는 사실에 안도하면서 조금씩 힘을 내기 시작했습니다.

'이제 거의 다 왔어. 나도 조금만 더 힘을 내자!'

수현이는 숨이 턱까지 차오르고, 땀이 비 오듯 흘렀지만 마지막까지 온 힘을 다해 뛰기로 마음먹었습니다.

다 그날 밤, 모두가 잠든 시각이었습니다. 안방 문틈 사이로 아빠의 낮은 신음 소리가 들렸습니다. 그리고 가느다란 엄마의 목소리도 들렸습니다.

"당신도 몸이 약한데, 수현이 뒤에서 함께 뛰다니……. 너무 무리한 것 같아요. 병원에 안 가도 되겠어요?"

수현이는 그제야 알았습니다. 자신 뒤에서 꼴찌로 달렸던 사람은 바로 아빠였던 것입니다.

06 글 가에서 마라톤 대회가 있다는 말에 수현이가 걱정을 한 까닭은 무엇입니까? (　　　)

① 달리기를 싫어해서
② 몸이 약해 뛰지 못해서
③ 일등을 하지 못할 것 같아서
④ 뛰다가 넘어지면 다칠 것 같아서
⑤ 끝까지 못 뛰어서 놀림을 당할 것 같아서

07 아빠가 수현이의 뒤에서 꼴찌로 달렸던 이유로 알맞은 것은 무엇입니까? (　　　)

① 체력을 기르고 싶었기 때문이다.
② 수현이보다 잘 달리고 싶었기 때문이다.
③ 마라톤 대회를 완주하고 싶었기 때문이다.
④ 수현이에게 용기를 주고 싶었기 때문이다.
⑤ 마라톤 대회에서 우승하고 싶었기 때문이다.

08 이 글의 내용을 이야기의 흐름에 따라 정리하려고 합니다. 일어난 순서에 맞게 기호를 쓰시오.

㉮ 수현이는 뒤에서 달렸던 사람이 아빠였다는 것을 알게 된다.
㉯ 마라톤 대회에서 수현이는 힘들어서 달리기를 포기하고 싶었다.
㉰ 마라톤 대회에 참가하려고 수현이는 열심히 달리기 연습을 했다.
㉱ 자신의 뒤에서 꼴찌로 달리는 친구가 있다는 것을 알게 된 수현이는 힘을 낸다.

(　　→　　→　　→　　)

09 이 이야기의 주제로 알맞은 것을 두 가지 고르시오. (　　,　　)

① 아버지의 사랑
② 마라톤의 어려움
③ 친구에 대한 믿음
④ 친구를 사랑하는 마음
⑤ 포기하지 않고 끝까지 노력하는 모습의 아름다움

5 단원

10 이야기를 읽고 흐름에 따라 정리하는 방법으로 알맞지 않은 것은 무엇입니까? (　　)

① 일이 일어난 차례대로 정리한다.
② 이야기에서 중요한 일을 찾는다.
③ 일어난 일을 처음, 가운데, 끝으로 정리한다.
④ 일어난 일 중 마음에 드는 부분부터 정리한다.
⑤ 이야기에 나타난 인물, 장소, 일어난 일을 찾는다.

[11~14] 다음 글을 읽고, 물음에 답하시오.

> 가 "너희 엄마는 내가 데려갔어."
> 초록 고양이가 말했어요. 빨간 우산을 쓰고 노란 장화를 신고 있었어요.
> 꽃담이가 말했어요.
> "우리 엄마를 돌려줘!"
> 초록 고양이가 수염을 쓰다듬으며 말했어요.
> "쉽게 돌려줄 수는 없어. 엄마를 찾고 싶으면 나를 따라와."
> 나 커다란 동굴 안에 하얀 항아리들이 잔뜩 놓여 있었어요.
> "항아리는 모두 40개야. 이 가운데 하나에 너희 엄마가 있어. 어느 항아리에 있는지 찾아봐. 항아리를 두드려 봐도 안 되고, 엄마를 불러서도 안 돼."
> 초록 고양이는 또 낄낄낄 웃었어요.
> "기회는 딱 한 번뿐이야. 만일 틀린 항아리를 고르면, 너는 엄마를 영영 못 찾게 될 거야."
> 다 "흥! 못 찾기만 해 봐라. 엄마를 영영 안 돌려줄 테야."
> 꽃담이는 킁킁 냄새를 맡았어요.
> "바로 이 항아리야!"
> 그 항아리에서 고소하고 달콤하고 향긋한 냄새가 났거든요. 바로 엄마 냄새였지요.
> 꽃담이가 너무 쉽게 찾으니까 초록 고양이가 심통이 났나 봐요.
> "쳇! 좋아. 엄마를 데려가!"
> 그 말을 하고 초록 고양이는 뿅 사라졌어요.

11 초록 고양이가 엄마를 숨겨 놓은 곳은 어디인지 빈칸에 알맞은 말을 쓰시오.

동굴 안에 있는 하얀 (　　　　　　)

12 꽃담이가 엄마를 찾아낸 방법으로 알맞은 것의 기호를 쓰시오.

㉮ 엄마를 불렀다.
㉯ 냄새를 맡았다.
㉰ 항아리의 뚜껑을 열어 보았다.

(　　　　　　)

13 다음 두 가지 일 중 다른 일의 원인이 되는 일에 ○표 하시오.

(1) 초록 고양이는 엄마를 데려갔다. (　　)
(2) 초록 고양이는 꽃담이에게 엄마를 찾고 싶으면 따라오라고 했다. (　　)

14 글 나에서 일어난 일을 알맞게 정리한 것은 무엇입니까? (　　)

① 욕실에서 엄마가 갑자기 사라졌다.
② 욕실에서 꽃담이가 갑자기 사라졌다.
③ 초록 고양이는 빨간 우산을 꽃담이에게 주었다.
④ 초록 고양이는 꽃담이를 항아리에 숨기고 엄마에게 찾으라고 하였다.
⑤ 초록 고양이는 엄마를 항아리에 숨기고 꽃담이에게 찾으라고 하였다.

15 이야기의 흐름에 대한 설명으로 알맞은 것은 무엇입니까? ( )

① 사건은 항상 같은 장소에서 일어난다.
② 이야기의 끝에서는 사건이 진행되어 간다.
③ 이야기의 처음에서는 새로운 사건이 생긴다.
④ 사건들 사이에는 원인과 결과 관계가 필요하지 않다.
⑤ 이야기의 전체 흐름을 알기 위해서는 첫 부분만 보면 된다.

[16~18] 다음 글을 읽고, 물음에 답하시오.

어느 날 꽃담이가 사라졌어요.
세수하러 욕실에 들어가서 나오지 않았어요.
엄마는 욕실 문을 열어 봤지만, 꽃담이가 없었어요. 감쪽같이 사라져 버린 거예요.
그때 낄낄낄 웃음소리가 들렸어요.
"꽃담이는 내가 데려갔어요."
초록 고양이가 말했어요. 발에 노란 장화를 신고 있었어요.
엄마가 말했어요.
"우리 꽃담이를 돌려줘!"
초록 고양이가 수염을 쓰다듬으며 말했어요.
"쉽게 돌려줄 수는 없어요. 딸을 찾고 싶으면 나를 따라와요."
초록 고양이가 장화 신은 발을 탁탁 굴렀어요.
커다란 동굴 안에 하얀 항아리들이 잔뜩 놓여 있었어요.
"항아리는 모두 40개예요. 저 가운데 하나에 꽃담이가 들어 있어요. 어느 항아리에 들어 있는지 찾아보세요. 뚜껑을 열어 봐서도 안 되고, 딸 이름을 불러서도 안 돼요."
초록 고양이는 또 낄낄낄 웃었어요.
"기회는 딱 한 번뿐이에요. 만일 틀린 항아리를 고르면, 딸을 영영 못 찾게 될 거예요."

16 꽃담이가 사라진 곳은 어디인지 쓰시오.

( )

서술형

17 엄마가 꽃담이를 찾는 데 지켜야 할 조건 두 가지는 무엇인지 쓰시오.

(1)	
(2)	

18 이 글을 읽고 이어질 내용을 알맞게 상상한 친구는 누구인지 쓰시오.

희진: 엄마는 꽃담이의 이름을 부르면서 꽃담이를 찾을 것 같아.
민준: 엄마는 동굴 안에 있는 항아리의 뚜껑을 열어서 꽃담이를 찾을 것 같아.
지형: 엄마는 화가 나서 동굴 안에 있는 항아리를 다 깨고 꽃담이를 찾을 것 같아.

( )

☆☆☆

19 이어질 내용을 상상하는 방법으로 알맞은 것에는 ○표, 알맞지 않은 것에는 ×표 하시오.

(1) 사건의 흐름에 맞게 상상하여 쓴다. ( )
(2) 이야기의 처음, 가운데, 끝을 생각하고 쓴다. ( )
(3) 이야기의 흐름과 상관없이 자신이 만들고 싶은 인물을 자유롭게 넣고 쓴다. ( )

국어 활동

20 밑줄 친 부분을 바르게 띄어 쓰지 않은 것은 무엇입니까? ( )

① 볼 만큼 보았어.
② 노력한 만큼 얻게 될 거야.
③ 원하는 대로 해 주겠습니다.
④ 소문으로만 들었을 뿐이에요.
⑤ 될 수 있는대로 빨리 오세요.

5 단원

서술형 문제

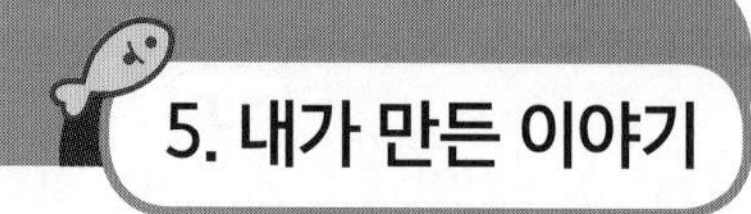

1~2

욕심이 생긴 형은 동생에게 감나무를 빌려 달라고 사정하였습니다. 동생은 형에게 감나무를 빌려주었습니다. 가을이 되자 또 까마귀들이 날아와 감을 먹었습니다. 형도 동생과 같이 말하였습니다. 그리고 형은 아주 큰 자루를 만들었습니다. 까마귀 우두머리는 형도 그 산으로 데려다주었습니다. 형은 무척 기뻤습니다. 자기가 동생보다 더 큰 부자가 될 것이라고 생각했습니다. 형은 큰 자루에 금을 꾹꾹 채워 넣고, 그것도 모자라 옷 속에도, 입 속에도, 그리고 귓구멍 속에도 가득 채워 넣었습니다. 까마귀가 말하였습니다.

"다 담았어요? 그러면 제 등에 오르세요. 제가 당신 집까지 데려다줄게요."

까마귀가 날아올랐습니다. 그런데 금자루가 너무 무거워 형은 까마귀 등에서 떨어지고 말았습니다. 까마귀는 형을 금 산 위에 놓아두고 혼자 날아갔습니다.

01 형에게 일어난 일을 정리하여 쓰시오.

장소	일어난 일
동생의 집	(1)
금으로 가득한 산	(2)

02 이 글의 내용과 비슷한 옛이야기에는 무엇이 있는지 쓰시오.

비슷한 옛이야기	(1)
비슷한 점	(2)

3~4

가 '헉, 헉! 숨이 차서 더는 못 달리겠어.'

수현이는 너무 힘든 나머지 도중에 포기해야겠다고 생각하고는 몇 걸음 천천히 걸었습니다.

그때 등 뒤에서 사람들의 환호 소리가 들렸습니다.

"와, 조금만 더 힘내요!"

그것은 수현이와 100미터 이상 떨어진 거리에서 쓰러질 듯 달려오는 한 친구에게 보내는 격려의 소리였습니다. 수현이는 꼴찌가 아니라는 사실에 안도하면서 조금씩 힘을 내기 시작했습니다.

'이제 거의 다 왔어. 나도 조금만 더 힘을 내자!'

수현이는 숨이 턱까지 차오르고, 땀이 비 오듯 흘렀지만 마지막까지 온 힘을 다해 뛰기로 마음먹었습니다.

드디어 결승점에 도착했습니다!

나 그날 밤, 모두가 잠든 시각이었습니다. 안방 문틈 사이로 아빠의 낮은 신음 소리가 들렸습니다. 그리고 가느다란 엄마의 목소리도 들렸습니다.

"당신도 몸이 약한데, 수현이 뒤에서 함께 뛰다니……. 너무 무리한 것 같아요. 병원에 안 가도 되겠어요?"

수현이는 그제야 알았습니다. 자신 뒤에서 꼴찌로 달렸던 사람은 바로 아빠였던 것입니다.

03 글 나에서 일어난 일을 정리해 쓰시오.

04 이 글의 제목은 「아름다운 꼴찌」입니다. 제목이 뜻하는 것은 무엇인지 쓰시오.

수행 평가

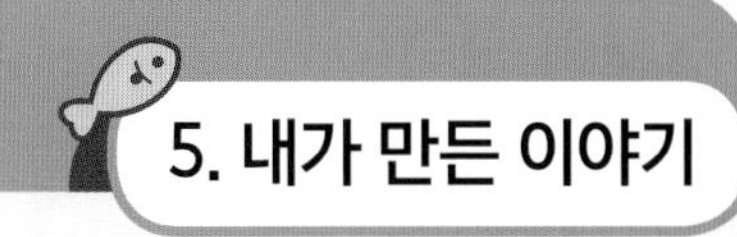

학습 주제 이어질 내용을 상상하여 쓰는 방법 배점 20점

학습 목표 이야기를 읽고 이어질 내용을 상상해 쓸 수 있다.

어느 날 꽃담이가 사라졌어요.
세수하러 욕실에 들어가서 나오지 않았어요.
엄마는 욕실 문을 열어 봤지만, 꽃담이가 없었어요. 감쪽같이 사라져 버린 거예요.
그때 낄낄낄 웃음소리가 들렸어요.
"꽃담이는 내가 데려갔어요."
초록 고양이가 말했어요. 발에 노란 장화를 신고 있었어요.
엄마가 말했어요.
"우리 꽃담이를 돌려줘!"
초록 고양이가 수염을 쓰다듬으며 말했어요.
"쉽게 돌려줄 수는 없어요. 딸을 찾고 싶으면 나를 따라와요."
초록 고양이가 장화 신은 발을 탁탁 굴렀어요.
커다란 동굴 안에 하얀 항아리들이 잔뜩 놓여 있었어요.
"항아리는 모두 40개예요. 저 가운데 하나에 꽃담이가 들어 있어요. 어느 항아리에 들어 있는지 찾아 보세요. 뚜껑을 열어 봐서도 안 되고, 딸 이름을 불러서도 안 돼요."
초록 고양이는 또 낄낄낄 웃었어요.
"기회는 딱 한 번뿐이에요. 만일 틀린 항아리를 고르면, 딸을 영영 못 찾게 될 거예요."

1 이 글에서 일어난 중요한 사건은 무엇인지 쓰시오.

2 이 글에 이어질 내용을 상상하여 엄마가 어떻게 할지 쓰시오.

6 회의를 해요

단원 학습 목표

회의 절차와 규칙을 알고 회의에 적극적으로 참여해요.

> **글의 특징**: 학급의 생활 목표와 실천 사항을 정하는 학급 회의의 회의록으로 회의 절차와 참여자의 역할을 알 수 있습니다.

1 학급 회의가 시작되었습니다.
2 이번 주 학급 회의 주제를 "학교생활을 안전하게 하자."로 정했습니다.

회의록 회의의 진행 과정이나 내용, 결과 따위를 적은 기록.

기본 학급 회의 회의 절차와 참여자의 역할을 익혀 봅시다.

1 개회

사회자: 제5회 학급 회의를 시작하겠습니다.

기록자: (칠판이나 회의록에 내용을 기록한다.)

2 주제 선정

사회자: 이번 주 학급 회의 주제를 무엇으로 정하면 좋을지 말씀해 주십시오.
김영이 친구가 의견을 발표해 주십시오.

회의 참여자 1: 요즘 교실이 많이 지저분합니다. 그래서 "깨끗한 교실을 만들자."를 주제로 제안합니다.

사회자: 박지희 친구도 의견을 발표해 주십시오.

회의 참여자 2: 지난주에 복도에서 뛰다가 다친 친구를 봤습니다. 저는 "학교생활을 안전하게 하자."를 주제로 제안합니다.

사회자: 이제 어떤 주제로 할지 표결을 하겠습니다. 참석자의 반이 넘는 수가 찬성하는 것으로 주제를 정하겠습니다.
두 주제 가운데에서 첫 번째 주제에 찬성하시는 분은 손을 들어 주십시오. 두 번째 주제에 찬성하시는 분은 손을 들어 주십시오.
27명 가운데 18명이 두 번째 주제를 선택했습니다. 이번 주 학급 회의 주제는 "학교생활을 안전하게 하자."입니다.

기록자: (칠판이나 회의록에 내용을 기록한다.)

교과서 문제

01 회의에서 사회자의 역할은 무엇입니까? ( )

① 회의 절차를 안내한다.
② 회의 내용을 기록한다.
③ 주제에 대해 의견을 발표한다.
④ 의견에 대한 근거를 분명하게 밝힌다.
⑤ 회의가 열린 날짜, 시간, 장소를 기록한다.

☆☆☆

02 회의 절차 가운데 '주제 선정' 단계에서 하는 일로 알맞은 것에 ○표 하시오.

(1) 회의 주제를 정한다. ( )
(2) 회의 마침을 알린다. ( )
(3) 결정한 의견을 발표한다. ( )
(4) 선정한 주제에 맞는 의견을 제시한다. ( )

3 주제 토의

사회자: 학교생활을 안전하게 하려면 실천해야 할 일이 무엇인지 발표해 주십시오.
이정수 친구가 의견을 발표해 주십시오.

회의 참여자 3: 안전 게시판을 만들면 좋겠습니다. 학교생활을 안전하게 하는 방법을 써 붙이면 안전사고를 예방할 수 있습니다.

사회자: 좋은 의견 고맙습니다.
윤지호 친구가 의견을 발표해 주십시오.

회의 참여자 4: 모둠별로 안전 지킴이 활동을 하면 좋겠습니다. 사고를 예방할 수 있기 때문입니다.

사회자: 좋은 의견입니다. 다른 의견은 없습니까?
신서윤 친구가 의견을 발표해 주십시오.

회의 참여자 5: 학교에서 위험한 행동을 했을 때 벌점을 받는 제도를 만들었으면 좋겠습니다. 벌점을 받지 않으려고 행동을 조심하면 서로 피해를 주는 일이 없을 것이기 때문입니다.

사회자: 네, 그리고 이정수 친구가 발표해 주십시오.

회의 참여자 3: 벌점 제도는 위험한 행동을 강력히 규제할 수 있다는 장점이 있지만 학생들이 스스로 노력하기보다 벌점만 피하면 된다는 생각을 할 단점도 있습니다.

기록자: (㉠)

교과서 문제

03 글 3의 회의 절차에서 하는 일은 무엇입니까? ( )

① 회의 주제를 정한다.
② 회의 마침을 알린다.
③ 결정된 의견을 발표한다.
④ 선정한 주제에 맞는 의견을 제시한다.
⑤ 찬성과 반대 의견을 헤아려 다수결로 결정한다.

04 ㉠에 들어갈 기록자의 역할로 알맞은 것에 ○표 하시오.

(1) 말할 기회를 골고루 준다. ( )
(2) 칠판이나 회의록에 내용을 기록한다. ( )
(3) 발표자의 의견을 사회자에게 전달한다. ( )
(4) 주제에 대해 의견을 발표할 때 근거를 분명하게 밝힌다. ( )

3 회의 주제에 대하여 안전 게시판을 만들자는 의견, 안전 지킴이 활동을 하자는 의견, 벌점 제도를 만들자는 의견이 나왔습니다.

6 단원

낱말 사전

벌점 잘못한 것에 대하여 벌로 따지는 점수.

규제할 어떤 일을 법, 규칙에 따라 삼가고 못 하게 막을.

4 각 실천 내용에 대해 찬성과 반대 의견을 헤아렸습니다.
5 회의에서 결정한 의견을 발표했습니다.
6 학급 회의를 마쳤습니다.

4 표결

사회자: 다른 의견 없습니까? 그러면 (㉠).

회의 참여자들: 네, 좋습니다.

사회자: 먼저, "안전 게시판을 만들자."를 실천 내용으로 정하는 것에 찬성하시는 분은 손을 들어 주십시오. 참석 인원의 반 이상이 찬성하면 채택하겠습니다.

27명 가운데 21명이 찬성했습니다.

다음, "안전 지킴이 활동을 하자."를 실천 내용으로 정하는 것에 찬성하시는 분은 손을 들어 주십시오.

27명 가운데 9명이 찬성했으므로 실천 내용으로 채택하지 않겠습니다.

마지막으로, "안전한 생활을 위한 벌점 제도를 만들자."를 실천 내용으로 정하는 것에 찬성하시는 분은 손을 들어 주십시오.

27명 가운데 12명이 찬성했습니다.

기록자: (칠판이나 회의록에 내용을 기록한다.)

5 결과 발표

사회자: 이번 주 학급 회의 주제는 "학교생활을 안전하게 하자."이고, 실천 내용은 "안전 게시판을 만들자."로 정했습니다.

6 폐회

사회자: 이상으로 학급 회의를 마치겠습니다. 고맙습니다.

---

05 ㉠에 들어갈 말로 알맞은 것은 무엇입니까? ( )

① 학급 회의를 시작하겠습니다.
② 이상으로 학급 회의를 마치겠습니다.
③ 제비뽑기로 실천 내용을 정해도 되겠습니까?
④ 지금까지 나온 의견에서 실천 내용을 정해도 되겠습니까?
⑤ 학급 회의 주제를 무엇으로 정하면 좋을지 말씀해 주십시오.

06 이 회의에서 결정된 의견을 정리한 것입니다. 빈칸에 알맞은 내용을 쓰시오.

회의 주제	학교생활을 안전하게 하자.
실천 내용	

낱말 사전

채택하겠습니다 작품, 의견, 제도 따위를 골라서 다루거나 뽑아 쓰겠습니다.

6 회의를 해요

기본 회의 주제에 맞게 말할 내용을 준비해 봅시다.

1
회의 주제는 어떻게 정하지?
친구들이 관심을 보일 만한 것을 찾아봐야 해.

2
예를 들면 어떤 것이 있을까?
㉠"아침에 일찍 일어나자."는 어때?

3
그건 친구들이 공통으로 관심을 보일 만한 것이 아니라고 생각해.
그래? 그럼 전체가 관심을 보일 만한 좋은 주제가 없을까?
4
그럼 ㉡"점심밥을 먹을 때 누가 먼저 먹으면 좋을까?"는 어때?
그래, 그것을 주제로 정해서 회의해 보자.

> **그림의 특징**: 학급 회의 주제를 정하는 방법에 대하여 대화하는 내용입니다.

1 회의 주제로 친구들이 관심을 보일 만한 것을 찾아보기로 했습니다.

2 여자아이가 "아침에 일찍 일어나자."를 회의 주제로 제안했습니다.

3 남자아이는 그건 전체가 관심을 보일 만한 주제가 아니라고 말했습니다.

4 "점심밥을 먹을 때 누가 먼저 먹으면 좋을까?"를 주제로 회의해 보기로 했습니다.

6 단원

교과서 문제

07 그림 1~4에서 학생들이 이야기 나누고 있는 주제는 무엇입니까? (　　　)

① 회의 주제를 정하는 방법
② 회의 순서를 정하는 방법
③ 회의 내용을 떠올리는 방법
④ 회의 결과를 정리하는 방법
⑤ 회의 참여자의 역할을 정하는 방법

08 ㉠이 회의 주제로 알맞지 않은 까닭은 무엇인지 ○표 하시오.

(1) 실천할 수 있는 해결 방법이 없다. (　　　)
(2) 우리가 해결할 수 있는 문제가 아니다. (　　　)
(3) 친구들이 공통으로 관심을 보일 만한 것이 아니다. (　　　)

09 ㉡을 주제로 회의를 하려고 합니다. 알맞은 의견과 근거를 쓰시오.

의견	(1)
근거	(2)

낱말 사전

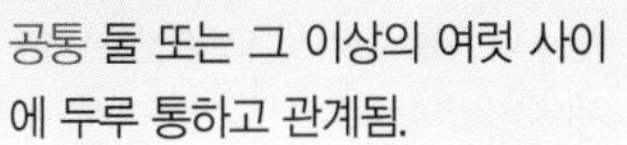
공통 둘 또는 그 이상의 여럿 사이에 두루 통하고 관계됨.

실천 **회의 장면에서 나타나는 문제점** 절차와 규칙을 지키며 회의해 봅시다.

> **글의 특징**: 각 회의 장면에 나타난 문제점을 살펴보면서 회의 절차와 규칙을 생각해 볼 수 있습니다.

> 가 회의 참여자가 사회자의 허락을 얻지 않고 말했습니다.
> 나 회의 참여자가 다른 사람이 의견을 말할 때 중간에 말을 가로챘습니다.
> 다 사회자가 특정한 회의 참여자에게 말할 기회를 여러 번 주었습니다.

가 사회자: "친구들과 사이좋게 지냅시다."라는 주제에 맞게 의견을 발표해 주시기 바랍니다.

회의 참여자 1: (갑자기 벌떡 일어나며) 친구들끼리 고운 말을 썼으면 좋겠습니다.

사회자: (당황하며) 사회자 허락을 얻고 말씀해 주시기 바랍니다.

나 회의 참여자 2: 친구들끼리 서로 별명을 부르지…….

회의 참여자 3: (중간에 말을 가로채며) 별명을 부르는 것은 서로 가깝기 때문입니다. 저는 함께 어울려 노는 것이…….

회의 참여자 2: 제 의견을 끝까지 들어 주시기 바랍니다.

다 회의 참여자 2: 친구들끼리 서로 별명을 부르지 않았으면 합니다. 별명을 들으면 기분이 나쁠 때가 많기 때문입니다.

사회자: 또 다른 의견이 있습니까? (여러 친구가 손을 들지만 다시 회의 참여자 2를 가리키며) 네, 김현수 친구, 발표해 주십시오.

회의 참여자 4: 사회자님, (㉠).

교과서 문제

10 **'회의 참여자 1'이 잘못한 점은 무엇인지 ○표 하시오.**

(1) 사회자의 허락을 얻지 않고 말하였다. ( )

(2) 근거가 분명하지 않은 의견을 제시하였다. ( )

(3) 공식적 말하기 상황에 알맞지 않은 말하기 방법을 사용하였다. ( )

서술형

11 **'회의 참여자 3'이 지켜야 할 규칙은 무엇인지 쓰시오.**

____

12 **회의 장면에서 나타난 문제점을 생각하며 ㉠에 들어갈 내용으로 알맞은 것의 기호를 쓰시오.**

> ㉮ 말할 기회를 골고루 주시기 바랍니다.
> ㉯ 예사말을 사용하면 상대방의 기분이 나빠집니다.
> ㉰ 목소리가 너무 작아서 의견이 잘 들리지 않습니다.

( )

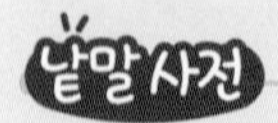

가리키며 손가락 따위로 어떤 방향이나 대상을 집어서 보이거나 말하거나 알리며.

국어 활동 회의 절차와 참여자 역할을 알고 실천할 수 있는지 확인해 봅시다.

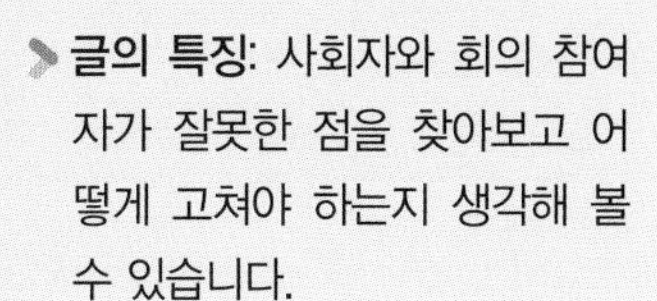

1 표결

사회자: 그러면 지금까지 나온 의견 가운데에서 실천 내용을 정해도 되겠습니까?

회의 참여자들: 네, 좋습니다.

사회자: 그럼 먼저, '○○산 둘레 길 탐방하기'를 실천 내용으로 정하는 것에 찬성하시는 분은 손을 들어 주십시오. (잠시 뒤) 25명 가운데에서 18명이 찬성했습니다. ……

회의 참여자 4: 사회자님, 이제 생각이 났는데 실천 내용을 하나 제안하겠습니다.

사회자: 표결까지 끝났으므로 더 이상 의견은 받지 않겠습니다. 정한 내용을 말씀드리겠습니다.

2 결과 발표

사회자: 이번 주 학급 회의 주제는 "친구들과 친하게 지내자."이고 실천 내용은 첫째, '○○산 둘레 길 탐방하기'와 둘째, '서로에게 다정하게 말하기'입니다.

3 (㉠)

사회자: 이상으로 학급 회의를 마치겠습니다. 고맙습니다.

교과서 문제

13 글 **1**의 회의 절차에서 하는 일로 알맞은 것에 ○표 하시오.

(1) 회의 마침을 알린다. ( )

(2) 결정한 의견을 발표한다. ( )

(3) 찬성과 반대 의견을 헤아려 다수결로 결정한다. ( )

교과서 문제

14 ㉠에 들어갈 회의 절차는 무엇인지 보기에서 찾아 쓰시오.

보기
개회 – 주제 선정 – 주제 토의 – 표결 – 결과 발표 – 폐회

( )

서술형

15 '회의 참여자 4'가 잘못한 점과 잘못한 점을 어떻게 고쳐야 하는지 쓰시오.

잘못한 점	(1)
고치는 방법	(2)

> **글의 특징**: 사회자와 회의 참여자가 잘못한 점을 찾아보고 어떻게 고쳐야 하는지 생각해 볼 수 있습니다.

1 회의 참여자 4가 회의 절차를 지키지 않았습니다.
2 사회자가 학급 회의 주제와 실천 내용으로 정한 내용을 발표했습니다.
3 학급 회의를 마쳤습니다.

6 단원

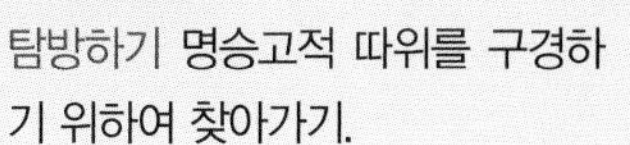

탐방하기 명승고적 따위를 구경하기 위하여 찾아가기.

> **소리 나는 받침**: '먹을'은 [머글]로, '찾은'은 [차즌]으로 소리납니다.
>
> **소리 나지 않는 받침**: '낳았다'는 [나앋따]로, '좋아요'는 [조아요]로 소리 납니다. 이와 같은 낱말에 있는 'ㅎ' 받침은 소리가 나지 않습니다.

국어 활동 소리 나는 받침과 소리 나지 않는 받침을 알아봅시다.

밥 먹을 시간입니다.

→ '먹을'은 [머글]로 소리 납니다.

먼저 찾은 사람은 누구일까?

→ '찾은'은 [차즌]으로 소리 납니다.

개가 강아지를 낳았다.

→ '낳았다'는 [나앋따]로 소리 납니다.

나는 친구가 좋아요.

→ '좋아요'는 [조아요]로 소리 납니다.

교과서 문제

16 **파란색으로 쓰인 낱말을 소리 나는 대로 쓰시오.**

(1) 책장 위에 있는 책이 겨우 손에 닿았다. → [ ]

(2) 물건을 조심히 내려놓아라. → [ ]

(3) 짐이 많아서 너무 무거워. → [ ]

발음에 주의하며 파란색으로 쓰인 낱말을 읽어 보아요.

17 **밑줄 친 부분을 소리 나는 대로 바르게 쓴 것은 무엇입니까?** ( )

① 거북이 알을 낳았다[나하따].
② 계단이 많은[만는] 곳이니 조심하세요.
③ 흰색 옷을 입은[이은] 사람들이 걸어가요.
④ 나는 혼자 책 읽는 것을 좋아해요[조아해요].
⑤ 학생들이 안심하고 먹을[먹글] 수 있는 급식

교과서 핵심 정리

핵심 ① 회의 절차 알기

개회	회의 시작을 알린다. 예 제5회 학급 회의를 시작하겠습니다.
주제 선정	회의 주제를 정한다. 예 학급 회의 주제를 무엇으로 정하면 좋을지 말씀해 주십시오. / 이번 주 학급 회의 주제는 "학교생활을 안전하게 하자."입니다.
주제 토의	선정한 주제에 맞는 의견을 제시한다. 예 안전 게시판을 만들면 좋겠습니다. 학교생활을 안전하게 하는 방법을 써 붙이면 안전사고를 예방할 수 있습니다.
표결	찬성과 반대 의견을 헤아려 다수결로 결정한다. 예 먼저, "안전 게시판을 만들자."를 실천 내용으로 정하는 것에 대해 찬성하시는 분은 손을 들어 주십시오.
결과 발표	결정한 의견을 발표한다. 예 이번 주 학급 회의 주제는 "학교생활을 안전하게 하자."이고, 실천 내용은 "안전 게시판을 만들자."로 정했습니다.
폐회	회의 마침을 알린다. 예 이상으로 학급 회의를 마치겠습니다.

회의가 필요한 까닭

- 문제를 해결하는 좋은 방법을 찾을 수 있습니다.
- 같이 해야 할 일을 결정할 수 있습니다.
- 여러 사람의 의견을 들을 수 있습니다.

핵심 ② 회의 참여자의 역할 알기

회의를 할 때에는 먼저, '사회자, 회의 참여자, 기록자' 역할을 정합니다.

사회자	• 회의 절차를 안내한다. • 말할 기회를 골고루 준다.
회의 참여자	• 의견을 발표한다. • 다른 사람의 의견을 주의 깊게 듣는다.
기록자	• 회의가 열린 날짜와 장소를 기록한다. • 회의 내용을 기록한다.

핵심 ③ 회의 주제에 맞게 말할 내용 준비하기

1 회의 주제를 정하는 방법

- 해결해야 할 문제점을 찾습니다.
- 우리가 해결할 수 있는 문제인지 생각합니다.
- 모두가 관심을 보일 만한 것인지 확인합니다.
- 실천할 수 있는 해결 방법이 있는지 떠올립니다.

2 의견을 말하는 방법

- 주제를 실천할 수 있는 여러 가지 의견을 떠올립니다.
- 의견을 뒷받침할 수 있는 근거를 찾아봅니다.
- 근거가 적절한 의견을 선택합니다.
- 의견이 여러 사람에게 의미가 있는지 따져 봅니다.
- 의견과 근거로 말할 내용을 정리합니다.

예 회의 주제가 "위험한 장난을 하지 말자."일 때 의견과 근거 생각하기

의견	교실이나 복도에서 뛰지 말자.
근거	자신도 다칠 수 있지만 다른 학생도 다치기 쉽기 때문이다.

핵심 ④ 회의를 할 때 지켜야 할 규칙 알기

사회자	• 말할 기회를 골고루 준다. • 회의 절차를 안내한다.
회의 참여자	• 친구가 의견을 말할 때 끼어들지 않는다. • 다른 사람의 의견을 존중한다. • 사회자 허락을 얻고 말한다. • 자신의 의견만 옳다고 주장하지 않는다. • 알맞은 크기의 목소리로 말한다.
기록자	• 중요한 내용을 요약해서 기록한다. • 회의 날짜와 시간, 장소를 기록한다.

예 회의 장면에서 나타난 문제점 알아보기

> **사회자**: "친구들과 사이좋게 지냅시다."라는 주제에 맞게 의견을 발표해 주시기 바랍니다.
> **회의 참여자 1**: (갑자기 벌떡 일어나며) 친구들끼리 고운 말을 썼으면 좋겠습니다.

➡ 사회자 허락을 얻지 않고 말했다.

6 단원

단원 정리 평가

01 회의가 필요한 까닭으로 알맞은 것에는 ○표, 알맞지 않은 것에는 ×표 하시오.

(1) 여러 사람의 의견을 들을 수 있다. (　　　)
(2) 혼자 해야 할 일을 결정할 수 있다. (　　　)
(3) 문제를 해결하는 좋은 방법을 찾을 수 있다. (　　　)

[02~06] 다음 글을 읽고, 물음에 답하시오.

❶ 사회자: 제5회 학급 회의를 시작하겠습니다.
기록자: (칠판이나 회의록에 내용을 기록한다.)
❷ 사회자: 이번 주 학급 회의 주제를 무엇으로 정하면 좋을지 말씀해 주십시오.
김영이 친구가 의견을 발표해 주십시오.
회의 참여자 1: 요즘 교실이 많이 지저분합니다. 그래서 "깨끗한 교실을 만들자."를 주제로 제안합니다.
사회자: 박지희 친구도 의견을 발표해 주십시오.
회의 참여자 2: 지난주에 복도에서 뛰다가 다친 친구를 봤습니다. 저는 "학교생활을 안전하게 하자."를 주제로 제안합니다.
사회자: 이제 어떤 주제로 할지 표결을 하겠습니다. ㉠참석자의 반이 넘는 수가 찬성하는 것으로 주제를 정하겠습니다.
두 주제 가운데에서 첫 번째 주제에 찬성하시는 분은 손을 들어 주십시오. 두 번째 주제에 찬성하시는 분은 손을 들어 주십시오.
27명 가운데 18명이 두 번째 주제를 선택했습니다. 이번 주 학급 회의 주제는 "학교생활을 안전하게 하자."입니다.
기록자: (　　㉡　　)

02 글 ❶의 회의 절차에 대한 설명으로 알맞은 것은 무엇입니까? (　　　)

① 회의의 뜻을 알린다.
② 회의 시작을 알린다.
③ 회의 절차를 안내한다.
④ 회의의 필요성을 알린다.
⑤ 회의에서 결정된 의견을 발표한다.

03 글 ❷의 회의 절차에 대한 설명으로 알맞은 것은 무엇입니까? (　　　)

① 회의 주제를 정한다.
② 의견과 근거가 적절한지 판단한다.
③ 회의에서 결정된 의견을 발표한다.
④ 찬성과 반대 의견을 헤아려 결정한다.
⑤ 선정한 주제에 맞는 의견을 제시한다.

04 ㉠과 같이 의견을 결정하려는 까닭을 알맞게 말한 친구는 누구인지 쓰시오.

재민: 여러 가지 의견을 말하기 위해서야.
하연: 다양한 의견을 하나로 모으기 위해서야.

(　　　　　　　　)

05 다음은 ㉡에 들어갈 문장입니다. 빈칸에 알맞은 말을 쓰시오.

칠판이나 (　　　　　　)에 내용을 기록한다.

서술형

06 글 ❷에 나타나 있는 회의 참여자의 의견은 무엇인지 쓰시오.

회의 참여자 1	(1)
회의 참여자 2	(2)

[07~10] 다음 글을 읽고, 물음에 답하시오.

사회자: 학교생활을 안전하게 하려면 실천해야 할 일이 무엇인지 발표해 주십시오.
이정수 친구가 의견을 발표해 주십시오.
회의 참여자 3: 안전 게시판을 만들면 좋겠습니다. 학교생활을 안전하게 하는 방법을 써 붙이면 안전사고를 예방할 수 있습니다.
사회자: 좋은 의견 고맙습니다.
윤지호 친구가 의견을 발표해 주십시오.
회의 참여자 4: 모둠별로 안전 지킴이 활동을 하면 좋겠습니다. 사고를 예방할 수 있기 때문입니다.
사회자: 좋은 의견입니다. 다른 의견은 없습니까?
신서윤 친구가 의견을 발표해 주십시오.
회의 참여자 5: 학교에서 위험한 행동을 했을 때 벌점을 받는 제도를 만들었으면 좋겠습니다. 벌점을 받지 않으려고 행동을 조심하면 서로 피해를 주는 일이 없을 것이기 때문입니다.
사회자: 네, 그리고 이정수 친구가 발표해 주십시오.
회의 참여자 3: 벌점 제도는 위험한 행동을 강력히 규제할 수 있다는 장점이 있지만 학생들이 스스로 노력하기보다 벌점만 피하면 된다는 생각을 할 단점도 있습니다.

07 이 회의의 주제는 무엇입니까? ( )

① 안전 게시판을 만들자.
② 친구와 사이좋게 지내자.
③ 학교생활을 안전하게 하자.
④ 수업 시작 시간을 잘 지키자.
⑤ 횡단보도를 건널 때는 좌우를 살피자.

6 단원

08 이 회의에서 회의 참여자들이 하는 일은 무엇입니까? ( )

① 회의 절차를 안내한다.
② 회의 내용을 기록한다.
③ 발표할 사람을 정해 준다.
④ 주제에 대한 의견을 발표한다.
⑤ 회의의 시작과 끝을 알려 준다.

서술형

09 '회의 참여자 3'이 말한 벌점 제도의 단점은 무엇인지 쓰시오.

10 '회의 참여자 4'가 제시한 의견으로 알맞은 것의 기호를 쓰시오.

㉮ 안전 게시판을 만들자.
㉯ 벌점 제도를 운영하자.
㉰ 모둠별로 안전 지킴이 활동을 하자.

( )

[11~14] 다음 글을 읽고, 물음에 답하시오.

❶ 사회자: 다른 의견 없습니까? 그러면 지금까지 나온 의견에서 실천 내용을 정해도 되겠습니까?
회의 참여자들: 네, 좋습니다.
사회자: 먼저, "안전 게시판을 만들자."를 실천 내용으로 정하는 것에 찬성하시는 분은 손을 들어 주십시오. 참석 인원의 반 이상이 찬성하면 채택하겠습니다.
27명 가운데 21명이 찬성했습니다.
다음, "안전 지킴이 활동을 하자."를 실천 내용으로 정하는 것에 찬성하시는 분은 손을 들어 주십시오.
27명 가운데 9명이 찬성했으므로 실천 내용으로 채택하지 않겠습니다.
마지막으로, "안전한 생활을 위한 벌점 제도를 만들자."를 실천 내용으로 정하는 것에 찬성하시는 분은 손을 들어 주십시오.
27명 가운데 12명이 찬성했습니다.
(㉠): (칠판이나 회의록에 내용을 기록한다.)
❷ 사회자: 이번 주 학급 회의 주제는 "학교생활을 안전하게 하자."이고, 실천 내용은 "안전 게시판을 만들자."로 정했습니다.

11 글 ❶은 회의 절차 중 무엇에 해당합니까? ( )

① 표결 ② 개회
③ 주제 선정 ④ 주제 토의
⑤ 결과 발표

12 이 회의에서 실천 내용을 결정한 기준으로 알맞은 것에 ○표 하시오.

(1) 참석 인원 전체가 찬성하면 채택한다. ( )
(2) 참석 인원의 반 이상이 찬성하면 채택한다. ( )

서술형

13 이 글에서 회의 주제에 대한 실천 내용으로 결정된 것은 무엇인지 쓰시오.

14 ㉠에 들어갈 참여자는 누구입니까? ( )

① 안내자 ② 사회자
③ 토론자 ④ 발표자
⑤ 기록자

15 회의 절차에 따라 ㉮와 ㉯에 들어갈 알맞은 말을 쓰시오.

개회	회의 시작을 알린다.
주제 (㉮)	회의 주제를 정한다.
주제 토의	선정한 주제에 맞는 의견을 제시한다.
표결	찬성과 반대 의견을 헤아려 다수결로 결정한다.
결과 발표	결정한 의견을 발표한다.
폐회	회의 (㉯)을/를 알린다.

(1) ㉮: ( )
(2) ㉯: ( )

16 학급 회의 주제를 정할 때 고려해야 할 점이 아닌 것은 무엇입니까? (　　)

① 학급에서 해결해야 할 문제인가?
② 실천할 수 있는 해결 방법이 있는가?
③ 반 친구들이 함께 관심을 가지고 있는가?
④ 학급에서 공동으로 노력을 기울여야 하는가?
⑤ 가정에서 문제 해결을 위해 노력하고 있는가?

17 다음 중 학급 회의 주제로 알맞지 않은 것은 무엇입니까? (　　)

① 앉는 자리는 며칠마다 바꿀까?
② 체육 시간에 팀을 어떻게 나눌까?
③ 내 방은 언제 청소하는 것이 좋을까?
④ 현장 체험학습 장소는 어디가 좋을까?
⑤ 당번은 어떤 순서로 돌아가면서 할까?

[18~20] 다음 글을 읽고, 물음에 답하시오.

> 가 사회자: "친구들과 사이좋게 지냅시다."라는 주제에 맞게 의견을 발표해 주시기 바랍니다.
> 회의 참여자 1: (갑자기 벌떡 일어나며) 친구들끼리 고운 말을 썼으면 좋겠습니다.
> 나 회의 참여자 2: 친구들끼리 서로 별명을 부르지 …….
> 회의 참여자 3: (중간에 말을 가로채며) 별명을 부르는 것은 서로 가깝기 때문입니다. 저는 함께 어울려 노는 것이…….
> 다 회의 참여자 2: 친구들끼리 서로 별명을 부르지 않았으면 합니다. 별명을 들으면 기분이 나쁠 때가 많기 때문입니다.
> 사회자: 또 다른 의견이 있습니니까? (여러 친구가 손을 들지만 다시 회의 참여자 2를 가리키며) 네, 김현수 친구, 발표해 주십시오.

18 글 가의 문제점으로 알맞은 것에 ○표 하시오.

(1) 사회자 허락을 얻지 않고 말했다. (　　)
(2) 사회자가 말할 기회를 골고루 주지 않았다. (　　)
(3) 친구가 의견을 말할 때 중간에 말을 가로챘다. (　　)

19 '회의 참여자 3'이 잘못한 점을 알맞게 말한 친구는 누구인지 쓰시오.

> 서율: 중간에 끼어들어서 말하면 발표하고 있던 친구의 의견을 끝까지 듣지 못해.
> 다빈: 목소리가 너무 작으면 의견이 들리지 않아서 이해하기 어려워.
> 찬웅: 사회자가 특정 친구에게만 말할 기회를 주면 불만이 생겨.

(　　　　　　)

20 글 다에서 사회자가 고쳐야 할 점은 무엇입니까? (　　)

① 말할 기회를 골고루 주어야 한다.
② 회의 내용을 기록하지 않아야 한다.
③ 회의 절차를 자세히 안내해야 한다.
④ 주제에 대한 의견을 발표해야 한다.
⑤ 회의 참여자의 말을 가로채며 회의를 진행해야 한다.

서술형 문제

1~2

사회자: 학교생활을 안전하게 하려면 실천해야 할 일이 무엇인지 발표해 주십시오.
이정수 친구가 의견을 발표해 주십시오.
회의 참여자 3: 안전 게시판을 만들면 좋겠습니다. 학교생활을 안전하게 하는 방법을 써 붙이면 안전사고를 예방할 수 있습니다.
사회자: 좋은 의견 고맙습니다.
윤지호 친구가 의견을 발표해 주십시오.
회의 참여자 4: 모둠별로 안전 지킴이 활동을 하면 좋겠습니다. 사고를 예방할 수 있기 때문입니다.

01 이 글의 회의 절차에서 하는 일은 무엇인지 쓰시오.

02 이 글의 내용을 바탕으로 하여 다음 참여자의 역할은 무엇인지 정리해 쓰시오.

사회자	(1)
회의 참여자	(2)

3~4

가 사회자: "친구들과 사이좋게 지냅시다."라는 주제에 맞게 의견을 발표해 주시기 바랍니다.
회의 참여자 1: (갑자기 벌떡 일어나며) 친구들끼리 고운 말을 썼으면 좋겠습니다.
나 회의 참여자 2: 친구들끼리 서로 별명을 부르지 …….
회의 참여자 3: (중간에 말을 가로채며) 별명을 부르는 것은 서로 가깝기 때문입니다. 저는 함께 어울려 노는 것이…….
다 회의 참여자 2: 친구들끼리 서로 별명을 부르지 않았으면 합니다. 별명을 들으면 기분이 나쁠 때가 많기 때문입니다.
사회자: 또 다른 의견이 있습니까? (여러 친구가 손을 들지만 다시 회의 참여자 2를 가리키며) 네, 김현수 친구, 발표해 주십시오.

03 글 가~다에서 나타난 문제점을 쓰시오.

글 가	(1)
글 나	(2)
글 다	(3)

04 글 가~다의 내용을 바탕으로 하여 회의를 할 때 맡은 역할에 따라 지켜야 할 규칙을 한 가지씩 쓰시오.

사회자	(1)
회의 참여자	(2)

수행 평가

학습 주제 회의 주제에 맞게 말할 내용 준비하기 배점 20점

학습 목표 회의 주제를 정하고 주제에 맞게 의견과 근거를 정리할 수 있다.

1 다음 그림을 보고, 회의 주제를 떠올려 쓰시오.

가

나

다

그림	회의 주제
가	(1)
나	(2)
다	(3)

2 다음 회의 주제에 맞게 회의에서 말할 내용을 정리해 쓰시오.

회의 주제	친구들과 사이좋게 지내자.

❶	의견	친구에게 바르고 고운 말을 사용하자.
	근거	(1)
❷	의견	(2)
	근거	친구가 싫어하는 별명을 부르거나 놀려서 서로 다투는 경우가 많기 때문이다.
❸	의견	(3)
	근거	(4)

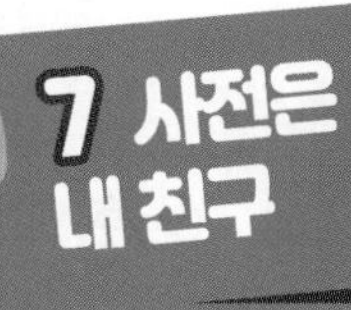

7 사전은 내 친구

단원 학습 목표 사전을 활용해 낱말의 뜻을 찾아볼 수 있어요.

준비 낱말의 뜻을 짐작해 봅시다.

1 국어사전에서 낱말 찾기

국어사전에서 낱말이 실리는 차례를 확인하고 첫 자음자, 모음자, 받침의 차례대로 찾습니다.

첫 자음자가 실린 차례	ㄱ, ㄲ, ㄴ, ㄷ, ㄸ, ㄹ, ㅁ, ㅂ, ㅃ, ㅅ, ㅆ, ㅇ, ㅈ, ㅉ, ㅊ, ㅋ, ㅌ, ㅍ, ㅎ
모음자가 실린 차례	ㅏ, ㅐ, ㅑ, ㅒ, ㅓ, ㅔ, ㅕ, ㅖ, ㅗ, ㅘ, ㅙ, ㅚ, ㅛ, ㅜ, ㅝ, ㅞ, ㅟ, ㅠ, ㅡ, ㅢ, ㅣ
받침이 실린 차례	ㄱ, ㄲ, ㄳ, ㄴ, ㄵ, ㄶ, ㄷ, ㄹ, ㄺ, ㄻ, ㄼ, ㄽ, ㄾ, ㄿ, ㅀ, ㅁ, ㅂ, ㅄ, ㅅ, ㅆ, ㅇ, ㅈ, ㅊ, ㅋ, ㅌ, ㅍ, ㅎ

2 형태가 바뀌는 낱말의 뜻을 국어사전에서 찾기

• 낱말에서 형태가 바뀌지 않는 부분과 형태가 바뀌는 부분을 찾기

낱말	형태가 바뀌지 않는 부분	형태가 바뀌는 부분
접는다	접	는다
묶어서	묶	어서
찢으면	찢	으면

• 낱말에서 형태가 바뀌지 않는 부분에 '-다'를 붙여 기본형을 만들기

형태가 바뀌지 않는 부분	형태가 바뀌는 부분	기본형
접	는다, 어서, 으면, 겠다	접다
묶	고, 어서, 으니, 겠다	묶다
찢	어서, 는다, 고, 겠다	찢다

교과서 문제

01 다음 낱말 중 국어사전에서 가장 마지막에 실리는 낱말을 쓰시오.

벽지 창호지 갱지

( )

02 낱말에서 형태가 바뀌지 않는 부분과 바뀌는 부분을 찾아 쓰시오.

낱말	형태가 바뀌지 않는 부분	형태가 바뀌는 부분
뽑는다	(1)	(2)
밝아서	(3)	(4)

03 다음 낱말에서 형태가 바뀌지 않는 부분에 '-다'를 붙여 기본형을 쓰시오.

잡아, 잡으니, 잡고, 잡을

( )

04 ㉠과 ㉡에 대한 설명으로 알맞은 것에는 ○표, 알맞지 않은 것에는 ×표 하시오.

나는 한지 공예를 ㉠ 좋아합니다. 한지를 ㉡ 작은 모양으로 잘라서 색깔을 맞추어 붙여 아름다운 그릇을 만듭니다. 내가 만든 작품을 보고 있으면 기분이 좋습니다.

(1) ㉠의 기본형은 '좋아하다'이다. ( )

(2) ㉡에서 형태가 바뀌는 부분은 '작'이다. ( )

최첨단 과학, 종이

최근, 컴퓨터는 사용이 일반화되어 생활필수품이 되었습니다. 처음 컴퓨터가 보급되기 시작할 때 많은 사람이 종이 사용이 점점 줄어들 것이라고 예상했습니다. 컴퓨터의 모니터가 종이를 대신할 것으로 여겼던 것이지요. 그러나 그 예상과는 반대로 종이 소비량은 오히려 점점 더 늘고 있습니다. 왜냐하면 모니터로 보는 것보다 종이에 인쇄하여 보는 것이 익숙하기 때문입니다. 또한 종이책은 전자책과는 다른 특유의 질감에서 오는 매력이 있기 때문이죠.

종이는 정보를 전달하는 매체로, 물건을 포장하는 재료로, 기타 여러 가지 용도로 쓰입니다. 종이가 가볍고, 값싸고, 비교적 질기고, 위생적이기 때문입니다. 이와 같이 종이는 많은 장점이 있어 생활에 많이 활용되고 있습니다. 그래서 종이는 다양한 종류와 품질을 가진 것으로 개발되고 발전되었습니다. 앞으로도 우리는 계속 종이를 새롭게 만들어 사용할 것입니다.

- **글의 종류**: 설명하는 글
- **글쓴이**: 김해보·정원선
- **글의 특징**: 최첨단 과학 기술로 개발되고 있는 종이의 종류를 설명하는 글입니다.

---

05 이 글에서 설명한 내용으로 알맞은 것은 무엇입니까? (　　　)

① 종이는 물건을 포장하는 재료로만 쓰인다.
② 컴퓨터가 보급되어 종이 사용이 점점 줄어들었다.
③ 컴퓨터가 많이 보급된 것과 종이 사용은 상관이 없다.
④ 종이는 다양한 종류와 품질을 가진 것으로 개발되고 있다.
⑤ 모니터로 보는 것이 종이에 인쇄하여 보는 것보다 익숙하다.

06 종이의 장점으로 알맞지 않은 것은 무엇입니까? (　　　)

① 가볍다.　② 값이 싸다.　③ 위생적이다.
④ 물에 약하다.　⑤ 비교적 질기다.

07 서영이가 어떤 낱말의 뜻을 다음과 같이 짐작하였을 때, 이 낱말은 무엇입니까? (　　　)

> 서영: 이 낱말은 많은 사람들이 사용하게 되었다는 뜻인 것 같아.

① 보급　② 인쇄　③ 질감
④ 매체　⑤ 용도

서술형

08 글에서 모르는 낱말의 뜻을 짐작하는 방법을 쓰시오.

낱말 사전

- 보급되기 널리 펴져서 많은 사람들에게 골고루 미치게 되어 누리게 되기.
- 질감 재료의 차이에서 받는 느낌.
- 매체 어떤 작용을 한쪽에서 다른 쪽으로 전달하는 물체. 또는 그런 수단.
- 용도 쓰이는 곳.
- 최첨단 시대나 유행의 맨 앞.
- 극비 절대 알려져서는 안 되는 중요한 일.
- 감응 전기장이나 자기장 속에 있는 물체가 그 전기장이나 자기장, 즉 전기·방사선·빛·열 따위의 영향을 받아 전기나 자기를 띠는 것.
- 원격 멀리 떨어져 있음.

새롭게 개발되고 있는 종이 중에 최첨단 과학 기술로 만들어지는 것들이 있습니다. 그중 몇 가지를 예로 들어 보겠습니다. 첫째는 밝을 때 빛을 저장해 두었다가 어두울 때 스스로 빛을 내는 축광지입니다. 둘째는 종이에 인쇄되거나 쓴 내용이 복사가 안 되는 종이입니다. 셋째는 기록한 지 한 시간 뒤에는 자동으로 그 내용이 없어져서 극비 문서로 사용되는 종이입니다. 이런 종이들은 공상 과학 영화에서나 볼 수 있었던 것들이지요.

주변에서 볼 수 있는 첨단 종이로는 온도에 따라 색깔이 변하는 온도 감응 종이, 과일의 신선도는 유지하고 벌레나 세균은 생기지 않도록 하는 포장지가 있습니다. 신용 카드 영수증처럼 앞 장에 글씨를 쓰면 뒷장까지 글씨가 적히도록 하는 종이도 있습니다. 이런 특수 기능 종이들은 이미 우리 주위에서도 많이 사용되고 있답니다.

더욱 놀라운 것은, 전자 신호를 이용해 원격으로 스스로 인쇄를 하고, 지면의 인쇄 내용을 완전히 바꿀 수 있는 '전자 종이'가 등장했다는 것입니다. 느낌은 종이와 같은데 컴퓨터 모니터처럼 언제든지 새로운 신호를 보내면 완전히 다른 내용으로 인쇄할 수도 있고, 멀리서 무선 신호로 내용을 바꿀 수도 있습니다. 이것이 ㉠상용화되면 전자 종이로 된 신문이 한 장만 있으면, 매일 아침 새로운 기사들을 받아서 즉석에서 인쇄해서 보고, 다음 날도 똑같은 신문에 새로운 내용을 받아서 볼 수 있을 거예요.

09 최첨단 과학 기술로 만들어진 종이에 대한 설명이 아닌 것은 무엇입니까? ( )

① 온도에 따라 색깔이 변한다.
② 쓴 내용이 복사가 되지 않는다.
③ 벌레나 세균이 생기지 않도록 한다.
④ 기록한 내용이 영원히 없어지지 않는다.
⑤ 전자 신호를 이용해 원격으로 스스로 인쇄를 한다.

10 앞뒤 문맥으로 보아 다음 뜻을 가진 낱말을 글에서 찾아 쓰시오.

> 밝을 때 빛을 저장해 두었다가 어두울 때 스스로 빛을 내는 종이.

( )

서술형

11 ㉠의 뜻을 알맞게 짐작하고, 그렇게 짐작한 까닭을 쓰시오.

짐작한 뜻	(1)
그렇게 짐작한 까닭	(2)

12 전자 종이에 대한 설명으로 알맞은 것에 모두 ○표 하시오.

(1) 종이보다 품질이 좋아 부드럽다. ( )
(2) 전자 신호를 이용해 원격으로 스스로 인쇄를 한다. ( )
(3) 새로운 신호를 보내면 언제든지 다른 내용으로 인쇄할 수 있다. ( )

기본 **수아의 봉사 활동** 사전에서 뜻을 찾아 낱말 사이의 관계를 알아봅시다.

수아의 봉사 활동

1 일요일 아침이라 더 자고 싶었는데 엄마가 깨웠다.

"수아야, 오늘이 무슨 요일인지 알지? 가족 봉사 활동 가기로 한 일요일이잖아. 얼른 일어나."

나는 다시 이불을 뒤집어썼지만 곧 엄마에게 빼앗기고 말았다.

2 우리 가족이 간 곳은 할머니, 할아버지 들이 계시는 요양원이었다.

뭘 해야 할까 두리번거리고 있을 때 안경 쓴 할머니가 나에게 오라고 손짓을 했다.

"여기 책 좀 읽어 줄래? 내가 이래 봬도 예전에는 문학소녀여서 책을 많이 읽었는데 요즘은 눈이 침침해서 글씨가 잘 안 보이는구나."

할머니는 낡은 책 한 권을 내미셨다. 다른 책이 없어서 같은 책만 스무 번을 넘게 읽으셨다고 했다.

할머니는 눈을 감고 책 읽는 내 목소리에 귀를 기울이셨다.

"할머니, 다음에 올 때 재미있는 책을 가지고 올게요."

나는 할머니와 약속을 했다.

---

13 이 글의 내용으로 알맞지 않은 것은 무엇입니까? ( )

① 수아네 가족은 봉사 활동을 갔다.
② 수아는 할머니께 책을 읽어 드렸다.
③ 수아는 봉사 활동이 쉽다고 느꼈다.
④ 수아는 일요일 아침이라 좀 더 자고 싶었다.
⑤ 할머니는 눈이 침침해서 글씨가 잘 안 보이신다.

14 수아네 가족이 봉사 활동을 간 곳은 어디인지 빈칸에 알맞은 말을 쓰시오.

할머니, 할아버지 들이 계시는 ( )

교과서 문제

15 두 낱말의 관계에 맞게 선으로 이으시오.

가다, 오다 •

• ㉮ 뜻이 반대임.

• ㉯ 한 낱말이 다른 낱말을 포함함.

- **글의 종류:** 이야기
- **글쓴이:** 고수산나
- **글의 특징:** 수아가 요양원에 봉사 활동을 가서 할머니께 책을 읽어 드리며 보람을 느끼는 이야기입니다.

1 일요일 아침, 수아는 더 자고 싶었지만 가족과 함께 봉사 활동을 가게 되었다.

2 요양원에서 안경 쓴 할머니가 책을 읽어 달라고 하셨다.

7 단원

낱말 사전

요양원 환자들을 수용하여 요양할 수 있도록 시설을 갖추어 놓은 보건 기관.

침침해서 빛이 약하여 어두컴컴해서.

기본 수아의 봉사 활동

3 일주일 뒤, 부모님께서 친척 결혼식에 가셔야 해서 수아는 할머니와의 약속을 지키지 못했다.

4 일주일 뒤, 수아는 할머니께 책을 읽어 드리며 봉사 활동이 힘들어도 왜 계속하는지 알 것 같았다.

3 일주일 뒤, 골라 놓은 ㉠ 동화책을 가지고 요양원에 갈 준비를 했다.

"수아야, 오늘은 안 가. 오늘은 엄마랑 아빠가 친척 결혼식에 가야 해."

나는 할머니와의 약속이 생각났다.

'할머니가 내 동화책을 기다리고 계실 텐데.'

4 일주일 뒤, 요양원에 도착하자마자 할머니에게 달려갔다. 할머니는 나를 기다렸다며 서랍에서 사탕이랑 과자를 꺼내 주셨다.

"할머니 드시지……."

사양했지만 할머니가 내 생각을 하며 모아 두셨다며 호주머니에 사탕을 넣어 주셨다.

나는 가져간 동화책을 읽어 드렸다. 할머니는 내 이야기를 듣고 어린아이처럼 웃기도 하고 눈물을 글썽이기도 하셨다.

봉사 활동이 힘들어도 왜 계속하는지 이제 알 것 같다. 나를 기다리며 반가워하는 할머니 생각을 하면 ㉡ 일요일 아침이 기다려진다.

서술형

16 봉사 활동에 대한 수아의 생각이 어떻게 바뀌었는지 쓰시오.

교과서 문제

17 ㉠과 ㉡에 대한 설명으로 알맞은 것에 ○표 하시오.

(1) ㉠은 '책'을 포함하는 낱말이다. ( )

(2) ㉡은 '요일'에 포함되는 낱말이다. ( )

18 낱말 사이의 관계를 생각하며 '악기'에 포함되는 낱말을 빈칸에 쓰시오.

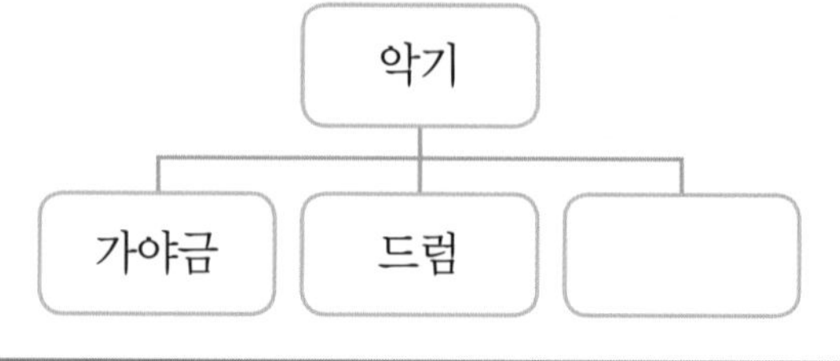

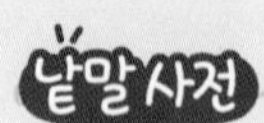

친척 친족과 외척을 아울러 이르는 말.

사양했지만 겸손하여 받지 아니하거나 응하지 아니했지만. 또는 남에게 양보했지만.

호주머니 옷의 일정한 곳에 헝겊을 달거나 옷의 한 부분에 헝겊을 덧대어 돈, 소지품 따위를 넣도록 만든 부분.

화성 탐사의 현재와 미래

❶ 화성은 중세 이전에도 하늘을 ㉠관측하던 과학자들에게 매우 중요한 천체였다. 화성은 밝게 빛나는 붉은 천체이기에 많은 사람이 관심을 가졌다. 1976년 미국의 바이킹 우주선이 화성에 착륙해 표면의 모습을 지구에 알려 주었다. 화성의 표면은 삭막하지만 군데군데 강줄기가 마른 것처럼 보이는 곳도 있었고, 북극에는 두꺼운 얼음처럼 하얗게 보이는 부분도 있었다.

❷ 그 뒤 1997년에 미국의 화성 탐사선 마스 글로벌 서베이어는 화성의 궤도에 진입해 화성 표면의 모습을 상세하게 사진으로 찍어 지구로 보내 주었다. 이 사진에는 높이 솟은 고원 지대도 있고, 길게 뻗은 좁은 협곡도 있었다. 또 태양계 행성 가운데 가장 거대한 화산 지형도 있었다. 같은 해에 마스 패스파인더는 화성 표면에 착륙해 강줄기처럼 보이는 부분에서 화성 암석을 조사했다. 그 결과, 화성에서 강물의 침식과 퇴적 작용이 있었음을 확인했다. 이러한 것은 아주 오래전에 화성 표면에 물이 흘렀다는 증거이다.

- **글의 종류**: 설명하는 글
- **글의 특징**: 화성 탐사에 대한 내용을 시간 순서대로 설명하면서 화성에서 사람들이 살아가는 데 필요한 산소와 자원을 계속해서 조사할 예정임을 설명하는 글입니다.

❶ 1976년 바이킹 우주선이 화성에 착륙해 표면의 모습을 지구에 알려 주었다.

❷ 1997년 마스 글로벌 서베이어가 찍은 사진을 보면 화성 표면에 물이 흘렀다는 증거를 볼 수 있다.

---

19 이 글의 내용으로 알맞은 것에는 ○표, 알맞지 않은 것에는 ×표 하시오.

(1) 화성 표면에는 많은 물이 흐르고 있다. (　　)

(2) 화성의 표면에는 고원 지대와 협곡이 있다. (　　)

(3) 화성의 북극에는 얼음처럼 보이는 부분이 있다. (　　)

☆☆☆

20 국어사전에서 찾은 ㉠의 뜻으로 알맞은 것의 기호를 쓰시오.

> ㉮ 새로운 방법이나 형식을 사용하여 보는 일.
> ㉯ 육안이나 기계로 자연 현상 등을 관찰하여 측정하는 일.

(　　　　　)

교과서 문제

21 이 글을 읽다가 뜻을 잘 모르는 낱말이 나왔을 때 이용할 수 있는 사전에 대해 알맞게 설명하지 않은 친구는 누구인지 쓰시오.

> 민지: 국어사전을 찾아봅니다.
> 소정: 속담 사전을 찾아봅니다.
> 승호: 인터넷 사전을 찾아봅니다.

(　　　　　)

낱말 사전

- 중세: 역사의 시대 구분의 하나로, 고대에 이어 근대에 앞서는 시기.
- 천체: 항성, 행성 등 우주에 존재하는 모든 물체를 통틀어 이르는 말.
- 궤도: 행성, 혜성, 인공위성 따위가 중력의 영향을 받아 다른 천체의 둘레를 돌면서 그리는 곡선의 길.
- 행성: 타원 궤도를 그리며 중심 별의 주위를 도는 천체.
- 침식: 비, 하천, 빙하, 바람 따위의 자연 현상이 지표를 깎는 일.

기본 **화성 탐사의 현재와 미래**

❸ 2004년 쌍둥이 화성 로봇 탐사선은 화성에서 물의 영향을 받은 암석을 발견했다.

❹ 2012년 큐리오시티는 화성 표면 아래에 있는 얼음을 발견했다.

❺ 미국은 2030년까지 사람들이 화성을 여행할 수 있도록 정보를 모으며 준비하고 있다.

❸ 화성에 물이 있는지는 과학자들은 물론 일반인들도 관심이 많다. 물이 있다는 것은 화성인 또는 외계인까지는 아니더라도 생명체가 있을 수 있다는 것을 뜻하기 때문이다. 2004년에 미국의 쌍둥이 화성 로봇 탐사선인 스피릿 로버와 오퍼튜니티 로버가 서로 화성 반대편에 착륙했다. 이들 탐사선은 물의 영향을 받은 암석을 발견했다. 이 암석들은 물속과 물 밖의 환경이 번갈아 바뀌는 곳에서 만들어진 것이다. 이것은 화성 표면에서 오랜 시간에 걸쳐 물이 있다가 증발하는 과정이 반복되었다는 것을 알려 준다.

❹ 미국의 화성 탐사선인 큐리오시티는 2012년에 화성의 적도 부근에 착륙했다. 이 탐사선은 화성 표면 바로 아래에 있는 얼음을 발견했다.

❺ 미국은 2030년까지 사람들이 화성을 여행할 수 있도록 준비를 하고 있다. 큐리오시티는 이 연구 과제의 준비 단계로서 화성에서 사람들이 사는 데 필요한 정보를 모으고 있다. 미국은 화성 여행을 위해 마스 2020 로버를 준비했으며, 이 탐사선은 화성에서 사람이 살아가는 데 필요한 산소와 자원을 조사할 예정이다.

---

22 **쌍둥이 화성 로봇 탐사선인 스피릿 로버와 오퍼튜니티 로버를 통해 알게 된 것은 무엇입니까?** (　　)

① 화성에 산소가 없다.
② 화성은 스스로 빛난다.
③ 화성에 외계인이 산다.
④ 화성 표면에 물이 있었다.
⑤ 화성에는 화산 지형이 있다.

교과서 문제

23 **큐리오시티가 화성에서 모으고 있는 정보로 알맞은 것에 ○표 하시오.**

(1) 화성에 살고 있는 생명체에 관한 정보 (　　)
(2) 화성에서 사람들이 사는 데 필요한 정보 (　　)
(3) 지구에서 외계인이 사는 데 필요한 정보 (　　)

☆☆☆

24 **다음은 국어사전에서 찾은 어떤 낱말의 뜻입니다. 이 낱말은 무엇인지 글 ❸에서 찾아 쓰시오.**

어떤 물질이 액체 상태에서 기체 상태로 변함.

(　　　　　　　　　)

낱말 사전

외계인 공상 과학 소설 따위에서 지구 이외의 천체에 존재한다고 생각되는 지적인 생명체.

암석 지각을 구성하고 있는 단단한 물질.

적도 지구의 남북 양극으로부터 같은 거리에 있는 지구 표면에서의 점을 이은 선.

자원 인간 생활 및 경제 생산에 이용되는 원료로서의 광물, 산림, 수산물 따위를 통틀어 이르는 말.

기본 **동물 속에 인간이 보여요** 낱말의 뜻을 사전에서 찾으며 글을 읽어 봅시다.

동물 속에 인간이 보여요

인간은 종종 자신을 동물과 다르다고 생각합니다. 다를 뿐만 아니라 여러 면에서 동물보다 훨씬 뛰어나고 특별하다고 여기지요. 이런 눈으로 세상을 보면 인간 외의 다른 생명은 작고 하찮게 생각돼요. 우리가 사는 지구도 마치 인간을 위해 생겨난 것처럼 잘못 생각할 수도 있고요. 지구의 주인은 인간이 아니고, 인간만이 특별한 생명체도 아니랍니다. 왜 그런지 볼까요?

인간은 ㉠ 엄연히 동물에 속하지요. 그것도 새끼를 일정 기간 몸속에서 키워 내보낸 뒤 젖을 먹여 키우는 포유동물이에요. 새끼를 갖고 키우는 방식에서 인간은 돼지나 개, 고양이와 다를 바 없어요. 그뿐인가요? 인간의 조상이 지구에 처음으로 나타난 때가 지금으로부터 20~25만 년 전이에요. 지구의 나이가 46억 년, 생명이 처음 생겨나 오늘에 이르기까지 40억 년쯤 되었으니 인간은 지구에서 아주 짧은 시간을 살아온 셈이에요. 그에 비하면 바퀴벌레, 까치, 돼지는 인간보다 훨씬 오랫동안 지구촌 주민으로 살아왔어요.

자연계에도 어른을 공경하는 문화가 있다면 지금 인간에게 무시당하고 고통받는 많은 동물의 마음은 나이 지긋한 어른이 한참 어린 아이에게 험한 욕을 듣고 흠씬 두들겨 맞았을 때의 느낌과 비슷할 거예요.

인간은 지구의 막내예요. 최초의 생명이 수십억 년에 걸쳐 다양하게 가지를 뻗으며 진화하는 과정에서 우연히 생겨난 생물의 한 종일 뿐이지요.

- **글의 종류**: 주장하는 글
- **저자**: 최재천
- **글의 특징**: 인간은 동물과 다른 특별한 존재가 아니라, 지구의 막내라고 할 수 있으며, 인간에게만 있다고 여겼던 능력이나 감정이 다른 동물에게서도 발견되는 경우가 많으니 생명 앞에서 고맙고 겸손한 마음을 가져야 한다고 주장하는 글입니다.

교과서 문제

25 이 글의 내용으로 알맞지 않은 것은 무엇입니까? ( )

① 인간은 동물에 속한다.
② 인간은 지구의 막내이다.
③ 지구의 주인은 인간이 아니다.
④ 인간은 돼지보다 지구에서 오래 살았다.
⑤ 생명이 처음 생겨나 오늘에 이르기까지 40억 년쯤 된다.

26 ㉠을 넣어 문장을 알맞게 만든 것은 무엇입니까? ( )

① 신문을 엄연히 읽었다.
② 억울해서 엄연히 울었다.
③ 언니는 공부를 엄연히 하였다.
④ 상을 받은 친구를 엄연히 축하해 주었다.
⑤ 필요한 것과 갖고 싶은 것은 엄연히 다르다.

낱말 사전

엄연히 어떤 사실이나 현상이 부인할 수 없을 만큼 뚜렷하게.

지구촌 지구 전체를 한 마을처럼 여겨 이르는 말.

이기심 자기 자신의 이익만을 꾀하는 마음.

동료 같은 직장이나 같은 부문에서 함께 일하는 사람.

허파 가슴안의 양쪽에 있는 호흡을 하는 기관.

훈훈해지지요 마음을 부드럽게 녹여 주는 따스함이 생기지요.

멸종 생물의 한 종류가 아주 없어짐.

지구의 막내이지만 인간은 지능이 높고 다른 동물보다 뛰어난 점이 분명 있어요. 하지만 인간에게만 있다고 여겼던 능력이 다른 동물에게서 발견되는 경우도 많아요. 예를 들어 언어는 인간만이 가진 능력이라고 생각했는데, 꿀벌에게도 언어가 있다는 것이 밝혀졌어요. 인간은 말과 글을 사용하지만 꿀벌은 춤을 이용한다는 것만 다를 뿐이에요.

흔히 인간에게만 있다고 잘못 생각하는 게 또 있어요. 바로 아름답고 훌륭한 감정이에요. 우리는 다른 사람의 아픔과 슬픔을 내 일처럼 여기는 따뜻한 마음을 높이 쳐주고 본받고 싶어 하지요. 또 나만 생각하는 이기심을 넘어서 남을 돌볼 줄 아는 마음을 동물과 인간을 가르는 기준으로 삼기도 해요. 하지만 동물의 세계에서도 그처럼 아름다운 마음을 볼 수 있답니다.

고래는 몸이 불편한 동료를 결코 나 몰라라 하지 않아요. 다친 동료가 있으면 여러 마리가 둘러싸고 거의 들어 올리듯 떠받치며 보살핍니다. 고래는 물에서 살지만 물 위로 몸을 내밀어 허파로 숨을 쉬어야 하는 ㉠ 포유동물이에요. 그래서 다친 동료가 있으면 기운을 차릴 때까지 숨을 쉴 수 있도록 이런 식으로 도와준답니다. 고래는 그물에 걸린 친구를 구하기 위해 그물을 물어뜯는가 하면, 다친 동료와 고래잡이배 사이에 용감하게 뛰어들어 사냥을 방해하기도 합니다. 때로는 무언가로 괴로워하는 친구 곁에 그냥 오랫동안 함께 있어 주기도 하고요. 이야기만 들어도 마음이 훈훈해지지요?

그렇게 몸과 마음을 다해 부모와 형제, 친구를 지켜 주려 해도 어쩔 수 없이 떠나보내야 하는 경우가 있지요. 그럴 때 인간은 깊은 슬픔에 잠겨 서럽게 웁니다. 슬픔이 너무 크면 오랫동안 괴로워하다 몸이 상하기도 하지요. 다른 동물은 어떨까요? 가까운 이의 죽음을 슬퍼하는 건 다른 동물도 마찬가지예요.

27 이 글에서 말한, 우리가 인간에게만 있다고 잘못 생각한 점을 두 가지 고르시오. (,)

① 언어 ② 죽음
③ 지능 ④ 사냥 능력
⑤ 아름답고 훌륭한 감정

교과서 문제

28 꿀벌이 쓰는 언어는 무엇인지 빈칸에 알맞은 말을 쓰시오.

꿀벌에게도 언어가 있다. 인간은 말과 글을 사용하지만 꿀벌은 ( ) 을/를 이용한다.

☆☆☆

29 다음 중 ㉠을 포함하는 낱말은 무엇입니까? ( )

① 고래 ② 동물
③ 부모 ④ 형제
⑤ 친구

30 고래에게서 볼 수 있는 아름다운 마음이 아닌 것은 무엇입니까? ( )

① 몸이 불편한 동료를 나 몰라라 한다.
② 다친 동료가 숨을 쉴 수 있도록 도와준다.
③ 다친 동료와 고래잡이배 사이에 뛰어든다.
④ 그물을 물어뜯어 그물에 걸린 친구를 구한다.
⑤ 괴로워하는 친구 곁에 오랫동안 함께 있어 준다.

제인 구달 박사는 어미의 죽음을 슬퍼하다 숨을 거둔 어린 침팬지 이야기를 들려주었어요. 슬픔이 얼마나 컸으면 아무것도 먹지 못하고 어미 곁을 지키다 숨을 거두었을까요. 구달 박사는 어미 침팬지가 축 늘어진 자식의 시체를 차마 버리지 못하고 품에 안고 다니는 모습 또한 종종 보았답니다.

죽음을 슬퍼하는 침팬지의 모습이 인간을 닮았다면, 코끼리의 경우는 죽은 이를 기억하는 방식이 좀 특이합니다. 코끼리는 다른 동물의 뼈에는 아무런 관심이 없지만 코끼리의 뼈를 발견하면 큰 관심을 보입니다. 긴 코로 뼈 냄새를 맡아 보기도 하고, 뼈를 이리저리 굴려 보기도 하지요. 때로는 오랫동안 들고 다니기도 합니다. 뼈를 보고 죽은 어미를 떠올리기 때문이에요. 코끼리는 늘 신선한 물과 풀을 찾아다니는데, 도중에 어미의 머리뼈가 놓여 있는 곳에 들러 한참 동안 그 뼈를 굴리며 시간을 보내곤 합니다. 눈물도 한숨도 없지만, 코끼리가 죽은 어미를 얼마나 그리워하는지 가슴 깊이 느낄 수 있지요.

인간은 동물과 다르다고 자꾸 선을 그으려 하지만, 동물의 세계를 들여다보면 볼수록 그 속에 자꾸 인간의 모습이 보입니다. 인간만이 가지고 있다고 내세우는 능력이 동물에게서 발견되는 것만 봐도 알 수 있지요. 물론 인간이 참으로 대단한 동물인 것은 사실이에요. 하지만 그 대단함은 인간이 혼자 스스로 만들어 낸 것이 아니에요.

그 옛날 바닷속에서 처음으로 생겨난 생명은 ㉠ 숱한 멸종의 위기를 넘기고 ㉡ 다채로운 모습으로 살아남아 생명의 기운이 가득한 아름답고 풍성한 지구를 이루었어요. 아주 작은 세균부터 이끼와 풀, 나무, 온갖 새와 벌레와 물고기, 원숭이 들에 이르기까지 지구에서 귀하지 않은 생명은 없어요. 인간은 그처럼 수많은 생명이 닦아 놓은 길 위를 걷고 있는 거예요. 그러니 생명 앞에서 우쭐할 게 아니라 고맙고 겸손한 마음을 가져야겠지요?

7 단원

31 코끼리가 코끼리의 뼈를 발견하면 큰 관심을 보이는 까닭은 무엇인지 빈칸에 알맞은 말을 쓰시오.

> 코끼리의 뼈를 보고 (   ) 을/를 떠올리기 때문이다.

32 ㉠과 바꾸어 쓸 수 있는 말은 무엇입니까? (   )

① 오래전
② 매우 큰
③ 아주 많은
④ 대단하지 않은
⑤ 중요하지 않은

33 ㉡의 낱말 뜻은 무엇입니까? (   )

① 원통하고 슬픈
② 몸이 여위어 축이 난
③ 그다지 훌륭하지 않은
④ 마음을 부드럽게 녹여 주는 따스한
⑤ 여러 가지 색채나 형태 따위가 한데 어울리어 호화스러운

서술형

34 이 글을 통해 글쓴이가 하고 싶은 말은 무엇인지 쓰시오.

국어 활동 영국 노팅 힐 축제 여러 가지 사전에서 낱말 뜻을 찾을 수 있는지 확인해 봅시다.

> **글의 종류**: 설명하는 글
> **글쓴이**: 유경숙
> **글의 특징**: 노팅 힐 축제의 기원, 노팅 힐 축제의 색다른 점 등에 대해 이야기를 들려주듯이 설명한 글입니다.

가 제2차 세계대전이 끝나고 난 뒤 흑인들은 돈을 벌기 위해 영국으로 이주해 왔습니다.

나 노팅 힐에 정착한 흑인 노동자들이 모여 고향을 그리며 잔치를 벌이던 것이 노팅 힐 축제가 되었습니다.

다 노팅 힐 축제를 통해 주민들은 화합하고 고장에 대한 애정도 키웁니다.

영국 노팅 힐 축제

가 노팅 힐 축제의 기원을 알면 그 매력에 더욱 빠질 수밖에 없어요. 제2차 세계대전이 끝나고 난 뒤, 영국은 일손이 모자랐다고 해요. 그래서 영국 식민지였던 지역에서 영국 국적을 가진 유색 노동자들을 데려오기 시작했어요.

이때 인도, 파키스탄, 홍콩 등의 지역에서 많은 사람이 일을 하기 위하여 영국으로 건너왔는데, 특히 자메이카 등 카리브해에 살던 흑인들이 많이 이주하여 왔어요. 돈을 벌기 위하여 자기 나라를 떠나온 가난한 흑인들은 런던 변두리 노팅 힐에 하나둘씩 모여들어 살게 되었어요.

나 노팅 힐에 정착한 흑인 노동자들은 영국 사람들의 냉대와 차별을 이겨 내며 힘든 시간을 보냈어요. 힘들고 외롭게 외국 생활을 하다 보니 고향에 대한 그리움도 매우 컸지요.

그래서 1964년부터 다 함께 모여 고향을 그리며 작은 잔치를 벌이던 것이 오늘날 세계 최고의 축제인 노팅 힐 축제로 명성을 떨치게 되었답니다. 오늘날에는 흑인 이주자뿐 아니라 다양한 지역에서 온 이주자들이 모두 참여하는 축제가 되었지요.

다 참, 노팅 힐 축제의 색다른 점을 알려 줄게요. 이 축제에는 많은 예술가가 참가하지만 무엇보다 노팅 힐 주민들이 화려한 의상과 분장을 하고 퍼레이드에 참가해요.

학교나 여러 문화 단체에서도 매년 한 번뿐인 노팅 힐 축제의 퍼레이드를 위하여 미리 연습을 하고 의상을 준비해요. 축제를 통하여 자연스럽게 주민들이 화합하고, 고장에 대한 애정도 키우는 것이지요. 축제도 즐기고, 화합도 하고, 일석이조이지요? 이것을 조금 어려운 말로 하면 축제의 '사회적 기능'이라고 해요.

교과서 문제

35 영국 노팅 힐 축제에 대한 설명이 아닌 것은 무엇입니까? (　　)

① 축제를 통해 화합할 수 있다.
② 노팅 힐은 런던 변두리에 있다.
③ 흑인 이주자만 참가할 수 있는 축제이다.
④ 축제를 통해 고장에 대한 애정을 키울 수 있다.
⑤ 고향을 그리워하며 잔치를 하던 것에서 시작되었다.

36 다음과 같은 뜻을 가진 낱말을 글 나에서 찾아 쓰시오.

정성을 들이지 않고 아무렇게나 하는 대접.

(　　　　　　　　)

낱말 사전

이주 본래 살던 집에서 다른 집으로 거처를 옮김.

변두리 어떤 지역의 가장자리가 되는 곳.

명성 세상에 널리 퍼져 평판 높은 이름.

교과서 핵심 정리

핵심 ① 국어사전에서 낱말의 뜻을 찾는 방법

- 국어사전에서 낱말이 실리는 형태를 확인하고 첫 자음자, 모음자, 받침의 차례대로 찾습니다.

첫 자음자가 실린 차례	ㄱ, ㄲ, ㄴ, ㄷ, ㄸ, ㄹ, ㅁ, ㅂ, ㅃ, ㅅ, ㅆ, ㅇ, ㅈ, ㅉ, ㅊ, ㅋ, ㅌ, ㅍ, ㅎ
모음자가 실린 차례	ㅏ, ㅐ, ㅑ, ㅒ, ㅓ, ㅔ, ㅕ, ㅖ, ㅗ, ㅘ, ㅙ, ㅚ, ㅛ, ㅜ, ㅝ, ㅞ, ㅟ, ㅠ, ㅡ, ㅢ, ㅣ
받침이 실린 차례	ㄱ, ㄲ, ㄳ, ㄴ, ㄵ, ㄶ, ㄷ, ㄹ, ㄺ, ㄻ, ㄼ, ㄽ, ㄾ, ㄿ, ㅀ, ㅁ, ㅂ, ㅄ, ㅅ, ㅆ, ㅇ, ㅈ, ㅊ, ㅋ, ㅌ, ㅍ, ㅎ

- 형태가 바뀌는 낱말은 형태가 바뀌지 않는 부분에 '-다'를 붙여 기본형을 만들어 찾습니다.

예 낱말에서 형태가 바뀌지 않는 부분에 '-다'를 붙여 기본형 만들기

낱말	형태가 바뀌지 않는 부분	형태가 바뀌는 부분	기본형
접는다	접	는다	접다
묶어서	묶	어서	묶다
찢으면	찢	으면	찢다

7 단원

핵심 ② 글에서 낱말의 뜻을 짐작하는 방법

- 문맥의 앞뒤 내용을 살펴보고 상황에 맞는 뜻을 찾아 짐작해 봅니다.
- 낱말을 쪼개어 뜻을 짐작해 봅니다.
- 모양이 비슷한 다른 낱말의 뜻으로 뜻을 짐작해 봅니다.
- 다른 낱말을 넣어 뜻이 통하는지 살펴봅니다.

예 「최첨단 과학, 종이」에 나오는 낱말의 뜻을 짐작해 보기

낱말	짐작한 뜻	짐작한 까닭
극비	매우 비밀스러운.	기록한 다음에 자동으로 지워진다고 하니까 감추려는 것처럼 생각되어서
감응	받아들이고, 응답하는 것.	감지할 때 '감'과 응답할 때 '응'이 들어가는 낱말이어서
상용	사용되는 것.	문맥에 매일 사용할 수 있다는 설명이 나와서

핵심 ③ 낱말의 관계 알기

- 뜻이 반대인 낱말이 있습니다.
- 한 낱말이 다른 낱말을 포함하는 관계에 있는 낱말이 있습니다.

예 포함하는 낱말과 포함되는 낱말

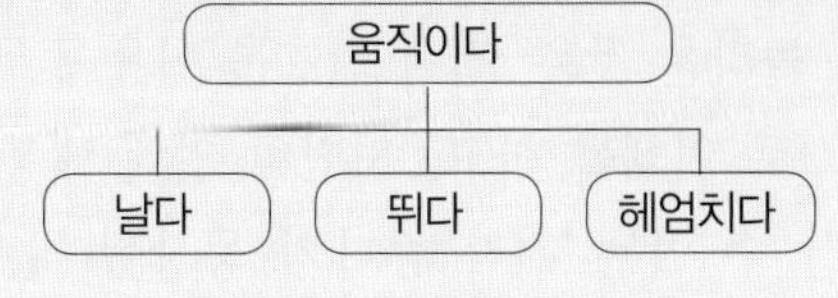

핵심 ④ 여러 가지 사전에서 낱말의 뜻 찾기

- 스마트폰으로 인터넷 사전을 이용할 수 있습니다.
- 컴퓨터에 있는 사전을 이용할 수 있습니다.
- 도서관에서 국어사전을 빌려 이용할 수 있습니다.

예 「화성 탐사의 현재와 미래」에서 뜻을 잘 모르는 낱말을 사전에서 찾아보기

낱말	관측
사전의 종류	국어사전
낱말의 뜻	육안이나 기계로 자연 현상, 특히 천체나 기상의 상태, 추이, 변화 등을 관찰하여 측정하는 일.

단원 정리 평가

01 ㉠~㉤의 기본형으로 알맞지 않은 것은 무엇입니까? (　　)

> 나는 한지 공예를 ㉠ 좋아합니다. 한지를 ㉡ 작은 모양으로 잘라서 색깔을 맞추어 ㉢ 붙여 아름다운 그릇을 ㉣ 만듭니다. 내가 만든 작품을 ㉤ 보고 있으면 기분이 좋습니다.

① ㉠: 좋아하다　② ㉡: 작다
③ ㉢: 붙다　④ ㉣: 만들다
⑤ ㉤: 보다

[02~05] 다음 글을 읽고, 물음에 답하시오.

> 주변에서 볼 수 있는 첨단 종이로는 온도에 따라 색깔이 변하는 온도 감응 종이, 과일의 신선도는 유지하고 벌레나 세균은 생기지 않도록 하는 포장지가 있습니다. 신용 카드 영수증처럼 앞 장에 글씨를 쓰면 뒷장까지 글씨가 적히도록 하는 종이도 있습니다. 이런 특수 기능 종이들은 이미 우리 주위에서도 많이 사용되고 있답니다.
>
> 더욱 놀라운 것은, 전자 신호를 이용해 ㉠ 원격으로 스스로 인쇄를 하고, 지면의 인쇄 내용을 완전히 바꿀 수 있는 '전자 종이'가 등장했다는 것입니다. 느낌은 종이와 같은데 컴퓨터 모니터처럼 언제든지 새로운 신호를 보내면 완전히 다른 내용으로 인쇄할 수도 있고, 멀리서 무선 신호로 내용을 바꿀 수도 있습니다. 이것이 상용화되면 전자 종이로 된 신문이 한 장만 있으면, 매일 아침 새로운 기사들을 받아서 즉석에서 인쇄해서 보고, 다음 날도 똑같은 신문에 새로운 내용을 받아서 볼 수 있을 거예요.

02 이 글에서 설명하고 있는 것은 무엇입니까? (　　)

① 신문　② 포장지　③ 전자 신호
④ 첨단 종이　⑤ 새로운 기사

03 전자 종이의 좋은 점을 두 가지 고르시오. (　　,　　)

① 원격으로 인쇄할 수 있다.
② 온도에 따라 색깔이 변한다.
③ 멀리서도 내용을 바꿀 수 있다.
④ 앞장에 글씨를 쓰면 뒷장까지 적힌다.
⑤ 과일의 신선도는 유지하고 벌레는 생기지 않는다.

서술형

04 ㉠의 뜻을 짐작하고, 그렇게 짐작한 까닭을 쓰시오.

짐작한 뜻	(1)
그렇게 짐작한 까닭	(2)

05 다음은 이 글을 읽고 은지가 어떤 낱말의 뜻을 짐작하여 말한 것입니다. 알맞은 낱말을 보기에서 찾아 쓰시오.

보기
첨단　기능　상용

> 은지: 문맥에 매일 사용할 수 있다는 설명이 나와서 '사용되는 것'이라는 뜻인 것 같아.

(　　　　　)

[06~08] 다음 글을 읽고, 물음에 답하시오.

우리 가족이 ㉠ 간 곳은 할머니, 할아버지 들이 계시는 요양원이었다.

뭘 해야 할까 두리번거리고 있을 때 안경 쓴 할머니가 나에게 ㉡ 오라고 손짓을 했다.

"여기 책 좀 읽어 줄래? 내가 이래 봬도 예전에는 문학소녀여서 책을 많이 읽었는데 요즘은 눈이 ㉢ 침침해서 글씨가 잘 안 보이는구나."

할머니는 낡은 책 한 권을 내미셨다. 다른 책이 없어서 같은 책만 스무 번을 넘게 읽으셨다고 했다.

할머니는 눈을 감고 책 읽는 내 목소리에 귀를 기울이셨다.

"할머니, 다음에 올 때 재미있는 책을 가지고 올게요."

나는 할머니와 약속을 했다.

06 수아가 할머니와 한 약속은 무엇입니까? (　　　)

① 동화책을 많이 읽겠다는 약속
② 같은 책을 스무 번 읽겠다는 약속
③ 요양원 봉사 활동을 열심히 하겠다는 약속
④ 가족과 함께 친척 결혼식에 가겠다는 약속
⑤ 다음에는 재미있는 책을 가져오겠다는 약속

07 ㉠과 ㉡은 어떤 관계인지 알맞은 것에 ○표 하고, 이와 같은 관계인 낱말을 빈칸에 알맞게 쓰시오.

낱말의 관계	(1) 뜻이 (비슷한, 반대인) 관계
예	(2) 낮다 ↔ (　　　　　　)

08 ㉢과 뜻이 반대인 낱말은 무엇입니까? (　　　)

① 보이다　② 어둡다　③ 선명하다
④ 글썽이다　⑤ 흐릿하다

09 다음 낱말들을 포함하는 낱말을 빈칸에 한 글자로 쓰시오.

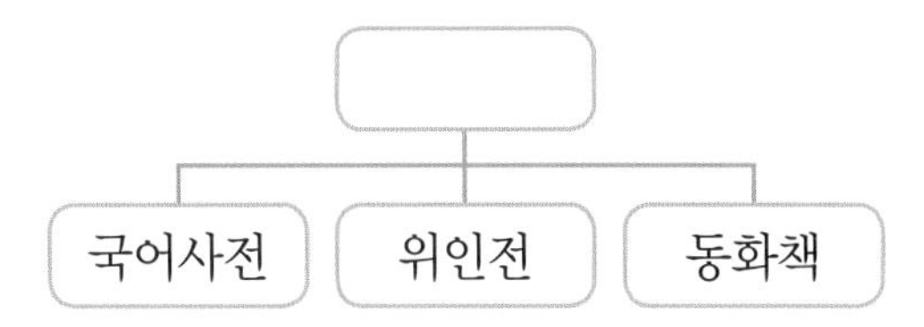

국어 활동

[10~11] 다음 글을 읽고, 물음에 답하시오.

가 1964년부터 다 함께 모여 고향을 그리며 작은 잔치를 벌이던 것이 오늘날 세계 최고의 축제인 노팅 힐 축제로 명성을 떨치게 되었답니다. 오늘날에는 흑인 이주자뿐 아니라 다양한 지역에서 온 이주자들이 모두 참여하는 축제가 되었지요.

나 참, 노팅 힐 축제의 색다른 점을 알려 줄게요. 이 축제에는 많은 예술가가 참가하지만 무엇보다 노팅 힐 주민들이 화려한 의상과 분장을 하고 퍼레이드에 참가해요.

다 축제를 통하여 자연스럽게 주민들이 화합하고, 고장에 대한 애정도 키우는 것이지요. 축제도 즐기고, 화합도 하고, 일석이조이지요? 이것을 조금 어려운 말로 하면 축제의 '사회적 기능'이라고 해요.

10 축제의 사회적 기능을 두 가지 고르시오. (　　,　　)

① 주민들이 화합하는 것
② 고향을 그리워하는 것
③ 맛있는 전통 음식을 먹는 것
④ 화려한 의상과 분장을 하는 것
⑤ 고장에 대한 애정을 키우는 것

11 이 글에서 다음과 같은 뜻을 가진 낱말을 찾아 세 글자로 쓰시오.

다른 곳으로 옮겨 가서 사는 사람.

(　　　　　　　　)

7 단원

[12~15] 다음 글을 읽고, 물음에 답하시오.

화성은 중세 이전에도 하늘을 관측하던 과학자들에게 매우 중요한 천체였다. 화성은 밝게 빛나는 붉은 천체이기에 많은 사람이 관심을 가졌다. 1976년 미국의 바이킹 우주선이 화성에 착륙해 표면의 모습을 지구에 알려 주었다. 화성의 표면은 ㉠ 삭막하지만 군데군데 강줄기가 마른 것처럼 보이는 곳도 있었고, 북극에는 두꺼운 얼음처럼 하얗게 보이는 부분도 있었다.

그 뒤 1997년에 미국의 화성 탐사선 마스 글로벌 서베이어는 화성의 궤도에 진입해 화성 표면의 모습을 상세하게 사진으로 찍어 지구로 보내 주었다. 이 사진에는 높이 솟은 ㉡ 고원 지대도 있고, 길게 뻗은 좁은 ㉢ 협곡도 있었다. 또 태양계 행성 가운데 가장 거대한 화산 지형도 있었다. 같은 해에 마스 패스파인더는 화성 표면에 착륙해 강줄기처럼 보이는 부분에서 화성 ㉣ 암석을 조사했다. 그 결과, 화성에서 강물의 침식과 ㉤ 퇴적 작용이 있었음을 확인했다. 이러한 것은 아주 오래전에 화성 표면에 물이 흘렀다는 증거이다.

화성에 물이 있는지는 과학자들은 물론 일반인들도 관심이 많다. 물이 있다는 것은 화성인 또는 외계인까지는 아니더라도 생명체가 있을 수 있다는 것을 뜻하기 때문이다. 2004년에 미국의 쌍둥이 화성 로봇 탐사선인 스피릿 로버와 오퍼튜니티 로버가 서로 화성 반대편에 착륙했다. 이들 탐사선은 (㉮)의 영향을 받은 암석을 발견했다. 이 암석들은 물속과 물 밖의 환경이 번갈아 바뀌는 곳에서 만들어진 것이다. 이것은 화성 표면에서 오랜 시간에 걸쳐 물이 있다가 증발하는 과정이 반복되었다는 것을 알려 준다.

미국의 화성 탐사선인 큐리오시티는 2012년에 화성의 적도 부근에 착륙했다. 이 탐사선은 화성 표면 바로 아래에 있는 얼음을 발견했다.

12 이 글을 통해 알 수 있는 내용이 아닌 것은 무엇입니까? (　　)

① 화성은 밝게 빛나는 붉은 천체이다.
② 바이킹 우주선은 화성 표면의 모습을 지구에 알려 주었다.
③ 탐사선 큐리오시티는 화성 표면 바로 아래에 있는 얼음을 발견했다.
④ 2004년에 미국의 쌍둥이 로봇 탐사선은 서로 화성 반대편에 착륙했다.
⑤ 탐사선 마스 글로벌 서베이어가 찍은 화성의 표면은 화산 지형뿐이었다.

☆☆☆
13 ㉠~㉤ 중 뜻이 알맞지 않은 것은 무엇입니까? (　　)

① ㉠: 쓸쓸하고 막막하지만.
② ㉡: 보통 해발 고도 600미터 이상에 있는 넓은 벌판.
③ ㉢: 험하고 좁은 골짜기.
④ ㉣: 지각을 구성하고 있는 단단한 물질.
⑤ ㉤: 비, 하천, 빙하, 바람 따위의 자연 현상이 지표를 깎는 일.

14 이 글의 내용으로 보아, ㉮에 들어갈 알맞은 말은 무엇이겠습니까? (　　)

① 물　② 산　③ 얼음
④ 산소　⑤ 암석

서술형
15 과학자뿐 아니라 일반인들도 화성에 물이 있는지 관심이 많은 까닭을 찾아 쓰시오.

[16~20] 다음 글을 읽고, 물음에 답하시오.

가 인간은 종종 자신을 동물과 다르다고 생각합니다. 다를 뿐만 아니라 여러 면에서 동물보다 훨씬 뛰어나고 특별하다고 여기지요. 이런 눈으로 세상을 보면 인간 외의 다른 생명은 작고 ㉠하찮게 생각돼요. 우리가 사는 지구도 마치 인간을 위해 생겨난 것처럼 잘못 생각할 수도 있고요. 지구의 주인은 인간이 아니고, 인간만이 특별한 생명체도 아니랍니다. 왜 그런지 볼까요?

나 제인 구달 박사는 어미의 죽음을 슬퍼하다 숨을 거둔 어린 침팬지 이야기를 들려주었어요. 슬픔이 얼마나 컸으면 아무것도 먹지 못하고 어미 곁을 지키다 숨을 거두었을까요. 구달 박사는 어미 침팬지가 축 늘어진 자식의 시체를 차마 버리지 못하고 품에 안고 다니는 모습 또한 ㉡종종 보았답니다.

죽음을 슬퍼하는 침팬지의 모습이 인간을 닮았다면, 코끼리의 경우는 죽은 이를 기억하는 방식이 좀 특이합니다. 코끼리는 다른 동물의 뼈에는 아무런 관심이 없지만 코끼리의 뼈를 발견하면 큰 관심을 보입니다. 긴 코로 뼈 냄새를 맡아 보기도 하고, 뼈를 이리저리 굴려 보기도 하지요. 때로는 오랫동안 들고 다니기도 합니다. 뼈를 보고 죽은 어미를 떠올리기 때문이에요. 코끼리는 늘 신선한 물과 풀을 찾아다니는데, 도중에 어미의 머리뼈가 놓여 있는 곳에 들러 한참 동안 그 뼈를 굴리며 시간을 보내곤 합니다. 눈물도 한숨도 없지만, 코끼리가 죽은 어미를 얼마나 그리워하는지 가슴 깊이 느낄 수 있지요.

인간은 동물과 다르다고 자꾸 선을 그으려 하지만, 동물의 세계를 들여다보면 볼수록 그 속에 자꾸 인간의 모습이 보입니다. 인간만이 가지고 있다고 내세우는 능력이 동물에게서 발견되는 것만 봐도 알 수 있지요. 물론 인간이 참으로 대단한 동물인 것은 사실이에요. 하지만 그 대단함은 인간이 혼자 스스로 만들어 낸 것이 아니에요.

16 코끼리가 죽은 이를 기억하는 방식으로 알맞은 것은 무엇입니까? (　　)

① 신선한 물을 마신다.
② 아무것도 먹지 않는다.
③ 그리워하며 눈물을 흘린다.
④ 죽은 자식을 품에 안고 다닌다.
⑤ 뼈 냄새를 맡아 보거나 뼈를 굴려 본다.

17 글쓴이가 침팬지, 코끼리의 예를 통해 말하려는 것은 무엇입니까? (　　)

① 인간만이 특별한 생명체이다.
② 동물도 인간만큼 지능이 높다.
③ 동물도 인간처럼 훌륭한 감정이 있다.
④ 동물 중에 침팬지, 코끼리가 훌륭하다.
⑤ 인간 안에서 동물의 모습을 볼 수 있다.

서술형

18 ㉠을 넣어 짧은 문장을 만들어 쓰시오.

---

19 ㉡과 바꾸어 쓸 수 있는 말로 알맞은 것은 무엇입니까? (　　)

① 자주　② 항상
③ 가끔　④ 언제나
⑤ 빈번히

20 이 글을 읽을 때 모르는 낱말의 뜻을 사전에서 찾는 방법을 알맞게 설명한 친구는 누구인지 쓰시오.

우진: 사전에 나온 여러 가지 뜻 중에서 글의 문장에 어울리는 뜻을 찾아야 해.
상현: 모르는 낱말의 뜻은 속담 사전을 찾아봐.

(　　　　　)

7 단원

서술형 문제

1~2

화성은 중세 이전에도 하늘을 관측하던 과학자들에게 매우 중요한 천체였다. 화성은 밝게 빛나는 붉은 천체이기에 많은 사람이 관심을 가졌다. 1976년 미국의 바이킹 우주선이 화성에 착륙해 표면의 모습을 지구에 알려 주었다. 화성의 표면은 삭막하지만 군데군데 강줄기가 마른 것처럼 보이는 곳도 있었고, 북극에는 두꺼운 얼음처럼 하얗게 보이는 부분도 있었다.

그 뒤 1997년에 미국의 화성 탐사선 마스 글로벌 서베이어는 화성의 궤도에 진입해 화성 표면의 모습을 상세하게 사진으로 찍어 지구로 보내 주었다. 이 사진에는 높이 솟은 고원 지대도 있고, 길게 뻗은 좁은 협곡도 있었다. 또 태양계 ㉠ 행성 가운데 가장 거대한 화산 지형도 있었다.

01 ㉠의 낱말 뜻을 국어사전에서 찾는 방법을 쓰시오.

02 이 글에서 알 수 있는 내용을 두 가지 쓰시오.

(1)	
(2)	

3~4

㉠ 고래는 몸이 불편한 동료를 결코 나 몰라라 하지 않아요. 다친 동료가 있으면 여러 마리가 둘러싸고 거의 들어 올리듯 떠받치며 보살핍니다. 고래는 물에서 살지만 물 위로 몸을 내밀어 허파로 숨을 쉬어야 하는 ㉡ 포유동물이에요. 그래서 다친 동료가 있으면 기운을 차릴 때까지 숨을 쉴 수 있도록 이런 식으로 도와준답니다. 고래는 그물에 걸린 친구를 구하기 위해 그물을 물어뜯는가 하면, 다친 동료와 고래잡이배 사이에 용감하게 뛰어들어 사냥을 방해하기도 합니다. 때로는 무언가로 괴로워하는 친구 곁에 그냥 오랫동안 함께 있어 주기도 하고요. 이야기만 들어도 마음이 ㉢ 훈훈해지지요?

03 ㉠과 ㉡은 어떤 관계에 있는 낱말인지 쓰고, 이와 같은 관계에 있는 낱말의 예를 한 가지 쓰시오.

낱말의 관계	(1)
예	(2)

04 앞뒤 내용으로 ㉢의 뜻을 짐작해 보고, 그렇게 짐작한 까닭을 쓰시오.

짐작한 뜻	(1)
그렇게 짐작한 까닭	(2)

수행 평가

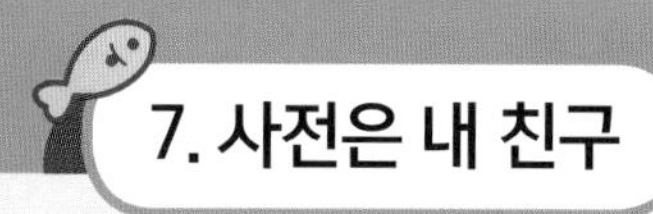

학습 주제 사전을 활용해 낱말의 뜻 찾기 배점 20점

학습 목표 사전에서 낱말의 뜻을 찾고 낱말의 관계를 알 수 있다.

가 제인 구달 박사는 어미의 죽음을 슬퍼하다 숨을 거둔 어린 침팬지 이야기를 들려주었어요. 슬픔이 얼마나 컸으면 아무것도 먹지 못하고 어미 곁을 지키다 숨을 거두었을까요. 구달 박사는 어미 침팬지가 축 늘어진 자식의 시체를 차마 버리지 못하고 품에 안고 다니는 모습 또한 종종 보았답니다.

나 인간은 동물과 다르다고 자꾸 선을 그으려 하지만, 동물의 세계를 들여다보면 볼수록 그 속에 자꾸 인간의 모습이 보입니다. 인간만이 가지고 있다고 내세우는 능력이 동물에게서 발견되는 것만 봐도 알 수 있지요. 물론 인간이 참으로 대단한 동물인 것은 사실이에요. 하지만 그 대단함은 인간이 혼자 스스로 만들어 낸 것이 아니에요.

그 옛날 바닷속에서 처음으로 생겨난 생명은 숱한 멸종의 위기를 넘기고 다채로운 모습으로 살아남아 생명의 기운이 가득한 아름답고 풍성한 지구를 이루었어요. 아주 작은 세균부터 이끼와 풀, 나무, 온갖 새와 벌레와 물고기, 원숭이 들에 이르기까지 지구에서 귀하지 않은 생명은 없어요. 인간은 그처럼 수많은 생명이 닦아 놓은 길 위를 걷고 있는 거예요. 그러니 생명 앞에서 우쭐할 게 아니라 고맙고 겸손한 마음을 가져야겠지요?

1 다음 낱말을 포함하는 낱말을 글에서 찾아 두 글자로 쓰시오.

세균, 이끼, 풀, 나무, 새, 벌레, 물고기, 원숭이

( )

2 다음 낱말의 뜻을 사전에서 찾는 방법을 보기처럼 설명하시오.

보기
• 잡으니: 형태가 바뀌지 않는 부분인 '잡'에 '-다'를 붙여 기본형인 '잡다'를 만들어 찾는다.

• 닦아: ____________________

3 이 글에 나오는 낱말의 뜻을 사전에서 찾아 쓰고, 뜻이 반대인 낱말을 쓰시오.

낱말	사전에서 찾은 낱말의 뜻	뜻이 반대인 낱말
겸손	(1)	(2)

단원 학습 목표

제안하는 글을 쓸 수 있어요.

가
- **글의 특징**: 진영이의 고민을 해결하기 위해 어떤 제안을 할 수 있을지 생각해 볼 수 있습니다.

나
- **글의 종류**: 제안하는 글
- **글의 특징**: 진영이가 집 앞 꽃밭에 쓰레기가 버려져 있는 문제 상황을 해결하기 위해 쓴 글입니다.

낱말 사전

주위 어떤 곳의 바깥 둘레.

흩어져 한데 모였던 것이 따로따로 떨어지거나 사방으로 퍼져.

곰곰이 여러모로 깊이 생각하는 모양.

주민 일정한 지역에 살고 있는 사람.

준비 **진영이에게 있었던 일** 제안하는 글에 대해 알아봅시다.

가 진영이에게 있었던 일

듣기 자료

진영이는 지난 주말에 동생과 함께 집 앞 꽃밭에 꽃을 심었습니다. 그런데 오늘 물을 주려고 보니 쓰레기가 꽃 주위에 흩어져 있었습니다. 진영이와 동생은 그 모습을 보고 실망을 했습니다.

진영이는 꽃밭에 버려진 쓰레기를 보면서 깨끗한 꽃밭을 만들려면 어떻게 하면 좋을지 곰곰이 생각했습니다. 그리고 자신의 의견을 알리고자 아파트 주민에게 글을 써서 붙이기로 결심했습니다. 얼마 뒤, 꽃밭은 몰라보게 깨끗해졌습니다.

나 지난 주말에 저는 동생과 함께 집 앞 꽃밭에 꽃을 심었습니다. 그런데 오늘 물을 주려고 보니 쓰레기가 꽃 주위에 흩어져 있었습니다. 그 모습을 보니 속이 상했습니다.

꽃밭에 쓰레기를 버리지 않으면 좋겠습니다. 꽃은 쓰레기가 없는 깨끗한 꽃밭에서 건강하게 자랄 수 있습니다. 우리가 노력하면 꽃밭을 더 아름답게 가꿀 수 있습니다.

교과서 문제

01 글 가에서 진영이는 동생과 함께 지난 주말에 무엇을 했는지 쓰시오.

( )

교과서 문제

02 글 가에서 진영이와 동생이 실망한 까닭은 무엇입니까? ( )

① 꽃을 심을 곳이 없어서
② 꽃을 심다가 동생과 다퉈서
③ 꽃밭에서 고약한 냄새가 나서
④ 꽃밭에 쓰레기가 버려져 있어서
⑤ 꽃밭에 심은 꽃이 시들어 버려서

서술형

03 글 나는 글 가의 진영이가 쓴 글입니다. 글의 내용에 알맞게 표를 완성하시오.

문제 상황	꽃밭에 쓰레기가 버려져 있었다.
제안하는 내용	꽃밭에 쓰레기를 버리지 않으면 좋겠다.
제안하는 까닭	

기본 **운동을 합시다** 문장의 짜임에 대해 알아봅시다.

운동을 합시다

㉠ 날씨가 따뜻합니다. ㉡ 우리 모두 운동을 합시다. ㉢ 운동이 건강을 지켜 줍니다.

- **글의 종류:** 제안하는 글
- **글의 특징:** 운동을 하자는 의견과 까닭이 드러난 글로, 문장의 짜임을 알아볼 수 있습니다.

교과서 문제

04 ㉠에서 '무엇이' 따뜻하다고 했는지 쓰시오.

( )

교과서 문제

05 ㉠에서 날씨가 '어떠하다'고 했는지 쓰시오.

( )

06 ㉡과 ㉢을 보기 와 같은 문장의 짜임으로 나누어 쓰시오.

보기

'(누가/무엇이) + (어찌하다/어떠하다)'의 짜임

문장	누가/무엇이	어찌하다/어떠하다
㉡	(1)	(2)
㉢	(3)	(4)

- **문장의 짜임**

  문장은 '누가+어찌하다', '누가+어떠하다', '무엇이+어찌하다', '무엇이+어떠하다'와 같은 짜임으로 나눌 수 있습니다.

07 다음 중 '무엇이+어떠하다'로 문장을 표현한 것은 무엇입니까? ( )

① 하늘이 푸르다.
② 영수가 축구를 합니다.
③ 아이들이 차는 공이 축구공입니다.
④ 아저씨가 기타를 들고 가고 있습니다.
⑤ 우리 반 친구들이 도서관에서 책을 읽습니다.

> 동영상의 특징: 깨끗한 물을 구하지 못하는 어린이들이 어려움을 겪고 있으므로 이 어린이들을 도와주자는 내용입니다.

1리터의 생명

[동영상 내용]

우리는 집 안에 설치된 정수기에서 마실 물을 쉽게 구할 수 있습니다. 그러나 어떤 아이는 깨끗한 물이 나오는 우물이 없어서 오염된 물을 마셔야 하는 상황입니다.

깨끗한 물을 구하지 못하는 어린이들이 어려움을 겪고 있습니다. 이 어린이들이 깨끗한 물을 마실 수 있도록 도와주세요.

물은 생명입니다.

당신의 1리터를 나누어 주세요.

교과서 문제

08 동영상의 아이는 어떤 어려움을 겪고 있습니까? ( )

① 공부만 하고 놀지 못하는 어려움
② 고향으로 돌아가지 못하는 어려움
③ 깨끗한 물을 마실 수 없는 어려움
④ 일터에서 일하느라 학교에 다니지 못하는 어려움
⑤ 병원이 없어서 질병에 걸려도 치료받지 못하는 어려움

교과서 문제

09 08에서 답한 어려움을 겪는 아이를 보고, 자신의 생각을 알맞게 말한 친구는 누구인지 쓰시오.

윤서: 오염된 물을 왜 먹는지 이해할 수 없어.
현지: 우물이 없으면 수돗물을 마시라고 알려 주고 싶어.
민주: 깨끗한 물을 보내 주는 기부 운동에 참여하고 싶어.

( )

☆☆☆

10 이 동영상을 보고 제안하는 글을 쓰는 과정에 맞게 순서대로 기호를 쓰시오.

㉮ 제안하는 글 쓰기
㉯ 문제 상황 확인하기
㉰ 제안하는 내용 정하기
㉱ 제안하는 까닭 파악하기

( ) → ( ) → ( ) → ( )

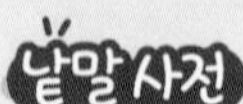

우물 물을 긷기 위하여 땅을 파서 지하수를 괴게 한 곳. 또는 그런 시설.

기본 제안하는 글을 쓰는 방법을 알아봅시다.

물은 사람이 살아가는 데 매우 중요합니다. 우리는 어디에서든지 물을 쉽게 구할 수 있습니다. 그러나 동영상에 나오는 아이는 깨끗한 물을 구하지 못해 어려움을 겪고 있습니다. 많은 아이가 더러운 물을 마셔 생명이 위험할 수 있습니다.

깨끗한 물을 마시지 못하는 아이들을 위해 (　　　㉠　　　).

11 ㉠에 들어갈 제안하는 내용으로 알맞은 것에 ○표 하시오.

(1) 학교를 지어 주는 기부 운동에 참여합시다. (　　)

(2) 병원을 지어 주는 기부 운동에 참여합시다. (　　)

(3) 깨끗한 물을 보내 주는 기부 운동에 참여합시다. (　　)

서술형

12 11에서 답한 내용을 제안하는 까닭은 무엇인지 쓰시오.

13 ☐에 들어갈 글의 제목으로 알맞은 것은 무엇입니까? (　　)

① 돈을 아껴 씁시다
② 물을 자주 마십시다
③ 당신의 소식을 전해 주세요
④ 당신의 1리터를 나누어 주세요
⑤ 어린이에게 배움의 기회를 주세요

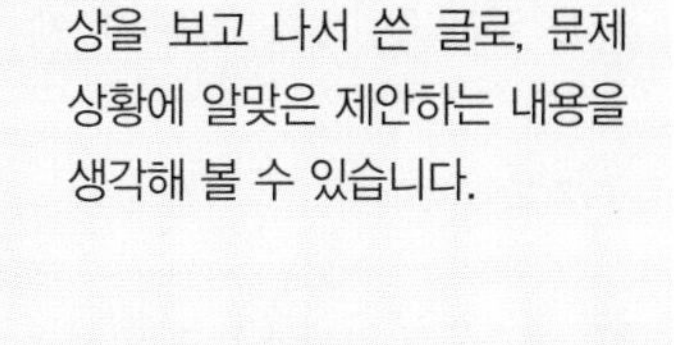

- **글의 종류**: 제안하는 글
- **글의 내용**: 「1리터의 생명」 동영상을 보고 나서 쓴 글로, 문제 상황에 알맞은 제안하는 내용을 생각해 볼 수 있습니다.

8 단원

낱말 사전

중요합니다 귀중하고 요긴합니다.

구할 필요한 것을 찾음. 또는 그렇게 하여 얻음.

복도에 안전 거울을 설치해 주세요

❶ 새 학기가 되고 며칠 지나지 않아, 우리 반에 석고 붕대를 하고 다니는 친구가 있었다. 그 친구는 복도 끝부분에서 갑자기 나타난 친구 때문에 놀라 멈추려 하다가 미끄러져 다리에 금이 갔다고 한다. ㉠ 석고 붕대를 한 친구는 우리 반뿐만 아니라 다른 반에도 여러 명이 있다.

❷ 이런 일은 비단 우리 학교에만 일어나는 일이 아니라고 본다. 20○○년 ○○월 ○○일 □□신문에 따르면 최근 1년 동안 학교 안에서 일어난 안전사고가 16퍼센트 이상 늘었다고 한다. 사고는 꾸준히 늘어나는 추세이며 그 가운데 복도에서 일어난 사고는 1만 7653건으로 전체 사고 장소에서 4위를 차지한다.

> **글의 종류**: 제안하는 글
> **글의 특징**: 복도에서 안전사고가 일어나는 문제에 대하여 제안하는 내용과 까닭을 쓴 글입니다.

❶ 학교에서 발생한 복도 안전사고 때문에 석고 붕대를 한 친구들이 있다.
❷ 신문 자료에 따르면 학교 안전사고가 늘어나는 추세이며, 그 가운데 복도에서 일어나는 사고가 4위를 차지한다.

교과서 문제

14 이 글에 나타난 문제 상황은 무엇입니까? (　　　)

① 학교에서 폭력이 많이 발생하고 있다.
② 학교에서 안전사고가 많이 발생하고 있다.
③ 학교에 지각하는 친구들이 많아지고 있다.
④ 신문을 보는 친구들의 수가 점점 줄어들고 있다.
⑤ 친구 관계에 어려움을 겪는 친구들이 많아지고 있다.

15 보기 를 참고하여 ㉠을 문장의 짜임에 맞게 나누어 쓰시오.

> 보기
> 문장은 '누가+어찌하다', '누가+어떠하다', '무엇이+어찌하다', '무엇이+어떠하다'와 같은 짜임으로 나눌 수 있다.

누가/무엇이	어찌하다/어떠하다
(1)	(2)

☆☆☆

16 제안하는 글의 특징으로 알맞지 않은 것은 무엇입니까? (　　　)

① 제안하는 글은 제목을 미리 정해 두고 써야 한다.
② 제안하는 글을 쓰면 더 좋은 쪽으로 일을 해결할 수 있다.
③ 제안하는 내용이 잘 드러나는 알맞은 제목을 붙여야 한다.
④ 제안하는 글을 쓰면 문제 상황과 해결 방법을 알릴 수 있다.
⑤ 제안하는 글을 쓸 때에는 '~합시다.', '~하면 어떨까요?' 등의 표현을 사용한다.

낱말 사전

며칠 그달의 몇째 되는 날. 몇 날.

추세 어떤 현상이 일정한 방향으로 나아가는 경향.

3 친구들이 복도를 지나다닐 때 앞을 보기 때문에 앞에서 누가 나타나면 미리 비킬 수 있다. 하지만 복도 끝부분에서는 누가 언제 튀어나올지 몰라 그곳에서 사고가 많이 일어난다. 친구들이 갑자기 튀어나오는 것처럼 보이기 때문이다.

4 우리 학교 앞 도로에 잘 보이지 않는 부분까지 볼 수 있도록 하는 거울이 있다. 이런 안전 거울을 학교 복도에 설치하면 복도에서 일어나는 사고를 줄일 수 있을 것이다.

복도에 안전 거울을 설치해야 한다. 그렇게 하면 학교 안에서 일어나는 안전사고를 줄여 학생들이 더 즐겁게 지낼 수 있을 것이다.

3 복도 끝부분에서 안전사고가 많이 일어난다.

4 학교 복도에 안전 거울을 설치하면 복도에서 일어나는 안전사고를 줄일 수 있다.

---

17 **이 글에서 제안하는 내용은 무엇입니까?** (　　)

① 복도에서 뛰지 말자.
② 흠이 없는 거울을 선택하자.
③ 복도에 안전 거울을 설치하자.
④ 복도 끝 모퉁이를 돌 때는 천천히 걷자.
⑤ 복도를 지나다닐 때는 주위를 잘 살피자.

교과서 문제

18 **이 글에 나타난 '제안하는 까닭'으로 알맞은 것에 ○표 하시오.**

(1) 거울을 설치하면 나 자신을 스스로 되돌아볼 수 있다. (　　)

(2) 거울을 설치하면 복도의 길이와 폭을 정확히 알 수 있다. (　　)

(3) 거울을 설치하면 복도에서 일어나는 안전사고를 줄일 수 있다. (　　)

서술형

19 **다음 문제 상황에 어울리는 제안하는 내용을 쓰시오.**

사람들이 지식을 얻고자 할 때 독서를 하지 않고 인터넷을 검색한다.

낱말 사전

비킬　무엇을 피하여 있던 곳에서 한쪽으로 자리를 조금 옮길.

튀어나올지　갑자기 불쑥 나타날지.

설치하면　어떤 일을 하는 데 필요한 기관이나 설비 따위를 베풀어 두면.

교과서 핵심 정리

핵심 1 제안하는 글의 특성 알기

- 제안하는 글에는 문제 상황, 제안하는 내용, 제안하는 까닭이 드러나 있습니다.
- 제안하는 글을 쓸 때는 "~합시다.", "~하면 좋겠습니다.", "~하면 어떨까요?" 같은 표현을 사용합니다.
- 제안하는 글을 쓰면 문제 상황과 해결 방법을 알릴 수 있고, 더 좋은 쪽으로 일을 해결할 수 있습니다.

핵심 2 문장의 짜임에 대해 알기

- 문장은 '누가+어찌하다', '누가+어떠하다', '무엇이+어찌하다', '무엇이+어떠하다'와 같은 짜임으로 나눌 수 있습니다.
- '어찌하다'는 움직임을 나타내는 말이고, '어떠하다'는 상태를 나타내는 말입니다.

예 문장을 '(누가/무엇이)+(어찌하다/어떠하다)'로 나누기

영수가 축구를 합니다.
→ 영수가 / 축구를 합니다.

핵심 3 제안하는 글을 쓰는 과정 알기

문제 상황 확인하기
↓
제안하는 내용 정하기
↓
제안하는 까닭 파악하기
↓
제안하는 글 쓰기

핵심 4 제안하는 글을 쓸 때 생각할 점 알기

- 제안하는 글을 읽을 사람이 누구인지 생각해야 합니다.
- 자신이 하는 제안을 사람들이 실천할 수 있는지 생각해야 합니다.
- 제목을 미리 정해 놓고 쓸 내용을 정리할 수도 있고, 쓸 내용을 정리하고 난 뒤에 제목을 붙일 수도 있습니다.

핵심 5 제안하는 글에 들어갈 내용 알기

구분	내용
문제 상황	어떤 점이 문제인지 다른 사람들이 알 수 있게 자세하게 씁니다.
제안하는 내용	문제를 해결하기 위한 자신의 제안을 씁니다.
제안하는 까닭	왜 그런 제안을 했는지, 제안한 내용대로 했을 때 무엇이 더 나아지는지를 씁니다.
제목	제안하는 내용이 잘 드러나게 제목을 붙입니다.

예 「1리터의 생명」을 보고 제안하는 글에 들어갈 내용 정리하기

구분	내용
문제 상황	깨끗한 물을 구하지 못해 어려움을 겪고 있는 어린이들이 있습니다.
제안하는 내용	깨끗한 물을 보내 주는 기부 운동에 참여합시다.
제안하는 까닭	어린이들이 깨끗한 물을 마시고 사용할 수 있기 때문입니다.
제목	당신의 1리터를 나누어 주세요

핵심 6 제안하는 글을 쓸 때 주의할 점 알기

- 어떤 문제 상황인지 파악하고 자세히 씁니다.
- 문제를 해결하기 위한 자신의 의견을 제안합니다.
- 제안에 대한 적절한 까닭을 씁니다.
- 제안하는 내용이 잘 드러나게 알맞은 제목을 붙입니다.

단원 정리 평가

8. 이런 제안 어때요

[01~05] 다음 글을 읽고, 물음에 답하시오.

> 진영이는 지난 주말에 동생과 함께 집 앞 꽃밭에 꽃을 심었습니다. 그런데 오늘 물을 주려고 보니 쓰레기가 꽃 주위에 흩어져 있었습니다. 진영이와 동생은 그 모습을 보고 실망을 했습니다.
>
> 진영이는 꽃밭에 버려진 쓰레기를 보면서 깨끗한 꽃밭을 만들려면 어떻게 하면 좋을지 곰곰이 생각했습니다. 그리고 자신의 의견을 알리고자 아파트 주민에게 글을 써서 붙이기로 결심했습니다. 얼마 뒤, 꽃밭은 몰라보게 깨끗해졌습니다.

01 지난 주말에 진영이는 무엇을 했습니까? (　　　)

① 꽃에 물을 주었다.
② 꽃집에서 꽃을 샀다.
③ 집 앞 꽃밭에 꽃을 심었다.
④ 봄에 피는 꽃에 대해 조사했다.
⑤ 꽃밭을 만드는 방법에 대해 알아보았다.

02 진영이와 동생이 실망한 까닭으로 알맞은 것은 무엇입니까? (　　　)

① 비가 많이 와서
② 꽃에 벌레가 많이 생겨서
③ 꽃밭에 쓰레기가 버려져 있어서
④ 지난 주말에 심은 꽃이 시들어서
⑤ 주민들이 쓰레기 분리배출을 제대로 하지 않아서

서술형

03 다음은 진영이가 쓴 글입니다. 제안하는 까닭에 해당하는 문장을 찾아 쓰시오.

> 꽃밭에 쓰레기를 버리지 않으면 좋겠습니다. 꽃은 쓰레기가 없는 깨끗한 꽃밭에서 건강하게 자랄 수 있습니다. 우리가 노력하면 꽃밭을 더 아름답게 가꿀 수 있습니다.

____

____

☆☆☆

04 다음은 진영이가 문제를 해결한 방법에 대해 나눈 대화입니다. 알맞게 이야기한 친구는 누구인지 쓰시오.

> 보경: 진영이보다 어른인 아파트 주민들이 볼 수 있도록 글을 쓴 것은 예의 바르지 않아.
>
> 수진: 글을 쓰기보다는 한 사람씩 집에 찾아가 얼굴을 보고 이야기했으면 더 좋았을 것 같아.
>
> 유나: 진영이가 문제를 해결하려는 방법은 더 좋은 쪽으로 일을 해결할 수 있게 만들어 줄 거야.

(　　　　　　　　)

05 진영이가 글을 써서 붙인 뒤에 달라진 꽃밭의 모습으로 알맞은 것에 ○표 하시오.

(1) 꽃밭이 없어졌다. (　　　)
(2) 꽃밭이 깨끗해졌다. (　　　)
(3) 꽃밭에 울타리가 생겼다. (　　　)

8 단원

06 제안하는 글에 대한 설명으로 알맞은 것은 무엇입니까? ( )

① 훌륭한 사람의 일생을 기록한 글이다.
② 물건의 특징과 쓰임을 설명한 글이다.
③ 오늘 하루 겪은 일을 반성하는 글이다.
④ 견문과 감상이 잘 드러나게 쓴 글이다.
⑤ 문제를 해결하기 위해 의견이 드러나게 쓴 글이다.

07 다음과 같은 문제 상황에서 제안할 내용으로 알맞은 것의 기호를 쓰시오.

> **문제 상황**
> 급식을 남기는 친구가 많다.

> ㉮ 식사를 한 뒤 3분 이내로 이를 닦아야 충치를 예방할 수 있다.
> ㉯ 점심시간에 뜨거운 국물이 담긴 식판을 들고 뛰지 않아야 한다.
> ㉰ 매주 금요일을 '잔반 없는 날'로 정해서 반찬을 남기지 않는 습관을 기르자.
> ㉱ 딱딱한 과일의 씨는 음식물 쓰레기가 아니라 일반 쓰레기로 버릴 수 있도록 게시판에 안내문을 붙이자.

( )

08 다음 문장을 '누가+어찌하다'로 나누어 쓰시오.

> 내 옆에 앉은 친구가 노래를 부른다.

(1) 누가: ( )
(2) 어찌하다: ( )

09 다음 중 문장의 짜임에서 '어떠하다'에 해당하는 것은 무엇입니까? ( )

① 아주 크다.
② 책을 읽다.
③ 공을 차다.
④ 축구공이다.
⑤ 축구를 하다.

☆☆☆ **10** 다음 보기를 보고, 물음에 답하시오.

> **보기**
> ㉮ 누가+어찌하다
> ㉯ 누가+어떠하다
> ㉰ 무엇이+어찌하다
> ㉱ 무엇이+어떠하다

(1) 다음 문장의 짜임은 ㉮~㉱ 중 무엇에 해당하는지 기호를 쓰시오.

> 하늘이 푸르다.

( )

(2) 다음 문장의 짜임은 ㉮~㉱ 중 무엇에 해당하는지 기호를 쓰시오.

> 운동이 건강을 지켜 줍니다.

( )

[11~15] 다음 글을 읽고, 물음에 답하시오.

물은 사람이 살아가는 데 매우 중요합니다. 우리는 어디에서든지 물을 쉽게 구할 수 있습니다. 그러나 동영상에 나오는 아이는 깨끗한 물을 구하지 못해 어려움을 겪고 있습니다. 많은 아이가 더러운 물을 마셔 생명이 위험할 수 있습니다.

(㉠). ㉡ 기부 운동에 참여하면 아이들이 깨끗한 물을 마시고 사용할 수 있습니다.

11 이 글에 나타난 문제 상황으로 알맞은 것에 ○표 하시오.

(1) 아이가 깨끗한 물을 구하지 못한다. ( )
(2) 아이가 병에 걸려도 찾아갈 병원이 없다. ( )
(3) 아이가 여자라서 학교에 다니고 싶어도 다니지 못한다. ( )

☆☆☆
12 ㉠에 들어갈 제안으로 알맞은 것은 무엇입니까? ( )

① 물을 아껴 씁시다.
② 물의 소중함을 알립시다.
③ 아이들에게 깨끗한 물을 보여 줍시다.
④ 깨끗한 물을 보내 주는 기부 운동에 참여합시다.
⑤ 더러운 물을 깨끗하게 걸러 줄 수 있는 도구를 만듭시다.

13 ㉡은 제안하는 글에 들어가는 내용 중 무엇에 해당하는지 알맞은 것의 기호를 쓰시오.

㉮ 문제 상황
㉯ 제안하는 내용
㉰ 제안하는 까닭

( )

14 이와 같은 글에 제목을 붙이는 방법을 알맞게 말한 친구는 누구인지 쓰시오.

재민: 제목은 긴 문장으로 자세히 써야 해.
서연: 제안하는 내용이 잘 드러나도록 제목을 붙여야 해.
현주: 제목을 미리 정해 놓고 쓸 내용을 정리하면 안 되고, 쓸 내용을 미리 정한 뒤에 제목을 붙여야 해.

( )

서술형
15 이 글에 어울리는 제목을 지어 쓰시오.

8 단원

16 제안하는 글을 쓰는 과정에 맞게 ㉮와 ㉯에 들어갈 알맞은 말을 쓰시오.

> (㉮) 상황 확인하기
> ➡ 제안하는 내용 정하기
> ➡ 제안하는 (㉯) 파악하기
> ➡ 제안하는 글 쓰기

(1) ㉮: ( )
(2) ㉯: ( )

17 제안하는 글을 쓸 때 고려할 점으로 알맞은 것에 ○표 하시오.

(1) 누구나 쓸 수 있는 글인가? ( )
(2) 제안하는 글이 나에게 이로운가? ( )
(3) 내가 하는 제안을 사람들이 실천할 수 있는가? ( )

18 제안하는 글을 쓸 때 주의할 점으로 알맞지 않은 것은 무엇입니까? ( )

① 문제 상황이 무엇인지 쓴다.
② 제안에 대한 적절한 까닭을 쓴다.
③ 사람들이 실천하기 어려운 내용도 제안한다.
④ 제안하는 내용이 잘 드러나게 제목을 붙인다.
⑤ 제안하는 글을 읽을 사람이 누구인지 생각한다.

국어 활동

[19~20] 다음 글을 읽고, 물음에 답하시오.

> 새 학기가 되고 며칠 지나지 않아, 우리 반에 석고 붕대를 하고 다니는 친구가 있었다. 그 친구는 복도 끝부분에서 갑자기 나타난 친구 때문에 놀라 멈추려 하다가 미끄러져 다리에 금이 갔다고 한다. 석고 붕대를 한 친구는 우리 반뿐만 아니라 다른 반에도 여러 명이 있다.
>
> 이런 일은 비단 우리 학교에만 일어나는 일이 아니라고 본다. 20○○년 ○○월 ○○일 □□신문에 따르면 최근 1년 동안 학교 안에서 일어난 안전사고가 16퍼센트 이상 늘었다고 한다. 사고는 꾸준히 늘어나는 추세이며 그 가운데 복도에서 일어난 사고는 1만 7653건으로 전체 사고 장소에서 4위를 차지한다.

19 이 글은 학교 안에서 일어난 안전사고 중 어떤 장소에 대한 통계 자료를 제시했는지 쓰시오.

( )

20 이 글에서 안전사고의 심각성을 말하기 위해 제시한 자료로 알맞은 것의 기호를 쓰시오.

> ㉮ 그림 자료
> ㉯ 사진 자료
> ㉰ 신문 기사 자료
> ㉱ 전문가 면담 자료
> ㉲ 텔레비전 방송 자료

( )

서술형 문제

1~2

진영이는 지난 주말에 동생과 함께 집 앞 꽃밭에 꽃을 심었습니다. 그런데 오늘 물을 주려고 보니 쓰레기가 꽃 주위에 흩어져 있었습니다. 진영이와 동생은 그 모습을 보고 실망을 했습니다.

진영이는 꽃밭에 버려진 쓰레기를 보면서 깨끗한 꽃밭을 만들려면 어떻게 하면 좋을지 곰곰이 생각했습니다. 그리고 ㉠ 자신의 의견을 알리고자 아파트 주민에게 글을 써서 붙이기로 결심했습니다.

01 진영이가 해결하기를 원하는 문제 상황은 무엇인지 쓰시오.

02 ㉠에서 결심한 대로 제안하는 글을 쓰려고 합니다. 제안하는 내용과 까닭을 두 문장으로 쓰시오.

3~4

친구들이 복도를 지나다닐 때 앞을 보기 때문에 앞에서 누가 나타나면 미리 비킬 수 있다. 하지만 복도 끝부분에서는 누가 언제 튀어나올지 몰라 그곳에서 사고가 많이 일어난다. 친구들이 갑자기 튀어나오는 것처럼 보이기 때문이다.

우리 학교 앞 도로에 잘 보이지 않는 부분까지 볼 수 있도록 하는 거울이 있다. 이런 안전 거울을 학교 복도에 설치하면 복도에서 일어나는 사고를 줄일 수 있을 것이다.

복도에 안전 거울을 설치해야 한다. 그렇게 하면 학교 안에서 일어나는 안전사고를 줄여 학생들이 더 즐겁게 지낼 수 있을 것이다.

03 이 글에 나타난 제안과 까닭을 정리해 쓰시오.

제안하는 내용	(1)
제안하는 까닭	(2)

04 이 글에서 제안하는 내용이 잘 드러나게 제목을 지어 쓰시오.

8 단원

수행 평가

학습 주제 문장의 짜임에 대해 알고, 제안하는 글 쓰기 배점 20점

학습 목표 그림 내용을 문장의 짜임에 맞게 표현해 보고, 제안하는 글을 쓸 때 필요한 내용을 떠올릴 수 있다.

1 다음 보기에 제시된 문장을 짜임에 맞게 나누어 쓰시오.

보기
㉠ 욕심쟁이 혹부리 영감의 혹이 두 개가 되었어요.
㉡ 일곱 난쟁이는 잠들어 있는 백설 공주를 발견했어요.

문장	누가/무엇이	어찌하다/어떠하다
㉠	(1)	(2)
㉡	(3)	(4)

2 다음 그림을 보고, '(누가/무엇이) + (어찌하다/어떠하다)'의 짜임을 가진 문장으로 표현하시오.

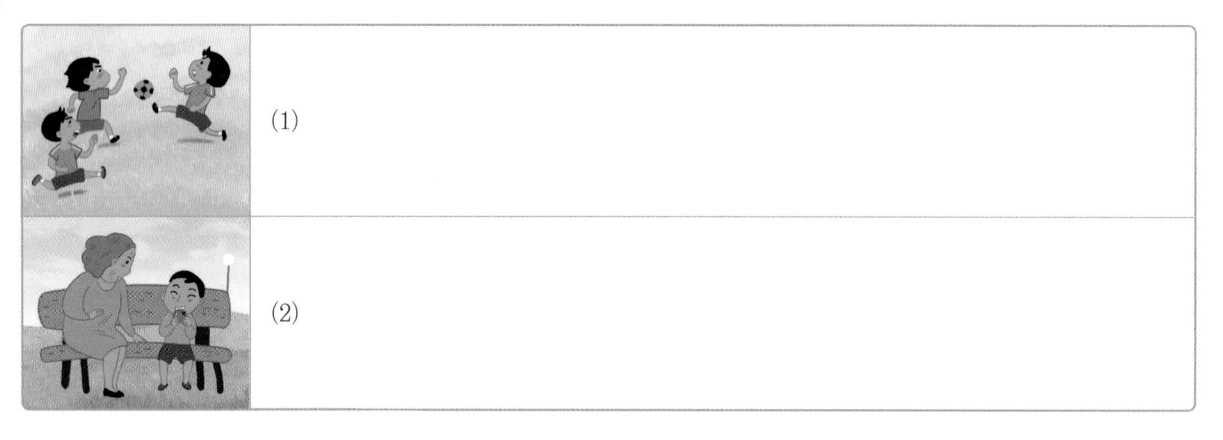

(1)

(2)

3 우리 반에서 해결할 문제를 떠올려 보고, 제안하는 글에 들어갈 내용을 정리해 쓰시오.

문제 상황	(1)
제안하는 내용	(2)
제안하는 까닭	(3)
제목	(4)

기본 **훈민정음의 탄생** 한글을 만든 과정을 이해해 봅시다.

훈민정음의 탄생

"명나라에 가는 사신들이 있거든 말소리 연구에 관한 책을 구해 오도록 하라."

"전하, 말소리 연구에 관한 책은 무슨 이유로 구해 오라 하시나이까?"

"허허, 그저 궁금해서 그런 것뿐이오. 과인이 관심을 둔 학문이 어디 한두 가지요?"

나라가 안정을 되찾자 세종은 새로운 문자를 만드는 일에 온 힘을 기울였습니다. 가장 먼저 한 일은 구해 온 책을 읽는 것이었습니다.

신하들은 세종이 새 문자를 만들고 있는 줄은 꿈에도 생각하지 못했습니다. 세종은 평소에도 워낙 많은 책을 읽는 터라 누구의 의심도 받지 않았습니다.

세종 또한 새 문자를 만드는 일을 철저히 비밀에 부쳤습니다. 신하들 중에는 중국의 문자인 한자를 쓰는 데 자부심을 느끼는 이가 많아 그들이 새 문자를 만들고 있다는 사실을 알았다가는 벌 떼처럼 들고일어날 게 뻔했기 때문입니다.

교과서 문제

01 **세종 대왕이 말소리 연구에 관한 책을 구해 오도록 한 까닭은 무엇입니까?** (　　　)

① 다양한 학문에 관심이 많아서
② 평소 책 읽기를 워낙 좋아하기 때문에
③ 새로운 문자를 만드는 데 활용하기 위해
④ 신하들에게 한 권씩 선물해 주기 위해서
⑤ 이웃 나라의 새로운 농사 기술을 익히려고

교과서 문제

02 **세종 대왕이 새로운 문자를 만드는 일을 비밀로 한 까닭을 알맞게 말한 친구는 누구인지 쓰시오.**

동욱: 혹시라도 성공하지 못하면 망신을 당할 수도 있기 때문이야.
지후: 한자에 자부심이 있는 신하들이 새로운 문자 만드는 것을 반대할 게 뻔했기 때문이야.
세영: 모든 신하와 백성들이 새로운 문자를 간절히 바라고 있어서 놀라게 해 주고 싶었기 때문이야.

(　　　　　　　　　　　　　　)

서술형

03 **세종 대왕이 말소리 연구에 관한 책을 읽고 있었음에도 문자 연구에 대한 의심을 받지 않았던 까닭은 무엇인지 쓰시오.**

____

9 자랑스러운 한글

단원 학습 목표

한글의 우수성을 이해하고, 한글을 바르게 사용할 수 있어요.

- **글의 종류**: 이야기
- **글쓴이**: 이은서
- **글의 특징**: 세종 대왕이 한글을 만든 과정이 잘 나타나 있는 이야기입니다.

낱말 사전

과인 덕이 적은 사람이라는 뜻으로, 임금이 자기를 낮추어 이르던 말.

자부심 자기 자신 또는 자기와 관련되어 있는 것에 대하여 스스로 그 가치나 능력을 믿고 당당히 여기는 마음.

들고일어날 어떤 일에 반대하거나 항의하여 나설.

어의 궁궐 내에서, 임금이나 왕족이 걸린 병을 치료하던 의원.

만물 세상에 있는 모든 것.

9 단원

하지만 세종에게는 시간이 그리 많지 않았습니다.

"왜 이렇게 방 안이 어두운가. 서둘러 방을 환히 밝혀라."

"저, 전하……."

어의가 바닥에 납작 엎드려 울먹였습니다.

"불을 밝히지 않고 무엇을 하고 있느냐!"

"전하, 방이 어두운 게 아니오라 전하의 눈이 점점 어두워지는 것이옵니다."

"뭐라?"

어의의 말에 세종은 하늘이 무너지는 것만 같았습니다. 지금도 온 세상이 눈을 감은 듯 캄캄한데, 조만간 영영 시력을 잃을지도 몰랐습니다.

세종은 대낮에도 깜깜한 어둠 속에 있는 것 같은 날들이 하루하루 늘어갔지만, 식사를 하거나 휴식을 취할 때조차 늘 문자를 생각했습니다.

"글은 말과 같아야 한다. ㉠ 글로는 '天(천)'이라고 하고, 말로는 '하늘'이라고 하면 안 된다. 쉽고 단순한 문자이지만, 그 안에 담긴 의미는 세상 어떤 것보다 깊어야 한다. 이 우주 만물에는 하늘과 땅이 있고 그 가운데 사람이 있다. 이 원리를 바탕으로 문자를 만들면 어떨까? 또 사람이 말소리를 내는 기관을 본떠 문자를 만드는 것도 좋을 것이다."

오랜 시간을 묵묵히 연구한 끝에 세종은 '훈민정음' 28자를 완성했습니다.

그 뒤, 훈민정음은 백성들 사이에 퍼져 나갔습니다. 이제는 글을 읽지 못해 억울한 일을 당하는 백성이 줄었습니다. 한자를 배울 기회조차 적었던 여자들도 훈민정음을 익혀 책을 읽거나 편지를 썼습니다. 훈민정음은 그야말로 세종이 백성들에게 준 가장 큰 선물이었습니다.

---

04 ㉠에 대한 세종 대왕의 생각은 무엇인지 찾아 쓰시오.

____

05 세종 대왕이 새로운 문자를 만들기 위해 했던 생각으로 알맞지 않은 것은 무엇입니까? (　　　)

① 쉽고 단순한 문자를 만들어야 한다.
② 우주 만물의 원리를 담은 글자를 만들 것이다.
③ 사람이 말소리를 내는 기관을 본떠 문자를 만들겠다.
④ 한자와 비슷한 원리로 만들면 배우고 익히기 쉬울 것이다.
⑤ 쉬운 문자를 만들어 백성들이 겪는 억울한 일을 줄여 주고 싶다.

서술형

06 세종 대왕이 한글을 만드는 과정을 정리한 것입니다. 빈칸에 알맞은 내용을 쓰시오.

백성들을 위해 익히기 쉬운 새 문자를 만들어야겠다고 생각했다.

⬇

말소리를 연구한 책을 구해 읽으며 비밀리에 문자를 연구했다.

⬇

시력이 점점 나빠졌지만 끝까지 문자 연구를 포기하지 않았다.

⬇

(　　　　　　　　　　)

⬇

훈민정음이 만들어진 뒤에 백성들의 삶이 나아졌다.

기본 **한글이 위대한 이유** 한글의 특성을 이해해 봅시다.

한글이 위대한 이유

이 지구상에는 많은 언어가 있으나, 현재 사용하고 있는 문자의 종류는 약 50개밖에 안 된다. 말은 있지만 문자가 없는 언어도 많고, 말은 다르지만 같은 문자를 쓰는 경우도 있기 때문이다. 이 50여 개의 문자 가운데 우리가 사용하고 있는 한글이 우수한 문자라는 것은 이미 많은 사람이 인정하고 있다.

재러드 다이아몬드라는 학자는 한글은 독창성이 있고 과학적인 문자라고 칭찬하면서 한국인의 문맹률이 낮은 것은 바로 한글 덕분이라고 말하였다. 또 노벨 문학상을 받은 유명한 작가 펄 벅은 한글은 익히기 쉬운 훌륭한 문자이며, 한글을 창제한 세종 대왕은 '한국의 레오나르도 다빈치'라며 칭찬을 아끼지 않았다.

그렇다면 구체적으로 어떤 점에서 한글이 우수한 문자 체계라고 말할 수 있는 것일까?

첫째, 한글은 그 제자 원리가 독창적이고 과학적인 문자이다. 한글 모음자의 경우 하늘, 땅, 사람을 본떠 각각 'ㆍ', 'ㅡ', 'ㅣ'의 기본 문자를 먼저 만들고, 이 기본 문자를 합쳐 'ㅗ', 'ㅏ', 'ㅜ', 'ㅓ'와 같은 나머지 모음자를 만들었다.

한글 자음자의 경우 발음 기관의 모양을 본떠 'ㄱ, ㄴ, ㅁ, ㅅ, ㅇ'의 기본 문자를 만들고, 이 기본 문자에 획을 더하거나 같은 문자를 하나 더 써서 'ㅋ, ㄲ'과 같은 자음자를 만들었다.

> **글의 종류**: 설명하는 글
> **글쓴이**: 박영순
> **글의 특징**: 한글의 어떤 점이 우수한지 설명하고 있는 글입니다. 글을 통해 한글의 특성을 이해할 수 있습니다.

낱말 사전

- 독창성 다른 것을 모방함이 없이 새로운 것을 처음으로 만들어 생각해 내는 성향이나 성질.
- 문맹률 배우지 못하여 글을 읽거나 쓸 줄 모르는 사람의 비율.
- 창제 전에 없던 것을 처음으로 만들거나 제정함.
- 획 글씨나 그림에서, 붓 따위로 한 번 그은 줄이나 점.
- 음소 더 이상 작게 나눌 수 없는 말소리의 최소 단위. 하나 이상의 음소가 모여 음절을 이룸.
- 음절 하나의 종합된 음의 느낌을 주는 말소리의 단위.
- 미루어 이미 알려진 것으로써 다른 것을 비추어 헤아려.
- 탁월하다 남보다 두드러지게 뛰어나다.
- 연관성 사물이나 현상이 일정한 관계를 맺는 특성이나 성질.

---

07 이 글에서 알 수 있는 한글의 특성은 무엇입니까? (　　　)

① 50년의 역사를 자랑하는 문자이다.
② 감각 기관의 모습을 본떠 만들었다.
③ 제자 원리가 독창적이고 과학적이다.
④ 기본 문자만 있으면 무엇이든 쓸 수 있다.
⑤ 세계에서 가장 많이 사용되고 있는 문자이다.

교과서 문제

08 한글의 기본 문자는 무엇을 본떠 만든 글자인지 빈칸에 알맞은 말을 쓰시오.

모음자	하늘, 땅, (1)(　　　　)
자음자	(2)(　　　　)의 모양

09 다음 자음자들은 어떤 기본 문자에서 확장하여 만든 것인지 빈칸에 쓰시오.

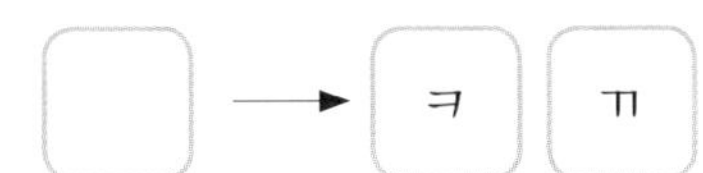

둘째, 한글은 적은 수의 문자로 많은 소리를 적을 수 있는 음소 문자이다. 한글은 자음자와 모음자 스물넉 자의 문자로 많은 음절을 적을 수 있다. 한글은 사람의 입에서 나오는 대부분의 소리를 효과적으로 적을 수 있는 문자이다.

셋째, 한글은 쉽고 빨리 배울 수 있는 문자이다. 영어 알파벳이 스물여섯 자이지만, 소문자, 대문자, 인쇄체, 필기체를 알아야 하니 100개가 넘고, 현재 중국어에서 사용하는 문자는 약 3500자이며, 일본의 가나 문자 역시 모든 문자를 따로 익혀야 한다. 반면에 한글은 일정한 원리에 따라 만들어졌기 때문에, 기본이 되는 자음자 다섯 개, 모음자 세 개만 익히면 다른 문자도 쉽게 익힐 수 있어 문자를 배우는 데 드는 시간이 놀랄 만큼 절약된다.

예를 들어 한글의 자음자는 'ㄱ, ㄴ, ㅁ, ㅅ, ㅇ' 등과 같이 기본 문자를 바탕으로 새로운 문자를 만들어 그것들이 서로 연관 있는 소리임을 미루어 짐작할 수 있다. 기본 자음자에 획을 더 그으면 거센소릿자가 되고 겹쳐 쓰면 된소릿자가 된다. 한글의 모음자는 소리의 변화가 없이 한 문자가 한 소리만 나타낸다. 한글의 '아'는 언제나 [아]로만 발음되지만, 영어의 'a'는 낱말에 따라 여러 가지로 발음되기 때문에 영어는 발음법을 배우는 데 상당한 노력을 기울여야 한다. 이렇게 한글이 배우기 쉽고 과학적인 까닭에 세계 언어학자들은 한글을 '알파벳의 꿈'이라고 표현한다.

교과서 문제

10 이 글에서 말하고 있는 한글의 특성을 알맞게 이해한 친구는 누구인지 쓰시오.

> 은호: 한글은 적은 수의 문자로도 많은 소리를 적을 수 있어.
> 주영: 한글은 모든 문자를 따로 익혀야 해.

( )

11 세계 언어학자들이 한글을 '알파벳의 꿈'이라고 표현한 까닭은 무엇입니까? ( )

① 배우기 쉽고 과학적인 문자라서
② 알파벳과 만들어진 원리가 비슷해서
③ 알파벳보다 기본 문자의 수가 많아서
④ 발음법을 배우는 데 상당한 노력이 필요해서
⑤ 한 문자로 대부분의 소리를 나타낼 수 있어서

12 다음과 같은 한글 자음자의 특성을 생각하며 괄호 안의 알맞은 말에 ○표 하시오.

> 한글의 자음자는 'ㄱ, ㄴ, ㅁ, ㅅ, ㅇ' 등과 같이 기본 문자를 바탕으로 새로운 문자를 만든다.

(1) 기본 자음자를 겹쳐 쓰면 (거센소릿자, 된소릿자)를 만들 수 있다.
(2) 기본 자음자에 획을 더 그으면 (거센소릿자, 된소릿자)를 만들 수 있다.

서술형

13 이 글에서 알 수 있는 한글의 우수성을 한 가지만 쓰시오.

넷째, 한글은 컴퓨터, 휴대 전화 등 기계화에 적합한 문자이다. 오늘날과 같은 정보 통신 시대에 사용하기 좋은 '디지털 문자'로서 탁월하다. 휴대 전화로 문자를 보낼 때에 한글로는 5초면 되는 문장을 중국어나 일본어로는 35초가 걸린다는 연구가 있다. 휴대 전화의 한글 자판은 한글의 자음자와 모음자의 획을 더하는 원리에 기초하여 설계되었다. 그렇기 때문에 ㉠ 누구나 쉽고 빠르게 글자를 입력할 수 있다.

로버트 램지 교수는 "한글은 소리와 문자가 서로 체계적 연관성을 지닌 과학적인 문자"라면서 "한글 창제는 그 어느 문자에서도 찾아볼 수 없는 위대한 성취"라고 하였다. 한글의 우수성은 널리 외국에도 알려졌고, 한글을 배우고자 하는 외국인의 수도 늘어나고 있다.

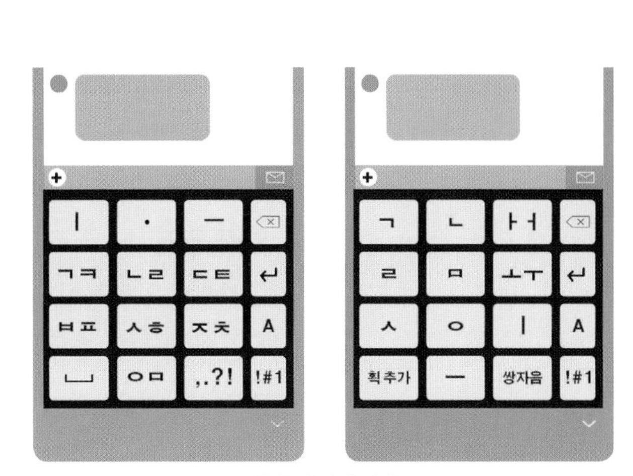

휴대 전화 자판

14 한글의 기계화에 대한 설명으로 알맞은 것은 무엇입니까? ( )

① 한글은 휴대 전화 자판이 없다.
② 한글은 기계화에 적합한 문자이다.
③ 한글은 디지털 문자로서 적합하지 않다.
④ 한글은 컴퓨터에서 사용하기에는 조금 불편하다.
⑤ 한글 자판은 일본어 자판과 같은 원리로 만들어졌다.

15 다음은 ㉠과 같이 말할 수 있는 까닭을 설명한 것입니다. 밑줄 친 부분이 가리키는 원리는 무엇인지 쓰시오.

> 휴대 전화의 한글 자판은 한글의 이 원리에 기초하여 설계되었기 때문이다.

16 로버트 램지 교수가 한글에 대해 평가한 것으로 알맞은 것을 두 가지 골라 기호를 쓰시오.

> ㉮ 한글은 발음법이 어렵다.
> ㉯ 한글 창제는 위대한 성취이다.
> ㉰ 한글은 한국인의 문맹률을 높였다.
> ㉱ 한글은 소리와 문자가 체계적 연관성을 지니고 있다.

(,)

17 글쓴이가 이 글을 쓴 까닭은 무엇입니까? ( )

① 한글의 우수성을 알리려고
② 한글의 문제점을 개선하려고
③ 한글 창제 과정을 설명하려고
④ 한글과 영어의 장단점을 비교하려고
⑤ 한글보다 한문에 관심을 갖게 하려고

9 단원

- 글의 종류: 이야기(전기문)
- 글쓴이: 이은정
- 글의 특징: 주시경이 한 일을 통해 한글을 소중히 여기고 사랑하는 마음을 느낄 수 있는 이야기입니다.

주시경

1876년 12월 22일 황해도 봉산에서 태어난 주시경은 과거 시험을 잘 보기 위해서 하루도 공부를 게을리하지 않았어요.

주시경이 열두 살이던 무렵이었어요. 서울에서 장사를 하는 큰아버지가 찾아왔어요. 병으로 자식들을 모두 잃은 큰아버지는 조카 한 명을 데려가 아들로 키우려고 했어요.

부모님은 곰곰이 의논한 끝에 둘째 아들인 주시경을 큰집에 보내기로 했어요. 주시경은 가족과 헤어지는 것이 너무나 슬펐지만 부모님의 뜻에 따라 서울 큰아버지 댁으로 갔어요.

서울에 온 뒤 주시경은 큰아버지 댁 근처에 사는 이회종 선생님에게 한문을 배웠어요.

열여덟 살이 된 주시경이 중국의 옛 시집인 『시경』을 알기 쉽게 풀이한 『시전』을 공부할 때의 일이에요.

"내가 한 구절을 읽을 테니 따라 읊으려무나. ㉠'벌목정정 조명앵앵'."

학생들은 멍하니 선생님을 따라 읊었어요. 도무지 무슨 뜻인지 알 수가 없었거든요. 주시경도 뜻을 모르기는 마찬가지였지요.

"벌목정정, 나무 찍는 소리는 쩡쩡 울리고, 조명앵앵, 새들은 짹짹 울음을 우네. 이리 쉬운 시도 풀이를 못 하다니 공부를 게을리하였구나!"

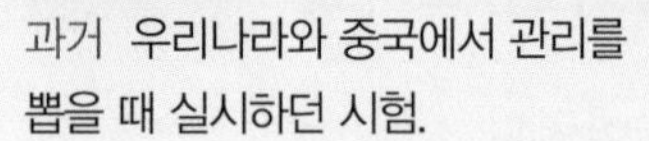

과거 우리나라와 중국에서 관리를 뽑을 때 실시하던 시험.

읊으려무나 억양을 넣어서 소리를 내어 시를 읽거나 외려무나.

탓했지요 핑계나 구실로 삼아 나무라거나 원망했지요.

본디 사물이 전하여 내려온 그 처음.

끼적였어요 글씨나 그림 따위를 아무렇게나 쓰거나 그렸어요.

다져 기초나 터전 따위를 굳고 튼튼하게 하여.

두루 빠짐 없이 골고루.

마다하지 거절하거나 싫다고 하지.

보따리 보자기에 물건을 싸서 꾸린 뭉치.

두루마기 우리나라 고유의 웃옷. 주로 외출할 때 입음.

못지않게 일정한 수준이나 정도에 뒤지지 않게.

18 주시경이 열두 살 무렵에 겪은 일을 두 가지 고르시오. (　　,　　)

① 부모님이 돌아가셨다.
② 과거 시험에 합격했다.
③ 이회종 선생님께 한문을 배웠다.
④ 『시전』을 다 외워 칭찬을 받았다.
⑤ 가족과 헤어져 서울 큰아버지 댁으로 갔다.

19 ㉠의 뜻을 알맞게 이해한 친구는 누구입니까? (　　)

① 민아: 벌집을 건드리면 앵앵 소리가 난다.
② 지훈: 나무 찍는 소리가 쩡쩡 울리고 새들은 짹짹 운다.
③ 영호: 새가 울어서 나무를 벨 수 없으니 속상한 마음이다.
④ 정수: 조명이 너무 밝아 눈이 부시니 아무것도 할 수 없다.
⑤ 선미: 숲속 나무를 함부로 베면 결국 모두가 후회하게 된다.

선생님이 못마땅한 얼굴로 뜻을 가르쳐 주었어요. 주시경은 저도 모르게 힘이 빠졌어요.

'저 뜻 모를 말이 겨우 나무 찍는 소리와 새 울음소리였다니! 왜 알아듣기 힘든 한문으로 읽고, 우리말로 다시 풀이해야 할까? 처음부터 우리말로 하면 바로 알아들을 텐데.'

주시경은 그전에도 한문 글귀를 못 알아들은 적이 몇 번 있었어요. 그때마다 공부를 열심히 안 한 스스로를 탓했지요. 그런데 오늘은 도무지 잘못했다는 마음이 들지 않았어요.

공부를 마치고 집으로 가는 동안 주시경은 골똘히 생각에 잠겼어요.

'나무 찍는 소리 쩡쩡은 쩡이라 읽는 한자가 없어 정을 쓰고, 새 울음소리 짹짹도 짹이라 읽는 한자가 없어 새가 운다는 뜻의 한자 앵을 쓴 거야. '쩡쩡'과 '짹짹'이라 쓰면 훨씬 알아듣기 쉽고 본디 소리에도 가까운데 말이야.'

주시경은 답답한 마음에 철퍼덕 주저앉았어요. 그러고는 몇 해 전 배운 한글을 흙바닥에 끼적였어요. 십 년을 넘게 배워도 아직 다 깨치지 못한 한문과 달리 한글은 며칠 만에 읽고 쓸 수 있었어요.

그날 이후 ㉠주시경은 점점 한글에 빠져들었어요.

1894년 열아홉 살이 된 주시경은 배재학당에 입학해 지리, 수학, 영어 등 여러 가지를 공부하며 한글 연구에 필요한 지식을 다져 나갔어요. 주시경은 집안 형편이 어려워 수업이 끝나면 인쇄소에서 일하며 생활에 필요한 돈을 마련해야 했지요. 집에 돌아오면 몹시 피곤했지만 주시경은 한글을 연구했어요.

20 주시경이 '벌목정정 조명앵앵.'의 뜻을 알고 난 뒤 들었던 생각은 무엇인지 ○표 하시오.

(1) 한문을 좀 더 열심히 배워야겠다. (　　)

(2) 한글보다 한문이 훨씬 쉽고 재미있는 문자구나! (　　)

(3) 쉬운 한글이 있는데 왜 알아듣기 힘든 한문을 배워야 할까? (　　)

교과서 문제

21 주시경의 삶을 연표로 나타낼 때 빈칸에 알맞은 말을 쓰시오.

1876년	황해도에서 태어남.
1894년	(　　　　　　)에 입학함.

22 주시경이 ㉠과 같이 한글에 점점 빠져들게 된 까닭은 무엇입니까? (　　)

① 한문을 모두 다 깨우쳐서
② 한글을 배우는 것이 유행이어서
③ 한문과 한글을 비교해 보고 싶어서
④ 한글 책을 한문으로 바꿔 써 보고 싶어서
⑤ 한문과 달리 한글은 며칠 만에 읽고 쓸 수 있어서

23 1894년에 주시경이 한 일로 알맞지 않은 것은 무엇입니까? (　　)

① 한문보다는 한글 공부에 큰 흥미를 느꼈다.
② 열아홉 살이 됐을 때 배재학당에 입학하였다.
③ 배재학당에서 지리, 수학, 영어 등을 배웠다.
④ 형편이 어려워 인쇄소에서 일을 하며 필요한 돈을 마련했다.
⑤ 인쇄소에서 돌아오면 너무 피곤해서 어떤 연구도 할 수 없었다.

9 단원

당시 우리나라에는 사람들이 두루 볼 만한 우리말 문법책이 없었어요. 많은 사람이 한문만을 글로 여기고 우리글에는 관심을 가지지 않았기 때문이지요. 주시경은 사람들이 쉽게 알아볼 수 있는 우리말 문법책을 만들기로 마음먹었어요. 도움이 될 만한 자료가 있다는 얘기를 들으면 먼 길도 마다하지 않고 찾아갔어요. 빌려 봐야 하는 자료는 일일이 베껴서 모았지요.

1906년 주시경은 『대한 국어 문법』이라는 책을 펴냈어요. 이 책에는 한글과 우리말을 바르게 사용하기 위한 규칙인 문법이 실려 있었어요. 그 후로 주시경은 사람들에게 한글을 연구하는 학자로 널리 알려졌어요. 여기저기에서 한글을 가르쳐 달라고 주시경에게 부탁을 해 왔어요. 이 무렵은 다른 나라들이 서로 우리나라를 차지하려고 다투던 시기였어요. 우리나라는 힘이 없었지요. 주시경은 이런 어려운 때일수록 우리글이 힘이 될 거라고 생각하며 ㉠ 한글을 가르쳐 달라는 곳이 있으면 어디든지 달려갔어요. 주시경은 한글을 가르치며 늘 우리글을 아끼고 사랑하는 것이 나라를 사랑하는 길이라는 것을 강조했어요.

"주 보따리 오신다!"

학교에 들어설 때마다 학생들이 주시경을 알아보고 소리쳤어요. 주시경은 늘 두루마기를 차려입고 옆구리에 커다란 보따리를 들고 다녔어요. 그래서 '주 보따리'라는 별명이 붙었지요.

그 안에는 학생들을 가르칠 책과 여러 자료가 있었어요. 주시경은 우리글을 연구하는 일 못지않게 우리글을 가르치는 일도 중요하다고 생각했어요. 주시경은 한글을 가르치기 위해 보따리를 들고 이곳저곳을 찾아다녔어요.

24 『대한 국어 문법』에 대한 설명으로 알맞지 않은 것의 기호를 쓰시오.

> ㉮ 1906년에 주시경이 만든 책이다.
> ㉯ 우리나라의 역사와 지리에 관한 책이다.
> ㉰ 한글과 우리말의 규칙에 관한 문법책이다.

( )

교과서 문제

25 주시경이 ㉠과 같이 노력한 까닭은 무엇입니까? ( )

① 한글은 한자보다 가르치기 쉬워서
② 유명한 한글 선생님이 되고 싶어서
③ 한글을 싫어하는 사람들을 설득하기 위해서
④ 우리나라가 세계로 힘을 뻗어나가고 있는 시기여서
⑤ 나라가 어려운 때에 우리글이 힘이 될 거라고 생각해서

26 주시경이 한글에 대해 가지고 있던 생각은 무엇입니까? ( )

① 우리글은 찾는 사람이 없어 곧 사라질 것이다.
② 우리글에만 집중하면 외국어를 배울 기회가 없다.
③ 한글 연구가 끝나는 대로 한자 연구에 힘을 쏟을 것이다.
④ 우리글을 아끼고 사랑하는 것이 나라를 사랑하는 길이다.
⑤ 한자에 비해 부족한 점이 많아서 끊임없는 연구가 필요하다.

서술형

27 한글을 사랑하는 주시경의 마음이 담긴 표어를 만들어 쓰시오.

국어 활동 **훈민정음해례본** 한글을 만든 과정을 이해했는지 확인해 봅시다.

(㉠)은/는 한글의 자음자와 모음자를 만든 원리를 자세하게 설명해 놓은 책입니다. 이 책을 1940년에야 뒤늦게 발견했기 때문에 그 전까지는 한글학자들도 한글을 만든 원리를 추측할 수밖에 없었습니다. (㉠)은/는 유네스코가 세계 기록 유산으로 지정한 소중한 우리의 문화유산입니다.

교과서 문제

28 ㉠에 들어갈 책의 제목으로 알맞은 것은 무엇입니까? ( )

① 『훈민정음』
② 『농사직설』
③ 『유네스코』
④ 『팔만대장경』
⑤ 『훈민정음해례본』

29 28에서 답한 책은 어떤 원리를 설명해 놓은 책인지 쓰시오.

( )을/를 만든 원리

30 한글에 대한 십자말풀이를 해 보시오.

	(3) 애		(4)		
(1) 훈					
			(2)		

가로 열쇠	세로 열쇠
(1) 한글을 만들었을 때의 이름	(3) 백성을 아끼고 사랑하는 정신
(2) 'ㄱ, ㄴ, ㄷ, ㄹ ……'을 이르는 말	(4) 'ㅏ, ㅑ, ㅓ, ㅕ ……'를 이르는 말

> **훈민정음해례본:** 조선 세종 28년(1446년)에 훈민정음 28자를 세상에 퍼뜨려 알릴 때 나뭇조각에 새긴 글씨를 찍어 낸 원본입니다.

9 단원

낱말 사전

원리 어떤 일의 밑바탕을 이루는 생각이나 이치.

뒤늦게 제때가 지나 아주 늦게.

유네스코 국제 연합 전문 기관의 하나. 교육, 과학, 문화의 보급과 국제 교류 증진을 통한 국제간의 이해와 세계 평화를 추구함. 본부는 프랑스 파리에 있음.

문화유산 장래의 문화적 발전을 위하여 다음 세대 또는 젊은 세대에게 계승·상속할 만한 가치를 지닌 과학, 기술, 관습, 규범 따위의 민족 사회 또는 인류 사회의 문화적 소산. 정신적·물질적 각종 문화재나 문화 양식 따위를 모두 포함함.

교과서 핵심 정리

핵심 1 문자가 필요한 까닭 알기

- 문자가 없었을 때 사람들은 간단한 그림이나 서로 약속한 기호로 생각을 기록했습니다.
- 그림이나 기호는 보는 시각에 따라 다르게 해석할 수 있어 정확한 의사소통이 어려웠습니다.
- 문자를 사용하면 정확히 기록할 수 있고 생각을 더 자세히 나타낼 수 있습니다.

핵심 2 한글을 만든 까닭 알기

- 한자는 배우기 어려워 문자를 모르는 많은 백성들은 안내문을 읽지도, 책을 읽지도 못하고 억울한 일을 당하는 경우가 많았습니다.
- 나라의 근본인 백성이 평안한 세상을 꿈꿨던 세종대왕은 이러한 백성의 삶에 안타까움을 느끼고 도움이 되고 싶어 배우기 쉽고 알기 쉬운 우리 문자를 만들게 되었습니다.

핵심 3 한글을 만든 과정 알기

- 글을 읽지 못해 억울한 일을 당하는 백성이 많았다.
- 세종은 우리말을 적을 문자가 필요하다고 생각했다.

↓

- 세종은 말소리를 연구한 책을 구해 읽으며 문자를 연구했다.
- 세종은 신하들의 반대를 피해 새로운 문자 만드는 일을 비밀에 부쳤다.

↓

- 세종은 눈이 나빠져도 문자를 계속 연구하였다.
- 세종은 '훈민정음' 28자를 완성했다.

↓

- 억울한 일을 당하는 사람들이 줄었다.
- 훈민정음을 익혀 책을 읽거나 편지를 쓰는 사람이 늘어났다.

핵심 4 한글의 우수성 알기

1 한글의 특성

- 독창적이고 과학적인 원리로 만들었습니다.
- 적은 수의 문자로 많은 소리를 적을 수 있습니다.
- 쉽고 빨리 배울 수 있습니다.
- 컴퓨터, 휴대 전화 등 기계화에 적합하여 쉽고 빠르게 입력할 수 있습니다.

2 한글의 창제 원리

- 한글의 자음자는 발음 기관의 모양을 본떠 기본 문자를 만들었습니다. 예 ㄱ, ㄴ, ㅁ, ㅅ, ㅇ
- 기본 자음자에 획을 더하거나 문자를 옆으로 겹쳐 나머지 자음자를 만들었습니다.
- 한글의 모음자는 하늘, 땅, 사람을 본떠 기본 문자를 만들었습니다. 예 ·, ㅡ, ㅣ
- 기본 모음자를 서로 합치거나 점을 더해 나머지 모음자를 만들었습니다.

예 「주시경」을 읽고 한글을 소중히 여기는 마음 알기

- 주시경은 한글과 우리말을 바르게 사용하기 위한 규칙인 문법이 실린 『대한 국어 문법』이란 책을 펴냈습니다.
- 주시경은 한글을 가르치고 널리 알리며 우리글을 아끼고 사랑하는 것이 우리나라의 힘을 기르고 사랑하는 길임을 늘 강조했습니다.

핵심 5 한글 바르게 사용하기

- 한글에 관심을 가집니다.
- 한글을 바르고 정확하게 사용하려고 노력합니다.
- 외국어나 외국 문자로 된 말을 우리말로 고쳐 표현해 봅니다.

단원 정리 평가

01 다음 중 문자가 필요한 까닭으로 알맞은 것을 두 가지 고르시오. (,)

① 정확한 기록을 남기기 위해서
② 생각을 더 자세히 나타낼 수 있어서
③ 생각을 기록할 기호나 그림이 없어서
④ 그림보다 더 예술적인 가치가 뛰어나서
⑤ 문자가 있어야만 대화를 나눌 수 있어서

[02~05] 다음 글을 읽고, 물음에 답하시오.

> "명나라에 가는 사신들이 있거든 말소리 연구에 관한 책을 구해 오도록 하라."
> "전하, 말소리 연구에 관한 책은 무슨 이유로 구해 오라 하시나이까?"
> "허허, 그저 궁금해서 그런 것뿐이오. 과인이 관심을 둔 학문이 어디 한두 가지요?"
> 나라가 안정을 되찾자 세종은 새로운 문자를 만드는 일에 온 힘을 기울였습니다. 가장 먼저 한 일은 ㉠구해 온 책을 읽는 것이었습니다.
> 신하들은 세종이 새 문자를 만들고 있는 줄은 꿈에도 생각하지 못했습니다. 세종은 평소에도 워낙 많은 책을 읽는 터라 누구의 의심도 받지 않았습니다.
> 세종 또한 새 문자를 만드는 일을 철저히 비밀에 부쳤습니다. 신하들 중에는 중국의 문자인 한자를 쓰는 데 자부심을 느끼는 이가 많아 그들이 새 문자를 만들고 있다는 사실을 알았다가는 벌 떼처럼 들고일어날 게 뻔했기 때문입니다.

02 나라가 안정된 뒤 세종 대왕이 힘을 기울여 한 일은 무엇입니까? ( )

① 새로운 농사 기술을 개발하는 일
② 백성을 위해 새로운 문자를 만드는 일
③ 천자문을 가르쳐 한자를 널리 전파하는 일
④ 음악과 미술의 발전을 위한 학교를 세우는 일
⑤ 전쟁에 필요한 무기를 개발하여 전쟁에 대비하는 일

03 ㉠은 무엇에 관한 책입니까? ( )

① 농사 기술에 관한 책
② 과학 기술에 관한 책
③ 음악과 미술에 관한 책
④ 말소리 연구에 관한 책
⑤ 명나라와 조선의 예절을 비교한 책

04 세종 대왕이 새로운 문자를 만드는 과정에서 한 일로 알맞은 것을 두 가지 골라 기호를 쓰시오.

㉮ 말소리 연구에 관한 책을 구해 읽었다.
㉯ 새로운 문자를 만들 신하를 모집하였다.
㉰ 새로운 문자 연구를 비밀리에 진행하였다.
㉱ 명나라에 자주 방문하여 자료를 구해 왔다.

(,)

9 단원

05 세종 대왕이 새로운 문자를 신하들이 반대할 것이라고 생각한 까닭은 무엇입니까? ( )

① 세종 대왕의 힘이 약해서
② 새로운 문자에 대한 자신감이 부족해서
③ 몇몇에게 미리 알려 줬는데 반응이 안 좋아서
④ 평소 세종 대왕이 하는 일을 마음에 들어 하지 않는 신하들이 많아서
⑤ 신하 중에 중국의 문자인 한자를 쓰는 데 자부심을 느끼는 이가 많아서

[06~08] 다음 글을 읽고, 물음에 답하시오.

가 하지만 ㉠ 세종에게는 시간이 그리 많지 않았습니다.

"왜 이렇게 방 안이 어두운가. 서둘러 방을 환히 밝혀라."

"저, 전하……."

어의가 바닥에 납작 엎드려 울먹였습니다.

"불을 밝히지 않고 무엇을 하고 있느냐!"

"전하, 방이 어두운 게 아니오라 전하의 눈이 점점 어두워지는 것이옵니다."

"뭐라?"

어의의 말에 세종은 하늘이 무너지는 것만 같았습니다. 지금도 온 세상이 눈을 감은 듯 캄캄한데, 조만간 영영 시력을 잃을지도 몰랐습니다.

세종은 대낮에도 깜깜한 어둠 속에 있는 것 같은 날들이 하루하루 늘어갔지만, 식사를 하거나 휴식을 취할 때조차 늘 문자를 생각했습니다.

나 오랜 시간을 묵묵히 연구한 끝에 세종은 '훈민정음' 28자를 완성했습니다.

그 뒤, 훈민정음은 백성들 사이에 퍼져 나갔습니다. 이제는 글을 읽지 못해 억울한 일을 당하는 백성이 줄었습니다. 한자를 배울 기회조차 적었던 여자들도 훈민정음을 익혀 책을 읽거나 편지를 썼습니다. ㉡ 훈민정음은 그야말로 세종이 백성들에게 준 가장 큰 선물이었습니다.

06 ㉠과 같이 세종 대왕에게 시간이 많지 않았던 까닭으로 알맞은 것은 무엇입니까? ( )

① 곧 전쟁을 앞두고 있어서
② 나이가 너무 많아 연구가 힘들어서
③ 명나라에서도 새 문자를 만들고 있어서
④ 눈이 점점 나빠져 시력을 잃을 수도 있어서
⑤ 큰병에 걸려 살 수 있는 날이 얼마 남지 않아서

☆☆☆
07 세종 대왕이 새롭게 만든 글자의 이름은 무엇인지 글에서 찾아 쓰시오.

( )

서술형
08 글쓴이가 ㉡과 같이 말한 까닭은 무엇인지 쓰시오.

[09~13] 다음 글을 읽고, 물음에 답하시오.

가 첫째, 한글은 그 제자 원리가 독창적이고 과학적인 문자이다. 한글 모음자의 경우 하늘, 땅, 사람을 본떠 각각 'ㆍ', 'ㅡ', 'ㅣ'의 기본 문자를 먼저 만들고, 이 기본 문자를 합쳐 'ㅗ', 'ㅏ', 'ㅜ', 'ㅓ'와 같은 나머지 모음자를 만들었다.

한글 자음자의 경우 발음 기관의 모양을 본떠 'ㄱ, ㄴ, ㅁ, ㅅ, ㅇ'의 기본 문자를 만들고, 이 기본 문자에 획을 더하거나 같은 문자를 하나 더 써서 'ㅋ, ㄲ'과 같은 자음자를 만들었다.

나 둘째, 한글은 적은 수의 문자로 많은 소리를 적을 수 있는 음소 문자이다. 한글은 자음자와 모음자 스물넉 자의 문자로 많은 음절을 적을 수 있다. 한글은 사람의 입에서 나오는 대부분의 (㉠) 을/를 효과적으로 적을 수 있는 문자이다.

다 셋째, 한글은 쉽고 빨리 배울 수 있는 문자이다. 영어 알파벳이 스물여섯 자이지만, 소문자, 대문자, 인쇄체, 필기체를 알아야 하니 100개가 넘고, 현재 중국어에서 사용하는 문자는 약 3500자이며, 일본의 가나 문자 역시 모든 문자를 따로 익혀야 한다. 반면에 한글은 일정한 원리에 따라 만들어졌기 때문에, 기본이 되는 자음자 다섯 개, 모음자 세 개만 익히면 다른 문자도 쉽게 익힐 수 있어 문자를 배우는 데 드는 시간이 놀랄 만큼 절약된다.

라 넷째, 한글은 컴퓨터, 휴대 전화 등 기계화에 적합한 문자이다. 오늘날과 같은 정보 통신 시대에 사용하기 좋은 '디지털 문자'로서 탁월하다. ㉡ 휴대 전화로 문자를 보낼 때에 한글로는 5초면 되는 문장을 중국어나 일본어로는 35초가 걸린다는 연구가 있다. 휴대 전화의 한글 자판은 한글의 자음자와 모음자의 획을 더하는 원리에 기초하여 설계되었다. 그렇기 때문에 누구나 쉽고 빠르게 글자를 입력할 수 있다.

09 한글의 기본 모음자는 각각 무엇을 본떠 만들었는지 알맞게 선으로 이으시오.

(1) ㅣ •   • 하늘

(2) · •   • 땅

(3) ㅡ •   • 사람

10 다음은 어떤 방법으로 자음자를 만든 것인지 빈칸에 알맞은 말을 쓰시오.

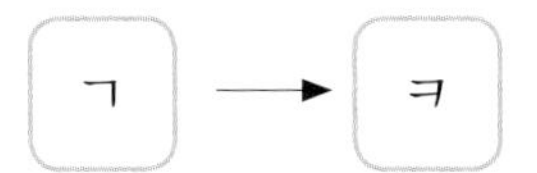

• 기본 문자에 (   )을/를 더하여 만들었다.

11 ㉠에 들어갈 알맞은 말을 글에서 찾아 쓰시오.

(   )

12 이 글을 통해 알 수 있는 한글의 특성이 아닌 것은 무엇입니까? (   )

① 쉽고 빨리 배울 수 있다.
② 독창적이고 과학적으로 만들어졌다.
③ 컴퓨터, 휴대 전화 등 기계화에 적합하다.
④ 적은 수의 문자로 많은 소리를 적을 수 있다.
⑤ 한자의 제자 원리와 상당히 비슷한 부분이 있다.

서술형

13 ㉡과 같이 한글이 다른 문자에 비해 문자 전송 속도가 빠른 까닭은 무엇인지 쓰시오.

[14~18] 다음 글을 읽고, 물음에 답하시오.

> **가** ㉠당시 우리나라에는 사람들이 두루 볼 만한 우리말 문법책이 없었어요. 많은 사람이 한문만을 글로 여기고 우리글에는 관심을 가지지 않았기 때문이지요. 주시경은 사람들이 쉽게 알아볼 수 있는 우리말 문법책을 만들기로 마음먹었어요. 도움이 될 만한 자료가 있다는 얘기를 들으면 먼 길도 마다하지 않고 찾아갔어요. 빌려 봐야 하는 자료는 일일이 베껴서 모았지요.
>
> **나** 1906년 주시경은 『대한 국어 문법』이라는 책을 펴냈어요. 이 책에는 한글과 우리말을 바르게 사용하기 위한 규칙인 문법이 실려 있었어요. 그 후로 주시경은 사람들에게 한글을 연구하는 학자로 널리 알려졌어요. 여기저기에서 한글을 가르쳐 달라고 주시경에게 부탁을 해 왔어요. 이 무렵은 다른 나라들이 서로 우리나라를 차지하려고 다투던 시기였어요. 우리나라는 힘이 없었지요. 주시경은 이런 어려운 때일수록 (㉡)이/가 힘이 될 거라고 생각하며 한글을 가르쳐 달라는 곳이 있으면 어디든지 달려갔어요. 주시경은 한글을 가르치며 늘 우리글을 아끼고 사랑하는 것이 나라를 사랑하는 길이라는 것을 강조했어요.

14 주시경에 대한 설명으로 알맞은 것에는 ○표, 알맞지 않은 것에는 ×표 하시오.

(1) 한글을 연구한 학자이다. ( )
(2) 한글 문법책을 만들었다. ( )
(3) 한자를 가르쳐 달라는 곳이 있으면 어디든지 달려갔다. ( )

서술형

15 ㉠과 같은 상황이 될 수밖에 없었던 까닭은 무엇인지 쓰시오.

____

16 1906년에 주시경이 오랜 한글 연구 끝에 펴낸 책의 이름은 무엇인지 찾아 쓰시오.

( )

17 ㉡에 들어갈 알맞은 말은 무엇입니까? ( )

① 우리글 ② 우리 춤
③ 우리 음악 ④ 우리 역사
⑤ 우리 기술

18 이 글을 통해 알 수 있는 주시경의 생각이나 마음으로 알맞지 않은 것은 무엇입니까? ( )

① 우리글은 나라에 큰 힘이 될 것이다.
② 우리글을 지켜야 우리나라도 지킬 수 있다.
③ 한글을 소중히 여기고 아끼며 사랑해야 한다.
④ 우리나라에서 한글을 제일 잘 가르치고 싶다.
⑤ 한글을 배우고자 하는 사람은 언제든 도울 것이다.

서술형

19 한글을 소중히 여겨야 하는 까닭은 무엇인지 쓰시오.

____

국어 활동

20 다음 글에서 설명하고 있는 책의 제목은 무엇인지 쓰시오.

> • 이 책은 한글의 자음자와 모음자를 만든 원리를 자세하게 설명해 놓은 책입니다.
> • 이 책은 유네스코가 세계 기록 유산으로 지정한 소중한 우리의 문화유산입니다.

( )

서술형 문제

9. 자랑스러운 한글

1~2

가 한글은 적은 수의 문자로 많은 소리를 적을 수 있는 음소 문자이다. 한글은 자음자와 모음자 스물넉 자의 문자로 많은 음절을 적을 수 있다. 한글은 사람의 입에서 나오는 대부분의 소리를 효과적으로 적을 수 있는 문자이다.

나 한글은 쉽고 빨리 배울 수 있는 문자이다. 영어 알파벳이 스물여섯 자이지만, 소문자, 대문자, 인쇄체, 필기체를 알아야 하니 100개가 넘고, 현재 중국어에서 사용하는 문자는 약 3500자이며, 일본의 가나 문자 역시 모든 문자를 따로 익혀야 한다. 반면에 한글은 일정한 원리에 따라 만들어졌기 때문에, 기본이 되는 자음자 다섯 개, 모음자 세 개만 익히면 다른 문자도 쉽게 익힐 수 있어 문자를 배우는 데 드는 시간이 놀랄 만큼 절약된다.

다 한글은 컴퓨터, 휴대 전화 등 기계화에 적합한 문자이다. 오늘날과 같은 정보 통신 시대에 사용하기 좋은 ㉠'디지털 문자'로서 탁월하다. 휴대 전화로 문자를 보낼 때에 한글로는 5초면 되는 문장을 중국어나 일본어로는 35초가 걸린다는 연구가 있다.

01 글 가~다에 나타난 한글의 우수성은 무엇인지 쓰시오.

글 가	(1)
글 나	(2)
글 다	(3)

02 ㉠과 같이 말할 수 있는 까닭을 간추려 쓰시오.

3~4

가 오랜 시간을 묵묵히 연구한 끝에 세종은 '훈민정음' 28자를 완성했습니다.

그 뒤, 훈민정음은 백성들 사이에 퍼져 나갔습니다. 이제는 글을 읽지 못해 억울한 일을 당하는 백성이 줄었습니다. 한자를 배울 기회조차 적었던 여자들도 훈민정음을 익혀 책을 읽거나 편지를 썼습니다. 훈민정음은 그야말로 세종이 백성들에게 준 가장 큰 선물이었습니다.

나 1906년 주시경은 『대한 국어 문법』이라는 책을 펴냈어요. 이 책에는 한글과 우리말을 바르게 사용하기 위한 규칙인 문법이 실려 있었어요. 그 후로 주시경은 사람들에게 한글을 연구하는 학자로 널리 알려졌어요. 여기저기에서 한글을 가르쳐 달라고 주시경에게 부탁을 해 왔어요. 이 무렵은 다른 나라들이 서로 우리나라를 차지하려고 다투던 시기였어요. 우리나라는 힘이 없었지요. 주시경은 이런 어려운 때일수록 우리글이 힘이 될 거라고 생각하며 한글을 가르쳐 달라는 곳이 있으면 어디든지 달려갔어요. 주시경은 한글을 가르치며 늘 우리글을 아끼고 사랑하는 것이 나라를 사랑하는 길이라는 것을 강조했어요.

03 세종 대왕이 한글을 만든 뒤에 백성들의 삶은 어떻게 달라졌는지 쓰시오.

04 주시경이 우리의 말과 글을 지키기 위해 한 일을 한 가지만 쓰고, 이를 통해 본받을 수 있는 점은 무엇인지 쓰시오.

한 일	(1)
본받을 점	(2)

수행 평가

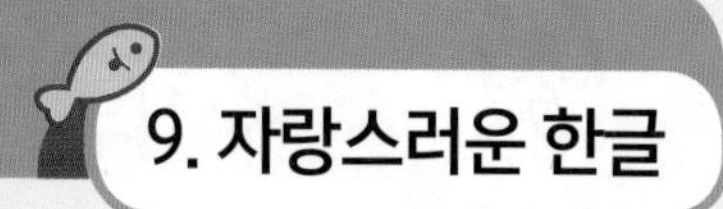

학습 주제 한글을 바르게 사용하기 배점 20점

학습 목표 한글을 바르게 사용하는 마음과 태도를 가꿀 수 있다.

1 주변에서 볼 수 있는 간판에서 다른 나라의 문자를 한글로 바꾸어 쓰시오.

2 간판을 한글로 쓰면 어떤 점이 좋은지 쓰시오.

3 일상생활에서 한글을 바르게 사용하기 위해 할 수 있는 일을 쓰고, 이를 실천해 보시오.

한글을 바르게 사용하기 위한 노력	실천 여부(○, ×)
예 일기를 쓰고 나서 맞춤법이 틀린 글자가 없는지 확인한다.	
(1)	
(2)	
(3)	

준비 표정이나 행동으로 인물의 마음을 짐작해 봅시다.

10 인물의 마음을 알아봐요

01 그림 ㉮~㉰ 중 다음 표정을 짓고 있는 것을 찾아 기호를 쓰시오.

수줍고 부끄러운 표정

( )

교과서 문제

02 그림 ㉯에 어울리는 상황은 무엇입니까? ( )

① 부모님께 혼났을 때
② 생일 선물을 받을 때
③ 친한 친구가 전학 갈 때
④ 징그러운 벌레를 봤을 때
⑤ 체육 시간에 운동장을 뛰었을 때

서술형

03 그림 ㉰의 인물과 같은 표정이나 행동에서 짐작할 수 있는 마음을 쓰고, 어떤 상황이었을지 쓰시오.

인물의 마음	(1)
상황	(2)

단원 학습 목표

만화를 보고 생각과 느낌을 나타낼 수 있어요.

> **그림의 특징**: 인물의 다양한 표정과 행동을 보고 인물의 마음을 짐작해 볼 수 있습니다.

㉮ 웃는 표정으로 양팔을 높이 든 모습입니다.
㉯ 놀란 표정으로 입을 벌린 모습입니다.
㉰ 피곤한 표정으로 하품을 하는 모습입니다.
㉱ 수줍게 웃는 모습입니다.
㉲ 슬픈 표정으로 혼자 우는 모습입니다.

기본 **수업 시간에** 인물의 마음을 짐작하며 만화를 읽어 봅시다.

- **글의 종류**: 만화
- **글쓴이**: 박현진
- **그린 이**: 윤정주
- **글의 특징**: 부끄러움을 많이 타는 소민이의 마음을 실감 나게 표현했습니다.

❶ 철민이가 소민이에게 읽을 부분을 물어보았습니다.

❷ 소민이가 읽을 부분을 손가락으로 가리켰습니다.

❸ 철민이가 엉뚱한 부분을 읽었습니다.

❹ 선생님께서 철민이를 혼내고 옆에 있는 소민이에게 책을 읽으라고 하셨습니다.

교과서 문제

04 철민이가 "야, 어디부터냐?"라고 물은 까닭은 무엇이겠습니까? (　　)

① 소민이를 좋아하기 때문이다.
② 책 읽는 것을 좋아하기 때문이다.
③ 수업에 집중하지 않았기 때문이다.
④ 소민이는 모르는 것이 없기 때문이다.
⑤ 선생님께 칭찬을 받고 싶기 때문이다.

05 장면 ❶에서 철민이의 마음으로 알맞은 것은 무엇입니까? (　　)

① 슬픈 마음
② 행복한 마음
③ 쓸쓸한 마음
④ 피곤한 마음
⑤ 당황한 마음

06 장면 ❸에서 소민이의 모습을 보고 짐작할 수 있는 마음으로 알맞은 것에 ○표 하시오.

부끄럽고 긴장된 마음	깜짝 놀라고 당황한 마음
(　　)	(　　)

낱말 사전

틀렸잖아 셈이나 사실 따위가 그르게 되거나 어긋났잖아.

5~6 소민이가 일어나 책을 읽었습니다.
7 선생님께서 다음부터 좀 더 크게 읽으라고 말씀하셨습니다.
8 소민이는 가슴이 콩닥콩닥 뛰었습니다.
9 소민이는 목소리가 작다고 친구들이 놀리면 어쩌나 걱정했습니다.

교과서 문제

07 선생님께서는 소민이에게 어떤 말씀을 하셨습니까? ( )

① 책을 많이 읽어라.
② 발표를 많이 해라.
③ 글씨를 예쁘게 써라.
④ 친구와 사이좋게 지내라.
⑤ 다음부터는 좀 더 크게 읽어라.

08 장면 8에서 소민이의 마음을 짐작할 수 있게 해 주는 부분을 잘못 설명한 친구는 누구인지 쓰시오.

준일: 말풍선 내용이 '콩닥', '콩닥'인 것을 보니 아직도 긴장한 것 같아.
미주: 응, 맞아. 얼마나 긴장했으면 이마에 땀을 흘리고 있잖아.
상훈: 소민이 얼굴에 세로로 그어진 선을 보니 얼굴에 상처가 나서 아파하는 것 같아.

( )

낱말 사전

괭이질 괭이로 땅을 파는 일.

부딪혔다 무엇과 무엇이 힘 있게 마주 닿게 되거나 마주 대게 되었다. 또는 닿게 되거나 대게 되었다.

창피해 체면이 깎이는 일이나 아니꼬운 일을 당하여 부끄러워.

10 단원

기본 **두근두근 탐험대** 만화를 읽고 인물의 마음을 표현해 봅시다.

- **글의 종류**: 만화
- **그린 이**: 김홍모
- **글의 특징**: 아이들이 낯선 세계에서 용을 만나 용궁으로 초대받으며 일어나는 일을 다룬 내용의 만화입니다.

교과서 문제

09 산에 처음 도착했을 때 아이들이 한 행동으로 알맞은 것에 ○표 하시오.

(1) 물을 마셨다. ( )

(2) 겨울옷을 벗었다. ( )

(3) 산 아래로 내려가기로 했다. ( )

10 장면 ❼에서 아이들의 마음으로 알맞은 것은 무엇입니까? ( )

① 기쁜 마음
② 무서운 마음
③ 뿌듯한 마음
④ 창피한 마음
⑤ 만족스러운 마음

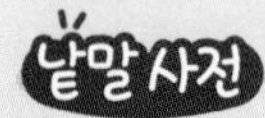

낱말 사전

분명히 어떤 사실이 틀림이 없이 확실하게.

망가지고 부서지거나 찌그러져 못 쓰게 되고.

잃은 길을 못 찾거나 방향을 분간 못 하게 된.

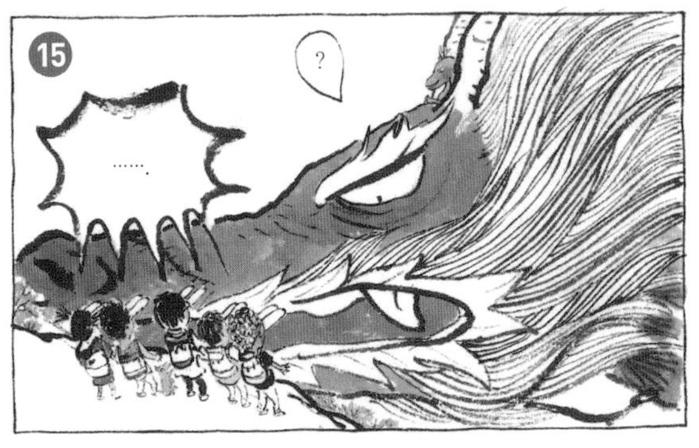

11 장면 ⑪에 나타난 남자아이의 표정은 어떠한지 쓰시오.

( )

교과서 문제

12 장면 ⑬에서 인물의 마음으로 알맞은 것을 두 가지 고르시오. (,)

① 깜짝 놀란 것 같다.
② 외롭고 슬픈 것 같다.
③ 피곤하고 지친 것 같다.
④ 수줍고 부끄러운 것 같다.
⑤ 신기한 광경을 보고 할 말을 잃은 것 같다.

13 장면 ⑮에서 아이들이 용을 보고 놀란 것을 어떻게 표현했는지 알맞은 것에 ○표 하시오.

(1) 엎드리는 몸짓으로 표현했다. ( )
(2) 눈알이 튀어나온 표정으로 표현했다. ( )
(3) 양팔을 높이 들어 날아갈 것 같은 몸짓으로 표현했다. ( )

☆☆☆

14 인물의 마음을 실감 나게 표현하는 방법으로 알맞지 않은 것의 기호를 쓰시오.

㉮ 상황에 어울리지 않는 소리를 낸다.
㉯ 표정이나 행동을 과장해서 흉내 낸다.
㉰ 상황에 어울리는 말투와 몸짓으로 표현한다.

( )

10 단원

교과서 문제

15 용이 아이들을 보고 한 행동은 무엇입니까? ( )

① 잠을 깨웠다고 화를 냈다.
② 아이들을 잡아먹으려고 하였다.
③ 갖고 있는 물건을 달라고 하였다.
④ 오랜만에 사람을 본다며 반가워했다.
⑤ 부탁할 것이 있다며 고민을 이야기했다.

16 아이들이 용을 보고 신기하게 생각한 점은 무엇입니까? ( )

① 말을 한다. ② 날아다닌다.
③ 머리가 있다. ④ 꼬리가 있다.
⑤ 날개가 있다.

17 용은 아이들을 어디로 초대했는지 쓰시오.

( )

☆☆☆
18 장면 ㉓에서 남자아이의 말에 어울리는 목소리나 말투는 무엇입니까? ( )

① 놀란 목소리
② 화난 목소리
③ 졸린 목소리
④ 신난 목소리
⑤ 귀찮아하는 목소리

기본 **밥 묵자** 인물의 마음을 짐작하며 만화 영화를 봅시다.

1	2	3

소년은 잠자리를 잡아 잠자리의 다리에 실을 매달아 날려 보내고 쫓아갔습니다.	소년은 잠자리가 거미줄에 걸린 모습을 보았습니다.	소년은 집으로 돌아오는 길에 장수풍뎅이, 사마귀, 거미, 도마뱀, 꿀벌, 파리, 소를 만났습니다.
4	**5**	**6**

무섭게 짖는 개를 만난 소년은 어떻게 지나갈까 고민했습니다.	할머니께서는 고추가 맵지 않다고 하시며 소년에게 미소 지으셨습니다.	할머니를 따라 고추를 먹어 본 소년은 고추가 너무 매워서 깜짝 놀랐습니다.

- **만든 이:** 민성아
- **장면의 특징:** 농촌에 사는 묵이라는 소년이 들로 산으로 하루 종일 놀러 다니다가 밥을 먹을 시간이 되어 집으로 돌아와 할머니와 함께 밥을 먹는다는 내용의 만화 영화에 나오는 장면들입니다.

교과서 문제

19 소년은 잠자리를 잡아서 어떻게 하였는지 빈칸에 알맞은 말을 쓰시오.

(　　　　　)에 (　　　　　)을/를 매달아 날려 보냈다.

20 소년이 집으로 돌아오는 길에 만난 동물이 아닌 것은 무엇입니까? (　　　)

① 거미　② 돼지　③ 꿀벌
④ 사마귀　⑤ 장수풍뎅이

21 장면 ❺에서 할머니의 표정을 통해 짐작할 수 있는 마음은 무엇입니까? (　　　)

① 소년을 귀여워하신다.　② 소년에게 미안해하신다.
③ 소년을 못미더워하신다.　④ 소년의 행동을 걱정하신다.
⑤ 소년의 마음을 이해하지 못하신다.

낱말 사전

매달아 줄이나 끈, 실 따위로 잡아 매어서 달려 있게 하여.

거미줄 거미가 뽑아낸 줄. 또는 그 줄로 된 그물.

맵지 고추나 겨자와 같이 맛이 알알하지.

실천 **놓지 마** 재미있었던 일을 만화로 표현해 봅시다.

- **글의 종류:** 만화
- **그린 이:** 홍승우
- **글의 특징:** 자전거를 혼자 타게 되었을 때 느낀 마음이 잘 나타나 있습니다.

1~2 아이가 자전거 타는 연습을 하며 엄마에게 절대로 놓으면 안 된다고 말했습니다.

3~5 엄마가 슬쩍 손을 놓았는데 아이는 넘어지지 않고 자전거를 탔습니다.

6~10 아이는 혼자 자전거를 탈 수 있게 되어 기뻤습니다.

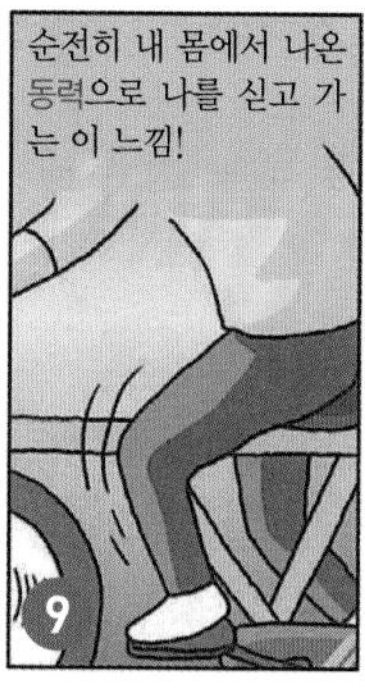

교과서 문제

22 **아이가 엄마에게 놓지 말라고 한 까닭으로 알맞은 것에 ○표 하시오.**

(1) 넘어질까 봐 겁이 났기 때문이다. ( )

(2) 시원한 바람을 함께 느끼고 싶기 때문이다. ( )

(3) 자전거를 혼자 타면 기분이 좋기 때문이다. ( )

서술형

23 **장면 7에서 아이의 마음을 짐작해 보고, 그렇게 짐작한 까닭을 쓰시오.**

아이의 마음	(1)
그렇게 짐작한 까닭	(2)

낱말 사전

귀지 귓구멍 속에 낀 때.

동력 전기 또는 자연에 있는 에너지를 쓰기 위하여 기계적인 에너지로 바꾼 것.

자체 다른 것을 제외한 사물 본래의 몸체. 또는 바로 그 본래의 바탕.

국어 활동 **미리와 준수의 안전 이야기** 인물의 마음을 짐작하며 만화를 읽어 봅시다.

- **글의 종류**: 만화
- **글의 특징**: 준수가 미리네 집에서 음식을 급하게 먹다가 체하자, 미리가 소화제를 챙겨 주면서 약품 안전에 대해 이야기하는 내용의 만화입니다.

① 준수가 배가 아파서 데굴데굴 굴렀습니다.

②~③ 미리가 약통을 찾아보았습니다.

④ 준수는 소화제를 꺼내자마자 먹으려고 했고, 미리는 안 된다며 약을 빼앗았습니다.

⑤ 미리가 약을 먹을 때 주의할 점을 알려 주었습니다.

24 장면 ①에서 준수가 데굴데굴 구른 까닭은 무엇인지 쓰시오.

교과서 문제

25 장면 ④에서 미리의 마음으로 알맞은 것은 무엇입니까? ( )

① 아파하는 것 같다.
② 빨리 약을 먹고 싶어 한다.
③ 준수가 아파서 속으로 좋아한다.
④ 맛있는 음식을 먹게 되어 행복해 보인다.
⑤ 준수가 급하게 약을 먹으려고 해서 주의를 주려고 한다.

26 미리가 준수에게 알려 준 내용으로 알맞은 것에는 ○표, 알맞지 않은 것에는 ×표 하시오.

(1) 약의 설명서를 읽어 보아야 한다. ( )
(2) 약의 유통 기한을 확인해야 한다. ( )
(3) 약을 먹을 때는 찬물과 함께 먹어야 한다. ( )

낱말 사전

유통 기한 주로 식품 따위의 상품이 시중에 유통될 수 있는 기한.

미지근한 더운 기운이 조금 있는 듯한.

10 단원

교과서 핵심 정리

핵심 ① 인물의 마음을 짐작하며 만화 읽기

- 인물의 표정이나 행동을 살펴봅니다.
- 말풍선의 내용과 말풍선의 모양을 살펴봅니다.
- 인물뿐만 아니라 만화의 배경 색이나 배경에 그려진 다양한 효과도 살펴봅니다.

예 「수업 시간에」에 나오는 소민이의 마음 짐작하기

소민이의 표정과 행동, 말풍선의 내용, 말풍선의 테두리 모양, 뒤편 배경 효과를 보고 소민이의 창피한 마음과 우울한 기분을 짐작할 수 있습니다.

핵심 ② 만화를 읽고 인물의 마음 표현하기

- 표정이나 행동을 실감 나게 흉내 내야 합니다.
- 상황에 어울리는 소리를 내면 좋습니다.
- 상황에 어울리는 말투와 몸짓으로 표현해야 합니다.

예 「두근두근 탐험대」의 장면을 보고 인물의 마음 짐작하기

장면	인물의 마음
……	깜짝 놀란 것 같다./신기한 광경을 보고 할 말을 잃은 것 같다.
재밌겠다! 타자, 타! / 야!	용에 올라타고 싶은 호기심 어린 마음이 느껴진다./소희는 놀라며 머뭇거리는 표정 같다.

핵심 ③ 인물의 마음을 짐작하며 만화 영화 보기

- 인물의 표정과 행동을 보면 마음을 짐작하기 쉽습니다.
- 인물의 말투로도 마음을 짐작할 수 있습니다.

예 「밥 묵자」에서 소년과 할머니의 표정과 행동 살펴보기

장면	표정과 행동
	• 할머니의 입꼬리가 살짝 위로 올라가 있고 미소를 짓고 있다. • 할머니께서 손자를 바라보시고 어깨를 살짝 들썩이고 있다.
	• 혓바닥을 내밀고 있고 콧물이 흘러나오며 얼굴을 찡그리고 있다. • 서둘러 마루 아래로 내려가고 있다.

핵심 ④ 인물의 마음을 만화로 표현하기

- 마음에 어울리는 표정과 몸짓을 과장되게 표현합니다.
- 말풍선에 적당한 말을 넣습니다.
- 글 자체의 크기나 모양을 바꿀 수 있습니다.
- 기호나 작은 그림, 주변 상황의 묘사 등을 활용합니다.

예 「놓지 마」에서 인물의 표정과 행동을 살펴보고 마음 짐작하기

장면	인물의 마음과 짐작한 까닭
	넘어질까 봐 겁이 난 것 같다. 얼굴은 긴장되어 있고 몸이 부들부들 떨리듯이 표현되어 있기 때문이다.
	신나고 기쁜 것 같다. 여자아이의 눈빛이 편안해지고 웃고 있기 때문이다.

단원 정리 평가

01 인물의 표정이나 행동을 보고 인물의 마음을 알맞게 선으로 이으시오.

(1)  • • 외롭고 슬픈 마음

(2)  • • 날아갈 것 같은 기쁜 마음

[02~04] 다음 만화를 읽고, 물음에 답하시오.

02 장면 ❶과 ❷에서 여자아이의 모습으로 알맞은 것은 무엇입니까? (　　　)

① 화가 나서 가만히 서 있다.
② 긴장하며 땀을 흘리고 있다.
③ 추워서 몸을 덜덜 떨고 있다.
④ 친구들과 즐겁게 이야기하고 있다.
⑤ 선생님 말씀을 집중해서 듣고 있다.

03 장면 ❺에서 여자아이의 마음으로 알맞은 것은 무엇입니까? (　　　)

① 창피한 마음
② 미안한 마음
③ 신나는 마음
④ 안심하는 마음
⑤ 신기해하는 마음

서술형

04 자신이 겪은 일 중에 여자아이와 비슷한 경험을 쓰시오.

☆☆☆

05 만화에서 인물의 마음을 짐작할 수 있는 방법으로 알맞지 <u>않은</u> 것은 무엇입니까? (　　　)

① 말풍선의 내용을 본다.
② 인물의 수를 세어 본다.
③ 인물의 표정을 살펴본다.
④ 말풍선의 모양을 참고한다.
⑤ 만화의 배경 색이나 배경 효과를 살펴본다.

단원 정리 평가

[06~09] 다음 만화를 읽고, 물음에 답하시오.

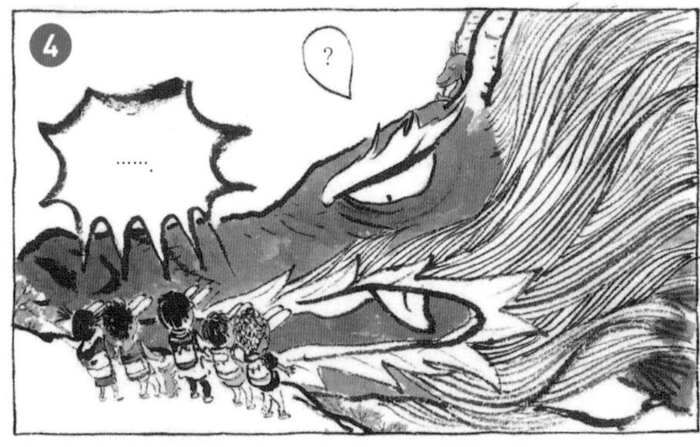

06 이 만화의 내용으로 알맞지 않은 것은 무엇입니까? ( )

① 용은 사람을 반가워했다.
② 용과 사람은 말이 통했다.
③ 용은 사람을 오랜만에 만났다.
④ 아이들은 용의 노랫소리를 들었다.
⑤ 아이들은 용을 보고 뱀이라고 생각했다.

07 장면 ❷에서 인물의 표정과 행동을 보고 알 수 있는 인물의 마음을 쓰시오.

( )

08 장면 ❹에서 용의 생각으로 알맞은 것은 무엇입니까? ( )

① '배가 고프군.'
② '목이 마르네.'
③ '어? 이게 뭐지?'
④ '왜 이렇게 춥지?'
⑤ '왜 이렇게 졸리지?'

09 장면 ❻의 인물이 말할 때 어울리는 표정이나 몸짓은 무엇입니까? ( )

① 우울한 표정으로
② 뛸 듯이 기뻐하며
③ 불만 있는 표정으로
④ 너무 놀라 주춤거리며
⑤ 피곤해서 눈을 반쯤 감으며

10 인물의 마음을 실감 나게 표현하기 위한 방법으로 알맞지 않은 것은 무엇입니까? (　　)

① 표정을 과장되게 흉내 낸다.
② 상황에 어울리는 목소리를 낸다.
③ 상황에 어울리는 말투로 표현한다.
④ 상황에 어울리는 몸짓으로 표현한다.
⑤ 언제나 큰 목소리로 흉내 내어 말한다.

[11~15] 다음을 보고, 물음에 답하시오.

❶

무섭게 짖는 개를 만난 소년은 어떻게 지나갈까 고민했습니다.

❷

할머니께서는 고추가 맵지 않다고 하시며 소년에게 미소 지으셨습니다.

❸

할머니를 따라 고추를 먹어 본 소년은 고추가 너무 매워서 깜짝 놀랐습니다.

11 장면 ❶~❸에서 다음과 같은 마음이 느껴지는 장면의 번호를 쓰시오.

무서워서 조마조마한 마음

(　　　　　　)

12 할머니와 소년은 고추 맛을 각각 어떻게 느꼈는지 쓰시오.

할머니	(1)
소년	(2)

13 장면 ❷에서 할머니의 마음을 짐작할 수 있는 부분은 무엇입니까? (　　)

① 할머니의 옷
② 할머니의 나이
③ 할머니 이마의 주름
④ 할머니의 머리 색깔
⑤ 할머니의 입꼬리 모양

☆☆☆
14 장면 ❸에서 소년이 다음과 같이 말을 할 때 어울리는 목소리는 무엇입니까? (　　)

"으악! 할머니는! 겁나 맵잖아."

① 놀라고 원망하는 목소리
② 소곤소곤 조용한 목소리
③ 무서워서 떨리는 목소리
④ 아파서 힘이 없는 목소리
⑤ 씩씩하지만 아쉬운 목소리

서술형
15 소년과 비슷한 경험을 떠올려 쓰시오.

____

[16~17] 다음 만화를 읽고, 물음에 답하시오.

16 이 만화는 어떤 경험을 표현하였습니까? (　　　)

① 자전거를 타다 넘어진 일
② 친구와 함께 자전거를 탄 일
③ 자전거 중심을 잡고 혼자 탄 일
④ 엄마와 함께 물건을 사러 간 일
⑤ 생일 선물로 자전거를 선물받은 일

17 장면 ❶에서 아이의 마음으로 알맞은 것은 무엇입니까? (　　　)

① 신난다.
② 쑥스럽다.
③ 궁금하다.
④ 겁이 난다.
⑤ 하늘을 나는 것 같다.

국어 활동

[18~20] 다음 만화를 읽고, 물음에 답하시오.

18 장면 ❷에서 인물의 표정과 행동에 어울리는 마음을 찾아 선으로 이으시오.

(1) 남자아이 •	• ㉮	아파하는 것 같다.
(2) 여자아이 •	• ㉯	남자아이가 아파서 걱정하는 것 같다.

19 장면 ❹에서 여자아이가 약을 빼앗은 까닭은 무엇인지 빈칸에 알맞은 말을 쓰시오.

> 먼저 설명서와 (　　　　　　　　　)을/를 확인해야 하기 때문이다.

20 장면 ❺에서 여자아이의 마음을 짐작할 수 있는 부분은 무엇입니까? (　　　)

① 땀을 흘리고 있다.
② 인물의 모습을 겹쳐 그렸다.
③ 하늘을 나는 것 같은 표정이다.
④ 눈을 크게 뜨고 단호한 표정이다.
⑤ 무서운 장면을 본 것 같은 표정이다.

서술형 문제

10. 인물의 마음을 알아봐요

01 다음 장면에서 인물의 마음을 짐작할 수 있는 방법을 두 가지 쓰시오.

(1)	
(2)	

02 장면 ❷에서 아이의 마음과 그 마음을 표현한 방법을 쓰시오.

마음	(1)
표현 방법	(2)

3~4

할머니께서는 고추가 맵지 않다고 하시며 소년에게 미소 지으셨습니다.

할머니를 따라 고추를 먹어 본 소년은 고추가 너무 매워서 깜짝 놀랐습니다.

03 장면 ❶에서 할머니의 마음을 짐작하고 그렇게 짐작한 까닭을 쓰시오.

할머니의 마음	(1)
짐작한 까닭	(2)

04 장면 ❷에서 소년의 마음이 잘 드러나도록 다음과 같은 대사를 할 때 실감 나게 표현하는 방법을 한 가지 쓰시오.

"으악! 할머니는! 겁나 맵잖아."

10 단원

수행 평가

10. 인물의 마음을 알아봐요

학습 주제 인물의 마음을 짐작하며 만화 영화 보기 **배점** 20점

학습 목표 장면에 어울리는 표정과 행동으로 인물의 마음이 잘 드러나게 표현할 수 있다.

1 다음 장면에서 인물의 마음을 짐작하여 쓰시오.

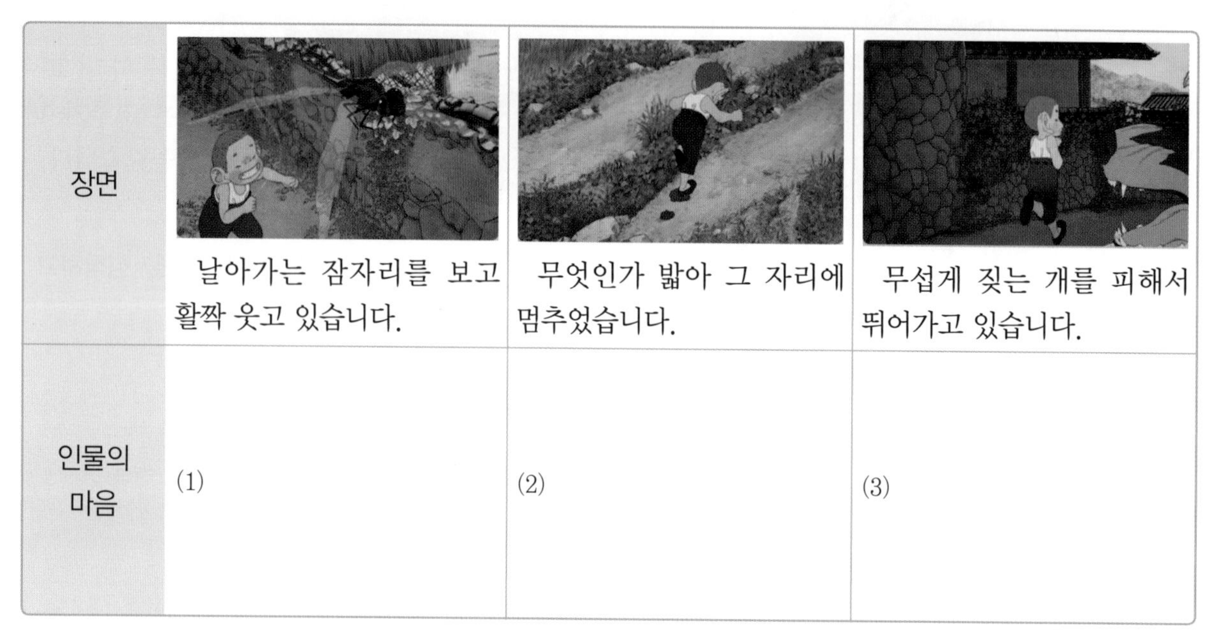

장면	날아가는 잠자리를 보고 활짝 웃고 있습니다.	무엇인가 밟아 그 자리에 멈추었습니다.	무섭게 짖는 개를 피해서 뛰어가고 있습니다.
인물의 마음	(1)	(2)	(3)

2 다음 장면에서 드러난 인물의 마음을 짐작하여 보고, 인물의 마음이 더 잘 드러나도록 효과(배경, 말풍선, 인물의 표정 등)를 추가해 장면을 다시 그려 보시오.

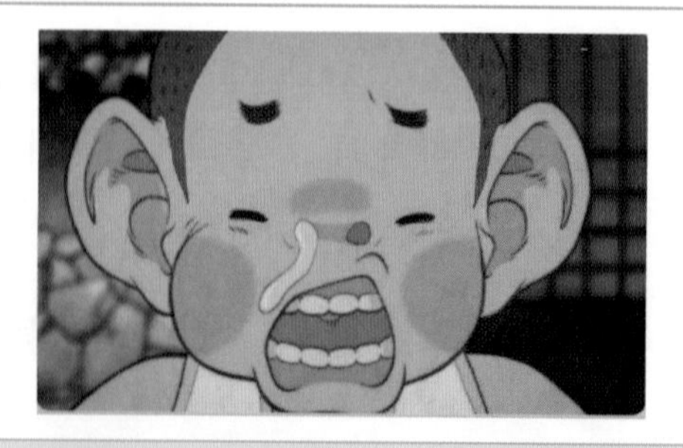

안 매운 고추인 줄 알고 먹은 고추가 너무 매워서 콧물이 났습니다.

➡

장면 다시 그려 보기

사회 4-1

구성과 특징

개념책

교과서 개념을 충실하게 반영하였으며 실전 문제로 교과 학습을 완벽하게 이해할 수 있도록 내용을 구성하였습니다.

단원 평가

다양한 문제를 풀어보며 자신의 학습 상태를 점검하고 학교 단원 평가에 대비할 수 있도록 내용을 구성하였습니다.

1 교과서 개념 익히기

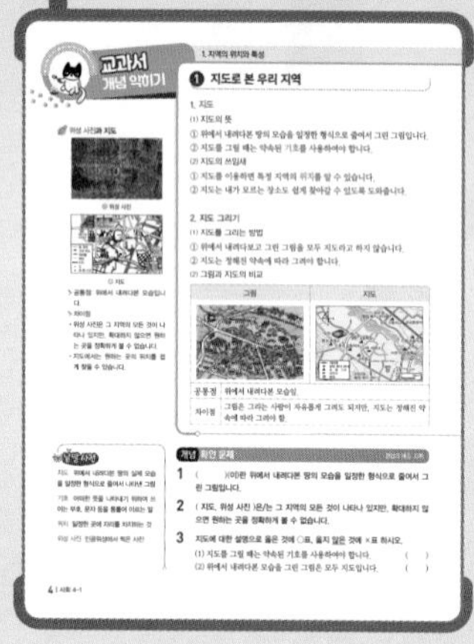

2 실전 문제

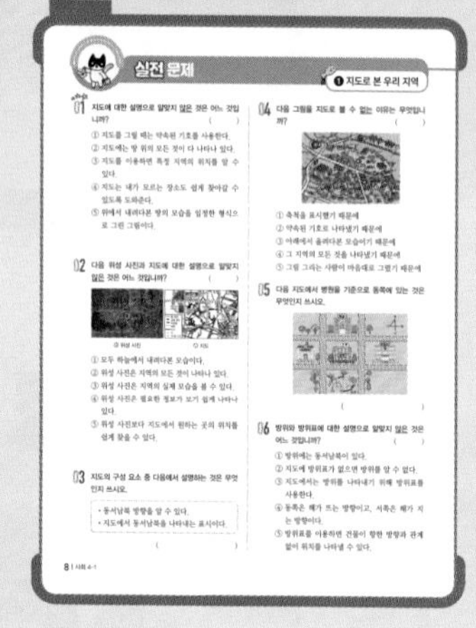

1 자세한 개념 설명과 그림을 통해 교과서 내용을 분명하게 파악할 수 있습니다.

2 앞서 배운 개념과 관련된 문제를 풀어 보며 주요 내용을 꼼꼼하게 확인할 수 있습니다.

3 단원 정리

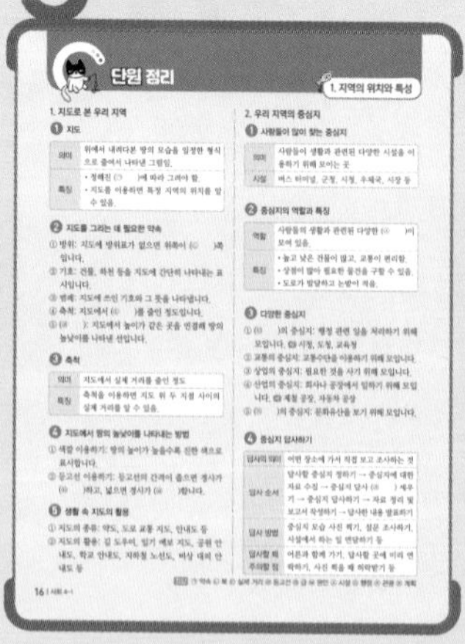

4 단원 정리 평가

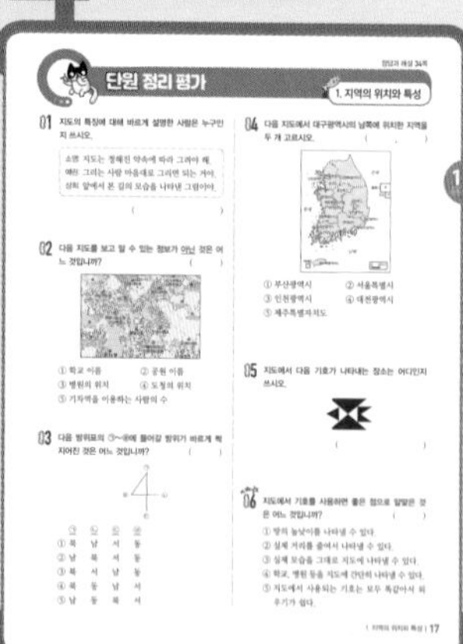

3 꼭 알아야 할 단원의 핵심 개념을 한 페이지로 확인할 수 있습니다.

4 단원을 정리하는 문제를 풀어 보며 실력을 점검, 보완할 수 있습니다.

5 서술형 문제

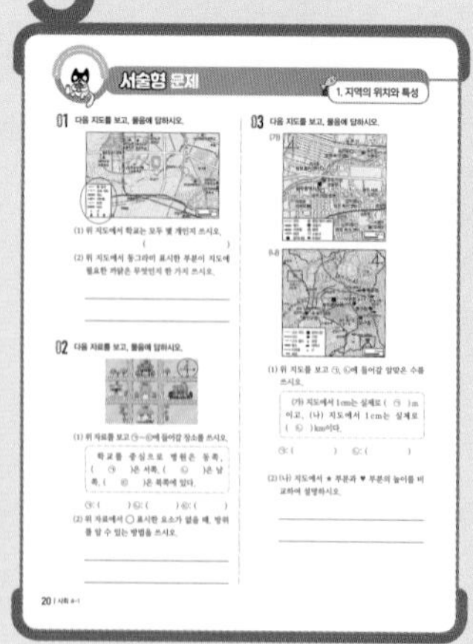

6 수행 평가

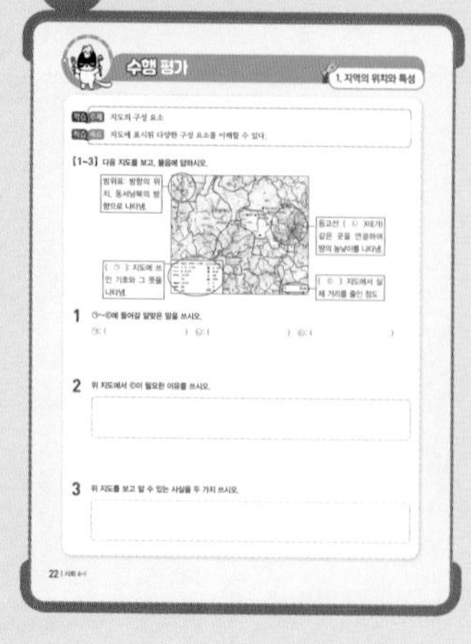

5, 6 각 단원에서 익힌 내용을 활용하여 학교 시험의 서술형 문제와 수행평가에 대비할 수 있습니다.

차례

① 지도로 본 우리 지역

1. 지도

(1) 지도의 뜻

① 위에서 내려다본 땅의 모습을 일정한 형식으로 줄여서 그린 그림입니다.

② 지도를 그릴 때는 약속된 기호를 사용하여야 합니다.

(2) 지도의 쓰임새

① 지도를 이용하면 특정 지역의 위치를 알 수 있습니다.

② 지도는 내가 모르는 장소도 쉽게 찾아갈 수 있도록 도와줍니다.

2. 지도 그리기

(1) 지도를 그리는 방법

① 위에서 내려다보고 그린 그림을 모두 지도라고 하지 않습니다.

② 지도는 정해진 약속에 따라 그려야 합니다.

(2) 그림과 지도의 비교

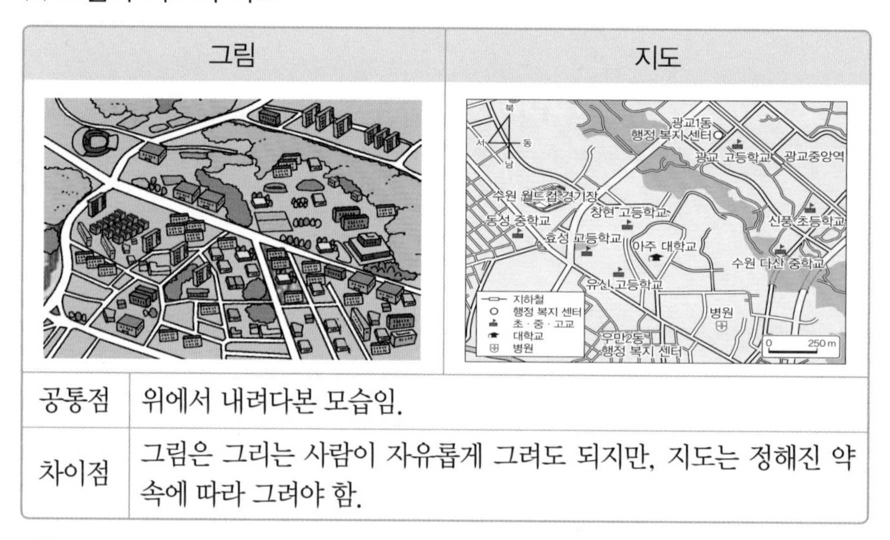

공통점	위에서 내려다본 모습임.
차이점	그림은 그리는 사람이 자유롭게 그려도 되지만, 지도는 정해진 약속에 따라 그려야 함.

위성 사진과 지도

위성 사진

지도

- 공통점: 위에서 내려다본 모습입니다.
- 차이점
  - 위성 사진은 그 지역의 모든 것이 나타나 있지만, 확대하지 않으면 원하는 곳을 정확하게 볼 수 없습니다.
  - 지도에서는 원하는 곳의 위치를 쉽게 찾을 수 있습니다.

낱말 사전

지도 위에서 내려다본 땅의 실제 모습을 일정한 형식으로 줄여서 나타낸 그림

기호 어떠한 뜻을 나타내기 위하여 쓰이는 부호, 문자 등을 통틀어 이르는 말

위치 일정한 곳에 자리를 차지하는 것

위성 사진 인공위성에서 찍은 사진

개념 확인 문제

정답과 해설 33쪽

1 (　　　)(이)란 위에서 내려다본 땅의 모습을 일정한 형식으로 줄여서 그린 그림입니다.

2 (지도, 위성 사진)은/는 그 지역의 모든 것이 나타나 있지만, 확대하지 않으면 원하는 곳을 정확하게 볼 수 없습니다.

3 지도에 대한 설명으로 옳은 것에 ○표, 옳지 않은 것에 ×표 하시오.

(1) 지도를 그릴 때는 약속된 기호를 사용하여야 합니다. (　　)

(2) 위에서 내려다본 모습을 그린 그림은 모두 지도입니다. (　　)

(3) 지도의 구성 요소

① 지도를 구성하는 요소에는 방위표, 기호, 축척, 등고선 등이 있습니다.

② 지도의 구성 요소를 알아야만 지도에 담긴 정보를 정확하게 읽을 수 있습니다.

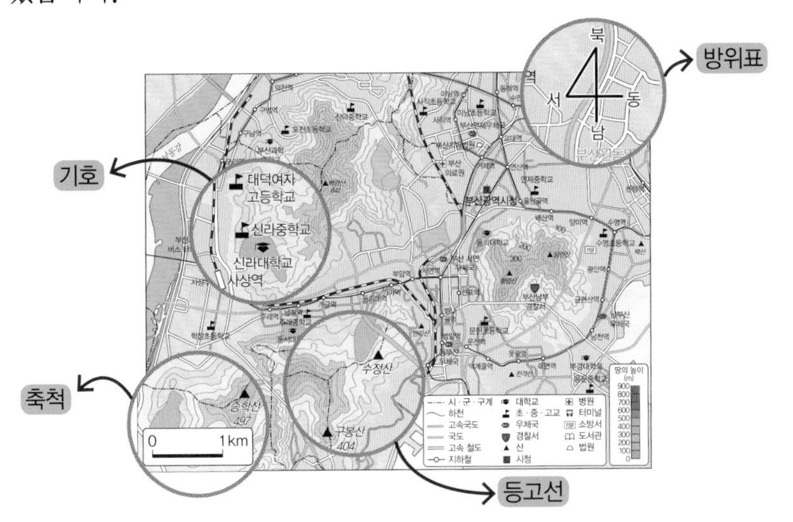

3. 방위표를 이용하여 위치 알아보기

(1) 방위

① 방위는 어떠한 방향의 위치를 일컫는 말입니다.

② 방위에는 동서남북이 있고, 이는 방위표로 나타냅니다.

(2) 방위표

① 지도에서 방위는 방위표로 나타냅니다.

② 방위표를 이용하면 사람이나 건물이 향한 방향과 관계없이 위치를 나타낼 수 있습니다.

③ 지도에 방위표가 없으면 오른쪽이 동쪽, 왼쪽이 서쪽, 아래쪽이 남쪽, 위쪽이 북쪽이 됩니다.

지도의 구성 요소

방위	동서남북의 방향을 알 수 있음.
기호	어떤 건물이 있는지 알 수 있음.
축척	실제 거리를 알 수 있음.
등고선	땅의 높낮이를 알 수 있음.

방위표

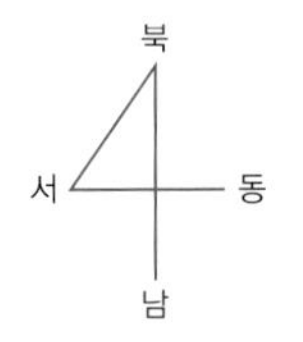

동쪽은 해가 뜨는 방향이고, 서쪽은 해가 지는 방향입니다. 남쪽은 낮 12시경 해가 가장 높이 떠 있는 방향이며, 북쪽은 북두칠성을 볼 수 있는 방향입니다.

나침반

- 방향을 알기 위해 사용하는 도구입니다.
- 나침반으로 방향을 알아보려면 먼저 평평한 곳에 나침반을 놓고 바늘이 멈출 때까지 기다립니다. 바늘이 멈추면 빨간 바늘이 '북(N)' 글자를 가리키도록 나침반을 돌려 맞춥니다.

1 단원

4 지도의 구성 요소와 설명을 바르게 연결하시오.

(1) 방위 •　　　• ㉠ 실제 거리를 알 수 있다.

(2) 기호 •　　　• ㉡ 동서남북 방향을 알 수 있다.

(3) 축척 •　　　• ㉢ 땅의 높낮이를 알 수 있다.

(4) 등고선 •　　　• ㉣ 어떤 건물이 있는지 알 수 있다.

5 지도에 방위표가 없으면, 오른쪽이 (　　　)쪽, 왼쪽이 (　　　)쪽, 아래쪽이 (　　　)쪽, 위쪽이 (　　　)쪽이 됩니다.

낱말 사전

방위표 방위를 나타내는 표시

축척 지도에서 실제 거리를 줄인 정도

방위 어떤 방향의 위치

✏ 기호가 만들어지는 과정

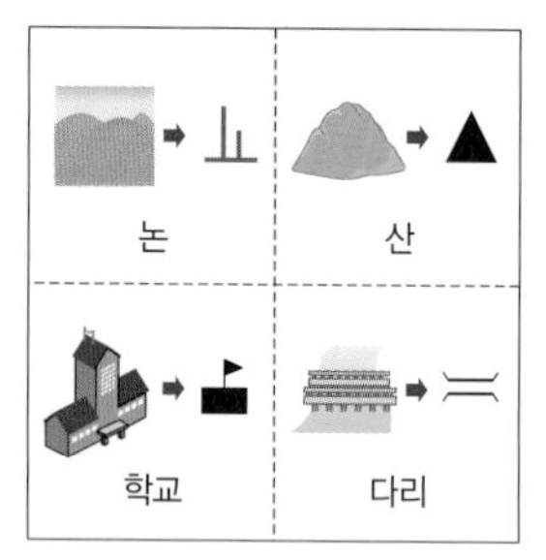

▲ 모양을 본떠 만들기

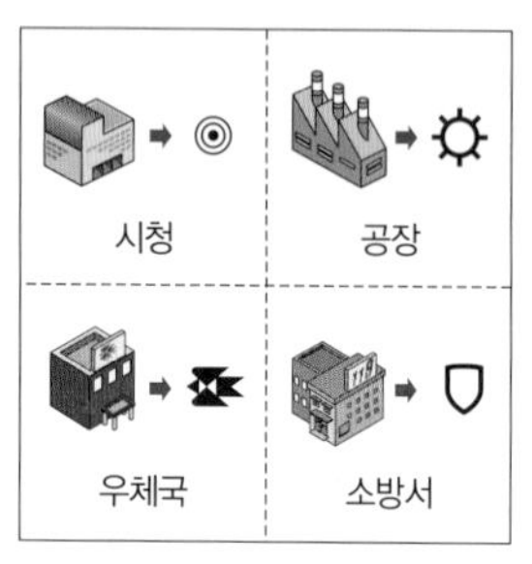

▲ 모양을 본뜨지 않고 만들기

축척

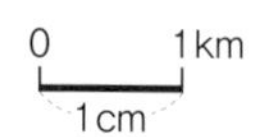

이러한 축척이 표시된 지도에서는 지도 위의 1 cm가 실제로 1 km라는 것을 뜻합니다. 지도에서 자로 잰 거리가 3 cm면, 실제 거리는 3 km가 됩니다.

4. 지도에서 사용하는 기호와 범례

(1) 기호: 지도에서 학교, 병원 등의 건물과 하천, 도로 등을 간단하게 나타내기 위해 사용합니다.

(2) 범례: 지도에 쓰인 기호와 그 뜻을 나타냅니다.

시청 소재지	초·중·고교	우체국	경찰서	병원	철도	다리	고속 국도	논	산	공장
◎									▲	☼

5. 축척의 뜻과 필요성

(1) 축척의 뜻

① 지도에서 실제 거리를 줄인 정도를 말합니다.

② 축척에 따라 지도에 표현할 수 있는 지역의 범위가 달라집니다.

실제 거리를 조금 줄인 지도(1:50,000)	실제 거리를 많이 줄인 지도(1:250,000)
	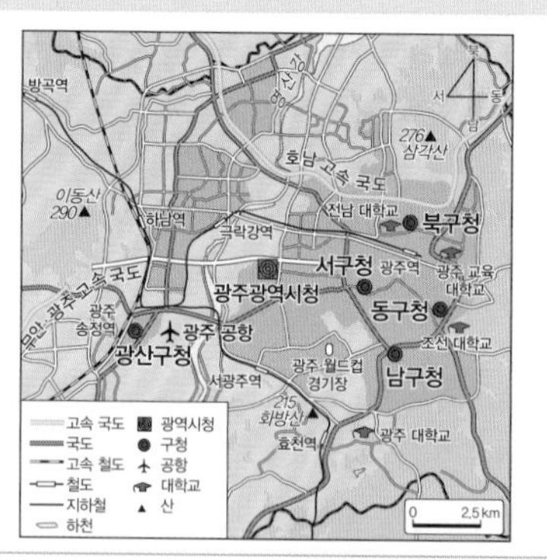
해당 지역을 자세히 볼 수 있음.	더 넓은 지역을 볼 수 있음.

(2) 축척의 필요성: 축척을 이용하면 실제 거리를 알 수 있습니다.

낱말 사전

범례 지도에 쓰인 기호와 그 뜻

하천 강과 시내를 아울러 이르는 말

지역 전체 사회를 어떤 특징으로 나눈 일정한 공간 영역

개념 확인 문제

정답과 해설 33쪽

6 지도의 기호와 뜻을 바르게 연결하시오.

(1) (학교 기호) •   • ㉠ 병원

(2) (우체국 기호) •   • ㉡ 학교

(3) (병원 기호) •   • ㉢ 우체국

7 축척에 대한 설명으로 옳은 것에 ○표, 옳지 않은 것에 ×표 하시오.

(1) 지도에서 실제 거리를 줄인 정도를 말합니다. ( )

(2) 축척을 이용하면 실제 크기대로 지도를 그릴 수 있습니다. ( )

6. 지도에서 땅의 높낮이를 나타내는 방법

(1) 색깔을 이용해 나타내기

① 위에서 내려다보면 땅의 높낮이를 알기 어렵습니다.

② 지도에서 땅의 높낮이는 서로 다른 색을 사용하여 나타냅니다.

③ 땅의 높이가 높을수록 진한 색으로 표시합니다.

예 초록색 → 노란색 → 갈색 → 고동색

(2) 등고선을 이용해 나타내기

① 등고선은 지도에서 높이가 같은 곳을 연결하여 땅의 높낮이를 나타낸 선입니다.

② 등고선의 간격이 좁으면 경사가 급하고, 넓으면 경사가 완만합니다.

등고선으로 땅의 높낮이 나타내기

0 100m 200m 300m

300m 200m 100m 0

7. 생활 속 지도의 활용

(1) 우리는 일상생활에서 다양한 지도를 활용합니다.

(2) 생활 속 다양한 지도의 활용

길 도우미(내비게이션) 지도

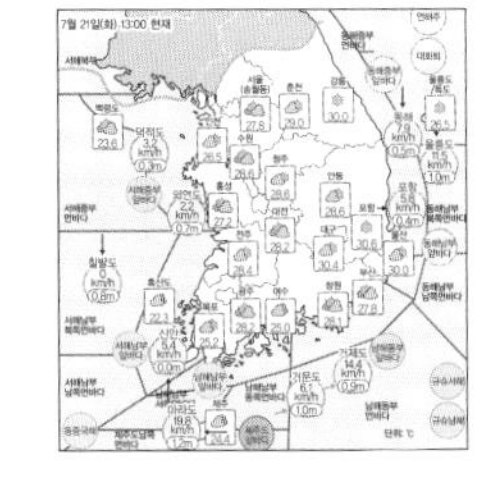
일기 예보 지도

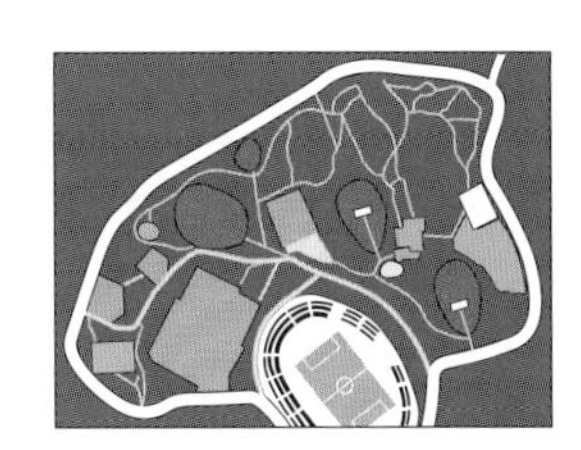
공원 안내도

학교 안내도

지하철 노선도

비상 대피 안내도

지도의 종류

약도	중요한 것만 간략하게 나타낸 지도
도로 교통 지도	길을 찾을 때 활용하는 지도
안내도	알리고자 하는 내용을 자세히 표시한 지도

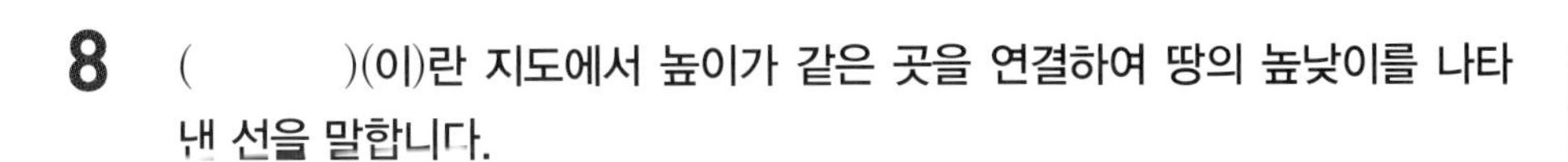

8 (　　　　)(이)란 지도에서 높이가 같은 곳을 연결하여 땅의 높낮이를 나타낸 선을 말합니다.

9 지도에서 땅의 높이를 나타내는 방법에 대한 설명으로 옳은 것에 ○표, 옳지 않은 것에 ×표 하시오.

(1) 등고선의 간격이 좁을수록 경사가 급합니다. (　　)

(2) 지도에서 땅의 높이가 낮을수록 진한 색으로 표시합니다. (　　)

(3) 지도에서 땅의 높이는 색깔과 등고선을 이용해 나타냅니다. (　　)

10 (　　　　)(이)란 알리고자 하는 내용을 자세히 표시한 지도를 말합니다.

경사 비스듬히 기울어진 정도

지하철 노선도 지하철을 운행하는 노선을 표시한 지도

실전 문제

01 지도에 대한 설명으로 알맞지 않은 것은 어느 것입니까? ( )

① 지도를 그릴 때는 약속된 기호를 사용한다.
② 지도에는 땅 위의 모든 것이 다 나타나 있다.
③ 지도를 이용하면 특정 지역의 위치를 알 수 있다.
④ 지도는 내가 모르는 장소도 쉽게 찾아갈 수 있도록 도와준다.
⑤ 위에서 내려다본 땅의 모습을 일정한 형식으로 그린 그림이다.

02 다음 위성 사진과 지도에 대한 설명으로 알맞지 않은 것은 어느 것입니까? ( )

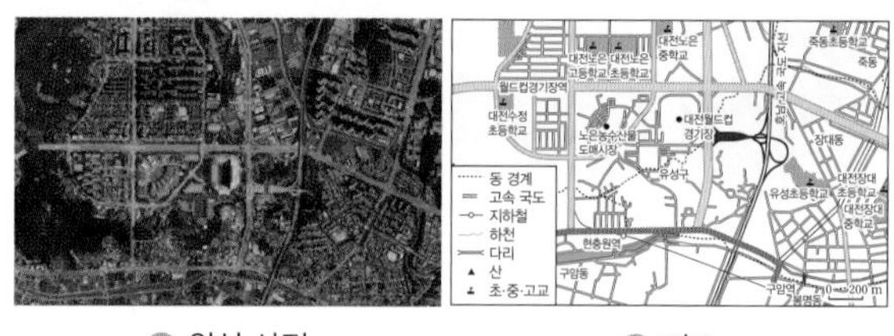

위성 사진 / 지도

① 모두 하늘에서 내려다본 모습이다.
② 위성 사진은 지역의 모든 것이 나타나 있다.
③ 위성 사진은 지역의 실제 모습을 볼 수 있다.
④ 위성 사진은 필요한 정보가 보기 쉽게 나타나 있다.
⑤ 위성 사진보다 지도에서 원하는 곳의 위치를 쉽게 찾을 수 있다.

03 지도의 구성 요소 중 다음에서 설명하는 것은 무엇인지 쓰시오.

- 동서남북 방향을 알 수 있다.
- 지도에서 동서남북을 나타내는 표시이다.

( )

04 다음 그림을 지도로 볼 수 없는 이유는 무엇입니까? ( )

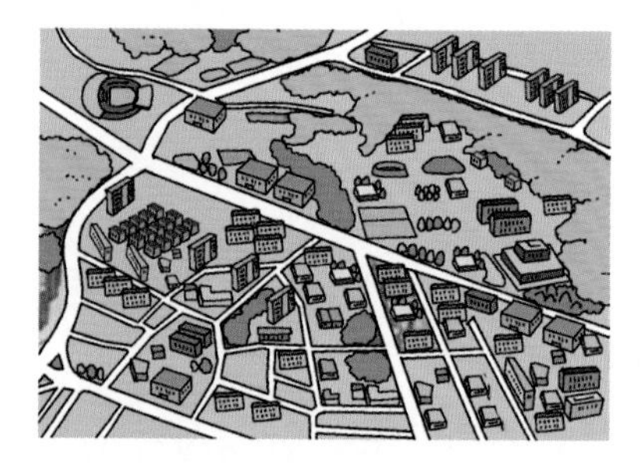

① 축척을 표시했기 때문에
② 약속된 기호로 나타냈기 때문에
③ 아래에서 올려다본 모습이기 때문에
④ 그 지역의 모든 것을 나타냈기 때문에
⑤ 그림 그리는 사람이 마음대로 그렸기 때문에

05 다음 지도에서 병원을 기준으로 동쪽에 있는 것은 무엇인지 쓰시오.

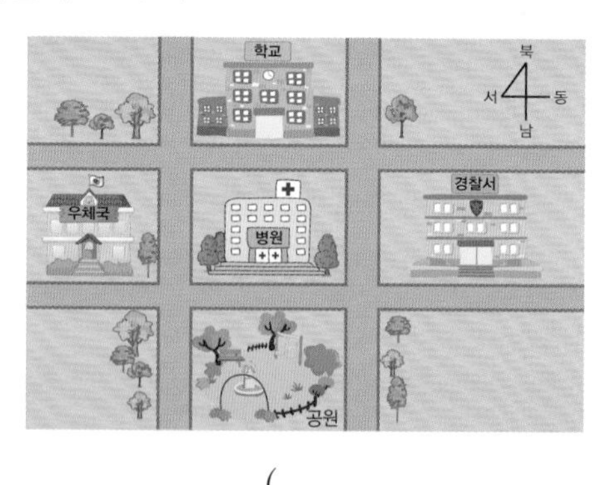

( )

06 방위와 방위표에 대한 설명으로 알맞지 않은 것은 어느 것입니까? ( )

① 방위에는 동서남북이 있다.
② 지도에 방위표가 없으면 방위를 알 수 없다.
③ 지도에서는 방위를 나타내기 위해 방위표를 사용한다.
④ 동쪽은 해가 뜨는 방향이고, 서쪽은 해가 지는 방향이다.
⑤ 방위표를 이용하면 건물이 향한 방향과 관계없이 위치를 나타낼 수 있다.

07 다음 지도에서 찾아볼 수 없는 것을 보기 에서 골라 쓰시오.

보기
학교, 시청, 병원, 경찰서, 우체국

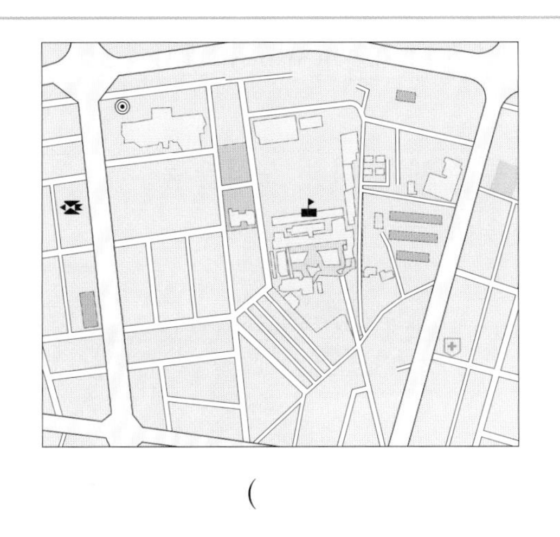

( )

08 다음 ㉠, ㉡에 들어갈 말을 순서대로 바르게 짝지은 것은 어느 것입니까? ( )

(㉠)은/는 학교나 병원, 경찰서 같은 건물이나 하천, 도로 등을 지도에 간단하게 나타내기 위해 사용한다. (㉡)은/는 지도에 쓰인 (㉠)와/과 그 뜻을 나타낸다.

	㉠	㉡		㉠	㉡
①	기호	축척	②	범례	축척
③	축척	범례	④	기호	범례
⑤	축척	기호			

09 다음 그림을 보고 ㉠, ㉡에 들어갈 알맞은 수를 쓰시오.

위 축척을 사용하는 지도에서 1 cm는 실제로 ㉠ km라는 것을 뜻한다. 지도에서 자로 잰 거리가 ㉡ cm면, 실제 거리는 3 km가 된다.

㉠: ( ) ㉡: ( )

10 (가), (나) 중 고장을 더 자세히 볼 수 있는 지도는 어느 것인지 기호를 쓰시오.

(가)

(나)

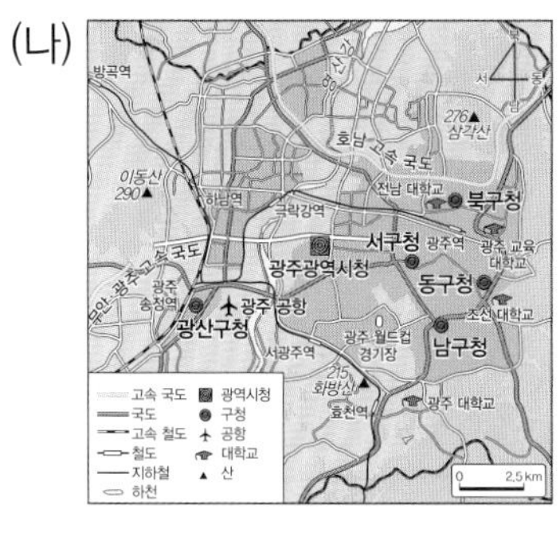

( )

11 다음 등고선에 대한 설명으로 알맞지 않은 것은 어느 것입니까? ( )

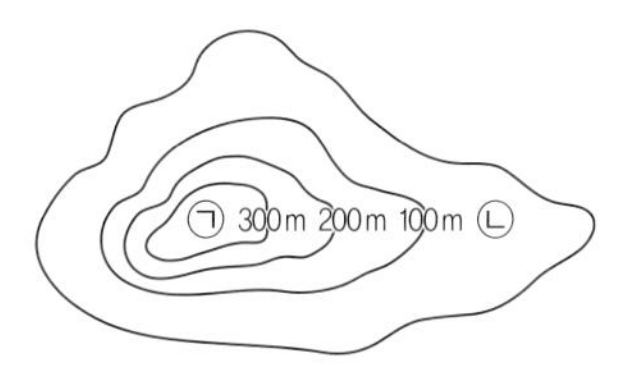

① ㉠이 가장 높은 곳이다.
② ㉡으로 갈수록 땅의 높이가 낮아진다.
③ ㉡은 ㉠보다 진한 색으로 나타내어야 한다.
④ 지도에서 땅의 높낮이를 나타낼 때 사용한다.
⑤ 등고선의 간격이 좁으면 경사가 급한 곳이다.

12 지하철을 타고 약속 장소에 가려고 할 때 필요한 지도에 ○표 하시오.

(1) (2)

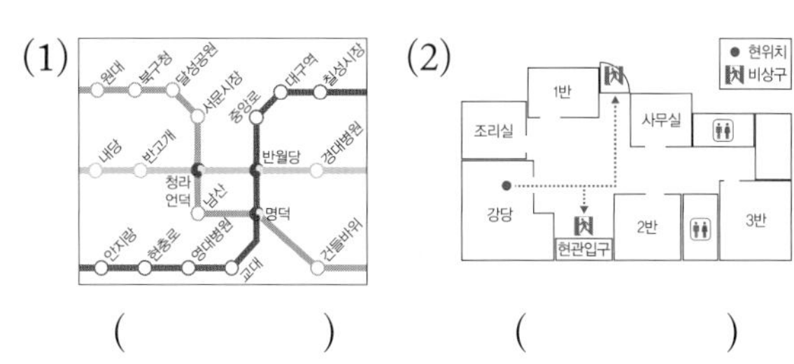

( ) ( )

② 우리 지역의 중심지

1. 사람들이 많이 찾는 중심지

(1) 중심지의 의미

① 사람들이 생활과 관련된 다양한 시설을 이용하기 위해 모이는 곳

② 어떤 일이나 활동을 하기 위해 사람들이 많이 모이는 곳

(2) 중심지의 주요 시설

① 버스 터미널, 군청, 시청, 우체국, 시장, 도서관 등

② 중심지에 있는 주요 시설 예 충청남도 청양군

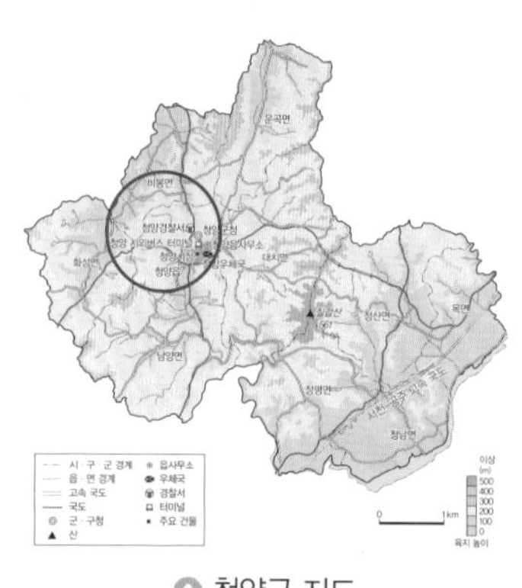
청양군 지도

청양 군청
청양 시외버스 터미널
청양 시장
청양 우체국

2. 중심지의 역할과 특징

(1) 중심지의 역할

① 중심지에는 사람들의 생활과 관련된 다양한 시설이 모여 있습니다.

② 사람들은 필요한 물건을 구하거나 여러 가지 시설을 이용하기 위해 중심지를 찾습니다.

생활을 편리하게 해 주는 주요 시설

버스 터미널	버스를 타고 다른 지역으로 이동할 수 있도록 버스들이 모이는 곳
시청	고장 사람들의 다양한 행정 업무를 담당하는 곳
시장	여러 사람이 모여 필요한 물건을 사고파는 곳
공연장	연극이나 음악과 같은 문화 예술을 즐기기 위해 가는 곳
우체국	소포나 우편 등을 보내고, 저축이나 보험 상품 등을 파는 곳

낱말 사전

시설 여럿이 함께 쓰기 위해 만들어진 것

터미널 항공, 열차, 버스 노선 따위의 맨 끝 지점. 또는 많은 교통 노선이 모여 있는 역

개념 확인 문제

정답과 해설 33쪽

1 (   )(이)란 사람들이 생활과 관련된 다양한 시설을 이용하기 위해 모이는 곳을 가리킵니다.

2 중심지의 주요 시설과 그에 대한 설명을 바르게 연결하시오.

(1) 시장 •　　　　• ㉠ 소포나 우편 등을 보내는 곳

(2) 우체국 •　　　　• ㉡ 여러 사람이 모여 필요한 물건을 사고파는 곳

(3) 버스 터미널 •　　　　• ㉢ 다른 지역으로 이동할 수 있도록 버스들이 모이는 곳

(2) 중심지의 특징

① 높고 낮은 건물이 많습니다.

② 교통이 편리합니다.

③ 다양한 시설이 모여 있습니다.

④ 상점이 많아 필요한 물건을 구할 수 있습니다.

⑤ 도로가 발달하였습니다.

(3) 중심지인 곳과 중심지가 아닌 곳 예 충청남도 청양군

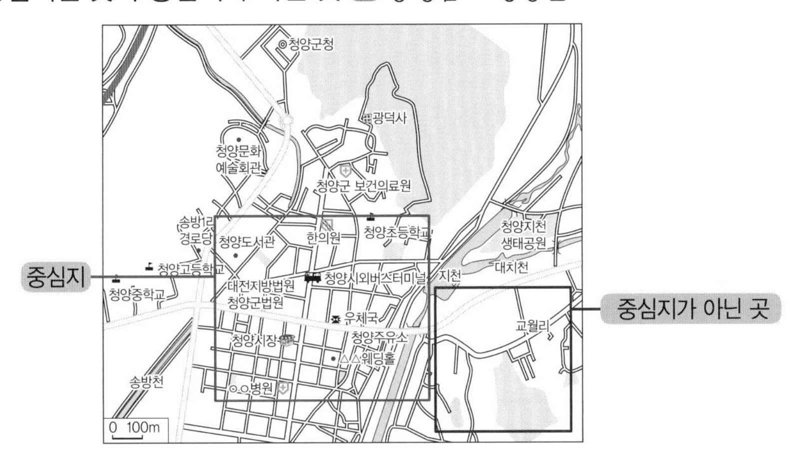

(4) 고장의 중심지를 찾는 방법

① 지도에서 찾아보기: 인터넷 지도나 종이 지도를 보며, 교통이 발달하고 주요 시설이 모인 곳을 찾습니다.

② 경험 떠올리기: 사람들이 많이 모이는 곳에 다녀온 경험을 떠올려 봅니다.

③ 어른들께 여쭈어보기: 경험이 많은 어른들께 여쭈어봅니다.

④ 인터넷에서 지도와 위성 사진 찾아보기

지도와 위성 사진으로 본 중심지의 모습(대구광역시 달성군)

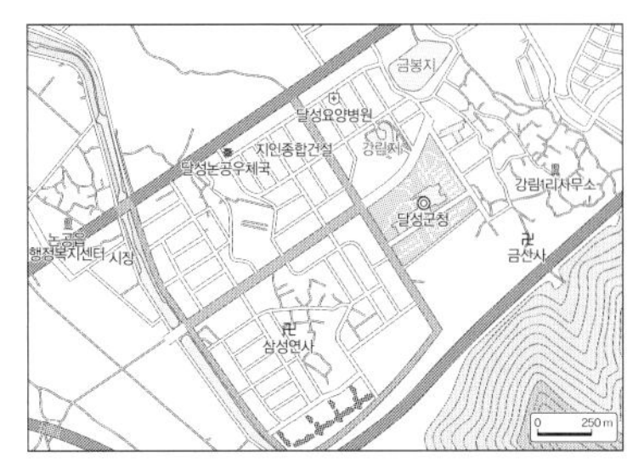

지도

위성 사진

3 **중심지에 대한 설명으로 옳은 것에 ○표, 옳지 않은 것에 ×표 하시오.**

(1) 논밭이 많습니다. ( )

(2) 교통이 편리합니다. ( )

(3) 높고 낮은 건물이 많습니다. ( )

4 **다음 ( ) 안에 공통으로 들어갈 알맞은 말을 쓰시오.**

> 각 지역의 중심지를 찾기 위해서는 인터넷 ( )(이)나 종이 ( )을/를 보며, 교통이 발달하고 주요 시설이 모인 곳을 찾습니다.

낱말 사전

상점 일정한 시설을 갖추고 물건을 파는 곳

경험 자신이 실제로 해보거나 겪어 봄. 또는 거기서 얻은 지식이나 기능

1 단원

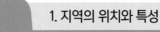

3. 다양한 중심지와 지역의 특징

(1) 다양한 중심지

① 각 고장이나 지역에는 다양한 중심지가 있습니다.

행정의 중심지	도청이나 교육청 등이 모여 있음.
교통의 중심지	기차역이나 버스 터미널 등이 있음.
상업의 중심지	시장이나 백화점 등이 있음.
산업의 중심지	공장이나 회사가 모여 있음.
관광의 중심지	아름다운 자연을 감상할 수 있는 곳이나 문화유산이 있음.

② 각 고장이나 지역을 대표하는 시설이 다르므로 다양한 중심지가 발달합니다.

(2) 경상북도 지역의 다양한 중심지

구분	위치	특징
행정의 중심지	안동시	• 행정 관련 일 처리를 위해 사람들이 모임. • 경상북도청, 경상북도 교육청
상업의 중심지	구미시	• 필요한 것을 사기 위해 사람들이 모임. • 백화점, 대형 마트
산업의 중심지	포항시	• 회사나 공장에서 일하기 위해 사람들이 모임. • 제철 공장, 로봇 연구소
관광의 중심지	경주시	• 문화유산을 보기 위해 사람들이 모임. • 불국사, 석굴암, 첨성대

중심지의 대표적인 장소

장소	역할
백화점, 대형 할인점	필요한 것을 구할 수 있는 곳 → 상업의 중심지
기차역, 버스 터미널	다른 곳으로 이동할 수 있는 곳 → 교통의 중심지
영화관, 체육관	문화생활을 즐기기 위해 모이는 곳 → 문화의 중심지

충청남도 지역의 다양한 중심지

구분	시설
행정의 중심지 (홍성군)	충청남도청
상업의 중심지 (천안시)	백화점
산업의 중심지 (아산시)	공장
관광의 중심지 (부여군)	부소산성

낱말 사전

상업 상품을 사고파는 행위를 통하여 이익을 얻는 일

산업 사람들이 살아가는 데 필요한 것을 만드는 모든 활동

관광 다른 고장의 아름다운 산, 바다나 문화 유적 등을 돌아다니며 구경하는 것

개념 확인 문제

정답과 해설 33쪽

5 (   )의 중심지에는 도청이나 교육청 등이 모여 있습니다.

6 (   )의 중심지에는 아름다운 자연을 감상할 수 있는 곳이나 문화유산이 모여 있습니다.

7 다음 중심지의 특징을 바르게 연결하시오.

(1) 산업의 중심지 •   • ㉠ 필요한 것을 사기 위해 사람들이 모이는 곳

(2) 상업의 중심지 •   • ㉡ 회사나 공장에서 일하기 위해 사람들이 모이는 곳

4. 우리 지역 중심지 답사하기

(1) 답사의 의미와 필요성

① 답사란 어떤 장소에 가서 직접 보고 조사하는 것을 말합니다.

② 중심지의 실제 모습을 확인하기 위해서는 직접 찾아가는 것이 좋습니다.

(2) 중심지 답사하기

답사할 중심지 정하기 → 중심지에 대한 자료 수집하기 → 중심지 답사 계획 세우기 → 중심지 답사하기 → 자료 정리 및 보고서 작성하기 → 답사한 내용 발표하기

중심지에 대한 자료 수집하기	• 답사 계획을 세우기 전, 답사 장소에 대한 자료 찾기 • 자료 수집 방법: 주변 어른께 여쭈어보기, 인터넷 검색하기, 지도 찾아보기 등
중심지 답사 계획 세우기	• 목적, 장소, 날짜, 내용, 방법, 역할, 준비물, 주의할 점을 정하기
중심지 답사하기	• 답사 계획에 따라 답사하기 • 답사 방법: 중심지 모습 사진 찍기, 중심지를 찾는 사람들에게 설문 조사하기, 중심지 시설에서 하는 일 면담하기 등
자료 정리 및 보고서 작성하기	• 보고서 작성하기: 제목 정하기, 중심지 지도를 붙이거나 그리기, 중심지에서 찍은 사진 붙이기, 답사를 통해 알게 된 점 등을 정리하기

(3) 중심지를 답사할 때 주의할 점

① 어른들과 함께 갑니다.

② 답사할 곳에 미리 연락하여 약속을 잡고 방문합니다.

③ 사진을 찍을 때에는 먼저 허락을 받습니다.

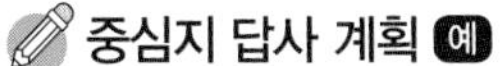

답사 목적	우리 지역 행정 중심지 알아보기
답사 장소	경상북도청
답사 날짜	20△△년 △월 △△일
답사 내용	• 도청에서 하는 일은? • 도청의 위치는? • 행정 중심지의 모습은?
답사 방법	사진 찍기, 설문 조사하기, 면담하기
역할	• 승인: 설문 조사 준비 • 채빈: 도청 직원 면담 • 은영: 행정 중심지 모습 사진 찍기
준비물	설문지, 필기도구, 카메라, 지도
주의할 점	• 어른과 함께 가기 • 사진 찍기 전에 허락받기 • 안전사고에 유의하기 • 답사할 곳에 미리 연락해 놓기

8 (　　　)(이)란 어떤 장소에 가서 직접 보고 조사하는 것을 말합니다.

9 다음은 중심지를 답사하는 과정입니다. 순서에 맞게 기호를 나열하시오.

㉠ 중심지 답사하기
㉡ 답사한 내용 발표하기
㉢ 중심지 답사 계획 세우기
㉣ 수집한 자료 정리 및 보고서 작성하기

(　　→　　→　　→　　)

소사 사물의 내용을 명확히 알기 위해 자세히 살펴보거나 찾아봄.

보고서 보고하는 글이나 문서

면담 서로 만나서 이야기함.

실전 문제

01 다음에서 설명하는 것은 무엇인지 쓰시오.

- 어떤 일이나 활동을 하기 위해 사람들이 많이 모이는 곳이다.
- 사람들이 생활과 관련된 다양한 시설을 이용하기 위해 모이는 곳이다.

( )

02 다음은 어떤 시설에 대한 설명입니까? ( )

- 버스가 많이 모이는 곳이다.
- 사람들이 버스를 타고 다른 지역으로 이동하기 위해 가는 곳이다.

①

병원

②

버스 터미널

③

기차역

④

우체국

03 각 지역의 중심지에서 주로 볼 수 있는 시설이 아닌 것은 어느 것입니까? ( )

① 시청 ② 도청
③ 우체국 ④ 양식장
⑤ 공연장

04 사람들이 다음 장소에 가는 까닭으로 알맞은 것은 어느 것입니까? ( )

① 공연을 보기 위해
② 편지나 소포를 보내기 위해
③ 행정 업무를 처리하기 위해
④ 생활에 필요한 물건을 사기 위해
⑤ 다른 지역으로 가는 버스를 타기 위해

☆☆☆
05 중심지의 특징에 대한 설명으로 알맞지 않은 것은 어느 것입니까? ( )

① 논밭이 많다.
② 교통이 편리하다.
③ 도로가 발달하였다.
④ 높고 낮은 건물이 많다.
⑤ 다양한 시설이 모여 있다.

06 다음 어린이가 중심지를 찾는 방법을 보기에서 골라 기호를 쓰시오.

나는 우리 지역의 중심지가 어디인지 궁금해서 이곳에 오래 사신 할아버지께 여쭈어보았어.

보기
㉠ 경험 떠올리기
㉡ 지도에서 찾아보기
㉢ 어른들께 여쭈어보기

( )

07 다음 중심지 지도에서 찾아볼 수 없는 것은 어느 것입니까? (　　)

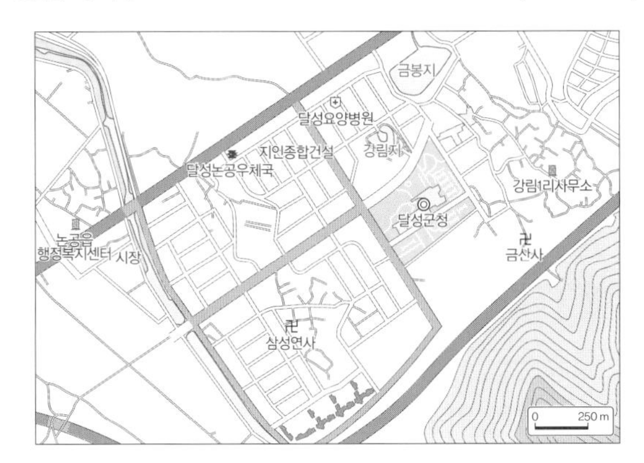

① 병원　② 군청　③ 시장
④ 우체국　⑤ 공연장

08 다음 시설들은 지역의 다양한 중심지 중 어디에서 볼 수 있는 것입니까? (　　)

• 기차역　• 버스 터미널

① 행정의 중심지　② 교통의 중심지
③ 상업의 중심지　④ 산업의 중심지
⑤ 관광의 중심지

09 중심지에 대한 설명을 읽고, 옳은 것에 ○표, 틀린 것에 ×표 하시오.

(1) 경주시와 부여군은 관광의 중심지이다. (　　)

(2) 행정의 중심지에는 도청이나 교육청이 있다. (　　)

(3) 필요한 물건을 사기 위해서는 산업의 중심지로 가야 한다. (　　)

[10~11] 다음 지도를 보고, 물음에 답하시오.

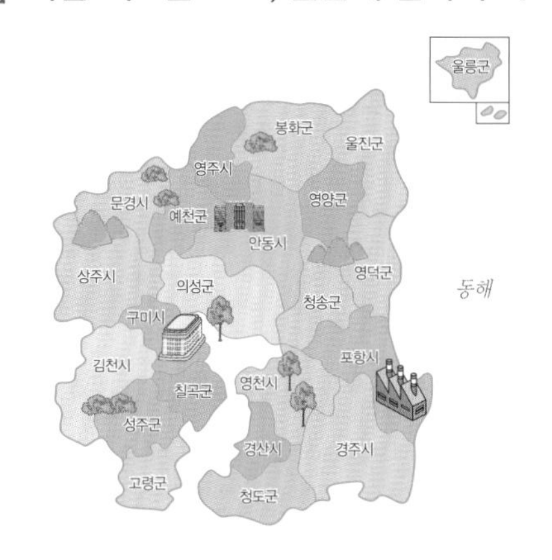

10 다음 문화유산을 보기 위해서는 어느 지역으로 가야 하는지 위 지도에서 찾아 쓰시오.

첨성대

석굴암

(　　　　　　　　)

11 위 지도에 있는 지역 중 민채가 다녀온 곳은 어디입니까? (　　)

민채: 나는 부모님과 함께 제철 공장을 둘러보았어. 그리고 이 지역에 로봇 연구소가 있다는 사실도 이번에 새롭게 알게 되었어.

① 안동시　② 구미시　③ 포항시
④ 경주시　⑤ 영천시

12 중심지 답사 계획을 세울 때 들어가야 할 내용이 아닌 것은 어느 것입니까? (　　)

① 준비물　② 답사 장소
③ 답사 날짜　④ 답사 목적
⑤ 답사 후 느낀 점

1 지도로 본 우리 지역

1 지도

의미	위에서 내려다본 땅의 모습을 일정한 형식으로 줄여서 나타낸 그림임.
특징	• 정해진 (㉠)에 따라 그려야 함. • 지도를 이용하면 특정 지역의 위치를 알 수 있음.

2 지도를 그리는 데 필요한 약속

① 방위: 지도에 방위표가 없으면 위쪽이 (㉡)쪽입니다.
② 기호: 건물, 하천 등을 지도에 간단히 나타내는 표시입니다.
③ 범례: 지도에 쓰인 기호와 그 뜻을 나타냅니다.
④ 축척: 지도에서 (㉢)를 줄인 정도입니다.
⑤ (㉣): 지도에서 높이가 같은 곳을 연결해 땅의 높낮이를 나타낸 선입니다.

3 축척

의미	지도에서 실제 거리를 줄인 정도
특징	축척을 이용하면 지도 위 두 지점 사이의 실제 거리를 알 수 있음.

4 지도에서 땅의 높낮이를 나타내는 방법

① 색깔 이용하기: 땅의 높이가 높을수록 진한 색으로 표시합니다.
② 등고선 이용하기: 등고선의 간격이 좁으면 경사가 (㉤)하고, 넓으면 경사가 (㉥)합니다.

5 생활 속 지도의 활용

① 지도의 종류: 약도, 도로 교통 지도, 안내도 등
② 지도의 활용: 길 도우미, 일기 예보 지도, 공원 안내도, 학교 안내도, 지하철 노선도, 비상 대피 안내도 등

2 우리 지역의 중심지

1 사람들이 많이 찾는 중심지

의미	사람들이 생활과 관련된 다양한 시설을 이용하기 위해 모이는 곳
시설	버스 터미널, 군청, 시청, 우체국, 시장 등

2 중심지의 역할과 특징

역할	사람들의 생활과 관련된 다양한 (㉦)이 모여 있음.
특징	• 높고 낮은 건물이 많고, 교통이 편리함. • 상점이 많아 필요한 물건을 구할 수 있음. • 도로가 발달하고 논밭이 적음.

3 다양한 중심지

① (㉧)의 중심지: 행정 관련 일을 처리하기 위해 모입니다. 예 시청, 도청, 교육청
② 교통의 중심지: 교통수단을 이용하기 위해 모입니다.
③ 상업의 중심지: 필요한 것을 사기 위해 모입니다.
④ 산업의 중심지: 회사나 공장에서 일하기 위해 모입니다. 예 제철 공장, 자동차 공장
⑤ (㉨)의 중심지: 문화유산을 보기 위해 모입니다.

4 중심지 답사하기

답사의 의미	어떤 장소에 가서 직접 보고 조사하는 것
답사 순서	답사할 중심지 정하기 → 중심지에 대한 자료 수집 → 중심지 답사 (㉩) 세우기 → 중심지 답사하기 → 자료 정리 및 보고서 작성하기 → 답사한 내용 발표하기
답사 방법	중심지 모습 사진 찍기, 설문 조사하기, 시설에서 하는 일 면담하기 등
답사할 때 주의할 점	어른과 함께 가기, 답사할 곳에 미리 연락하기, 사진 찍을 때 허락받기 등

정답 ㉠ 약속 ㉡ 북 ㉢ 실제 거리 ㉣ 등고선 ㉤ 급 ㉥ 완만 ㉦ 시설 ㉧ 행정 ㉨ 관광 ㉩ 계획

단원 정리 평가

1. 지역의 위치와 특성

01 지도의 특징에 대해 바르게 설명한 사람은 누구인지 쓰시오.

소영: 지도는 정해진 약속에 따라 그려야 해.
예린: 그리는 사람 마음대로 그리면 되는 거야.
상희: 앞에서 본 길의 모습을 나타낸 그림이야.

( )

02 다음 지도를 보고 알 수 있는 정보가 아닌 것은 어느 것입니까? ( )

① 학교 이름
② 공원 이름
③ 병원의 위치
④ 도청의 위치
⑤ 기차역을 이용하는 사람의 수

03 다음 방위표의 ㉠~㉣에 들어갈 방위가 바르게 짝 지어진 것은 어느 것입니까? ( )

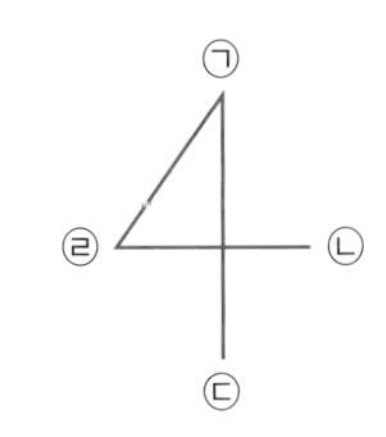

	㉠	㉡	㉢	㉣
①	북	남	서	동
②	남	북	서	동
③	북	서	남	동
④	북	동	남	서
⑤	남	동	북	서

04 다음 지도에서 대구광역시의 남쪽에 위치한 지역을 두 개 고르시오. (,)

① 부산광역시
② 서울특별시
③ 인천광역시
④ 대전광역시
⑤ 제주특별자치도

05 지도에서 다음 기호가 나타내는 장소는 어디인지 쓰시오.

( )

06 지도에서 기호를 사용하면 좋은 점으로 알맞은 것은 어느 것입니까? ( )

① 땅의 높낮이를 나타낼 수 있다.
② 실제 거리를 줄여서 나타낼 수 있다.
③ 실제 모습을 그대로 지도에 나타낼 수 있다.
④ 학교, 병원 등을 지도에 간단히 나타낼 수 있다.
⑤ 지도에서 사용되는 기호는 모두 똑같아서 외우기가 쉽다.

07 축척과 관련된 설명으로 알맞지 않은 것은 어느 것입니까? (　　)

① 지도에서 실제 거리를 줄인 정도를 말한다.
② 실제 거리를 많이 줄인 지도는 더 넓은 지역을 볼 수 있다.
③ 지도에서 잰 거리가 같아도 축척에 따라 실제 거리가 달라진다.
④ 우리나라 전도는 세계지도보다 실제 거리를 많이 줄인 지도이다.
⑤ 실제 거리를 조금 줄인 지도일수록 어떤 지역을 자세히 볼 수 있다.

08 지도에서 땅의 높낮이를 나타내는 방법으로 알맞은 것을 두 가지 고르시오. (　　,　　)

① 축척　② 기호　③ 색깔
④ 등고선　⑤ 방위표

09 다음 등고선 모형에서 가장 높은 곳의 기호를 쓰시오.

(　　　　)

10 어른들이 운전할 때 길을 안내받기 위해 사용하면 좋은 지도는 어느 것입니까? (　　)

① 길 도우미　② 학교 안내도
③ 지하철 노선도　④ 일기 예보 지도
⑤ 비상 대피 안내도

11 중심지에 대해 바르게 설명한 사람은 누구인지 쓰시오.

예서: 중심지의 주요 시설로는 논과 밭이 있어.
은환: 상점이 많지만, 이용할 수 있는 교통수단이 적어서 불편해.
민주: 일이나 활동을 하기 위해 사람들이 많이 모이는 곳이야.

(　　　　)

12 중심지에서 주로 볼 수 있는 시설로 알맞은 것을 보기 에서 모두 찾아 기호를 쓰시오.

㉠ 염전
㉡ 버스 터미널
㉢ 양식장
㉣ 시청

(　　　　)

13 예솔이가 본 영화에서 주인공이 중심지에 찾아간 이유는 무엇입니까? (　　)

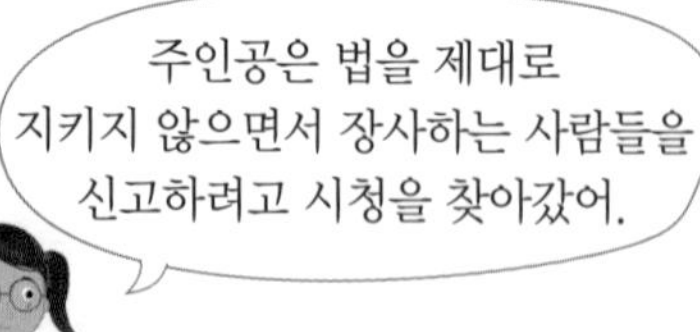

주인공은 법을 제대로 지키지 않으면서 장사하는 사람들을 신고하려고 시청을 찾아갔어.

① 물건을 사기 위해
② 택배를 보내기 위해
③ 공장에서 일하기 위해
④ 행정 업무를 처리하기 위해
⑤ 다른 고장으로 가는 버스를 타기 위해

[14~15] 다음 지도를 보고, 물음에 답하시오.

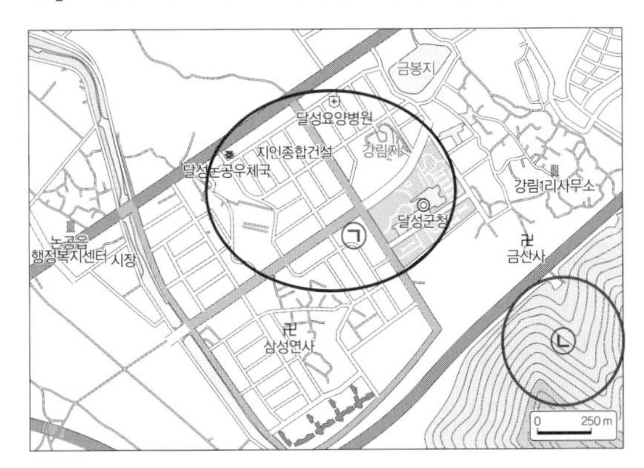

14 위 지도의 ㉠과 같은 곳에서 볼 수 있는 것을 두 가지 고르시오. (,)

① 산 ② 병원 ③ 갯벌
④ 우체국 ⑤ 논과 밭

15 위 지도의 ㉠, ㉡ 중에서 성진이가 원하는 일을 하기에 알맞은 곳은 어디인지 골라 기호를 쓰시오.

> 성진: 나는 가을에 가족과 함께 밤 따는 체험을 해 보고 싶어.

( )

16 지역의 다양한 중심지에 대한 설명으로 알맞은 것은 어느 것입니까? ( )

① 관광의 중심지는 문화유산을 보기 위해 가는 곳이다.
② 산업의 중심지는 행정 업무를 보기 위해 가는 곳이다.
③ 행정의 중심지는 필요한 물건을 사기 위해 가는 곳이다.
④ 상업의 중심지는 자연환경을 즐기기 위해 가는 곳이다.
⑤ 교통의 중심지는 회사나 공장에서 일하기 위해 가는 곳이다.

17 '우리나라 산업의 중심지 역할을 하는 지역'이라는 주제로 조사 보고서를 작성하기에 알맞은 곳을 두 곳 고르시오. (,)

① 도청과 교육청이 있는 홍성
② 전자 제품 공장이 있는 아산
③ 박물관과 부소산성이 있는 부여
④ 조선과 자동차 공업이 발달한 울산
⑤ 첨성대와 불국사를 볼 수 있는 경주

18 중심지 답사 과정을 순서대로 바르게 나열한 것은 어느 것입니까? ( )

> ㉠ 중심지 답사하기
> ㉡ 답사한 내용 발표하기
> ㉢ 답사할 중심지 정하기
> ㉣ 중심지 답사 계획 세우기
> ㉤ 수집 자료 정리 및 보고서 작성하기

① ㉠ → ㉡ → ㉢ → ㉣ → ㉤
② ㉢ → ㉠ → ㉣ → ㉡ → ㉤
③ ㉢ → ㉣ → ㉠ → ㉤ → ㉡
④ ㉣ → ㉡ → ㉤ → ㉠ → ㉢
⑤ ㉤ → ㉣ → ㉠ → ㉢ → ㉡

19 중심지 답사 계획을 세울 때 들어갈 내용으로 알맞지 않은 것은 어느 것입니까? ( )

① 목적 ② 장소 ③ 날짜
④ 면담 결과 ⑤ 주의할 점

20 중심지를 답사할 때 주의할 점으로 알맞지 않은 것은 어느 것입니까? ( )

① 항상 안전에 유의한다.
② 어른들과 함께 가도록 한다.
③ 사진 찍기 전에 미리 허락을 받는다.
④ 면담에 필요한 질문은 미리 준비해 간다.
⑤ 업무에 방해가 될 수 있으니 미리 연락하지 않고 방문한다.

1 단원

서술형 문제

01 다음 지도를 보고, 물음에 답하시오.

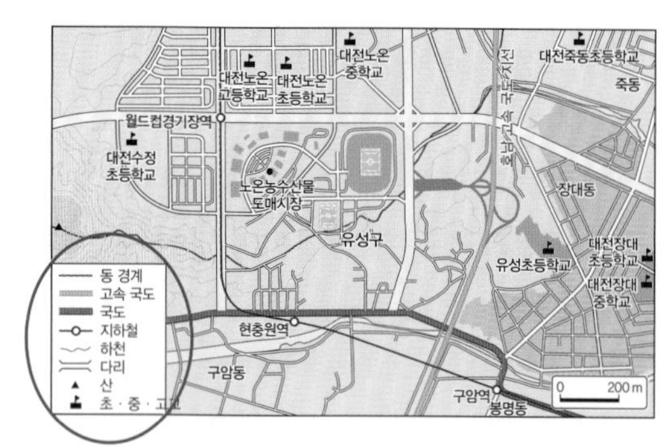

(1) 위 지도에서 학교는 모두 몇 개인지 쓰시오.

( )

(2) 위 지도에서 ◯ 표시한 부분이 지도에 필요한 까닭은 무엇인지 한 가지 쓰시오.

02 다음 자료를 보고, 물음에 답하시오.

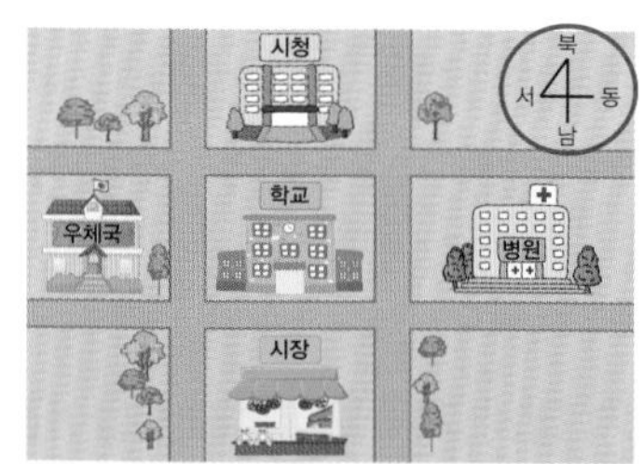

(1) 위 자료를 보고 ㉠~㉢에 들어갈 장소를 쓰시오.

> 학교를 중심으로 병원은 동쪽, (㉠)은 서쪽, (㉡)은 남쪽, (㉢)은 북쪽에 있다.

㉠: ( ) ㉡: ( ) ㉢: ( )

(2) 위 자료에서 ◯ 표시한 요소가 없을 때, 방위를 알 수 있는 방법을 쓰시오.

03 다음 지도를 보고, 물음에 답하시오.

(가)

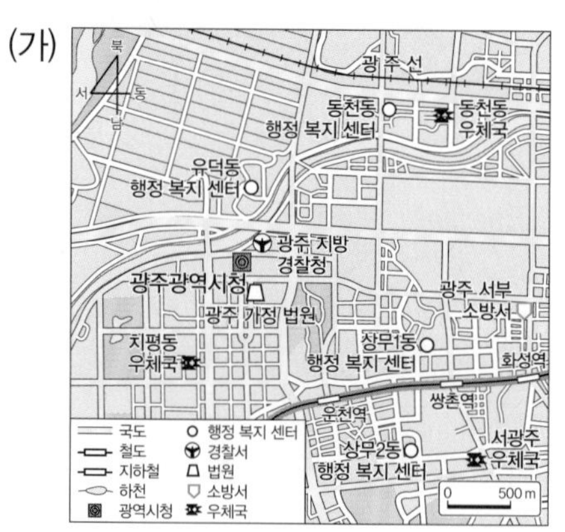

(나)

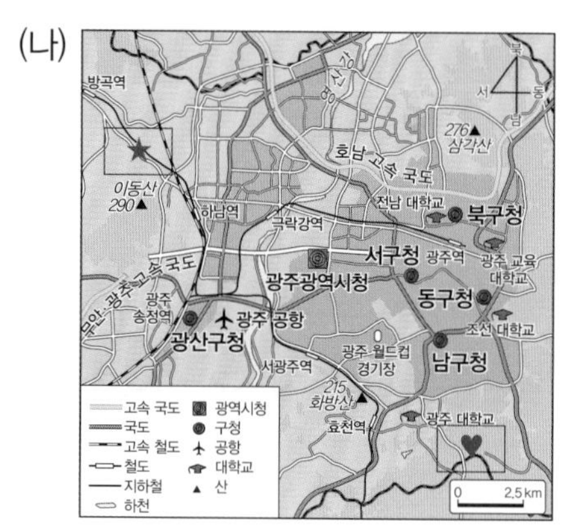

(1) 위 지도를 보고 ㉠, ㉡에 들어갈 알맞은 수를 쓰시오.

> (가) 지도에서 1 cm는 실제로 (㉠) m이고, (나) 지도에서 1 cm는 실제로 (㉡) km이다.

㉠: ( ) ㉡: ( )

(2) (나) 지도에서 ★ 부분과 ♥ 부분의 높이를 비교하여 설명하시오.

04 다음 지도를 보고, 물음에 답하시오.

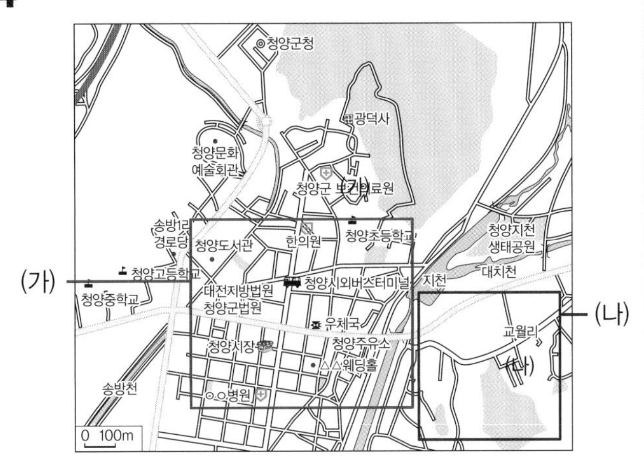

(1) (가), (나) 중 중심지에 해당하는 지역의 기호를 쓰시오.

( )

(2) (가)와 (나) 지역의 차이점을 한 가지 쓰시오.

____

____

05 다음 자료를 보고, 물음에 답하시오.

구분	위치	특징
행정의 중심지	홍성군	행정 관련 일 처리를 위해 사람들이 모임.
(㉠)의 중심지	천안시	필요한 것을 사기 위해 사람들이 모임.
산업의 중심지	아산시	회사나 공장에서 일하기 위해 사람들이 모임.
관광의 중심지	부여군	㉡

(1) 위의 ㉠에 들어갈 알맞은 말을 쓰시오.

( )

(2) 위의 밑줄 친 ㉡에 들어갈 알맞은 말을 쓰시오.

____

____

06 다음은 중심지 답사 순서를 나타낸 것입니다. 물음에 답하시오.

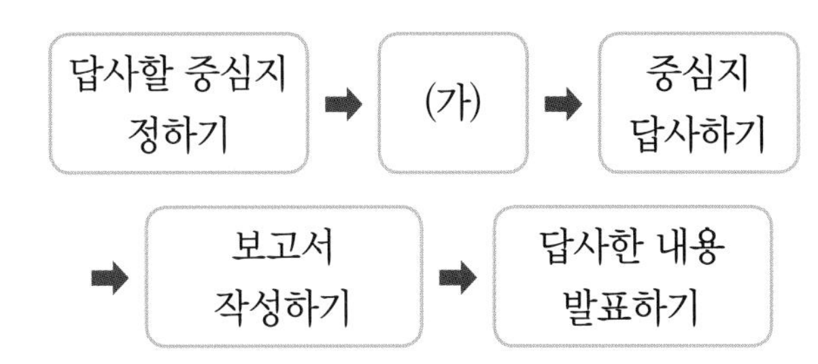

(1) 다음은 (가) 단계를 진행하며 작성한 것입니다. ㉠~㉣에 들어갈 알맞은 말을 쓰시오.

답사 (㉠)	우리 지역 행정 중심지 알아보기		
답사 (㉡)	경상북도청	답사 날짜	20△△년 △월 △△일
답사 내용	• 도청에서 하는 일은? • 도청의 위치는? • 행정 중심지의 모습은?		
답사 방법	사진 찍기, 설문 조사하기, 면담하기		
역할	• 승인: 설문 조사 준비 • 채빈: 도청 직원 면담 • 은영: 행정 중심지 모습 사진 찍기		
(㉢)	설문지, 필기도구, 카메라, 지도		
주의할 점	• (㉣)과 함께 가기 • 답사할 곳에 미리 연락해 놓기 • 사진 찍기 전에 허락받기 • 안전사고에 유의하기		

㉠: ( ) ㉡: ( )
㉢: ( ) ㉣: ( )

(2) '중심지 답사하기' 단계에서 할 수 있는 활동은 무엇인지 쓰시오.

____

____

1 단원

수행 평가

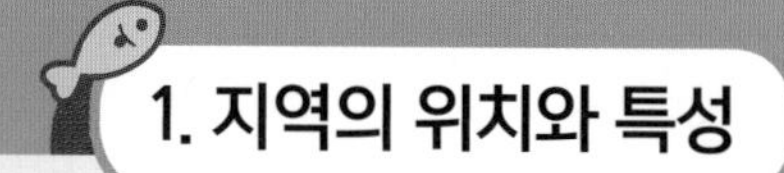

학습 주제 지도의 구성 요소

학습 목표 지도에 표시된 다양한 구성 요소를 이해할 수 있다.

[1~3] 다음 지도를 보고, 물음에 답하시오.

방위표: 방향의 위치, 동서남북의 방향으로 나타냄.

등고선: (㉡)이(가) 같은 곳을 연결하여 땅의 높낮이를 나타냄.

(㉠): 지도에 쓰인 기호와 그 뜻을 나타냄.

(㉢): 지도에서 실제 거리를 줄인 정도

1 ㉠~㉢에 들어갈 알맞은 말을 쓰시오.

㉠: ( ) ㉡: ( ) ㉢: ( )

2 위 지도에서 ㉢이 필요한 이유를 쓰시오.

3 위 지도를 보고 알 수 있는 사실을 두 가지 쓰시오.

학습 주제 중심지의 의미와 특징

학습 목표 중심지의 의미와 특징에 대해 알 수 있다.

[1~3] 다음은 경상북도 청송에 사는 현웅이가 중심지와 중심지가 아닌 곳을 비교한 것입니다. 물음에 답하시오.

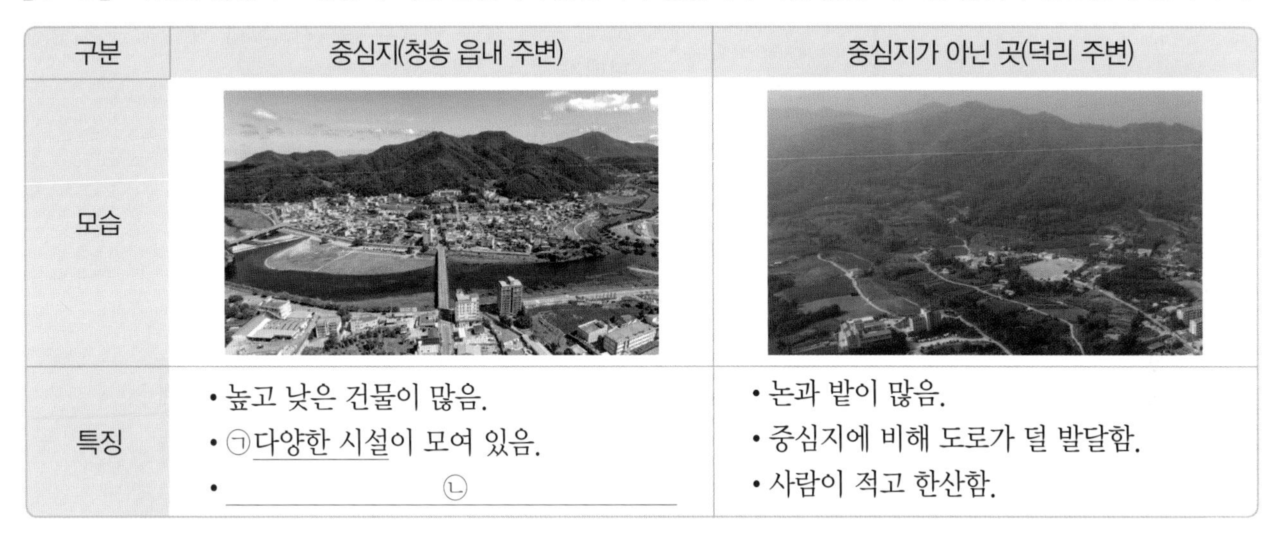

구분	중심지(청송 읍내 주변)	중심지가 아닌 곳(덕리 주변)
모습		
특징	• 높고 낮은 건물이 많음. • ㉠다양한 시설이 모여 있음. • ______㉡______	• 논과 밭이 많음. • 중심지에 비해 도로가 덜 발달함. • 사람이 적고 한산함.

1

다음은 ㉠에 해당하는 것과 그에 대한 설명입니다. 알맞은 것끼리 선으로 연결하시오.

(1) 군청 •   • ㉠ 아픈 곳을 치료하기 위해 찾아가는 곳

(2) 병원 •   • ㉡ 행정 업무를 처리하기 위해 찾아가는 곳

(3) 버스 터미널 •   • ㉢ 다른 지역으로 이동하는 버스를 이용하기 위해 찾아가는 곳

2

위의 ㉡에 들어갈 중심지의 특징을 한 가지 쓰시오.

3

우리 지역의 중심지는 어디인지 찾아보고, 그곳에서 볼 수 있는 시설과 그곳의 특징을 쓰시오.

1 우리 지역의 문화유산

1. 우리 지역의 문화유산 알아보기

(1) 문화유산: 예로부터 내려오는 문화 중에 후손들에게 물려줄 만한 가치가 있는 것을 말합니다.

(2) 문화유산의 종류

유형 문화유산	건축물, 책, 탑, 종과 같이 형태가 있는 문화유산
무형 문화유산	노래, 춤과 같은 예술과 줄타기, 모시 짜기 같은 기술처럼 형태가 없는 문화유산

(3) 사진으로 보는 문화유산

양양 진전사지 삼층 석탑

강릉 농악

상원사 동종

삼화사 수륙재

제왕운기

강원특별자치도

정선 아리랑

2. 우리 지역의 문화유산 조사하기

(1) 조사 계획하기: 조사 목적 정하기, 조사할 문화유산 정하기, 조사하고 싶은 내용 파악하기, 조사 방법 및 역할 정하기, 준비물 및 주의할 점 알아보기 등의 내용이 들어가도록 조사 계획을 세웁니다.

사람도 문화유산이 될 수 있나요?

중요 무형 문화유산 기능·예능 보유자, 전통문화를 재현할 수 있는 능력을 지닌 사람들을 인간 문화유산으로 지정하고 있습니다.

세계 유산

- 유네스코(UNESCO)에서는 인류 전체를 위하여 보호되어야 할 뛰어난 문화유산을 세계 유산, 인류 무형 문화유산, 세계 기록 유산으로 등재하고 보호하고 있습니다.
- 우리나라의 석굴암, 종묘, 아리랑, 판소리, 훈민정음 등이 여기에 속합니다.

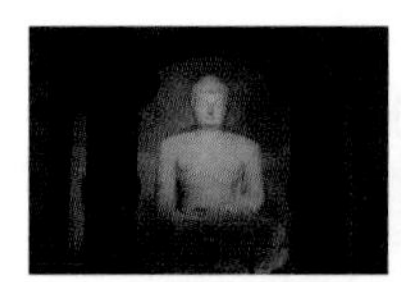

석굴암

종묘

판소리

낱말 사전

모시 예로부터 여름철 전통 옷을 만드는 데 사용되는 옷감

유네스코 교육, 과학, 문화 등의 분야에서 이해와 협력을 통해 세계 평화와 인류 발전을 위하는 기구

개념 확인 문제

정답과 해설 38쪽

1 예로부터 내려오는 문화 중에 후손들에게 물려줄 만한 가치가 있는 것을 (   )(이)라고 합니다.

2 문화유산에 대한 설명으로 옳은 것에 ○표, 옳지 않은 것에 ×표 하시오.

(1) 사람은 문화유산이 될 수 없습니다. (   )

(2) 문화유산은 형태가 있는 유형 문화유산과 형태가 없는 무형 문화유산으로 나눌 수 있습니다. (   )

3 노래, 춤과 같은 예술과 줄타기, 모시 짜기 같은 기술은 (   ) 문화유산에 해당합니다.

(2) 문화유산을 조사하는 방법

문헌(책, 문서, 기록물) 조사	인터넷 검색

• 조사 방법: 도서관에서 문화유산에 관련된 책을 찾아봄. • 좋은 점: 시간이 절약되고 정리가 잘 된 자료를 얻을 수 있음.	• 조사 방법: 검색창을 이용하거나 관련 기관의 누리집을 방문함. • 좋은 점: 언제, 어디서나 정보를 찾을 수 있고 사진과 영상 자료가 풍부함.
면담	**답사, 현장 체험**

• 조사 방법: 문화유산을 자세히 알고 있는 분을 직접 만나서 이야기를 나눔. • 좋은 점: 질문과 대화를 통해 자세한 정보를 얻을 수 있음.	• 조사 방법: 박물관, 유형 문화유산을 직접 찾아가거나 무형 문화유산을 체험함. • 좋은 점: 직접 가서 보고 조사하여 생생한 정보를 얻음.

(3) 우리 지역의 문화유산 답사하기

답사할 문화유산 정하기 → 문화유산 사전 조사하기 → 답사 계획 세우기 → 답사하기 → 답사 보고서 작성하기

문화재청과 관련된 누리집

- 국가문화유산포털 (www.heritage.go.kr)

검색창에 '국가문화유산포털'을 입력하고 누리집에 방문하면 우리 지역, 우리나라 문화유산을 쉽게 찾아볼 수 있습니다.

- 어린이 · 청소년 문화재청 (kids.cha.go.kr)

초등학생 이상을 대상으로 한 문화유산 관련 학습 내용과 다양한 문화유산을 찾아보고 학습할 수 있습니다.

면담할 때 주의할 점

- 약속한 시간을 지킵니다.
- 질문을 미리 준비합니다.
- 예의바른 태도로 임합니다.
- 필요한 경우 허락을 받고 녹음을 할 수 있습니다.

2 단원

4 **문화유산 조사 방법에 대한 설명을 바르게 연결하시오.**

(1) 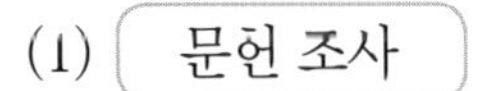 문헌 조사 •　　• ㉠ 박물관에 직접 찾아가 문화유산을 공부합니다.

(2) 인터넷 검색 •　　• ㉡ 문화재청 누리집에서 문화유산을 검색합니다.

(3) 답사 •　　• ㉢ 도서관에서 문화유산과 관련된 책을 찾아봅니다.

5 **문화유산 조사 방법 중 문화유산을 자세히 알고 있는 분을 직접 만나 이야기를 나누는 것을 (　　　　)(이)라고 합니다.**

낱말 사전

문헌 옛날의 일들을 아는 데 증거가 되는 자료나 기록

면담 알고 싶은 내용을 얻기 위해 얼굴을 마주하고 이야기하는 것

문화재청 문화유산 보존, 관리, 활용, 조사, 연구에 관한 일을 하는 정부 행정 기관

문화유산 안내도 만드는 방법

주제 정하기
↓
자료 정리하기
↓
백지도에 지역 표시하기
↓
문화유산 사진 붙이고 설명 글 쓰기
↓
제목을 쓰고 소개할 자료 배치하기
↓
소개할 자료의 위치 나타내기

우리 지역 문화유산 소개 자료를 만들면 어떤 좋은 점이 있을까요?

- 소개 자료를 만들고 소개하는 과정에서 문화유산에 대해 더 잘 알 수 있습니다.
- 친구들과 다양한 경험을 공유할 수 있습니다.
- 우리 지역 및 우리나라에 대한 자긍심과 문화유산의 소중함을 느낄 수 있습니다.

3. 우리 지역 문화유산 소개 자료 만들기

(1) 문화유산 소개 자료: 포스터, 소개 책자, 안내도, 영상, 모형 만들기, 만화 그리기 등이 있습니다.

포스터

소개 책자

안내도

영상

(2) 문화유산 소개 자료의 특징

구분	특징
포스터	문화유산의 특징, 가치, 우수성을 소개하는 짧은 글과 함께 사진이나 그림이 있음.
소개 책자	주제에 따라 한 가지 문화유산을 자세하게 소개하거나 다양한 문화유산을 한 번에 소개할 수 있음.
안내도	지도를 활용하여 지역에 있는 중요한 문화유산의 위치, 분포, 특징을 알려 줌.
영상	주제에 맞는 장면과 효과를 사용하여 흥미와 이해를 높임.
모형 만들기	종이나 찰흙, 철사 등을 이용하여 모형을 직접 만들며 문화유산을 더 자세히 공부할 수 있고 전시를 할 수 있음.

낱말 사전

안내도 알리고 싶은 내용을 자세하고 보기 쉽게 나타낸 지도

백지도 정보를 쓰기 위한 기본 지도로 대륙, 섬, 강, 나라 등의 윤곽만 그린 지도

개념 확인 문제

정답과 해설 38쪽

6 우리 지역 문화유산 소개 자료로 포스터를 만들려고 할 때 옳은 것에 ○표, 옳지 않은 것에 ×표 하시오.

(1) 문화유산의 특징을 최대한 자세하고 길게 씁니다. ( )

(2) 문화유산의 특징과 가치를 알리는 짧은 글을 사진이나 그림과 함께 나타냅니다. ( )

7 우리 지역 문화유산을 소개하는 자료 중 문화유산의 위치, 분포, 특징을 알리는 데 (   )을/를 사용할 수 있습니다.

4. 우리 지역 문화유산 보호하기

(1) 문화유산을 소중히 여겨야 하는 까닭

① 우리 조상들에게 물려받았기 때문입니다.
② 우리 후손들에게 물려주어야 하기 때문입니다.
③ 문화유산에는 우리 조상들의 정신이 담겨 있기 때문입니다.
④ 문화유산에는 우리의 역사가 담겨 있기 때문입니다.

(2) 문화유산을 보호하는 다양한 노력

국가가 하는 일	• 문화유산을 보호하는 기관을 세움. • 문화유산을 보호하는 법을 만듦.
지역 사회가 하는 일	• 문화유산을 알리는 축제를 엶. • 박물관을 만들거나 보호하는 방법을 마련함.
시민이 하는 일	• 문화재 지킴이 활동을 함. • 문화유산 관람 규칙을 잘 지킴.

(3) 우리가 실천할 수 있는 일

① 문화유산을 소중하게 여기며 아낍니다.
② 문화유산에 관심을 갖고 자세하게 공부합니다.
③ 문화유산을 자랑스럽게 생각하고 널리 알립니다.
④ 문화유산을 체험하거나 답사할 때 규칙을 잘 지킵니다.

(4) 유네스코에 등재되는 우리 지역 문화유산

① 유네스코에 세계 유산, 인류 무형 문화유산, 세계 기록 유산으로 지정이 되면 많은 관심과 지원을 받을 수 있습니다.
② 어느 지역의 문화유산이 유네스코에 등재되면 그 지역을 넘어 우리나라 전체에 큰 이익을 줍니다.

우리나라에 없는 우리 문화유산

- 신라인의 미소로 잘 알려진 얼굴무늬 수막새는 일제 강점기에 일제가 가져갔다가 1972년 국립경주박물관에 기증하였습니다.
- 이외에도 해외 약 22개국에 20만점이 넘는 우리나라 문화재가 흩어져 있습니다.

문화재 지킴이

우리의 소중한 문화재를 지키고 보존하기 위해 시민의 자발적 활동으로 봉사하는 운동입니다.

유네스코에 등재된 문화유산을 안내하는 곳

어린이 · 청소년 문화재청 누리집

2 단원

8 문화유산을 소중히 여겨야 하는 까닭은 우리 (　　　　)들의 정신이 담겨 있고 우리의 역사가 담겨 있기 때문입니다.

9 어린이들이 문화유산을 보호하기 위해 할 수 있는 일로 옳은 것에 ○표, 옳지 않은 것에 ×표 하시오.

(1) 문화유산을 보호하는 법을 만듭니다. (　　)
(2) 문화유산을 체험하거나 답사할 때 규칙을 잘 지킵니다. (　　)

낱말 사전

수막새　지붕 기왓골(기와 지붕에 빗물이 고이지 않고 흐르도록 한 부분) 끝에 사용된 기와

실전 문제

01 다음 대화의 (　　) 안에 들어갈 알맞은 말은 무엇입니까? (　　　)

책, 건축물, 탑처럼
형태가 있는 문화유산을 (　　)
문화유산이라고 해요.
윤수가
정확히 알고 있구나.

① 유형　② 무형　③ 인간
④ 지역　⑤ 체험

02 다음 보기에서 무형 문화유산에 해당하는 것을 모두 찾아 기호를 쓰시오.

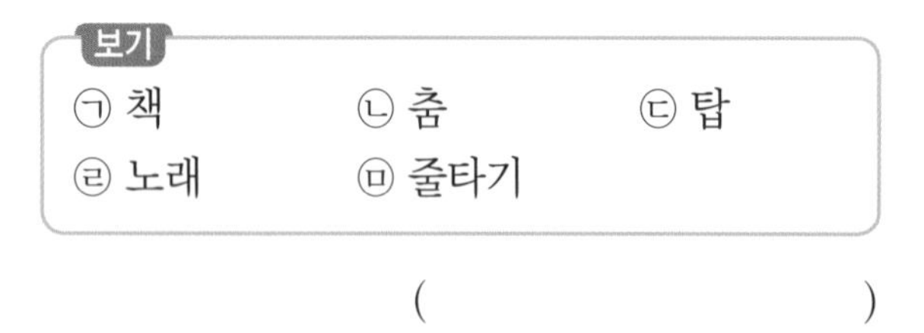

보기
㉠ 책　㉡ 춤　㉢ 탑
㉣ 노래　㉤ 줄타기

(　　　　　　　　　)

03 다음 중 유네스코가 세계 유산으로 지정한 우리나라 문화유산이 아닌 것은 무엇입니까? (　　　)

①

종묘

②

판소리

③

석굴암

④

시청

04 다음과 같이 문화유산을 조사하는 방법은 무엇입니까? (　　　)

① 관찰　② 체험　③ 면담
④ 문헌 조사　⑤ 인터넷 검색

05 다음과 같은 방법으로 문화유산을 조사하면 좋은 점으로 알맞은 것은 어느 것입니까? (　　　)

① 시간과 비용이 많이 든다.
② 문화유산을 직접 만져 볼 수 있다.
③ 언제, 어디서나 정보를 찾을 수 있다.
④ 잘못된 정보를 쉽게 구별하기 어렵다.
⑤ 문화유산을 조사하면서 인터넷 게임을 할 수 있다.

06 문화유산 답사를 할 때 주의해야 할 점을 바르게 말한 사람은 누구인지 쓰시오.

진우: 쓰레기를 함부로 버려도 돼.
혜원: 박물관에서는 질서를 지키며 행동해야 해.
도영: 모든 문화유산은 직접 만지면서 체험해도 돼.

(　　　　　　　　　)

07 다음과 같은 문화유산 안내도를 만들려고 할 때 가장 먼저 해야 할 일은 무엇입니까? (　　　)

전북특별자치도 문화유산 안내도

① 주제 정하기
② 검토하고 완성하기
③ 문화유산 사진과 설명 넣기
④ 백지도에 문화유산이 있는 지역 표시하기
⑤ 유형, 무형 문화유산별로 색을 다르게 표시하기

08 다음과 같이 문화유산 소개 자료를 만들 때 좋은 점으로 알맞지 않은 것은 어느 것입니까? (　　　)

포스터

소개 책자

① 우리 지역이 자랑스러워진다.
② 문화유산의 가격을 알 수 있다.
③ 문화유산을 더 소중히 여기게 된다.
④ 소개 자료를 만들고 발표하는 과정에서 더 깊이 배울 수 있다.
⑤ 문화유산 소개 자료를 만들며 친구들과 다양한 경험을 공유할 수 있다.

09 영상으로 문화유산 소개 자료를 만들 때 주의해야 할 점은 어느 것입니까? (　　　)

① 유명한 연예인을 등장시켜야 한다.
② 문화유산을 집에 가져와서 촬영한다.
③ 최대한 복잡하고 어렵게 느껴지게 한다.
④ 소개하고자 하는 주제가 잘 드러나도록 한다.
⑤ 다른 사람이 만든 자료를 내 것처럼 발표한다.

10 우리 지역 문화유산을 보호해야 하는 까닭으로 알맞지 않은 것은 무엇입니까? (　　　)

① 조상들에게 물려받았기 때문에
② 민족의 정신이 담겨 있기 때문에
③ 우리의 역사가 담겨 있기 때문에
④ 후손들에게 잘 물려주어야 하기 때문에
⑤ 문화유산을 판매하여 많은 돈을 벌 수 있기 때문에

2 단원

11 다음 (　　) 안에 들어갈 알맞은 말을 쓰시오.

> 소중한 문화재를 보호하기 위해 자발적으로 문화재를 홍보하고, 문화재 주변을 청소하는 등의 봉사 활동을 하는 사람들이나 그러한 활동을 (　　　　)(이)라고 한다.

(　　　　　　　　)

12 문화유산을 보호하기 위해 우리가 평소에 실천할 수 있는 것을 보기에서 모두 골라 기호를 쓰시오.

> 보기
> ㉠ 문화유산을 소중하게 여기며 아낀다.
> ㉡ 문화재청과 같은 기관을 직접 만든다.
> ㉢ 문화유산을 답사할 때 규칙을 잘 지킨다.
> ㉣ 인류를 위해 세계 문화 유산으로 지정한다.

(　　　　　　　　)

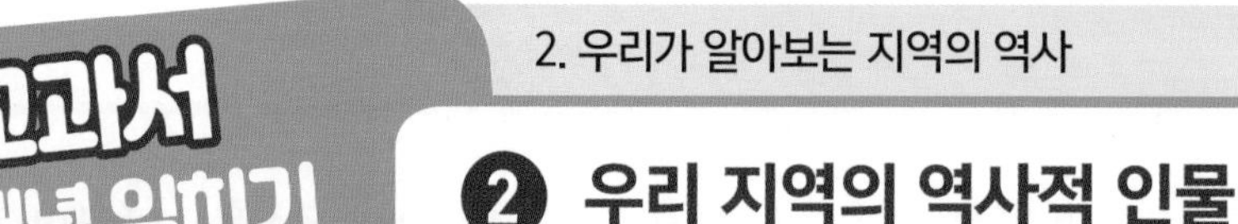

② 우리 지역의 역사적 인물

1. 우리 지역의 역사적 인물 알아보기

(1) 역사적 인물

① 우리나라 역사에 큰 획을 그은 인물입니다.

② 훌륭한 일을 통해 나라를 발전시키거나 위기를 극복하는 데 중요한 역할을 하였습니다.

③ 탁월한 예술 작품을 남기거나 많은 사람들을 도왔습니다.

(2) 우리나라 지역별 역사적 인물의 예

세종(서울)	이순신(아산)
• 조선 시대의 4대 임금 • 훈민정음을 창제하고, 과학 기술, 문화, 국방 등에서 업적을 남김.	• 조선 시대의 무신 • 임진왜란 때 조선의 수군을 이끌어 탁월한 전략과 전술로 적군을 물리침.
신사임당(강릉)	**김만덕(제주)**
 • 조선 시대의 서화가 • 초충도, 자리도(어하도) 등의 그림을 포함하여 다양한 예술 작품을 남김.	 • 조선 시대의 상인 • 전 재산을 풀어 굶주림으로 죽어가던 제주도 백성들을 구함.

지역의 역사적 인물

- 지역의 역사나 지역 사람들이 살아온 삶과 관련이 있습니다.
- 현재 지역의 특징 및 사람들의 생활과도 관련이 있습니다.

지역의 역사적 인물과 관련된 문화유산

인물	문화유산
정약용	다산초당(전라남도 강진) – 정약용이 유배 생활을 한 곳
이황	도산 서원(경상북도 안동) – 이황이 제자를 가르치던 곳에 세워진 교육 기관
문익점	문익점 묘(경상남도 산청)

낱말 사전

무신 군사로서 나라를 지키는 일에 관련된 왕의 신하

서화가 글씨를 잘 쓰고 그림을 잘 그리는 사람, 또는 그런 일을 직업으로 하는 사람

다산 정약용의 호 중 하나로, 호는 이름 외에 편하게 부를 수 있도록 지은 별칭임.

개념 확인 문제

정답과 해설 39쪽

1 **(   )적 인물이란 훌륭한 일을 통해 나라를 발전시키거나 위기를 극복하는 데 중요한 역할을 한 사람입니다.**

2 **역사적 인물에 대한 설명으로 옳은 것에 ○표, 옳지 않은 것에 ×표 하시오.**

(1) 방법을 가리지 않고 재산을 많이 모아 이름을 널리 알리면 역사적 인물이 될 수 있습니다. (   )

(2) 훈민정음을 창제하고 과학 기술, 문화, 국방에서 큰 업적을 남긴 세종은 역사적 인물입니다. (   )

2. 우리 지역의 역사적 인물 조사 계획 세우기

(1) 우리 지역의 역사적 인물 정하기 예 경기도 남양주시에서 탄생한 정약용

(2) 역사적 인물과 관련하여 떠오르는 내용을 적거나(브레인스토밍) 적은 내용을 생각지도(마인드맵)로 만들기

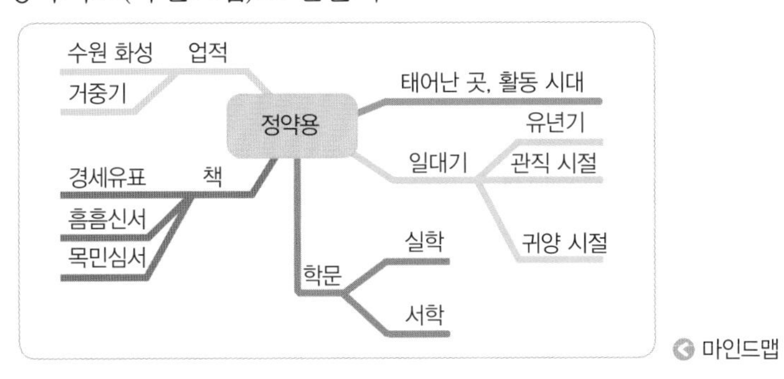

마인드맵

(3) 더 알아보고 싶은 내용을 정리하여 주제 정하기 예 다산 정약용의 공부와 실천

(4) 조사를 위한 방법과 모둠 역할 정하기

(5) 조사 계획서 만들기

역사적 인물	다산 정약용
주제	다산 정약용의 공부와 실천
조사 방법	• 도서관에서 위인전, 백과사전 찾아 읽기 • 인터넷 검색으로 자료 찾기 • 다산 문화관 답사하기
조사 내용	정약용의 일생과 업적
모둠 역할	• 인호: 정약용의 일대기 조사 • 승아: 수원 화성과 거중기 사진, 영상 자료 준비 • 라임: 정약용과 관련하여 방문할 만한 장소 찾아보기
주의할 점	• 사용하는 자료의 출처를 밝히기 • 친구들과 함께 의견을 나누며 계획 세우기

브레인스토밍과 마인드맵

- 브레인스토밍: 모둠 회의를 할 때 편안한 마음으로 생각나는 아이디어를 꺼내는 것을 말합니다.
- 마인드맵: 주제를 중심으로 내용을 연결하여 지도를 그리듯 나타내는 것을 말합니다.

우리 지역 역사적 인물을 찾는 방법

- 시청, 도청을 방문하여 문의할 수 있습니다.
- 시청, 도청 누리집이나 검색창을 활용합니다.
- 부모님이나 마을 회관의 어른께 여쭤봅니다.

2 단원

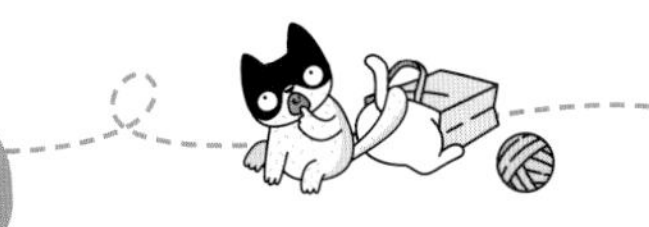

3 우리 지역의 역사적 인물을 조사하며 그 인물에 대해 더 알아보고 싶은 내용을 정리하여 (주제 , 느낀 점)을/를 정합니다.

4 다음 (   ) 안에 들어갈 알맞은 단어를 쓰시오.

( )에 들어갈 내용	역사적 인물	주제
	조사 방법	조사 내용
	모둠에서 역할	주의할 점

낱말 사전

수원 화성 조선 시대 정조 때 지은 수원시의 성곽 건축물로 사전 계획하에 만들어진 계획 도시

거중기 조선 시대 무거운 물건을 들어 올리던 기계로, 수원 화성을 건설할 때, 실학자 정약용이 도르래의 원리를 이용하여 만듦.

조사 계획서, 보고서, 소개 자료 만들기의 의미

종류	의미
조사 계획서	조사 방향과 내용이 있어 효과적으로 조사할 수 있음.
조사 보고서	조사한 내용과 느낀 점을 정리할 수 있음.
소개 자료	조사한 내용을 다른 사람들에게 알기 쉽게 전하며 이해를 도움.

조사 보고서 예시

주제	다산 정약용의 공부와 실천
기간	20△△년 △△월 △△일 ~ △△월 △△일
모둠원	배인호, 정승아, 서재민, 김라임
조사 방법	도서관에서 책과 자료 찾기, 인터넷 검색하기
알게 된 점	정약용이 쓴 책의 종류와 내용, 수원 화성을 건축한 거중기의 특징
느낀 점	끊임없이 공부한 내용을 사람들을 위하여 사용한 점이 훌륭하다.

3. 우리 지역의 역사적 인물 조사하기

(1) 역사적 인물을 조사하는 방법

방법	내용
인터넷 검색	• 인물을 검색하거나 인물과 관련된 누리집에서 다양한 정보를 얻을 수 있음. • 시간과 공간의 제한 없이 쉽게 찾을 수 있음.  누리집에서 인물 검색
책이나 기록물 찾기	도서관에서 조사하고자 하는 인물의 위인전이나 백과사전을 살펴보며 인물의 인생과 업적을 자세히 살펴볼 수 있음.  위인전  백과사전
현장 체험	• 역사적 인물이 살았던 곳이나 전시관을 방문하여 문화유산을 직접 볼 수 있음. • 문화 관광 해설사로부터 역사적 인물에 대한 이야기를 들을 수 있음.  다산 초당  다산 문화관

(2) 조사 보고서 만들기

① 조사 계획을 세워 필요한 방법으로 조사를 마친 뒤 정리하는 보고서를 만듭니다.

② 조사 보고서에 들어갈 내용: 조사 인물, 조사 주제, 조사 방법, 조사 내용, 느낀 점, 더 알고 싶은 점

낱말 사전

전시관 어떤 물품을 전시할 목적으로 세운 건물

문화 관광 해설사 관광객들에게 문화유산 등을 재미있고 알기 쉽게 설명해 주는 전문 해설사

개념 확인 문제

정답과 해설 39쪽

5 역사적 인물이 살았던 곳이나 전시관을 직접 방문하여 역사적 인물을 조사하는 방법은 (현장 체험 , 인터넷 검색)입니다.

6 역사적 인물을 조사하는 방법으로 옳은 것에 ○표, 옳지 않은 것에 ×표 하시오.

(1) 역사적 인물이 살았던 곳이나 전시관을 방문합니다. ( )

(2) 인터넷 검색으로 시간과 공간의 제한 없이 정보를 얻습니다. ( )

4. 우리 지역의 역사적 인물 소개하는 자료 만들기

(1) 역사적 인물을 소개하는 자료 만들기

뉴스	주제에 알맞은 내용을 기자가 취재하거나 아나운서와 인터뷰하는 상황으로 만들어 봄.
역할극	소개하고 싶은 내용을 등장인물과 주고받는 대사, 행동을 통해 표현함.
만화	인물을 흥미롭게 소개할 수 있는 그림과 대사를 적절히 구성하여 나타냄.
노래	인물의 성장 과정과 업적을 널리 알려진 노래 가사로 만들어 봄.

(2) 소개 자료 예 가상 뉴스

아나운서: 경기도 남양주시에서 다산 정약용 탄생 △△△주년을 맞아 다양한 행사를 진행한다고 합니다.
리포터: 정약용 선생님의 후손과 문화 관광 해설사를 모시고 인터뷰를 해 보도록 하겠습니다.

5. 소개 자료를 발표하며 함께 공부하기

(1) 발표를 경청하며 알게 된 점 정리하기
(2) 발표를 들으며 궁금한 점을 적어 두었다가 질문하기
(3) 발표자는 질문을 듣고 조사한 내용을 바탕으로 대답하기

6. 우리 지역의 역사적 인물을 조사하고 소개하며 배우는 점

(1) 우리 지역에 대한 자긍심을 느낄 수 있습니다.
(2) 우리나라 역사에 대해 배울 수 있습니다.
(3) 모둠 활동을 하며 협동하는 자세를 배울 수 있습니다.

소개 자료 평가하기

소개 활동 후 정해진 기준에 맞추어 평가해 봅니다.

> 스스로 평가하기

기준	평가		
활동에 성실히 참여하였다.	◎	○	△
지역의 역사적 인물과 업적을 알게 되었다.	◎	○	△
우리 지역에 자부심을 갖게 되었다	◎	○	△

> 서로 평가하기

기준	평가		
모둠이 서로 역할을 나누어 성실히 활동했다.	◎	○	△
소개 자료가 주제를 잘 나타내었다.	◎	○	△
이해하기 쉽게 발표하였다.	◎	○	△

7 지역의 역사적 인물을 소개하는 자료를 만드는 방법 중 (   )은/는 소개하고 싶은 내용을 등장인물과 주고받는 대사, 행동을 통해 표현합니다.

8 우리 지역의 역사적 인물을 학습하며 배우는 점으로 옳은 것에 ○표, 옳지 않은 것에 ×표 하시오.

(1) 우리 지역에 대한 자긍심을 느낍니다. (   )
(2) 우리나라 역사에 대해 배울 수 있습니다. (   )
(3) 미래 사람들의 생활 모습을 알 수 있습니다. (   )
(4) 모둠에서 역할을 함께 수행하며 협동하는 자세를 배웁니다. (   )

낱말 사전

역할극 몇몇 사람들이 주어진 상황에서 특정한 역할을 맡아 연기하는 것

업적 어떤 사람이 이루어낸 일이나 성과

실전 문제

01 다음에서 설명하는 것은 무엇인지 쓰시오.

- 우리나라 역사에 큰 획을 그은 인물이다.
- 탁월한 예술 작품을 남기거나 많은 사람들을 도왔다.
- 훌륭한 일을 통해 나라를 발전시키거나 위기를 극복하는 데 중요한 역할을 하였다.

( )

02 다음에서 설명하는 역사적 인물은 누구입니까? ( )

서울에서 태어나 어린 시절에는 충청남도 아산에서 주로 생활하였다. 임진왜란이라는 나라의 위기를 극복하는 데 큰 역할을 하였다.

① 세종 ② 이순신
③ 장영실 ④ 김만덕
⑤ 신사임당

03 지역의 역사적 인물을 조사하기 위한 계획서에 들어갈 내용으로 알맞은 것은 어느 것입니까? ( )

① 소개 자료를 만드는 방법
② 선정한 역사적 인물과 주제
③ 모둠 친구들과 협력하며 느꼈던 점
④ 조사를 마친 결과와 더 알고 싶은 점
⑤ 역사적 인물이 태어난 곳을 방문한 소감

04 다음 보기에서 우리 지역의 역사적 인물을 조사하는 방법을 모두 골라 기호를 쓰시오.

보기
㉠ 인물의 이름을 인터넷에서 검색하기
㉡ 도서관에서 인물의 위인전 살펴보기
㉢ 역사적 인물의 업적을 뉴스로 만들기
㉣ 역사적 인물과 관련된 전시관 방문하기

( )

05 다음 내용에서 설명하는 조사 활동은 무엇입니까? ( )

역사적 인물이 살았던 곳이나 인물과 관련된 전시관을 방문하여 문화유산을 직접 보거나 문화 관광 해설사로부터 역사적 인물에 대한 이야기를 들을 수 있다.

① 현장 체험 ② 역할극 공연
③ 포스터 제작 ④ 인터넷 검색
⑤ 책으로 알아보기

06 인터넷 검색으로 역사적 인물을 조사하면 좋은 점으로 알맞지 않은 것은 어느 것입니까? ( )

① 직접 손으로 만지고 눈으로 볼 수 있다.
② 인물과 관련된 신문 기사를 찾아볼 수 있다.
③ 인물이 남긴 업적을 글과 사진으로 볼 수 있다.
④ 인터넷을 통해서 인물과 관련된 전시관을 살펴볼 수 있다.
⑤ 현장 체험을 가기 어려운 상황에서 다양한 정보를 컴퓨터에서 찾아볼 수 있다.

07 다음 ( ) 안에 들어갈 알맞은 말을 쓰시오.

> 예린이는 우리 지역의 역사적 인물을 현장 체험을 통해 조사하기로 하였다. 인물과 관련된 문화관에 가니 방문객들에게 문화유산, 역사적 인물에 대해 알기 쉽게 설명해 주는 분이 계셨다. 이러한 일을 해주시는 분들을 ( )(이)라고 부른다.

( )

08 다음과 같이 우리 지역의 역사적 인물을 소개하는 방법은 무엇입니까? ( )

동요: 퐁당퐁당	
퐁당퐁당 돌을 던지자 누나 몰래 돌을 던지자 냇물아 퍼져라 멀리멀리 퍼져라	남양주에 다산 정약용 목민심서 거중기 발명 백성을 위하는 실학을 연구해

① 뉴스 만들기
② 역할극 하기
③ 만화 그리기
④ 포스터 만들기
⑤ 노랫말 바꾸기

09 만화를 그려 지역의 역사적 인물을 소개할 때 주의할 점은 어느 것입니까? ( )

① 그림과 글로 인물의 업적을 잘 드러낸다.
② 재미를 위해 실제로 없었던 내용을 넣는다.
③ 인터넷에서 베낀 자료를 출처없이 사용한다.
④ 주변 인물에 대한 내용을 최대한 많이 넣는다.
⑤ 인물 소개보다 내 느낌을 많이 드러나게 한다.

10 우리 지역의 역사적 인물을 소개하는 시간에 알맞은 태도는 어느 것입니까? ( )

① 재미없게 느껴지면 크게 노래를 부른다.
② 친하지 않은 친구의 발표는 듣지 않는다.
③ 소개하는 모둠의 단점만 찾으며 적어본다.
④ 말을 잘 하는 사람만 혼자 준비하고 발표한다.
⑤ 발표를 들으면서 질문하고 싶은 내용을 적는다.

2 단원

11 우리 지역의 역사적 인물을 소개한 후 평가하는 방법에 대해 바르게 말한 사람의 이름을 두 명 쓰시오.

(,)

12 지역의 역사적 인물을 소개하는 활동을 한 후 느낀 점을 잘못 말한 사람은 누구입니까? ( )

① 진호: 친구들과 협동하는 방법을 배웠어.
② 아현: 우리 지역이 더 좋아지고 자랑스러워졌어.
③ 연우: 우리나라 역사에 대해서도 많이 알게 되었어.
④ 경서: 다른 지역에는 훌륭한 인물이 없다는 것을 알게 되었어.
⑤ 영배: 역사적 인물이 살았던 시대를 더 실감나게 알 수 있었어.

① 우리 지역의 문화유산

1 문화유산

의미	예로부터 내려오는 문화 중에 후손들에게 물려줄 만한 가치가 있는 것
종류	• (㉠): 건축물, 책, 탑, 종과 같이 형태가 있는 문화유산 • (㉡): 예술(노래, 춤)과 기술(줄타기, 모시 짜기)처럼 특정한 형태가 없는 문화유산

2 문화유산을 조사하는 방법

종류	조사 방법
문헌 연구	책 · 문서 · 기록물을 조사함.
인터넷 검색	검색창, 문화재청 누리집을 활용함.
(㉢)	우리 지역 문화유산을 소개해 줄 수 있는 분을 찾아 질문과 대화로 정보를 얻음.
답사, 현장 체험	박물관 또는 유형 문화유산을 찾아가거나(답사) 무형 문화유산을 경험(체험)함.

3 우리 지역의 문화유산 소개 자료 만들기

포스터	소개 책자	(㉣)	영상

4 우리 지역 문화유산 보호하기

보호할 이유	• 우리 조상들과 민족의 정신이 담겨 있기 때문임. • 문화유산에는 우리의 (㉤)가 담겨 있기 때문임.
실천할 일	• 문화유산을 소중하게 여기며 아끼기 • 관심을 갖고 자세하게 공부하기

② 우리 지역의 역사적 인물

1 역사적 인물

① 우리나라 역사에 큰 획을 그은 인물입니다.
② 훌륭한 일로 나라의 발전, 위기 극복에 중요한 역할을 한 인물, 탁월한 예술 작품을 남기거나 많은 사람들을 도운 인물입니다.

2 우리 지역의 역사적 인물 조사 계획 세우기

우리 지역의 역사적 인물 정하기 → 떠오르는 내용을 적거나 주제망 만들기 → 주제 정하기 → 조사 방법과 모둠 역할 정하기

3 우리 지역의 역사적 인물 조사하기

① (㉥): 검색창, 관련된 누리집에서 정보를 찾습니다.
② 책이나 기록물 찾기: 위인전, 백과사전, 관련 문서 조사 등
③ 현장 체험: 역사적 인물이 살았던 곳, 관련된 전시관을 방문하거나 문화 관광 해설사와 면담합니다.

4 우리 지역의 역사적 인물 소개하는 자료 만들기

뉴스	기자의 취재나 인터뷰로 만들어 볼 수 있음.
(㉦)	등장인물과 주고받는 대사, 행동 등으로 표현함.
만화 그리기	인물을 흥미롭게 소개할 수 있는 그림과 대사를 적절히 구성하여 나타냄.
(㉧)	인물의 성장 과정과 업적을 잘 알려진 노래의 가사를 바꾸어 표현할 수 있음.

5 우리 지역의 역사적 인물 조사하기

① 우리 지역에 대한 자긍심을 느낍니다.
② 역사적 인물이 살았던 시대를 알 수 있습니다.
③ 우리나라 역사에 대하여 배울 수 있습니다.

정답 ㉠ 유형 문화유산 ㉡ 무형 문화유산 ㉢ 면담 ㉣ 안내도 ㉤ 역사 ㉥ 인터넷 검색 ㉦ 역할극 ㉧ 노랫말 바꾸기

단원 정리 평가

2. 우리가 알아보는 지역의 역사

01 다음과 같이 형태가 있는 문화유산을 무엇이라 합니까?

- 제왕운기
- 상원사 동종
- 진전사지 삼층 석탑

( )

[02~03] 다음은 강원특별자치도에 있는 문화유산을 나타낸 것입니다. 물음에 답하시오.

02 다음 중 정선 아리랑과 같은 종류의 문화유산을 두 가지 고르시오. (,)

① 강릉 농악 ② 제왕운기
③ 상원사 동종 ④ 삼화사 수륙재
⑤ 진전사지 삼층 석탑

03 위 자료를 보고 알 수 있는 사실로 알맞은 것은 어느 것입니까? ( )

① 강원특별자치도에는 무형 문화유산만 있다.
② 전국 문화유산의 뿌리는 강원특별자치도이다.
③ 원주시에 가면 진전사지 삼층 석탑을 볼 수 있다.
④ 문화유산을 통해 강원특별자치도의 역사를 알 수 있다.
⑤ 제왕운기는 제주도에서 원주로 안전하게 옮겨졌다.

04 문화유산을 답사하며 조사하는 방법으로 알맞은 것은 어느 것입니까? ( )

① 생생한 정보를 위하여 계획 없이 방문한다.
② 문화유산을 손으로 만져 보고 두드려 본다.
③ 어느 지역에서 관광객이 많이 왔는지 조사한다.
④ 문화유산이 만들어진 시기, 이유를 조사한다.
⑤ 문화유산 주변에서 노래 공연을 하며 많은 사람들에게 알린다.

05 다음과 같은 방법으로 문화유산을 조사하면 좋은 점은 무엇입니까? ( )

① 자료 조사에 시간이 절약된다.
② 문화유산을 직접 보고 체험할 수 있다.
③ 언제든지 필요한 정보를 얻을 수 있다.
④ 인터넷을 이용해 자세한 정보를 얻을 수 있다.
⑤ 다양한 책을 통해 깊이 있는 정보를 찾을 수 있다.

06 다음과 같은 문화유산 조사 방법은 무엇인지 쓰시오.

- 궁금한 점을 직접 여쭈어볼 수 있다.
- 문화유산을 자세히 알고 있는 분을 만난다.

( )

07 문화유산을 알리는 포스터를 만들 때 들어갈 내용으로 알맞은 것은 어느 것입니까? ( )

① 문화유산의 가격
② 문화유산이 유명한 정도
③ 문화유산이 만들어진 시기
④ 문화유산을 좋아하는 사람의 이름
⑤ 문화유산을 제일 잘 알고 있는 사람

08 다음 문화유산 소개 자료에 대한 설명으로 알맞은 것은 어느 것입니까? ( )

전북특별자치도 문화유산 안내도

① 문화유산 동영상이 반복 재생된다.
② 문화유산의 별명이 모두 나와 있다.
③ 문화유산의 가치 순서를 알 수 있다.
④ 세계 모든 문화유산이 기록되어 있다.
⑤ 지역 문화유산의 위치와 특징을 알 수 있다.

09 문화유산을 소중히 여기고 보호해야 하는 까닭으로 알맞은 것을 두 가지 고르시오. (,)

① 팔아서 돈을 벌 수 있기 때문에
② 우리 조상들의 정신이 담겨 있기 때문에
③ 잘 보호하지 않으면 큰 벌을 받기 때문에
④ 우리나라와 그 지역의 역사가 담겨 있기 때문에
⑤ 오래 가지고 있으면 개인의 재산이 될 수 있기 때문에

10 문화유산을 보호하기 위해 우리가 할 수 있는 일을 바르게 말한 사람을 두 사람 고르시오.

재현: 문화유산 관람을 금지시키는 게 좋겠어.
은경: 문화유산을 아끼고 소중히 여기는 마음을 가져야겠어.
정배: 문화유산을 자랑스럽게 생각하고 널리 알려야겠어.
만호: 문화유산을 훼손하면 큰 벌을 받게 하는 법을 만들자.

(,)

11 다음과 같은 일을 하는 사람을 무엇이라고 하는지 쓰시오.

- 문화유산 주변을 깨끗하게 청소한다.
- 주위에 문화유산을 알리기 위해 노력한다.

( )

12 역사적 인물에 대한 설명으로 알맞지 않은 것은 어느 것입니까? ( )

① 지역마다 역사적 인물을 기념하고 있다.
② 우리나라 역사에 큰 획을 그은 인물이다.
③ 위인전에 나오는 인물은 역사적 인물로 볼 수 없다.
④ 지역의 역사적 인물은 그 지역 사람들의 생활과도 관련이 있다.
⑤ 뛰어난 업적을 쌓거나 훌륭한 일을 하여 오랜 세월에 걸쳐 알려졌다.

13 다음 내용과 같은 일을 한 역사적 인물을 보기에서 골라 이름을 쓰시오.

보기
- 세종
- 김만덕
- 신사임당

(1) 훈민정음을 창제하고, 과학 기술, 문화 등에서 업적을 남겼다. ( )
(2) 전 재산을 풀어 굶주림으로 죽어가던 제주도 백성들을 구하였다. ( )

14 우리 지역의 역사적 인물을 조사하는 방법을 바르게 짝지은 것은 어느 것입니까? ( )

㉠ 책으로 알아보기
㉡ 인터넷 검색으로 알아보기
㉢ 박물관이나 기념관 방문하기
㉣ 지도에서 우리 지역의 위치 찾기

① ㉠ ② ㉡, ㉢ ③ ㉢, ㉣
④ ㉠, ㉡, ㉢ ⑤ ㉠, ㉢, ㉣

15 다음과 같이 지역의 역사적 인물을 소개하는 방법은 무엇입니까? ( )

> 등장인물: 아나운서, 역사 교수
>
> 아나운서: 지금까지 다산 정약용 탄생 ○○○주년을 맞은 영상을 시청하셨습니다. 교수님. 다산 정약용 선생님께서 공부하신 실학은 어떤 학문입니까?
>
> 교수: 네, 이론적인 내용에 그치지 않고 사람들의 실제 생활에 도움을 줄 수 있는 학문입니다.

① 뉴스 만들기
② 포스터 그리기
③ 노랫말 바꾸기
④ 문화 관광 해설사 되어 보기
⑤ 역사적 인물 업적을 모은 동영상 만들기

16 정약용을 역할극으로 소개할 때 대본에 들어갈 내용으로 알맞은 것은 어느 것입니까? ( )

① 내가 즐겨 듣는 노래
② 신사임당의 어릴 적 이야기
③ 정약용이 백성들과 나누는 대화
④ 준비하면서 좋았던 친구들과의 추억
⑤ 다산 문화관을 방문할 수 있는 시간

17 우리 지역의 역사적 인물 소개 자료를 만들 때 주의해야 할 점으로 알맞은 것은 어느 것입니까? ( )

① 역사적 사실을 바탕으로 만든다.
② 인물의 잘못된 행동만 모아서 소개한다.
③ 발표의 재미를 위해 거짓도 넣을 수 있다.
④ 내 마음에 드는 부분만 집중적으로 소개한다.
⑤ 인물의 일생과 업적은 소개하지 않아도 된다.

18 우리 지역의 역사적 인물 소개를 준비할 때 바람직한 태도는 어느 것입니까? ( )

① 재미가 없으면 모둠 활동을 대충한다.
② 친구들과 대화 없이 모든 활동을 혼자 한다.
③ 모둠 친구들과 의견이 맞지 않을 때 계속 다툰다.
④ 내용을 적절히 요약하고 흥미롭게 자료를 준비한다.
⑤ 출처를 밝히지 않은 인터넷 자료를 최대한 사용한다.

2 단원

19 우리 지역의 역사적 인물을 소개하는 과정을 순서대로 기호를 쓰시오.

> ㉠ 인물을 소개하는 발표를 한다.
> ㉡ 질문과 대답을 마치고 스스로 또는 서로를 평가한다.
> ㉢ 모든 순서를 마친 뒤 친구들과 소감을 나누며 마무리한다.
> ㉣ 발표를 들으면서 궁금했던 점을 질문하거나 질문에 답한다.

(→ → →)

20 우리 지역의 역사적 인물 소개 활동 후 활동 소감으로 알맞지 않은 것은 어느 것입니까? ( )

① 도연: 모둠 친구들과 함께 활동해서 재미있었어.
② 민주: 역사적 인물에 대해 더 잘 알 수 있었어.
③ 진수: 우리 지역을 더 자랑스럽게 생각하게 되었어.
④ 정우: 우리 역사에 대해 더 자세히 공부할 수 있었어.
⑤ 지연: 옛날에 있었던 일을 배우는 건 아무런 의미가 없어.

서술형 문제

[01~02] 다음 신문 기사를 읽고, 물음에 답하시오.

○○ 일보

서울시는 광화문 광장을 조성하는 과정에서 오랫동안 묻혔던 문화재를 발견하였다. 조선 시대 거리의 흔적, 건축물의 구조를 알 수 있는 자취, 도자기 조각 등이 나타나 문화재를 보호하고 시민들에게 알릴 수 있는 다양한 방법을 마련하였다.

01 위 기사를 보고 ㉠, ㉡에 들어갈 조사 방법은 무엇인지 쓰시오.

> 선영: 내가 사는 곳이 광화문과 너무 멀어서 가기 힘드니 (㉠)을/를 통해 뉴스, 영상, 사진 등 다양한 정보를 찾아보아야겠다.
> 인호: 내 친구 어머니께서 문화재를 연구하는 일을 하신다고 들었는데 이번 주말에 찾아뵙고 (㉡)을/를 하면 좋겠다.

㉠: (　　　　　)　　㉡: (　　　　　)

02 위 1번 대화를 보고 인호가 문화유산을 조사하는 방법에서 미리 준비하거나 주의해야 할 점은 무엇인지 한 가지 쓰시오.

____

____

03 다음 대화를 읽고, 물음에 답하시오.

> 아인: 작년에 담근 김치가 잘 익어서 맛있어요.
> 할머니: 맛있다니 기쁘구나. 우리나라는 옛날부터 김장을 해왔단다.
> 아현: 그런데 지역마다 김치 맛이 다르던데요?
> 할머니: 그렇지. 지역의 환경에 가장 잘 맞는 방식으로 김장을 해서 그렇단다.
> 아인: 아현아, 학교에서 배웠는데 김장이 우리나라 (　　　) 문화유산뿐 아니라 유네스코 인류 (　　　) 문화유산이 되었대.
> 아현: 와! 대단하다!

(1) 위 대화의 (　　) 안에 공통으로 들어갈 알맞은 말은 무엇인지 쓰시오.

(　　　　　　　　　)

(2) 지역이나 나라의 문화유산이 유네스코 문화유산에 등재되면 좋은 점은 무엇인지 쓰시오.

____

____

04 다음을 참고로 문화유산을 보호하기 위해 우리가 할 수 있는 일에는 무엇이 있는지 두 가지 쓰시오.

국가가 하는 일	• 문화유산을 보호하는 기관을 세움. • 문화유산을 보호하는 법을 만듦.
지역 사회가 하는 일	• 문화유산을 알리는 축제를 엶. • 박물관을 만들거나 보호하는 방법을 마련함.
시민이 하는 일	• 문화재 지킴이 활동을 함. • 문화유산 관람 규칙을 잘 지킴.

(1) ______________________________

(2) ______________________________

[05~06] 다음 진유의 일기를 보고, 물음에 답하시오.

경기도 파주로 이사 온 지 한 달째, 주말을 맞아 부모님과 나들이를 하였다. 자운 서원이라는 곳에 갔는데, 율곡 이이 선생의 학문과 덕행을 추모하기 위해 만든 서원이라고 한다.

율곡 이이는 내가 어제 받은 용돈 오천 원 지폐 속에 있는 인물이다. 강원도에서 태어나 어린 시절을 보낸 율곡 이이는 경기도 파주에서 대부분의 생애를 보내셨다고 한다.

나들이를 다녀와서 내가 이사 온 지역이 더 친근해졌다. 오늘 알게 된 율곡 이이에 대해 예전 학교 친구들에게 전자 우편을 보내서 알려 줄 것이다.

자운 서원

05 ㉠, ㉡에 들어갈 알맞은 말을 보기에서 찾아 쓰시오.

보기
- 문화유산
- 인터넷 검색
- 도서관 사서
- 문화 관광 해설사

현장 체험을 하면 역사적 인물이 살았던 곳이나 인물과 관련된 전시관을 방문하여 (㉠)을/를 직접 보거나 (㉡)(으)로부터 인물의 이야기를 들을 수 있다.

㉠: (　　　　) ㉡: (　　　　)

06 진유는 지역의 역사적 인물에 대해 더 알아보려고 도서관을 찾았습니다. 책, 기록물로 알아보면 좋은 점은 무엇인지 쓰시오.

[07~08] 다음 조사 계획서를 보고, 물음에 답하시오.

선정 인물	정약용
주제	다산 정약용의 공부와 실천
조사 방법	문헌 연구, 인터넷 검색, 현장 체험
활동 내용	• 정약용의 일대기 공부 • 정약용이 실학을 공부하게 된 까닭 정리 • 정약용이 백성들을 도왔던 사례 찾기
모둠 역할 나누기	• 아인: 장영실의 일대기 조사 • 현아: 정약용이 쓴 책과 발명품 정리 • 종현: 생가와 전시관 방문
주의할 점	㉠

07 위와 같은 조사 계획서가 필요한 까닭은 무엇인지 쓰시오.

08 위의 ㉠에 들어갈 주의할 점을 두 가지 쓰시오.

(1)

(2)

2 단원

수행 평가

학습 주제 우리 지역 문화유산 보호하기

학습 목표 우리 지역 문화유산을 보호하기 위한 방법을 알고 문화유산을 소중히 여기는 태도를 가질 수 있다.

[1~2] 다음 자료를 보고, 물음에 답하시오.

국가가 하는 일	• 문화유산을 보호하는 기관을 세움. • 문화유산을 보호하는 법을 만듦.
지역 사회가 하는 일	• 문화유산을 알리는 축제를 엶. • 박물관을 만들거나 보호하는 방법을 마련함.
시민이 하는 일	• 문화재 지킴이 활동을 함. • 문화유산 관람 규칙을 잘 지킴.

1 위 자료와 같이 문화유산을 보호하는 까닭을 보기 에서 골라 기호를 쓰시오.

보기
㉠ 우리 조상들에게 물려받았기 때문이다.
㉡ 문화유산에는 우리의 역사가 담겨 있기 때문이다.
㉢ 문화유산에는 오늘날 사람들의 정신이 담겨 있기 때문이다.
㉣ 문화유산을 잘 보호하고 관리하여 외국에 비싸게 팔 수 있기 때문이다.

( )

2 문화유산을 보호하기 위해 우리가 실천할 수 있는 일을 두 가지 쓰시오.

학습 주제 우리 지역의 역사적 인물 소개하기

학습 목표 우리 지역의 역사적 인물을 소개하는 다양한 자료와 그 안에 들어가야 할 내용을 알 수 있다.

[1~2] 다음 우리 지역의 역사적 인물의 다양한 소개 자료를 보고, 물음에 답하시오.

소개 자료	들어가야 할 내용 / 주의할 점
(㉠) 만들기	• 인물의 삶을 인터뷰나 취재로 다루어 나타낸다. • 인물을 소개하는 사람으로 아나운서, 인물의 후손, 문화 관광 해설사 등이 나올 수 있음.
(㉡) 만들기	• 인물의 일생과 업적이 드러나는 장면을 정함. • 소개하고 싶은 내용을 등장인물의 대화와 행동을 통해 표현함.
노랫말 바꾸기	• 인물의 업적을 노랫말로 표현함. • 잘 알려진 노래를 활용하면 친숙하고 재미있게 나타낼 수 있음.
영상 만들기	• 소개하고 싶은 주제에 맞게 장면이나 자막을 넣음. • 화려한 효과보다 소개하고 싶은 내용이 잘 드러나게 함.

1 위의 ㉠과 ㉡에 들어갈 소개 자료의 이름을 쓰시오.

㉠: (   ) ㉡: (   )

2 우리 지역의 역사적 인물을 소개할 때 만들고 싶은 소개 자료와 그 이유를 쓰시오.

❶ 우리 지역의 공공 기관

1. 공공 기관

(1) 의미: 주민 전체의 이익과 생활의 편의를 위해 국가에서 세우거나 관리하는 곳을 공공 기관이라고 합니다.

(2) 특징

① 국가에서 세우거나 관리합니다.
② 주민 전체의 이익을 위해 일합니다.
③ 주민들이 편리하고 안전하게 생활하도록 돕습니다.
④ 지역 주민들이 요청하는 일을 처리해 줍니다.
⑤ 지역의 다양한 분야에서 일어나는 크고 작은 문제들을 해결합니다.

(3) 공공 기관인 것과 공공 기관이 아닌 것 구분하기

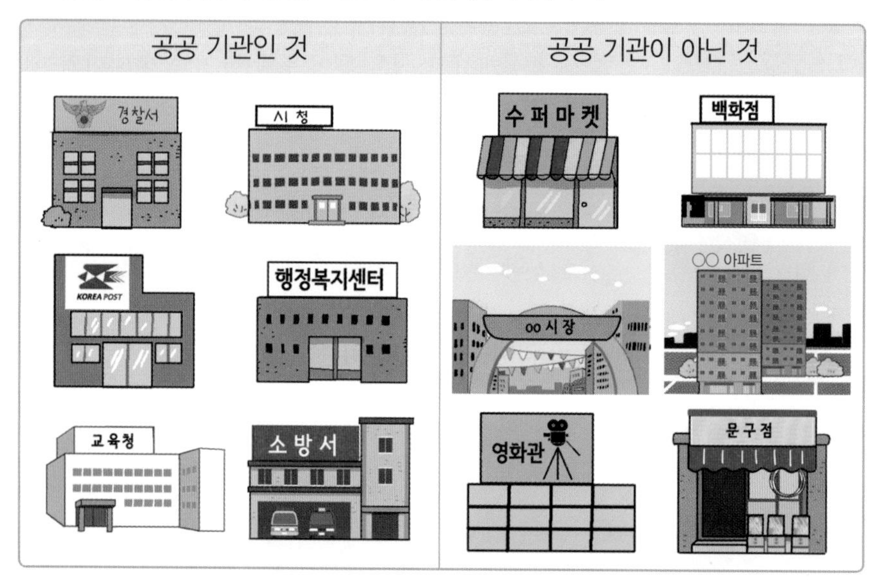

(4) 공공 기관이 아닌 곳의 특징: 기업의 이익을 위해 만들어진 곳으로, 국가에서 세우고 관리하지 않습니다.

공공 기관이 없다면 어떤 일이 일어날까요?

- 교통이 혼잡해집니다.
- 주차 금지 구역에 차가 세워져 있습니다.
- 책을 빌릴 곳이 없어 읽고 싶은 책을 모두 사야 합니다.
- 화재가 발생했을 때 도움을 받을 수 없습니다.
- 다른 지역으로 우편을 보낼 수 없습니다.

주민들이 공공 기관에 요청할 수 있는 일 예

- 학교 앞에 횡단보도를 만들어 주세요.
- 고장 난 신호등을 고쳐 주세요.
- 우리 동네에 놀이터를 만들어 주세요.
- 불이 났어요. 불을 꺼 주세요.
- 불법 주차 차량을 단속해 주세요.

낱말 사전

편의 형편이나 조건 따위가 편하고 좋은 특성

행정 국민 또는 지역 주민을 위해 공무원들이 하는 공적인 일

개념 확인 문제

정답과 해설 43쪽

1 (　　　)(이)란 주민 전체의 이익과 생활의 편의를 위해 국가에서 세우거나 관리하는 곳을 말합니다.

2 다음 중 공공 기관에 해당하는 것에 ○표, 공공 기관이 아닌 것에 ×표 하시오.

(1) 백화점 (　　)　(2) 보건소 (　　)
(3) 소방서 (　　)　(4) 도서관 (　　)
(5) 아파트 (　　)

2. 공공 기관의 종류와 역할

(1) 종류와 하는 일

경찰서	• 교통정리를 함. • 범죄를 예방함. • 주민의 안전을 위해 일함.
도서관	• 책과 자료를 주민들이 볼 수 있도록 함. • 책, 자료를 무료로 빌려줌. • 지역 주민들을 위한 문화 행사를 열기도 함.
보건소	• 감염병과 질병을 예방하고 치료함. • 임산부, 노약자의 건강을 위한 도움을 줌.
소방서	• 화재가 났을 때 불을 끔. • 위급한 상황에 놓인 사람을 구조함.
시 · 도청	• 주민을 위해 여러 지원을 함. • 도로, 공원 등의 시설을 관리함.
우체국	• 편지나 택배 등을 접수하고 배달함.
학교	• 학생들을 교육함.
행정 복지 센터 (주민 센터)	• 도움이 필요한 주민들을 도와줌. • 주민들의 행정과 민원 업무를 처리함. • 주민 등록증 발급, 출생 신고, 전입 신고 등의 일을 처리함.

(2) 학교와 함께하는 공공 기관

① 도서관: 학생들에게 책과 관련된 독서 교육을 합니다.
② 보건소: 학생들에게 건강과 관련된 교육을 합니다.
③ 경찰서: 학교 전담 경찰관을 배정하고 학교 폭력 예방 교육을 합니다.
④ 소방서: 학생들에게 화재 예방 교육을 하고 대피 훈련을 합니다.
⑤ 우체국: 학생들에게 저축과 관련된 교육을 합니다.

옛날의 공공 기관과 비슷한 역할을 하는 오늘날의 공공 기관

옛날	오늘날
포도청	경찰서
금화도감	소방서
혜민서	보건소

공공 기관에서 만날 수 있는 직업 예

공공 기관	직업
경찰서	경찰관, 심리 상담사
보건소	의사, 영양사
소방서	소방관, 응급 구조사
학교	선생님
우체국	집배원

3 단원

3 공공 기관과 그 하는 일을 바르게 연결하시오.

(1) 도서관 • • ㉠ 교통정리
(2) 소방서 • • ㉡ 화재시 불 끄기
(3) 경찰서 • • ㉢ 책과 자료 빌려주기

4 주민들의 행정과 민원 업무를 처리하고 주민 등록증을 발급하는 일을 하는 공공 기관은 (　　　　　)입니다.

5 편지, 택배 등을 접수하고 배달하는 공공 기관은 (　　　　)입니다.

민원　주민들이 행정 기관에 대하여 원하는 바를 요구하는 일

주민 등록증　주민 등록법에 따라, 일정한 거주지에 거주하는 주민임을 나타내는 증명서

전입 신고　거주지를 옮길 때 새로 살게 된 지역의 행정 복지 센터에 그 사실을 알리는 일

3. 우리 지역의 공공 기관 조사하기

(1) 공공 기관 조사 과정

조사하고 싶은 공공 기관 정하기

- 지도를 보며 우리 동네에 있는 공공 기관을 찾아보기
- 조사하고 싶은 공공 기관 정하기

조사 방법 정하기

〈조사 방법〉
- 어른들께 여쭤보기
- 책이나 신문, 방송 찾아보기
- 공공 기관 누리집 살펴보기
- 공공 기관 견학하기

공공 기관 조사하기

- 정한 조사 방법으로 공공 기관 조사하기
- 필요한 내용을 메모하며 조사하기

조사 보고서 작성하기

〈조사 보고서에 들어갈 내용〉
- 조사일
- 조사한 공공 기관
- 조사 방법
- 알게 된 점
- 느낀 점
- 더 알고 싶은 점

견학하기 전에 할 일
- 미리 전화하여 견학 가능 여부 확인 후 신청하고 방문합니다.
- 조사할 공공 기관에 대해 알고 싶은 점을 정리합니다.
- 견학 계획을 세우고 역할을 나눕니다.
- 견학 일정과 이동 방법 등을 알아봅니다.

견학 시 지켜야 할 예절
- 안전 수칙을 잘 지킵니다.
- 큰소리로 떠들지 않습니다.
- 물건 등을 함부로 만지지 않습니다.

낱말 사전

누리집 인터넷의 '홈페이지'를 순우리말로 나타낸 말

견학 실지로 보고 그 일에 관한 구체적인 지식을 넓힘.

개념 확인 문제

정답과 해설 43쪽

6 공공 기관에 대해 조사하는 방법 중 직접 공공 기관을 찾아가 정보를 얻는 방법을 (   )(이)라고 합니다.

7 공공 기관을 조사할 때는 조사하고 싶은 공공 기관 정하기 → (   ) 정하기 → 공공 기관 조사하기 → 조사 보고서 작성하기의 순서로 합니다.

(2) 조사 보고서: 공공 기관을 견학하면서 알게 된 점, 느낀 점, 더 알고 싶은 점 등을 보고서로 작성합니다.

〈공공 기관 조사 보고서〉 예 도서관

조사일	20○○년 ○○월 ○○일
조사한 공공 기관	도서관
조사 방법	견학
조사를 통해 알게 된 점	• 도서관 위치: 서울특별시 ◇◇구 ◇◇로 ◇◇길 ◇◇ • 도서관에서 일하는 사람: 사서, 도서관장, 연구원 등 • 도서관에서 하는 일 – 책을 비롯한 여러 자료를 소장하고 빌려 준다. – 독서하고 공부할 수 있는 공간을 제공한다. – 독서와 관련한 교육 프로그램을 운영한다.
느낀 점	• 견학을 통해 도서관에 대해 실감나게 배울 수 있었다. • 우리가 알고 있던 일 외에 도서관에서 더 많은 일을 하는 것을 알게 되었다. • 책과 자료가 정말 많고 관리하는 것이 어렵지만 보람 있는 일인 것 같다.
더 알고 싶은 점	• 도서관이 다른 공공 기관과 협력하여 하는 일에는 무엇이 있을까? • 도서관은 모든 지역에 다 있을까? • 도서관에 직접 가지 않고 도서관의 자료를 이용할 수도 있는지 궁금하다.

(3) 공공 기관 조사 결과 발표하기

① 우리 지역의 공공 기관에 대해 조사한 내용을 여러 가지 방법으로 발표합니다.

② 소개 책자, 소개 신문 등을 이용해 발표합니다.

조사 보고서 작성 시 유의할 점

- 핵심이 잘 드러나게 정리합니다.
- 사진 등 시각 자료를 첨부해도 좋습니다.
- 읽고 이해하기 쉽도록 어렵지 않은 단어를 사용합니다.

공공 기관 조사 후 결과 발표하기 방법 예

- 소개 신문이나 책자 만들기
- 팝업 소개 자료 만들기
- 컴퓨터 활용 발표 자료 만들기
- 텔레비전 뉴스 형식으로 동영상 만들기

3 단원

8 공공 기관에 대해 조사한 내용을 정리한 것을 (   )(이)라고 합니다.

9 도서관을 조사한 후 조사 보고서를 작성하려고 합니다. 더 알고 싶은 점에 들어갈 내용으로 알맞은 것을 보기 에서 골라 기호를 쓰시오.

보기
㉠ 견학을 통해 도서관에 대해 실감나게 배울 수 있었습니다.
㉡ 도서관에서 일하는 사람은 사서, 도서관장, 연구원이 있습니다.
㉢ 도서관에 직접 가지 않고 도서관의 자료를 이용할 수도 있는지 궁금합니다.

(   )

사서 서적을 맡아보는 사람

도서관장 도서관의 전체 일을 책임지고 관리하는 사람

연구원 연구에 종사하는 사람

실전 문제

01 다음 중 공공 기관이 아닌 것은 어느 것입니까? (　　)

① 

시청

② 

소방서

③ 

백화점

④ 

행정 복지 센터

02 다음과 같은 공공 기관의 특징으로 알맞지 않은 것은 어느 것입니까? (　　)

• 교육청　• 경찰서　• 소방서

① 국가에서 세우거나 관리한다.
② 일부 개인의 이익을 위해 일한다.
③ 주민들이 안전하게 생활하도록 돕는다.
④ 주민들이 편리하게 생활하도록 돕는다.
⑤ 지역 주민들이 요청하는 일을 처리해 준다.

03 다음과 같은 일을 하는 공공 기관은 어디인지 쓰시오.

• 임산부, 노약자의 건강을 위한 도움을 준다.
• 감염병과 질병을 예방하고 치료하려고 노력한다.

(　　　　　　　　)

04 공공 기관이 없다면 어떤 일이 일어날지 옳게 예상한 사람은 누구입니까? (　　)

① 보현: 도서관이 없다면 책을 빌릴 수가 없어.
② 미예: 우체국이 없다면 불이 났을 때 위험해.
③ 성민: 학교가 없다면 예방접종을 맞을 수 없어.
④ 미송: 경찰서가 없다면 우편물을 보낼 수가 없어.
⑤ 찬우: 보건소가 없다면 도로가 제대로 관리가 안될 거야.

05 다음 공공 기관에서 하는 일로 알맞은 것은 어느 것입니까? (　　)

① 불을 끈다.
② 책을 빌려준다.
③ 예방접종을 한다.
④ 주민 등록증을 발급한다.
⑤ 우편이나 택배를 보내준다.

06 공공 기관을 이용한 모습으로 알맞지 않은 것은 어느 것입니까? (　　)

① 유림: 학교에서 공부를 했어.
② 하준: 도서관에 가서 책을 읽었어.
③ 정우: 문구점에 가서 학용품을 샀어.
④ 연수: 보건소에 가서 예방 접종을 했어.
⑤ 시후: 우체국에 가서 할머니 댁에 보낼 택배를 부쳤어.

07 다음 그림과 관련 있는 공공 기관은 어디인지 쓰시오.

( )

08 다음 ( ) 안에 공통으로 들어갈 공공 기관을 쓰시오.

- ( )에서 학생들에게 책과 관련된 독서 교육을 하는 공공 기관은 도서관이다.
- ( )에 전담 경찰관을 배정하고 학생들에게 폭력예방교육을 하는 공공 기관은 경찰서이다.
- ( )에서 학생들에게 화재 예방 교육을 하고 화재 대피 훈련을 실시하는 공공 기관은 소방서이다.

( )

09 공공 기관을 조사하는 과정을 순서대로 알맞게 나열한 것은 어느 것입니까? ( )

보기
㉠ 조사 방법 정하기
㉡ 공공 기관 조사하기
㉢ 조사 보고서 작성하기
㉣ 조사하고 싶은 공공 기관 정하기

① ㉠ → ㉡ → ㉣ → ㉢
② ㉠ → ㉣ → ㉡ → ㉢
③ ㉡ → ㉠ → ㉣ → ㉢
④ ㉣ → ㉠ → ㉡ → ㉢
⑤ ㉣ → ㉡ → ㉠ → ㉢

10 경찰서로 견학갈 때 미리 해야 할 일을 바르게 말한 사람을 모두 고른 것은 어느 것입니까? ( )

선준: 조사 보고서를 작성하고 가야 해.
관우: 견학 장소까지 어떻게 이동할지 정하자.
소미: 맡을 역할을 미리 나누면 좋을 것 같아.
유리: 미리 전화해서 견학을 가도 되는지 확인해야 해.

① 선준, 관우 ② 관우, 소미
③ 소미, 유리 ④ 선준, 소미, 유리
⑤ 관우, 소미, 유리

3 단원

[11~12] 다음 조사 보고서를 보고, 물음에 답하시오.

조사일	20○○년 ○○월 ○○일
조사 기관	(㉠)
조사 방법	(㉡)
조사를 통해 알게 된 점	불을 끄는 일, 응급 환자를 구조하는 일을 한다. 학교를 방문해 화재 예방 교육을 한다.
느낀 점	불이 나지 않도록 조심해야겠다. 늘 감사한 마음을 가져야겠다.
더 알고 싶은 점	건물에 어떤 시설들이 있는지 궁금하다. 소방차의 내부 구조가 궁금하다.

11 위 조사 보고서의 ㉠에 들어갈 공공 기관이 어디인지 쓰시오.

( )

12 위 조사 보고서의 ㉡에 들어갈 내용으로 알맞지 않은 것은 어느 것입니까? ( )

① 견학하기
② 누리집 살펴보기
③ 우리나라 지형도 보기
④ 지역 신문이나 뉴스 보기
⑤ 동네 어른들께 여쭈어보기

② 주민 참여로 해결하는 지역 문제

1. 지역 문제

(1) 의미: 지역 주민의 삶을 불편하게 하거나 지역 주민들 사이에 갈등을 일으키는 문제를 말합니다.

(2) 종류

교통 혼잡 문제	• 도로가 자주 막힘. • 불법 주차된 차들이 있음.
소음 문제	• 층간 소음 문제로 갈등이 일어남. • 공사 현장과 큰 도로 주변이 매우 시끄러움.
시설 노후화 및 불편 문제	• 시설이 오래되어 이용하는 데 불편함. • 공공시설 수도관이 오래되어 녹물이 나옴.
시설 부족 문제	• 동네 의료원의 폐업으로 아플 때 치료받을 수 있는 시설이 부족함.
쓰레기 무단 투기 문제	• 쓰레기가 아무 데나 버려져 있음.
안전 문제	• 도로가 손상되어 위험함. • 길에 맨홀 뚜껑이 열려 있음. • 놀이터 시설이 망가진 채 방치되고 있음.
주차 문제	• 주차 공간이 부족함. • 불법 주차된 차들이 있음.
주택 문제	• 주택이 부족하고 노후화됨.
환경 오염 문제	• 지역 하천이 오염되어 있음. • 공장에서 매연이 심하게 나오고 있음.

지역 문제의 특징
- 각 지역의 환경에 따라 다양하게 나타납니다.
- 우리 지역의 문제가 다른 지역에서는 나타나지 않을 수도 있습니다.
- 주민 전체의 생활에 영향을 줍니다.

지역 문제가 아닌 것 예
- 급하게 뛰어가다가 넘어졌습니다.
- 짐을 들고 가다가 허리를 삐끗했습니다.
- 길을 걸어가다가 나의 부주의로 휴대폰을 떨어뜨려 휴대폰이 깨졌습니다.

낱말 사전

소음 불규칙하게 뒤섞여 불쾌하고 시끄러운 소리

폐업 영업을 하지 않음.

무단 투기 정해지지 않은 곳에 물건 따위를 버림.

노후화 오래되거나 낡아서 쓸모가 없게 됨.

개념 확인 문제

정답과 해설 44쪽

1 (　　　)(이)란 지역 주민의 삶을 불편하게 하거나 지역 주민들 사이에 갈등을 일으키는 문제를 말합니다.

2 지역에서 발생하는 다양한 문제를 관련 있는 것끼리 바르게 연결하시오.

(1) 주차 문제 •　　　　• ㉠ 하천 오염

(2) 안전 문제 •　　　　• ㉡ 보도블록 손상

(3) 환경 오염 문제 •　　　　• ㉢ 주차 공간 부족

2. 주민 참여

(1) 의미: 주민이 중심이 되어 지역 문제를 발견하고 해결 과정에 참여하는 것입니다.

(2) 주민 참여가 중요한 까닭

① 지역 문제는 그 지역의 모든 주민에게 영향을 미칩니다.
② 지역 문제는 지역 주민들이 가장 잘 알고 있습니다.
③ 지역 문제 해결 과정에 주민들의 의견이 반영됩니다.
④ 공공 기관에서 일을 제대로 하는지 살펴보아야 합니다.

(3) 주민 참여의 방법: 주민 투표, 주민 회의 참여, 서명 운동, 설문 조사 참여, 공공 기관 누리집에 의견 올리기, 공청회 참여, 시민 단체 활동 참여, 캠페인 활동, 주민 제안 등

캠페인 활동

서명 운동

누리집에 의견 올리기

(4) 바람직한 주민 참여 태도

① 평소 우리 지역 문제에 관심을 갖습니다.
② 지역 문제에 적극적으로 참여하고 의견을 냅니다.
③ 대화와 타협으로 의견을 모읍니다.
④ 주민 모두에게 도움이 될지 고민합니다.
⑤ 소수 의견도 존중해야 합니다.

시민 단체
- 시민들이 스스로 모여 사회 전체의 이익을 위해 활동하는 단체를 말합니다.
- 종류: 봉사 시민 단체, 청소년 안전 관련 시민 단체, 환경 보호 시민 단체, 동물 보호 시민 단체 등

바람직하지 않은 주민 참여 태도 예
- 내가 관심을 갖지 않아도 다른 사람이 해결하겠지.
- 나에게 손해되는 일이면 좋은 일이라도 무조건 반대할 거야.

3 단원

3 **주민 참여에 대한 설명으로 옳은 것에 ○표, 옳지 않은 것에 ×표 하시오.**

(1) 주민 참여란 주민이 중심이 되어 지역 문제를 발견하고 해결 과정에 참여하는 것이다. (　　)

(2) 지역 문제 해결 과정에서 나에게 손해되는 일이면 무조건 반대해야 한다. (　　)

(3) 지역 문제를 해결할 때는 소수 의견도 존중하고 반영하려고 노력해야 한다. (　　)

(4) 주민 참여의 방법에는 설문 조사 참여, 누리집에 의견 올리기, 캠페인 활동, 주민 제안 등 여러 방법이 있다. (　　)

서명 운동 어떤 주장이나 의견에 대한 찬성의 뜻으로 서명을 받는 운동

공청회 지역의 정책을 정하기 전에 여러 사람이 모여 다양한 의견을 나누는 회의

캠페인 사회 · 정치적 목적 따위를 위하여 조직적이고도 지속적으로 행하는 운동

3. 지역 문제 해결 과정

지역 문제 확인하기
- 우리 지역에서 해결해야 하는 문제를 알아보기
- 지역 문제에 관심을 가지며 지역 주민과 면담, 뉴스 검색, 누리집 방문 등을 통해 문제를 찾기

문제 발생 원인 파악하기
다양한 자료를 수집한 후 분석하여 지역 문제의 원인을 찾기

문제 해결 방안 탐색하기
- 전문가, 공공 기관, 여러 주민의 의견을 들어보기
- 지역 문제의 원인을 바탕으로 해결 방안 찾기

⬇

문제 해결 방안 결정하기
- 다양한 해결 방안의 장점과 단점 비교하기
- 대화와 타협을 통해 의견을 조정하기
- 다수결의 원칙을 따르되, 소수의 의견도 존중하기

문제 해결 방안 실천하기
- 결정된 해결 방안을 함께 실천하기
- 실천 후 달라진 점을 살펴보고 개선점 찾기

4. 우리 지역의 문제 해결하기 예 쓰레기 문제

(1) 지역 문제 확인하기: 우리 지역 문제는 어떤 것이 있는지 생각해 보기

- “쓰레기가 쌓여서 냄새나고 보기도 안 좋습니다.”
- “길거리에 떨어진 쓰레기도 자주 눈에 띕니다.”
- “정해진 쓰레기봉투에 넣지 않고 그냥 버리기도 합니다.”
- “쓰레기를 아무 데나 버리는 사람들도 있습니다.”

➡ 우리 지역에 쓰레기 문제가 심각하니 쓰레기 문제를 해결해 봅시다.

지역 문제 확인 방법
- 직접 조사하고 사진 찍기
- 설문 조사 및 면담하기
- 지역 신문이나 뉴스 살펴보기
- 시청이나 도청 누리집 방문하기

서로 의견이 다를 때 어떻게 하나요?
- 서로의 의견을 존중하며 대화를 충분히 합니다.
- 다수결의 원칙을 따르지만 소수의 의견도 존중하고 반영하도록 노력합니다.

낱말 사전

타협 어떤 일을 서로 양보하여 협의함.

다수결의 원칙 많은 사람이 찬성하는 의견으로 정하는 방법

개념 확인 문제

정답과 해설 44쪽

4 지역 문제를 해결하는 과정을 관련된 것끼리 바르게 연결하시오.

(1) 지역 문제 확인하기 • 　　• ㉠ 여러 방안의 장점과 단점을 비교해 보고 해결 방안을 정했다.

(2) 문제 발생 원인 파악하기 • 　　• ㉡ 지역 뉴스를 보며 우리 지역의 문제를 알게 되었다.

(3) 문제 해결 방안 결정하기 • 　　• ㉢ 자료를 수집하고 분석해 보니 문제의 원인을 찾을 수 있었다.

(2) 문제 발생 원인 파악하기: 우리 지역에 쓰레기 문제가 심각한지 자료를 수집하고 분석해 보기

〈자료 수집〉		〈분석〉
① 쓰레기통 개수 비교 자료	➡	① 길거리에 설치된 쓰레기통 개수가 인구가 비슷한 옆 마을에 비해 훨씬 적어.
② 우리 지역 인구 증가 관련 뉴스		② 최근 우리 지역에 인구가 많이 늘어나서 쓰레기양도 늘어났나봐.
③ 쓰레기 수거 관련 주민 면담		③ 쓰레기 수거일이 있는데 잘 모르고 내어놓는 사람들도 있어.

(3) 문제 해결 방안 탐색하기: 원인을 바탕으로 해결 방안을 찾아보기

- "쓰레기 수거일을 홍보하면 좋겠습니다."
- "환경 보호 캠페인을 하면 좋겠습니다."
- "길에 쓰레기통 수를 늘리면 좋겠습니다."
- "쓰레기 무단 투기 단속을 위해 감시 카메라를 설치하면 좋겠습니다."

(4) 문제 해결 방안 결정하기

① 해결 방안별로 장점과 단점을 따지며 의견을 모아봅니다.

② 여러 의견 중에 다수결로 결정하고 소수 의견도 반영할 수 있는 방법을 생각해 봅니다.

➡ 쓰레기통을 추가로 설치하고, 시민 단체와 함께 환경 보호 캠페인을 하기로 했습니다.

(5) 문제 해결 방안 실천하기

① 환경 보호 캠페인을 합니다.

② 쓰레기통이 부족한 곳에 쓰레기통을 설치합니다.

학생의 참여로 지역 문제를 해결한 사례

- **아동 참여형 놀이터**: 놀이터를 만드는 전 과정에 학생들이 참여하여 만들게 되었습니다.
- **아동 안전 지도 제작**: 학생들이 학교 주변을 다니며 위험한 곳을 파악해 지도에 표시하여 나누어 주었습니다.
- **학교 이름 변경**: 학교 이름이 바뀌길 바라는 학생들의 의견이 모여 학교 이름을 새로 정하게 되었습니다.
- **등굣길 안전 문제 해결**: 등굣길 위험 환경을 학생들이 확인 후 구청에 건의해 문제를 해결하게 되었습니다.

3 단원

문제 해결 방안 결정 시 고려할 점

- 적절한 시간과 비용으로 할 수 있는 일인지 생각해 봅니다.
- 어떠한 효과가 나타날 수 있을지 생각해 봅니다.

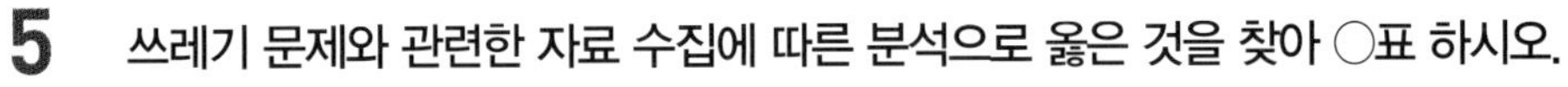

5 **쓰레기 문제와 관련한 자료 수집에 따른 분석으로 옳은 것을 찾아 ○표 하시오.**

(1) 신문을 보니 우리 동네 불법 주차 문제가 심각합니다. ( )

(2) 주민 면담을 해보니 쓰레기 수거일을 모르는 사람들이 많았습니다. ( )

6 **우리 지역 쓰레기 문제의 해결 방안을 실천하고 있는 모습으로 옳은 것에 ○표, 옳지 않은 것에 ×표 하시오.**

(1) 환경 보호 캠페인을 합니다. ( )

(2) 쓰레기통이 부족한 곳에 쓰레기통을 설치합니다. ( )

(3) 집안에 감시 카메라를 설치해 쓰레기를 함부로 버리는 사람을 찾습니다. ( )

낱말 사전

수거 다 쓴 물건을 거두어 감.

홍보 널리 알림. 또는 그 소식이나 보도

실전 문제

❷ 주민 참여로 해결하는 지역 문제

01 다음에서 설명하는 말은 무엇입니까? ( )

> 지역 주민의 삶을 불편하게 하거나 지역 주민들 사이에 갈등을 일으키는 문제를 말한다.

① 지역 문제 ② 개인 문제
③ 지역 사회 ④ 공공 기관
⑤ 개인 사생활

02 다음 일기에서 지영이네 마을의 문제점으로 알맞은 것은 어느 것입니까? ( )

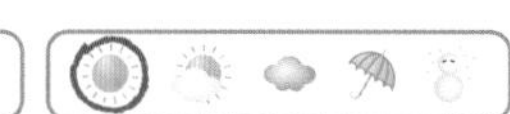

오늘 놀이터에서 놀다가 넘어졌다. 무릎을 다쳤는데 피가 많이 났다. 큰 병원에 가야 하겠다고 엄마께서 말씀하셨다. 그런데 우리 마을에는 큰 병원이 없어서 차를 타고 옆 마을로 가야 했다. 한참을 달려 옆 마을에 있는 병원에 가서 치료를 받을 수 있었다. 의사 선생님께서 조금만 더 늦었으면 큰 수술을 할 수도 있는 상황이었다고 말씀하셨다. 우리 마을에도 큰 병원이 있으면 좋겠다는 생각이 들었다.

① 주차 문제 ② 주택 문제
③ 시설 부족 문제 ④ 교통 혼잡 문제
⑤ 환경 오염 문제

03 다음 그림에 나타난 지역의 문제점은 무엇입니까? ( )

① 안전 문제 ② 주차 문제
③ 주택 문제 ④ 교통 혼잡 문제
⑤ 쓰레기 무단 투기 문제

04 다음에서 설명하는 지역의 문제는 무엇인지 쓰시오.

> • 학교 옆 공사장에서 큰 소리가 나서 학생들이 공부하는데 방해가 된다.
> • 윗집에서 조금만 뛰어도 아랫집으로 그 소리가 크게 전달되어 불편하다.

( )

☆☆☆
05 다음 어린이가 설명하는 것은 무엇인지 쓰시오.

> 지역의 여러 문제를 해결하는 과정에서 지역 주민이 중심이 되어 지역 문제를 발견하고 해결 과정에 참여하는 것을 말해.

( )

06 지역 주민들이 지역 문제의 해결 과정에 참여해야 하는 까닭을 잘못 말한 사람은 누구입니까? ( )

① 호영: 지역 문제는 지역 주민들의 생활과 관련이 있기 때문이야.
② 산이: 지역 문제 해결 과정에 주민들의 의견이 반영되어야 하기 때문이야.
③ 우진: 우리 지역 문제는 우리 지역 주민들이 가장 잘 알고 있기 때문이야.
④ 소형: 공공 기관에서 일을 제대로 하는지 주민들이 살펴봐야 하기 때문이야.
⑤ 미진: 내가 참여해서 좋은 시설은 무조건 우리 동네에 생기도록 해야 하기 때문이야.

07 다음 사례를 통해 알 수 있는 사실로 가장 적절한 것을 두 가지 고르시오. (,)

> ○○시에서는 내년도 ○○시의 사업을 선정하는 과정에서 주민들의 의견을 반영하기 위해 주민 투표를 실시했다. 주민 투표 결과 선정된 사업은 주민들을 위해 꼭 필요했던 것으로 시의 예산이 주민들의 편의를 위해 적절하게 사용될 수 있을 것이다.

① 지역 문제는 전문가들이 가장 잘 안다.
② 나와 상관없는 일에는 관심 갖지 않는다.
③ 시 사업 선정은 시청 공무원들끼리 알아서 한다.
④ 지역 문제 해결을 위해서는 주민들의 의견이 반영되어야 한다.
⑤ 주민 투표를 통해 주민이 지역 문제 해결 과정에 참여할 수 있다.

08 오른쪽과 같이 지역의 문제에 참여하는 방법은 무엇입니까? ( )

학교 앞에 신호등을 만들어 달라는 의견을 내야지.

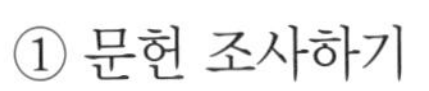
① 문헌 조사하기
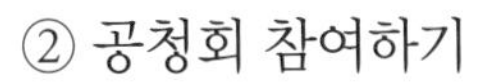
② 공청회 참여하기
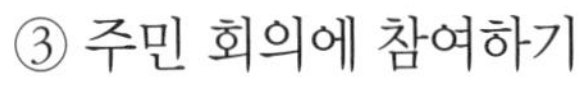
③ 주민 회의에 참여하기
④ 우리 지역의 문화유산 찾기
⑤ 시청 누리집에 의견 올리기

09 다음 ( ) 안에 들어갈 알맞은 말은 무엇입니까? ( )

> 지역의 문제를 해결하며 의사 결정을 하는 과정에서 많은 사람이 찬성하는 의견으로 정하는 방법을 ( )(이)라고 한다.

① 면담 ② 공청회
③ 다수결의 원칙 ④ 소수 의견 존중
⑤ 지역 문제 확인

10 다음에서 설명하는 것은 무엇인지 쓰시오.

> • 시민들이 스스로 모여 사회 전체의 이익을 위해 활동하는 단체이다.
> • 봉사, 청소년 안전, 환경, 교육, 동물 보호 등의 여러 분야에서 활동한다.

( )

11 다음은 지역 문제를 해결하는 과정 중 어느 단계에 해당하는 것입니까? ( )

쓰레기 문제를 해결하는 방안들을 말씀해 주세요.
쓰레기통을 더 설치하면 좋겠습니다.
무단 투기를 막기 위해 감시 카메라를 설치하면 좋겠어요.

① 지역 문제 확인하기
② 문제 해결 방안 실천하기
③ 문제 해결 방안 결정하기
④ 문제 해결 방안 탐색하기
⑤ 문제 발생 원인 파악하기

12 지역의 문제를 해결하는 과정을 순서대로 기호를 쓰시오.

> ㉠ 지역 문제 확인하기
> ㉡ 문제 발생 원인 파악하기
> ㉢ 문제 해결 방안 실천하기
> ㉣ 문제 해결 방안 탐색하기
> ㉤ 문제 해결 방안 결정하기

( )

3 단원

단원 정리

1 우리 지역의 공공 기관

1 공공 기관

의미	주민 전체의 이익과 생활의 편의를 위해 국가에서 세우거나 관리하는 곳.
특징	• (㉠)에서 세우거나 관리함. • 주민 전체의 이익을 위해 일함. • 주민들이 편리하고 안전하게 생활하도록 도와줌. • 지역 주민들이 요청하는 일을 처리해줌.

2 공공 기관의 종류와 하는 일

경찰서	• 교통정리를 하고, 범죄를 예방함. • 주민의 안전을 위해 일함.
(㉡)	책과 자료를 무료로 빌려주어 주민들이 볼 수 있도록 함.
(㉢)	• 예방접종을 하고, 질병을 치료함. • 임산부, 노약자의 건강을 도와줌.
(㉣)	• 화재가 났을 때 불을 끔. • 위급한 상황에 놓인 사람을 구조함.
시 · 도청	• 주민을 위해 여러 지원을 함. • 도로, 공원 등의 시설을 관리함.
(㉤)	• 편지나 택배 등을 접수하고 배달함.
학교	• 학생들을 교육함.
행정복지 센터 (주민센터)	• 주민들의 행정과 민원 업무를 처리함. • 주민 등록증 발급, 출생 신고, 전입 신고 등의 일을 처리함.

3 우리 지역의 공공 기관 조사하기

조사하고 싶은 공공 기관 정하기 → (㉥) 정하기 → 공공 기관 조사하기 → (㉦) 작성하기

2 주민 참여로 해결하는 지역 문제

1 지역 문제

① 의미: 지역 주민의 삶을 불편하게 하거나 지역 주민들 사이에 갈등을 일으키는 문제입니다.

② 종류: 교통 혼잡 문제, 소음 문제, 시설 노후화 및 불편 문제, 시설 부족 문제, 쓰레기 무단 투기 문제, 안전 문제, 주차 문제, 주택 문제, 환경 오염 문제 등

③ 특징: 각 지역의 환경에 따라 다양하게 나타나고, 주민 전체의 생활에 영향을 줍니다.

2 주민 참여

의미	주민이 중심이 되어 지역 문제를 발견하고 해결 과정에 참여하는 것
중요한 까닭	• 지역 문제는 그 지역의 모든 주민에게 영향을 미침. • 지역 문제는 지역 주민들이 가장 잘 알고 있음. • 지역 문제 해결 과정에 주민들의 의견이 반영됨. • (㉧)에서 일을 제대로 하는지 살펴보아야 함.
방법	주민 투표, 주민 회의 참여, 서명 운동, 설문 조사 참여, 누리집에 의견 올리기, 공청회 참여, 시민 단체 활동 참여, 캠페인 활동, 주민 제안 등
바람직한 태도	• 평소 우리 지역 문제에 관심을 가짐. • (㉨)와 타협으로 의견을 모음. • 소수 의견도 존중하고 반영함.

3 지역 문제 해결하기

지역 문제 확인하기 → 문제 발생 (㉩) 파악하기 → 문제 해결 방안 탐색하기 → 문제 해결 방안 결정하기 → 문제 해결 방안 실천하기

정답 ㉠ 국가 ㉡ 도서관 ㉢ 보건소 ㉣ 소방서 ㉤ 우체국 ㉥ 조사 방법 ㉦ 조사 보고서 ㉧ 공공 기관 ㉨ 대화 ㉩ 원인

단원 정리 평가

3. 지역의 공공 기관과 주민 참여

01 공공 기관의 특징에 대해 잘못 말한 사람은 누구입니까? ( )

① 유민: 개인이 세우고 관리해.
② 나영: 주민 전체의 이익을 위해 일하지.
③ 미예: 우리 지역의 문제들을 해결해 줘.
④ 선우: 주민들이 요청하는 일을 처리해 줘.
⑤ 고운: 공공 기관 덕분에 우리가 안전하게 생활해.

02 다음 그림과 같이 지역 주민들의 생활에 도움을 주고 있는 공공 기관은 어디인지 쓰시오.

( )

03 보건소에서 하는 일로 알맞은 것을 두 가지 고르시오. (,)

① 교통정리를 한다.
② 예방 접종을 한다.
③ 전입 신고를 처리한다.
④ 편지나 택배를 접수하고 배달한다.
⑤ 임산부, 노약자의 건강을 위해 도움을 준다.

04 다음과 같이 학교와 함께 일하는 공공 기관은 어디인지 쓰시오.

- 학교 폭력 예방 교육을 실시한다.
- 학교에 학교 전담 경찰관을 배정한다.

( )

05 다음 일기에 나오는 공공 기관을 바르게 짝지은 것은 어느 것입니까? ( )

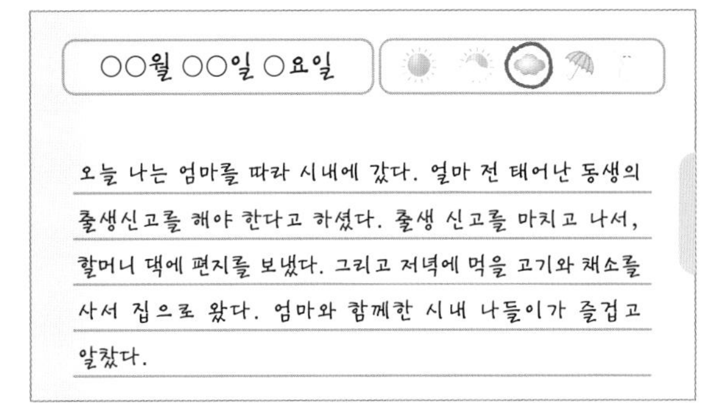

○○월 ○○일 ○요일

오늘 나는 엄마를 따라 시내에 갔다. 얼마 전 태어난 동생의 출생신고를 해야 한다고 하셨다. 출생 신고를 마치고 나서, 할머니 댁에 편지를 보냈다. 그리고 저녁에 먹을 고기와 채소를 사서 집으로 왔다. 엄마와 함께한 시내 나들이가 즐겁고 알찼다.

① 보건소, 우체국
② 행정 복지 센터, 백화점
③ 행정 복지 센터, 우체국
④ 슈퍼마켓, 행정 복지 센터, 우체국
⑤ 행정 복지 센터, 경찰서, 슈퍼마켓

06 공공 기관이 없다면 생길 수 있는 일로 알맞지 않은 것은 어느 것입니까? ( )

① 필요한 물건을 살 수 없다.
② 주차 금지 구역에 차가 세워져 있다.
③ 다른 지역으로 우편을 보낼 수 없다.
④ 화재가 발생했을 때 도움을 받을 수 없다.
⑤ 책을 빌릴 곳이 없어서 책을 다 사야 한다.

07 다음 보기에서 공공 기관 견학 전에 준비할 것을 모두 골라 기호를 쓰시오.

보기
㉠ 조사 보고서를 작성한다.
㉡ 질문할 것을 미리 준비한다.
㉢ 미리 전화해서 견학이 가능한지 확인한다.
㉣ 견학 일정과 이동 방법을 미리 알아보고 정한다.

( )

3 단원

08 공공 기관을 조사할 때 견학하면 좋은 점을 잘못 말한 사람은 누구입니까? ( )

① 민찬: 궁금한 점을 직접 여쭤볼 수 있어.
② 영미: 일하시는 분을 직접 만나볼 수 있어.
③ 한솔: 직접 가지 않아도 되니 시간이 절약되지.
④ 유현: 견학 장소 내부를 직접 확인할 수 있어.
⑤ 제덕: 주민들이 공공 기관을 어떻게 이용하는지 그 현장을 직접 볼 수도 있어.

[09~10] 다음은 공공 기관을 조사하고 나서 작성한 조사 보고서입니다. 물음에 답하시오.

조사 기관	㉣
조사 방법	견학
㉠	• 책을 빌려준다. • 독서와 관련한 교육 프로그램을 운영한다.
㉡	• 책과 자료가 정말 많아서 신기했다.
㉢	• 다른 공공 기관과 협력하여 하는 일에는 무엇이 있을까?

09 위 보고서의 ㉠~㉢에 들어갈 말을 바르게 짝지은 것은 어느 것입니까? ( )

	㉠	㉡	㉢
①	느낀 점	알게 된 점	더 알고 싶은 점
②	느낀 점	더 알고 싶은 점	알게 된 점
③	알게 된 점	더 알고 싶은 점	느낀 점
④	알게 된 점	느낀 점	더 알고 싶은 점
⑤	더 알고 싶은 점	알게 된 점	느낀 점

10 위 보고서의 ㉣에 들어갈 공공 기관의 이름을 쓰시오.

( )

11 다음에서 설명하는 것은 무엇인지 쓰시오.

• 환경 오염 문제, 주택 문제, 안전 문제, 소음 문제 등이 있다.
• 각 지역의 환경에 따라 다양하게 나타나며 주민 생활 전체에 영향을 준다.
• 지역 주민의 삶을 불편하게 하거나 지역 주민들 사이에 갈등을 일으키는 문제를 말한다.

( )

[12~13] 다음 그림을 보고, 물음에 답하시오.

12 위 그림에 나타난 지역 문제는 무엇입니까? ( )

① 소음 문제
② 주차 문제
③ 주택 문제
④ 교통 혼잡 문제
⑤ 환경 오염 문제

13 위 그림과 같은 문제를 해결하는 과정으로 알맞지 않은 것은 어느 것입니까? ( )

① 소수의 의견도 존중한다.
② 지역 문제의 원인이 무엇인지 파악한다.
③ 문제 해결을 위해 주민 및 여러 관계자들이 모인다.
④ 해결 방안들의 장점과 단점을 고려해 가장 좋은 방안을 찾는다.
⑤ 너무 많은 사람이 의견을 내면 해결 방안을 정하기 어려우니 나는 의견이 있어도 가만히 있는다.

[14~15] 다음 사례를 읽고, 물음에 답하시오.

△△ 지역에는 도서관이 없어서 사람들이 다른 지역까지 차를 타고 가야 했다. 이에 불편을 느낀 사람들이 모여 도서관 설립에 관해 찬성하는 주민들의 이름을 써넣었다. 이것은 지역 행정 기관에 전해졌고 주민들의 바람대로 도서관이 생겼다.

14 위 지역에 나타난 문제점은 무엇인지 쓰시오.

( ) 문제

15 지역 문제에 참여하는 방법 중 위 사례에 해당하는 것은 무엇입니까? ( )

① 서명 운동하기
② 공청회 참여하기
③ 주민 회의에 참여하기
④ 누리집에 의견 올리기
⑤ 관련 자료를 찾아보기

16 시민 단체에 대한 설명으로 알맞지 않은 것은 어느 것입니까? ( )

① 누구든지 참여할 수 있다.
② 국가가 세우고 관리하는 단체이다.
③ 사회 전체의 이익을 위해 활동한다.
④ 다양한 분야의 많은 사람들이 참여한다.
⑤ 동물 보호 단체, 인권 보호 단체 등이 해당한다.

17 다음은 지역 문제를 해결하기 위한 과정 중 어디에 해당합니까? ( )

모아진 다양한 해결 방안들의 장점과 단점을 비교해 보고, 대화와 타협을 통해 가장 적절한 해결 방안을 정했다.

① 지역 문제 확인하기
② 문제 해결 방안 결정하기
③ 문제 해결 방안 실천하기
④ 문제 해결 방안 탐색하기
⑤ 문제 발생 원인 파악하기

[18~20] 다음 대화를 읽고, 물음에 답하시오.

사회자: 우리 마을의 발전을 위해 여러 의견들을 나누어 주시기 바랍니다.

가 주민: 주차 공간이 부족하다보니 불법 주차하는 차들이 더 생기는 것 같아요.

나 주민: 신문 기사에 보니 우리 마을 주민이 작년에 많이 늘었대요. 그래서 차도 늘어난 것 같아요.

다 주민: 저는 그냥 내 차 주차할 자리만 있으면 돼요. 다른 사람 자리까지 관심 가질 여유가 없어요.

라 주민: 골목길에 불법 주차된 차 뒤에서 아이들이 놀다가 사고가 날 뻔했다는 뉴스를 보았어요.

18 위 대화 내용과 관련 있는 지역 문제는 무엇입니까? ( )

① 소음 문제 ② 주차 문제
③ 주택 문제 ④ 환경 오염 문제
⑤ 시설 노후화 문제

19 위의 상황을 해결하기 위한 해결 방안으로 알맞지 않은 것은 어느 것입니까? ( )

① 불법 주차 단속을 더욱 강화한다.
② 불법 주차 관련 캠페인 활동을 한다.
③ 도로가 움푹 파인 곳을 보수 공사한다.
④ 주차 공간을 늘리자는 서명 운동을 한다.
⑤ 시청 누리집에 주차 문제 해결을 도와달라고 글을 올린다.

20 위의 상황에서 바람직하지 않은 참여 태도를 가진 주민은 누구인지 쓰시오.

( )

3 단원

서술형 문제

01 다음 지도를 보고, 물음에 답하시오.

(1) 위 지도에서 찾을 수 있는 공공 기관 중 두 곳을 골라 쓰시오.

(,)

(2) 위 (1)번 답에 쓴 공공 기관 중 하나를 골라 그 공공 기관이 하는 일을 쓰시오.

㉠ 공공 기관: ( )

㉡ 하는 일: ______________________

02 다음 보기 의 공공 기관 중에서 하나를 골라 학교와 함께 어떤 일을 하는지 쓰시오.

보기

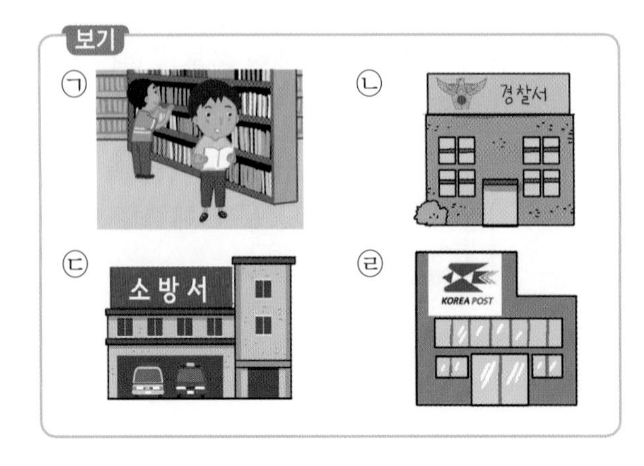

(1) 공공 기관: ( )

(2) 하는 일: ______________________

03 다음 두 사람의 대화를 보고, 물음에 답하시오.

민우: 사라야, (   )에 가본 적 있니?
사라: 아니 안 가봤어. 어떤 곳인데?
민우: (   )은/는 주민들의 건강을 위해 일하는 공공 기관이야. 예전에 예방 접종하러 가본 적이 있는데 나도 자세히는 모르겠어.
사라: 우리 그럼 (   )에서 하는 일에 대해 조사해 보면 어떨까?

(1) 위의 빈칸에 공통으로 들어갈 공공 기관의 이름을 쓰시오.

( )

(2) 위 (1)번 답의 공공 기관이 하는 일을 조사하는 방법을 두 가지 쓰시오.

____

____

04 공공 기관이 하는 일을 조사 후 작성하는 조사 보고서에 들어갈 내용을 두 가지 이상 쓰시오.

____

____

____

05 다음 그림을 보고, 물음에 답하시오.

(1) 위 그림에서 나타난 지역 문제는 무엇인지 쓰시오.

( )

(2) 위 그림에 나타난 지역 문제에 지역 주민이 관심을 가져야 하는 까닭은 무엇인지 쓰시오.

______

06 지역 문제를 해결하기 위해 의견을 모을 때 서로 의견이 다를 경우 어떻게 해결해야 하는지 쓰시오.

______

07 다음 자료를 보고, 물음에 답하시오.

* 마을에 등록된 자동차 수와 주차 공간의 수

자동차 수	주차 공간 수
300대	200개

(1) 위의 자료에 나타난 지역 문제는 무엇인지 쓰시오.

( )

(2) 위의 지역 문제를 해결하기 위한 방법은 무엇인지 쓰시오.

______

08 다음 밑줄 친 부분에 들어갈 지역 문제의 해결 방안은 무엇인지 쓰시오.

문제	놀이터의 시설이 고장 나서 안전 문제가 생겼다. 놀이터에서 노는 아이들이 다칠 수 있다.
해결 방안	______

______

수행 평가

학습 주제 우리 지역의 공공 기관

학습 목표 우리 지역의 공공 기관이 주는 도움을 알 수 있다.

[1~3] 공공 기관에 대해 알아보고자 합니다. 물음에 답하시오.

1 다음 그림에서 공공 기관에 해당하는 것을 모두 찾아 쓰시오.

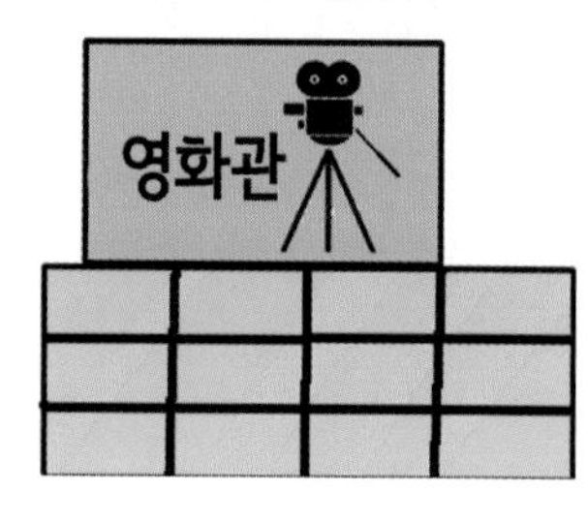

( )

2 위와 같은 공공 기관을 이용해본 경험을 떠올려 적어 보시오.

3 공공 기관이 없다면 어떤 일이 일어날지 상상하여 보기 처럼 적으시오.

보기
소방서가 없다면 불이 났을 때 불을 끌 수가 없어서 큰 피해를 입게 될 것이다.

학습 주제 주민 참여의 필요성과 방법 알기

학습 목표 지역 문제 해결을 위해 주민 참여의 중요성을 알고 방법을 찾을 수 있다.

[1~3] 다음 그림을 참고하여 물음에 답하시오.

1 지역 문제 해결을 위한 주민 참여 방법을 두 가지 쓰시오.

2 지역 문제 해결을 위해 주민 참여가 중요한 까닭은 무엇인지 쓰시오.

3 다음 글을 읽고, 내가 주민이라면 지역 문제를 어떻게 해결할지 해결 방법을 쓰시오.

학교 앞 횡단보도에 신호등이 없어서 학생들이 등하굣길에 차와 부딪히지 않을까 부모님들이 걱정하신다. 또 운전자들도 학생이 갑자기 달려 나오는 것을 보지 못할까봐 불안해 하면서 운전한다.

Memo

과학 4-1

개념책

교과서 개념을 충실하게 반영하였으며 실전 문제로 교과 학습을 완벽하게 이해할 수 있도록 내용을 구성하였습니다.

단원 평가

다양한 문제를 풀어 보며 자신의 학습 상태를 점검하고 학교 단원 평가에 대비할 수 있도록 내용을 구성하였습니다.

1 교과서 개념 익히기

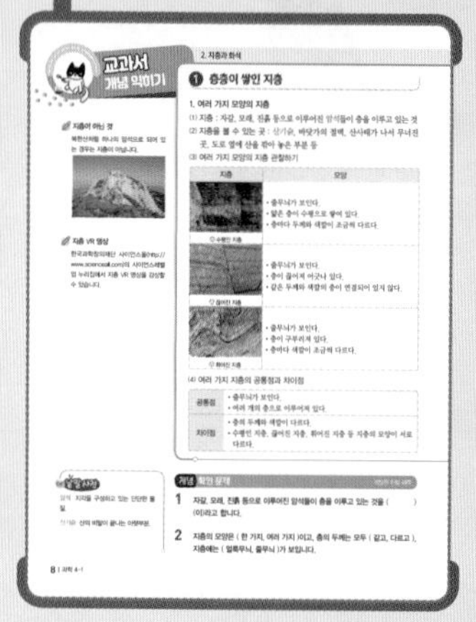

2 실전 문제

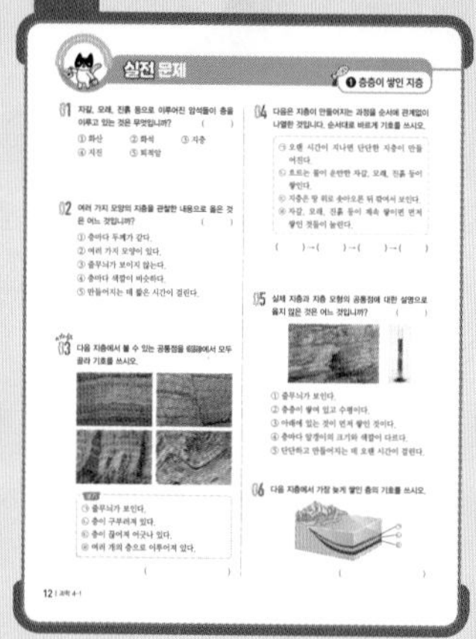

1 자세한 개념 설명과 그림을 통해 교과서 내용을 분명하게 파악할 수 있습니다.

2 앞서 배운 개념과 관련된 문제를 풀어 보며 주요 내용을 꼼꼼하게 확인할 수 있습니다.

3 단원 정리

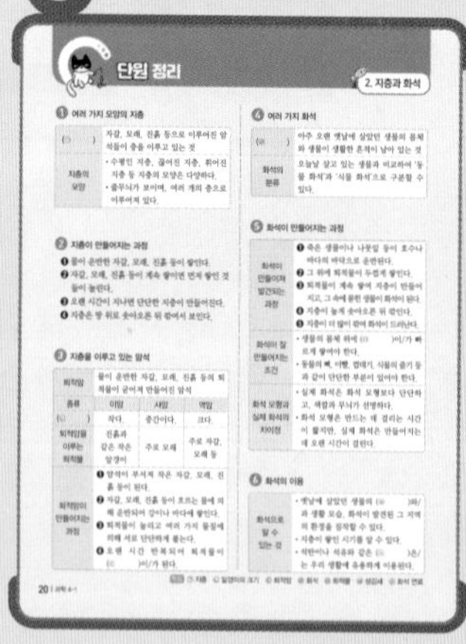

4 단원 정리 평가

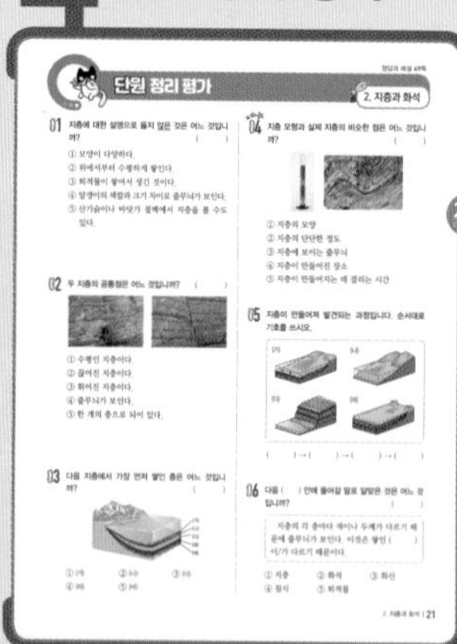

3 꼭 알아야 할 단원의 핵심 개념을 한 페이지로 확인할 수 있습니다.

4 단원을 정리하는 문제를 풀어 보며 실력을 점검, 보완할 수 있습니다.

5 서술형 문제

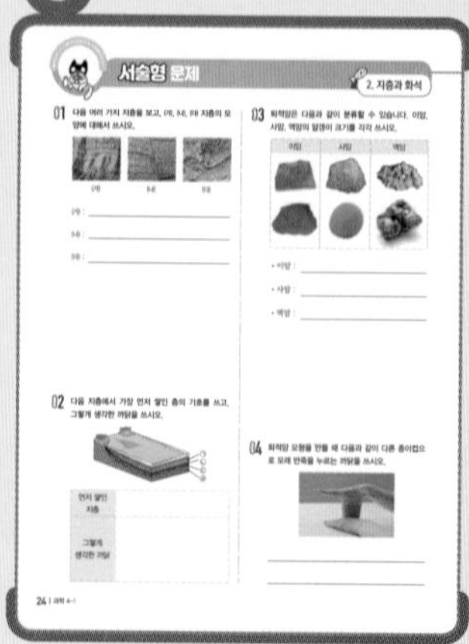

6 수행 평가

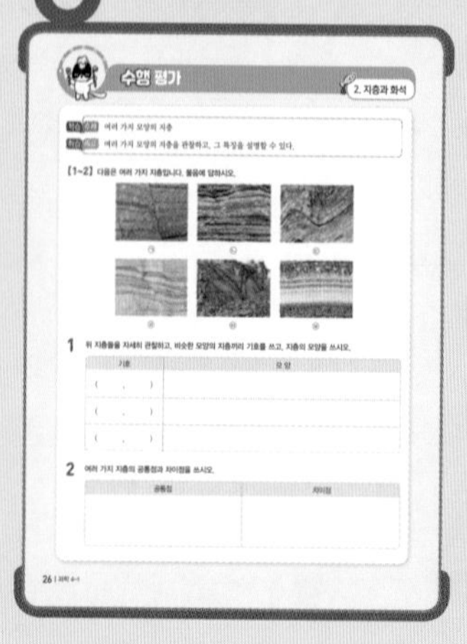

5, 6 각 단원에서 익힌 내용을 활용하여 학교 시험의 서술형 문제와 수행평가에 대비할 수 있습니다.

차례

과학자처럼 탐구해 볼까요?

1. 과학자처럼 관찰해 볼까요?

과학적인 관찰 방법

- 과학자는 여러 가지 감각 기관을 사용하여 대상을 주의 깊게 관찰하면서 탐구를 시작합니다.
- 관찰할 때에는 '눈, 코, 입, 귀, 피부'의 다섯 가지 감각 기관을 사용할 수 있습니다.
- 변화가 일어나는 대상은 '변화가 일어나기 전', '변화가 일어나는 중', '변화가 일어난 후'의 상태를 모두 관찰하고 비교해야 합니다.

실험 관찰로 알아보기 탄산수가 만들어지는 과정 관찰하기

| 준비물 |

투명한 유리컵, 물, 식용 소다, 식용 구연산, 약숟가락 2개, 유리 막대

| 실험 방법 |

❶ 투명한 유리컵에 물을 $\frac{2}{3}$ 정도 붓고, 식용 소다를 약숟가락으로 한 숟가락 떠서 넣은 뒤 유리 막대로 저어 줍니다.

❷ 식용 구연산을 다른 약숟가락으로 한 숟가락 떠서 ❶의 유리컵에 넣습니다.

❸ 유리 막대로 유리컵 속의 물을 저으면서 유리컵 속에서 나타나는 변화를 관찰해 봅니다.

| 실험 결과 |

변화 과정	관찰한 내용	사용한 감각 기관
변화가 일어나기 전	식용 구연산을 만져 보면 까끌까끌하다.	피부
	식용 소다를 넣으면 유리컵 바닥에 가라앉는다.	눈
변화가 일어나는 중	식용 구연산을 넣으면 거품이 발생한다.	눈
	식용 구연산을 넣었을 때 '칙'하는 소리가 난다.	귀
변화가 일어난 후	• 시간이 지나자 거품의 높이가 낮아진다. • 탄산수의 색깔이 다시 투명해진다.	눈

관찰할 때 주의할 점

- 색깔 : 물질 뒤에 흰 종이를 대고 봅니다.
- 맛 : 모르는 물질일 경우, 함부로 맛을 보지 않습니다.
- 냄새 : 코를 병 입구에서 약간 떨어뜨려 손으로 부채질하듯이 바람을 일으켜 냄새를 맡습니다.

변화 과정을 잘 관찰하는 방법
예 탄산수 만들기

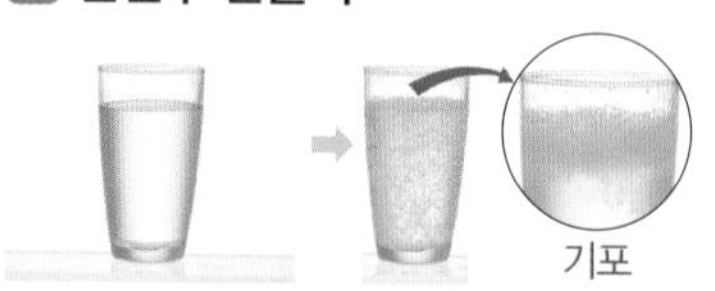

변화가 일어나기 전 변화가 일어나는 중

변화가 일어난 후

- 시간의 흐름에 따라 변화가 일어나기 전, 변화가 일어나는 중, 변화가 일어난 후를 모두 관찰하고, 그때그때 관찰 내용을 기록합니다.

낱말 사전

관찰 사물이나 현상을 주의하여 자세히 살펴봄.

기포 액체나 고체 속에 공기가 들어가 작은 방울 모양을 이룬 것.

개념 확인 문제

정답과 해설 48쪽

1 과학자는 여러 가지 (   )을/를 사용하여 대상을 주의 깊게 관찰하면서 탐구를 시작합니다.

2 변화 과정을 관찰하는 방법으로 옳은 것에 ○표, 옳지 않은 것에 ×표 하시오.

(1) 시간의 흐름에 따라 관찰합니다. (   )

(2) 관찰한 내용은 나중에 한꺼번에 기록합니다. (   )

2. 과학자처럼 측정해 볼까요?

실험 관찰로 알아보기 정확한 양을 측정해 탄산수 만들기

| 준비물 |

눈금실린더(100mL), 물, 전자저울, 식용 소다, 식용 구연산, 유리 막대, 약포지 2장, 약숟가락 2개, 투명한 유리컵

| 실험 방법 |

❶ 눈금실린더를 사용하여 물 100mL를 측정합니다.

❷ 전자저울을 사용하여 식용 소다 4g, 식용 구연산 2g을 측정합니다.

❸ 투명한 유리컵에 ❶의 물을 넣은 뒤 식용 소다 4g을 넣고 유리 막대로 저어 줍니다.

❹ 식용 구연산 2g을 ❸의 유리컵에 넣고 유리 막대로 저어 탄산수를 만듭니다.

3. 과학자처럼 예상해 볼까요?

실험 관찰로 알아보기 탄산수 거품의 최고 높이 예상하기

| 준비물 |

투명한 유리컵 3개, 물, 눈금실린더(100mL), 식용 소다, 식용 구연산, 전자저울, 약포지 2장, 약숟가락 2개, 유리 막대, 유성 펜, 자

| 실험 방법 |

❶ 투명한 유리컵 3개에 각각 물 100mL와 식용 소다 4g을 넣고 유리 막대로 저어 줍니다.

❷ 각각의 유리컵에 식용 구연산 1g, 2g, 3g을 넣고, 발생하는 탄산수 거품의 최고 높이를 유성 펜으로 표시하고, 자로 측정합니다.

| 실험 결과 | 예

식용 구연산 1g을 넣었을 때	식용 구연산 2g을 넣었을 때	식용 구연산 3g을 넣었을 때
7cm	8cm	9cm

| 예상하기 | 물 100mL에 식용 소다 4g, 식용 구연산 4g을 넣었을 때 발생하는 탄산수 거품의 최고 높이가 약 몇 cm일지 예상해 봅니다. ➡ 약 10cm(식용 구연산을 1g씩 늘릴 때마다 탄산수 거품이 1cm 높아졌기 때문에)

눈금실린더

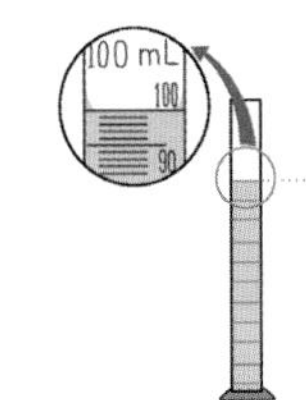

- 액체의 부피를 측정할 때 사용
- 사용법 : 눈금 실린더의 가운데 부분을 잡고 기울여서 액체 붓기 → 편평한 곳에 눈금실린더 놓기 → 액체의 가운데 오목한 부분에 눈높이를 수평으로 맞추고 눈금을 읽기

전자저울

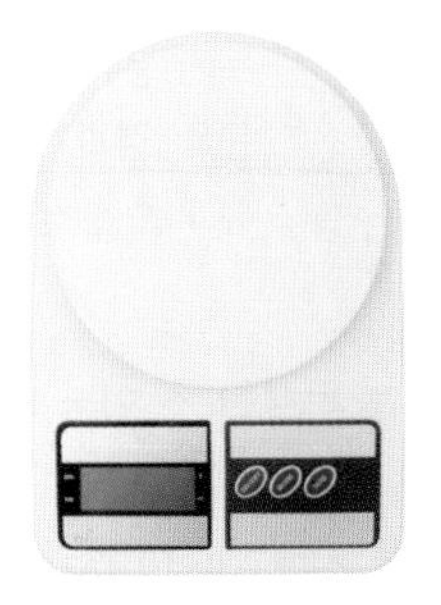

- 물체의 무게를 측정할 때 사용
- 사용법 : 편평한 곳에 저울을 놓기 → 전자저울 위에 약포지를 올린 뒤 영점 맞추기 → 측정하고자 하는 가루 물질을 전자저울의 중앙에 올려 놓기 → 화면의 숫자 읽기

3 액체의 (　　　　　　　　)을/를 측정할 때에는 눈금실린더를 사용합니다.

4 물체의 (　　　　　　　　)을/를 측정할 때에는 전자저울을 사용합니다.

5 식용 구연산의 양을 1g씩 늘릴 때마다 발생하는 탄산수 거품의 높이가 1cm씩 높아지는 규칙을 통해 식용 구연산의 양에 따라 거품의 최고 높이를 (　　　　　　　　)할 수 있습니다.

오목 가운데가 동그스름하게 쏙 들어감.

예상 이미 관찰하거나 측정한 값에서 규칙을 찾아내어 측정하지 못한 값을 미리 짐작하여 아는 것.

과학적 분류 방법

과학적 분류 방법	한 번 분류한 것을 특징에 따라 여러 단계로 계속 분류하기
여러 단계로 분류하면 좋은 점	• 분류 대상의 공통점과 차이점이 분명하게 드러남. • 분류 대상 각각의 성질을 자세히 알 수 있음. • 분류 대상 전체와 부분의 관계를 한눈에 알 수 있음. 또는 관계를 쉽게 이해할 수 있음.
분류할 때 가장 중요한 것	누가 분류하더라도 같은 분류 결과가 나오는 분류 기준을 정해야 함.

핀치를 분류할 수 있는 특징

- 먹이를 먹고 있는 곳, 먹고 있는 먹이의 종류, 깃털의 색깔, 부리의 모양 등

분류 기준 정할 때 주의할 점

- '나무에서 먹이를 먹고 있는가?', 깃털의 색깔이 검은색인가?' 등은 과학적 분류 기준입니다.
- '핀치가 멋있는가?'와 같은 분류 기준은 사람마다 다른 결과가 나올 수 있어서 과학적인 분류 기준이 아닙니다.

4. 과학자처럼 분류해 볼까요?

실험 관찰로 알아보기 핀치 분류하기

| 준비물 |
여러 종류의 핀치 카드

❶ ❷ ❸ ❹ ❺ ❻ ❼ ❽

| 실험 방법 |
❶ 여러 종류의 핀치를 관찰하고, 각 핀치의 특징을 찾아봅니다.
❷ 분류 기준을 정하여 핀치를 분류해 봅니다.
❸ 분류한 기준과 그 결과를 친구들과 이야기해 봅니다.

| 실험 결과 | 예

기준 : 먹이를 먹는 곳이 땅인가?
- 그렇다. ❹, ❺, ❻, ❼
  - 기준 : 깃털의 색깔이 검은색인가?
    - 그렇다. ❹, ❺
    - 그렇지 않다. ❻, ❼
- 그렇지 않다. ❶, ❷, ❸, ❽
  - 기준 : 깃털의 색깔이 검은색인가?
    - 그렇다. ❽
    - 그렇지 않다. ❶, ❷, ❸

낱말 사전

분류 어떤 사물을 종류에 따라서 나눔.

특징 다른 것에 비하여 특별히 눈에 띄게 다른 점.

개념 확인 문제

정답과 해설 48쪽

6 한 번 분류한 것을 여러 단계로 (   )하면 분류 대상의 공통점과 차이점이 분명하게 드러나고, 분류 대상 전체와 부분의 관계를 쉽게 이해할 수 있습니다.

7 과학적인 분류 기준으로 옳은 것에 ○표, 옳지 않은 것에 ×표 하시오.

(1) 핀치가 아름다운가? (   )
(2) 먹이를 먹는 곳이 땅인가? (   )
(3) 깃털의 색깔이 검은색인가? (   )

5. 과학자처럼 추리해 볼까요?

실험 관찰로 알아보기 핀치의 부리 모양과 먹이의 관계 추리하기

| 실험 방법 |

핀치들의 부리 모양을 관찰해 보고, 부리의 모양에 따라 어떤 먹이를 먹기에 알맞은지 추리해 봅니다.

| 추리하기 |

관찰 결과		알고 있는 것 또는 경험		추리할 수 있는 것
• 오른쪽 ㉮와 ㉰ 핀치의 부리는 가늘고 뾰족하다. • 벌레가 나무 틈에 살고 있다.	+	• 벌새는 가늘고 긴 부리로 꽃 속의 꿀을 먹는다. • 가늘고 긴 핀셋으로 좁은 틈에 있는 것을 집을 수 있다.	➡	• 오른쪽 ㉮와 ㉰ 핀치는 가늘고 뾰족한 부리가 있기 때문에 좁은 나무 틈에 사는 벌레를 꺼내 먹기 쉬울 것이다.
• 오른쪽 ㉯와 ㉱ 핀치의 부리는 크고 두껍다. • 여러 가지 씨가 땅에 떨어져 있다.	+	• 콩새는 두꺼운 부리로 식물의 씨를 부숴 먹는다. • 두꺼운 견과류 망치를 사용하여 단단한 껍데기를 깰 수 있다.	➡	• 오른쪽 ㉯와 ㉱ 핀치는 크고 두꺼운 부리가 있기 때문에 단단한 씨를 부숴 먹기 쉬울 것이다.

6. 과학자처럼 의사소통해 볼까요?

실험 관찰로 알아보기 핀치의 부리 모양과 먹이의 관계 설명하기 예

오른쪽 ㉮와 ㉰ 핀치는 부리가 가늘고 뾰족합니다. 이 부리는 벌새의 부리와 비슷하게 생겼습니다. 벌새는 가늘고 긴 부리를 이용하여 꽃 속의 꿀을 먹습니다. 또 오른쪽 ㉮와 ㉰ 핀치의 부리는 좁은 틈에 있는 것을 꺼낼 때 사용하는 핀셋과 생김새가 비슷합니다. 따라서 가늘고 뾰족한 부리가 있기 때문에 식물의 깊은 곳에 들어 있는 먹이를 꺼내 먹기 쉬울 거라고 생각합니다.

핀치의 부리 모양 관찰하기

㉮

㉯

㉰
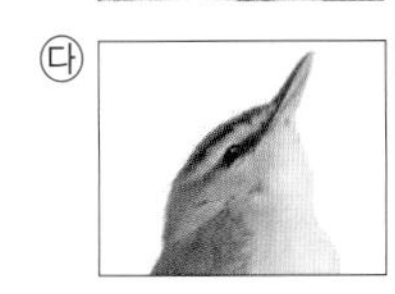
㉱

벌새의 부리

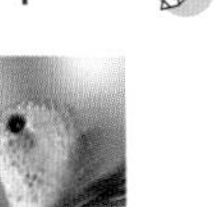

가늘고 긴 부리

두꺼운 부리

나의 생각이나 핀치의 부리 탐구 결과를 잘 발표하는 방법

- 부리 모양이 비슷한 새의 사진을 좀 더 다양하게 제시합니다.
- 다른 종류의 새의 부리 모양과 핀치의 부리 모양의 공통점을 한 눈에 알 수 있도록 그림으로 나타냅니다.

과학적인 의사 소통 방법

- 정확한 용어를 사용하여 간단히 설명하기
- 타당한 근거를 제시하여 설명하기
- 표, 그림, 그래프 등 다양한 방법 사용하기

1 단원

8 과학자는 관찰 결과나 자신의 경험을 바탕으로 하여 무슨 일이 일어났는지 (　　　　　)할 수 있습니다.

9 과학적인 의사소통 방법으로 옳은 것에 ○표, 옳지 않은 것에 ×표 하시오.

(1) 타당한 근거를 제시하여 설명합니다. (　　)

(2) 정확한 용어를 사용하여 간단하게 설명합니다. (　　)

(3) 표, 그림, 그래프 등은 가능한 사용하지 않습니다. (　　)

의사소통 가지고 있는 생각이나 뜻이 서로 통함.

타당하다 어떤 말이나 행동이 옳음.

❶ 층층이 쌓인 지층

1. 여러 가지 모양의 지층

(1) 지층 : 자갈, 모래, 진흙 등으로 이루어진 암석들이 층을 이루고 있는 것

(2) 지층을 볼 수 있는 곳 : 산기슭, 바닷가의 절벽, 산사태가 나서 무너진 곳, 도로 옆에 산을 깎아 놓은 부분 등

(3) 여러 가지 모양의 지층 관찰하기

지층	모양
⌃ 수평인 지층	• 줄무늬가 보인다. • 얇은 층이 수평으로 쌓여 있다. • 층마다 두께와 색깔이 조금씩 다르다.
⌃ 끊어진 지층	• 줄무늬가 보인다. • 층이 끊어져 어긋나 있다. • 같은 두께와 색깔의 층이 연결되어 있지 않다.
⌃ 휘어진 지층	• 줄무늬가 보인다. • 층이 구부러져 있다. • 층마다 색깔이 조금씩 다르다.

(4) 여러 가지 지층의 공통점과 차이점

공통점	• 줄무늬가 보인다. • 여러 개의 층으로 이루어져 있다.
차이점	• 층의 두께와 색깔이 다르다. • 수평인 지층, 끊어진 지층, 휘어진 지층 등 지층의 모양이 서로 다르다.

지층이 아닌 것

북한산처럼 하나의 암석으로 되어 있는 경우는 지층이 아닙니다.

지층 VR 영상

한국과학창의재단 사이언스올(http://www.scienceall.com)의 사이언스레벨업 누리집에서 지층 VR 영상을 감상할 수 있습니다.

낱말 사전

암석 지각을 구성하고 있는 단단한 물질.

산기슭 산의 비탈이 끝나는 아랫부분.

개념 확인 문제

정답과 해설 48쪽

1 자갈, 모래, 진흙 등으로 이루어진 암석들이 층을 이루고 있는 것을 (   )(이)라고 합니다.

2 지층의 모양은 (한 가지, 여러 가지)이고, 층의 두께는 모두 (같고, 다르고), 지층에는 (얼룩무늬, 줄무늬)가 보입니다.

2. 지층이 만들어지는 과정

(1) 지층이 만들어져 발견되는 과정

❶	❷	❸	❹
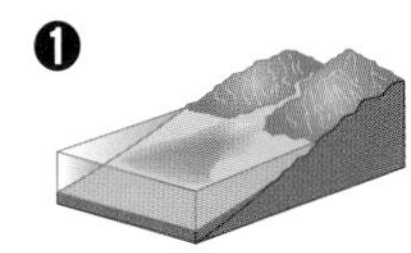	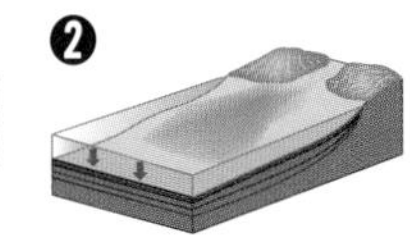	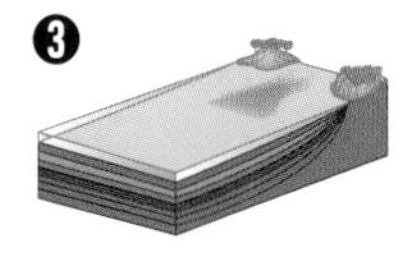	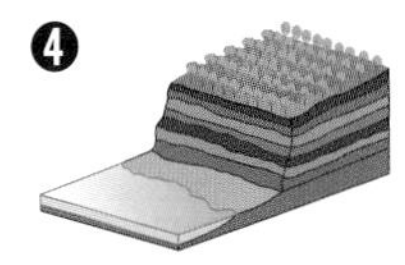
흐르는 물이 운반한 자갈, 모래, 진흙 등이 쌓인다.	자갈, 모래 진흙 등이 계속 쌓이면 먼저 쌓인 것들이 눌린다.	오랜 시간이 지나면 단단한 지층이 만들어진다.	지층은 땅 위로 솟아오른 뒤 깎여서 보인다.

(2) 지층에 줄무늬가 생기는 까닭 : 지층을 이루고 있는 자갈, 모래, 진흙의 알갱이의 크기와 색깔이 서로 다르기 때문에

실험 관찰로 알아보기 지층 모형 만들기

| 준비물 |

비커(100mL) 4개, 물, 자갈, 모래, 진흙, 투명한 플라스틱 원통

| 실험 방법 |

❶ 투명한 플라스틱 원통에 물을 100mL 넣고, 자갈, 모래, 진흙도 차례대로 100mL씩 넣습니다.

❷ ❶의 투명한 플라스틱 원통에 다시 자갈, 모래, 진흙 100mL씩을 넣는 순서를 자유롭게하여 지층 모형을 만듭니다.

| 실험 결과 | 예

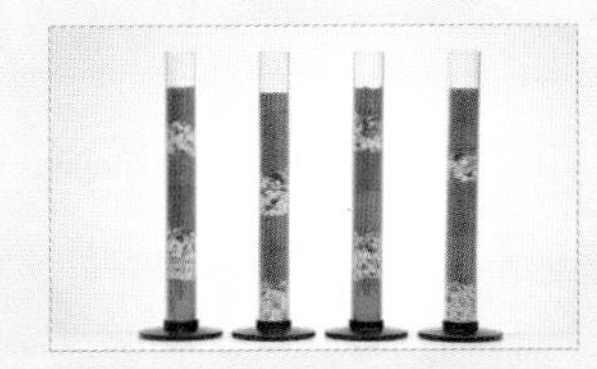

- 줄무늬를 볼 수 있습니다.
- 층층이 쌓여 있고 수평입니다.
- 층마다 알갱이의 크기와 색깔이 다릅니다.

| 지층 모형과 실제 지층의 공통점과 차이점 |

공통점	• 둘 다 줄무늬가 보인다. • 아래에 있는 것이 먼저 쌓인 것이다.
차이점	• 실제 지층은 만들어지는 데 오랜 시간이 걸린다. • 실제 지층은 단단하지만, 지층 모형은 단단하지 않다.

지층이 쌓인 순서

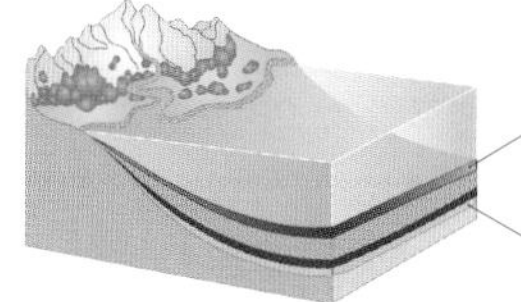

아래에 있는 층이 위에 있는 층보다 더 먼저 만들어집니다.

우리 주변에서 지층처럼 층 모양으로 쌓여 있는 것

쌓여 있는 책

샌드위치 / 케이크

낱말 사전

모형 실물을 모방하여 비슷하게 만든 물건.

3 지층에 줄무늬가 생기는 까닭은 지층을 이루고 있는 자갈, 모래, 진흙의 알갱이의 크기와 색깔이 서로 (같기 , 다르기) 때문입니다.

4 지층에서 아래에 있는 층은 위에 있는 층보다 (먼저 , 나중에) 만들어진 것입니다.

퇴적암 분류

퇴적암을 분류할 때 약 2mm 이상의 굵은 알갱이가 보이면 '역암', 눈으로 알갱이가 보일 정도면 '사암', 눈으로 알갱이의 크기를 구분하기 어려우면 '이암'으로 분류합니다.

이런 퇴적암도 있어요

석회암 : 조개껍데기 같은 생물의 일부나 물에 녹아 있는 탄산칼슘이 침전되어 만들어진 암석.

응회암 : 화산재가 쌓여서 만들어진 암석.

3. 지층을 이루고 있는 암석

(1) 퇴적물 : 물이 운반한 자갈, 모래, 진흙 등

(2) 퇴적암 : 물이 운반한 자갈, 모래, 진흙 등의 퇴적물이 굳어져 만들어진 암석

(3) 퇴적암의 종류

구분	이암	사암	역암
암석	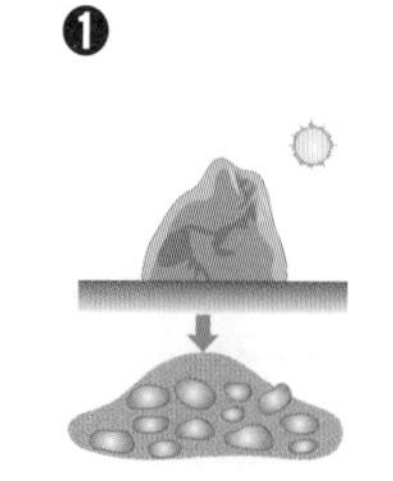	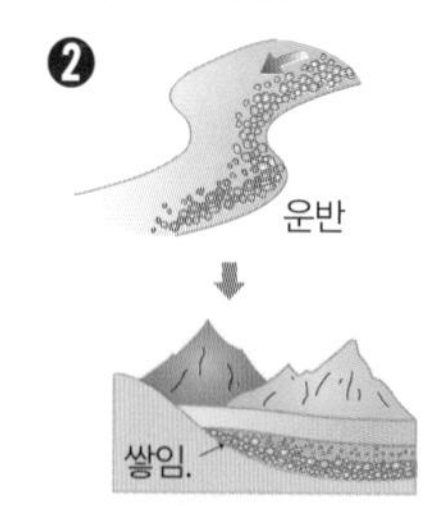	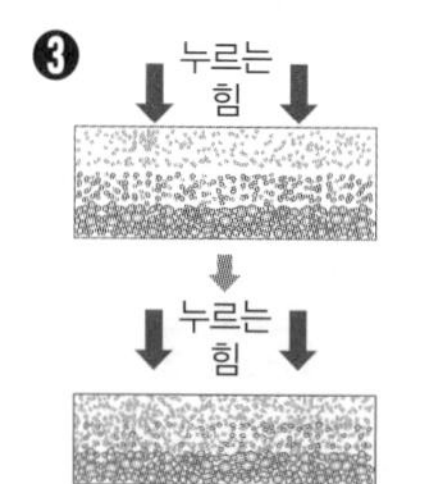
퇴적물 종류	진흙과 같은 작은 알갱이	주로 모래	주로 자갈, 모래 등
알갱이 크기	매우 작다.	모래 알갱이 정도이다.	크고 작은 것이 섞여 있다.
색깔	노란색, 연한 갈색 등 다양하다.	연한 회색, 연한 갈색 등 다양하다.	회색, 짙은 갈색 등 다양하다.
손으로 만졌을 때의 느낌	부드러운 편이다.	약간 거칠다.	부드럽기도 하고, 거칠기도 하다.

(4) 퇴적암이 만들어지는 과정

❶ 암석이 부서져 작은 자갈, 모래, 진흙 등이 된다.

❷

자갈, 모래, 진흙 등이 흐르는 물에 의해 운반되어 강이나 바다에 쌓인다.

❸

퇴적물이 눌리고 여러 가지 물질에 의해 서로 단단하게 붙는다.

❹ 오랜 시간 반복되어 퇴적물이 퇴적암이 된다.

낱말 사전

탄산칼슘 진주와 조개 껍데기, 달걀 껍데기를 이루는 주성분.

침전 액체 속에 섞여 있는 물질이 밑바닥에 가라앉음.

개념 확인 문제

정답과 해설 48쪽

5 물이 운반한 자갈, 모래, 진흙 등의 퇴적물이 굳어져 만들어진 암석을 (　　　　　)(이)라고 합니다.

6 퇴적암은 알갱이의 (　　　　　)에 따라 역암, 사암, 이암으로 분류할 수 있습니다.

7 역암, 사암, 이암 중 알갱이의 크기가 가장 큰 것은 (　　　　　)입니다.

실험 관찰로 알아보기 퇴적암 모형 만들기

| 준비물 |

종이컵 2개, 모래, 물 풀, 나무 막대기, 사암 표본

| 실험 방법 |

❶ 종이컵에 모래를 $\frac{1}{3}$ 정도 넣은 다음, 종이컵에 넣은 모래 양의 반 정도의 물 풀을 넣습니다.

❷ 나무 막대기로 섞어 모래 반죽을 만듭니다.

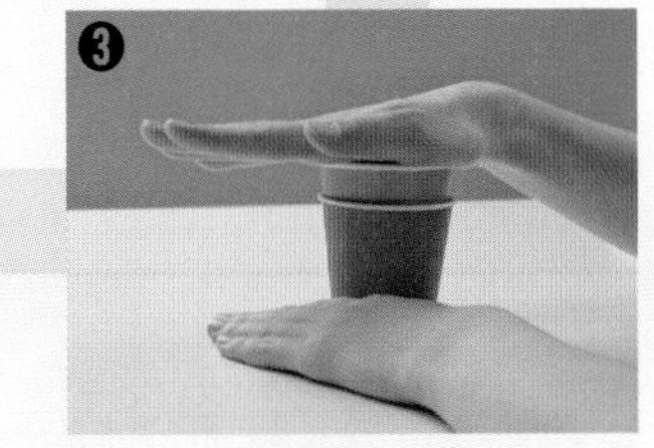

❸ 다른 종이컵으로 모래 반죽을 누릅니다.

❹ 하루 동안 그대로 놓아둔 다음, 종이컵을 찢어 모래 반죽을 꺼냅니다.

- ❶에서 물 풀을 넣어 주는 까닭 : 모래 알갱이를 서로 붙여 주기 위해서
- ❸에서 다른 종이컵으로 모래 반죽을 누르는 까닭: 모래 알갱이 사이의 공간을 좁아지게 하기 위해서

| 퇴적암 모형과 실제 퇴적암의 공통점과 차이점 |

공통점	퇴적암 모형과 사암 모두 모래로 만들어졌다.
차이점	퇴적암 모형은 만드는 데 걸리는 시간이 짧지만, 사암은 만들어지는 데 오랜 시간이 걸린다.

튀밥으로 퇴적암 모형 만들기

- 준비물

냄비, 물엿, 설탕, 식용유, 휴대용 가스레인지, 튀밥, 견과류, 나무 주걱, 강정 틀(사각 반찬통), 칼

- 만드는 방법

❶ 냄비에 물엿 140g, 설탕 60g, 식용유 40g을 넣고 중불에서 보글보글 끓을 때까지 젓지 말고 기다립니다.

❷ 끓으면 튀밥과 견과류 등을 넣고 나무 주걱으로 젓습니다.

❸ 젓다가 서로 뭉치고 끈기가 생기면 불을 끕니다.

❹ 강정 틀에 옮겨 담고, 나무 주걱에 물을 약간 묻혀 꾹꾹 누릅니다.

❺ 식으면 강정 틀에서 분리하고 칼로 썰어 줍니다.

2 단원

8 퇴적암 모형 만들기에서 모래 알갱이를 서로 붙여 주기 위해서 (   ) 을/를 넣어주고, 모래 알갱이 사이의 공간을 좁아지게 하기 위해서 다른 (   )(으)로 모래 반죽을 눌러 줍니다.

9 퇴적암 모형과 실제 퇴적암에 대한 설명으로 옳은 것에 ○표, 옳지 않은 것에 ×표 하시오.

(1) 퇴적암은 만들어지는 데 오랜 시간이 걸린다. (   )

(2) 퇴적암 모형은 만드는 데 걸리는 시간이 짧다. (   )

(3) 퇴적암 모형과 퇴적암 모두 모래로 만들어졌다. (   )

표본 동물, 식물에 적당한 처리를 하여 보존할 수 있게 한 것.

공간 아무것도 없는 빈 곳.

실전 문제

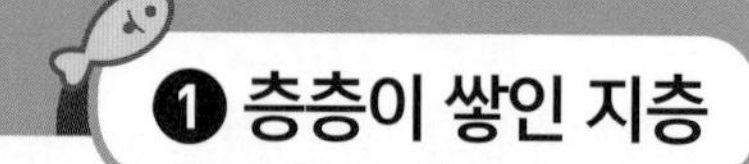

01 자갈, 모래, 진흙 등으로 이루어진 암석들이 층을 이루고 있는 것은 무엇입니까? (　　)

① 화산　② 화석　③ 지층
④ 지진　⑤ 퇴적암

02 여러 가지 모양의 지층을 관찰한 내용으로 옳은 것은 어느 것입니까? (　　)

① 층마다 두께가 같다.
② 여러 가지 모양이 있다.
③ 줄무늬가 보이지 않는다.
④ 층마다 색깔이 비슷하다.
⑤ 만들어지는 데 짧은 시간이 걸린다.

03 다음 지층에서 볼 수 있는 공통점을 보기 에서 모두 골라 기호를 쓰시오.

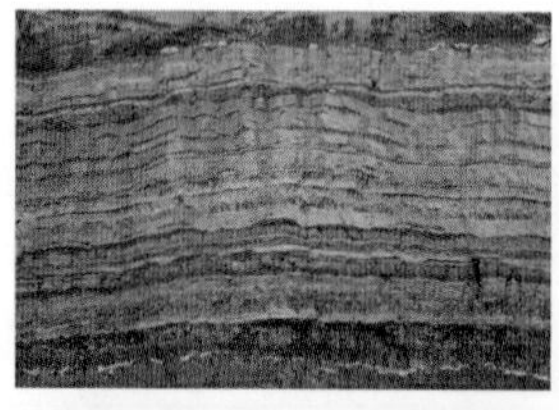

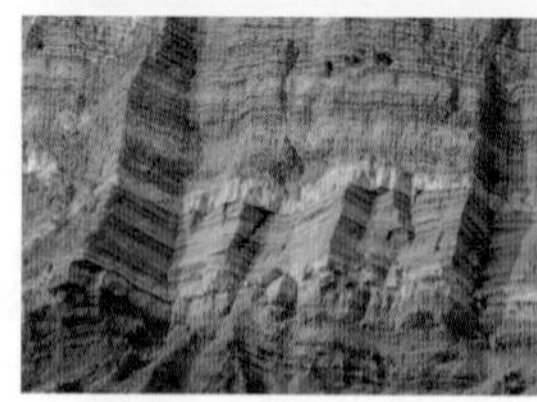
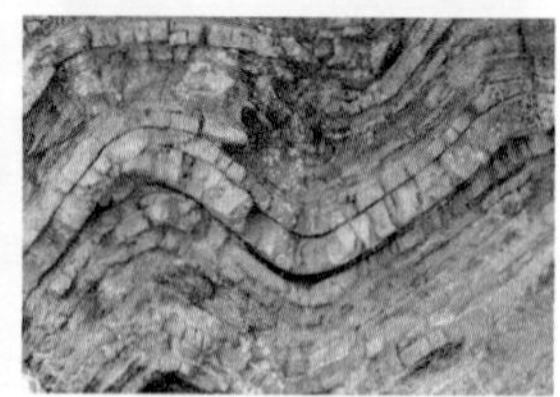

보기

㉠ 줄무늬가 보인다.
㉡ 층이 구부러져 있다.
㉢ 층이 끊어져 어긋나 있다.
㉣ 여러 개의 층으로 이루어져 있다.

(　　　　　　)

04 다음은 지층이 만들어지는 과정을 순서에 관계없이 나열한 것입니다. 순서대로 바르게 기호를 쓰시오.

㉠ 오랜 시간이 지나면 단단한 지층이 만들어진다.
㉡ 흐르는 물이 운반한 자갈, 모래, 진흙 등이 쌓인다.
㉢ 지층은 땅 위로 솟아오른 뒤 깎여서 보인다.
㉣ 자갈, 모래, 진흙 등이 계속 쌓이면 먼저 쌓인 것들이 눌린다.

(　　) → (　　) → (　　) → (　　)

05 실제 지층과 지층 모형의 공통점에 대한 설명으로 옳지 않은 것은 어느 것입니까? (　　)

① 줄무늬가 보인다.
② 층층이 쌓여 있고 수평이다.
③ 아래에 있는 것이 먼저 쌓인 것이다.
④ 층마다 알갱이의 크기와 색깔이 다르다.
⑤ 단단하고 만들어지는 데 오랜 시간이 걸린다.

06 다음 지층에서 가장 늦게 쌓인 층의 기호를 쓰시오.

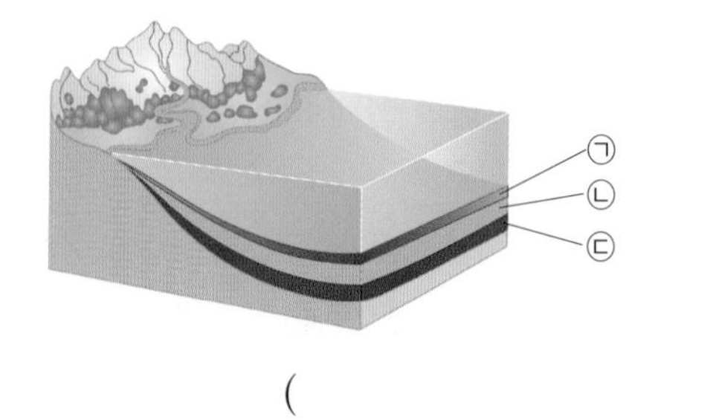

(　　　　　　)

07 퇴적암을 다음과 같이 분류하는 기준으로 가장 적절한 것은 어느 것입니까? ( )

① 색깔 ② 모양
③ 무게 ④ 알갱이의 크기
⑤ 줄무늬

08 다음에서 설명하는 퇴적암의 이름을 쓰시오.

- 주로 자갈, 모래 등으로 되어 있다.
- 크고 작은 알갱이가 섞여 있다.
- 회색, 짙은 갈색 등 색깔이 다양하다.
- 손으로 만졌을 때 부드럽기도 하고, 거칠기도 하다.

( )

09 퇴적암이 만들어지는 과정에서 아래에 있던 퇴적물은 그 위에 쌓이는 퇴적물의 누르는 힘 때문에 어떻게 됩니까? ( )

① 강이나 바다에 쌓인다.
② 바위가 작은 돌로 부서진다.
③ 더 작은 자갈이나 모래가 된다.
④ 물에 의하여 퇴적물이 운반된다.
⑤ 퇴적물 알갱이 사이의 공간이 좁아진다.

10 다음 중 퇴적암 모형을 만들 때, 실제 퇴적암에서 퇴적물 알갱이들을 서로 단단하게 붙게 하는 물질과 같은 역할을 하는 것은 어느 것입니까? ( )

① 자석 ② 모래
③ 물 풀 ④ 종이컵
⑤ 나무 막대기

11 다음은 퇴적암 모형을 만드는 과정입니다. 알갱이 사이의 공간을 좁게 만들어주는 과정의 기호를 쓰시오.

㉠ 종이컵에 모래를 $\frac{1}{3}$ 정도 넣은 다음, 종이컵에 넣은 모래 양의 반 정도의 물 풀을 넣는다.
㉡ 나무 막대기로 섞어 모래 반죽을 만든다.
㉢ 다른 종이컵으로 모래 반죽을 누른다.
㉣ 하루 동안 그대로 놓아둔 다음, 종이컵을 찢어 모래 반죽을 꺼낸다.

( )

12 모래로 만든 퇴적암 모형과 사암의 공통점은 어느 것입니까? ( )

① 퇴적물의 종류
② 퇴적암의 크기
③ 퇴적암의 색깔
④ 만들어지는 시간
⑤ 알갱이를 붙여 주는 물질

❷ 지층 속 생물의 흔적

1. 여러 가지 화석

(1) 화석 : 옛날에 살았던 생물의 몸체와 생물이 생활한 흔적이 남아 있는 것

(2) 여러 가지 화석 관찰하기

화석	이름과 특징
	[삼엽충 화석] : 동물 화석 • 머리, 가슴, 꼬리의 세 부분으로 나눌 수 있다. • 전체적 모습이 잎을 닮았다.
	[고사리 화석] : 식물 화석 • 식물의 줄기와 잎이 잘 보인다. • 오늘날 고사리와 모습이 비슷하다.
	[나뭇잎 화석] : 식물 화석 • 잎의 가장자리가 갈라져 손 모양을 하고 있다. • 잎맥이 잘 보인다.
	[물고기 화석] : 동물 화석 • 오늘날 물고기의 모습과 비슷하다.
	[새 발자국 화석] : 동물 화석 • 오늘날 살고 있는 새의 발자국 모습과 비슷하다.
	[공룡알 화석] : 동물 화석 • 오늘날 알의 모양과 비슷하게 생겼다.

• 동물의 뼈나 식물의 잎과 같은 생물의 몸체뿐만 아니라, 동물의 발자국이나 기어간 흔적도 화석이 될 수 있습니다.

• 화석은 거대한 공룡의 뼈에서부터 현미경으로 관찰할 수 있는 작은 생물까지 그 크기가 다양합니다.

화석이 아닌 것

고인돌 : 옛날에 살았던 생물의 몸체나 생활한 흔적이 아닌 사람이 만든 유물이므로 화석이 아닙니다.

모래에 난 발자국 : 생성된 뒤 1만 년 이상이 지난 옛것이 아니어서 화석이 아닙니다.

화석으로 인정 받기 위해 필요한 시간

최소한 생성된 뒤 약 1만 년 이상은 되어야 일반적으로 화석이라고 받아들여 집니다.

낱말 사전

잎맥 잎에 나란하거나 그물 모양으로 뻗어 있는 부분. 수분과 양분의 통로가 됨.

개념 확인 문제

정답과 해설 48쪽

1 아주 오랜 옛날에 살았던 생물의 몸체와 생물이 생활한 흔적이 남아 있는 것을 (　　　　　)(이)라고 합니다.

2. 화석이 만들어지는 과정

(1) 화석이 만들어져 발견되는 과정

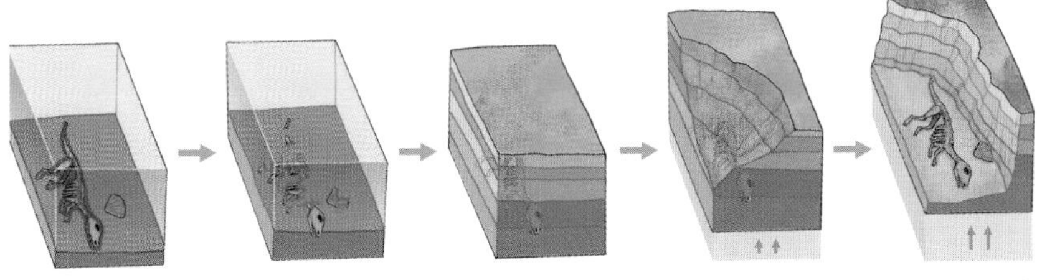

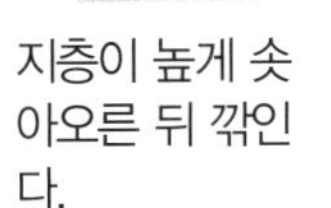

죽은 생물이나 나뭇잎 등이 호수나 바다의 바닥으로 운반된다. → 그 위에 퇴적물이 두껍게 쌓인다. → 퇴적물이 계속 쌓여 지층이 만들어지고, 그 속에 묻힌 생물이 화석이 된다. → 지층이 높게 솟아오른 뒤 깎인다. → 지층이 더 많이 깎여 화석이 드러난다.

(2) 화석이 잘 만들어지는 조건

- 생물의 몸체 위에 퇴적물이 빠르게 쌓여야 합니다.
- 동물의 뼈, 이빨, 껍데기, 식물의 줄기 등과 같이 단단한 부분이 있어야 합니다.

실험 관찰로 알아보기 화석 모형 만들기

| 준비물 |

찰흙판, 찰흙 반대기, 조개껍데기, 알지네이트 반죽, 조개화석 표본

| 실험 방법 |

❶ 찰흙 반대기에 조개껍데기를 올려놓고 손으로 눌렀다가 떼어 냅니다.

❷ 찰흙 반대기에 생긴 조개껍데기 자국이 모두 덮이도록 알지네이트 반죽을 붓습니다.

❸ 알지네이트가 다 굳으면 알지네이트를 찰흙 반대기에서 떼어 냅니다.

❹ 완성된 화석 모형을 관찰해 봅니다.

| 화석 모형과 실제 화석의 공통점과 차이점 |

공통점	화석 모형과 실제 화석은 모양과 무늬가 비슷하다.
차이점	• 실제 화석은 화석 모형보다 단단하고, 색깔과 무늬가 선명하다. • 화석 모형은 만드는 데 걸리는 시간이 짧지만, 실제 화석은 만들어지는 데 오랜 시간이 걸린다.

- 찰흙 반대기는 지층을, 조개껍데기는 옛날에 살았던 생물을, 찰흙 반대기에 찍힌 조개 겉모양과 알지네이트로 만든 조개의 형태는 화석에 해당됩니다.

공룡 발자국이 화석이 된 까닭

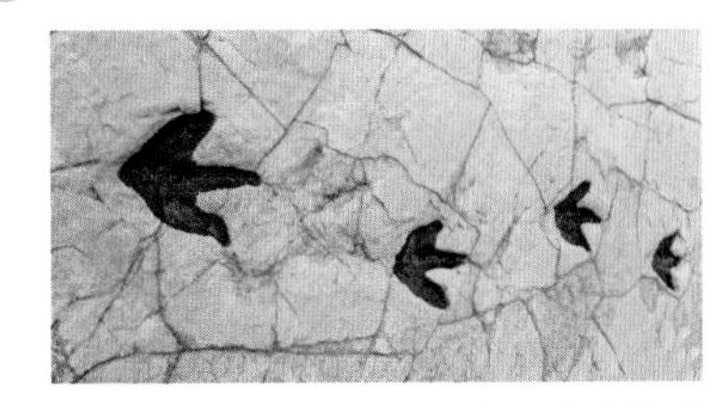

공룡 발자국이 찍힐 당시에는 단단한 층이 아니라 부드러운 진흙으로 되어 있어 발자국이 남았던 것입니다.

2 단원

화석 모형 만들기

❶

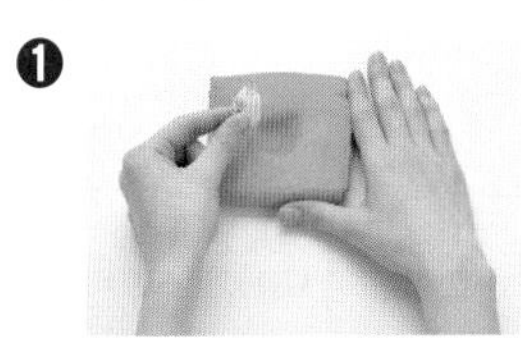

❷

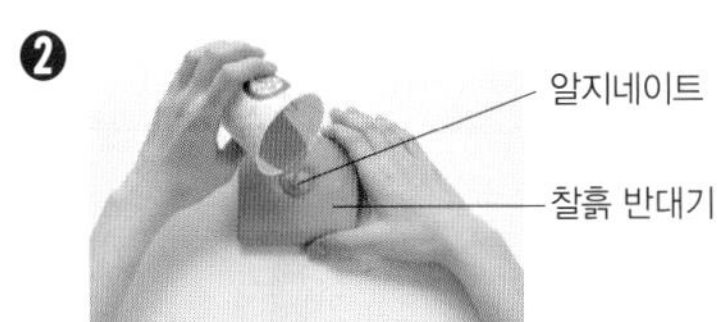

❸

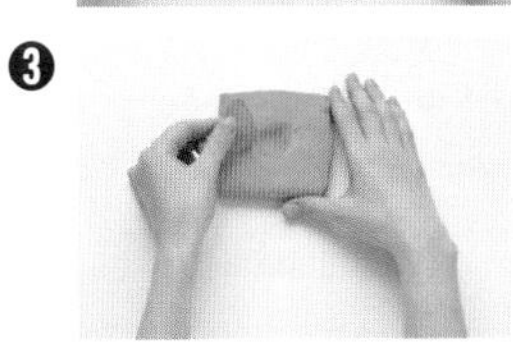

❹

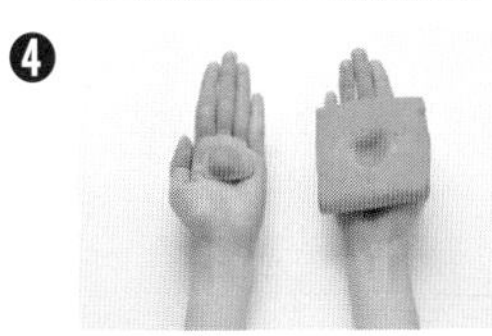

조개 화석

2 호수나 바다 밑에서 생물 위에 (   )이/가 계속해서 쌓이면 단단한 지층이 만들어지고, 그 속에 묻힌 생물이 (   )(으)로 만들어집니다.

알지네이트 치과에서 치아 모형을 뜰 때 사용하는 물질.

고사리 화석과 고사리 비교

고사리 화석

고사리

- 고사리 화석과 고사리의 모습은 비슷합니다.
- 고사리와 고사리 화석은 색깔이 다릅니다.
- 오늘날 고사리가 잘 살 수 있는 환경은 따뜻하고 습기가 많은 곳이기 때문에 화석 속 고사리가 살았던 지역의 환경 역시 따뜻하고 습기가 많은 곳임을 짐작할 수 있습니다.

3. 화석을 이용하여 알 수 있는 것

화석	알 수 있는 것
삼엽충 화석	• 옛날에 살았던 삼엽충의 생김새를 알 수 있다. • 삼엽충 화석이 발견된 곳은 당시에 물속이었다는 것을 알 수 있다.
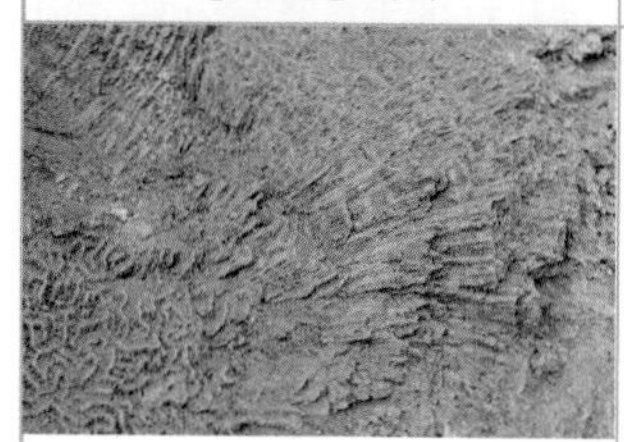 산호 화석	• 지금 산호의 생김새와 비슷하다는 것을 알 수 있다. • 산호 화석이 발견된 곳은 깊이가 얕고 따뜻한 바다였다는 것을 알 수 있다.
 공룡 발자국 화석	• 옛날에 살았던 공룡에 대하여 알 수 있다. • 공룡이 살던 시기에 쌓인 지층이라는 것을 알 수 있다.
 석탄과 석유	• 석탄이나 석유는 옛날의 생물이 변한 것으로 '화석 연료'라고 한다. • 화석은 우리 생활에서 연료로 이용된다.

- 옛날에 살았던 생물의 생김새와 생활 모습을 짐작할 수 있습니다.
- 화석이 발견된 지역의 당시 환경을 짐작할 수 있습니다.
- 지층이 쌓인 시기를 알려 줍니다.
- 석탄이나 석유와 같은 화석 연료는 우리 생활에서 유용하게 이용됩니다.

낱말 사전

석탄 옛날의 식물이 땅속에 묻혀 오랜 세월을 거치는 동안 숯처럼 검게 굳어진 물질.

석유 땅속에서 천연으로 나는, 물보다 가벼운 검은색의 걸쭉한 액체.

개념 확인 문제

정답과 해설 48쪽

3 화석을 이용하여 알 수 있는 것에 대한 설명으로 옳은 것에 ○표, 옳지 않은 것에 ×표 하시오.

(1) 산호 화석을 통해 공룡에 대해 알 수 있다. (　　)

(2) 삼엽충 화석을 통해 삼엽충의 생김새를 알 수 있다. (　　)

(3) 고사리 화석을 통해 고사리가 살았던 지역의 당시 환경을 알 수 있다. (　　)

실험 관찰로 알아보기 자연사 박물관 꾸미기

| 준비물 |

여러 가지 전시 자료, 여러 가지 무대 자료, 가위, 자, 풀, 셀로판 테이프

| 함께 생각하기 |

자연사 박물관 전시실을 어떤 주제로 꾸밀지 이야기해 봅니다.

지층의 여러 가지 모습을 그림으로 그리고, 지층이 만들어지는 과정도 함께 전시하겠습니다.

다양한 화석 사진을 이용하여 전시실을 꾸미고, 관찰한 화석 표본과 만든 화석 모형도 함께 전시하겠습니다.

층층이 쌓여 있는 지층의 모습을 고무찰흙을 이용하여 표현하겠습니다. 지층이 만들어지는 과정도 함께 나타내겠습니다.

| 함께 해결하기 | 예

❶ 지층과 화석을 어떻게 전시할지 계획하여 글이나 그림으로 나타내 봅니다.

❷ 전시물을 만들어 모둠별 전시실을 꾸며 봅니다.

❸ 모둠별 전시실을 모아 우리 학급의 자연사 박물관을 만들어 봅니다.

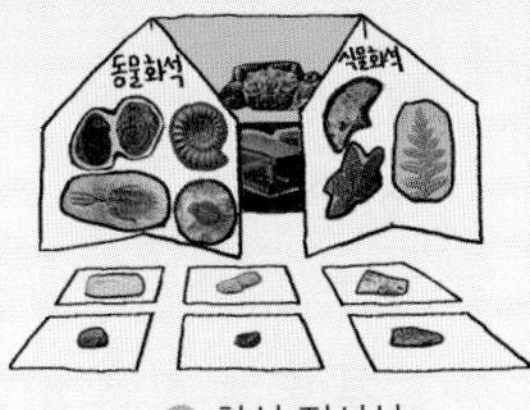

화석 전시실

공룡 전시실

지층 전시실

퇴적암 전시실

자연사 박물관

자연사 박물관은 자연에 대한 여러 자료를 수집하고 전시하는 곳입니다.

자연사 박물관 꾸밀 때 주의할 점

자연사 박물관을 꾸밀 때 과학적 개념과 과정, 미술적 아름다움 등이 잘 어우러지도록 꾸며야 합니다.

2 단원

4 자연사 박물관에서 전시실을 꾸밀 때, 주제로 적합한 것은 (지층, 자동차, 퇴적암, 음식 , 화석)입니다.

5 다음은 자연사 박물관 중 어떤 주제의 전시실에 대한 계획인지 쓰시오.

> 지층의 여러 가지 모습을 그림으로 그리고, 지층이 만들어지는 과정을 함께 전시했습니다.

( ) 전시실

자연사 사람의 힘이 더해지지 않고 스스로 존재하는 모든 것들의 역사.

01 옛날에 살았던 생물의 몸체와 생물이 생활한 흔적이 남아 있는 것을 무엇이라 하는지 쓰시오.

( )

02 다음 화석에 대한 설명으로 옳은 것은 어느 것입니까? ( )

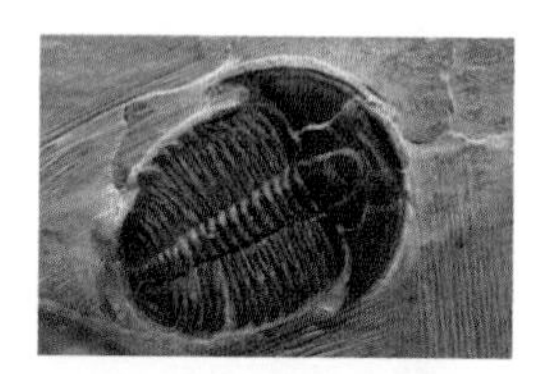

① 식물의 줄기와 잎이 잘 보인다.
② 지금 물고기의 모습과 비슷하다.
③ 잎의 가장자리가 갈라져 손 모양을 하고 있다.
④ 지금 살고 있는 새의 발자국 모습과 비슷하다.
⑤ 머리, 가슴, 꼬리의 세 부분으로 나눌 수 있다.

03 화석에 대한 설명으로 옳은 것은 어느 것입니까? ( )

① 공룡 발자국은 화석이 아니다.
② 모래에 생긴 발자국은 화석이다.
③ 고인돌처럼 사람이 만든 유물도 화석이다.
④ 화석을 통해 옛날에 살았던 생물의 모습을 알 수 없다.
⑤ 화석 속 생물이 동물인지 식물인지 구별할 수 있다.

04 동물 화석과 식물 화석 중 어느 것으로 분류할 수 있는지 쓰시오.

( )

05 화석이 만들어지는 과정입니다. ㉠과 ㉡에 들어갈 말을 바르게 짝지은 것은 어느 것입니까? ( )

> 호수나 바다 밑에서 생물 위에 (㉠)이 계속해서 쌓이면 단단한 지층이 만들어지고, 그 속에 묻힌 생물이 (㉡)으로 만들어진다.

	㉠	㉡
①	지층	퇴적암
②	퇴적물	화석
③	퇴적암	지층
④	지층	퇴적암
⑤	퇴적물	지층

06 화석이 만들어져 발견되는 과정입니다. 순서대로 기호를 쓰시오.

> ㉠ 지층이 높게 솟아오른 뒤 깎인다.
> ㉡ 그 위에 퇴적물이 두껍게 쌓인다.
> ㉢ 지층이 더 많이 깎여 화석이 드러난다.
> ㉣ 죽은 생물이나 나뭇잎 등이 호수나 바다의 바닥으로 운반된다.
> ㉤ 퇴적물이 계속 쌓여 지층이 만들어지고 그 속에 묻힌 생물이 화석이 된다.

( ) → ( ) → ( ) → ( ) → ( )

07 화석 모형과 실제 화석에 대한 설명으로 옳지 않은 것은 어느 것입니까? (　　)

화석 모형

실제 화석

① 실제 화석이 더 단단하다.
② 실제 화석의 색깔이 더 선명하다.
③ 화석 모형의 무늬가 덜 선명하다.
④ 화석 모형과 실제 화석의 무늬가 다르다.
⑤ 실제 화석은 만들어지는 데 오랜 시간이 걸린다.

08 화석 모형 만들기에서 각각의 재료들이 실제 화석에서 어떤 것에 해당하는지 (　　) 안에 알맞은 말을 각각 쓰시오.

화석 모형	실제 화석
찰흙 반대기	(　㉠　)
조개 껍데기	옛날에 살았던 생물
• 찰흙 반대기에 찍힌 조개의 겉모양 • 알지네이트로 만든 조개의 형태	(　㉡　)

㉠ (　　　), ㉡ (　　　)

09 화석을 이용하여 알 수 있는 옛날 생물에 대한 내용 중 옳지 않은 것은 어느 것입니까? (　　)

① 생물의 모습
② 생물이 생활한 흔적
③ 생물이 살았던 시기
④ 생물이 살았던 지역의 당시 환경
⑤ 생물이 살았던 지역의 아름다운 모습

10 어느 지역에서 고사리 화석이 발견되었습니다. 화석 속 고사리가 살았던 지역의 당시 환경으로 알맞은 것은 어느 것입니까? (　　)

① 춥고 건조한 산
② 얕고 따뜻한 바다
③ 얕고 차가운 호수
④ 깊고 차가운 바다
⑤ 따뜻하고 습기가 많은 지역

11 다음과 같이 꾸민 전시실의 주제로 가장 알맞은 것은 어느 것입니까? (　　)

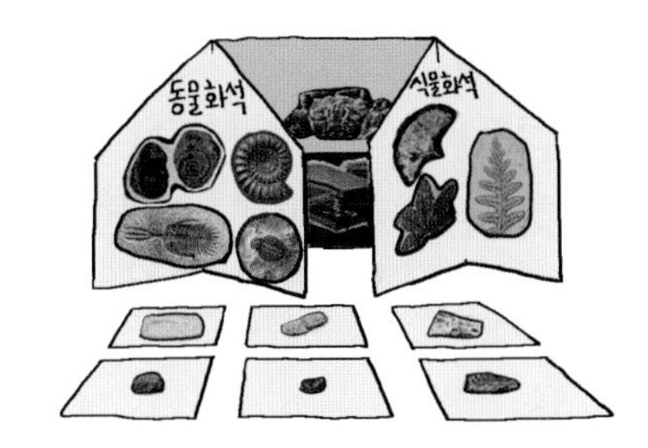

① 지층　② 화석　③ 지진
④ 공룡　⑤ 퇴적암

12 자연사 박물관에서 다음과 같은 전시물을 보았다면, 이 전시관의 주제로 가장 알맞은 것은 어느 것입니까? (　　)

① 지층　② 화산　③ 공룡
④ 지진　⑤ 퇴적암

2 단원

단원 정리

1 여러 가지 모양의 지층

(㉠)	자갈, 모래, 진흙 등으로 이루어진 암석들이 층을 이루고 있는 것
지층의 모양	• 수평인 지층, 끊어진 지층, 휘어진 지층 등 지층의 모양은 다양하다. • 줄무늬가 보이며, 여러 개의 층으로 이루어져 있다.

2 지층이 만들어지는 과정

❶ 물이 운반한 자갈, 모래, 진흙 등이 쌓인다.
❷ 자갈, 모래, 진흙 등이 계속 쌓이면 먼저 쌓인 것들이 눌린다.
❸ 오랜 시간이 지나면 단단한 지층이 만들어진다.
❹ 지층은 땅 위로 솟아오른 뒤 깎여서 보인다.

3 지층을 이루고 있는 암석

퇴적암	물이 운반한 자갈, 모래, 진흙 등의 퇴적물이 굳어져 만들어진 암석		
종류	이암	사암	역암
(㉡)	작다.	중간이다.	크다.
퇴적암을 이루는 퇴적물	진흙과 같은 작은 알갱이	주로 모래	주로 자갈, 모래 등
퇴적암이 만들어지는 과정	❶ 암석이 부서져 작은 자갈, 모래, 진흙 등이 된다. ❷ 자갈, 모래, 진흙 등이 흐르는 물에 의해 운반되어 강이나 바다에 쌓인다. ❸ 퇴적물이 눌리고 여러 가지 물질에 의해 서로 단단하게 붙는다. ❹ 오랜 시간 반복되어 퇴적물이 (㉢)이/가 된다.		

4 여러 가지 화석

(㉣)	아주 오랜 옛날에 살았던 생물의 몸체와 생물이 생활한 흔적이 남아 있는 것
화석의 분류	오늘날 살고 있는 생물과 비교하여 '동물 화석'과 '식물 화석'으로 구분할 수 있다.

5 화석이 만들어지는 과정

화석이 만들어져 발견되는 과정	❶ 죽은 생물이나 나뭇잎 등이 호수나 바다의 바닥으로 운반된다. ❷ 그 위에 퇴적물이 두껍게 쌓인다. ❸ 퇴적물이 계속 쌓여 지층이 만들어지고, 그 속에 묻힌 생물이 화석이 된다. ❹ 지층이 높게 솟아오른 뒤 깎인다. ❺ 지층이 더 많이 깎여 화석이 드러난다.
화석이 잘 만들어지는 조건	• 생물의 몸체 위에 (㉤)이/가 빠르게 쌓여야 한다. • 동물의 뼈, 이빨, 껍데기, 식물의 줄기 등과 같이 단단한 부분이 있어야 한다.
화석 모형과 실제 화석의 차이점	• 실제 화석은 화석 모형보다 단단하고, 색깔과 무늬가 선명하다. • 화석 모형은 만드는 데 걸리는 시간이 짧지만, 실제 화석은 만들어지는 데 오랜 시간이 걸린다.

6 화석의 이용

화석으로 알 수 있는 것	• 옛날에 살았던 생물의 (㉥)와/과 생활 모습, 화석이 발견된 그 지역의 환경을 짐작할 수 있다. • 지층이 쌓인 시기를 알 수 있다. • 석탄이나 석유와 같은 (㉦)은/는 우리 생활에 유용하게 이용된다.

정답 ㉠ 지층 ㉡ 알갱이의 크기 ㉢ 퇴적암 ㉣ 화석 ㉤ 퇴적물 ㉥ 생김새 ㉦ 화석 연료

단원 정리 평가

2. 지층과 화석

01 지층에 대한 설명으로 옳지 않은 것은 어느 것입니까? ( )

① 모양이 다양하다.
② 위에서부터 수평하게 쌓인다.
③ 퇴적물이 쌓여서 생긴 것이다.
④ 알갱이의 색깔과 크기 차이로 줄무늬가 보인다.
⑤ 산기슭이나 바닷가 절벽에서 지층을 볼 수도 있다.

02 두 지층의 공통점은 어느 것입니까? ( )

① 수평인 지층이다.
② 끊어진 지층이다.
③ 휘어진 지층이다.
④ 줄무늬가 보인다.
⑤ 한 개의 층으로 되어 있다.

03 나음 지층에서 가장 먼저 쌓인 층은 어느 것입니까? ( )

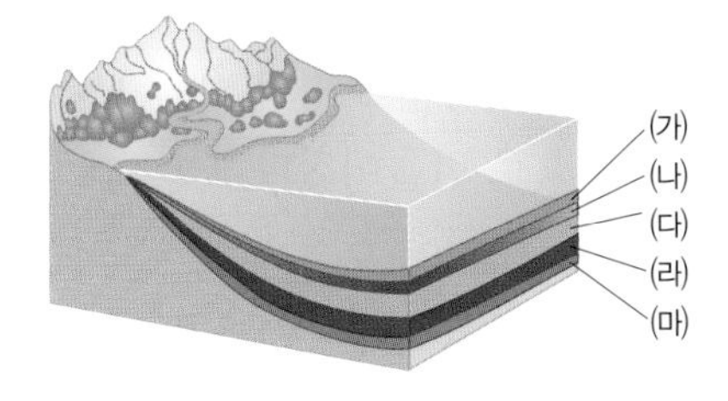

① (가) ② (나) ③ (다)
④ (라) ⑤ (마)

04 지층 모형과 실제 지층의 비슷한 점은 어느 것입니까? ( )

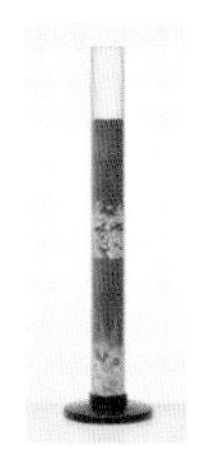
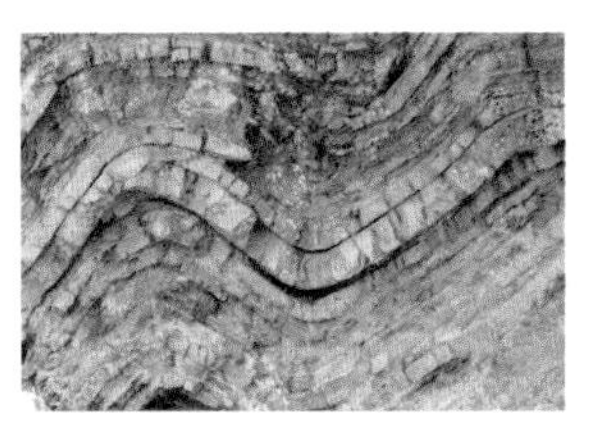

① 지층의 모양
② 지층의 단단한 정도
③ 지층에 보이는 줄무늬
④ 지층이 만들어진 장소
⑤ 지층이 만들어지는 데 걸리는 시간

05 지층이 만들어져 발견되는 과정입니다. 순서대로 기호를 쓰시오.

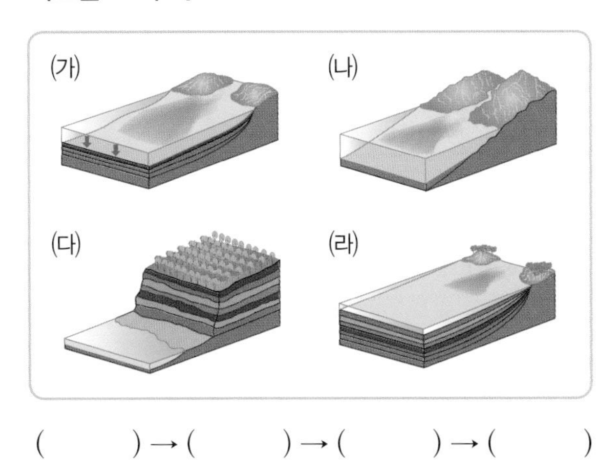

( ) → ( ) → ( ) → ( )

06 다음 ( ) 안에 들어갈 말로 알맞은 것은 어느 것입니까? ( )

> 지층의 각 층마다 색이나 두께가 다르기 때문에 줄무늬가 보인다. 이것은 쌓인 ( ) 이/가 다르기 때문이다.

① 지층 ② 화석 ③ 화산
④ 침식 ⑤ 퇴적물

07 다음 ( ) 안에 들어갈 알맞은 말을 쓰시오.

> 물에 의하여 운반된 자갈, 모래, 진흙 등의 퇴적물이 굳어져 만들어진 암석을 '( )'(이)라고 한다.

( )

[08~09] 여러 가지 퇴적암을 보고, 물음에 답하시오.

(가)	(나)	(다)

08 위의 암석을 이루는 알갱이의 크기가 작은 것부터 순서대로 나열한 것은 어느 것입니까? ( )

① (가) < (다) < (나)
② (가) < (나) < (다)
③ (나) < (가) < (다)
④ (다) < (나) < (가)
⑤ (다) < (가) < (나)

09 위의 암석 중 어느 것에 대한 내용인지 기호와 이름을 쓰시오.

> • 주로 모래로 되어 있다.
> • 알갱이의 크기는 중간이고, 눈으로 보면 보인다.
> • 연한 회색, 연한 갈색 등 색깔이 다양하다.
> • 손으로 만졌을 때 약간 거친 느낌이 든다.

(1) 기호 : ( )
(2) 이름 : ( )

[10~11] 다음은 퇴적암 모형을 만드는 과정입니다. 물음에 답하시오.

(가)

(나)
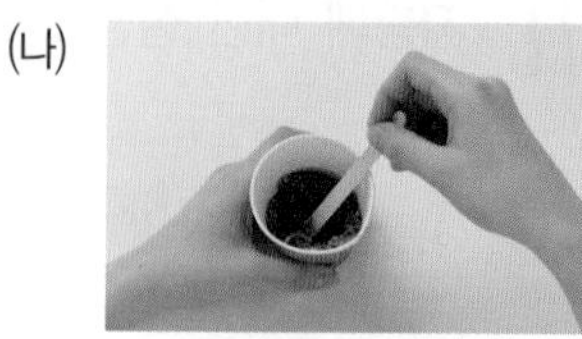

(다)

(라)

10 위의 (가), (나)처럼 물 풀을 넣고 모래와 섞어서 반죽을 만드는 까닭은 무엇입니까? ( )

① 냄새를 없애기 위해서
② 무게를 늘리기 위해서
③ 색깔을 바꾸기 위해서
④ 모래를 서로 붙여 주기 위해서
⑤ 알갱이를 크기별로 분류하기 위해서

11 위의 (다)처럼 다른 종이컵으로 모래 반죽을 누르는 까닭은 무엇입니까? ( )

① 알갱이를 더 작게 부수기 위해서
② 퇴적암 모형의 모양을 다듬기 위해서
③ 알갱이의 색깔을 진하게 만들기 위해서
④ 알갱이들을 서로 떨어지게 하기 위해서
⑤ 알갱이들 사이의 공간을 좁아지게 하기 위해서

☆☆☆
12 다음은 모래로 만든 퇴적암 모형과 사암의 공통점과 차이점을 적은 것입니다. ( ) 안에 들어갈 알맞은 말을 쓰시오.

공통점	퇴적암 모형과 사암 모두 ( )(으)로 만들어졌다.
차이점	퇴적암 모형은 만드는 데 걸리는 시간이 짧지만, 사암은 만들어지는 데 오랜 시간이 걸린다.

( )

13 다음 (   ) 안에 들어갈 알맞은 말을 쓰시오.

> 옛날에 살았던 생물의 몸체와 생물이 생활한 흔적이 남아 있는 것을 (   )(이)라고 한다.

(   )

[14~15] 다음은 여러 가지 화석의 모습입니다. 물음에 답하시오.

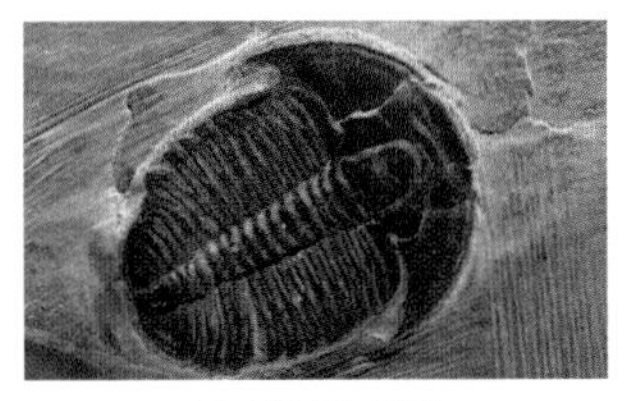
삼엽충 화석

고사리 화석

물고기 화석

나뭇잎 화석

14 물고기 화석을 관찰하고 쓴 내용으로 옳은 것은 어느 것입니까? (   )

① 잎맥이 잘 보인다.
② 전체적 모습이 잎을 닮았다.
③ 오늘날 물고기의 모습과 비슷하다.
④ 머리, 가슴, 꼬리의 세 부분으로 나눌 수 있다.
⑤ 오늘날 살고 있는 새의 발자국 모습과 비슷하다.

15 위의 화석들을 다음과 같이 분류했다면, 분류 기준으로 옳은 것은 어느 것입니까? (   )

삼엽충 화석, 물고기 화석	고사리 화석, 나뭇잎 화석

① 모양 ② 크기
③ 색깔 ④ 단단한 정도
⑤ 동물 화석과 식물 화석

16 다음은 화석이 만들어져 발견되는 과정입니다. (   ) 안에 공통으로 들어갈 알맞은 말을 쓰시오.

> 1. 죽은 생물이나 나뭇잎 등이 호수나 바다의 바닥으로 운반된다.
> 2. 그 위에 퇴적물이 두껍게 쌓인다.
> 3. 퇴적물이 계속 쌓여 지층이 만들어지고, 그 속에 묻힌 생물이 (   )이/가 된다.
> 4. 지층이 높게 솟아오른 뒤 깎인다.
> 5. 지층이 더 많이 깎여 (   )이/가 드러난다.

(   )

17 실제 조개 화석과 조개 화석 모형의 비슷한 점으로 알맞은 것은 어느 것입니까? (   )

조개 화석

조개 화석 모형

① 색깔 ② 모양과 무늬
③ 단단한 정도 ④ 만들어진 장소
⑤ 만들어진 시간

18 고사리 화석이 발견된 지역의 당시 환경을 바르게 추리한 사람의 이름을 쓰시오.

> • 지호 : 건조하고 뜨거운 사막이었을 거야.
> • 예빈 : 수심이 얕고 따뜻한 호수였을 거야.
> • 아진 : 수심이 깊고 차가운 바다였을 거야.
> • 유주 : 춥고 눈이 많이 오는 지역이었을 거야.
> • 서현 : 따뜻하고 습기가 많은 지역이었을 거야.

(   )

2 단원

서술형 문제

01 다음 여러 가지 지층을 보고, (가), (나), (다) 지층의 모양에 대해서 쓰시오.

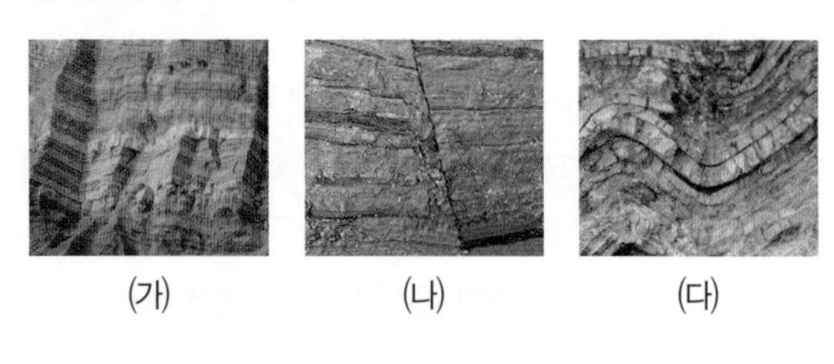

(가) : ______________________

(나) : ______________________

(다) : ______________________

02 다음 지층에서 가장 먼저 쌓인 층의 기호를 쓰고, 그렇게 생각한 까닭을 쓰시오.

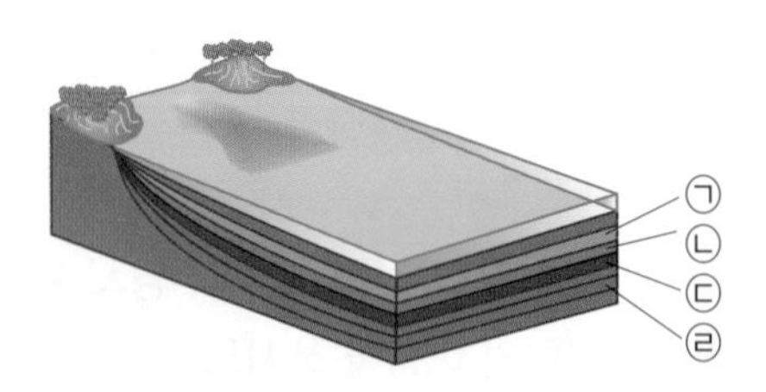

먼저 쌓인 지층	
그렇게 생각한 까닭	

03 퇴적암은 다음과 같이 분류할 수 있습니다. 이암, 사암, 역암의 알갱이 크기를 각각 쓰시오.

이암	사암	역암

• 이암 : ______________________

• 사암 : ______________________

• 역암 : ______________________

04 퇴적암 모형을 만들 때 다음과 같이 다른 종이컵으로 모래 반죽을 누르는 까닭을 쓰시오.

____

____

05 다음 화석을 동물 화석과 식물 화석으로 분류하고, 그렇게 분류한 이유를 쓰시오.

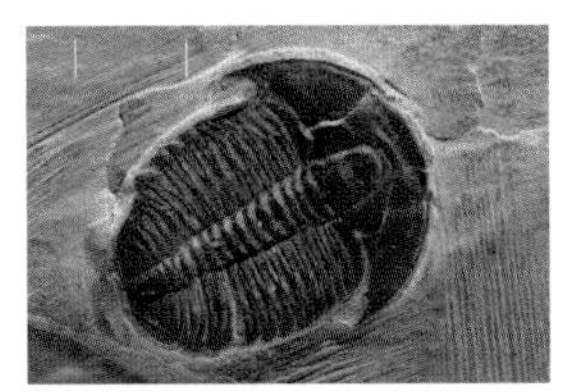
삼엽충 화석

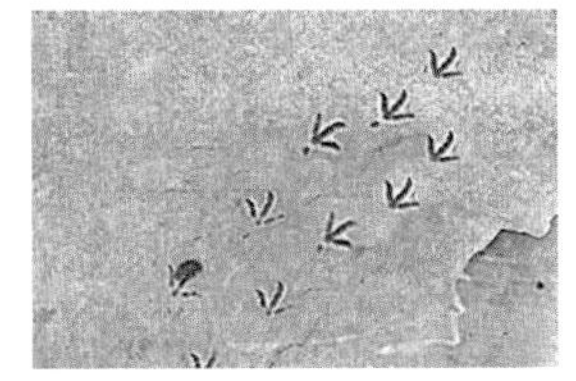
새 발자국 화석

고사리 화석

나뭇잎 화석

(1) 동물 화석	
(2) 식물 화석	
(3) 이유	

06 다음은 화석이 만들어져 발견되는 과정입니다. □ 안에 들어갈 알맞은 과정을 쓰시오.

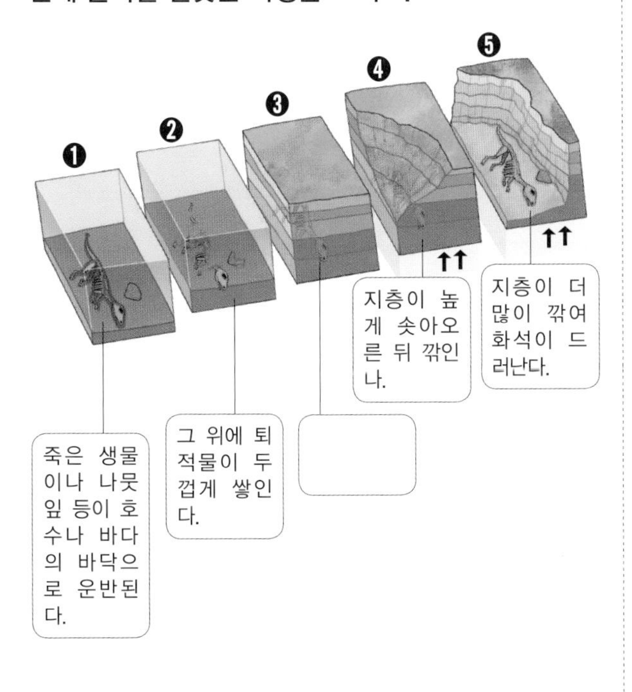
❶
❷
❸
❹
❺
죽은 생물이나 나뭇잎 등이 호수나 바다의 바닥으로 운반된다.
그 위에 퇴적물이 두껍게 쌓인다.
지층이 높게 솟아오른 뒤 깎인다.
지층이 더 많이 깎여 화석이 드러난다.

07 화석 모형과 실제 화석의 차이점을 만들어지는 데 걸리는 시간과 관련하여 쓰시오.

화석 모형 실제 화석

08 어느 지역의 산에서 다음의 화석이 발견되었습니다. 물음에 답하시오.

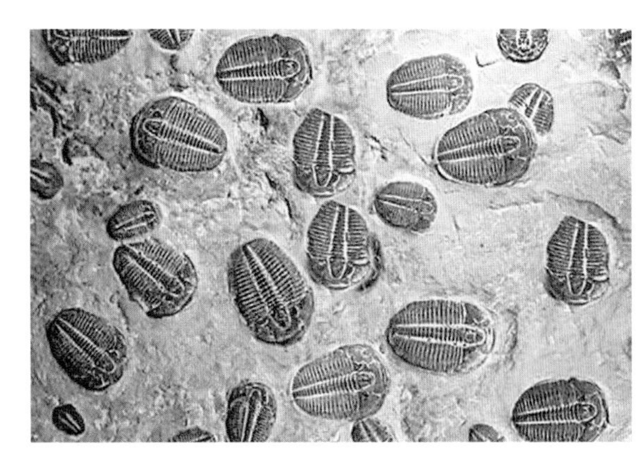

(1) 위 화석의 이름을 쓰시오.
( )

(2) 위 화석이 살았을 당시 이 지역의 환경에 대해 쓰시오.

수행 평가

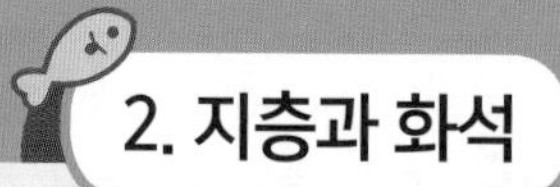

학습 주제 여러 가지 모양의 지층

학습 목표 여러 가지 모양의 지층을 관찰하고, 그 특징을 설명할 수 있다.

[1~2] 다음은 여러 가지 지층입니다. 물음에 답하시오.

1 위 지층들을 자세히 관찰하고, 비슷한 모양의 지층끼리 기호를 쓰고, 지층의 모양을 쓰시오.

기호	모양
(　　,　　)	
(　　,　　)	
(　　,　　)	

2 여러 가지 지층의 공통점과 차이점을 쓰시오.

공통점	차이점

학습 주제 여러 가지 화석

학습 목표 여러 가지 화석을 관찰하고, 그 특징을 설명할 수 있다.

[3~5] 다음은 여러 가지 화석입니다. 물음에 답하시오.

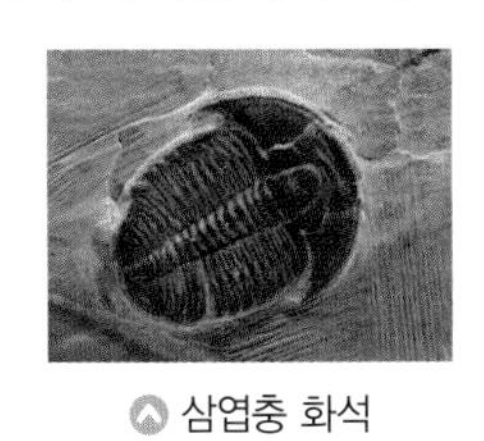
삼엽충 화석

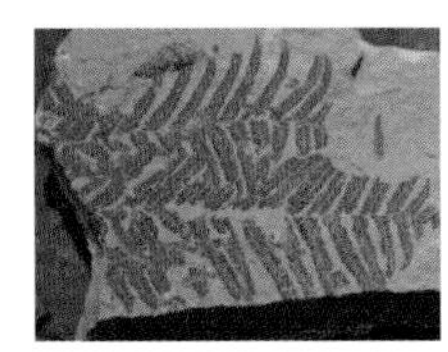

고사리 화석

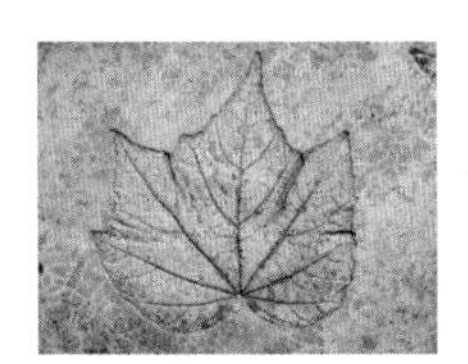
나뭇잎 화석

물고기 화석

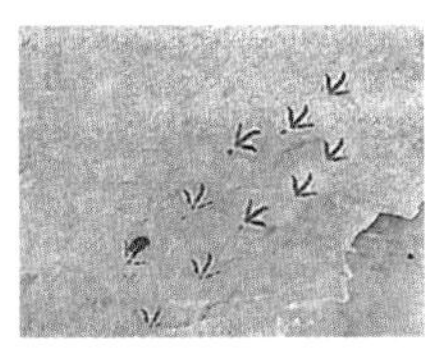
새 발자국 화석

공룡알 화석

3

위 화석을 동물 화석과 식물 화석으로 분류하시오.

구분	화석
동물 화석	
식물 화석	

4

3번처럼 화석을 동물 화석과 식물 화석으로 구분할 수 있는 이유를 쓰시오.

5

어느 지역에서 고사리 화석이 발견되었다면, 화석 속 고사리가 살았던 당시 그 지역의 환경을 오늘날 고사리가 사는 환경과 연관지어 쓰시오.

오늘날 고사리는 따뜻하고, 습기가 많은 곳에서 잘 자란다.

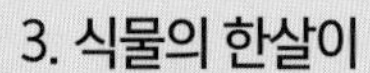

① 식물의 한살이

1. 여러 가지 씨의 특징

(1) 씨를 관찰하는 방법

- 손으로 촉감을 느낍니다.
- 눈으로 모양과 색깔을 관찰합니다.
- 자나 동전을 이용하여 크기를 재어 봅니다.

(2) 여러 가지 씨 관찰하기

씨 이름	모양	색깔	실제 길이 예	사진
호두	동그랗고, 주름이 있다.	연한 갈색	가로 3 cm, 세로 3 cm	
강낭콩	둥글고, 길쭉하다.	검붉은색 또는 알록달록한 색	가로 1.5 cm, 세로 0.8 cm	
사과씨	둥글고, 길쭉하며, 한쪽은 모가 나 있다.	갈색	가로 0.8 cm, 세로 0.4 cm	
참외씨	길쭉하다.	연한 노란색	가로 0.5 cm, 세로 0.2 cm	
봉숭아씨	둥글다.	어두운 갈색	가로 0.3 cm, 세로 0.2 cm	
채송화씨	동그랗다.	검은색	매우 작아 재기 어렵다.	

크다. ↕ 작다.

- 식물의 종류에 따라 씨의 모양, 색깔, 크기 등이 다양합니다.
- 식물의 씨는 길쭉한 것도 있고, 동그란 것도 있습니다.
- 호두처럼 크기가 큰 것도 있지만, 채송화씨처럼 매우 작은 것도 있습니다.

(3) 여러 가지 씨의 공통점과 차이점

공통점	• 껍질이 있고, 단단하다. • 대부분 주먹보다 크기가 작다.
차이점	모양, 색깔, 크기 등의 생김새가 다르다.

씨에서 자라게 될 식물 상상하기

- 준비물 : 흰 종이, 그림 도구
- 과정
  - ❶ 씨에서 나올 식물을 상상하여 싹이 튼 모습을 그리고, 특징을 써 봅니다.
  - ❷ 이 식물이 다 자란 모습을 자세히 그리고, 특징을 써 봅니다.

씨의 길이나 크기 측정하기

- 자를 이용한 길이 비교

- 동전을 이용한 크기 비교

낱말 사전

촉감 물건이 피부에 닿아서 느껴지는 감각.

개념 확인 문제

정답과 해설 52쪽

1 씨를 관찰하는 방법입니다. ( ) 안에 알맞은 말을 쓰시오.

(1) (   )(으)로 촉감을 느낍니다.

(2) (   )(으)로 모양과 색깔을 관찰합니다.

(3) 자나 동전을 이용하여 (   )을/를 재어 봅니다.

2. 식물의 한살이

(1) 식물의 한살이 : 식물의 씨가 싹 터서 자라며, 꽃이 피고 열매를 맺어 다시 씨가 만들어지는 과정

(2) 식물의 한살이 과정을 알아보기

- 가장 먼저 해야 할 일은 관찰 계획을 세우는 것입니다.
- 식물의 한살이를 관찰할 때에는 한살이 기간이 짧고, 잎·줄기·꽃·열매 등을 관찰하기 쉬운 식물을 선택하는 것이 좋습니다.
- 씨가 싹 트고 잎과 줄기가 자라는 모습, 꽃이 피고 열매가 자라는 모습 등을 꾸준하게 관찰해야 합니다.

실험 관찰로 알아보기 식물의 한살이 관찰 계획 세우기

| 준비물 |

식물의 씨, 화분, 망이나 작은 돌, 거름흙, 꽃삽, 물뿌리개, 팻말, 관찰 계획서

| 실험 방법 |

❶ 어떤 식물을 관찰할지 생각해 봅니다.

❷ 그 식물을 선택한 까닭을 이야기해 봅니다.

❸ 언제, 어디에, 어떻게 씨를 심으면 좋을지 생각해 봅니다.

❹ 식물을 기르면서 무엇을 어떻게 관찰할지 이야기해 봅니다.

❺ 계획한 대로 씨를 심어 관찰해 봅니다.

| 씨 심는 방법 |

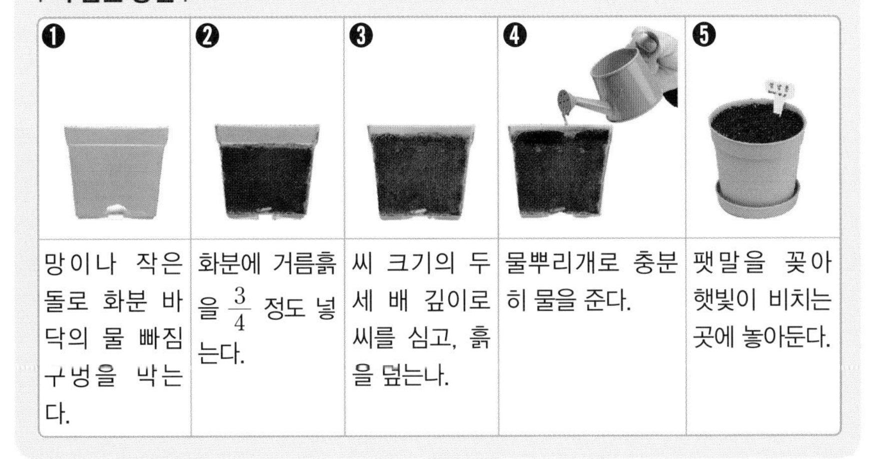

❶	❷	❸	❹	❺
망이나 작은 돌로 화분 바닥의 물 빠짐 구멍을 막는다.	화분에 거름흙을 $\frac{3}{4}$ 정도 넣는다.	씨 크기의 두세 배 깊이로 씨를 심고, 흙을 덮는다.	물뿌리개로 충분히 물을 준다.	팻말을 꽂아 햇빛이 비치는 곳에 놓아둔다.

관찰 기록장 예

싹 트는 모습을 관찰해요		
관찰 날짜	20○○년 ○월 ○일	
관찰 내용	씨가 싹 터서 떡잎이 땅을 바라보고 있다.	
	강낭콩의 크기	줄기의 길이가 약 2.5cm이다.
	새싹의 색깔	떡잎은 연한 노란색, 줄기는 연한 초록색이다.
느낀 점	땅속에 심어놓은 씨가 땅을 뚫고 잎과 함께 나오는 모습이 신기하다. 어서 빨리 키가 커지고, 잎도 많아졌으면 좋겠다.	

씨를 심을 때 주의할 점

씨를 너무 깊게 심으면 공기가 잘 통하지 않아 씨가 쉽게 썩고, 너무 얕게 심으면 흙에 있는 물이 쉽게 증발되어 씨가 말라 버립니다.

3 단원

2 식물의 씨가 싹 터서 자라며, 꽃이 피고 열매를 맺어 다시 씨가 만들어지는 과정을 식물의 (　　　　)(이)라고 합니다.

3 식물의 한살이를 알아보려면 가장 먼저 해야 할 일은 (　　　　)(을)를 세우는 것입니다.

거름 식물이 잘 자라도록 하기 위하여 주는 물질.

실전 문제

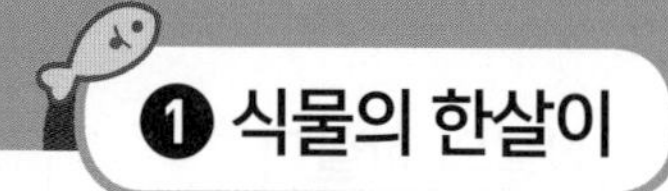

01 씨를 관찰할 때 살펴보아야 할 특징이 <u>아닌</u> 것은 어느 것입니까? (　　　)

① 씨의 모양
② 씨의 색깔
③ 씨의 길이
④ 씨의 가격
⑤ 씨의 촉감

02 채송화씨처럼 크기가 작은 씨를 관찰할 때 사용하는 도구는 어느 것입니까? (　　　)

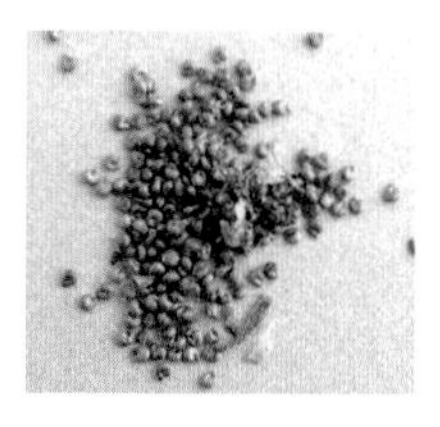

① 자
② 스포이트
③ 나침반
④ 동전
⑤ 돋보기

03 씨를 관찰할 때, 다음의 도구를 사용하여 관찰할 수 있는 것은 어느 것입니까? (　　　)

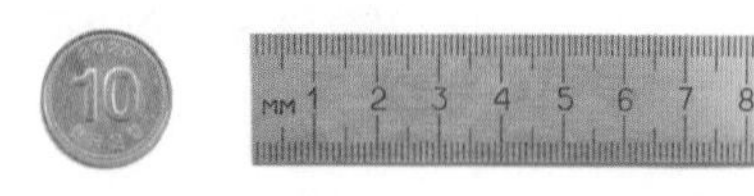

① 크기　② 색깔　③ 모양
④ 촉감　⑤ 가격

[04~05] 보기 는 여러 가지 씨입니다. 물음에 답하시오.

보기

강낭콩　참외씨　사과씨
봉숭아씨　호두　채송화씨

04 어떤 씨를 관찰한 내용인지 보기 에서 찾아 쓰시오.

- 색깔은 검붉은색이다.
- 둥글고 길쭉한 모양이다.

(　　　　　　　　　)

05 호두에 대한 설명으로 옳은 것은 어느 것입니까? (　　　)

① 어두운 갈색이다.
② 크기가 매우 작다.
③ 동그랗고, 주름이 있다.
④ 둥글고, 길쭉한 모양이다.
⑤ 둥글고, 길쭉하며, 한쪽은 모가 나 있다.

06 여러 가지 씨의 공통점과 차이점으로 옳지 <u>않은</u> 것은 어느 것입니까? (　　　)

① 색깔이 다르다.
② 모양이 다르다.
③ 단단하고, 껍질이 있다.
④ 크기와 생김새가 다르다.
⑤ 대부분 주먹보다 크기가 크다.

07 다음은 무엇에 대한 설명입니까? ( )

> 식물의 씨가 싹 터서 자라며, 꽃이 피고 열매를 맺어 다시 씨가 만들어지는 과정이다.

① 식물의 씨
② 식물의 꽃
③ 화분의 팻말
④ 식물의 한살이
⑤ 식물이 잘 자라는 조건

08 식물의 한살이 관찰 계획서에 들어갈 내용으로 적절하지 않은 것은 어느 것입니까? ( )

① 관찰 방법
② 관찰할 식물
③ 화분의 재료
④ 씨를 심을 곳
⑤ 씨를 심는 방법

09 식물의 한살이를 관찰하기에 가장 적합한 식물은 어느 것입니까? ( )

① 향기가 좋은 식물
② 먹을 수 있는 식물
③ 주변에서 잘 볼 수 없는 식물
④ 주변 온도가 낮아도 자라는 식물
⑤ 한살이 기간이 비교적 짧은 식물

10 화분에 씨를 심는 방법으로 옳지 않은 것은 어느 것입니까? ( )

① 씨를 심은 다음에는 흙으로 덮어 준다.
② 씨는 씨 크기의 두세 배 깊이로 심는다.
③ 씨를 심은 뒤 물뿌리개로 물을 조금 준다.
④ 씨를 심은 뒤 화분을 햇볕이 잘 드는 곳에 둔다.
⑤ 화분 바닥에 있는 물 빠짐 구멍을 망이나 작은 돌로 막는다.

11 다음 보기에서 씨를 가장 적당한 깊이에 심은 것을 골라 기호를 쓰시오.

보기

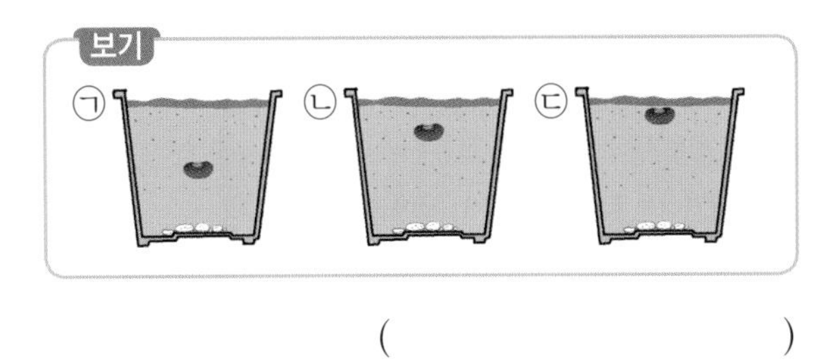

( )

12 다음 ㉠과 ㉡에 들어갈 말로 바르게 짝지어진 것은 어느 것입니까? ( )

> 식물의 한살이를 알아보려면 씨가 싹 트고 잎과 (㉠)이/가 자라는 모습, 꽃이 피고 열매가 자라는 모습 등을 (㉡) 관찰해야 한다.

	㉠	㉡
①	꽃	꾸준하게
②	줄기	꾸준하게
③	열매	꾸준하게
④	씨	한 번만
⑤	줄기	한 번만

❷ 식물의 자람

1. 씨가 싹 트는 데 필요한 조건

(1) 씨가 싹 트는 데 물이 미치는 영향

실험 관찰로 알아보기 씨가 싹 트는 데 물이 미치는 영향 알아보기

| 준비물 |

강낭콩, 페트리 접시 2개, 탈지면, 물이 담긴 분무기

| 실험 방법 |

❶ 씨가 싹 트는 데 물이 어떤 영향을 미치는지 알아보는 실험에서 다르게 할 조건과 같게 할 조건은 무엇인지 이야기해 봅니다.

다르게 할 조건	물
같게 할 조건	온도, 공기, 탈지면, 페트리 접시 등

❷ 페트리 접시 2개에 탈지면을 깔고 강낭콩을 올려놓은 다음, 한쪽 페트리 접시에만 물을 주어 탈지면이 흠뻑 젖게 합니다.

❸ 약 일주일 동안 페트리 접시에 있는 강낭콩의 변화를 관찰해 봅니다.

| 실험 결과 |

물을 준 것

싹이 텄다.

물을 주지 않은 것

싹이 트지 않았다.

- 씨가 싹 트려면 적당한 양의 물이 필요합니다.
- 씨가 싹 트는 데 물이 미치는 영향을 알아보는 실험에서는 물 이외의 모든 조건은 같게 합니다.

(2) 씨가 싹 트는 데 온도가 미치는 영향

다르게 할 조건	온도
같게 할 조건	물, 공기, 탈지면, 페트리 접시 등

- 씨가 싹 트려면 물 이외에도 적당한 온도가 필요합니다.

씨가 싹 트는 데 온도가 영향을 주는지 알아보기

- 3~5일 정도 상온에 둔 강낭콩과 냉장고에 둔 강낭콩을 비교합니다.
- 동일하게 햇빛과 빛을 차단하려고 두 강낭콩을 모두 상자에 넣고 실험합니다.

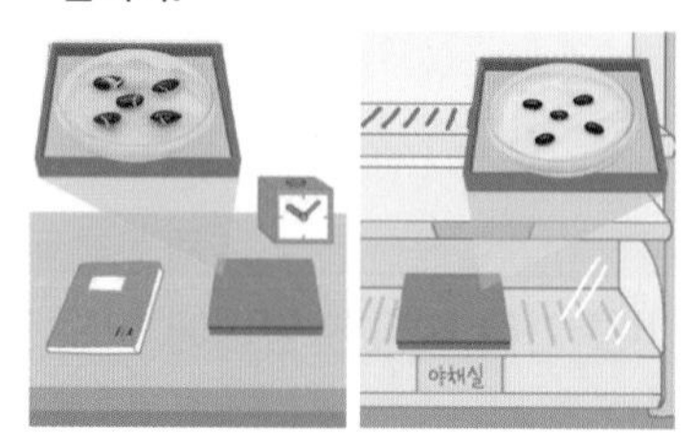

상온 / 냉장고

- 상온에 둔 강낭콩만 싹이 틉니다.

씨가 싹 트는 데 빛이 영향을 주는지 알아보기

- 알루미늄 접시를 사용하여 빛을 가린 경우와 빛을 받은 경우 중 어느 경우에 강낭콩에서 싹이 트는지 알아봅니다.

빛을 가린 것

빛을 가리지 않은 것

- 빛을 가린 경우와 빛을 받은 경우 모두 싹이 텄습니다.
- 일반적으로 식물의 씨에서 싹이 트는 데는 빛이 필요하지 않습니다.

낱말 사전

상온 열을 가하거나 식혀서 차게 하지 않은 자연 그대로의 기온.

개념 확인 문제 정답과 해설 52쪽

1 씨가 싹 트기 위해서는 적당한 양의 (   )와/과 (   )이/가 필요합니다.

2 물을 준 강낭콩은 싹이 (텄습니다, 트지 않았습니다).

2. 씨가 싹 트는 과정

(1) 씨를 물에 불리기 전과 싹 튼 후의 겉모양과 속 모양

- 싹이 튼 후 씨의 크기가 조금 더 커졌습니다.
- 뿌리가 나온 다음 껍질이 벗겨지면서 떡잎이나 떡잎싸개가 나옵니다.

(2) 물을 주지 않은 강낭콩과 싹이 튼 강낭콩의 겉모양과 속 모양

구분	겉모양		속 모양	
물을 주지 않은 것	둥글고 길쭉하다.		뿌리와 잎은 있으나, 납작하게 붙어 있다.	
물을 주어 싹이 튼 것	뿌리가 자라 밖으로 나와 있다.		잎은 싱싱하고, 색깔이 노랗다.	

- 강낭콩 속에는 뿌리, 줄기, 잎이 될 부분이 있습니다.

(3) 강낭콩이 싹이 터서 자라는 과정

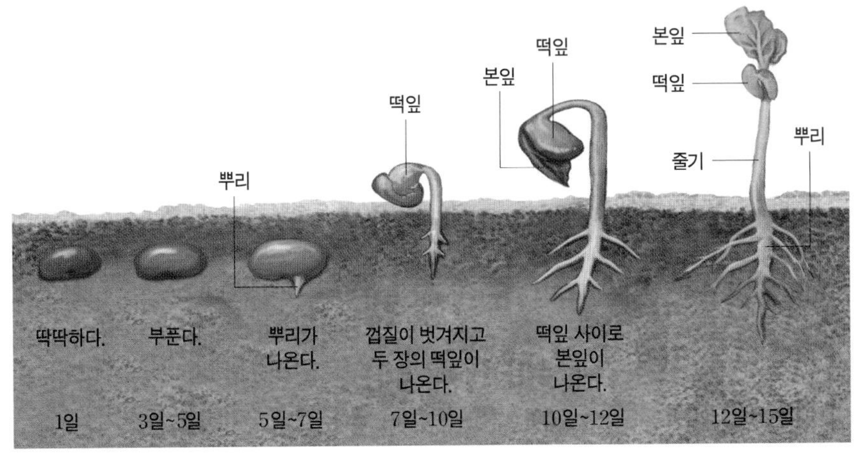

❶ 먼저 뿌리가 나오고 껍질이 벗겨집니다.

❷ 땅 위로 두 장의 떡잎이 나오고, 떡잎 사이로 본잎이 나옵니다.

❸ 씨가 싹 튼 후, 식물은 줄기도 굵어지고, 식물의 키도 자라며, 잎의 개수도 많아지고 잎의 크기도 커집니다.

옥수수씨가 싹 트는 과정

❶ 
딱딱하다.

❷ 
부푼다.

❸ 
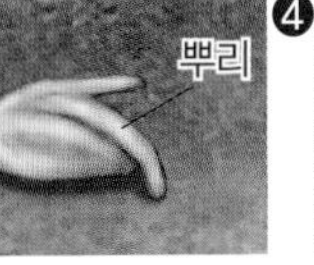

뿌리가 나온다.

❹ 

떡잎싸개가 나온다.

❺ 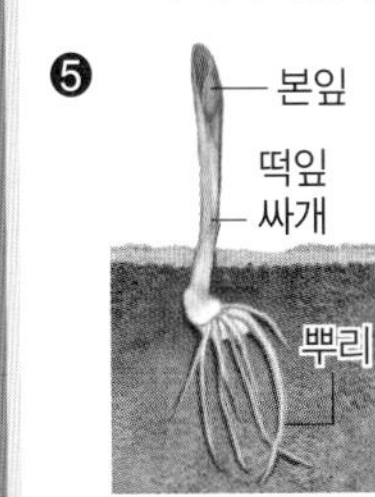

떡잎싸개 사이로 본잎이 나온다.

3 단원

강낭콩 떡잎의 역할

- 싹이 트고 본잎이 자라면서 떡잎에 있는 양분을 사용합니다.
- 양분이 다 사용된 떡잎은 쭈글쭈글해지고, 나중에는 시들어 떨어집니다.

3 씨가 싹이 트는 과정에서 뿌리가 나온 다음, 껍질이 벗겨지면서 땅 위로 (　　　　)(이)나 떡잎싸개가 나옵니다.

4 강낭콩 속에는 (　　　　), 줄기, (　　　　)이/가 될 부분이 있습니다.

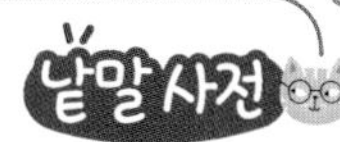

떡잎 씨앗에서 움이 트면서 최초로 나오는 잎. 보통의 잎과 형태가 다르고 양분을 저장하고 있음.

3. 식물이 자라는 데 필요한 조건

실험 관찰로 알아보기 식물이 자라는 데 필요한 조건 알아보기

| 준비물 |

식물이 자라고 있는 화분 2개, 물이 담긴 물뿌리개

| 실험 방법 |

❶ 식물이 자라는 데 물이 어떤 영향을 미치는지 알아보려고 할 때, 실험에서 다르게 할 조건과 같게 할 조건은 무엇인지 이야기해 봅니다.

다르게 할 조건	물
같게 할 조건	화분의 크기, 식물의 종류, 빛, 양분, 온도 등

❷ 비슷한 크기로 자란 강낭콩 화분 2개 중에 한 화분은 물을 적당히 주고, 다른 화분은 물을 주지 않습니다.

❸ 며칠 동안 강낭콩의 변화를 관찰해 봅니다.

| 실험 결과 |

물을 적당히 준 것	물을 주지 않은 것
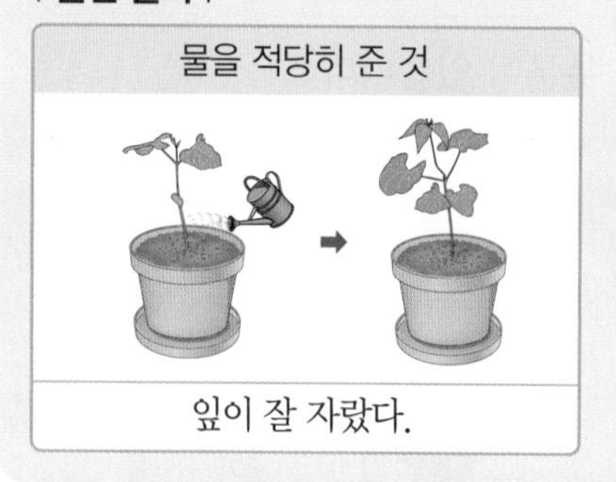	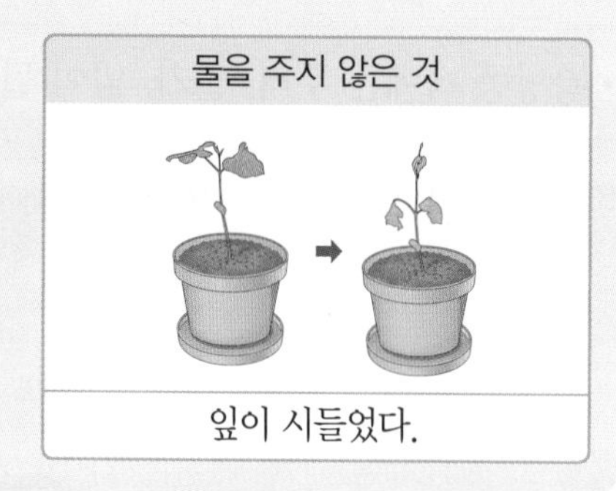
잎이 잘 자랐다.	잎이 시들었다.

• 식물을 잘 자라게 하려면 물 이외에도 빛과 적당한 온도가 필요합니다.

4. 잎과 줄기의 자람

(1) 잎과 줄기가 자란 정도를 측정하는 방법

• 잎의 개수를 기록합니다.
• 잎의 길이를 측정할 때 : 잎자루에서부터 잎의 끝부분까지 자로 잽니다.
• 줄기의 길이를 측정할 때 : 새순이 난 바로 아래까지의 줄기 길이를 줄자를 사용하여 날짜별로 잽니다.

식물이 자라는데 빛이 미치는 영향을 알아보는 실험

› 식물 하나는 빛을 받게 하고, 다른 하나는 차단 장치 안에서 빛을 받지 않게 합니다.

▲ 빛을 받은 것 ▲ 빛을 차단한 것

› 빛을 받은 쪽이 더 싱싱하게 자랍니다.

잎의 길이 측정

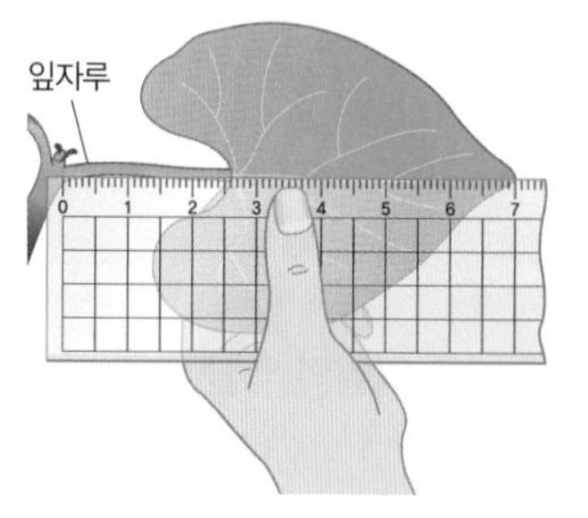

잎이 줄기에 붙어 있는 부분(잎자루)에서 잎의 끝부분까지 자로 잽니다.

줄기의 길이 측정

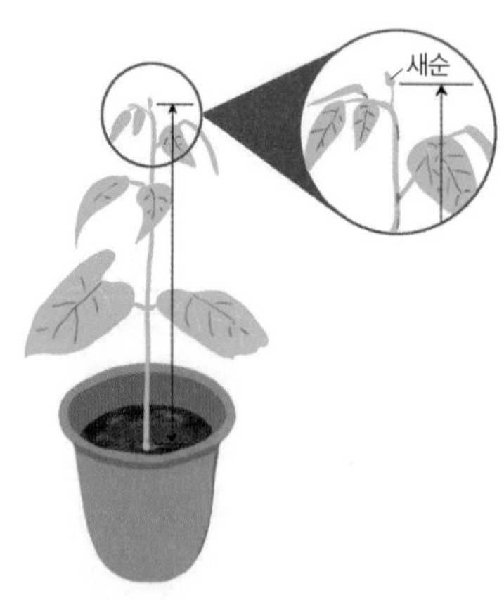

낱말 사전

잎자루 잎이 줄기에 붙어 있는 부분.

새순 새로 돋아난 연한 싹.

개념 확인 문제 정답과 해설 52쪽

5 식물이 자라는 데 물이 어떤 영향을 미치는지 알아보는 실험을 할 때, 다르게 할 조건은 (   )입니다.

6 잎의 길이는 잎자루에서부터 잎의 (   )까지 자로 잽니다.

(2) 측정한 결과를 나타내는 방법

- 측정한 결과를 표에 기록합니다.
- 자란 정도를 글이나 그림으로 나타냅니다.

(3) 식물이 자라면서 변하는 잎과 줄기의 모습

- 잎 : 점점 넓어지고, 개수도 많아집니다.
- 줄기 : 점점 굵어지고, 길이가 길어집니다.

(4) 잎과 줄기가 자란 정도를 알아볼 수 있는 다른 방법

- 잎에 모눈 투명 종이를 대고 그려서 칸을 세어 봅니다.
- 잎의 그림을 그려 본을 떠서 크기를 비교합니다.
- 줄기에 일정한 간격으로 선을 그어 간격의 변화를 측정합니다.
- 종이 끈을 이용하여 줄기의 길이를 잰 뒤, 종이 끈의 길이를 다시 자로 재어 정확한 측정값을 알아봅니다.

5. 꽃과 열매

(1) 강낭콩의 꽃과 열매의 변화 관찰하기

❶ 작은 몽우리가 커지더니 꽃봉오리가 된다.	❷ 꽃이 지고 난 자리에 작은 꼬투리가 보인다.	❸ 꼬투리가 더 커지고 많아진다.	❹ 꼬투리가 커지고, 씨의 개수를 셀 수 있다.

(2) 강낭콩의 꽃과 열매가 자라면서 달라지는 것

- 꽃의 색깔, 모양, 크기가 달라집니다.
- 꼬투리의 모양, 개수와 크기가 달라집니다.

(3) 식물이 자라면 꽃이 피고 열매를 맺는 까닭

- 씨를 맺어 번식을 하기 위해서

(4) 식물의 꽃과 열매가 자라는 과정

① 식물이 자라면 꽃이 피고, 꽃이 지면 열매가 생깁니다.
② 열매 속에는 씨가 들어 있습니다.
③ 열매 속에 들어 있는 씨를 심으면 다시 싹이 트고 자라 열매를 맺습니다.

잎과 줄기가 자란 정도를 그림이나 글로 나타내기

○○월 ○○일
잎의 개수가 많아지고, 줄기의 길이가 길어졌다.

잎의 자람 알아보는 방법

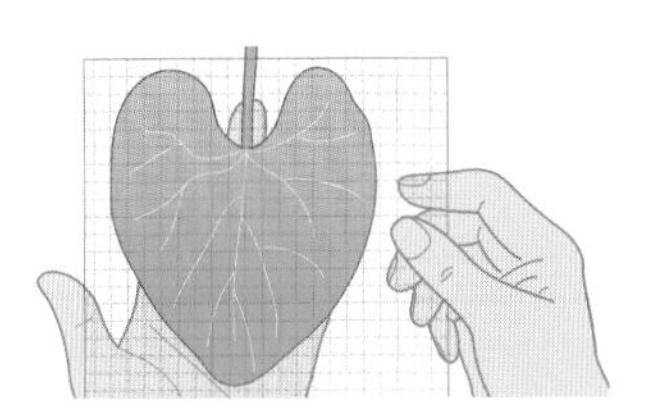

모눈 투명 종이 대고 그려서 칸 세어 보기

강낭콩의 꽃과 열매의 자람

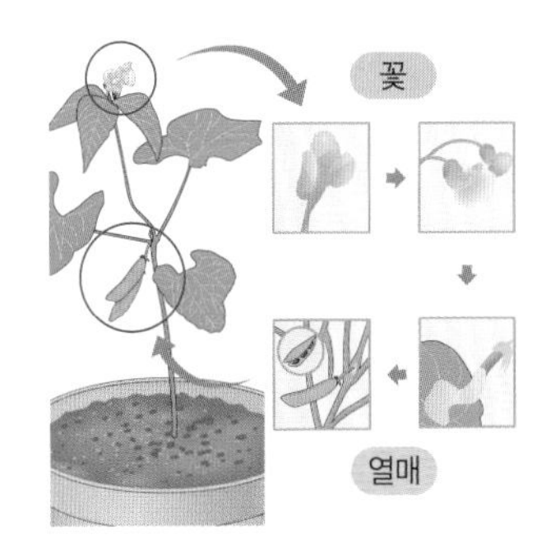

3 단원

7 **식물이 자라면서 변하는 잎과 줄기의 모습에 대한 설명으로 옳은 것에 ○표, 옳지 않은 것에 ×표 하시오.**

(1) 잎은 점점 넓어집니다. ( )
(2) 잎의 개수는 변화 없습니다. ( )
(3) 줄기는 점점 가늘어지고, 길이는 길어집니다. ( )

낱말 사전

꼬투리 콩 따위의 식물에서 꽃이 지고 나서 생기는 열매로, 씨가 들어 있음.

번식 동물이나 식물의 수가 늘어 널리 퍼져나가는 것.

실전 문제

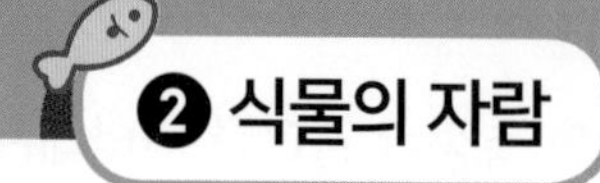

01 다음 실험에서 씨가 싹트는 데 필요한 조건으로 예상한 것은 어느 것입니까? ( )

1. 페트리 접시 두 개에 탈지면을 깔고, 강낭콩을 올려 놓는다.
2. 한쪽 페트리 접시에만 물을 주어 탈지면이 항상 마르지 않도록 한다.
3. 약 일주일 동안 두 페트리 접시에 있는 강낭콩의 변화를 관찰한다.

① 빛 ② 물 ③ 공기
④ 온도 ⑤ 바람

02 다음과 같이 실험했더니 상온에 둔 강낭콩만 싹이 텄습니다. 이 실험으로 알 수 있는 씨가 싹 트는 데 필요한 조건을 쓰시오.

상온에 둔 강낭콩

냉장고에 둔 강낭콩

( )

03 씨가 싹 트는 데 반드시 필요한 것끼리 바르게 짝지어진 것은 어느 것입니까? ( )

㉠ 물 ㉡ 공기 ㉢ 페트리접시
㉣ 빛 ㉤ 적당한 온도

① ㉠, ㉡ ② ㉠, ㉤ ③ ㉡, ㉤
④ ㉢, ㉣ ⑤ ㉣, ㉤

04 물을 주어 싹이 튼 강낭콩의 속 모양을 찾아 기호를 쓰시오.

(가)
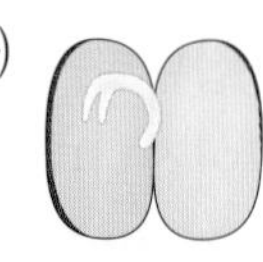

(나)
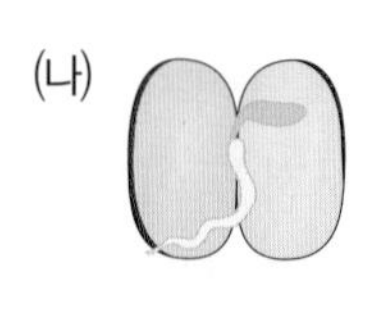

( )

05 강낭콩이 싹 터서 자라는 모습입니다. ☐ 안에 들어갈 말로 알맞은 것은 어느 것입니까? ( )

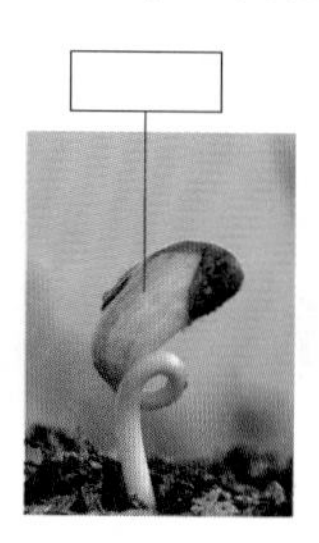

① 뿌리 ② 줄기 ③ 본잎
④ 떡잎 ⑤ 떡잎싸개

06 강낭콩이 싹 트는 과정을 순서에 맞게 바르게 나열한 것은 어느 것입니까? ( )

㉠ 씨가 부푼다.
㉡ 떡잎 사이로 본잎이 나온다.
㉢ 씨에서 뿌리가 나온다.
㉣ 껍질이 벗겨지고 떡잎 두 장이 나온다.

① ㉠ → ㉡ → ㉢ → ㉣
② ㉠ → ㉢ → ㉣ → ㉡
③ ㉠ → ㉡ → ㉣ → ㉢
④ ㉣ → ㉢ → ㉠ → ㉡
⑤ ㉢ → ㉠ → ㉡ → ㉣

07 식물이 자라는 데 필요한 조건을 알아보는 실험 결과가 다음과 같을 때 식물이 잘 자라려면 무엇이 필요한지 쓰시오.

물을 적당히 준 것

물을 적당히 주지 않은 것

( )

08 다음 실험에서 식물이 자라는 데 필요한 조건으로 예상한 것은 어느 것입니까? ( )

1. 식물이 비슷한 크기로 자란 화분 두 개를 준비한다.
2. 식물 하나는 창가에 두고, 다른 하나는 차단 장치 안에 둔다.
3. 같은 양의 물을 주면서 변화를 관찰한다.

① 물 ② 빛 ③ 온도
④ 공기 ⑤ 양분

09 식물의 잎과 줄기가 자라는 모습을 관찰하는 방법으로 옳지 <u>않은</u> 것은 어느 것입니까? ( )

① 잎의 개수를 기록한다.
② 잎의 길이를 자로 잰다.
③ 줄기의 길이를 줄자로 잰다.
④ 잎을 떼어 내어 겹쳐 보면서 크기를 비교한다.
⑤ 잎의 길이는 잎자루에서부터 잎의 끝부분까지 잰다.

10 잎과 줄기가 자란 정도를 파악하는 방법으로 옳지 <u>않은</u> 것은 어느 것입니까? ( )

① 잎의 크기
② 잎의 개수
③ 가지의 개수
④ 떡잎의 크기
⑤ 줄기의 길이

11 강낭콩 꽃과 열매의 변화를 관찰한 내용입니다. ( ) 안에 공통으로 들어갈 말을 쓰시오.

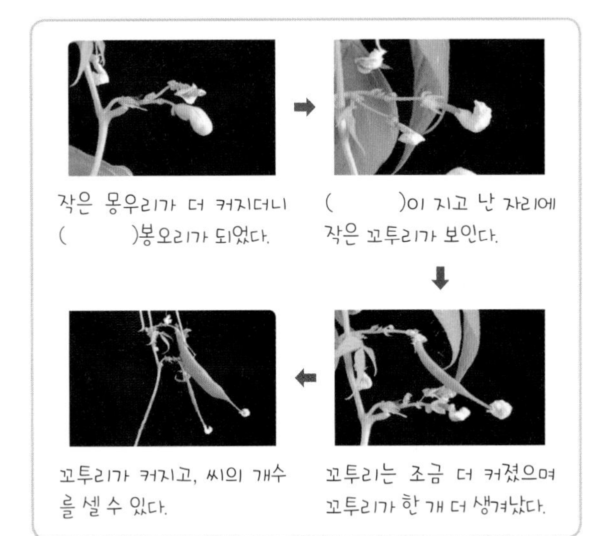

작은 봉우리가 더 커지더니 ( )봉오리가 되었다.
( )이 지고 난 자리에 작은 꼬투리가 보인다.
꼬투리는 조금 더 커졌으며 꼬투리가 한 개 더 생겨났다.
꼬투리가 커지고, 씨의 개수를 셀 수 있다.

( )

12 식물이 자라면서 꽃이 피고 열매를 맺는 까닭을 가장 잘 설명한 사람의 이름을 쓰시오.

- 유나 : 번식을 하기 위해서야.
- 지현 : 여러 해 동안 살기 위해서야.
- 은섭 : 겨울에 필요한 양분을 저장하기 위해서야.

( )

교과서
개념 익히기

③ 여러 가지 식물의 한살이

1. **한해살이 식물** : 한 해 안에 한살이를 거치고 일생을 마치는 식물
봄에 싹이 터서 자라고, 꽃이 피고 열매를 맺어 씨를 만들고 일생을 마칩니다. 예 강낭콩, 벼, 옥수수, 호박 등

볍씨
약 7일
싹이 튼다.
약 40일
잎과 줄기가 자란다.
약 45일
꽃이 핀다.
약 30일
열매를 맺어 씨를 만든다.
한해살이 식물(벼)

2. **여러해살이 식물** : 여러 해 동안 살면서 한살이의 일부를 반복하는 식물
- 싹이 터서 자라고 겨울 동안에도 죽지 않고 살아남습니다.
- 이듬해에 나뭇가지에서 새순이 나오고 자라는 과정이 몇 년 정도 반복된 뒤에 적당한 크기의 나무로 자라면 꽃이 피고 열매를 맺는 것을 반복합니다. 예 개나리, 감나무, 사과나무, 무궁화 등

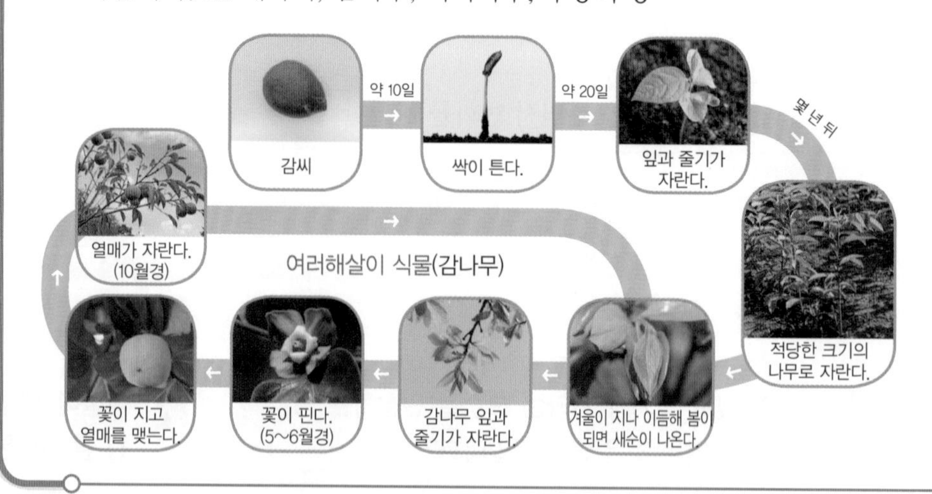
감씨
약 10일
싹이 튼다.
약 20일
잎과 줄기가 자란다.
몇 년 뒤
적당한 크기의 나무로 자란다.
겨울이 지나 이듬해 봄이 되면 새순이 나온다.
감나무 잎과 줄기가 자란다.
꽃이 핀다. (5~6월경)
꽃이 지고 열매를 맺는다.
열매가 자란다. (10월경)
여러해살이 식물(감나무)

여러해살이 풀

- 풀 중에는 한해살이 식물과 여러해살이 식물이 있습니다.
- 비비추, 민들레는 풀이지만 여러 해 동안 살면서 한살이의 일부를 반복하는 여러해살이 풀입니다.

나무처럼 보이는 풀

- 해바라기는 키가 높이 크지만, **한해살이 풀**입니다.

- 바나나는 잎에서 바나나가 열리는 **여러해살이 풀**입니다.

낱말 사전

일생 평생, 살아있는 동안.

개념 확인 문제

정답과 해설 53쪽

1 한 해 동안 한살이를 거치고 일생을 마치는 식물을 '(   ) 식물'이라고 하고, 여러 해 동안 살면서 한살이의 일부를 반복하는 식물을 '(   )' 식물이라고 합니다.

3. 한해살이 식물과 여러해살이 식물의 공통점과 차이점

공통점	씨가 싹 터서 자라며, 꽃이 피고 열매를 맺어 번식한다.
차이점	• 한해살이 식물 : 열매를 맺고 한 해만 살고 죽는다. • 여러해살이 식물 : 여러 해를 살면서 열매 맺는 것을 반복한다.

실험 관찰로 알아보기 한눈에 볼 수 있는 식물의 한살이 자료 만들기

| 준비물 |

스마트 기기, 식물 사진 자료, 두꺼운 종이, 색종이, 가위, 할핀, 풀, 나만의 준비물, 그림 도구

| 함께 생각하기]] |

씨가 싹 터서 자라며, 꽃이 피고 열매를 맺어 다시 씨가 만들어지는 식물의 한살이를 효과적으로 표현하는 방법을 이야기해 봅니다.

| 함께 해결하기 |

- 모둠에서 식물을 정하고, 그 식물의 한살이를 조사해 봅니다.
- 모둠 구성원이 할 역할을 정하고, 필요한 재료를 준비합니다.
- 식물의 한살이가 잘 드러나도록 자료를 만들어 봅니다.
- 만든 자료에서 고쳐야 할 것은 없는지 확인해 봅니다.

| 함께 나누기 |

친구들에게 우리 모둠이 만든 식물의 한살이를 발표하고, 잘 만들어진 점을 이야기해 봅니다.

사과나무의 한살이 돌림책

분꽃의 한살이 돌림책

옥수수의 한살이 돌림책

해바라기의 한살이 뫼비우스 띠

✎ 강낭콩 한살이 돌림책

연속성이 잘 드러납니다.

✎ 식물의 한살이 입체 퍼즐

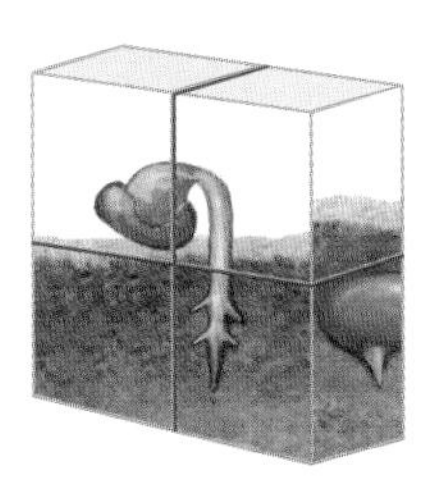

네 개의 정육면체로 만들 경우, 면이 여섯 개 나오므로 식물의 한살이 과정을 사진 여섯 개로 나타낼 수 있습니다.

3 단원

2 한해살이 식물과 여러해살이 식물에 대한 설명으로 옳은 것에 ○표, 옳지 않은 것에 ×표 하시오.

(1) 한해살이 식물은 열매를 맺지 않습니다. (　　)

(2) 둘다 씨가 싹 터서 자라며 꽃이 피고 열매를 맺습니다. (　　)

(3) 여러해살이 식물은 여러 해를 살면서 열매를 맺는 것을 반복합니다. (　　)

낱말 사전

연속성 끊기지 않고 쭉 이어지는 성질이나 상태.

실전 문제

01 벼와 같이 한 해 안에 한살이를 거치고 일생을 마치는 식물을 무엇이라고 하는지 쓰시오.

( )

02 다음은 벼의 한살이 과정입니다. ㉠, ㉡에 들어갈 말로 바르게 짝지어진 것은 어느 것입니까? ( )

볍씨
약 7일
싹이 튼다.
약 40일
잎과 줄기가 자란다.
한해살이 식물(벼)
약 45일
(㉡)이 핀다.
약 30일
(㉠)를 맺어 씨를 만든다.

	㉠	㉡
①	열매	씨
②	꽃	열매
③	열매	꽃
④	씨	꽃
⑤	꽃	씨

03 한해살이 식물끼리 바르게 짝지어진 것은 어느 것입니까? ( )

① 벼, 무궁화
② 호박, 감나무
③ 호박, 개나리
④ 벼, 사과나무
⑤ 강낭콩, 옥수수

04 다음과 같은 한살이 과정을 거치는 식물을 무엇이라고 하는지 쓰시오.

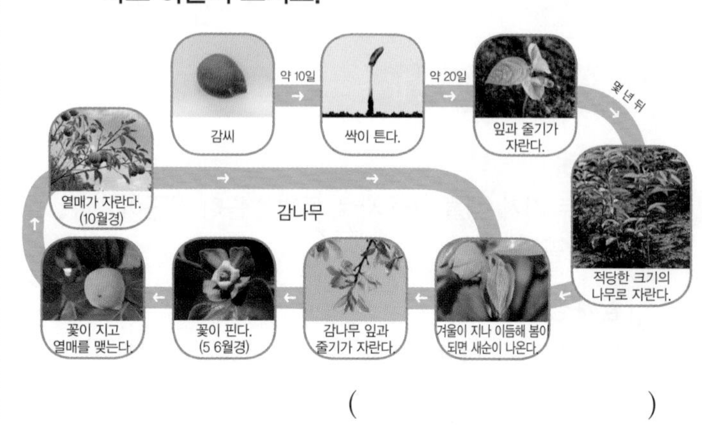

감씨
약 10일
싹이 튼다.
약 20일
잎과 줄기가 자란다.
몇 년 뒤
적당한 크기의 나무로 자란다.
겨울이 지나 이듬해 봄이 되면 새순이 나온다.
감나무 잎과 줄기가 자란다.
꽃이 핀다. (5 6월경)
꽃이 지고 열매를 맺는다.
열매가 자란다. (10월경)
감나무

( )

05 여러해살이 식물에 대한 설명으로 옳지 않은 것은 어느 것입니까? ( )

① 잎과 줄기가 자란다.
② 씨가 싹 터서 자란다.
③ 겨울이 되면 죽지 않고 살아남는다.
④ 이듬해에 나뭇가지에서 새순이 나온다.
⑤ 여러 해 동안 한살이를 한 번 거치고 일생을 마친다.

06 여러해살이 식물은 어느 것입니까? ( )

① 벼 ② 호박 ③ 개나리
④ 옥수수 ⑤ 강낭콩

07 봄에 사과나무의 씨를 심었다면, 열매 맺는 모습을 볼 수 있는 때로 적절한 것은 어느 것입니까? (　　)

① 1년 후 봄　② 1년 후 여름
③ 심은 해 가을　④ 심은 해 겨울
⑤ 몇 년이 지난 후 가을

08 다음 두 식물의 공통점으로 옳은 것은 어느 것입니까? (　　)

벼

감나무

① 한해살이 식물이다.
② 여러해살이 식물이다.
③ 씨가 싹이 터서 자란다.
④ 꽃이 피지만, 열매를 맺지 않는다.
⑤ 여러 해 동안 열매를 맺는 것을 반복한다.

09 다음과 같은 한살이를 거치는 식물은 어느 것입니까? (　　)

씨 → 싹이 틈. → 잎과 줄기가 자람. → 적당한 크기의 나무로 자람. → 겨울이 지나 이듬해 봄에 새순이 나옴. → 몇 해 동안 잎과 줄기가 자람. → 꽃이 핌. → 꽃이 지고, 열매를 맺음. → 열매가 자람. → 새로운 씨가 생김.

① 벼　② 호박　③ 감나무
④ 옥수수　⑤ 강낭콩

10 여러해살이 식물과 한해살이 식물에 대한 설명으로 옳지 않은 것은 어느 것입니까? (　　)

① 열매를 맺어 번식한다.
② 풀은 모두 한해살이 식물이다.
③ 강낭콩, 벼, 옥수수는 한해살이 식물이다.
④ 무궁화, 개나리, 감나무는 여러해살이 식물이다.
⑤ 여러해살이 식물은 겨울이 지나고, 이듬해에 새순이 자란다.

11 식물의 한살이 자료를 만들 때 가장 중요하게 생각할 것은 어느 것입니까? (　　)

① 자료의 크기가 큰가?
② 자료의 모양이 예쁜가?
③ 자료의 색깔이 아름다운가?
④ 자료의 재질이 부드러운가?
⑤ 자료에서 한살이 과정이 잘 나타났는가?

12 옥수수의 한살이 돌림책에 붙일 사진입니다. 순서대로 기호를 쓰시오.

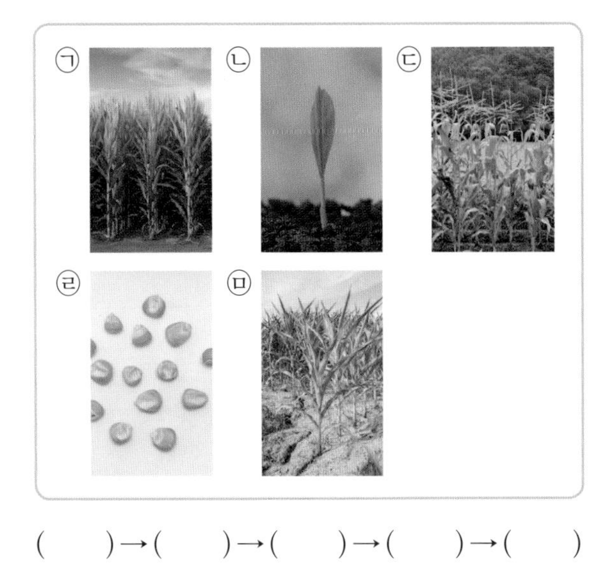

(　　) → (　　) → (　　) → (　　) → (　　)

3 단원

단원 정리

1 여러 가지 씨의 특징

씨 관찰 방법	• 눈으로 모양과 색깔을 관찰한다. • 손으로 촉감을 느낀다. • (㉠)(이)나 ( )을/를 이용하여 길이나 크기를 재어 본다.
여러 가지 씨의 특징	• 식물의 종류에 따라 씨의 모양, 크기, 색깔 등이 다양하다. • 단단하고 껍질이 있으며, 대부분 주먹보다 크기가 작다.

2 식물의 한살이

식물의 (㉡)	식물의 씨가 싹 터서 자라며, 꽃이 피고 열매를 맺어 다시 씨가 만들어지는 과정
한살이 관찰에 좋은 식물	한살이 기간이 짧고, 잎·줄기·꽃·열매 등을 관찰하기 쉬워야 한다. 예 강낭콩, 봉숭아, 나팔꽃, 토마토 등

3 씨가 싹 트는 데 물이 미치는 영향

다르게 할 조건	(㉢)
같게 할 조건	온도, 공기, 탈지면, 페트리 접시 등
실험 결과	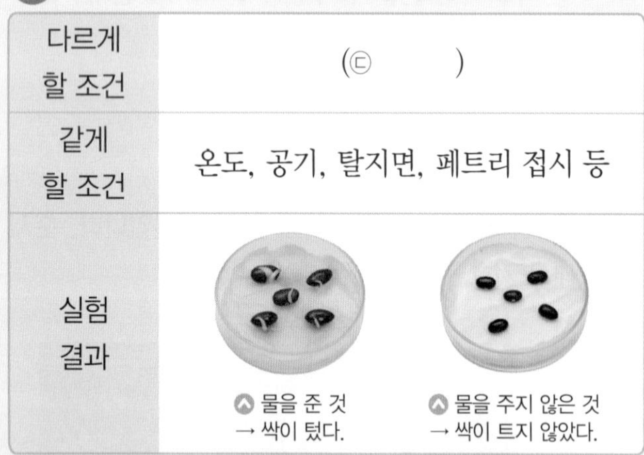 ▲ 물을 준 것 → 싹이 텄다. ▲ 물을 주지 않은 것 → 싹이 트지 않았다.

4 씨가 싹 트는 과정

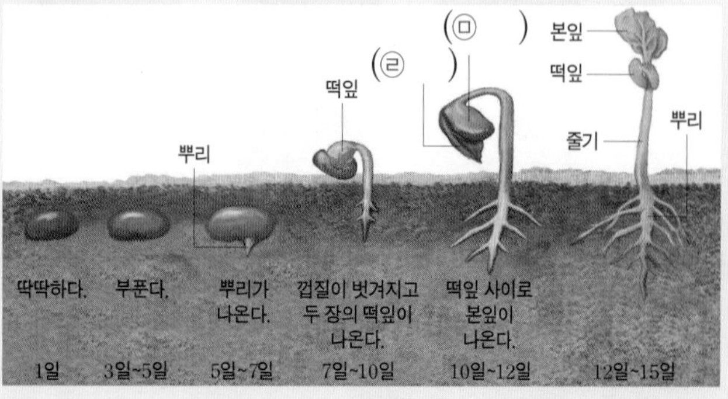

5 식물이 자라는 데 물이 미치는 영향

다르게 할 조건	(㉥)
같게 할 조건	화분의 크기, 식물의 종류, 양분, 온도, 빛 등
실험 결과	▲ 물을 적당히 준 것 → 잎이 잘 자랐다. ▲ 물을 주지 않은 것 → 잎이 시들었다.

6 잎과 줄기의 자람

잎과 줄기의 변화	• 잎 : 점점 넓어지고, 개수도 많아진다. • 줄기 : 점점 굵어지고, 길이가 길어진다.

7 꽃과 열매

꽃과 열매가 자라는 과정	• 식물이 자라면 꽃이 피고, 꽃이 지면 (㉦)이/가 생긴다. • 열매 속에는 씨가 들어 있다.
꽃이 피고 열매를 맺는 까닭	씨를 맺어 번식하기 위해서

8 여러 가지 식물의 한살이

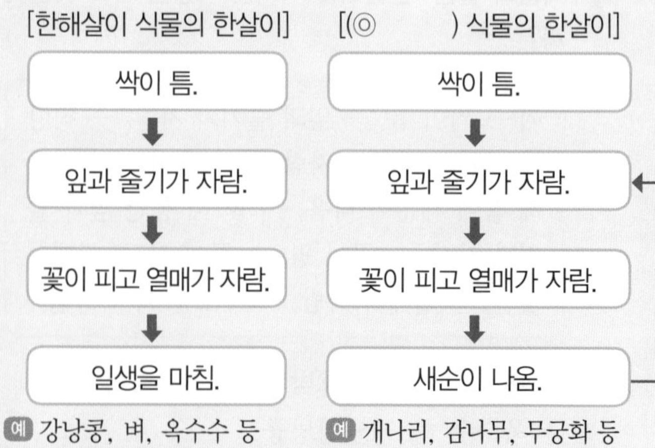

[한해살이 식물의 한살이]
싹이 틈.
잎과 줄기가 자람.
꽃이 피고 열매가 자람.
일생을 마침.
[(㉧) 식물의 한살이]
싹이 틈.
잎과 줄기가 자람.
꽃이 피고 열매가 자람.
새순이 나옴.

예 강낭콩, 벼, 옥수수 등
예 개나리, 감나무, 무궁화 등

정답 ㉠ 자, 동전 또는 동전, 자 ㉡ 한살이 ㉢ 물 ㉣ 본잎 ㉤ 떡잎 ㉥ 물 ㉦ 열매 ㉧ 여러해살이

단원 정리 평가

3. 식물의 한살이

01 다음에서 설명하고 있는 씨는 어느 것입니까? (　　　)

- 색깔은 갈색이다.
- 둥글고 길쭉하며, 한쪽은 모가 나 있다.

① 강낭콩

② 
참외씨

③ 
사과씨

④ 봉숭아씨

⑤ 
호두

02 다음은 여러 가지 씨의 공통점과 차이점입니다. (　　) 안에 들어갈 알맞은 말을 쓰시오.

공통점	• 단단하고 (　　　)이/가 있다. • 대부분 주먹보다 크기가 작다.
차이점	색깔, 모양, 크기 등의 생김새가 다르다.

(　　　　　　　　　)

03 식물의 한살이 과정을 알아보기 위하여 강낭콩을 선택한 이유로 가장 적절한 것은 어느 것입니까? (　　　)

① 쉽게 기를 수 있기 때문에
② 한살이 기간이 짧기 때문에
③ 주변에서 쉽게 구할 수 있기 때문에
④ 물을 조금만 주어도 잘 자라기 때문에
⑤ 잎과 줄기의 변화를 관찰하기 쉽기 때문에

04 다음은 화분에 씨를 심는 과정입니다. (　　) 안에 들어갈 말로 알맞은 것은 어느 것입니까? (　　　)

1. 화분 바닥에 있는 물 빠짐 구멍을 망이나 작은 돌로 막는다.
2. 화분에 거름흙을 $\frac{3}{4}$ 정도 넣는다.
3. 씨 크기의 (　　　) 깊이로 씨를 심고, 흙을 덮는다.
4. 물뿌리개로 물을 충분히 준다.
5. 팻말을 꽂아 햇빛이 비치는 곳에 놓아둔다.

① 열 배　　② 한두 배
③ 두세 배　　④ 다섯 배
⑤ 네다섯 배

05 다음은 무엇에 대한 설명인지 쓰시오.

식물의 씨가 싹 터서 자라며, 꽃이 피고 열매를 맺어 다시 씨가 만들어지는 과정이다.

(　　　　　　　　　)

06 식물의 한살이 과정을 알아보는 방법으로 옳지 않은 것은 어느 것입니까? (　　　)

① 한살이 기간이 짧은 것이 좋습니다.
② 감나무는 한살이를 관찰하기 좋습니다.
③ 잎, 줄기, 꽃, 열매를 관찰하기 쉬워야 합니다.
④ 식물이 자라는 모습은 꾸준하게 관찰해야 합니다.
⑤ 가장 먼저 해야 할 일은 관찰 계획 세우기입니다.

07 다음과 같이 실험을 설계하였다면, 씨가 싹 트는데 영향을 줄 것으로 예상한 조건은 어느 것입니까? ( )

다르게 할 조건	물
같게 할 조건	온도, 공기, 탈지면, 페트리 접시 등

① 물 ② 빛 ③ 공기
④ 온도 ⑤ 바람

08 씨가 싹 트는 데 꼭 필요한 조건 두 가지가 바르게 짝지어진 것은 어느 것입니까? ( )

① 흙, 물
② 물, 햇빛
③ 흙, 햇빛
④ 햇빛, 공기
⑤ 물, 적당한 온도

09 물을 주어 싹이 튼 강낭콩의 겉모양과 속 모양입니다. 바르게 관찰한 것은 어느 것입니까? ( )

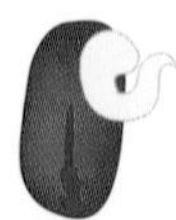
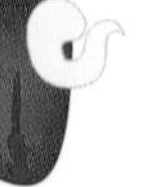
겉모양 속 모양

① 강낭콩이 말라 있다.
② 껍질에 터진 부분이 없다.
③ 강낭콩의 크기가 작아졌다.
④ 잎과 뿌리가 작고 납작하다.
⑤ 뿌리가 자라 밖으로 나와 있다.

10 다음은 강낭콩이 싹 트는 과정을 순서에 관계없이 나열한 것입니다. 순서대로 바르게 나열한 것은 어느 것입니까? ( )

(가)  (나) 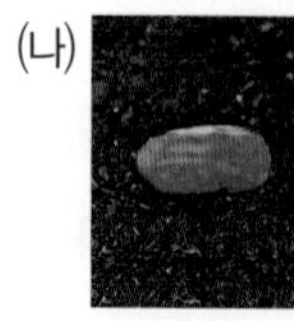 (다) 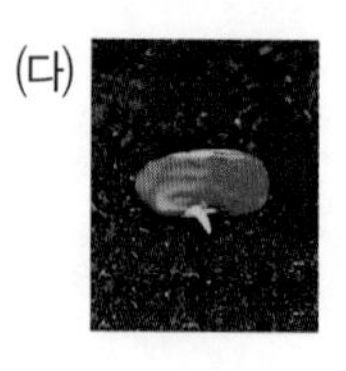

① (가) → (나) → (다)
② (가) → (다) → (나)
③ (나) → (다) → (가)
④ (나) → (가) → (다)
⑤ (다) → (가) → (나)

11 싹이 튼 옥수수의 모습을 보고, 본잎이 둘러싸여 나오는 곳의 기호와 이름을 쓰시오.

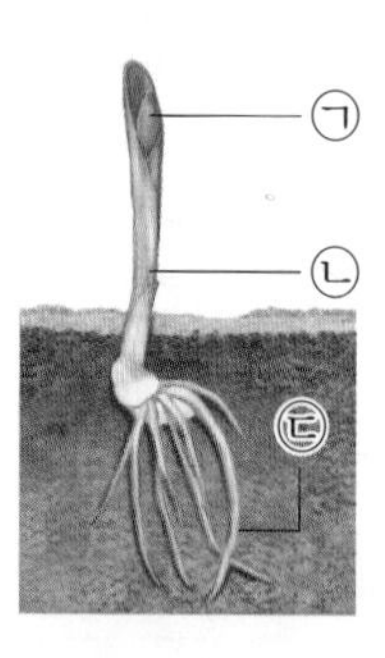

(1) 기호 : ( )
(2) 이름 : ( )

12 식물이 자라는 데 물이 미치는 영향을 알아보려고 합니다. 실험에 대한 설명으로 옳지 않은 것은 어느 것입니까? ( )

① 다르게 할 조건은 물이다.
② 화분의 크기는 같게 해야 한다.
③ 물을 준 잎은 크기가 작아졌다.
④ 물을 주지 않은 잎은 시들었다.
⑤ 며칠 동안 식물의 변화를 관찰해야 한다.

13 식물이 자라는 데 필요한 조건을 알아보기 위해 다음과 같이 실험했다면, 다르게 한 조건은 무엇인지 쓰시오.

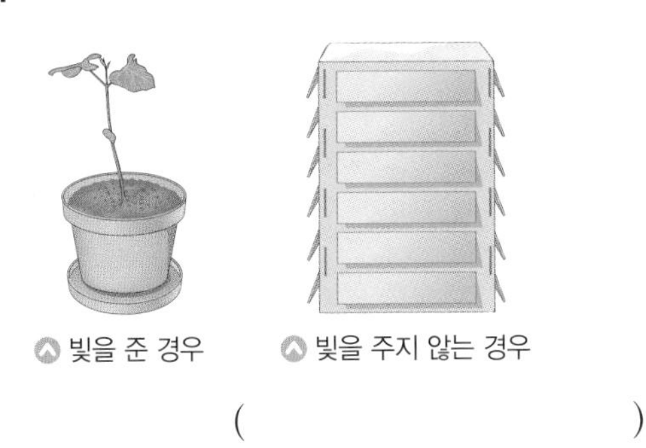
빛을 준 경우
빛을 주지 않는 경우

( )

14 식물의 잎과 줄기가 자라는 모습을 예상한 것으로 옳지 않은 것은 어느 것입니까? ( )

① 잎이 점점 넓어질 것이다.
② 식물의 키가 커질 것이다.
③ 줄기는 점점 굵어질 것이다.
④ 줄기의 길이는 길어질 것이다.
⑤ 잎의 개수는 변화가 없을 것이다.

15 다음은 강낭콩의 꽃과 열매를 관찰한 내용을 순서에 관계없이 나열한 것입니다. 보기 를 보고, 순서에 맞게 기호를 쓰시오.

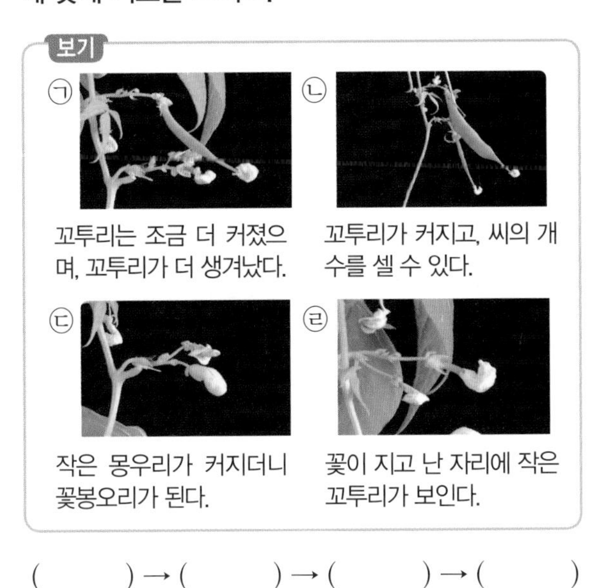
보기
㉠
꼬투리는 조금 더 커졌으며, 꼬투리가 더 생겨났다.
㉡
꼬투리가 커지고, 씨의 개수를 셀 수 있다.
㉢
작은 몽우리가 커지더니 꽃봉오리가 된다.
㉣
꽃이 지고 난 자리에 작은 꼬투리가 보인다.

( ) → ( ) → ( ) → ( )

☆☆☆

16 강낭콩의 자람에 대한 설명으로 옳지 않은 것은 어느 것입니까? ( )

① 열매 속에는 씨가 들어 있다.
② 꽃이 지고 나면 열매가 생긴다.
③ 강낭콩은 자라면서 줄기가 굵어진다.
④ 강낭콩의 열매를 '꽃망울'이라고 한다.
⑤ 강낭콩은 자라면서 잎의 개수가 많아진다.

17 다음 식물과 같이 한 해 안에 한살이를 거치고 일생을 마치는 식물은 어느 것입니까? ( )

볍씨
약 7일
싹이 튼다.
약 40일
잎과 줄기가 자란다.
약 45일
꽃이 핀다.
약 30일
열매를 맺어 씨를 만든다.
한해살이 식물(벼)

① 호박
② 개나리
③ 감나무
④ 무궁화
⑤ 사과나무

18 다음은 한해살이 식물과 여러해살이 식물의 공통점입니다. ( ) 안에 들어갈 알맞은 말을 쓰시오.

> 씨가 싹 터서 자라며, 꽃이 피고 열매를 맺어 ( )한다.

( )

서술형 문제

01 다음과 같은 여러 가지 씨를 관찰하는 방법을 두 가지 쓰시오.

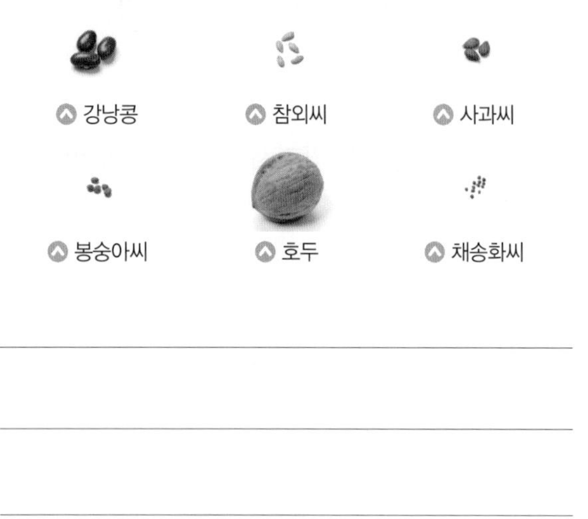

강낭콩
참외씨
사과씨
봉숭아씨
호두
채송화씨

02 다음을 보고, 물음에 답하시오.

호두

동전

강낭콩

(1) 호두와 강낭콩의 크기를 동전과 비교하여 쓰시오.

㉠ 호두는 동전보다 (　　　　).

㉡ 강낭콩은 동전보다 (　　　　).

(2) 호두를 관찰하고, 색깔과 모양에 대해 쓰시오.

• 색깔 :

• 모양 :

03 다음은 씨를 심는 방법입니다. 물음에 답하시오.

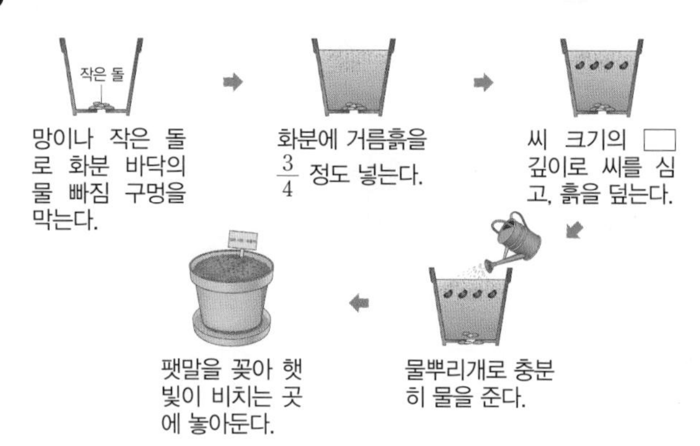

작은 돌
망이나 작은 돌로 화분 바닥의 물 빠짐 구멍을 막는다.
화분에 거름흙을 $\frac{3}{4}$ 정도 넣는다.
씨 크기의 □ 깊이로 씨를 심고, 흙을 덮는다.
물뿌리개로 충분히 물을 준다.
팻말을 꽂아 햇빛이 비치는 곳에 놓아둔다.

(1) 위의 □에 들어갈 알맞은 말을 쓰시오.

(　　　　　　　　　　)

(2) 씨를 심을 때, 위의 □ 정도의 깊이로 심어야 하는 이유를 쓰시오.

04 다음과 같이 씨가 싹 트는 데 필요한 조건을 알아보는 실험을 하려고 합니다. 이 실험을 통해 알 수 있는 사실을 쓰시오.

조건	물을 준 것	물을 주지 않은 것
결과	싹이 텄다.	싹이 트지 않았다.

05 다음은 물을 주지 않은 강낭콩과 물을 주어 싹이 튼 강낭콩의 겉모양과 속 모양입니다. 물음에 답하시오.

구분	겉모양	속 모양
물을 주지 않은 것		
물을 주어 싹이 튼 것		

(1) 물을 주어 싹이 튼 강낭콩의 겉모양은 어떤 특징이 있는지 쓰시오.

(2) 물을 주지 않은 강낭콩의 속 모양은 어떤 특징이 있는지 쓰시오.

06 다음은 강낭콩이 자라는 모습입니다. 강낭콩의 잎이 자란 정도를 측정하는 방법을 두 가지 쓰시오.

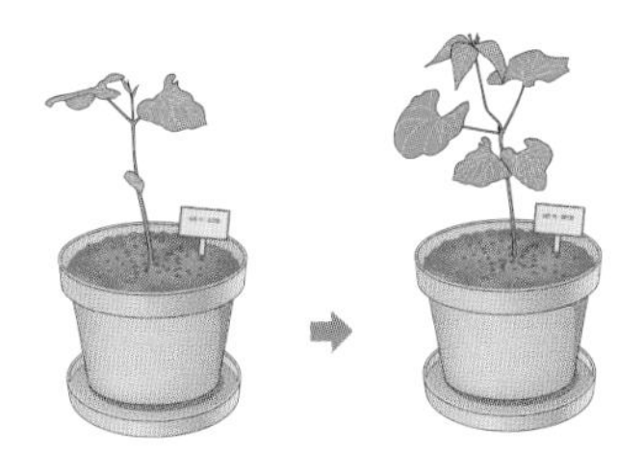

07 다음은 강낭콩의 꽃과 열매가 변화하는 모습입니다. 물음에 답하시오.

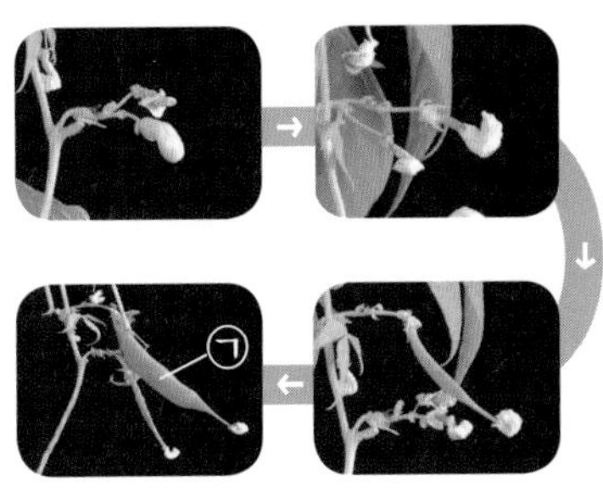
㉠

(1) 강낭콩의 꽃이 지고 나면 기다란 열매가 생기는데, 이것(㉠)을 무엇이라고 하는지 쓰시오.
( )

(2) 강낭콩이 자라면서 꽃이 피고 열매를 맺는 까닭은 무엇인지 쓰시오.

08 다음은 벼의 한살이입니다. 물음에 답하시오.

볍씨
약 7일
싹이 튼다.
약 40일
잎과 줄기가 자란다.
벼
약 45일
꽃이 핀다.
약 30일
열매를 맺어 씨를 만든다.

(1) 벼처럼 한 해 안에 한살이를 거치고 일생을 마치는 식물을 무엇이라고 하는지 쓰시오.
( )

(2) 벼의 한살이와 여러해살이 식물의 공통점을 쓰시오.

수행 평가

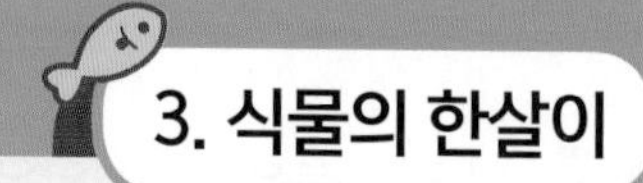

학습 주제 강낭콩이 싹 터서 자라는 과정

학습 목표 씨가 싹 트는 과정을 관찰할 수 있다.

[1~2] 다음은 강낭콩이 싹 터서 자라는 과정입니다. 물음에 답하시오.

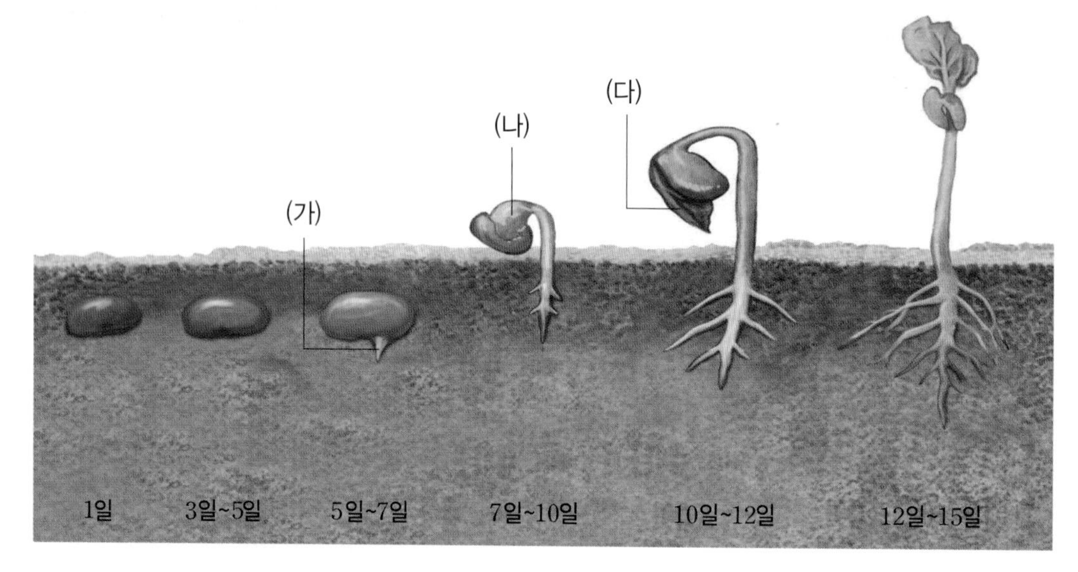

1 식물에서 ㈎, ㈏, ㈐에 알맞은 각 부분의 이름을 쓰시오.

㈎ : ( )

㈏ : ( )

㈐ : ( )

2 위 그림을 보고, 5일~12일 동안 씨가 싹 트는 과정을 정리해서 쓰시오.

학습 주제 식물이 자라는 데 필요한 조건

학습 목표 실험을 하고 식물이 자라는 데 필요한 조건을 설명할 수 있다.

3 **다음은 식물이 자라는 데 필요한 조건을 알아보는 실험 보고서입니다. 물음에 답하시오.**

탐구 주제	식물이 자라는 데 필요한 조건 알아보기
탐구 목표	계획한 방법에 따라 실험을 하고, 식물이 자라는 데 필요한 조건을 설명할 수 있다.
탐구 조건	• 다르게 할 조건 : (㉮) • 같게 할 조건 : 화분의 크기, 식물의 종류, 빛, 양분, 온도 등
탐구 과정	1. 비슷한 크기로 자란 강낭콩 화분 두 개 중 한 화분은 물을 적당히 주고, 다른 화분은 물을 주지 않는다. 2. 며칠 동안 강낭콩의 변화를 관찰한다.
탐구 결과	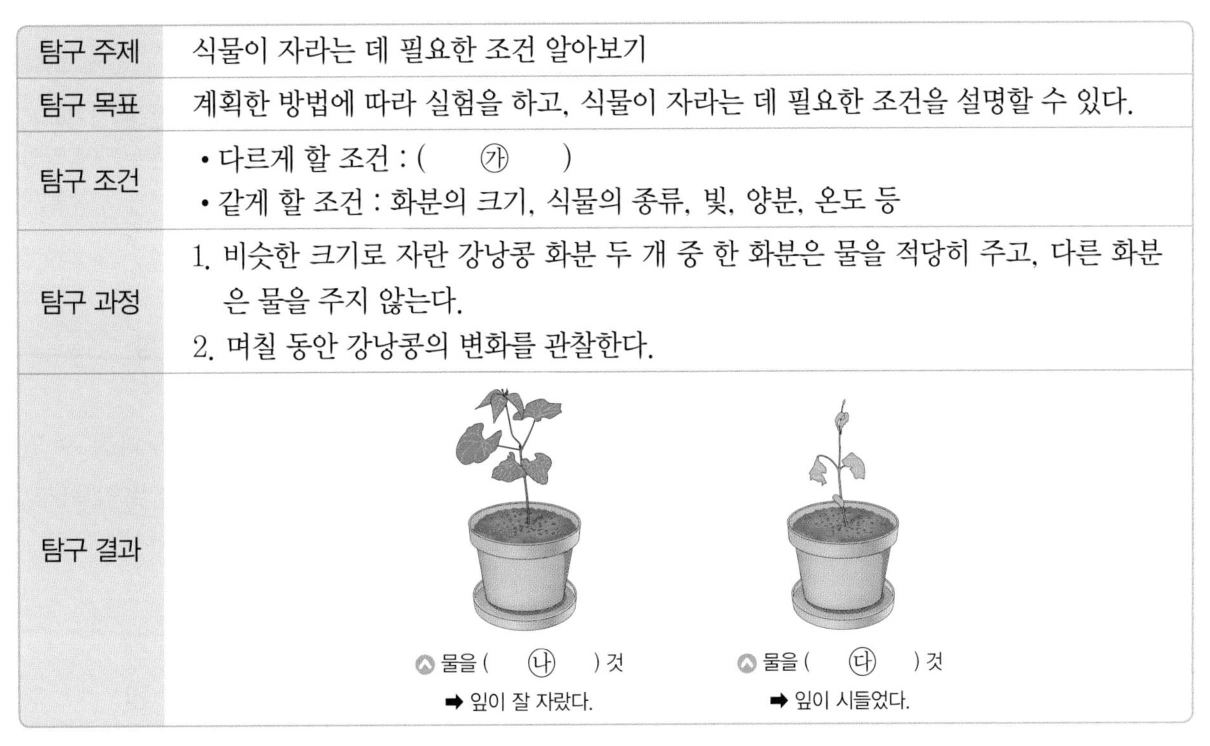 ▲ 물을 (㉯) 것 ➡ 잎이 잘 자랐다. ▲ 물을 (㉰) 것 ➡ 잎이 시들었다.

(1) 탐구 조건 ㉮에 들어갈 알맞은 말을 쓰시오.

( )

(2) 탐구 결과를 보고, ㉯와 ㉰에 들어갈 알맞은 말을 쓰시오.

㉯ ( ) ㉰ ( )

(3) 이 실험을 통해서 알 수 있는 점을 쓰시오.

1 물체의 무게와 용수철저울

1. 저울로 물체의 무게를 측정하는 까닭

(1) 생활 속에서 저울로 무게를 측정하는 예

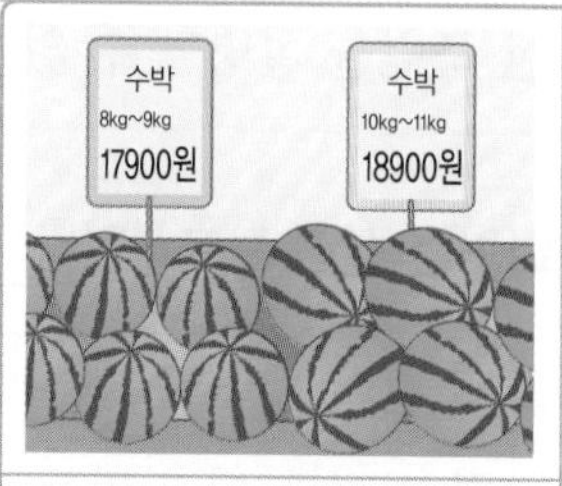	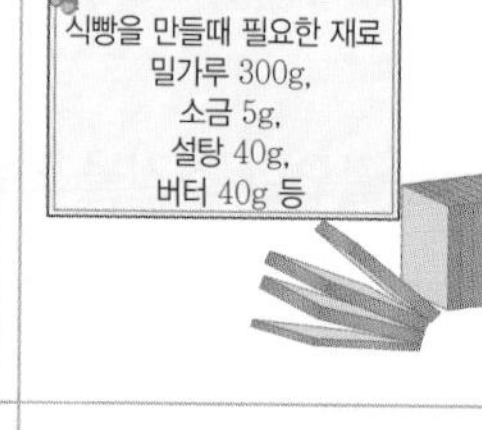	
상품의 무게에 따라 가격을 다르게 정할 때	정해진 무게의 재료를 사용하여 음식을 만들 때	운동 경기에서 선수의 몸무게에 따라 체급을 나눌 때

(2) 물체의 무게를 정확하게 측정하지 못할 때의 문제점
- 물건의 가격을 공정하게 매기기 어렵습니다.
- 같은 음식이라도 재료의 양에 따라 품질이나 맛이 다를 수 있습니다.
- 태권도나 유도 등 운동 경기에서 몸무게 차이가 많이 나는 사람끼리 경기를 하게 되어 경기 결과에 영향을 줄 수 있습니다.

(3) 저울로 물체의 무게를 측정해야 하는 까닭
- 물체의 무게를 정확하게 알기 위해서입니다.
- 물체의 무게를 손으로 들어보고 어림하면, 사람마다 느끼는 물체의 무게가 다를 수 있어 정확한 무게를 알기 어렵기 때문입니다.

생활 속에서 무게를 측정할 때
- 병원에서 몸무게를 잴 때
- 공항에서 짐의 무게를 잴 때
- 화물차에 실린 짐의 무게를 잴 때
- 우체국에서 등기 우편물의 무게를 잴 때
- 슈퍼마켓에서 야채, 과일, 생선, 고기 등의 무게를 잴 때

무게 어림하기

물체를 손으로 들어보고 무게를 어림할 수 있지만, 물체의 무게를 정확하게 알기 어렵습니다.

낱말 사전

저울 물건의 무게를 측정하는 데 쓰이는 기구.

체급 권투, 유도, 태권도 등의 경기에서 선수의 몸무게에 따라서 매겨진 등급.

어림 대강 짐작으로 헤아림.

개념 확인 문제

정답과 해설 56쪽

1 (　　　)이란 물체의 무게를 정확하게 측정하기 위해 사용하는 도구입니다.

2 우리 생활에서 무게를 측정하는 예로 옳은 것에 ○표, 옳지 않은 것에 ×표 하시오.

(1) 유도 선수의 체급을 정할 때 (　　)
(2) 슈퍼마켓에서 음료수를 살 때 (　　)
(3) 병원에서 열이 나는지 확인할 때 (　　)
(4) 우체국에서 등기 우편을 보낼 때 (　　)
(5) 슈퍼마켓에서 고기를 원하는 양만큼 잘라서 살 때 (　　)

2. 무게의 뜻과 단위

(1) 무게 : 지구가 물체를 끌어당기는 힘의 크기

(2) 무게의 단위

무게의 단위	g중	kg중	N
읽기	그램중	킬로그램중	뉴턴

(3) 물체의 무게 느껴보기

① 용수철에 추를 매달았을 때 용수철의 길이 변화 비교하기

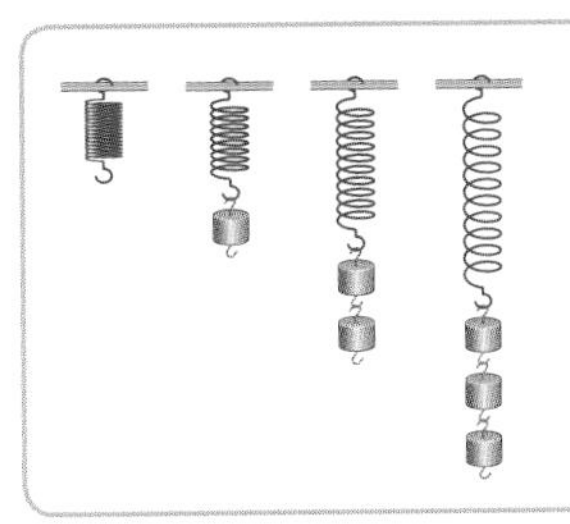

• 용수철에 추를 매달면 용수철의 길이가 일정하게 늘어난다.
• 용수철에 매단 추의 무게가 무거울수록 용수철의 길이가 많이 늘어난다.

• 용수철의 길이가 늘어난 까닭 : 지구가 추를 끌어당기기 때문
• 추의 무게에 따라 늘어난 용수철의 길이가 다른 까닭 :
용수철에 걸어 놓은 추의 무게가 무거울수록 지구가 추를 끌어당기는 힘의 크기가 크기 때문

② 무게 느껴보기

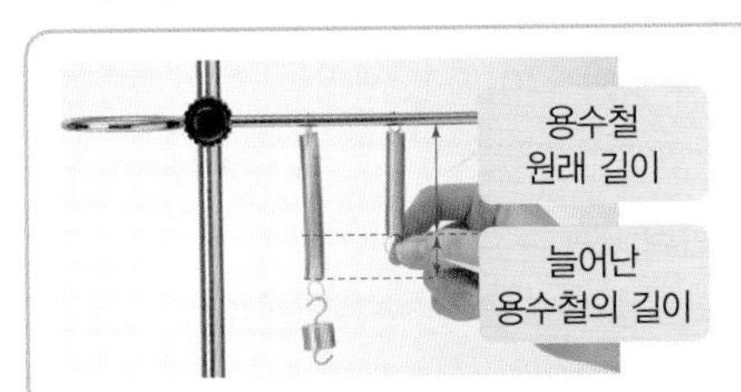

추를 매단 용수철이 늘어난 길이만큼 용수철을 손으로 잡아당길 때 : 매단 추의 무게가 무거울수록 더 큰 힘으로 잡아당겨야 한다.

• 지구는 무거운 물체를 더 큰 힘으로 끌어당깁니다.

지구가 물체를 끌어당기는 힘

> 지구는 물체를 지구 중심 방향으로 끌어당깁니다.
> 물체가 무겁다는 것은 지구가 그 물체를 더 큰 힘으로 끌어당긴다는 의미입니다.

질량과 무게의 비교

구분	질량	무게
뜻	물체를 이루는 물질의 고유한 양	지구가 물체를 끌어당기는 힘의 크기
단위	g(그램), kg(킬로그램)	g중(그램중), kg중(킬로그램중), N(뉴턴)

일상 생활에서는 질량과 무게를 명확하게 구별하지 않고, 무게를 말할 때 질량의 단위인 g, kg을 사용하기도 합니다.

3 지구가 물체를 끌어당기는 힘의 크기를 (　　　　　)라고 합니다.

4 무게에 대한 설명으로 옳은 것에 ○표, 옳지 않은 것에 ×표 하시오.

(1) N(뉴턴)은 무게의 단위이다. (　　)

(2) 지구는 모든 물체를 같은 힘으로 끌어당긴다. (　　)

5 다음 (　　) 안에 들어갈 알맞은 말에 ○표 하시오.

용수철에 매단 추의 무게가 무거울수록 용수철의 길이가 (적게, 많이) 늘어난다.

낱말사전

용수철 탄성에 의해 늘어나거나 줄어드는 나선형으로 된 쇠줄.

3. 추의 무게와 늘어난 용수철 길이의 관계

(1) 추의 무게에 따라 늘어난 용수철의 길이 측정하기

실험 관찰로 알아보기 추의 무게와 늘어난 용수철의 길이 사이의 관계

| 준비물 |

스탠드, 용수철, 20g중 추 여섯 개, 종이 자, 셀로판테이프

| 실험 방법 |

❶ 용수철을 스탠드에 걸어 고정합니다.

❷ 용수철 끝의 고리에 20g중 추 한 개를 걸어 놓습니다.

❸ 종이 자의 눈금 '0'을 용수철 끝에 맞추고, 셀로판테이프로 스탠드에 고정합니다.

❹ 20g중 추 한 개를 더 걸고 늘어난 용수철의 길이를 종이 자로 측정해 봅니다.

❺ 추의 개수를 한 개씩 늘려 가면서 늘어난 용수철의 길이를 종이 자로 측정해 봅니다.

| 실험 결과 |

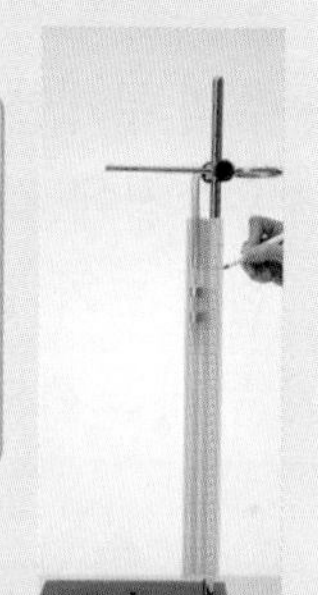

추의 무게(g중)	0	20	40	60	80	100
늘어난 용수철의 길이(cm)	0	3	6	9	12	15
추 한 개당 늘어난 용수철의 길이(cm)	3	3	3	3	3	

❶ 추의 개수가 한 개씩 늘어날 때마다 용수철의 길이가 3cm씩 늘어납니다.

❷ 추 한 개당 늘어난 용수철의 길이는 일정합니다.

➡ 용수철에 걸어 놓은 추의 무게가 일정하게 늘어나면, 용수철의 길이도 일정하게 늘어납니다.

(2) 용수철의 성질을 이용한 저울

- 물체의 무게에 따라 용수철이 일정하게 늘어나거나 줄어드는 성질을 이용해서 저울을 만듭니다.

  예 용수철저울, 가정용 저울, 체중계, 판지시 저울 등

용수철 끝의 고리에 20g중 추 한 개를 걸어 놓는 까닭

처음에는 용수철이 잘 늘어나지 않기 때문에 추 한 개를 걸어 놓고 실험을 시작합니다.

용수철의 성질을 이용한 저울

용수철저울

가정용 저울

체중계

판지시 저울

낱말 사전

가정용 저울 주로 주방에서 사용하는 저울로, 접시 위에 물체를 올려 무게를 측정하는 저울.

체중계 몸무게를 측정하는 데 쓰는 저울.

개념 확인 문제

정답과 해설 56쪽

6 용수철에 걸어 놓은 추의 무게가 일정하게 늘어나면, 용수철의 길이도 ( ) 늘어납니다.

7 가정용 저울, 체중계 등은 ( )이/가 물체의 무게에 따라 일정하게 늘어나는 성질을 이용한 저울입니다.

4. 용수철저울로 물체의 무게 측정하기

(1) 용수철저울의 구조

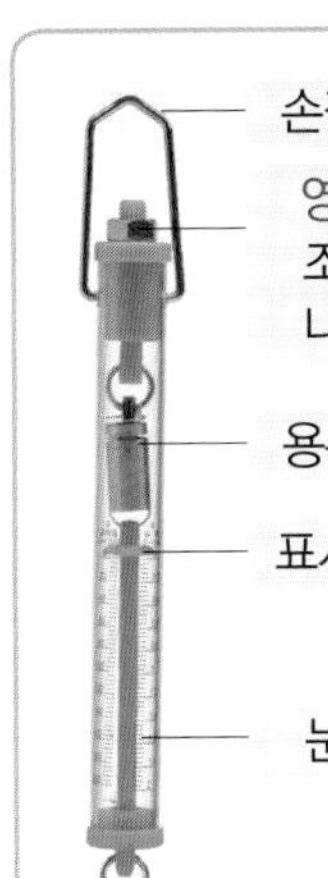

- 손잡이 : 용수철저울을 잡거나 스탠드에 거는 부분
- 영점 조절 나사 : 물체의 무게를 측정하기 전에 표시 자를 눈금 '0'에 오도록 조절하는 부분
- 용수철 : 매단 물체의 무게에 따라 일정하게 늘어나는 부분
- 표시 자 : 용수철저울에 물체를 걸었을 때, 물체의 무게를 가리키는 부분
- 눈금 : 용수철저울에 물체를 걸었을 때 표시 자가 가리키는 부분
- 고리 : 추나 물체를 거는 부분

(2) 용수철저울로 물체의 무게 측정하기

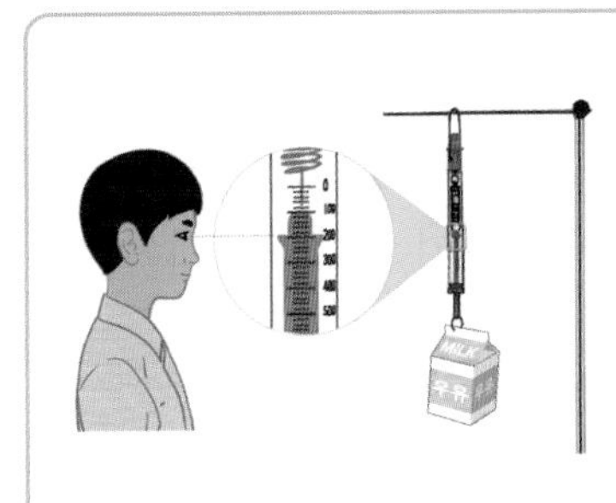

❶ 스탠드에 용수철저울을 겁니다.
❷ 영점 조절 나사를 돌려 표시 자가 눈금 '0'에 오도록 맞춥니다.
❸ 용수철저울의 고리에 물체를 걸고, 표시 자가 가리키는 눈금의 숫자를 단위와 함께 읽습니다.

(3) 용수철저울로 물체의 무게를 측정할 때 주의할 점

- 무게를 측정하기 전 '영점을 조절'합니다.
- 눈금을 읽을 때는 '표시자와 눈높이'를 맞춥니다.
- 저울마다 눈금 간격과 최대로 측정할 수 있는 무게가 다릅니다. 따라서 저울의 측정 범위를 넘어서는 물체를 매달지 않습니다.

용수철저울의 눈금

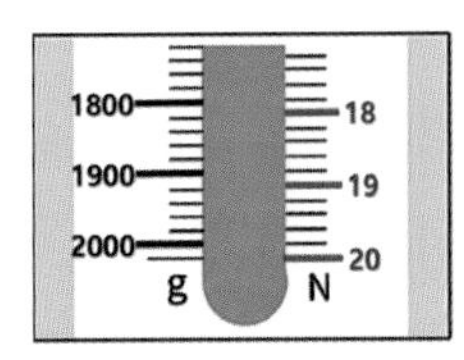

- 용수철저울에는 g 단위와 N 단위가 함께 표시되어 있기도 합니다.
- 1kg 물체의 무게는 약 10N입니다.

고리에 걸 수 없는 물체의 무게를 측정하는 방법

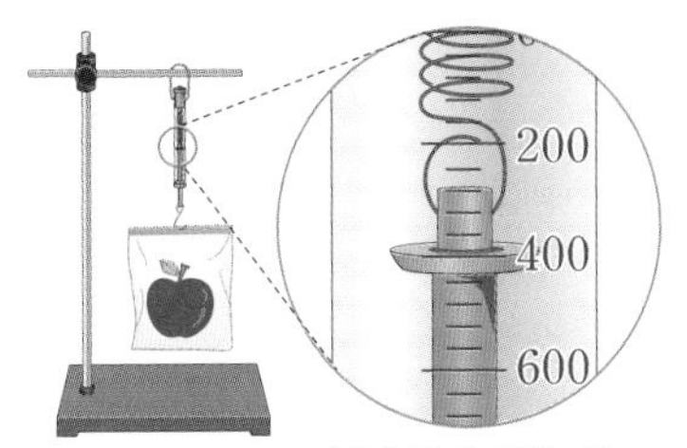

사과 무게 400g중

❶ 지퍼 백을 고리에 걸고, 저울의 영점을 맞춥니다.
❷ 지퍼 백에 물체를 넣고, 무게를 측정합니다.

8 용수철저울의 각 부분과 그에 대한 설명을 바르게 선으로 연결하시오.

(1) 표시 자 • • ㉠ 용수철을 잡거나 스탠드에 거는 부분

(2) 손잡이 • • ㉡ 물체의 무게를 가리키는 부분

(3) 고리 • • ㉢ 추나 물체를 거는 부분

9 용수철저울에서 무게를 측정하기 전, 표시 자를 눈금의 '0' 위치에 오도록 조절하는 부분은 (　　　　　　)입니다.

낱말 사전

용수철저울 용수철의 성질을 이용하여 무게를 재는 저울.

영점 값이 없는 것. 저울에서 눈금 '0'을 의미함.

4 단원

실전 문제

01 우리 생활 속에서 물체의 무게를 측정하는 예로 옳지 않은 것은 어느 것입니까? (　　)

① 슈퍼마켓에서 라면을 팔 때
② 목욕탕에서 몸무게를 잴 때
③ 우체국에서 등기 우편을 보낼 때
④ 수박을 양에 따라 가격을 정할 때
⑤ 식빵을 만드는 데 필요한 재료의 양을 잴 때

02 다음 (　　) 안에 들어갈 알맞은 말을 쓰시오.

> 물체를 손으로 들어보면 어느 것이 더 무거운지 짐작할 수 있다. 그러나 두 물체의 무게가 얼마인지 정확하게 알 수 없다. 물체의 무게를 정확하게 측정하기 위해서는 (　　　) 을/를 사용한다.

(　　　　　　)

03 용수철저울에 걸어 놓았을 때 용수철의 길이가 가장 많이 늘어나는 추는 어느 것입니까? (　　)

① 20g중인 추　② 30g중인 추
④ 50g중인 추　④ 100g중인 추
⑤ 200g중인 추

04 ㉠~㉢은 추의 무게에 따라 용수철이 늘어난 모습을 나타낸 것입니다. 늘어난 용수철의 길이만큼 용수철 ㈎를 손으로 잡아당길 때 힘이 가장 많이 드는 것은 ㉠~㉢ 중 어느 경우인지 기호를 쓰시오.

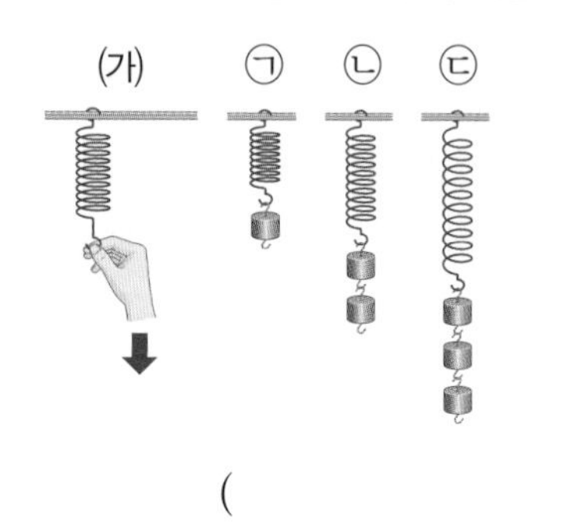

(　　　　　　)

05 물체의 무게에 대한 설명으로 옳은 것을 두 가지 골라 기호를 쓰시오.

> ㉠ 무게의 단위는 'N(뉴턴)'이다.
> ㉡ 지구가 물체를 끌어당기는 힘의 크기이다.
> ㉢ 지구는 무거운 물체와 가벼운 물체를 같은 힘으로 끌어당긴다.

(　　　,　　　)

06 가벼운 물체를 들 때보다 무거운 물체를 들 때 힘이 더 드는 까닭으로 옳은 것은 어느 것입니까? (　　)

① 지구가 무거운 물체만 끌어당기기 때문이다.
② 무거운 물체가 가벼운 물체보다 더 크기 때문이다.
③ 가벼운 물체는 위로 올라가는 성질이 있기 때문이다.
④ 지구가 무거운 물체를 더 큰 힘으로 끌어당기기 때문이다.
⑤ 지구가 가벼운 물체와 무거운 물체를 같은 힘으로 끌어당기기 때문이다.

[07~08] 다음은 용수철저울에 추를 걸었을 때, 추의 무게에 따라 늘어난 용수철의 길이를 측정한 결과입니다. 물음에 답하시오.

추의 무게(g중)	0	20	40	60	80
늘어난 용수철의 길이(cm)	0	2	4	㉠	8

07 위의 실험 결과에 대한 설명으로 옳은 것은 어느 것입니까? (　　)

① ㉠에 용수철이 늘어난 길이는 5cm이다.
② 매단 추의 무게와 관계 없이 용수철이 늘어난 길이는 같다.
③ 이 용수철에 50g중인 추를 매달면 용수철은 7cm 늘어날 것이다.
④ 추의 무게가 20g중씩 늘어날 때마다 용수철의 길이가 2cm씩 늘어난다.
⑤ 용수철에 매단 추의 무게가 가벼울수록 용수철의 길이가 더 많이 늘어난다.

08 위의 용수철저울에 물체를 매달았더니, 용수철이 10cm 늘어났습니다. 용수철에 매단 물체의 무게는 몇 g중인지 쓰시오.

(　　　　)g중

09 다음 저울은 용수철의 어떤 성질을 이용한 것인지 (　　) 안에 알맞은 말을 쓰시오.

가정용 저울

체중계

용수철이 물체의 (　　　)에 따라 일정하게 늘어나거나 줄어드는 성질

(　　　　　　)

10 다음은 용수철저울을 나타낸 것입니다. 용수철저울에 물체를 걸어 무게를 측정하기 전, 표시 자가 눈금의 '0'에 오도록 조절하는 부분의 기호와 이름을 쓰시오.

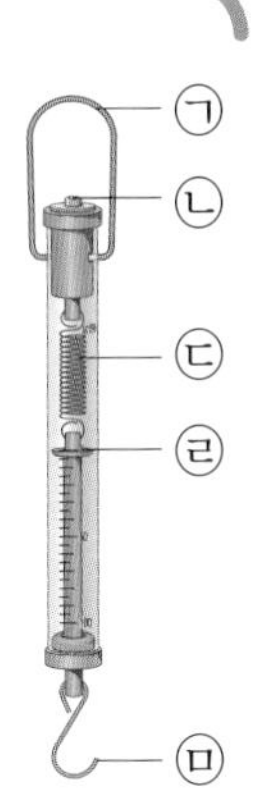

(1) 기호 : (　　　　　　)
(2) 이름 : (　　　　　　)

11 용수철저울에 대한 설명으로 옳지 않은 것은 어느 것입니까? (　　)

① 무게를 측정하려는 물체를 고리에 매단다.
② 무게를 읽을 때 표시자보다 눈높이가 높아야 한다.
③ 저울로 측정할 수 있는 무게의 범위가 정해져 있다.
④ 아무것도 매달지 않았을 때 눈금이 '0'을 가리키도록 해야 한다.
⑤ 물체를 매단 후 표시 자가 더 이상 움직이지 않을 때 눈금을 읽는다.

12 다음은 용수철저울로 물체의 무게를 측정했을 때의 모습입니다. 물체의 무게는 얼마인지 쓰시오.

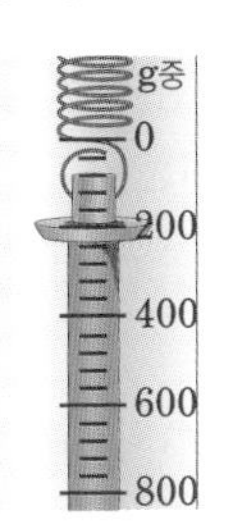

(　　　　)g중

② 수평 잡기의 원리

1. 수평 잡기의 원리 알아보기

(1) 수평 : 어느 한쪽으로 기울어지지 않고 평평한 상태

- 수평을 잡기 위해서는 물체의 무게, 받침점과 물체 사이의 거리를 따져 보아야 합니다.

(2) 수평 잡기의 원리

① 물체의 무게가 같을 때 수평 잡기

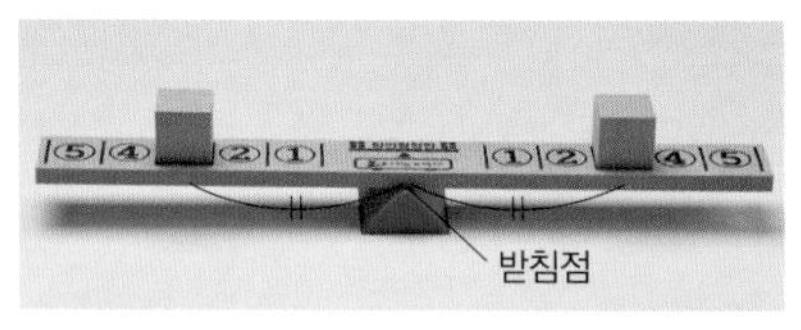

▲ 무게가 같은 나무토막으로 수평 잡기

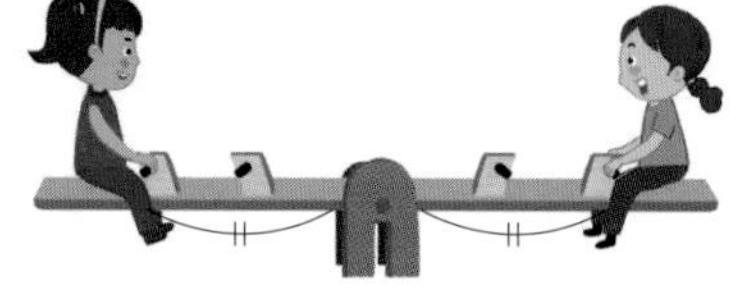

▲ 몸무게가 비슷할 때 시소가 수평을 잡은 모습

- 각각의 물체는 받침점으로부터 같은 거리에 놓아야 합니다.

② 물체의 무게가 다를 때 수평 잡기

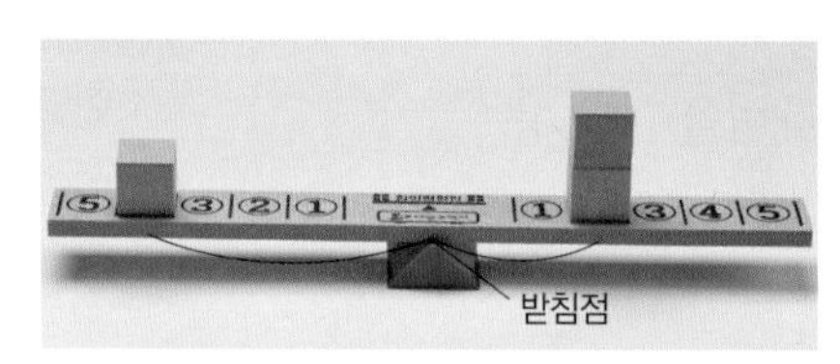

▲ 무게가 다른 나무토막으로 수평 잡기

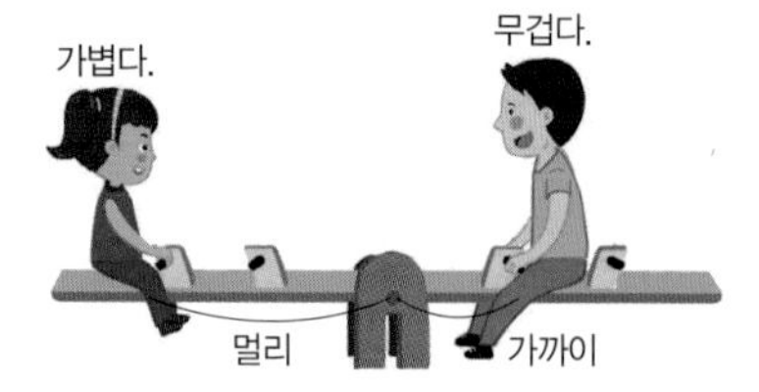

▲ 몸무게가 다를 때 시소가 수평을 잡은 모습

- 무거운 물체를 가벼운 물체보다 받침점에 더 가까이 놓아야 합니다.
- 가벼운 물체를 무거운 물체보다 받침점에서 더 멀리 놓아야 합니다.

2. 양팔저울로 물체의 무게 비교하기

(1) 양팔저울의 원리 : 수평 잡기의 원리를 이용

- 양팔저울은 양쪽 저울접시에 올린 물체의 무게가 같을 때 수평을 이루는 원리를 이용한 것입니다.

받침점

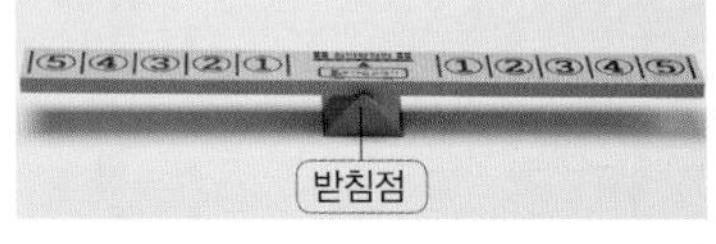

긴 막대를 받치고 있는 지점을 '받침점'이라고 합니다.

수평 잡기로 무게 비교하기

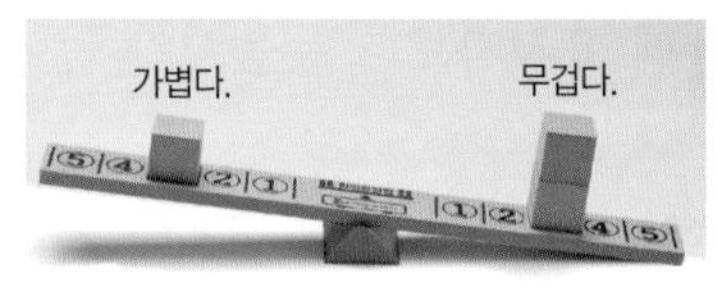

- 받침점으로부터 두 물체가 같은 위치에 있을 때 기울어졌다면, 기울어진 쪽에 있는 물체가 더 무겁습니다.
- 두 물체의 수평을 잡으려면 무거운 물체를 받침점 가까이 놓거나, 가벼운 물체를 받침점에서 더 멀리 놓아야 합니다.

낱말 사전

수평 잡기 어느 쪽으로도 기울어지지 않고 수평을 이루도록 조절하는 것.

수평 어느 쪽으로도 기울어지지 않고 평형을 이루고 있는 상태.

양팔저울 양쪽에 접시가 달려 있어서 접시에 물체를 올려놓고 무게를 재는 저울.

개념 확인 문제

정답과 해설 56쪽

1 어느 한 쪽으로 기울어지지 않고 평평한 상태를 (   )(이)라고 합니다.

2 다음 (   ) 안에 알맞은 말에 ○표 하시오.

(1) 무게가 같은 두 물체의 수평을 잡으려면, 각각의 물체를 받침점으로부터 (같은, 다른) 거리에 놓아야 합니다.

(2) 무게가 다른 두 물체의 수평을 잡으려면, 가벼운 물체를 무거운 물체보다 받침점에 더 (가까이, 멀리) 놓아야 합니다.

(2) 양팔저울의 구조

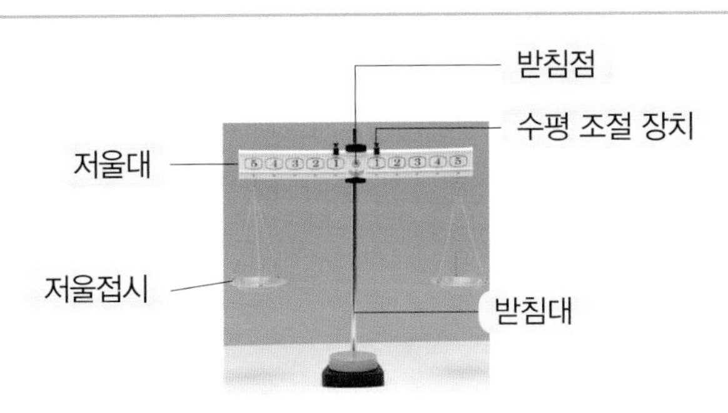

- 저울접시 : 측정하고자 하는 물체를 올려놓는 부분
- 저울대 : 양쪽에 저울접시를 거는 부분
- 수평 조절 장치 : 물체를 올려놓지 않았을 때, 저울대가 수평을 잡도록 조절하는 장치
- 받침대 : 저울대의 가운데가 받침점 역할을 할 수 있게 걸어 놓는 세로 부분
- 받침점 : 받침대와 저울대가 만나는 부분

(3) 양팔저울로 무게 비교하기

물체의 무게를 직접 비교하기	무게가 일정한 기준 물체로 비교하기
	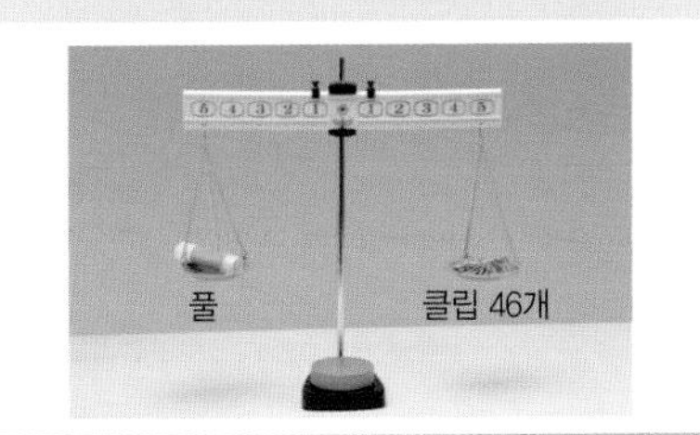
받침점으로부터 같은 거리에 있는 저울접시에 물체를 각각 올려놓았을 때 기울어진 쪽에 있는 물체가 더 무겁다. ➡ 풀은 가위보다 무겁다.	한쪽 저울접시에 물체를, 다른 한쪽 저울접시에 무게가 일정한 물체를 올려놓고, 그 개수를 세어 물체의 무게를 비교한다. ➡ 풀의 무게는 클립 46개의 무게와 같다.

양팔저울로 세 가지 물체의 무게비교하기

풀>가위

가위>지우개

풀은 가위보다 무겁고, 가위는 지우개보다 무겁습니다. 따라서 풀>가위>지우개 순으로 무겁습니다.

기준 물체의 역할을 할 수 있는 물체

- 모양이 같고 무게가 일정해야 합니다.
- 모양이 적당히 작아야 합니다.
- 무게가 적당히 적어야 합니다.
- 클립, 동전, 장구 핀과 같은 물체를 이용할 수 있습니다.

무게가 같은 장구 핀

무게가 같은 동전

4 단원

3 수평 잡기 원리를 이용한 저울로, 저울대의 양쪽에 접시가 달려 있어서 접시 위에 물체를 올려놓고 무게를 재는 저울을 (　　　　　)(이)라고 합니다.

4 양팔저울에 대한 설명으로 옳은 것에 ○표, 옳지 않은 것에 ×표 하시오.

(1) 지우개와 연필을 저울접시의 양쪽에 올렸을 때, 지우개 쪽으로 기울어졌다면 연필이 지우개보다 무겁다. (　　)

(2) 양팔접시에 물체를 올려놓은 후 수평 조절 장치로 저울대가 수평을 이루도록 조절한다. (　　)

낱말 사전

기준 물체 물체의 무게를 나타낼 때 기준이 될 수 있는 물체. 모양과 무게가 같은 클립, 동전 등을 기준 물체로 사용함.

실전 문제

01 다음과 같이 무게가 같은 나무토막으로 수평을 잡으려면 어느 위치에 나무토막을 놓아야 합니까? ( )

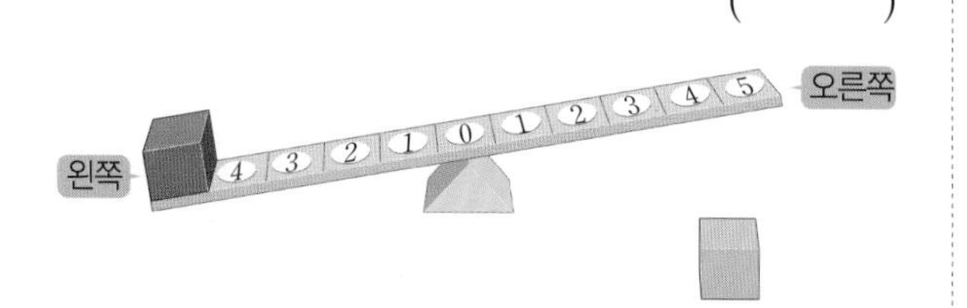

① 오른쪽 1번 ② 오른쪽 2번
③ 오른쪽 3번 ④ 오른쪽 4번
⑤ 오른쪽 5번

[02~03] 다음은 두 사람이 시소에 앉아 있는 모습입니다. 물음에 답하시오.

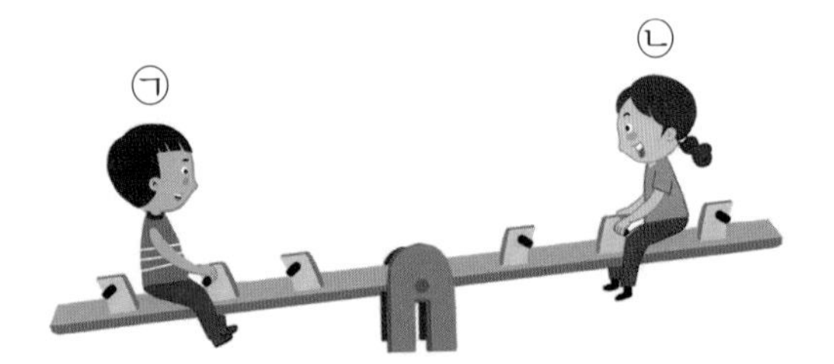

02 몸무게가 더 가벼운 사람의 기호를 쓰시오.

( )

03 위와 같은 시소에서 수평을 잡는 방법으로 옳은 것을 두 가지 고르시오. (,)

① ㉠이 받침점에서 더 멀리 앉는다.
② ㉡이 받침점에서 더 멀리 앉는다.
③ ㉠이 받침점에 가까운 위치에 앉는다.
④ ㉡이 받침점에 가까운 위치에 앉는다.
⑤ ㉠과 ㉡ 모두 받침점에서 더 멀리 앉는다.

04 무게가 같은 나무토막 3개를 이용하여 수평을 잡으려고 합니다. 나무토막 2개를 다음과 같이 올려놓았다면 나무토막 1개는 어느 위치에 놓아야 합니까? ( )

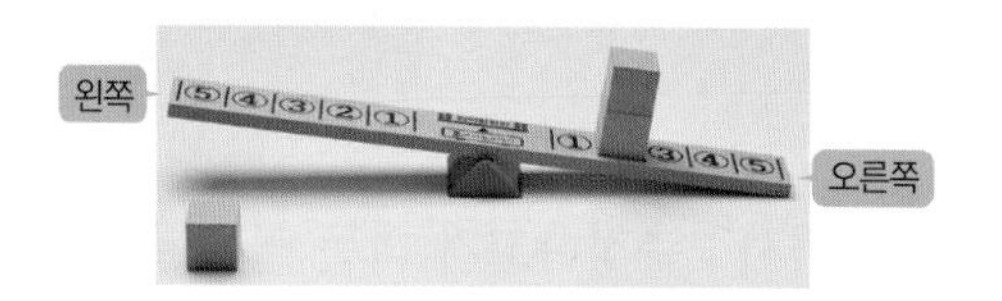

① 왼쪽 1번 ② 왼쪽 2번
③ 왼쪽 4번 ④ 오른쪽 4번
⑤ 오른쪽 5번

05 수평이 된 나무판자에 두 물체를 올려놓고 다시 수평을 잡는 방법에 대한 설명입니다. ( ) 안에 들어갈 알맞은 말을 쓰시오.

- 무게가 같은 두 물체로 수평을 잡으려면 각각의 물체를 받침점에서 (㉠) 거리에 놓아야 한다.
- 무게가 다른 두 물체로 수평을 잡으려면 무거운 물체를 가벼운 물체보다 받침점에 더 (㉡) 놓아야 한다.

㉠ ( ), ㉡ ( )

06 다음은 두 물체를 나무판자에 올려 수평을 이룬 모습입니다. ㉠과 ㉡ 중 더 무거운 것의 기호를 쓰시오.

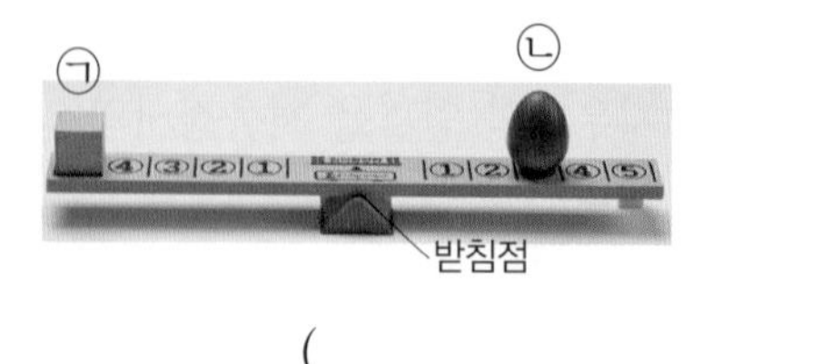

( )

[07~08] 다음 양팔저울을 보고, 물음에 답하시오.

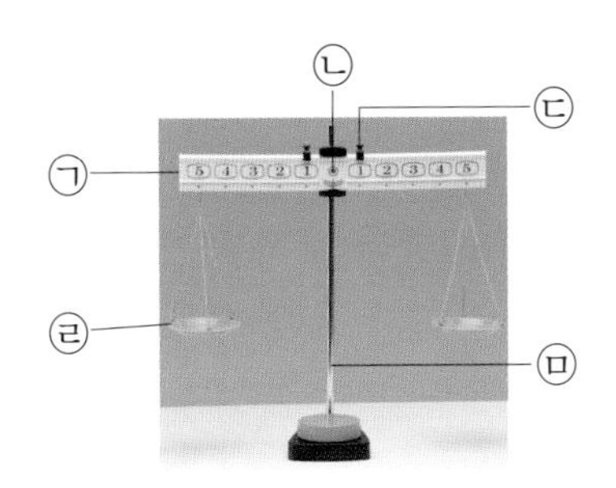

07 위의 ㉠~㉤ 중 저울에 물체를 올리기 전에 저울대가 수평을 잡도록 조절하는 부분을 찾아 기호와 이름을 쓰시오.

(1) 기호 : (　　　　　)
(2) 이름 : (　　　　　)

08 위의 양팔저울에 대한 설명으로 옳은 것은 어느 것입니까? (　　　)

① 양팔저울의 받침점은 ㉠이다.
② 용수철의 성질을 이용한 저울이다.
③ 세 개 이상 물체의 무게는 비교할 수 없다.
④ 용수철저울에서 고리와 같은 역할을 하는 부분은 ㉣이다.
⑤ 저울접시는 받침점으로부터 서로 다른 거리에 걸어서 사용한다.

09 다음은 물체 (가), (나), (다)의 무게를 양팔저울에 올려 비교한 모습입니다. 물체의 무게를 비교한 것으로 옳은 것은 어느 것입니까? (　　　)

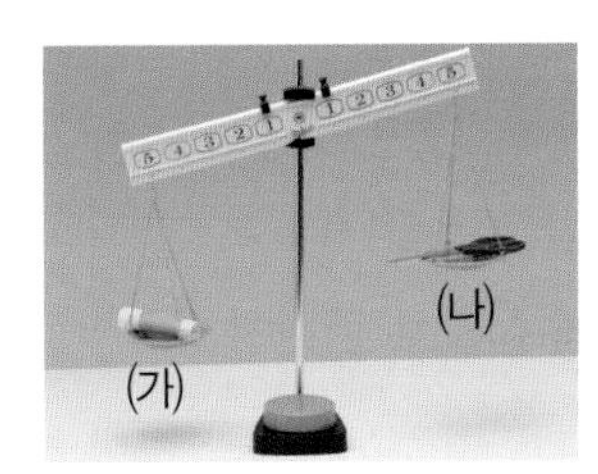

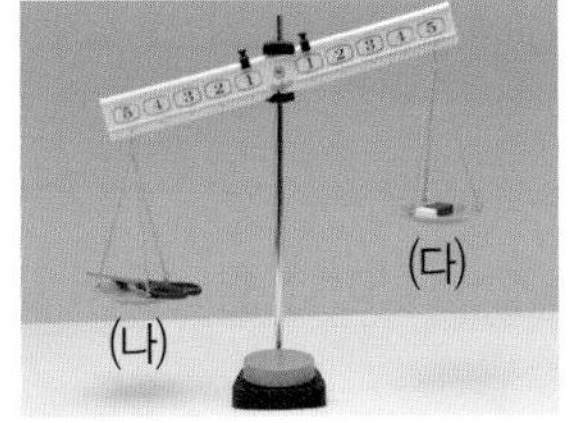

① (가)>(나)>(다)　② (가)>(다)>(나)
③ (나)>(다)>(가)　④ (나)>(가)>(다)
⑤ (다)>(나)>(가)

[10~12] 다음은 양팔저울로 여러 가지 물체의 무게를 비교하는 과정을 순서없이 나타낸 것입니다. 물음에 답하시오.

> ㉠ 왼쪽 저울접시에 물체를 놓는다.
> ㉡ 수평을 이루었을 때 올려놓은 클립의 개수를 센다.
> ㉢ 오른쪽 저울접시에 클립을 올려 저울대의 수평을 맞춘다.
> ㉣ 수평 조절 장치로 저울대의 수평을 맞춘다.
> ㉤ 저울대가 수평을 이루었을 때, 올려놓은 클립의 개수를 비교하여 물체의 무게를 비교한다.

10 양팔저울을 이용하여 무게를 비교하는 순서에 맞게 기호를 쓰시오.

(　　)→(　　)→(　　)→(　　)→㉤

11 다음은 위와 같은 방법으로 양팔저울이 수평을 이루었을 때 클립의 개수를 세어 나타낸 것입니다. 물체의 무게를 비교하여 가벼운 물체부터 순서대로 쓰시오.

물체	클립의 수 (개)
필통	45
가위	40
지우개	28

(　　　)<(　　　)<(　　　)

12 위 실험에서 물체의 무게를 비교하기 위해 클립 대신 사용할 수 있는 물체를 두 가지 고르시오.

(　　　,　　　)

① 금액이 다른 동전
② 금액이 같은 동전
③ 다양한 크기의 돌
④ 다양한 모양의 단추
⑤ 크기가 같은 장구 핀

4 단원

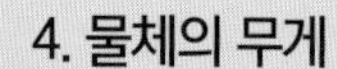

❸ 여러 가지 저울과 간단한 저울 만들기

1. 여러 가지 저울

(1) 우리 생활 속에서 저울을 사용하는 경우

몸무게를 측정할 때, 요리를 하면서 재료의 양을 측정할 때, 정육점에서 고기의 무게를 잴 때, 금은방에서 귀금속의 무게를 잴 때 등

(2) 여러 가지 저울

① 용수철의 성질을 이용한 저울

가정용 저울

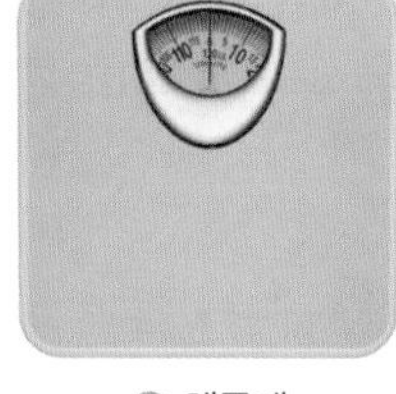
체중계

용수철저울

② 수평 잡기의 원리를 이용한 저울

대저울

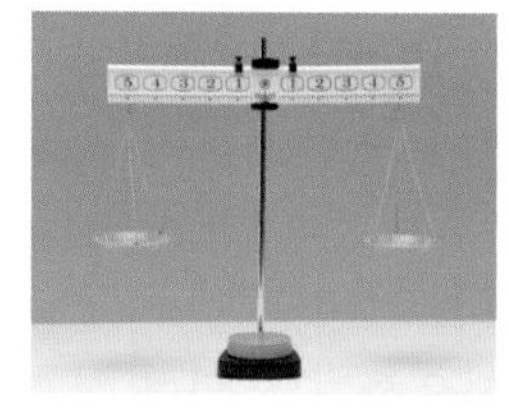
양팔저울

윗접시저울

③ 전자식 장치를 이용한 전자저울

요리재료의 무게를 측정하는 디지털계량스푼

금은방에서 사용하는 전자저울

마트에서 사용하는 전자저울

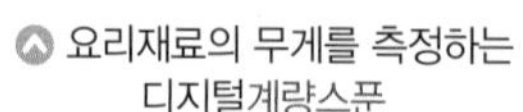

우리 생활에서 볼 수 있는 저울의 성질이나 원리

- 용수철의 성질을 이용한 저울 : 눈금이나 눈금판이 움직였다가 제자리로 돌아오는 저울
  - 예 용수철저울, 가정용 저울, 체중계
- 수평 잡기 원리를 이용한 저울 : 막대에 받침점이 있고, 접시나 고리에 물체를 올리거나 걸어 수평을 잡는 저울
  - 예 양팔저울, 대저울, 윗접시저울
- 전기적 성질을 이용해 저울에 물체를 올렸을 때 화면에 무게가 바로 숫자로 나타나는 저울
  - 예 전자저울

쓰임새에 맞는 저울 사용하기

- 무게를 재는 물체의 크기, 모양에 적합한 저울을 선택합니다.
- 무게를 어림하여 보고, 저울의 최대 눈금과 최소 눈금을 확인하여 저울을 선택합니다.

낱말사전

대저울 눈금이 새겨진 막대에 한쪽에는 추, 다른 한쪽에는 접시가 매달려 있는 저울.

계량스푼 조리를 할 때에 가루나 조미료, 액체 따위의 용량을 재는 기구.

전자저울 전자식 장치를 이용하여 저울에 올려놓은 물체의 무게를 숫자로 표시해 주는 저울.

개념 확인 문제

정답과 해설 57쪽

1 전기적 성질을 이용하여 저울에 물체를 올렸을 때, 화면에 물체의 무게가 바로 숫자로 나타나는 저울을 (   )(이)라고 합니다.

2 다음 저울에 이용하는 성질이나 원리를 바르게 선으로 연결하시오.

(1) 가정용 저울 •
(2) 양팔저울 •
(3) 용수철저울 •

• ㉠ 용수철의 성질
• ㉡ 수평잡기의 원리

2. 간단한 저울 만들기

(1) 어떤 성질이나 원리를 이용해 저울을 만들지 정하기

- 용수철의 성질을 이용한 저울 : 무게에 따라 용수철이 일정하게 늘어나는 성질을 이용하여 저울을 만듭니다.
- 수평 잡기의 원리를 이용한 저울 : 막대와 받침대 역할을 할 수 있는 재료를 이용하여 저울을 만듭니다.

저울의 원리	용수철의 성질	수평 잡기의 원리
필요한 준비물	용수철, 실, 투명한 플라스틱 통, 일회용 접시, 10g중 추 등	바지걸이, 지퍼백 2장, 걸고리, 클립, 풀 등
내가 만든 저울		클립
기준 물체의 사용	10g중 추	클립
물체의 무게 측정하는 방법	10g중 추를 매달아가며 플라스틱 통에 눈금을 매긴 후, 물체를 매달아 무게를 측정한다.	한쪽에는 물체를 넣고, 다른 한쪽에는 클립을 넣어가며 수평을 이루는 클립의 개수를 센다.

(2) 내가 만든 저울 평가하기

- 저울을 만드는데 필요한 원리를 이해하고 창의적으로 만들었는가?
- 무게를 정확하게 비교하거나 측정할 수 있는가?
- 저울은 편리하고 튼튼한가?

수평 잡기의 원리를 이용한 간단한 저울

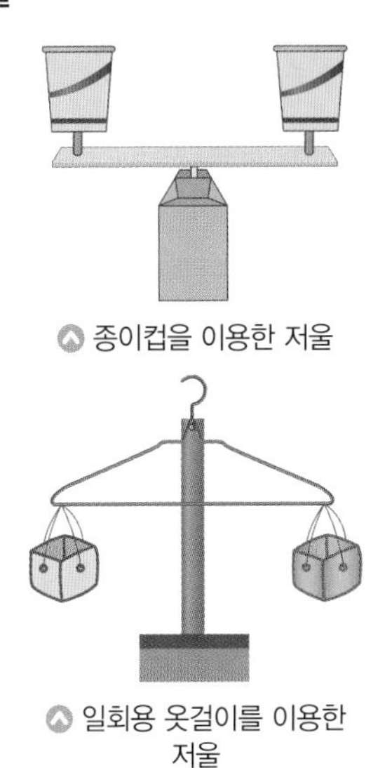

종이컵을 이용한 저울

일회용 옷걸이를 이용한 저울

수평 잡기의 원리를 이용한 저울에서 물체를 매달지 않아도 기울어졌을 때 해결 방법

고무찰흙이나 클립 등을 기울어진 반대쪽에 붙여 반대쪽 무게를 무겁게 하여 수평을 맞춥니다.

3 간단한 저울을 만들 때는 (　　　　　　)의 성질, (　　　　　　)의 원리를 이용하여 만듭니다.

4 간단한 저울 만들기에 대한 설명으로 옳은 것에 ○표, 옳지 않은 것에 ×표 하시오.

(1) 수평 잡기의 원리를 이용한 저울을 만들 때는 용수철이 필요합니다. (　　)

(2) 수평 잡기의 원리를 이용한 저울에서 물체의 무게를 비교할 때, 다양한 크기의 단추를 기준 물체로 사용하는 것이 좋습니다. (　　)

낱말 사전

창의적 새로운 것을 생각해 내는 것.

실전 문제

❸ 여러 가지 저울과 간단한 저울 만들기

01 다음과 같은 경우에 공통적으로 사용하는 저울은 어느 것입니까? ( )

- 정육점에서 고기의 무게를 측정할 때
- 금은방에서 귀금속의 무게를 측정할 때
- 우체국에서 등기 우편물의 무게를 측정할 때

① 체중계 ② 전자저울
③ 양팔저울 ④ 용수철저울
⑤ 가정용 저울

02 다음 저울에 대한 설명으로 옳은 것은 어느 것입니까? ( )

① 수평 잡기의 원리를 이용한다.
② 주로 요리를 할 때 재료의 무게를 측정하는데 사용한다.
③ 용수철저울과 같은 원리로 물체의 무게를 측정한다.
④ 전기적 성질을 이용해 숫자로 물체의 무게를 표시한다.
⑤ 가벼운 물체부터 무거운 물체까지 모든 물체의 무게를 측정할 수 있다.

03 전기적 성질을 이용한 것으로, 화면에 숫자로 물체의 무게를 표시하는 저울을 무엇이라고 하는지 쓰시오.

( )

[04~06] 다음 보기는 여러 가지 저울을 나타낸 것입니다. 물음에 답하시오.

보기

㉠ 용수철저울
㉡ 가정용 저울
㉢ 디지털 계량스푼
㉣ 양팔저울

04 보기 중 용수철의 성질을 이용한 저울끼리 바르게 짝지은 것은 어느 것입니까? ( )

① ㉠ ② ㉡
③ ㉠, ㉡ ④ ㉡, ㉢
⑤ ㉢, ㉣

05 다음 상황에 사용하기에 가장 적합한 저울을 보기에서 찾아 기호를 쓰시오.

빵을 만들 때 설탕 5g중을 측정해야 한다.

( )

06 다음에서 설명하는 저울을 보기에서 찾아 기호를 쓰시오.

- 물체의 무게를 직접 비교할 수 있다.
- 수평 잡기의 원리를 이용한 저울이다.
- 무게를 측정할 때 기준 물체가 필요하다.

( )

07 다음과 같은 저울은 어떤 원리를 이용해 만든 것인지 쓰시오.

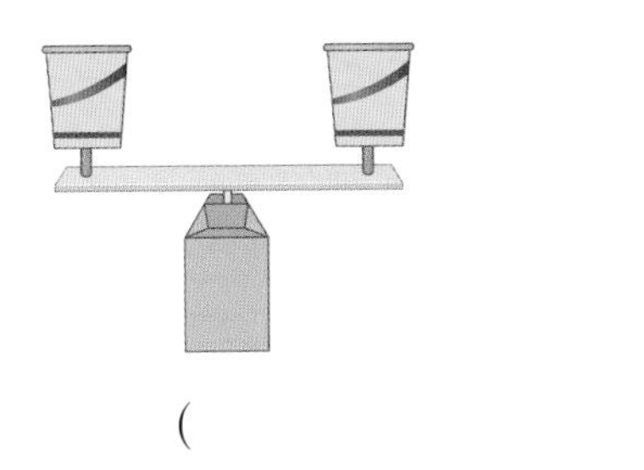

( )

08 다음은 친구들이 만든 저울입니다. 저울을 만든 원리가 나머지와 다른 하나는 어느 것입니까? ( )

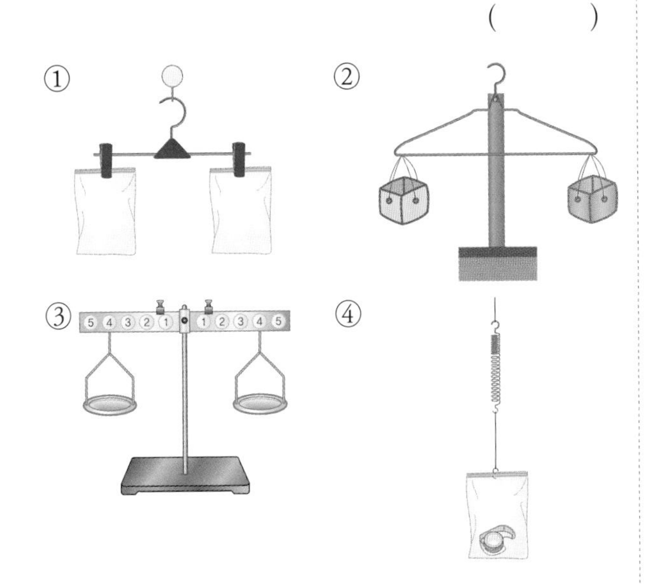

09 민우네 모둠에서는 수평 잡기 원리를 이용해 양팔 저울을 만들려고 합니다. 저울대의 역할을 할 수 있는 재료로 가장 적당한 것은 어느 것입니까? ( )

① 붓
② 용수철
③ 야구 방망이
④ 30cm 플라스틱 자
⑤ 플라스틱 장난감 칼

[10~12] 다음과 같이 간단한 저울을 만들었습니다. 물음에 답하시오.

1. 바지걸이의 양쪽 끝에 지퍼백을 매답니다.
2. 지퍼백을 매단 바지걸이를 걸고리에 걸어 수평이 되게 합니다.
3. (㉠)을/를 이용해 물체의 무게를 비교합니다.

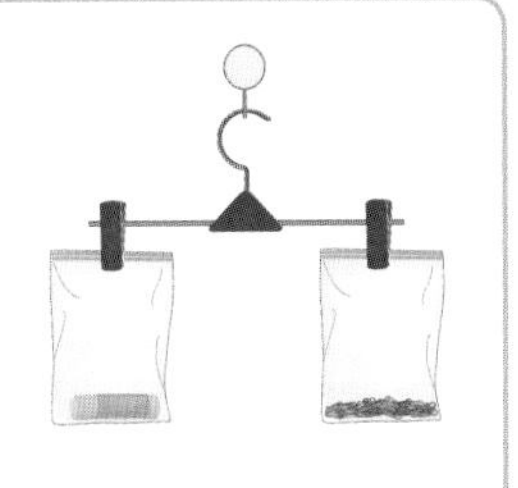

10 ㉠에 들어갈 알맞은 말에 ○표 하시오.

용수철의 성질 수평 잡기의 원리

11 걸고리에 바지걸이를 매달았더니 다음과 같이 한쪽으로 기울었습니다. 고무찰흙을 붙여 수평을 맞추려면 ㈎와 ㈏ 중 어느 위치에 붙어야 하는지 쓰시오.

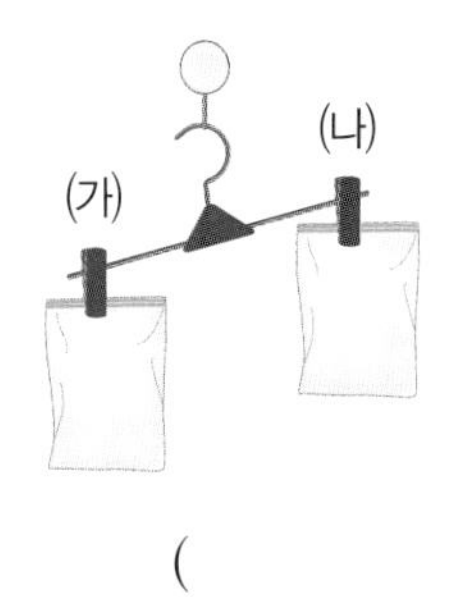

( )

12 물체의 무게를 비교하기 위해 위 저울에 사용할 수 있는 기준 물체로 적절하지 않은 것은 어느 것입니까? ( )

① 클립
② 장구 핀
③ 가는 모래
④ 10원짜리 동전
⑤ 무게와 모양이 같은 단추

4 단원

단원 정리

1 일상생활에서 물체의 무게 측정

물체의 무게를 측정하는 예	• 몸무게를 측정할 때 • 물건의 무게에 따라 가격을 정할 때 • 태권도나 유도 등 운동 경기에서 선수의 몸무게에 따라 체급을 정할 때
필요한 도구	정확한 무게를 알기 위해 (㉠)을 사용함.

2 물체의 무게

뜻	(㉡)가 물체를 끌어당기는 힘의 크기
단위	N(뉴턴), g중(그램중), kg중(킬로그램중)

3 용수철의 성질을 이용해서 무게 재기

용수철의 성질	• 용수철에 물체를 매달면 용수철의 길이가 늘어난다. • 추의 무게가 무거울수록 용수철이 많이 늘어난다. • 용수철에 걸어 놓은 추의 무게가 일정하게 늘어나면 용수철의 길이도 (㉢) 늘어난다.
용수철저울로 물체의 무게 측정하기	❶ 스탠드에 용수철저울을 건다. ❷ (㉣)을/를 돌려 표시 자가 눈금 '0'에 오도록 맞춘다. ❸ 고리에 물체를 걸고 표시 자가 가리키는 눈금의 숫자를 단위와 함께 읽는다.

손잡이
영점 조절 나사
용수철
표시 자
눈금
고리

⊙ 용수철이 늘어난 모습 ⊙ 용수철저울

4 수평 잡기의 원리

무게가 같은 물체	무게가 다른 물체
받침점	받침점
받침점으로부터 (㉤) 거리에 놓는다.	무거운 물체를 가벼운 물체보다 받침점에 더 (㉥) 놓는다.

5 양팔저울을 이용해 수평 잡기로 무게 비교하기

⊙ 두 물체의 무게 비교 ⊙ 기준 물체로 물체의 무게 비교

두 물체의 무게 비교하기	저울대가 기울어지는 경우	기울어진 쪽이 더 (㉦).
	저울대가 수평을 이루는 경우	무게가 같다.
기준 물체로 물체의 무게 비교	• 한쪽에 물체를 올리고, 다른 쪽에 기준 물체를 수평이 될 때까지 놓는다. • 저울대가 수평이 되었을 때 기준 물체의 개수를 세어 무게를 비교한다. • 기준 물체의 수가 많을수록 무거운 물체이다.	

6 여러 가지 저울

(㉧)의 성질을 이용한 저울	용수철저울, 가정용 저울, 체중계
(㉨)의 원리를 이용한 저울	양팔저울, 대저울
전기적 성질을 이용한 저울	전자 저울

정답 ㉠ 저울 ㉡ 지구 ㉢ 일정하게 ㉣ 영점 조절 나사 ㉤ 같은 ㉥ 가까이 ㉦ 무겁다 ㉧ 용수철 ㉨ 수평 잡기

단원 정리 평가

4. 물체의 무게

01 다음은 무엇에 대한 설명인지 쓰시오.

- 지구가 물체를 끌어당기는 힘의 크기이다.
- 단위는 'N(뉴턴), g중(그램중), kg중(킬로그램중)'을 사용한다.

( )

02 우리 생활 속에서 무게를 측정하는 예를 바르게 짝지은 것은 어느 것입니까? ( )

㉠ 달리기 경기를 할 때
㉡ 병원에서 몸무게를 잴 때
㉢ 슈퍼마켓에서 음료수를 팔 때
㉣ 우체국에서 등기 우편을 보낼 때

① ㉠, ㉡
② ㉠, ㉢
③ ㉡, ㉢
④ ㉡, ㉣
⑤ ㉠, ㉡, ㉢

03 같은 종류의 용수철에 물체 ㈎와 ㈏를 각각 매달았더니 다음과 같았습니다. ㈎와 ㈏ 중 더 무거운 것은 어느 것인지 기호를 쓰시오.

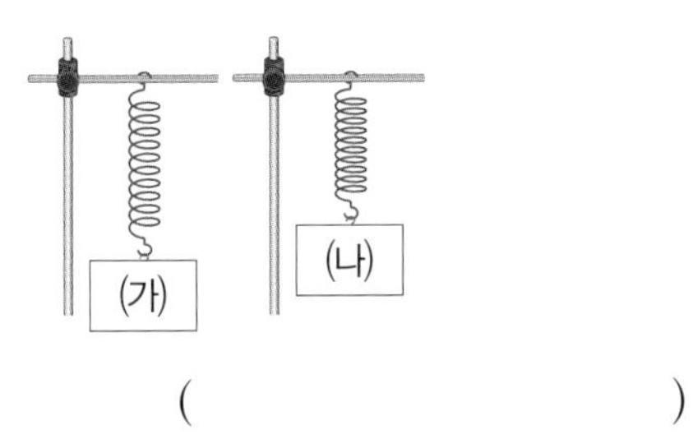

( )

[04~05] 다음은 추의 무게에 따라 늘어난 용수철의 길이를 나타낸 표입니다. 물음에 답하시오.

추의 무게(g중)	0	20	40	60	80
늘어난 용수철의 길이(cm)	0	3	6	9	12

04 추의 무게가 20g중씩 늘어날 때마다 용수철은 몇 cm 늘어나는지 쓰시오.

( )cm

☆☆☆

05 위의 용수철에 100g중인 추를 매달면 늘어난 용수철의 길이는 몇 cm입니까? ( )

① 10cm ② 12cm ③ 14cm
④ 15cm ⑤ 18cm

06 용수철에 20g중인 추를 매달면서 용수철이 늘어난 길이를 측정해 보았더니 다음과 같았습니다. 이 용수철에 인형을 매달았더니 용수철이 8cm 늘어났습니다. 인형의 무게는 몇 g중입니까? ( )

용수철에 매단 20g중 추의 개수(개)	0	1	2	3
늘어난 용수철의 길이(cm)	0	2	4	6

① 50g중 ② 60g중 ③ 80g중
④ 100g중 ⑤ 120g중

4 단원

07 다음 용수철저울의 각 부분과 이름이 잘못 연결된 것은 어느 것입니까? ( )

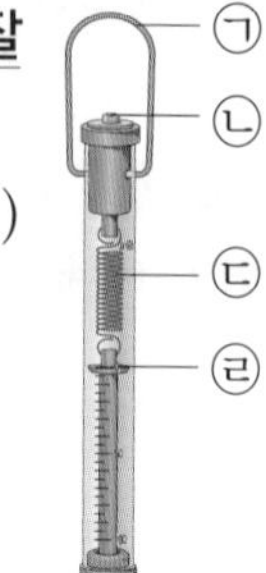

① ㉠ - 손잡이
② ㉡ - 영점 조절 나사
③ ㉢ - 용수철
④ ㉣ - 받침대
⑤ ㉤ - 고리

08 다음은 용수철저울로 물체의 무게를 측정하는 방법을 순서없이 나타낸 것입니다. 저울을 사용하는 순서에 맞게 기호를 바르게 나열한 것은 어느 것입니까? ( )

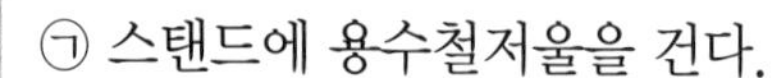

㉠ 스탠드에 용수철저울을 건다.
㉡ 용수철저울의 고리에 물체를 건다.
㉢ 영점 조절 나사를 돌려 표시 자를 눈금 '0'에 맞춘다.
㉣ 표시 자가 가리키는 눈금의 숫자를 단위와 함께 읽는다.

① ㉠ → ㉡ → ㉢ → ㉣
② ㉠ → ㉢ → ㉡ → ㉣
③ ㉡ → ㉢ → ㉠ → ㉣
④ ㉡ → ㉠ → ㉢ → ㉣
⑤ ㉢ → ㉣ → ㉡ → ㉠

09 다음은 용수철저울에 필통을 매달았을 때 용수철저울의 표시 자와 눈금의 모습입니다. 필통의 무게는 몇 g중인지 쓰시오.

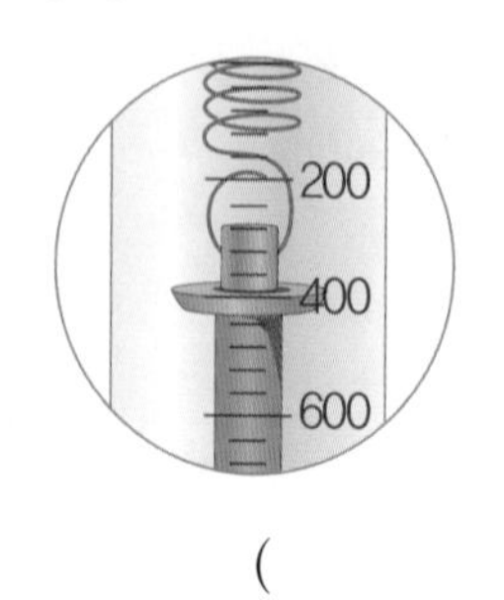

( )g중

10 무게가 같은 나무토막 (가)와 (나)를 나무판자의 왼쪽과 오른쪽에 각각 올려놓았을 때, 나무판자가 수평을 잡을 수 있는 경우는 어느 것입니까? ( )

	(가)	(나)
①	왼쪽 1번	오른쪽 2번
②	왼쪽 2번	오른쪽 4번
③	왼쪽 3번	오른쪽 3번
④	왼쪽 4번	오른쪽 2번
⑤	왼쪽 5번	오른쪽 1번

[11~12] 두 물체를 다음과 같이 올려놓았더니 나무판자가 수평이 되었습니다. 물음에 답하시오.

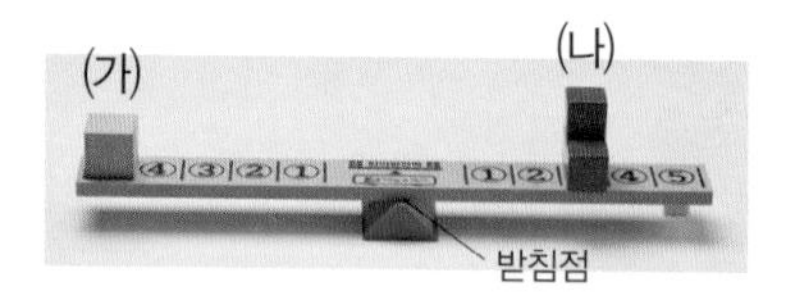

11 (가)와 (나) 중 더 가벼운 것의 기호를 쓰시오.

( )

12 물체 (나)를 오른쪽 5번 위치로 옮겼을 때, 나무판자의 모습을 알맞게 예상한 친구의 이름을 쓰시오.

정수 : 나무판자가 수평이 될 거야.
민정 : 나무판자가 왼쪽으로 기울어질 거야.
현서 : 나무판자가 오른쪽으로 기울어질 거야.

( )

13 양팔저울에서 무게를 측정할 때 물체를 올려놓는 부분의 이름은 무엇입니까? ( )

① 손잡이
② 저울대
③ 받침대
④ 저울접시
⑤ 수평 조절 장치

14 다음은 양팔저울에 물체를 올려놓은 모습입니다. 물체 (가)~(다)의 무게를 비교한 것으로 옳은 것은 어느 것입니까? ( )

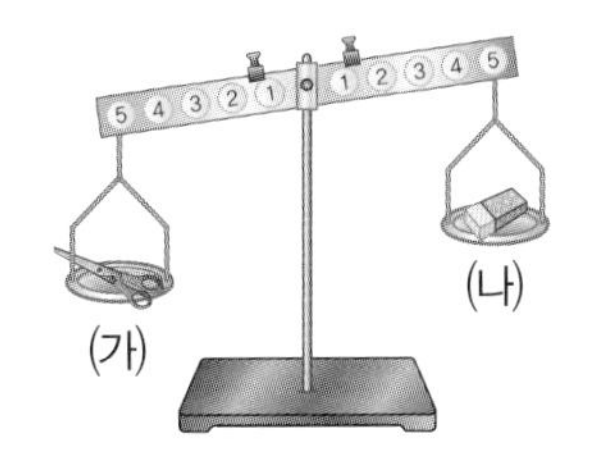

왼쪽으로 기울었음.

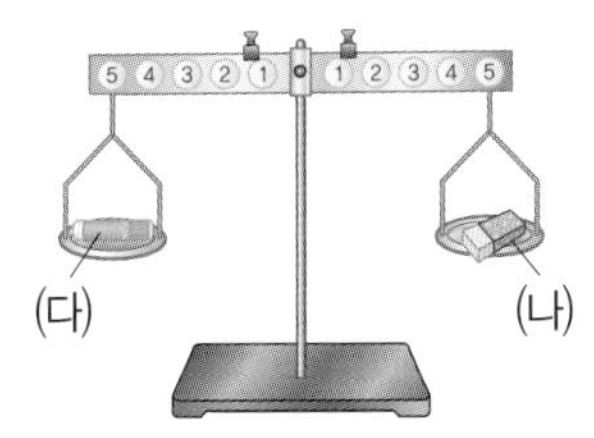

수평을 이룸.

① (가) > (나) > (다)
② (가) > (나) = (다)
③ (나) > (다) > (가)
④ (나) = (다) > (가)
⑤ (다) > (나) > (가)

15 다음은 양팔저울의 한쪽 접시에 물체를 올려놓고, 다른쪽 접시에 클립을 올려 저울대가 수평을 이루었을 때 클립의 개수를 나타낸 것입니다. 가장 무거운 물체는 어느 것입니까? ( )

① 풀 – 39개
② 가위 – 43개
③ 필통 – 47개
④ 연필 – 20개
⑤ 지우개 – 35개

16 다음 중 용수철의 성질을 이용한 저울을 두 가지 고르시오. (,)

①
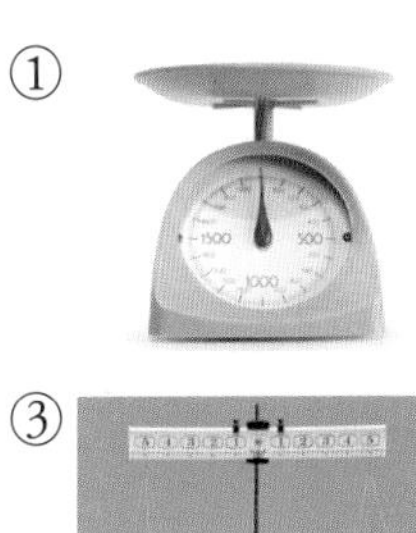

②
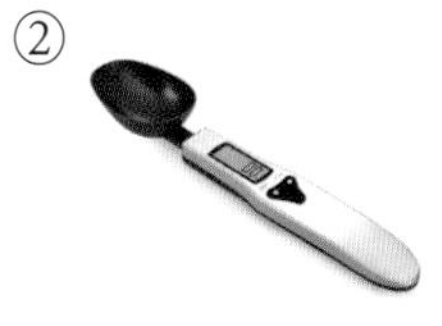

③
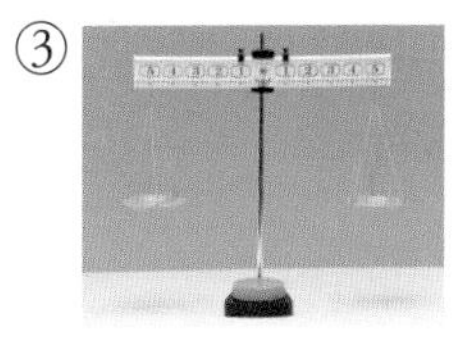

④
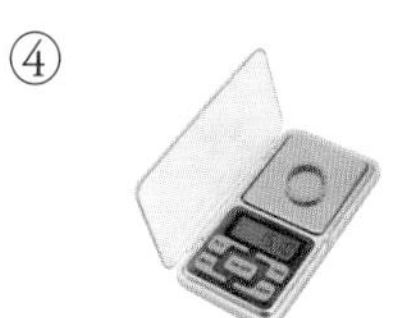

⑤
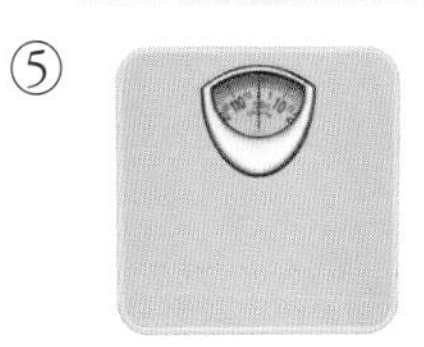

[17~18] 다음은 정은이네 모둠에서 만든 저울입니다. 물음에 답하시오.

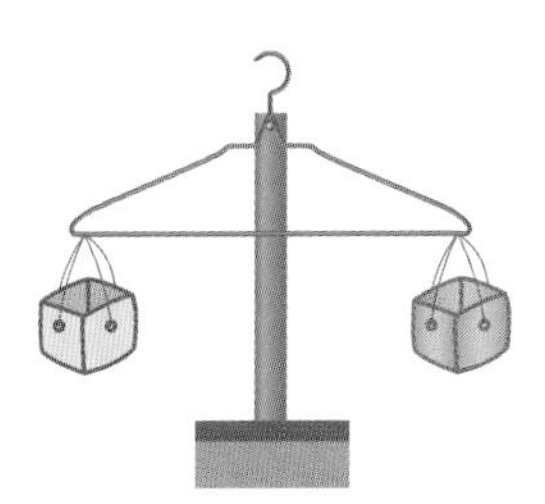

17 위의 저울에 대한 설명으로 옳은 것을 찾아 기호를 쓰시오.

㉠ 용수철을 이용한 저울이다.
㉡ 수평 잡기의 원리를 이용한 저울이다.
㉢ 눈금이 있는 체중계와 만들어진 원리가 같다.

( )

18 위의 저울을 이용해서 필통과 풀의 무게를 측정하려고 합니다. 무게 측정을 위한 기준 물체로 사용하기에 적절한 것에는 ○표 하시오.

(1)

( )

(2)

( )

4 단원

서술형 문제

01 찬혁이와 수진이는 색연필, 공책, 필통을 양손에 하나씩 들고 무게를 비교해보았습니다. 물음에 답하시오.

구분	가장 무거운 것	두 번째로 무거운 것	세 번째로 무거운 것
찬혁	색연필	필통	공책
수진	필통	색연필	공책

(1) 두 사람이 비교한 물체의 무거운 순서가 서로 다른 까닭을 쓰시오.

(2) 무게를 정확하게 측정하려면 어떻게 해야 하는지 쓰시오.

02 오른쪽과 같이 용수철을 스탠드에 걸고, 무게가 다른 추 세 개를 각각 걸어 용수철이 늘어난 길이를 측정해 보았습니다. 오른쪽과 같이 추의 무게에 따라 늘어난 용수철의 길이가 다른 까닭을 쓰시오.

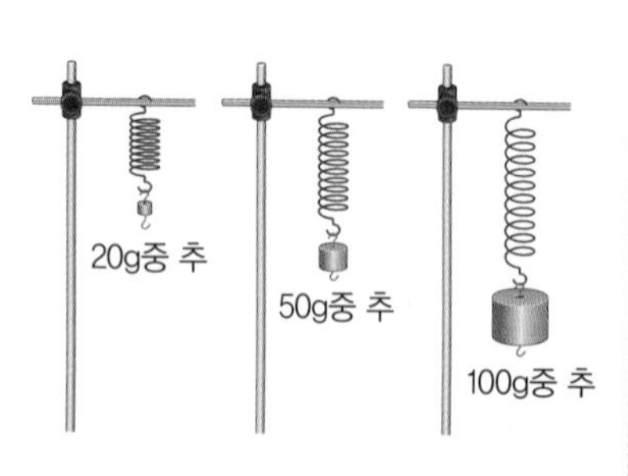

03 다음은 추의 무게에 따라 늘어난 용수철의 길이를 나타낸 표입니다. 물음에 답하시오.

추의 무게(g중)	0	20	40	60	80
늘어난 용수철의 길이(cm)	0	3	6	9	12

(1) 위의 용수철에 100g중인 추를 매달면 늘어난 용수철의 길이는 몇 cm일지 쓰시오.

( )

(2) 위의 (1)번과 같이 예상한 까닭을 쓰시오.

04 용수철저울로 물체의 무게를 측정할 때, 측정하려는 물체를 고리에 매달기 전에 해야 할 일이 무엇인지 쓰시오.(단, 용수철저울의 어떤 부분을 이용해서 무엇을 하는지 구체적으로 쓰시오.)

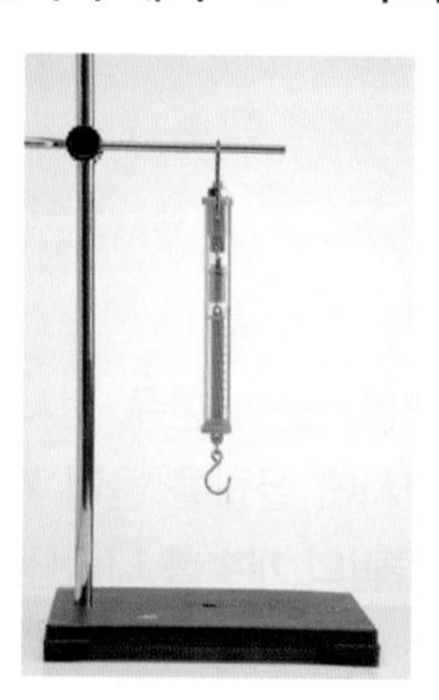

05 나무판자 위에 물체 ㈎와 ㈏를 받침점에서 같은 위치에 올려 놓았더니, 나무판자가 왼쪽으로 기울어졌습니다. 물음에 답하시오.

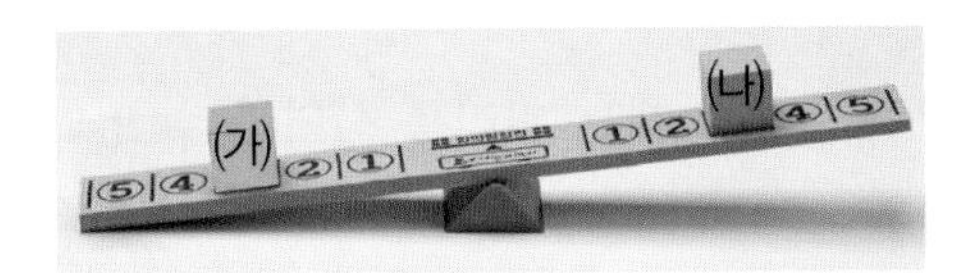

(1) 물체 ㈎와 ㈏ 중 더 무거운 것을 쓰시오.

( )

(2) 위의 나무판자의 수평을 잡을 수 있는 방법을 두 가지 쓰시오.

06 다음은 양팔저울을 사용하여 풀, 가위, 필통의 무게를 비교한 모습입니다.

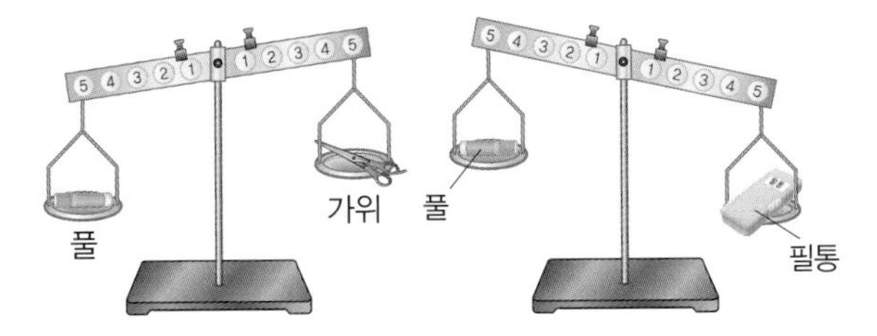

(1) 풀, 가위, 필통 중 가장 무거운 물체는 어느 것인지 쓰시오.

( )

(2) 물체의 무게를 직접 비교하지 않고, 양팔저울을 이용하여 물체의 무게를 비교할 수 있는 방법을 쓰시오.

07 다음은 우리 생활에서 저울을 사용하는 모습입니다. 물음에 답하시오.

(1) ㉠과 ㉡ 중 용수철의 성질을 이용한 저울의 기호를 쓰시오.

( )

(2) 위의 (1)번에서 사용한 저울은 용수철의 어떤 성질을 이용해 무게를 잴 수 있는지 쓰시오.

08 다음은 여러 가지 모양으로 만든 저울입니다. 이 저울들의 공통점을 쓰시오.

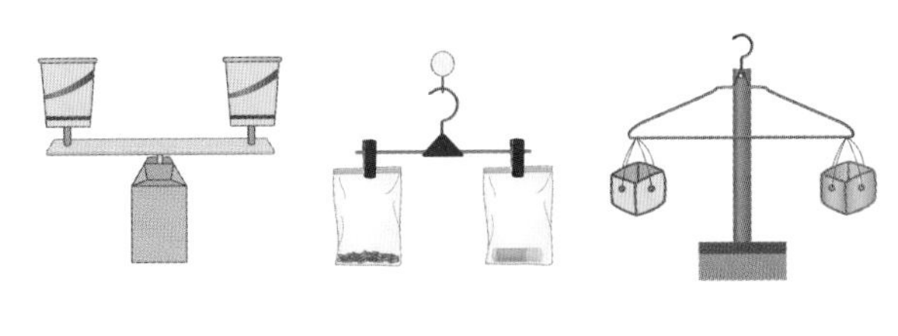

수행 평가

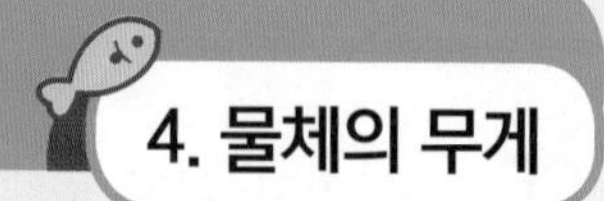

학습 주제 용수철저울로 물체의 무게 재기

학습 목표 용수철저울의 사용 방법을 알고, 용수철저울로 물체의 무게를 재는 원리를 설명할 수 있다.

[1~2] 다음은 용수철저울의 모습을 나타낸 것입니다. 물음에 답하시오.

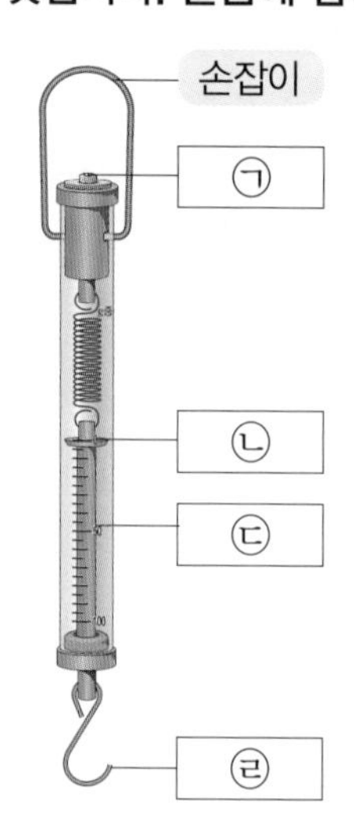

1 용수철저울 각 부분의 이름과 역할을 쓰시오.

구분	이름	역할
㉠	(1) (　　　)	무게를 측정하기 전, 표시 자를 눈금의 '0' 위치에 오도록 조절하는 부분
㉡	(2) (　　　)	물체의 무게를 가리키는 부분
㉢	눈금	용수철저울에 물체를 걸었을 때 표시 자가 가리키는 부분으로, 물체의 (3) (　　　)를 나타내는 부분
㉣	고리	(4) (　　　　　　　　　　)

2 위 용수철저울은 용수철의 어떤 성질을 이용해서 만든 것인지 쓰시오.

학습 주제 수평 잡기의 원리 이해하기

학습 목표 수평 잡기로 물체의 무게를 비교할 수 있다.

3 다음은 사과, 감, 배의 무게를 비교한 것입니다. 물음에 답하시오.

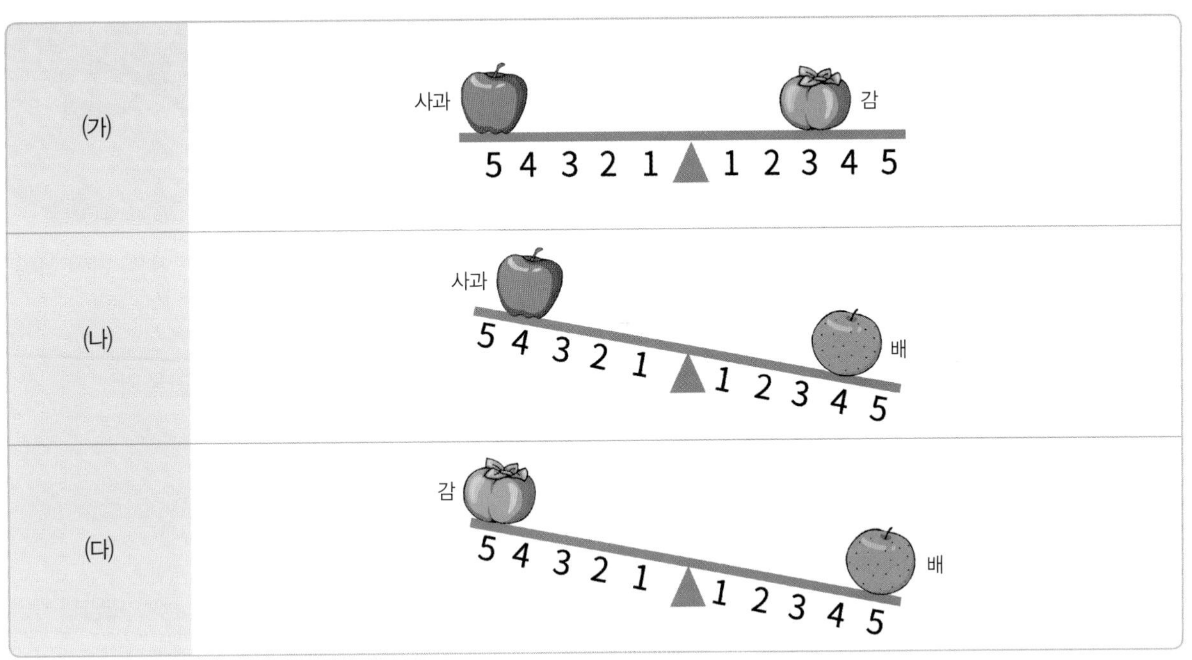

(1) (가)에서 사과와 감의 무게를 비교하고, 그렇게 생각한 까닭을 쓰시오.

(2) 위의 과일들을 무거운 순서부터 차례대로 쓰시오.

구분	가장 무거운 것	두 번째로 무거운 것	가장 가벼운 것
과일			

(3) (다)에서 수평을 잡을 수 있는 방법을 쓰시오.

1 혼합물

1. 혼합물에 대해 알아보기

(1) 혼합물 : 두 가지 이상의 물질이 성질이 변하지 않은 채 서로 섞여 있는 것

(2) 혼합물의 예

김, 밥, 단무지, 달걀, 당근, 소세지, 맛살, 우엉, 시금치 등이 섞여 있다.	과일, 팥, 얼음, 떡이 섞여 있다.

실험 관찰로 알아보기 여러 가지 재료로 간식 만들기

| 준비물 |

시리얼, 초콜릿, 말린 과일, 큰 그릇, 눈가리개, 숟가락

| 실험 방법 |

❶ 시리얼, 초콜릿, 말린 과일 등의 모양과 색깔을 관찰하고 맛을 봅니다.

❷ 준비한 재료 두세 가지를 섞어 모양과 색깔을 관찰하고 맛을 보고, 어떤 재료를 섞었는지 맞추어 봅니다.

❸ 재료를 섞기 전과 섞은 후의 모양, 맛, 색을 비교합니다.

| 실험 결과 |

재료를 섞어도 재료의 맛은 변하지 않습니다.

→ 혼합물은 물질의 성질이 변하지 않은 채로 섞여 있습니다.

우리 주위의 혼합물 예

- 꿀물
- 미숫가루 물
- 나박김치
- 샌드위치
- 섞여 있는 재활용품 더미

바닷물도 혼합물?

- 바닷물은 여러 가지 염분과 물이 섞여 있는 혼합물입니다.
- 바닷물을 먹었을 때 짠맛이 느껴지는 것은 염분 때문입니다.

낱말 사전

물질 물체를 구성하는 재료.

성질 물질마다 가지고 있는 고유한 특징.

염분 소금 등 바닷물에 녹아 있는 물질.

개념 확인 문제

정답과 해설 60쪽

1 두 가지 이상의 물질이 성질이 변하지 않은 채 서로 섞여 있는 것을 (   )(이)라고 합니다.

2 시리얼, 초콜릿, 말린 과일을 섞어 간식을 만들었습니다. 섞은 간식을 먹어 보면 시리얼, 초콜릿, 말린 과일의 맛은 모두 (변합니다 , 그대로입니다).

2. 혼합물을 분리하는 까닭

(1) 구슬로 나만의 팔찌 만들기

• 모양과 크기가 다양한 구슬의 혼합물로 팔찌 만들기

모양과 크기가 다양한 구슬의 혼합물을 준비한다.

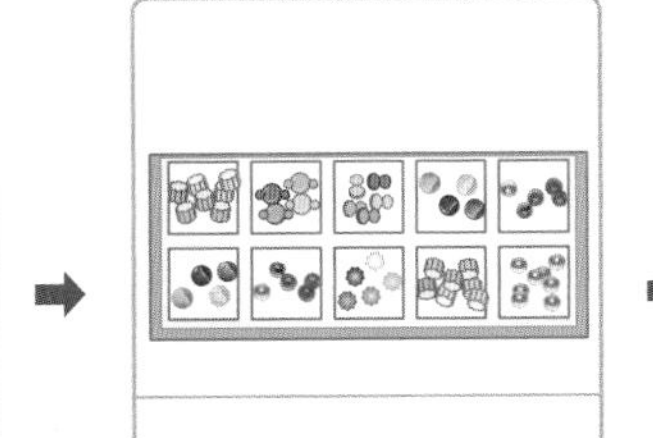

구멍 뚫린 구슬을 종류별로 분리한다.

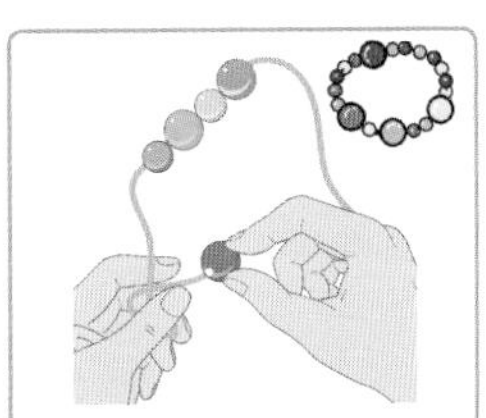

원하는 모양의 팔찌를 만든다.

• 구슬 혼합물을 분리하면 좋은 점 :
원하는 구슬을 쉽고 빠르게 찾아 팔찌를 만들 수 있습니다.

(2) 혼합물을 분리하면 좋은 점 알아보기

• 다양한 종류의 구슬 혼합물과 사탕수수 비교하기

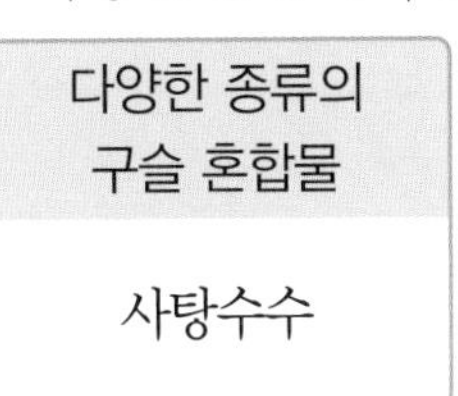
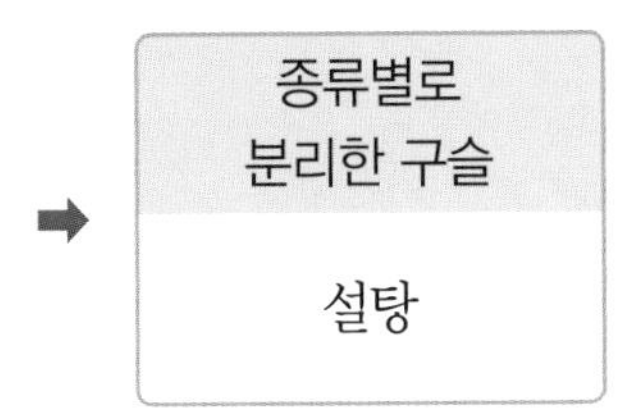

다양한 종류의 구슬 혼합물	종류별로 분리한 구슬	팔찌
사탕수수	설탕	설탕을 이용해서 만든 사탕

• 혼합물을 분리하면 좋은 점 :
원하는 물질을 얻어서 생활의 필요한 곳에 이용할 수 있습니다.

(3) 생활 속 혼합물을 분리하는 경우

• 염전에서 소금을 분리해서 요리하는 데 이용합니다.
• 철광석에서 순순한 철을 분리해서 금속 제품을 만듭니다.
• 정수기에서 오염 물질을 걸러내어 깨끗한 물을 마십니다.
• 쓰레기 더미에서 재활용품을 분리하여 필요한 곳에 활용합니다.

생활 속 혼합물의 분리

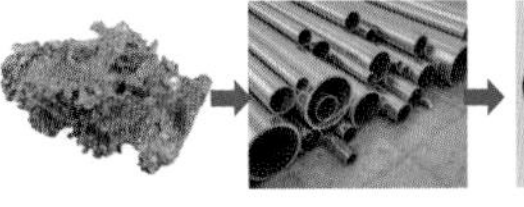

구리 광석 순수한 구리 다른 금속을 섞어 만든 그릇

› 구리, 금, 철 등은 혼합물인 광석에서 얻습니다.
› 혼합물을 분리하여 얻은 물질들은 우리 생활 속에서 다양하게 이용됩니다.

사탕수수에서 설탕 분리하기

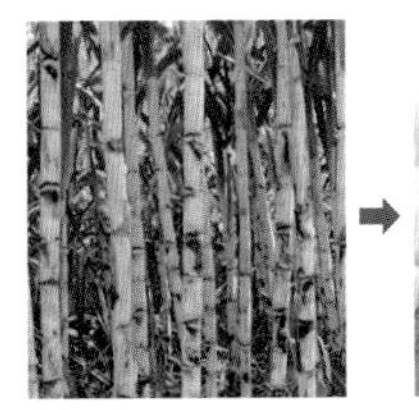

사탕수수

설탕

막대사탕

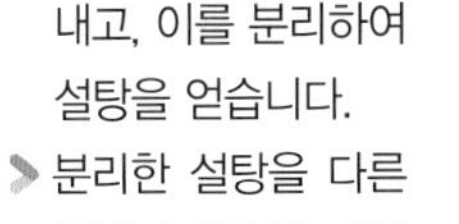

› 사탕수수는 열대 지방에 사는 식물로, 사탕수수의 즙을 짜 내고, 이를 분리하여 설탕을 얻습니다.
› 분리한 설탕을 다른 물질과 섞으면 다양한 종류의 사탕을 만들 수 있습니다.

3 다음 (   ) 안에 들어갈 알맞은 말을 쓰시오.

> 혼합물을 분리하면 원하는 (   )을/를 쉽게 얻어 우리 생활의 필요한 곳에 이용할 수 있습니다.

4 사탕수수와 설탕의 관계를 바르게 선으로 연결하시오.

(1) 설탕 •   • ㉠ 혼합물
(2) 사탕수수 •   • ㉡ 혼합물에서 분리한 물질

낱말 사전

염전 소금을 얻기 위해 바닷물을 모아서 막아 놓고, 바닷물을 증발시켜 소금을 만들어 내는 곳.

광석 우리에게 필요한 물질을 포함하고 있는 돌. 철광석에는 철이 포함되어 있고, 금광석에는 금이 포함되어 있음.

실전 문제

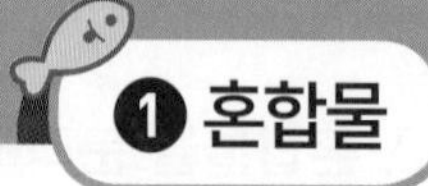

01 다음은 무엇에 대한 설명인지 쓰시오.

> 두 가지 이상의 물질이 성질이 변하지 않은 채 서로 섞여 있는 것을 말한다.

( )

02 다음 중 혼합물이 아닌 것은 어느 것입니까? ( )

① 물
② 꿀물
③ 팥빙수
④ 샌드위치
⑤ 나박김치

03 다음 중 김밥에 대한 설명으로 옳은 것끼리 바르게 짝지은 것은 어느 것입니까? ( )

> ㉠ 혼합물이다.
> ㉡ 한 가지 물질로 이루어져 있다.
> ㉢ 여러 가지 재료들이 섞이면서 맛이 변한다.
> ㉣ 김밥에 섞여 있는 재료들의 맛은 섞이기 전과 같다.

① ㉠, ㉡　② ㉡, ㉢
③ ㉠, ㉢　④ ㉡, ㉣
⑤ ㉠, ㉣

[04~05] 다음은 시리얼, 초콜릿, 말린 바나나, 건포도를 섞어서 만든 간식입니다. 물음에 답하시오.

04 위의 간식을 눈을 가리고 먹어보았을 때에 대한 설명으로 옳은 것을 골라 기호를 쓰시오.

> ㉠ 어떤 재료가 섞여 있는지 알 수 있다.
> ㉡ 어떤 재료가 섞여 있는지 전혀 알 수 없다.

( )

05 위의 간식에 대한 설명으로 옳은 것은 어느 것입니까? ( )

① 시리얼의 맛이 변한다.
② 초콜릿의 색깔이 변한다.
③ 말린 과일의 색깔과 맛이 변한다.
④ 각 재료의 크기와 맛이 모두 변한다.
⑤ 각 재료의 맛과 색깔이 모두 변하지 않는다.

06 혼합물에 대한 설명으로 옳은 것에 ○표, 옳지 않은 것에 ×표 하시오.

(1) 소금은 혼합물이다. ( )
(2) 여러 가지 물질을 섞어 혼합물을 만들면 각 물질의 성질이 변하지 않는다. ( )
(3) 여러 가지 물질을 섞어 혼합물을 만들면 원래의 물질로 다시 분리할 수 없다. ( )

[07~09] 다음과 같이 모양과 크기가 다양한 구슬로 팔찌를 만들어 보았습니다. 물음에 답하시오.

㉠ 큰 그릇에 담겨 있는 다양한 종류의 구슬을 관찰하고, 내가 만들고 싶은 팔찌를 디자인한다.
㉡ 구멍 뚫린 플라스틱 구슬을 종류별로 분류하여 페트리 접시에 담는다.
㉢ 구슬을 실에 꿰어 팔찌를 만든다.

07 위의 ㉠~㉢ 중 혼합물의 분리에 해당하는 과정을 찾아 기호를 쓰시오.

( )

08 위의 ㉡ 과정에서 구슬을 분리하는 까닭을 가장 잘 설명한 친구는 누구인지 쓰시오.

- 주영 : 원하는 구슬을 쉽게 찾기 위해서야.
- 정현 : 구슬의 모양을 변하지 않게 하기 위해서야.
- 민정 : 섞어 놓으면 구슬의 색깔이 변하기 때문이야.

( )

09 위의 팔찌를 만드는 활동과 사탕수수에서 설탕을 얻어 사탕을 만드는 과정을 비교할 때, (가) 구슬 혼합물과 (나) 분리한 구슬, (다) 팔찌는 각각 무엇에 해당하는지 바르게 선으로 연결하시오.

(가) 구슬 혼합물 • • ㉠ 설탕
(나) 분리한 구슬 • • ㉡ 사탕
(다) 팔찌 • • ㉢ 사탕수수

10 다음 중 혼합물의 분리에 대한 설명으로 옳은 것을 두 가지 고르시오. (,)

① 원하는 물질을 얻을 수 있다.
② 액체와 고체 혼합물은 분리할 수 없다.
③ 분리하기 전과 분리한 후의 물질의 성질이 달라진다.
④ 분리한 물질은 다른 물질과 섞어서 사용할 수 없다.
⑤ 분리한 물질을 다른 물질과 섞어서 우리 생활의 필요한 곳에 이용할 수 있다.

11 다음 중 생활 속에서 혼합물을 분리하는 예가 아닌 것은 어느 것입니까? ( )

① 염전에서 소금을 얻는다.
② 철광석에서 철을 얻어 이용한다.
③ 물에 설탕을 섞어 설탕물을 만든다.
④ 빨래 더미에서 빨래를 색깔별로 나눈다.
⑤ 공기 청정기로 공기 중의 먼지를 거른다.

12 다음은 정은이가 요리한 과정을 나타낸 글입니다. ㉠~㉤ 중 혼합물을 분리한 경우를 모두 찾아 기호를 쓰시오.

정은이는 요리를 하기 위해 ㉠ 수돗물을 정수기로 걸러 깨끗한 물을 받았습니다. 쌀에 콩이 섞여 있어 흰 쌀밥을 하기 위해 ㉡ 쌀과 콩을 나누어 담았습니다. 잘게 썬 ㉢ 여러 가지 재료를 섞어 잡채를 만들었습니다. 밥을 다 먹고 난 후, 후식으로는 ㉣ 과일, 팥, 얼음을 섞어 팥빙수를 만들었습니다. 요리를 끝내니 ㉤ 비닐, 플라스틱, 유리병과 같은 쓰레기가 나와 종류별로 분리해서 담았습니다.

( )

❷ 혼합물의 분리(1)

1. 콩, 팥, 좁쌀의 혼합물 분리하기

(1) 콩, 팥, 좁쌀 관찰하기

구분	콩	팥	좁쌀
사진			
모양	둥근 모양이다.	둥근 모양이다.	둥근 모양이다.
크기	가장 크다.	중간 크기이다.	가장 작다.
색깔	연한 노란색이다.	붉은색에 가운데 흰 줄무늬가 있다.	선명한 노란색이다.

(2) 콩, 팥, 좁쌀의 혼합물을 분리하는 방법

구분	분리하는 방법	혼합물 분리에 이용하는 성질	특징
콩, 팥, 좁쌀의 혼합물	손으로 분리	색깔 차이	• 시간이 오래 걸린다. • 좁쌀처럼 작은 알갱이는 손으로 집어서 분리하기 어렵다.
	체를 이용해서 분리	알갱이의 크기 차이	• 빠르게 분리할 수 있다. • 쉽고 정확하게 분리할 수 있다.

무게의 차이를 이용해 분리하기

콩, 팥, 좁쌀이 섞인 그릇을 좌우로 여러 번 흔들어 주면, 가벼운 좁쌀 알갱이가 위로 올라오게 됩니다. 이렇게 분리되어 위로 올라온 알갱이를 손으로 분리해내는 방법도 있습니다.

체

큰 알갱이와 작은 알갱이를 분리하기 위한 도구로, 주로 주방에서 사용합니다. 대개 철사로 된 그물망이 있는데, 그물망에 있는 작은 구멍을 '체 눈'이라고 합니다.

낱말 사전

혼합물 두 가지 이상의 물질이 성질이 변하지 않고 섞여 있는 것.

체 구멍이 뚫린 거름망이 있어 액체나 가루 등을 거르는데 쓰는 기구.

개념 확인 문제

정답과 해설 61쪽

1 콩, 팥, 좁쌀의 특징을 바르게 선으로 연결하시오.

(1) 콩 • • ㉠ 진한 노란색으로, 크기가 가장 작습니다.

(2) 팥 • • ㉡ 붉은색을 띠며, 중간 크기입니다.

(3) 좁쌀 • • ㉢ 노란색이며, 크기가 가장 큽니다.

2 콩, 팥, 좁쌀이 섞인 혼합물을 체로 분리하는 것은 (　　　　　　) 차이를 이용한 방법입니다.

(3) 체를 이용해서 콩, 팥, 좁쌀의 혼합물 분리하기

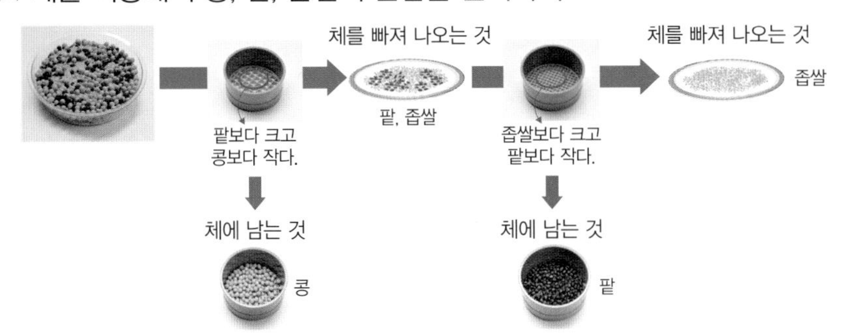

① 눈의 크기가 다른 체 2개를 준비합니다.

② 눈의 크기가 팥보다 크고, 콩보다 작은 체 : 콩을 분리합니다.

③ 눈의 크기가 좁쌀보다 크고, 팥보다 작은 체 : 팥을 분리하고, 좁쌀이 체를 빠져 나옵니다.

④ 체로 분리할 때의 장점 : 손으로 분리하는 것보다 쉽고 빠르게 분리할 수 있습니다.

(4) 알갱이의 크기를 이용해서 혼합물을 분리하는 예

구분	공사장에서 모래와 자갈 분리하기	해변 쓰레기에서 모래와 쓰레기 분리하기	강가에서 모래와 재첩 분리하기
모습			
체를 빠져 나가는 것	모래	모래	모래
체에 남는 것	자갈	쓰레기	재첩

물고기 크기에 따른 분리

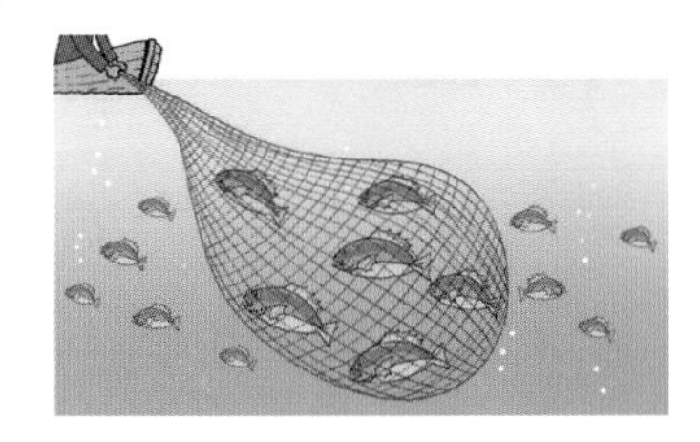

물고기를 잡을 때 그물을 이용합니다. 그물눈의 크기가 어린 물고기보다 큰 그물을 사용하면, 큰 물고기는 그물을 통과하지 못하고, 크기가 작은 어린 물고기는 그물을 빠져나가 어린 물고기를 보호할 수 있습니다.

해변의 쓰레기 분리 장치

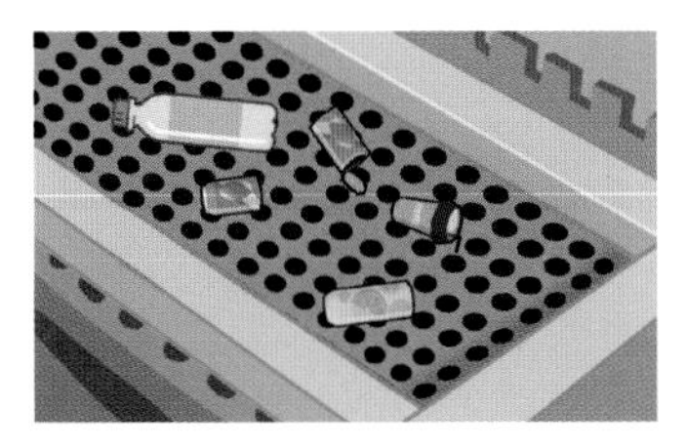

해변 쓰레기수거 차에는 체가 부착되어 있습니다. 체를 사용해서 체 눈의 크기보다 작은 모래와 체 눈의 크기보다 큰 쓰레기를 분리합니다.

3 콩, 팥, 좁쌀의 혼합물에서 콩, 팥, 좁쌀을 각각 분리하려면 체가 최소한 (　　　)개 있어야 합니다.

4 콩, 팥, 좁쌀의 혼합물을 팥보다 크고 콩보다 작은 체에 거르면, 체에 남는 것은 (　　　)입니다.

5 다음 생활 속 혼합물 분리의 예 중 알갱이의 크기 차이를 이용한 것에는 ○표, 그렇지 않은 것에는 ×표 하시오.

(1) 강에서 모래와 재첩을 분리합니다. (　　)

(2) 공사장에서 모래와 자갈을 분리합니다. (　　)

(3) 재활용 쓰레기를 플라스틱과 유리로 분리합니다. (　　)

낱말 사전

분리 서로 나누어 떨어지게 함.

재첩 강에 사는 재첩과의 조개.

자석의 성질

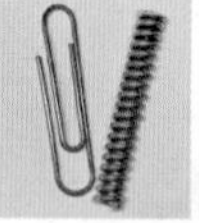

자석에 붙는 물체

- 철로 된 물체는 자석에 붙습니다.

자석에 붙지 않는 물체

- 철 이외에 플라스틱, 유리, 고무, 나무 등의 물질은 자석에 붙지 않습니다.

자석의 극

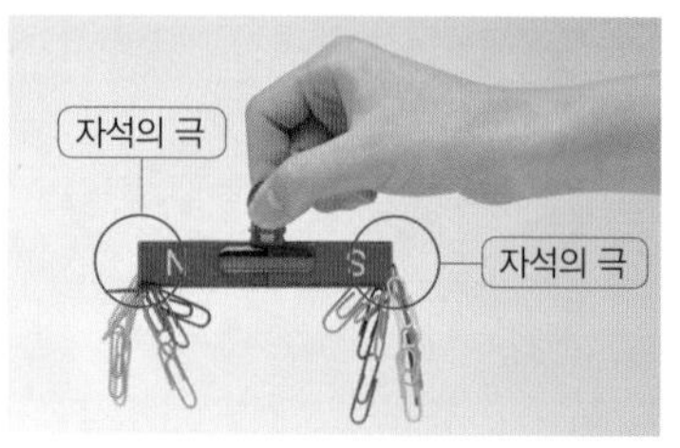

- 자석의 힘이 가장 센 부분이 '자석의 극'입니다. 막대자석의 양끝 부분이 극이므로, 철 구슬을 붙일 때는 극 부분이 구슬 쪽을 향하도록 합니다.

플라스틱 구슬과 철 구슬의 혼합물의 분리에서 체를 사용하지 못하는 이유

- 플라스틱 구슬과 철 구슬은 알갱이의 크기가 서로 비슷하기 때문입니다.

낱말 사전

자석 철을 끌어당기는 성질이 있는 물체.

극 자석에서 자석의 힘이 가장 센 부분.

2. 플라스틱 구슬과 철 구슬 분리하기

(1) 플라스틱 구슬과 철 구슬의 특징 관찰하기

구분	모양	색깔	크기	무게	자석에 붙는 성질
플라스틱 구슬	둥근 모양	노란색	철 구슬과 비슷한 크기	철 구슬보다 가볍다.	자석에 붙지 않는다.
철 구슬	둥근 모양	회색	플라스틱 구슬과 비슷한 크기	플라스틱 구슬보다 무겁다.	자석에 붙는다.

(2) 플라스틱 구슬과 철 구슬의 혼합물을 분리하는 방법 비교하기

플라스틱 구슬과 철 구슬 혼합물		손으로 분리	자석을 이용해서 분리
	방법		(철 구슬 / 플라스틱 구슬)
	혼합물 분리에 이용한 성질	색깔의 차이	자석에 붙는 성질의 차이
	특징	시간이 오래 걸린다.	자석에 철 구슬을 붙여 쉽고 빠르게 분리할 수 있다.

개념 확인 문제 정답과 해설 61쪽

6 각 구슬의 성질을 선으로 바르게 연결하시오.

(1) 플라스틱 구슬 • • ㉠ 자석에 붙습니다.

(2) 철 구슬 • • ㉡ 자석에 붙지 않습니다.

7 플라스틱 구슬과 철 구슬이 섞여 있는 혼합물을 쉽고 빠르게 분리하기 위해서는 (   )을/를 이용하는 것이 좋습니다.

(3) 플라스틱 구슬과 철 구슬 혼합물을 자석을 이용해서 분리하기

자석을 이용해 철 구슬을 분리하면, 플라스틱 구슬만 그릇에 남습니다.

(4) 생활 속 자석을 이용한 혼합물 분리

구분	자석을 사용한 자동 분리기에서 철 캔과 알루미늄 캔 분리	기계로 고춧가루를 만들 때 생기는 철 가루와 고춧가루 분리
분리하는 모습	철 캔 / 알루미늄 캔 / 철캔 / 알루미늄 캔 자석이 들어 있는 이동판이 철 캔과 알루미늄 캔 분리	쇳가루 검출 자석 봉이 고춧가루에서 철 가루를 분리
자석에 붙는 것	철 캔	철 가루
자석에 붙지 않는 것	알루미늄 캔	고춧가루

자석에 붙는 금속과 붙지 않는 금속

- 모든 금속이 자석에 붙는 것은 아닙니다. 철은 자석에 붙지만, 알루미늄·구리·금·은과 같은 금속은 자석에 붙지 않습니다.
- 캔에는 철로 된 캔과 알루미늄으로 된 캔이 있습니다. 캔을 자동 분리기에 넣으면 자석이 들어 있는 위쪽 부분에 철 캔만 달라붙어 철 캔과 알루미늄 캔을 분리하게 됩니다.

철캔

알루미늄캔

쌀을 얻는 과정에서 철 가루의 분리

쌀을 도정하는 과정에서도 자석을 이용해 혼합물을 분리합니다. 흰 쌀을 얻으려면 겉껍질을 분리해야 하는데, 이 과정에서 기계가 마모되면서 작은 철 가루가 쌀에 섞이게 됩니다. 마지막 단계에서 봉 모양으로 만든 자석에 쌀을 통과시키면 철 가루가 분리되어 깨끗한 쌀을 얻을 수 있습니다.

5 단원

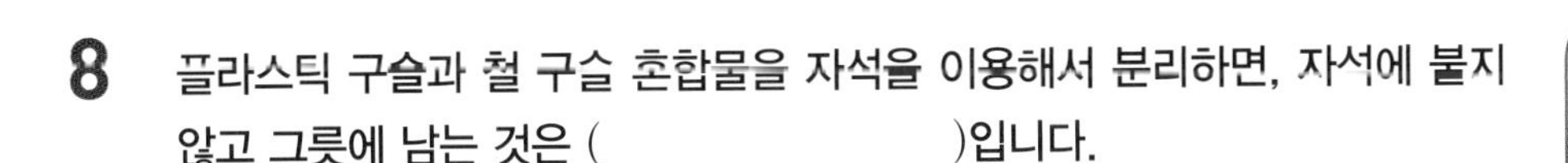

8 플라스틱 구슬과 철 구슬 혼합물을 자석을 이용해서 분리하면, 자석에 붙지 않고 그릇에 남는 것은 (   )입니다.

9 다음 생활 속 혼합물 분리의 예 중 자석을 이용하여 혼합물을 분리한 것에는 ○표, 그렇지 않은 것에는 ×표 하시오.

(1) 염전에서 소금을 얻습니다. (   )
(2) 공사장에서 자갈과 모래를 분리합니다. (   )
(3) 흙 속에 섞여 있는 철가루를 분리합니다. (   )
(4) 고춧가루에 섞여 있는 철가루를 분리합니다. (   )
(5) 공장에서 자동 분리기로 철 캔과 알루미늄 캔을 분리합니다. (   )

낱말 사전

도정 벼와 같은 작물의 껍질을 벗겨내는 과정.

마모 기계의 부품이나 마찰을 많이 일으키는 물체가 닳아서 작아지거나 없어짐.

실전 문제

[01~02] 다음은 콩, 팥, 좁쌀의 혼합물입니다. 물음에 답하시오.

01 체를 이용해 콩, 팥, 좁쌀의 혼합물을 분리하려고 합니다. 이때 이용하는 성질은 어느 것입니까? (　　)

① 알갱이의 맛　② 알갱이의 모양
③ 알갱이의 색깔　④ 알갱이의 크기
⑤ 알갱이의 무게

02 위의 혼합물을 쉽게 분리하기 위해 필요한 체를 두 가지 골라 기호를 쓰시오.

㉠ 눈의 크기가 콩보다 큰 체
㉡ 눈의 크기가 좁쌀보다 작은 체
㉢ 눈의 크기가 콩보다 작고, 팥보다 큰 체
㉣ 눈의 크기가 팥보다 작고, 좁쌀보다 큰 체

(　　,　　)

03 다음 중 생활 속에서 알갱이의 크기 차이를 이용하여 혼합물을 분리한 예가 아닌 것은 어느 것입니까? (　　)

① 강가에서 모래와 재첩을 분리한다.
② 공사장에서 모래와 자갈을 분리한다.
③ 콩, 팥, 좁쌀을 체를 이용하여 분리한다.
④ 고춧가루에 섞여 있는 철 가루를 분리한다.
⑤ 해변 쓰레기 수거 장비로 모래와 쓰레기를 분리한다.

04 모래와 자갈의 혼합물을 분리하려고 합니다. 이때 사용하기에 알맞은 도구는 어느 것입니까? (　　)

① 체　② 자
③ 저울　④ 자석
⑤ 증발장치

05 강가에서 재첩을 잡는 방법에 대한 설명입니다. (　) 안에 들어갈 알맞은 말에 ○표 하시오.

어민들은 섬진강 하구에서 모래 속에 살고 있는 재첩을 체를 이용해서 잡습니다. 체를 이용해서 체 눈 크기보다 (작은, 큰) 모래와 체 눈 크기보다 (작은 , 큰) 재첩을 분리합니다. 모래와 제첩이 섞인 혼합물을 체 위에 놓고 흔들면 체 위에는 (모래, 재첩)이/가 남습니다.

06 자동 분리기에서 철 캔과 알루미늄 캔을 분리할 때 이용되는 물질의 성질은 어느 것입니까? (　　)

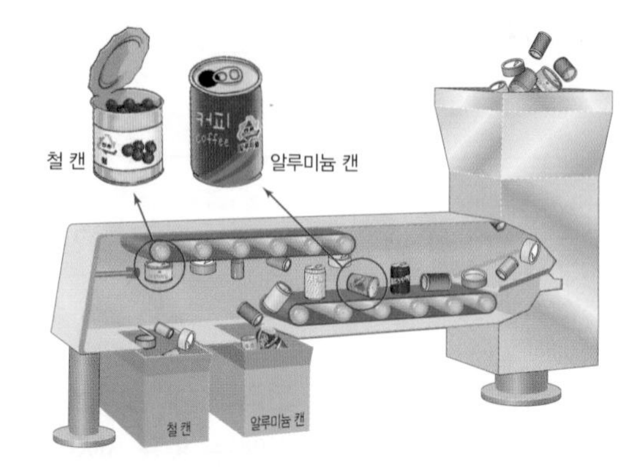

① 물체의 무게
② 물체의 크기
③ 물체의 색깔
④ 물에 녹는 성질
⑤ 자석에 붙는 성질

[07~08] 다음은 크기가 같은 플라스틱 구슬과 철 구슬의 혼합물입니다. 물음에 답하시오.

07 철 구슬과 플라스틱 구슬의 특징을 관찰하여 정리한 것입니다. ㉠과 ㉡이 각각 무엇인지 쓰시오.

구분	모양	자석에 붙는 성질
㉠	둥근 모양	자석에 붙지 않음.
㉡	둥근 모양	자석에 붙음.

㉠ ( ), ㉡ ( )

08 위의 혼합물을 분리할 때 사용하면 편리한 도구는 어느 것입니까? ( )

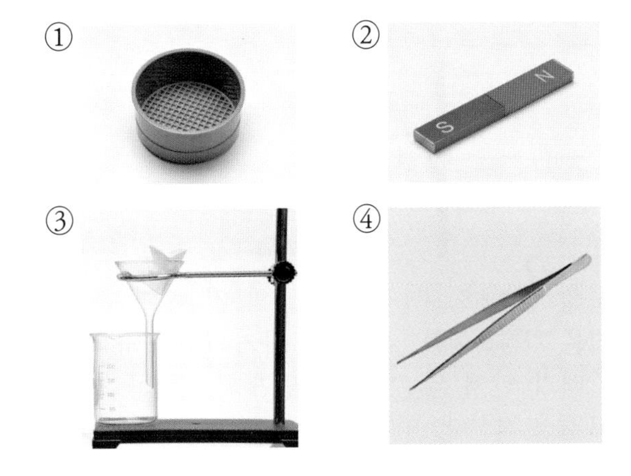

09 자석을 이용해서 혼합물을 분리하는 예를 두 가지 고르시오. (,)

① 콩과 섞인 좁쌀을 분리할 때
② 바닷물에서 소금을 분리할 때
③ 흙 속에 있는 철 가루를 분리할 때
④ 공사장에서 모래와 자갈을 분리할 때
⑤ 고춧가루에 섞인 철 가루를 분리할 때

[10~12] 다음은 쌀, 플라스틱 구슬, 철 구슬이 섞여 있는 혼합물을 분리한 과정을 정리한 것입니다. 물음에 답하시오.(단, 플라스틱 구슬과 철 구슬의 크기는 서로 같고, 쌀보다 크다.)

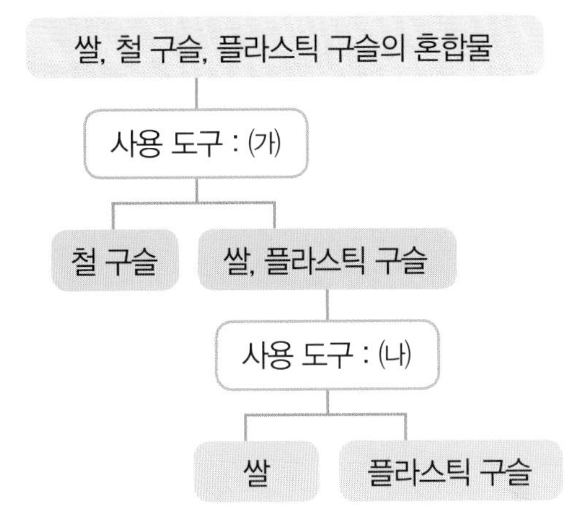

10 (가)와 (나)에 들어갈 도구를 보기 에서 찾아 각각 쓰시오.

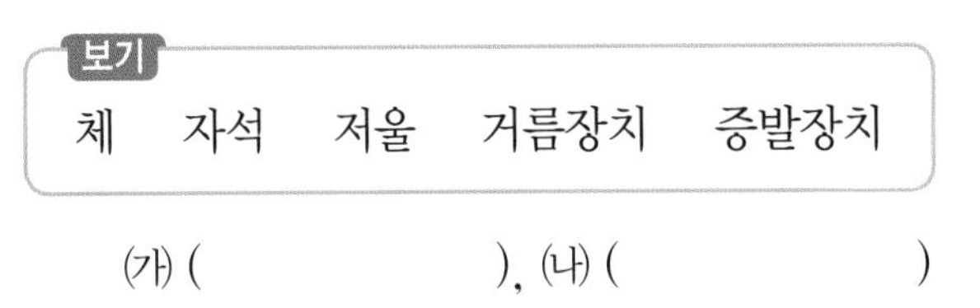

보기
체 자석 저울 거름장치 증발장치

(가) ( ), (나) ( )

11 위의 혼합물 분리 과정에 이용된 물질의 성질을 두 가지 고르시오. (,)

① 알갱이의 크기
② 알갱이의 무게
③ 알갱이의 모양
④ 물에 녹는 성질
⑤ 자석에 붙는 성질

12 (나) 도구와 같은 원리로 혼합물을 분리한 예는 어느 것입니까? ( )

① 바닷물에서 소금을 분리한다.
② 사탕수수 즙에서 설탕을 분리한다.
③ 캔 분리기로 철 캔과 알루미늄 캔을 분리한다.
④ 쌀을 도정할 때 쌀에 섞인 철 가루를 분리한다.
⑤ 공사장에서 체를 이용하여 모래와 자갈을 분리한다.

5 단원

③ 혼합물의 분리(2)

1. 소금과 모래 분리하기

(1) 소금과 모래의 특징 관찰하기

구분	모양	크기	색깔	물에 녹는 성질
소금	작은 상자 모양	모래와 비슷한 크기	흰색	물에 잘 녹음.
모래	다양한 작은 상자 모양	소금과 비슷한 크기	황토색	물에 녹지 않음.

2. 소금과 모래 분리하는 방법

(1) 거름과 거름 장치 알아보기

'거름'이란	거름 장치를 이용하여 물에 녹는 물질과 물에 녹지 않는 물질의 혼합물을 분리하는 방법		
혼합물 분리에 이용하는 물질의 성질	물에 녹는 성질, 알갱이의 크기 차이		
거름 장치 꾸미기	깔때기	비커	
	고깔 모양으로 접은 거름종이를 깔때기 안에 넣고 물을 적신다.	깔때기 끝의 긴 부분이 비커의 옆면에 닿게 설치한다.	깔때기에 혼합물이 유리 막대를 타고 천천히 흐르도록 붓는다.

✎ 소금과 모래의 혼합물 분리

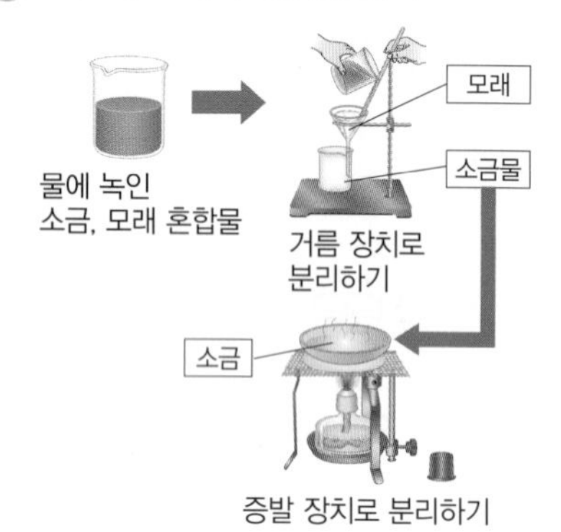

✎ 거름종이 접는 방법

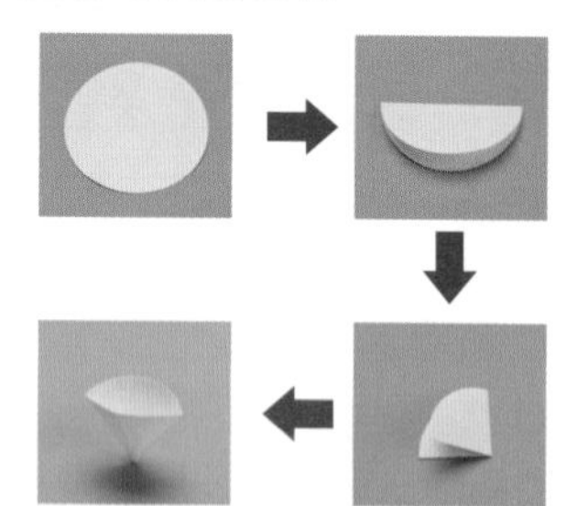

낱말 사전

거름 액체 속에 들어 있는 녹지 않는 찌꺼기를 걸러내는 일.

거름종이 액체에 있는 침전물이나 불순물을 거르는 데 쓰는 특수한 종이.

개념 확인 문제

정답과 해설 61쪽

1 소금과 모래의 성질을 바르게 선으로 연결하시오.

(1) 소금 • • ㉠ 물에 녹습니다.

(2) 모래 • • ㉡ 물에 녹지 않습니다.

2 거름 장치를 꾸밀 때 필요한 실험 기구를 두 가지 찾아 ○표 하시오.

삼발이, 거름종이, 증발 접시, 깔때기, 알코올램프

(2) 거름 장치를 이용하여 소금과 모래 혼합물 분리하기

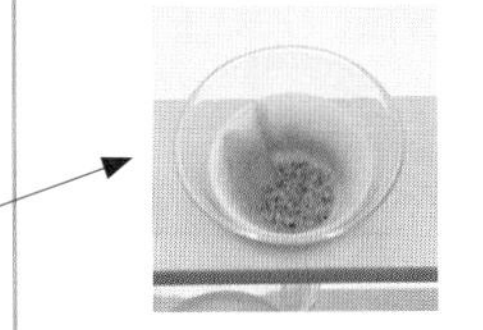

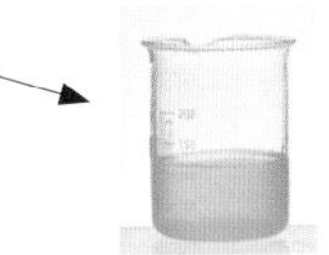

소금은 물에 녹고, 모래는 물에 녹지 않음.		거름종이에 남는 물질 : 모래 / 거름종이를 빠져나간 물질 : 소금물
소금과 모래 혼합물을 물에 녹인다.	소금과 모래를 물에 녹인 혼합물을 거름 장치에 천천히 붓는다.	

거름 장치로 혼합물을 분리할 때 이용하는 물질의 성질

- 소금은 물에 녹고, 모래는 물에 녹지 않는 성질을 이용합니다.
- 모래 알갱이는 거름종이 구멍보다 크고, 소금물은 거름종이 구멍보다 작은 성질을 이용합니다.

(3) 증발 장치를 이용하여 소금물에서 소금 분리하기

'증발'이란	물이 수증기로 변하여 공기 중으로 날아가는 현상
증발을 이용하여 혼합물을 분리하는 원리	물을 증발시켜 물에 녹아 있는 고체 물질을 분리

비커에 담긴 소금물을 증발접시에 붓는다.	소금물을 가열한다.	증발 접시에 남는 물질 : 소금 / 증발 접시에서 증발된 물질 : 물

소금물이 들어 있는 증발접시를 가열할 때 나타나는 현상

증발 접시에 들어 있는 소금물

소금물이 끓는 모습

하얀색 알갱이가 생긴 모습

- 물의 양이 줄어듭니다.
- 물이 끓습니다.
- 하얀색 가루 물질이 튑니다.
- 하얀색 가루 물질이 생깁니다.

3 혼합물을 물에 녹여 물에 녹는 물질과 물에 녹지 않는 물질을 거름종이로 분리하는 방법을 (   )(이)라고 합니다.

4 혼합물 분리에 대한 설명으로 옳은 것에 ○표, 틀린 것에는 ×표 하시오.

(1) 소금과 모래는 자석에 붙는 성질을 이용해서 분리합니다. (   )

(2) 소금물은 거름 장치를 이용하여 물과 소금으로 분리합니다. (   )

(3) 소금과 모래를 물에 녹인 혼합물을 거름 장치로 걸렀을 때 거름종이에 남는 것은 모래입니다. (   )

낱말 사전

증발 장치 액체가 포함된 혼합물을 가열하여 액체를 증발시키기 위한 장치.

5 단원

전통 장 만들기

① 소금물에 메주 담그기 : 메주를 소금물에 담가 놓으면 소금물에 녹는 성분이 우러나옵니다.
② 거름 : 메주와 소금의 혼합물을 천에 거릅니다.
→ 위에 남는 물질 : 된장
③ 증발 : 걸러진 액체를 끓여서 간장을 만듭니다.

증발 장치를 이용해서 소금을 얻는 실험과 천일염과 자염 만드는 방법 비교하기

구분	실험	천일염	자염
소금이 만들어지는 곳	증발 접시	염전	가마솥
물을 증발시키는 방법	알코올램프	햇빛, 바람	장작불

3. 생활 속 거름과 증발의 이용

(1) 거름을 이용한 혼합물의 분리

혼합물 분리의 예	찻잎 우리기	간장과 된장 만들기
구분		
방법	• 찻잎에 따뜻한 물을 부으면 물에 녹는 성분만 우러난다. • 잎을 망으로 걸러 찻물을 마신다.	• 소금물과 메주의 혼합물을 천으로 거른다. • 천에 남아 있는 찌꺼기로는 된장을 만들고, 천을 빠져나간 액체는 끓여서 간장을 만든다.

(2) 증발을 이용한 혼합물의 분리

혼합물 분리의 예	염전에서 소금을 얻는 방법(천일염)	조상들이 소금을 만든 방법(자염)
모습		
방법	바닷물을 염전에 가두어 놓고, 햇빛과 바람으로 바닷물을 증발시켜 소금을 얻는다.	바닷물을 가마솥에 넣고 장작불로 끓이면서 바닷물을 증발시켜 소금을 얻는다.

낱말 사전

우러나다 액체에 잠겨 있는 물질의 빛깔이나 맛 따위의 성질이 액체 속으로 녹아드는 것.

천일염 염전에서 바닷물을 바람과 햇빛으로 증발시켜 얻은 소금.

자염 바닷물을 끓여서 만든 소금.

개념 확인 문제

정답과 해설 61쪽

5 다음 혼합물 분리에 사용된 방법을 바르게 선으로 연결하시오.

(1) 녹차 우려 내기 • 　　　　• ㉠ 거름
(2) 염전에서 소금 얻기 • 　　　　• ㉡ 증발

6 옛 조상들은 소금을 얻기 위해 바닷물을 장작불로 끓였습니다. 이것은 바닷물을 끓이면 물이 (　　　　)하고, 소금이 남게 되는 원리를 이용한 것입니다.

4. 혼합물의 분리를 이용하여 재생 종이 만들기

(1) 재생 종이 : 폐지를 재가공하여 만든 종이

• 재생 종이를 만들 때 고려할 점 : 재생 종이의 용도, 색깔과 두께 등

실험 관찰로 알아보기 혼합물의 분리를 이용하여 재생 종이 만들기

| 준비물 |

종이 죽, 물, 수조, 식용 색소, 나무 막대, 종이 만들기 틀, 신문지, 천

| 실험 방법 |

❶	❷	❸
	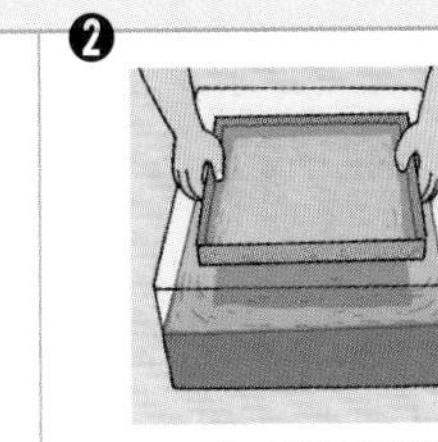	
종이 죽과 물을 수조에 넣고, 식용 색소를 넣은 뒤 잘 섞는다.	종이 만들기 틀을 수조에 넣고 원하는 두께가 되도록 종이 뜨기를 한다. ➡ 거름	물기가 빠진 종이를 틀에서 분리하여 천 위에 놓고, 종이를 말린다. ➡ 증발

| 실험 결과 |

• 종이의 물기를 완전히 말리면 재생 종이가 완성됩니다.

• 완성된 재생 종이를 꽃잎 등으로 꾸미고, 편지를 쓸 수 있습니다.

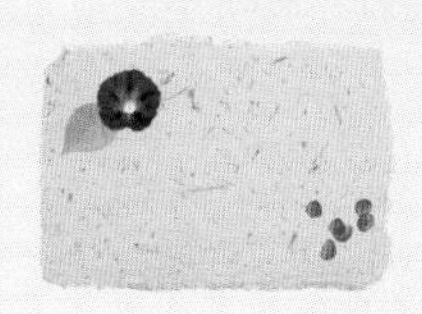

• 종이 죽과 물을 분리할 때 필요한 도구 : 다양한 크기의 체, 거름망, 종이 만들기 틀 등

• 재생 종이 만들기에 이용된 성질 : 거름, 증발

거름을 이용해 우유로 플라스틱 만들기

① 우유에 색소를 타고 서서히 가열한 후, 식초를 넣어줍니다.

② 우유가 몽글몽글하게 뭉치면 거름망을 사용하여 물기를 제거한 후, 원하는 모양의 장식품을 만듭니다.

종이 죽 만드는 방법

① 폐지를 잘게 찢어 물에 넣고 4~5시간 정도 불립니다.

② 불린 종이를 믹서로 갈아서 종이 죽을 만듭니다.

 ➡ 

7 재생 종이를 만들 때 이용한 혼합물 분리 방법을 두 가지 골라 기호를 쓰시오.

㉠ 체를 이용	㉡ 물을 증발
㉢ 알갱이의 색깔을 이용	㉣ 자석을 이용

(,)

8 종이 죽과 물을 분리할 때에는 (거름, 증발)의 원리를 이용합니다.

9 재생 종이를 만들 때 물기가 섞인 종이를 천 위에서 말리는 것은 물을 ( )시키기 위해서입니다.

재생 낡거나 못 쓰게 된 것을 다시 사용할 수 있게 만들어내는 것.

5 단원

실전 문제

01 소금과 모래의 혼합물에서 모래와 소금을 분리하는 과정을 순서에 맞게 바르게 나열한 것은 어느 것입니까? (　　)

㉠ 거름 장치에 혼합물을 거른다.
㉡ 걸러진 물질을 증발 접시에 붓고 알코올 램프로 가열한다.
㉢ 소금과 모래 혼합물을 물이 담긴 비커에 넣고, 유리 막대로 저어준다.

① ㉠ → ㉡ → ㉢　② ㉡ → ㉢ → ㉠
③ ㉡ → ㉠ → ㉢　④ ㉢ → ㉠ → ㉡
⑤ ㉢ → ㉡ → ㉠

02 다음은 소금과 모래 혼합물에서 소금과 모래의 특징을 관찰한 내용입니다. ㉠과 ㉡은 소금과 모래 중 어느 것인지 쓰시오.

구분	㉠	㉡
알갱이 모양	작은 상자 모양	다양한 작은 상자 모양
알갱이 크기	㉡과 비슷한 크기	㉠과 비슷한 크기
물에 녹는 성질	물에 잘 녹음.	물에 잘 녹지 않음.

㉠ (　　　　), ㉡ (　　　　)

03 소금과 모래의 혼합물을 분리할 때 이용할 수 있는 물질의 성질은 어느 것입니까? (　　)

① 알갱이의 모양　② 알갱이의 무게
③ 물에 녹는 성질　④ 물에 뜨는 성질
⑤ 자석에 붙는 성질

[04~06] 다음은 소금과 모래의 혼합물을 물에 녹여 분리하는 실험입니다. 물음에 답하시오.

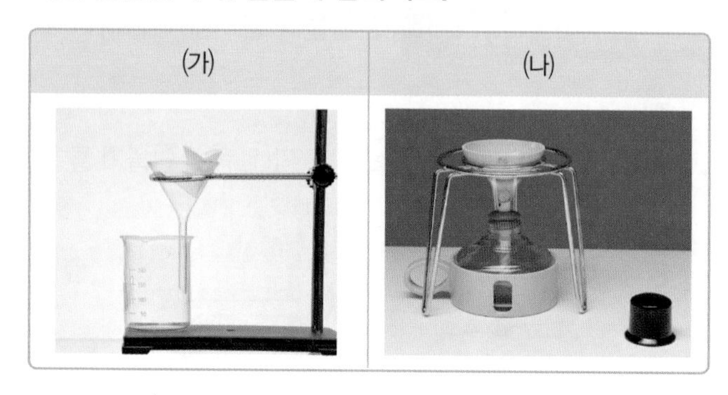

04 (가)와 같은 도구로 물에 녹는 물질과 물에 녹지 않는 물질을 분리하는 방법을 무엇이라고 하는지 쓰시오.

(　　　　　　)

05 (나) 과정에서 증발 접시를 가열할 때 관찰할 수 있는 현상으로 옳지 않은 것을 찾아 기호를 쓰시오.

㉠ 물이 끓는다.
㉡ 물의 양이 점점 늘어난다.
㉢ 하얀색 고체 물질이 생긴다.
㉣ 하얀색 고체 물질이 사방으로 튄다.

(　　　　　　)

06 위의 실험에 대한 설명으로 옳은 것은 어느 것입니까? (　　)

① (가)에서 거름종이 위에 남는 물질은 없다.
② (가)에서 거름종이 위에 남는 물질은 소금이다.
③ (가)에서 거름종이를 빠져나간 물질은 소금물이다.
④ (나)에서 증발 접시에 남는 물질은 모래이다.
⑤ (나)에서 증발 접시에서 증발된 물질은 소금이다.

[07~08] 다음은 전통 간장과 된장을 만드는 방법을 설명한 것입니다. 물음에 답하시오.

(1) 메주에 소금물을 붙는다.
(2) (1)의 혼합물을 천으로 거른다.
(3) 천에 남은 건더기로는 된장을 만든다.
(4) 천을 빠져나간 액체는 끓여서 간장을 만든다.

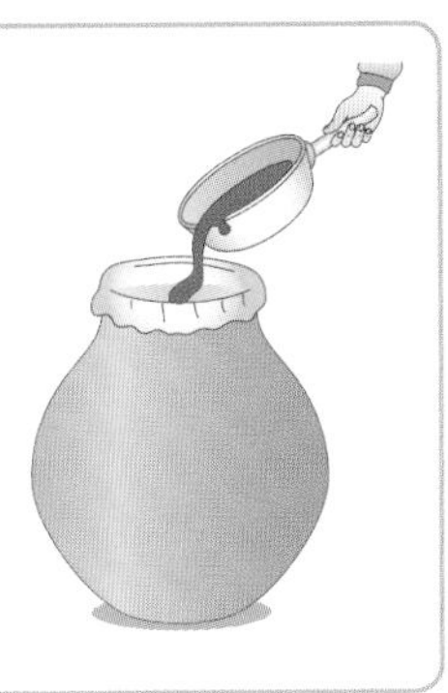

07 (2) 과정에 사용된 천과 같은 역할을 하는 실험 도구는 어느 것입니까? (　　　)

① 자석　② 유리 막대
③ 증발 접시　④ 거름 종이
⑤ 알코올 램프

08 (4) 과정에서 액체를 끓이는 것과 비슷한 원리로 혼합물을 분리하는 예는 어느 것입니까? (　　　)

① 강가에서 재첩을 잡는다.
② 염전에서 소금을 얻는다.
③ 녹차를 따뜻한 물에 우려낸다.
④ 공사장에서 모래와 자갈을 분리한다.
⑤ 고춧가루를 만들 때 철 가루를 걸러낸다.

09 오른쪽과 같은 방법으로 분리할 수 있는 혼합물은 어느 것입니까? (　　　)

① 좁쌀과 콩의 혼합물
② 소금과 물의 혼합물
③ 소금과 모래의 혼합물
④ 모래와 자갈의 혼합물
⑤ 플라스틱 구슬과 철 구슬의 혼합물

[10~11] 다음은 재생 종이 만드는 과정을 순서없이 나타낸 것입니다. 물음에 답하시오.

㉠ 종이를 말린다.
㉡ 물기가 빠진 종이를 틀에서 분리하여 천 위에 놓는다.
㉢ 종이 죽과 물을 수조에 넣고 식용 색소를 넣은 뒤 잘 섞어 준다.
㉣ 종이 만들기 틀을 수조에 넣고 원하는 두께가 되도록 종이 뜨기를 한다.

10 재생 종이를 만드는 순서를 바르게 나열한 것으로 옳은 것은 어느 것입니까? (　　　)

① ㉠ → ㉡ → ㉢ → ㉣
② ㉡ → ㉢ → ㉣ → ㉠
③ ㉢ → ㉣ → ㉠ → ㉡
④ ㉢ → ㉣ → ㉡ → ㉠
⑤ ㉣ → ㉡ → ㉢ → ㉠

11 위의 과정 중 거름 장치에서 혼합물을 분리하는 원리를 이용한 과정을 찾아 기호를 쓰시오.

(　　　　　　)

12 다음은 우리 조상이 바닷물을 이용해서 소금을 만드는 방법을 설명한 것입니다. 위의 ㉠~㉣ 과정 중 바닷물에서 소금을 얻는 방법과 비슷한 원리를 이용한 과정을 찾아 기호를 쓰시오.

조상들은 바닷물을 가마솥에 넣고, 가마솥을 장작불로 달구어 소금을 얻었습니다.

(　　　　　　)

5 단원

단원 정리

1 혼합물

뜻	두 가지 이상의 물질이 (㉠)이/가 변하지 않은 채로 서로 섞여 있는 것
예	• 꿀물 : 꿀+물 • 김밥 : 김+밥+단무지+달걀+당근+소세지+시금치 등 • 팥빙수 : 얼음+팥+과일+떡 등

2 혼합물을 분리의 필요성

일상 생활 속 혼합물 분리의 예	• 사탕수수에서 (㉡)을/를 분리해서 사탕 등을 만드는 데 사용함. • 바닷물에서 소금을 분리해서 요리에 사용함. • 정수기로 깨끗한 물만 분리해서 사용함. • 철광석에서 철을 분리해서 다양한 제품을 만듦.
혼합물을 분리하는 까닭	• 혼합물을 분리하면 필요한 물질을 얻을 수 있음. • 분리한 물질을 다른 물질과 섞어서 생활의 필요한 곳에 사용할 수 있음.

3 콩, 팥, 좁쌀의 혼합물 분리하기

이용하는 성질	알갱이의 (㉢) 차이 ➡ 콩>팥>좁쌀
사용하는 도구	눈의 크기가 다른 2 개의 체 ① 눈의 크기가 큰 체 : (㉣)보다 작고 (㉤)보다 큰 것 ② 눈의 크기가 작은 체 : 팥보다 작고 좁쌀보다 큰 것
알갱이 크기 차이로 혼합물을 분리하는 예	• 공사장에서 모래와 자갈 분리하기 • 강가에서 흙과 재첩을 분리하기 • 해변 쓰레기 수거 장비로 모래와 쓰레기 분리하기

4 플라스틱 구슬과 철 구슬의 혼합물 분리하기

이용하는 성질	(㉥)이/가 자석에 붙는 성질
사용하는 도구	(㉦)
자석을 이용한 혼합물 분리의 예	• 자동 분리기로 알루미늄 캔과 철 캔 분리하기 • 고춧가루에서 철 가루 분리하기 • 쌀을 도정할 때 철 가루 분리하기

5 모래와 소금의 혼합물 분리하기

거름 장치

증발 장치

1단계	이용하는 성질 : 거름	• 물에 녹는 성질 : (㉧)은/는 물에 녹고, (㉨)은/는 물에 녹지 않음. • 알갱이의 크기 차이를 이용해 거름 : (㉩)은/는 거름종이를 통과하지 못하고 소금물은 거름종이를 빠져나감.
2단계	이용하는 성질 : 증발	물이 증발하는 성질 : 소금물을 가열하면 물이 증발하고, 증발 접시에는 (㉪)이/가 남음.
거름 또는 증발을 이용하여 혼합물을 분리하는 예		• 메주와 소금물을 섞은 혼합물을 천으로 걸러 천에 남는 건더기로는 된장을, 빠져나간 액체는 끓여서 간장으로 만듦. • 햇빛과 바람으로 바닷물을 증발시켜 소금을 얻음.

정답 ㉠ 성질 ㉡ 설탕 ㉢ 크기 ㉣ 콩 ㉤ 팥 ㉥ 철 ㉦ 자석 ㉧ 소금 ㉨ 모래 ㉩ 모래 ㉪ 소금

단원 정리 평가

5. 혼합물의 분리

01 다음 ( ) 안에 들어갈 예로 적절한 것을 두 가지 고르시오. (,)

> ( )은/는 두 가지 이상의 물질이 성질이 변하지 않은 채로 서로 섞여 있다.

① 물 ② 금
③ 꿀물 ④ 소금
⑤ 바닷물

02 오른쪽은 시리얼, 초콜릿, 말린 과일 등의 재료를 섞어 만든 간식입니다. 이에 대한 설명으로 옳지 않은 것은 어느 것입니까? ( )

① 혼합물이다.
② 여러 가지 재료로 이루어져 있다.
③ 재료를 섞기 전과 섞은 후, 각 재료의 모양은 같다.
④ 재료를 섞기 전과 섞은 후, 각 재료의 크기는 같다.
⑤ 재료를 섞기 전과 섞은 후, 각 재료의 맛이 달라진다.

03 다음 중 생활 속에서 혼합물을 분리하는 예를 두 가지 고르시오. (,)

① 바닷물을 끓여 소금을 만든다.
② 물에 설탕을 넣어 설탕물을 만든다.
③ 정수기로 깨끗한 물을 걸러서 마신다.
④ 여러 가지 재료를 넣어 김밥을 만든다.
⑤ 팥, 얼음, 말린 과일을 섞어 팥빙수를 만든다.

04 ㉠~㉢ 중 혼합물을 모두 찾아 기호를 쓰시오.

> ㉠ 사탕수수에서 ㉡ 설탕을 분리합니다. 분리한 설탕을 다른 물질과 섞어서 ㉢ 사탕을 만들 수 있습니다.

( )

05 혼합물을 분리하면 좋은 점에 대한 설명으로 옳은 것을 모두 고른 것은 어느 것입니까? ( )

> ㉠ 원하는 물질을 얻을 수 있다.
> ㉡ 분리한 물질은 분리하기 전과 성질이 달라진다.
> ㉢ 분리한 물질은 다른 물질과 섞어서 사용하기 어렵다.
> ㉣ 분리한 물질을 우리 생활의 필요한 곳에 사용할 수 있다.

① ㉠, ㉡ ② ㉠, ㉣
③ ㉡, ㉢ ④ ㉡, ㉣
⑤ ㉢, ㉣

06 콩, 팥, 좁쌀 혼합물을 쉽고, 빠르게 분리하기 위해 사용할 수 있는 도구로 가장 적절한 것은 어느 것입니까? ( )

①
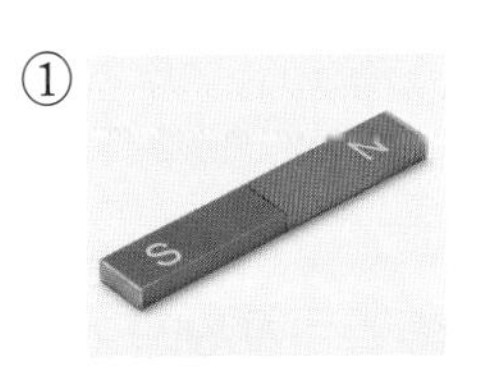

②

③
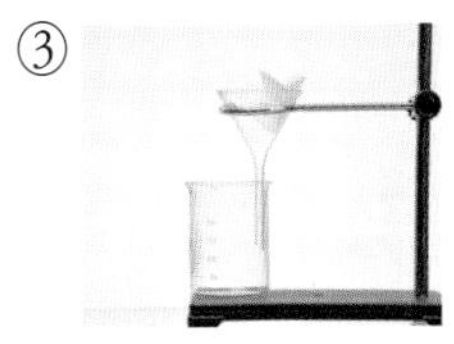

④

⑤
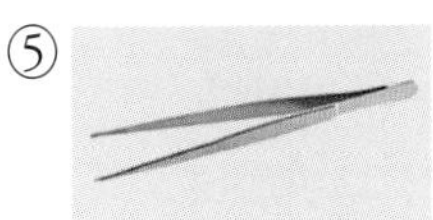

5 단원

[07~09] 다음은 콩, 팥, 좁쌀의 혼합물을 분리한 과정을 나타낸 것입니다. 물음에 답하시오. (단, 콩은 팥보다 크다.)

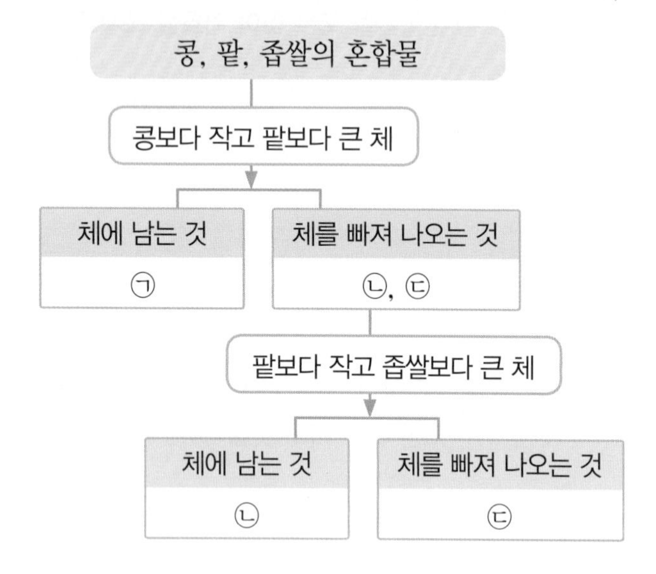

07 ㉠~㉢에 해당하는 물질을 각각 쓰시오.

㉠ (   ), ㉡ (   ), ㉢ (   )

08 위의 혼합물 분리에 이용한 성질은 어느 것입니까? (   )

① 알갱이의 색깔 차이 ② 알갱이의 모양 차이
③ 알갱이의 크기 차이 ④ 알갱이의 무게 차이
⑤ 알갱이의 촉감 차이

09 위와 같은 원리로 혼합물을 분리한 예는 어느 것입니까? (   )

① 흙과 철가루를 분리한다.
② 바닷물에서 소금을 분리한다.
③ 강가에서 흙과 재첩을 분리한다.
④ 철 캔과 알루미늄 캔을 분리한다.
⑤ 고춧가루에서 철가루를 분리한다.

10 다음과 같이 크기가 같은 플라스틱 구슬과 철 구슬의 혼합물을 쉽게 분리하기 위해서 필요한 도구를 쓰시오.

(   )

11 크기가 비슷한 고춧가루와 철가루의 혼합물을 분리할 때 이용할 수 있는 성질은 어느 것입니까? (   )

① 알갱이의 크기
② 알갱이의 색깔
③ 물에 녹는 성질
④ 자석에 붙는 성질
⑤ 물이 증발하는 성질

12 다음과 같은 자동 분리기로 철 캔과 알루미늄 캔을 분리할 수 있는 까닭으로 옳은 것은 어느 것입니까? (   )

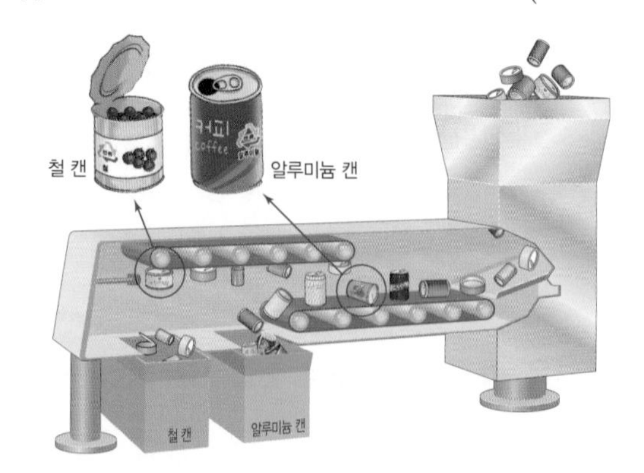

① 철 캔만 자석에 붙기 때문이다.
② 알루미늄 캔만 자석에 붙기 때문이다.
③ 철 캔이 알루미늄 캔보다 크기 때문이다.
④ 알루미늄 캔이 철 캔보다 크기 때문이다.
⑤ 철 캔이 알루미늄 캔보다 무겁기 때문이다.

[13~15] 소금과 모래의 혼합물을 물에 녹인 뒤, 혼합물을 분리하는 실험입니다. 물음에 답하시오.

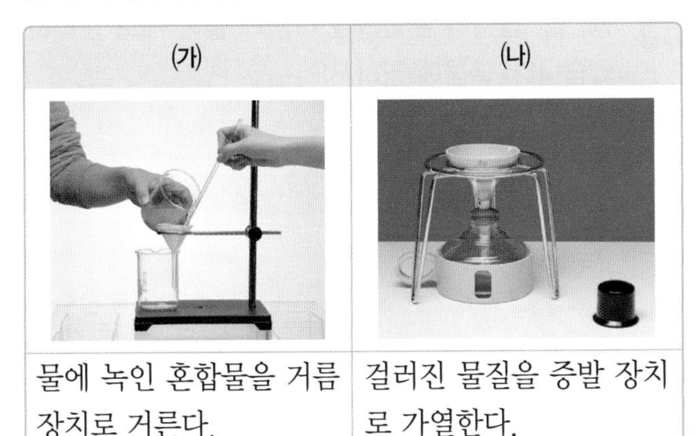

(가)	(나)
물에 녹인 혼합물을 거름 장치로 거른다.	걸러진 물질을 증발 장치로 가열한다.

13 (가) 실험에서 거름종이 위에 남은 물질이 무엇인지 쓰시오.

( )

14 (가)와 (나) 과정에서 소금과 모래의 혼합물을 분리하는 데 이용한 성질을 두 가지 고르시오. (,)

① 알갱이의 모양
② 알갱이의 색깔
③ 물에 녹는 성질
④ 자석에 붙는 성질
⑤ 물이 증발하는 성질

15 (가)에서 걸러진 물질을 (나)의 증발 장치에서 가열하면 얻을 수 있는 물질은 무엇입니까? ( )

① 물
② 소금
③ 모래
④ 소금물
⑤ 소금과 모래의 혼합물

16 다음 중 거름의 방법으로 혼합물을 분리하는 경우는 어느 것입니까? ( )

① 팥과 좁쌀 분리하기
② 염전에서 소금 만들기
③ 메주로 간장과 된장 만들기
④ 고춧가루와 철가루 분리하기
⑤ 철 캔과 알루미늄 캔 분리하기

17 다음 혼합물을 분리할 때 이용할 수 있는 물질의 성질을 바르게 선으로 연결하시오.

(1) 소금물 • • ㉠ 알갱이의 크기

(2) 고춧가루와 철가루의 혼합물 • • ㉡ 물에 녹는 성질

(3) 쌀과 모래의 혼합물 • • ㉢ 자석에 붙는 성질

(4) 소금과 모래의 혼합물 • • ㉣ 물이 증발하는 성질

18 다음은 재생 종이를 만드는 과정입니다. 증발의 원리가 적용된 단계를 찾아 기호를 쓰시오.

㉠ 종이 죽과 물을 수조에 넣고 식용 색소를 넣은 뒤 잘 섞는다.
㉡ 종이 만들기 틀을 수조에 넣고 원하는 두께가 되도록 종이뜨기를 한다.
㉢ 물기가 빠진 종이를 틀에서 분리하여 천 위에 놓는다.
㉣ 종이를 말린다.

( )

5 단원

서술형 문제

01 다음은 팥빙수의 모습입니다. 물음에 답하시오.

(1) 팥빙수에 섞여 있는 재료를 두 가지 쓰시오.

(,)

(2) 팥빙수는 혼합물입니다. 팥빙수를 혼합물이 라고 할 수 있는 까닭을 쓰시오.

02 다음은 사탕수수를 이용해 사탕을 만드는 과정을 나타낸 것입니다. 물음에 답하시오.

(1) 사탕수수에서 분리하는 물질인 (가)는 무엇인지 쓰시오.

( )

(2) 위와 같이 혼합물을 분리하면 좋은 점을 설명하시오.

03 콩, 팥, 좁쌀의 혼합물을 다음과 같이 체로 분리하였습니다. 물음에 답하시오.

(1) 다음은 위와 같이 혼합물을 분리할 때 체를 사용한 이유입니다. ( ) 안에 들어갈 알맞은 말을 쓰시오.

> 콩, 팥, 좁쌀의 혼합물은 ( ) 차이를 이용해서 분리할 수 있다.

( )

(2) 위와 같은 원리로 생활 속의 혼합물을 분리하는 예를 한 가지 쓰시오.

04 다음은 플라스틱 구슬과 철 구슬을 관찰한 결과입니다. 물음에 답하시오.

구분	모양	크기	특징
㉠	둥근 모양	㉡과 비슷함.	자석에 붙지 않음.
㉡	둥근 모양	㉠과 비슷함.	자석에 붙음.

(1) ㉠과 ㉡은 각각 무엇인지 쓰시오.

㉠ ( ), ㉡ ( )

(2) 플라스틱 구슬과 철 구슬을 도구를 이용해서 쉽게 분리할 수 있는 방법을 쓰시오.

05 다음과 같이 서랍 속에 철로 된 납작못들이 섞여있습니다. 물음에 답하시오.

(1) 납작못을 쉽고 빠르게 분리하기 위해 사용할 수 있는 도구 중 가장 적절한 것을 보기에서 골라 쓰시오.

보기
체, 핀셋, 자석, 거름 종이

( )

(2) 위의 도구를 사용한 까닭을 설명하시오.

06 다음은 염전의 모습입니다. 바닷물에서 소금을 분리하는 방법을 설명하시오.

07 다음은 소금과 모래의 혼합물을 물에 녹여 분리하는 모습입니다. 물음에 답하시오.

(1) 위와 같이 분리한 결과, 거름종이 위에 남는 것은 무엇인지 쓰시오.

( )

(2) 위의 실험에서 모래를 분리한 방법을 설명하시오.

08 다음은 생활 속에서 혼합물을 분리하는 예입니다. 물음에 답하시오.

(가)	(나)
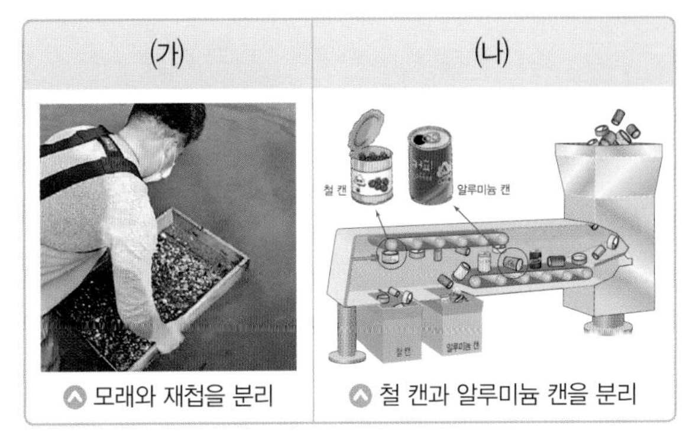	
모래와 재첩을 분리	철 캔과 알루미늄 캔을 분리

(가)와 (나)에서 혼합물을 분리할 때 이용한 성질을 각각 쓰시오.

(가)	
(나)	

5
단원

수행 평가

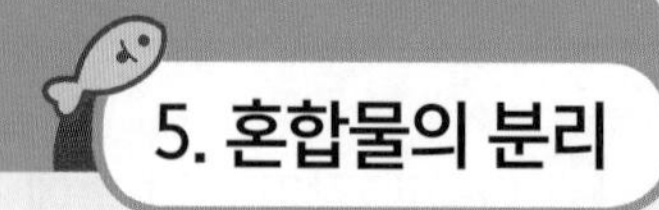

학습 주제 쌀, 플라스틱 구슬, 철 구슬의 혼합물 분리하기

학습 목표 알갱이의 크기와 자석에 붙는 성질을 이용하여 고체 혼합물을 분리할 수 있다.

[1~2] 다음은 쌀, 철 구슬, 플라스틱 구슬의 혼합물을 분리하는 과정을 나타낸 것입니다. 물음에 답하시오.

- 쌀은 철 구슬과 플라스틱 구슬보다 작다.
- 철 구슬과 플라스틱 구슬의 크기는 비슷하다.

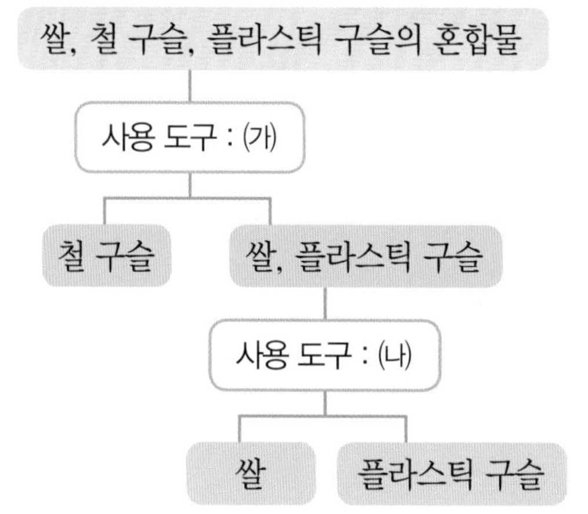

1 (가)와 (나)에 들어갈 도구의 이름을 쓰고, 각 도구가 물질의 어떤 성질을 이용해서 혼합물을 분리한 것인지 쓰시오.

구분	도구 이름	혼합물 분리에 이용한 물질의 성질
(가)		
(나)		

2 생활 속에서 (가)와 (나) 도구를 사용하여 혼합물을 분리하는 예를 한 가지씩 찾아 쓰시오.

구분	생활 속 혼합물 분리의 예
(가)	
(나)	

학습 주제 소금과 모래의 혼합물 분리하기

학습 목표 거름 장치와 증발 장치를 이용하여 소금과 모래의 혼합물을 분리할 수 있다.

3 다음은 소금과 모래의 혼합물을 분리하는 방법과 혼합물을 분리하는 실험입니다. 물음에 답하시오.

1. 소금과 모래의 혼합물을 준비한다.
2. [㉠]
3. 2에서 만든 혼합물을 거름종이를 끼운 깔때기에 천천히 붓는다.
4. 3 과정에서 비커에 걸러진 물질을 증발 접시에 붓고 알코올 램프로 가열한다.

(1) 위의 ㉠에 들어갈 내용을 쓰시오.

㉠	

(2) 3 과정과 같이 거름 장치를 이용해서 소금과 모래의 혼합물을 분리할 때 거름종이에 남는 물질과 거름종이를 통과하는 물질을 쓰시오.

㉮ 거름종이에 남는 물질	
㉯ 거름종이를 통과하는 물질	

(3) 4 과정에서 혼합물을 가열하였을 때 증발 접시에 남는 물질을 쓰고, 이때 혼합물을 분리한 방법을 설명하시오.

㉮ 증발 접시에 남는 물질	
㉯ 혼합물을 분리하는 방법	

5 단원

Memo

만점왕 통합본
국어 · 사회 · 과학
정답과 해설
4-1

인용 사진 출처

국어

© Alamy Stock Photo 쇠라의 〈그랑드 자트섬의 일요일 오후〉 4쪽
© 국립중앙박물관 김홍도의 〈씨름〉 57쪽
© 국립중앙박물관 신사임당의 〈초충도〉 61쪽

사회

© 국토지리정보원 대전 위성사진 4쪽 / 청양군 위성사진 10쪽 / 달성군 위성사진 11쪽
© crowdpic 충청남도청 12쪽
© 연합뉴스 아산공장 12쪽
© 심명환 청송 읍내 주변 23쪽
© 한국향토문화전자대전 / 한국학중앙연구원 덕리 주변 23쪽
© 한국학중앙연구원·김형수 판소리 24쪽, 28쪽
© 문화재청 제왕운기 24쪽, 37쪽 / 삼화사 수륙재 24, 37쪽 / 다산초당 30쪽
© helloseed / 아카이브코리아 / 게티이미지코리아 강릉농악 24쪽, 37쪽
© 문화재청 국가문화유산포털 국가문화유산포털 누리집 25쪽 / 유네스코에 등재된 문화유산을 안내하는 곳 QR 코드 27쪽
© jblee1 / 아카이브코리아 / 게티이미지코리아 문익점 묘 30쪽

정답과 해설

© crowdpic 충청남도청 34쪽

과학

© Doug McLean / Alamy Stock Photo 휘어진 지층 8쪽
© Sergii Telesh / Alamy Stock Photo 감 '싹이 튼다' 38쪽
© Dimitri Disterheft / Alamy Stock Photo 감 '잎과 줄기가 자란다' 38쪽
© Laura Primo / Alamy Stock Photo 감 '적당한 크기의 나무로 자란다' 38쪽
© Koba Samurkasov / Alamy Stock Photo 감 '봄에 새순이 나온다' 38쪽

1. 생각과 느낌을 나누어요

교과서 지문 학습 4~15쪽

01 (1) 예 마주 보는 사람 (2) 예 커다란 잔 02 (2) ○ (3) ○ 03 예 사람마다 가지고 있는 경험, 사고방식, 관점이 다르기 때문입니다. 04 봄 05 ③ 06 (1) ○ 07 2개 08 ① 09 예 다툰 친구와 웃으며 화해할 때, 다시 사이좋게 지낼 생각에 기분이 좋았습니다. 10 ④ 11 도영 12 예 할아버지께서 너무 엄하게 말씀하셔서 내가 준이었더라도 속상한 마음이 들었을 것 같습니다. 13 (1) ○ 14 (1) 어제 일에 화가 덜 풀렸기 때문입니다. (2) 예 할아버지께 직접 속상하다고 말하지 않고, 입술을 내미는 모습은 예의 바르지 못한 행동이라고 생각합니다. 15 ⑤ 16 예 흉년에 흰죽 한 끼 얻어먹고 논을 팔아넘긴다는 뜻입니다. 17 ④ 18 ⑤ 19 은진 20 ⑤ 21 ⑤ 22 사방 백 리 안에 굶어 죽는 사람이 없게 하라. 23 성동 24 뒤주 25 (3) ○ 26 '나도 꼭 할아버지처럼 되어야지.' 27 (2) ○ (3) ○ 28 예 인물 인터뷰하기 29 ① 30 ③ 31 우물둔덕, 버드나무 밑 32 ㉣ 33 ① 34 (1) ○ 35 (1) 예 "내가 잃어버린 구슬 네가 집었지?" (2) 예 아무런 근거나 증거 없이 친구를 의심하면 안 됩니다. / 상대방은 억울할 것입니다. 36 (2) ○ 37 도랑물 38 (1) 기동이의 말이 틀리기를 바라는 마음, 영이가 기동이에게 구슬을 주었는지 확인하고 싶은 마음 (2) 구슬을 찾아 기쁜 마음, 기동이에게 미안한 마음 39 예 너를 의심해서 미안해. 40 (1) 노마가 기동이를 의심하기는 했지만 안타까운 마음에 저지른 실수라고 생각합니다. (2) 자기가 소중히 여기는 물건을 잃어버렸을 때에는 누구나 속상하기 때문입니다. 41 (1) – ㉮ (2) – ㉯ 42 ② 43 예 사슴이 싫어했던 '가늘기만 한 다리'가 나에게는 무엇일지 생각해 보았습니다. 우리 몸에서 중요한 역할을 하고 있는데, 내가 그 소중함을 잊어버린 것은 아닌지 되돌아보아야겠습니다.

01 (1) 청록색의 모양을 중심으로 그림을 보면 '마주 보는 사람'이 보입니다. (2) 주황색의 모양을 중심으로 그림을 보면 '커다란 잔'이 보입니다.

02 사람마다 가지고 있는 경험, 사고방식은 같지 않습니다.

03 같은 그림을 보고도 생각한 점이나 느낀 점이 사람마다 다른 것은 사람마다 가지고 있는 경험, 사고방식, 관점이 다르기 때문입니다.

채점 기준
사람마다 경험이나 사고방식이 다르다는 내용으로 설명했으면 정답으로 인정합니다.

04 '겨울을 녹이면서', '봄비가 내려와 앉으면'의 표현으로 볼 때 계절이 '봄'이라는 것을 알 수 있습니다.

05 꽃씨에서 새싹이 피어나는 것을 비유적으로 표현한 것입니다.

06 같은 시를 읽고도 사람마다 생각이나 느낌이 서로 다른 것은 시를 읽고 재미를 느낀 부분이 다르고, 시에서 일어나는 일을 서로 다르게 생각하기 때문입니다.

08 이 시에서 '두근두근'하다고 표현한 것은 친구에게 좋아한다고 말할 때의 마음이므로, '두근두근'은 친구를 좋아하는 마음을 뜻합니다.

09 좋아하는 친구에게 친하게 지내자고 말해 본 경험, 토라진 친구와 웃으며 화해해 본 경험 등을 떠올려 봅니다.

채점 기준
친구에게 시 속 인물과 같은 마음을 느낀 경험을 썼으면 정답으로 인정합니다.

10 준이 종이를 아낄 줄 모르고 종이에 낙서를 했기 때문에 할아버지께 야단맞았습니다.

11 이야기나 사건에 대한 생각이나 느낌은 서로 다른 것인데 하나로 통일시키라는 도영이의 의견은 잘못되었습니다.

12 할아버지가 엄하게 말씀하신 것에 대한 자신의 생각이나 느낌을 써 봅니다.

채점 기준
할아버지 말씀에 담긴 뜻에 대한 생각이나 느낌이 알맞게 드러나 있으면 정답으로 인정합니다.

13 준이 헐레벌떡 사랑채로 뛰어간 이유는 할아버지와

약속한 가훈 쓰는 시간에 늦었기 때문입니다.

14 준은 어제 일에 화가 덜 풀렸기 때문에 입을 쭈욱 내민 것입니다.

채점 기준
인물의 마음을 상상해 보고, 적절한 생각이나 느낌을 떠올렸으면 정답으로 인정합니다.

15 '손님들에게만 맛있는 것을 주는 할아버지가 조금 야속했습니다.'에 준이 붓글씨 쓰는 것을 내팽개치고 논으로 놀러 나간 까닭이 드러나 있습니다.

16 '흉년에는 흰죽 한 끼 얻어먹고 논을 팔아넘긴다고 해서 흰죽 논이라는 말이 생겨났지요.'에 흰죽 논의 의미가 나타나 있습니다.

19 할아버지는 생선을 헐값에 사 온 하인을 호되게 혼내시며 생선 장수의 마음을 헤아리라고 하셨습니다.

20 ㉠과 같이 혼이 난 뒤에 하인은 생선 가게의 물건을 제값을 주고 사 왔을 것이라고 예상할 수 있습니다. 그래서 제값을 받고 싶은 장사치들이 좋은 물건을 가지고 최 부잣집을 찾아온 것입니다.

21 할아버지께서는 먼저 조상들에게 제사를 지냈고, 그 다음에는 주인을 위해 목숨을 바쳤던 하인들의 제사를 지냈습니다.

22 준이 쓴 가훈의 내용을 찾아봅니다.

23 가훈의 의미는 백 리 밖의 사람들에 대해서는 무관심하라는 뜻이 아니라 되도록 먼 곳의 사람들도 도와주라는 뜻입니다.

24 할아버지께서는 뒤주를 보여 주며 '가난한 사람들이나 지나가는 나그네가 쌀을 퍼 갈 수 있도록 만든 것'이라고 말씀하셨습니다.

26 준이 속으로 '나도 꼭 할아버지처럼 되어야지.'라고 생각한 부분에 할아버지를 본받고 싶은 마음이 나타나 있습니다.

27 할아버지가 가진 것을 나누어 주시는 분이기 때문에 준은 할아버지를 자랑스러워했습니다.

28 인물에 대한 기사 쓰기, 인물에게 편지 쓰기, 인물의 처지가 되어 집중 탐구하기와 같은 표현 활동을 한 가지 더 떠올려 씁니다.

채점 기준
이야기를 읽고 자신의 생각이나 느낌을 표현할 수 있는 활동을 떠올려 썼으면 정답으로 인정합니다.

29 '아주 이쁘게 생긴 파란 구슬인데요'라고 구슬의 생김새가 설명되어 있습니다.

30 노마는 구슬을 잃어버린 것을 알고 구슬을 찾으러 돌아다녔습니다.

31 노마는 잃어버린 구슬을 찾기 위해 깡충깡충 뛰고 놀았던 우물둔덕에도 가 보고, 영이하고 나뭇잎을 주웠던 집 뒤 버드나무 밑에도 가 보았습니다.

32 아무리 찾아도 구슬이 간 데를 모르겠는 상황이기 때문에 노마는 잃어버린 구슬을 다시 가지고 싶은 마음을 느꼈을 것입니다.

33 노마가 기동이를 의심하는 마음은 여러 말과 행동에 드러나 있습니다. 첫째, 기동이의 조끼 주머니를 쳐다봅니다. 둘째, 기동이의 두 손을 봅니다. 셋째, "너 구슬 가진 것 좀 보자."라고 말합니다.

35 노마는 기동이를 의심하는 마음을 가지고 있으므로 이런 마음이 나타난 말이나 행동을 쓰고 그것에 대한 자신의 생각을 씁니다.

채점 기준
(1)에는 글에 나타난 노마의 말이나 행동을, (2)에는 (1)에 대한 자신의 의견을 썼으면 정답으로 인정합니다.

37 노마가 잃어버린 구슬은 도랑물 속에 있었습니다.

39 노마는 기동이에게 미안한 마음이 들었을 것입니다.

채점 기준
의심을 받아 억울했을 기동이에게 건넬 수 있는 알맞은 말을 썼으면 정답으로 인정합니다.

41 이 글에는 자신의 뿔은 멋지다고 생각하고 다리는 못생겼다고 생각하는 사슴의 마음이 드러나 있습니다.

43 수사슴은 평소 자랑스럽게 여긴 뿔 때문에 사냥꾼에게 잡힐 뻔했지만, 탐탁지 않게 여겼던 가느다란 다리 덕분에 살아남을 수 있었습니다.

채점 기준
이 글에서 일어난 일에 대한 자신이 생각이나 느낌이 잘 드러나 있으면 정답으로 인정합니다.

단원 정리 평가 17~20쪽

01 ⑤ 02 ⑤ 03 ⑤ 04 쏘옥 05 새싹 06 (3) ○
07 (1) 친구에게 좋아한다고 말할 때 (2) 토라진 친구와 웃으며 화해할 때 08 ① 09 (1) ○ 10 예 벙실벙실, 빵실빵실 11 예 친구와 다투고 화해할 때 사과의 말을 건네기 전에 마음이 두근두근했던 경험이 떠올라서 시 속의 주인공과 같은 마음이라는 사실이 반가웠습니다. 12 ③
13 ④ 14 (1) ○ 15 ④ 16 예 농작물이 예년에 비하여 잘되지 아니하여 굶주리게 된 해. 17 선희 18 ①
19 ⑤ 20 (2) ○

01 사람마다 가지고 있는 경험, 가치관이 다르기 때문에 같은 일에 대한 생각과 느낌이 다를 수 있습니다.

02 3연에 나타나 있습니다.

03 따뜻한 봄이 와서 겨울 동안 잠을 자던 꽃씨가 깨어나는 것을 비유적으로 나타내고 있습니다.

04 '봄을 기다리는 아이들은 / 쏘옥 / 손가락을 집어넣어 봅니다.'에서 아이들이 땅속에 손가락을 집어넣어 보는 모습을 '쏘옥'이라고 표현했습니다.

07 1연에서는 친구에게 좋아한다 말해 볼까 생각하면 마음이 두근두근하다고 했고, 2연에서는 토라진 친구와 웃으며 화해해 볼까 생각하면 마음이 방실방실하다고 했습니다.

08 ㉠의 '두근두근'과 같이 설레는 마음을 표현한 낱말은 '콩닥콩닥'입니다.

10 '입을 예쁘게 살짝 벌리고 소리 없이 밝고 보드랍게 웃는 모양'을 나타내는 낱말과 바꿔 쓸 수 있습니다.

11 친구와 다투고 화해했던 경험과 관련된 생각이나 느낌을 떠올려 봅니다.

채점 기준

친구와 화해했던 경험과 관련된 생각이나 느낌을 썼으면 정답으로 인정합니다.

12 글에 '손님들에게만 맛있는 것을 주는 할아버지가 조금 야속했습니다.'라고 제시되어 있습니다.

13 준이 아니라 '마을 아이들'이 "흰죽 논, 흰죽 논." 하며 논 사이를 뛰어다니고 있었습니다.

14 '흰죽 논'의 의미는 '흉년에는 흰죽 한 끼 얻어먹고 논을 팔아넘긴다고 해서 흰죽 논이라는 말이 생겨났지요.'라는 문장에 드러나 있습니다.

15 할아버지께서 논이 헐값일 때는 논을 사지 않으시기 때문에 최 부잣집 주변에는 '흰죽 논'이 없습니다.

16 '흉년'이란 '농작물이 예년에 비하여 잘되지 아니하여 굶주리게 된 해.'를 뜻하는 낱말입니다.

17 '할아버지를 칭찬하는 농부의 말'이란 표현을 볼 때 밑줄 친 농부의 말에 이어질 내용으로는 '할아버지가 마을 사람들을 도와주었던 과거 이야기'가 적절합니다.

19 두 번째 문단의 '아무리 찾아도 없을 때엔 아마 누가 집어서 제 것처럼 가졌나 봅니다.'에 구슬을 찾지 못한 노마의 생각이 나타나 있습니다.

서술형 문제 21쪽

01 예 꽃씨가 부풀어 싹을 틔울 준비를 하는 모습 02 (1) 예 봄비가 내려와 앉으면 (2) 예 봄비를 사람처럼 내려와 앉는다고 표현한 것이 재미있기 때문이다. 03 예 기동이를 의심하는 마음 04 (1) 예 노마는 기동이에게 진심을 담아 사과해야 한다. (2) 예 소중한 구슬을 잃어버린 마음은 이해하지만, 정확한 근거 없이 남을 의심하는 것은 잘못된 행동이기 때문이다.

01 2연은 겨울 동안 움츠러 있던 꽃씨가 봄을 맞아 씩을 틔울 준비를 하는 모습을 나타냅니다.

채점 기준

싹 틔울 준비라는 내용이 있으면 정답으로 인정합니다.

02 사람마다 시에서 재미를 느끼는 부분이 다르기 때문에 자신이 재미있다고 생각한 부분을 찾고 그것에 알맞은 까닭을 써야 합니다.

채점 기준

재미를 느낀 부분과 재미있는 까닭을 알맞게 썼으면 정답으로 인정합니다.

03 노마는 기동이가 자신의 구슬을 가져갔을 것이라고 의심하고 있습니다.

채점 기준

의심하는 마음이라고 썼으면 정답으로 인정합니다.

04 노마가 기동이를 의심한 일에 대해 자신의 입장을 정해 의견과 까닭을 써야 합니다.

채점 기준

노마가 기동이를 의심한 일에 대해 자신이 정한 입장과 까닭이 잘 연결되게 썼으면 정답으로 인정합니다.

수행 평가 22쪽

1 풀이 참조 **2** (1) 예 하늘이 무너진 것처럼 슬펐습니다. / 좌절감이 들었습니다. (2) 예 얼굴이 빨개지면서 기동이에게 미안한 마음이 들어 어쩔 줄 몰랐습니다. **3** (1) 예 억울하고 답답한 마음이었습니다. (2) 예 의심을 받지 않게 되어 후련하면서도, 의심받았던 일이 떠올라 화가 났습니다.

1 이야기의 내용과 관련된 질문을 만들어야 합니다.

	노마	기동
질문 1	예 소중하게 여겼던 구슬을 잃어버렸을 때 어떤 마음이었나요?	예 노마에게 파란 구슬을 가져갔다는 의심을 받았을 때 어떤 마음이었나요?
질문 2	예 도랑물에서 파란 구슬을 찾았을 때 어떤 마음이 들었나요?	예 도랑물에서 노마가 파란 구슬을 찾았을 때 그 모습을 보고 어떤 마음이 들었나요?

채점 기준

글 내용에 맞게 질문했으면 정답으로 인정합니다.

2 등장인물인 노마가 되어 알맞게 대답해야 합니다.

채점 기준

노마의 상황에 맞게 대답했으면 정답으로 인정합니다.

3 등장인물인 기동이가 되어 알맞게 대답해야 합니다.

채점 기준

기동이의 상황에 맞게 대답했으면 정답으로 인정합니다.

2. 내용을 간추려요

교과서 지문 학습 23~29쪽

01 (1) ㉮ (2) ㉯ (3) ㉰ **02** ②, ④ **03** (3) ○ **04** ①, ③ **05** (1) ○ (2) △ (3) △ (4) △ **06** ⑤ **07** ④ **08** 안방 **09** ⑤ **10** 예 부글부글 속을 끓였다. **11** ⑤ **12** ②, ④ **13** ④ **14** 예 저녁이 되어 그늘이 사라지자 총각은 집으로 돌아갔다. **15** ⑤ **16** (1) 에너지를 불필요하게 사용하지 않는 것이다. (2) 에너지 사용을 줄이는 것이다. **17** (1)-㉯ (2)-㉮ **18** (1) 문단 (2) 문장 (3) 전체

01 (1) 일기 예보를 들을 때, "일요일에 춘천으로 나들이를 가도 좋은 날씨인지 확인하며 들어야겠어."는 '나들이'라는 듣는 목적을 생각하는 것입니다.
(2) "작년 이맘때는 봄이었는데도 추웠던 것 같아."는 경험을 떠올린 것입니다.
(3) "나에게 필요한 내용을 써 놔야겠어."는 들은 내용을 어떻게 할지를 생각한 것입니다.

02 들은 내용을 간추릴 때는 읽으면서 쓸 때보다 빨리 쓰고, 중요한 내용만 골라서 짧게 씁니다. 들은 내용을 자세히 모두 쓸 수는 없으므로 간추려 쓰는 것입니다. 그리고 들은 내용만 적어야 합니다. 자신이 상상한 내용을 쓰면 안 됩니다.

03 표시한 부분인 '나들이 가능, 따뜻한 옷 필요'는 나들이 갈 때 필요한 준비물을 쓴 것입니다.

04 동물들이 소리를 내는 까닭은 글 ❷에 나온 대로 서로를 부르거나 위협하기 위해서입니다.

05 문단의 중심 내용을 담고 있는 문장이 중심 문장입니다. 그러므로 (1)이 중심 문장이고, (2), (3), (4)는 뒷받침 문장입니다.

06 자기의 할아버지의 할아버지가 심은 나무의 그늘이라서 부자 영감은 나무 그늘을 자기 것이라고 우겼습니다.

07 나무 그늘조차도 자기 것이라고 우기는 걸 보면 부자 영감은 욕심이 많은 성격입니다.

08 일이 일어난 장소는 부자 영감의 집 앞 느티나무 그늘에서 부자 영감의 집 마당과 안방으로 옮겨졌습니다.

09 안방으로 들어간 나무 그늘을 따라가려고 총각이 부자 영감의 집 안방까지 들어갔습니다.

10 총각이 그늘을 따라 집 안으로 들어오는 바람에 마당을 빼앗긴 부자 영감은 그늘을 피해 다니며 부글부글 속을 끓였습니다.

11 이 글의 종류는 이야기입니다. 이야기를 간추릴 때에는 이야기에서 사건이 일어난 시간과 장소의 흐름에 따라 내용을 정리합니다.

12 '기와집, 나무 그늘'은 장소를 나타내는 말이고, '다음 날, 저녁이 되어'는 시간을 나타내는 말입니다. '동네 사람들'은 이야기에 등장하는 인물들 가운데 하나입니다.

13 이 이야기의 주제는 '욕심을 부리지 말고 이웃과 함께 나누는 삶을 살자.'입니다.

14 이야기의 흐름에 따라 중요한 사건을 찾으면 됩니다. 빈 곳에 들어갈 사건은 저녁에 그늘이 사라지자 총각이 집으로 돌아간 일입니다.

채점 기준

시간을 나타내는 말 '저녁'과 그늘이 사라지자 총각이 집으로 돌아간 사건을 모두 썼으면 정답으로 인정합니다.

15 에너지 자원은 한없이 있는 것이 아니어서 다 쓰고 나면 에너지 자원을 구할 수 없기 때문에 에너지를 절약해야 합니다.

16 문제점은 에너지는 한없이 있는 것이 아니어서 다 쓰고 나면 에너지 자원을 구할 수 없다는 것입니다. 그래서 그것에 대한 해결 방안을 들고 있습니다. 에너지를 불필요하게 사용하지 않는 것과 에너지 사용을 줄이는 방법을 적으면 됩니다.

17 ❶의 두 번째 문장, ❷의 첫 번째 문장이 중심 문장입니다.

18 이 글은 설명하는 글입니다. 이와 같은 종류의 글은 중심 문장을 연결해 글 전체의 내용을 간추릴 수 있습니다.

단원 정리 평가 31~34쪽

01 (3) ○ 02 ① 03 ① 04 ②, ⑤ 05 ③ 06 ③
07 우리가 들을 수 없는 높낮이로 소리를 내기 때문입니다. 08 ① 09 (1) △ (2) △ (3) ○ 10 중심 문장
11 (1) 예 어느 더운 여름날 (2) 예 (부자 영감의 집 앞) 나무 그늘 12 ⑤ 13 ⑤ 14 ① 15 ③ 16 ⑤ 17 ④
18 예 에너지 자원을 다 쓰고 나면 더는 구할 수 없게 된다. 19 ② 20 ④

01 '나에게 필요한 내용을 써 놔야겠어.'는 일기 예보를 들을 때 생각할 점 중에서 들은 내용을 어떻게 할지 생각하는 것과 관련이 있습니다.

02 일기 예보에서 오늘은 전국적으로 맑은 날씨가 되겠다고 하였습니다.

03 일기 예보를 듣고 메모한 것을 보면 중요한 낱말을 썼습니다.

04 들은 내용을 정리할 때 메모를 하면 나중에 내용을 기억하기 쉽고, 중요한 내용을 빠짐없이 기억할 수 있습니다.

05 들은 내용을 쉽고 정확하게 정리할 때는 읽으면서 쓸 때보다 빨리 씁니다.

06 매미는 수컷만 소리를 낼 수 있고, 암컷은 소리를 내지 못합니다.

07 ❷를 보면 '물고기가 조용하다고 느끼는 이유는 우리가 들을 수 없는 높낮이로 소리를 내기 때문입니다.'라고 나와 있습니다.

08 ❶은 매미가 어떻게 소리를 낼 수 있는지에 관한 내용입니다. 그러므로 중심 문장은 '매미는 발음근으로 소리를 냅니다.'입니다.

09 ❸은 동물들이 소리를 내는 다양한 방법에 대해 이야기하고 있습니다.

10 이 글은 중심 문장이 잘 나타난 설명하는 글입니다.

11 총각이 나무 그늘을 산 시간은 어느 더운 여름날, 장소는 부자 영감의 집 앞 나무 그늘입니다.

12 총각이 허락 없이 나무 그늘에서 잠을 자서 부자 영

감이 총각에게 화를 내었습니다.

13 이 글에서 가장 중요한 사건은 총각이 동네 사람들을 그늘로 부르자 부자 영감은 부끄러워서 마을을 떠난 것입니다.

15 우리는 생활을 넉넉하게 하려고 에너지 자원을 사용하는 것입니다.

16 '석탄, 석유, 가스, 전기 같은 에너지 자원'이라는 표현에서 알 수 있습니다.

17 에너지 절약은 내가 할 수 있는 작은 일부터 해야 한다고 나와 있습니다.

18 이 글에서 글쓴이가 제시한 문제점은 석탄, 석유, 가스, 전기 같은 에너지 자원은 다 쓰고 나면 더는 구할 수 없게 된다는 것입니다.

채점 기준
에너지 자원은 다 쓰고 나면 더는 구할 수 없다는 내용을 썼으면 정답으로 인정합니다.

20 이 글은 주장하는 글입니다. 간추릴 때, 의견을 내세운 글이라는 점을 생각합니다.

서술형 문제 35쪽

01 (1) 개나 닭은 사람과 같이 성대를 울려 소리를 내지만 다양한 소리를 내지는 못합니다. (2) 매미는 발음근으로 소리를 냅니다. (3) 물고기는 몸속에 있는 부레로 여러 가지 소리를 냅니다. **02** 예 문단의 중심 문장을 찾고, 문장을 이어 주는 말을 생각한 후에 중심 문장을 연결해 전체 글의 내용을 간추린다. **03** 예 나무 그늘이 부자 영감의 집 안까지 들어갈 정도로 길어졌기 때문이다. **04** 예 총각이 부자 영감에게 나무 그늘을 샀다. 나무 그늘이 부자 영감의 집 안까지 길어져 총각이 부자 영감의 집 안으로 들어갔다.

01 문단에서 중심 내용을 담고 있는 문장을 찾습니다.

채점 기준
답안과 같이 문장을 찾아 썼으면 정답으로 인정합니다.

02 중심 문장이 확실하게 드러나 있는 설명하는 글을 간추릴 때는 문단의 중심 문장을 찾고, 문장을 이어 주는 말을 생각한 후에 중심 문장을 연결해 전체 글의 내용을 간추립니다.

채점 기준
중심 문장을 연결한다는 내용이 있으면 정답으로 인정합니다.

03 나무 그늘이 부자 영감의 집 안까지 들어갈 정도로 길어져서 총각이 부자 영감의 집 안으로 들어갔습니다.

채점 기준
나무 그늘이 집 안으로 들어갔기 때문이라는 내용으로 썼으면 정답으로 인정합니다.

04 이야기의 흐름을 생각하며 사건을 간추려 쓰면 됩니다.

채점 기준
답안과 같이 중요한 사건 두 가지를 썼으면 정답으로 인정합니다.

수행 평가 36쪽

1 예 에너지 절약을 주장하기 위해 **2** (1) 예 자원은 한없이 있는 것이 아니어서 다 쓰고 나면 더는 에너지 자원을 구할 수 없다. (2) 예 에너지를 불필요하게 사용하지 않는다. (3) 예 • 가전제품은 에너지 효율이 높은 것을 쓰고, 조명 기구는 전기가 적게 드는 제품을 사용한다. • 한여름에는 냉방기를 적게 쓰고 겨울에도 난방 기구를 덜 쓰도록 노력해야 한다.

1 글쓴이가 이 글을 통해 말하고자 하는 것은 에너지를 절약하자는 것입니다.

채점 기준
에너지 절약이란 말이 있으면 정답으로 인정합니다.

2 (2)는 해결 방안 중 하나로, 해당 실천 방법과 관련된 것은 에너지를 불필요하게 사용하지 않는 것입니다. (3)은 에너지 사용을 줄이는 방법으로 글에 나온 실천 방법을 쓰면 됩니다.

채점 기준
문제점, 해결 방안과 실천 방법을 빈 곳에 알맞게 썼으면 정답으로 인정합니다.

3. 느낌을 살려 말해요

교과서 지문 학습 37~49쪽

01 (1) ○ (2) ○ (3) ○ (4) × 02 (1) 네, 그럴게요. (2) 네? 벌써요? 03 ⑤ 04 ④ 05 ❶, ❸ 06 (1) ㉮ (2) ㉯ 07 ① 08 ③ 09 ① 10 ① 11 ⑤ 12 ② 13 ⑤ 14 예 기뻐하는 말투, 환하게 웃는 표정, 엄지손가락을 위로 올리는 몸짓 15 ⑤ 16 ④ 17 ①, ⑤ 18 자안패 / 조개껍데기 19 ① 20 ㉮ 21 (섞는) 금속 22 ③ 23 (3) ○ 24 ④ 25 ② 26 예 이해하기 쉬운 말로 설명해야 한다. 27 ② 28 ④ 29 환경(또는 자연) 30 전력 생산 주택 31 ④ 32 ③ 33 ⑤ 34 예 오랫동안 군대가 머물러서 생기가 없는 마을 35 ㉰ 36 (1) 조심할 것 (2) 할 수 있어요 (3) 할 줄 (4) 아는 것이 (5) 그럴 수도 (6) 그럴 줄은 37 (1) 마실 것 (2) 하는 수 없이 (3) 엎지를 줄이야

01 그림 ❹는 가고 싶지 않은데 나갈 준비를 억지로 해야 하는 상황입니다.

03 그림을 통해 같은 "네."라는 대답을 하더라도 상황에 따라 표정, 몸짓, 말투가 달라질 수 있음을 알 수 있습니다.

04 그림 ❹의 말하는 사람은 듣는 사람을 바르게 서서 바라보지 못하고 비뚤게 서 있습니다.

05 듣는 사람에게 자신의 생각을 잘 전달할 수 있는 사람은 밝은 표정을 짓고, 듣는 사람을 바르게 서서 바라보고 있는 몸짓을 한 사람입니다.

06 그림 ❺는 공손하게 기쁨을 표현하고, 그림 ❻은 어색하고 예의 없게 말하고 있습니다. 우승 소감을 말할 때는 공손하게 기쁨을 표현하는 그림 ❺가 적절합니다.

07 학예회에서 사회를 볼 때 밝은 표정으로 말합니다. 공적인 상황이므로 바르게 서서 듣는 사람에게 잘 전달될 수 있는 말투로 말해야 합니다.

08 듣는 사람의 기분을 헤아리는 것과는 관계가 없습니다.

09 석우가 선생님의 부탁으로 2학년 첫날부터 영택이의 가방을 들어 주게 되었습니다.

10 석우는 영택이를 도와주는 것이 처음에는 너무나 귀찮고 싫었습니다. 그러나 영택이의 가방을 들어다 주면서 영택이를 진심으로 걱정해 주고 좋아하게 됩니다.

11 동영상을 볼 때는 말하는 이의 대사만 듣는 것이 아니라 표정, 몸짓, 말투를 함께 살펴봅니다.

12 ㉠은 석우가 영택이에게 음료수 깡통을 가져다주며 한번 차 보라고 말하는 장면이므로 밝고 장난스러운 말투가 어울립니다.

13 ㉡은 영택이가 음료수 깡통을 차는 것에 자신 없어 하는 장면이므로 자신 없는 표정이 어울립니다.

14 ㉢은 석우가 음료수 깡통을 발로 찬 영택이의 성공을 축하해 주는 장면이므로 기뻐하는 말투와 환하게 웃는 표정과 엄지손가락을 위로 올리는 몸짓 등이 어울립니다.

채점 기준

기뻐하는 말투, 웃는 표정, 엄지손가락을 위로 올리는 몸짓과 비슷한 내용으로 썼으면 정답으로 인정합니다.

16 원시 시대에 돈이 필요 없었던 까닭은 사냥이나 채집을 하며 생활하였기 때문입니다.

17 원하는 물건이 서로 다르고, 가치를 매기는 기준이 서로 달라서 물물 교환은 늘 순조롭지만은 않았습니다.

19 남아메리카에서는 초콜릿의 원료인 카카오가 많이 나기 때문에 돈으로 카카오 열매를 사용했습니다.

20 이 글의 내용을 소개하려면 듣는 사람을 고려해야 합니다. 동생에게는 이해하기 쉬운 말로 소개하고, 여러 사람 앞에서는 높임말로 소개합니다. 그리고 친구에게는 친구가 관심을 보일 만한 내용을 소개합니다.

23 설명한 내용을 보면 높임말로 동전의 재료를 설명하고 있습니다. 여러 사람 앞에서 이야기할 때, 높임말로 설명합니다.

24 솜으로 만든 지폐의 장점은 습기에 강하고 정교하게 인쇄 작업을 할 수 있으며 위조를 방지할 수 있다는

것입니다.

26 글을 읽고 내용을 말할 때 듣는 사람이 동생이면 이해하기 쉬운 말로 설명해야 합니다.

채점 기준
쉬운 말로 설명한다는 내용으로 썼으면 정답으로 인정합니다.

27 보봉은 군대가 철수하고 난 뒤 생태 마을로 만들어졌으며, 현재는 군대가 있는 마을이 아닙니다.

28 물건을 재활용하지 않은 것은 생태 마을로 가꾸려고 주민들이 실천한 점이 아닙니다.

29 생태 마을이란 환경 또는 자연을 보호하며 살아가는 마을입니다.

31 가정에서 쓰고 남는 전력은 발전소에 팔아서 수익을 얻는다고 했으므로 '가정에서 전기를 쓰고 남는 전력이 없어서 아쉽다'는 생각은 적절하지 않습니다.

32 글을 읽고 자신의 의견을 글로 쓸 때 읽는 사람의 나이, 처지를 고려합니다.

34 생태 마을이 되기 전에 보봉은 오랫동안 군대가 머물러서 생기가 없는 마을이었습니다.

35 보봉 마을의 예를 자세히 제시해 자동차 사용을 줄이자고 제안하는 것이므로, 마을 온라인 게시판을 이용하는 주민들이 읽을 사람으로 알맞습니다.

단원 정리 평가 51~54쪽

01 (1) ○ (3) ○ **02** ③ **03** 예 자신이 다녀온 박물관에 대해 말하였다. **04** 용기 **05** ④ **06** ③ **07** ② **08** 여러 사람 **09** 물품 화폐 또는 상품 화폐 **10** ① **11** 물물 교환 **12** ① **13** ② **14** ④ **15** ④ **16** 예 솜으로 만든 지폐는 습기에도 강하고, 정교하게 인쇄 작업을 할 수 있으며, 위조를 방지할 수 있기 때문이다. **17** ③ **18** ① **19** (1) × **20** ③

01 그림 ❶의 말하는 사람은 바른 자세로 서서 듣는 사람을 바라보고 있으며, 그림 ❷의 말하는 사람은 비뚤게 서서 손으로 머리를 긁적이고 있습니다.

02 그림을 통해 알 수 있는 점은 '상황에 알맞은 표정과 몸짓이 필요하다.'입니다.

03 두 친구는 자신이 다녀온 박물관에 대해 말하겠다고 하였습니다.

채점 기준
'박물관'이란 말을 포함해서 썼으면 정답으로 인정합니다.

04 석우가 영택이에게 깡통을 가져다주며 한번 차 보라고 용기를 주었습니다.

05 ㉠은 영택이가 음료수 깡통을 발로 차는 일에 자신이 없고 걱정을 하는 상황입니다.

06 석우가 영택이를 격려해 주는 상황이므로, 밝고 기뻐하는 말투, 눈을 크게 뜨며 친구의 성공을 반기는 표정, 엄지손가락을 위로 올리는 몸짓이 알맞습니다.

07 돈이 생겨난 까닭은 물물 교환이 쉽지 않았기 때문입니다.

08 '여러 사람'에게 말할 때에는 높임말을 사용해야 합니다.

09 물건을 돈으로 사용하는 것은 '물품 화폐', 또는 '상품 화폐'입니다.

10 지중해 지역에는 소금이 풍부했기 때문에 지중해 지역에서는 돈으로 '소금'을 사용하였습니다.

11 돈이 등장했어도, 물품 화폐는 '물물 교환'의 보조 수단에 불과했습니다.

12 동전의 주재료는 구리입니다.

13 주재료인 구리에 아연, 니켈, 알루미늄 등 섞는 금속에 따라서 동전 색깔이 달라집니다.

14 학급 친구들이라면 여러 사람 앞에서 말해야 하는 상황이므로 그것에 알맞은 크기의 목소리로 말합니다.

15 우리나라의 화폐 제조 기술은 세계적인 수준입니다.

16 솜으로 만든 지폐의 장점을 글에서 찾아봅니다.

채점 기준
습기에 강하고, 정교하게 인쇄 작업을 할 수 있으며, 위조를 방지할 수 있다는 내용이 모두 들어가게 썼으면 정답으로 인정합니다.

17 보봉 마을에는 유료 공동 주차장이 있습니다.

18 보봉이 생태 마을이 될 수 있었던 것은 '주민들의 실천' 때문입니다.

19 보봉 마을에는 어린이 놀이터가 있으므로 아쉽다는

친구의 의견은 알맞지 않습니다.

20 이 글의 보봉 마을과 관련하여 환경 보호에 관해 이야기할 수 있습니다.

서술형 문제 55쪽

01 (1) 예 자신감 없는 표정, 고개를 숙인 몸짓, 소리가 작고 걱정스러운 말투 (2) 예 활짝 웃는 표정, 엄지손가락을 위로 올리는 몸짓, 밝고 즐거운 말투 **02** 예 듣는 사람에게 맞게 사용해야 한다. / 표정, 몸짓, 말투가 서로 어울려야 한다. / 사용하려는 목적을 생각해야 한다. **03** (1) 예 이해하기 쉬운 말로 설명해야 한다. (2) 예 친구가 관심을 보이는 내용을 흥미롭게 말해 준다. **04** 예 지폐는 솜으로 만든대. 왜냐하면 습기에도 강하고 정교하게 만들 수 있기 때문이야. 그리고 가짜 지폐를 만드는 것도 막아 준대.

01 ㉠은 영택이가 음료수 깡통을 차는 것에 자신이 없는 장면이고, ㉡은 석우가 음료수 깡통을 발로 찬 영택이의 성공을 축하해 주는 장면입니다.

채점 기준
㉠에는 자신 없는 감정이 나타나는 표정, 몸짓, 말투를, ㉡에는 기쁜 감정이 나타나는 표정, 몸짓, 말투를 썼으면 정답으로 인정합니다.

02 표정, 몸짓, 말투를 사용해 말할 때는 듣는 사람에게 맞게 사용해야 합니다. 표정, 몸짓, 말투가 서로 어울려야 하고, 사용하려는 목적을 생각해야 합니다.

채점 기준
예시 답안 중 하나만 있어도 정답으로 인정합니다.

03 동생에게 어려운 내용일 수 있으므로 동생에게 말할 때는 이해하기 쉬운 말로 설명해야 합니다. 친구에게 말할 때에는 친구가 관심을 보이는 내용을 흥미롭게 말해 줘서 더 관심 있게 들을 수 있도록 합니다.

채점 기준
동생에겐 이해하기 쉬운 말로, 친구에겐 관심을 보이는 내용을 말해 준다는 내용을 썼으면 정답으로 인정합니다.

04 동생에게 말해 준다고 생각하고, 이해하기 쉬운 말로 간단하게 설명하여 이 글의 내용을 정리합니다.

채점 기준
이해하기 쉬운 말로 지폐의 재료에 대해 썼으면 정답으로 인정합니다.

수행 평가 56쪽

1 예 환경을 보호하는 행동이 중요하다. **2** (1) 예 보봉 마을 사람들처럼 깨끗한 환경의 마을로 만들자고 제안하는 내용 (2) 예 보봉 마을의 예를 제시해 생활에 어떻게 활용할지 안내한다. **3** 풀이 참조

1 이 글에서는 보봉 마을이 주민들의 실천 조항을 지키는 노력으로 생태 마을이 된 것처럼 환경을 보호하는 행동이 중요하다는 내용을 전하고 있습니다.

채점 기준
환경 보호 실천과 관련해 썼으면 정답으로 인정합니다.

2 읽는 사람인 마을 온라인 게시판을 이용하는 주민들이 되어 궁금한 점이 무엇일지 떠올리며 쓸 내용을 정합니다.

채점 기준
보봉 마을의 예를 제시했으면 정답으로 인정합니다.

3 예 안녕하세요, 저는 ○○○입니다.

살기 좋은 마을을 만들기 위해 주민 여러분께 드릴 말씀이 있습니다.

독일의 보봉 마을이라는 곳은 사람들이 쾌적하게 살아가는 생태 마을로 유명합니다. 이곳은 원래 군사 지역이었는데, 주민들이 힘을 모아 생태 마을로 만들었다고 합니다.

일회용품 사용을 줄이고, 쓰레기는 반드시 분리 배출해 주십시오. 보봉 마을 사람들이 그랬던 것처럼 우리 마을도 모두가 힘을 모아 깨끗한 환경의 마을로 만들어 봅시다.

채점 기준
환경을 보호하는 노력을 하자는 내용을 높임말로 썼으면 정답으로 인정합니다.

4. 일에 대한 의견

교과서 지문 학습 57~63쪽

01 정우 02 (3) ○ 03 (1) 실제로 (2) 생각 04 ⑤
05 ④ 06 (1) ㉮ (2) ㉯ 07 ① 08 ①, ②, ⑤ 09 ⑤
10 ⑤ 11 ㉡ 12 (1) △ (2) ○ (3) ○ 13 ⑤ 14 (1) 아이를 많이 낳는 것 (2) 화목과 사랑 15 (1) ○ (3) ○
16 ⑤ 17 ⑤ 18 예 쥐들이 수박을 먹는다는 것을 새롭게 알게 되었습니다. 19 ④, ⑤ 20 (3) ○ 21 (1) 예 야생 반달가슴곰은 한꺼번에 두 마리 이상 새끼를 낳는 일이 드물다는 사실을 새롭게 알게 되었습니다. (2) 예 동물들은 원래 한꺼번에 여러 마리의 새끼를 낳는 것으로 알고 있는데 그 까닭이 무엇일지 궁금합니다.

01 정우는 사실을, 석원이는 의견을 말하고 있습니다. 사실은 실제로 있었던 일을 나타내고, 의견은 사실에 대한 생각이나 느낌을 나타냅니다.

02 대상이나 일에 대한 생각은 '의견'입니다. (1)과 (2)는 사실, (3)은 의견입니다.

03 실제로 있었던 일이 '사실'이고, 그 일에 대한 생각은 '의견'입니다.

04 글 ❶에 글쓴이가 평소에 독도에 관심을 가지고 한 일이 나타나 있습니다.

05 의견은 대상이나 일에 대한 생각이나 느낌입니다.

06 ㉮는 있었던 일을 나타낸 '사실'입니다. ㉯는 일에 대한 생각을 나타낸 '의견'입니다.

07 ㉠은 글쓴이의 의견을 나타내며 그중에서도 '느낌'을 나타내고 있습니다.

08 글 ❸을 통해서는 슴새나 바다제비를 직접 보았다는 사실을 알 수 있고, 글 ❹를 통해서는 동해를 직접 바라보았다는 사실을 알 수 있습니다.

09 '사실'은 한 일, 본 일, 들은 일로 나눌 수 있습니다. 그중에서도 들은 일은 '~고 한다.'라고 표현되어 있는 부분입니다.

10 신사임당, 조선 시대, 그림에 관한 이야기가 부분적으로 나타나 있을 뿐, 이 글은 「초충도」의 '수박과 들쥐' 그림에 대해 설명하고 있습니다.

11 ㉠은 사실을 나타낸 문장입니다.
㉡은 의견을 나타낸 문장입니다.
㉢은 사실을 나타낸 문장입니다.

12 '인상적입니다'라는 표현은 의견을 나타낼 때 쓰는 말입니다.

13 「초충도」는 그 이름에 드러나 있고, 글의 내용에 나타나 있듯이 '식물과 곤충'을 그린 병풍 작품입니다.

14 그림이 그려질 당시의 사람들은 수박이 아이를 많이 낳는 것을 상징하고, 나비는 화목과 사랑을 상징한다고 생각했다는 내용이 글 ❺에 나옵니다.

15 '재미있는 풍경입니다', '만족스러워 보입니다'는 생각과 느낌을 표현한 것이므로 (1)과 (3)은 '의견'을 나타낸 문장입니다. (2)는 대상을 있는 그대로 설명한 '사실'입니다.

16 글 ❽에서 구도가 안정적인 까닭에 대해 설명하고 있습니다.

17 ⑤는 화가로서의 신사임당에 대한 의견을 나타낸 문장입니다.

18 그림에 대한 설명을 통해 새롭게 알게 된 사실을 씁니다.

채점 기준
글에 대한 생각이나 느낌을 나타낸 '의견'이 아니라, 글에서 새로 알게 된 '사실'을 썼으면 정답으로 인정합니다.

19 ④와 ⑤에 글쓴이의 생각이 나타나 있습니다. ①, ②, ③은 사실을 나타낸 문장입니다.

20 이 글에서 야생 반달가슴곰은 한꺼번에 두 마리 이상 새끼를 낳는 일이 드문데 세쌍둥이를 낳은 것은 지리산의 자연 생태가 곰이 살아가는 데 알맞다는 증거라고 하였습니다.

21 지리산 반달가슴곰이 세쌍둥이를 낳은 일과 관련하여 사실을 쓰고 그것에 대한 생각이나 느낌을 의견으로 쓸 수 있습니다.

채점 기준
사실과 의견의 차이를 구별하여 썼으면 정답으로 인정합니다.

단원 정리 평가 65~68쪽

01 석원 02 ④ 03 ⑤ 04 ⑤ 05 사실 06 ② 07 ③
08 (1) 사실 (2) 의견 09 예 '독도가 우리 땅이라는 것이 아주 자랑스러웠다.'에 글쓴이의 생각이 드러나 있기 때문입니다. 10 (1) 사실 (2) 의견 11 「초충도」 12 (1) ㉠ (2) ㉡, ㉢ 13 ⑤ 14 (3) × 15 ⑤ 16 ② 17 쥐들이 수박을 좋아한다는 것 18 ① 19 ③ 20 ③

01 '가장 마음에 들었어.', '사람들의 모습과 표정이 실감 났거든.'이라는 표현을 사용해 의견을 말한 사람은 석원이입니다.

02 ①, ②, ③, ⑤에 제시된 표현은 의견을 나타내고 있지 않습니다.

03 이 글의 종류는 기행문입니다. 기행문은 여행하면서 보고 듣고 생각하거나 느낀 것을 자유로운 형식으로 쓴 글입니다.

04 글쓴이가 독도에 가게 된 까닭이 첫 번째 문단에 드러나 있습니다.

05 ㉠은 일이나 대상을 설명하는 '사실'을 나타낸 문장입니다.

06 독도는 식물이 잘 자라기 힘든 곳이라고 하였습니다.

07 이 글에 나타난 글쓴이의 의견은 '독도를 아끼고 독도에 관심을 가져야겠다.'입니다.

08 (1)은 사실을 나타낸 문장입니다. 그중에서도 '들은 일'이 나타나 있습니다. (2)는 '가슴이 탁 트이는 것 같다'는 느낌을 담은 의견을 나타낸 문장입니다.

09 ㉠은 독도에 대한 생각을 쓴 부분입니다.

채점 기준
생각이기 때문이라는 내용으로 썼으면 정답으로 인정합니다.

10 현재에 있는 일이나 실제로 있었던 일은 사실이라고 할 수 있습니다. 그 일에 대한 생각이 들어 있으면 의견이라고 할 수 있습니다.

11 이 글은 「초충도」 중에서 '수박과 들쥐' 그림을 설명하고 있습니다.

12 사실은 있었던 일이고, 의견은 그 일에 대한 생각이나 느낌입니다.

14 '인상적'이라는 낱말은 인상이 강하게 남는 것을 뜻합니다. 매일 밥을 먹는 것은 날마다 볼 수 있는 모습이라서 인상이 강하게 남는 생활이라고 표현하기 어색합니다.

15 '중요한 내용만 골랐나요?'는 사실과 의견을 구분하여 정리할 때 기준이 될 수 없는 질문입니다.

16 이 글에서 설명하고 있는 그림 속 쥐들은 수박을 열심히 파먹고 있습니다.

17 '쥐들이 수박을 좋아한다는 것도 흥미로운 사실이지요.'라는 문장을 보고 알 수 있습니다.

채점 기준
수박을 좋아한다는 내용을 포함해서 썼으면 정답으로 인정합니다.

18 글쓴이의 생각이나 느낌이 들어가 있지 않아서 사실인 것은 ①입니다.

19 '밑동'은 물건의 밑부분이나 식물에서 뿌리와 줄기가 닿는 부분을 뜻하므로 '아래'와 바꿔 쓸 수 있습니다.

20 그림의 구도가 안정적으로 보이는 까닭은 글 ❸에 나타나 있습니다. 커다란 수박 두 덩어리가 화면의 무게 중심을 잡고 있기 때문입니다.

서술형 문제 69쪽

01 예 지난 방학 때 가족과 독도로 여행을 다녀왔다.
02 예 독도에 발을 내딛는 순간 이상하게 가슴이 떨렸다.
03 예 우리는 지리산의 자연 생태계를 보전하려고 노력해야 한다. 04 예 숲을 가꾸고 사람들이 들어갈 수 없는 곳을 정해야 한다.

01 첫 번째 문장에 언제 어디로 누구와 여행을 다녀왔는지 나타나 있습니다.

채점 기준
내용에 '지난 방학', '가족', '독도'를 포함해서 썼으면 정답으로 인정합니다.

02 글쓴이는 '배에서 내려 독도에 발을 내딛는 순간 이

상하게 가슴이 떨렸다.'라고 의견(생각이나 느낌)을 썼습니다.

채점 기준

글쓴이가 독도에 도착한 뒤의 생각이나 느낌을 썼으면 정답으로 인정합니다.

03 글쓴이가 사실에 대한 의견으로 쓴 것은 우리가 지리산의 자연 생태계를 보전하려고 노력해야 한다는 것입니다.

채점 기준

지리산의 자연 생태계를 보전해야 한다는 내용으로 썼으면 정답으로 인정합니다.

04 글쓴이는 지리산의 자연 생태계를 보전하기 위해서는 숲을 가꾸고 사람들이 들어갈 수 없는 곳을 정해야 한다고 실천 방법을 말했습니다.

채점 기준

숲을 가꾸거나 사람들이 들어갈 수 없는 곳을 정한다고 썼으면 정답으로 인정합니다.

수행 평가 70쪽

1 풀이 참조 **2** 예 우리 반 친구들 중 절반은 한 달에 1~2권 책을 읽는다. / 우리 반에서 한 달에 7권 이상 책을 읽는 학생은 1명이다. / 우리 반에서 한 달에 책을 한 권도 읽지 않는 학생은 없다. / 우리 반 학생들은 한 달에 최소 1권 이상 책을 읽는다. **3** 예 미애: 반 친구들이 한 달에 책을 최소 1권 이상 읽는다니 훌륭해. 독서의 기쁨을 아는 친구들이 많이 모여 있는 학급인 것 같아. / 성동: 반 친구들끼리 무슨 책을 읽고 있는지 서로 이야기를 나눠 보는 시간을 가지면 의미 있는 독서 감상 활동이 될 것 같아. **4** 풀이 참조

1 예 우리 반 친구들의 한 달 독서량

권수	0권	1~2권	3~4권	5~6권	7권 이상
학생 수	0명	10명	6명	3명	1명

채점 기준

반 친구들의 한 달 독서량을 표나 그래프로 표현했으면 정답으로 인정합니다.

2 자신이 표현한 표나 그래프가 나타내는 사실은 무엇인지 정리해 봅니다. 이때 자신의 의견을 드러내지 않도록 주의합니다.

채점 기준

조사 결과를 바탕으로 하여 '사실'을 썼으면 정답으로 인정합니다.

3 조사 결과에서 알 수 있는 사실에 대한 여러 가지 의견을 써 봅니다. 이때 사실만 쓰지 않고 대상에 대한 생각이나 느낌을 나타내어야 합니다.

채점 기준

조사 결과를 바탕으로 하여 '의견'을 썼으면 정답으로 인정합니다.

4 예 제목: 독서를 좋아하는 우리 반

'독서는 마음의 양식'이라는 말이 있다. 우리 반 친구들의 독서 실태를 파악하기 위해서 한 달 독서량을 조사하였다.

그 결과는 놀라웠다. 우리 반 친구들은 한 명도 빠짐없이 한 달에 1권 이상 책을 읽고 있다고 답했다. 심지어 한 달에 7권 이상 책을 읽는다고 응답한 친구도 1명 있었다.

평소에 우리 반 친구들이 독서의 기쁨과 재미를 느끼며 꾸준히 책을 읽어 왔다는 것이 자랑스럽고 뿌듯했다. 반 친구들과 이 결과를 두고 이야기를 나누었다. '책 추천하기', '책 줄거리 소개하기', '책 바꿔 읽기' 등의 다양한 활동을 국어 시간 및 아침 독서 시간에 해 보자는 의견들이 나왔다.

다음 학급 회의 시간에 이 의견들을 구체화해서 독서의 즐거움이 넘치는 우리 반이 되면 좋겠다.

채점 기준

상	우리 반 독서 실태에 대하여 사실과 의견이 모두 드러나게 글을 썼습니다.
중	우리 반 독서 실태에 대하여 사실을 썼지만 사실에 대한 의견을 알맞게 쓰지 못했습니다.
하	우리 반 독서 실태에 대하여 사실이나 의견이 잘 드러나게 쓰지 못했습니다.

5. 내가 만든 이야기

교과서 지문 학습 71~84쪽

01 (1) ○ (2) × (3) ○ 02 ④ 03 구름 공항 04 예 ❷ → ❺ → ❻ → ❸ → ❹ 05 예 어느 날, 한 소년이 장난꾸러기 구름 사람을 만난다. 구름 사람은 소년에게 구름으로 모자와 목도리를 만들어 준다. 소년은 구름 사람을 타고 구름 공항으로 가서 여러 가지 구름 모습을 종이에 그린다. 06 ⑤ 07 예 감나무가 있는 동생의 집 08 ⑤ 09 ④ 10 ⑤ 11 장소 12 ② 13 ③ 14 예 장작을 만들어 벽 한쪽에 첩첩이 쌓아 놓았다. 15 예 동생처럼 행동하여 금을 받아 더 큰 부자가 되고 싶어서 16 ⑤ 17 ② 18 ③ 19 ④ 20 마라톤 대회가 열리는 날 21 (1) 예 마라톤 대회에 참가하기 위해 수현이는 달리기 연습을 한다. (2) 예 수현이는 마라톤에 참가해 완주하겠다고 다짐한다. 22 ㉮ → ㉯ 23 ① 24 가운데, 끝 25 ④ 26 ㉮ 27 욕실 28 ④ 29 ㉮, ㉱ 30 ⑤ 31 ④ 32 ②, ⑤ 33 ① 34 ④ 35 ㉮ → ㉰ → ㉯ 36 ②, ⑤ 37 ⑤ 38 (1) 볼 만큼 (2) 있는 대로 (3) 들었을 뿐이에요 (4) 노력한 만큼 (5) 원하는 대로 (6) 할 뿐이었어요 39 (1) 들릴 만큼 (2) 아는 대로 (3) 않았을 뿐이지

01 그림 ❷는 구름 사람이 소년에게 모자와 목도리를 만들어 주는 모습입니다.

02 이야기를 꾸며 쓸 때는 일어난 일들이 서로 원인과 결과로 연결되도록 꾸밉니다.

04 소년이 구름을 만나 구름 공항으로 가서 쉬는 이야기를 꾸며 보는 것으로 그림의 차례를 정할 수 있습니다.

05 자신이 정한 그림의 차례에 맞게 이야기를 꾸며 씁니다.

채점 기준
그림 ❶을 시작 장면으로 하여 그림 내용에 맞게 이야기를 꾸며 썼으면 정답으로 인정합니다.

06 형은 아버지의 많은 재산 중 동생에게 감나무가 있는 허름한 집 한 채만 주고, 나머지는 모두 자기가 차지했습니다.

07 까마귀가 감을 다 먹어 버린 일이 일어난 장소는 감나무가 있는 동생의 집입니다.

08 까마귀 떼가 동생의 집 감나무에 있는 감을 모두 먹어 버렸기 때문에 동생에게 금을 준다고 했습니다.

10 우두머리 까마귀가 동생을 데려간 곳은 '금으로 가득한 산'입니다.

11 사건이 일어나는 장소가 동생의 집에서 금으로 가득한 산으로 바뀌었습니다.

12 산에 금이 많았는데도 작은 주머니에만 금을 담은 것으로 보아 욕심이 없는 성격임을 알 수 있습니다.

13 동생의 집에서만 일이 일어나는 것이 아니라 금으로 가득한 산과 동생의 집에서 일이 일어나고 있습니다.

14 '첩첩이'는 여러 겹으로 겹쳐 있는 모양을 뜻하는 낱말입니다.

채점 기준
'첩첩이'를 바르게 사용하여 문장을 만들어 썼으면 정답으로 인정합니다.

15 형은 동생처럼 까마귀에게 말해서 금을 받아 더 큰 부자가 되고 싶었습니다.

채점 기준
더 부자가 되고 싶었기 때문이라는 내용으로 썼으면 정답으로 인정합니다.

16 형의 금자루가 너무 무거웠기 때문에 까마귀 등에서 떨어졌습니다.

17 이 글에서 욕심을 부리지 않은 동생은 복을 받고, 욕심을 부린 형은 집으로 돌아오지 못하고 금 산에 남게 되었습니다.

18 이야기를 읽고 사건의 흐름을 파악할 때는 인물, 장소, 일어난 일, 일의 차례를 생각합니다.

19 수현이는 마라톤 대회가 걱정이 되었지만, 꼭 완주하고 싶다는 마음이 들었습니다.

20 글 ❷에서 일이 일어난 때는 '마라톤 대회가 열리는 날'입니다.

21 글 ❶에서 수현이는 마라톤 대회에 참가해 완주하고 싶어서 달리기 연습을 합니다. 글 ❷에서 수현이는

마라톤 대회에서 완주하겠다고 다짐합니다.

채점 기준

글 ❶은 대회에 나가려고 달리기 연습을 했다는 내용을, 글 ❷는 마라톤을 완주하겠다고 결심했다는 내용을 포함해 썼으면 정답으로 인정합니다.

23 수현이 뒤에 달리는 친구가 한 명 더 있었기 때문에 수현이가 꼴찌로 달리고 있는 것은 아니었습니다.

24 이야기의 흐름에 따라 일어난 일을 정리할 때에는 일어난 일을 처음, 가운데, 끝으로 나누어 봅니다.

25 수현이는 응원의 박수를 보내 주고 싶어서 꼴찌로 들어올 친구를 기다렸습니다.

26 이야기의 끝부분은 수현이가 수현이 뒤에서 달렸던 사람이 아빠였다는 것을 알게 되는 부분입니다. 그에 대한 생각이나 느낌은 아빠가 자신을 위해 달려 준 것을 알고 정말 감사할 것 같다고 한 ㉮가 알맞습니다.

28 초록 고양이가 빨간 우산을 쓰고 있긴 했지만, 꽃담이에게 빨간 우산을 선물로 주지는 않았습니다.

29 이 장면의 등장인물은 꽃담이, 초록 고양이입니다.

30 꽃담이 엄마가 있는 곳은 동굴 안의 40개의 항아리 중 하나입니다.

31 초록 고양이가 항아리를 고를 기회는 한 번만 준다고 하였습니다.

33 꽃담이는 냄새를 맡아 엄마를 찾았습니다.

34 초록 고양이는 꽃담이가 엄마를 너무 쉽게 찾아서 심통이 난 것 같았습니다.

35 초록 고양이가 엄마를 데려간 뒤에 꽃담이에게 항아리에서 엄마를 한 번에 찾으라고 하자 꽃담이는 냄새를 맡고 엄마를 바로 찾았습니다.

36 초록 고양이는 항아리 뚜껑을 열어 봐서도 안 되고 딸 이름을 불러서도 안 된다고 하였습니다.

37 이어질 내용을 쓰는 것이기 때문에 이야기의 가운데 부분에 새로운 사건을 만들어 쓰는 것은 적절하지 않습니다.

38 '만큼', '대로', '뿐'은 형태가 바뀌는 낱말 가운데에서 '-는', '-을', '-던' 등과 같이 '-ㄴ/-ㄹ'로 끝나는 말 뒤에서는 띄어 씁니다.

단원 정리 평가 86~89쪽

01 형, 동생, 까마귀 **02** ㉠, ㉢ **03** ㉮ **04** ③ **05** 예 욕심을 부리지 말자. / 착한 사람은 복을 받는다. **06** ⑤ **07** ④ **08** ㉰ → ㉯ → ㉱ → ㉮ **09** ①, ⑤ **10** ④ **11** 항아리 **12** ㉯ **13** (1) ○ **14** ⑤ **15** ③ **16** 욕실 **17** (1) 예 항아리 뚜껑을 열면 안 된다. (2) 예 딸 이름을 부르면 안 된다. **18** 지형 **19** (1) ○ (2) ○ (3) × **20** ⑤

01 이 글에 어머니와 동네 사람은 등장하지 않습니다.

02 이 글에서 일이 일어나는 때를 알려 주는 말은 '옛날에'와 '어느 가을날'입니다.

03 동생에게 일어난 일을 장소에 맞게 찾아 씁니다.

04 형은 금이 있는 산에서도 큰 자루에 금을 가득 채우고 몸에도 가득 채워 넣을 정도로 욕심이 많은 성격입니다.

05 착하고 욕심 부리지 않은 동생은 부자가 되고 욕심 많은 형은 금 산에서 돌아오지 못한 내용으로 전할 수 있는 생각은 '욕심을 부리지 말자.' 등입니다.

채점 기준

욕심을 부리지 말자는 내용이나 착한 사람은 복을 받는다는 내용으로 썼으면 정답으로 인정합니다.

07 아빠는 수현이에게 용기를 주고 싶어서 마라톤 대회에서 수현이의 뒤에서 꼴찌로 달렸습니다.

08 글에서 일이 일어난 순서를 찾으면 됩니다.

09 마라톤 대회에서 꼴찌로 달렸던 아버지의 모습에서 '아버지의 사랑'을, 수현이가 마라톤 대회에서 포기하지 않고 끝까지 노력하는 모습에서 '포기하지 않고 끝까지 노력하는 모습의 아름다움'을 알 수 있습니다.

12 꽃담이가 냄새를 맡아 엄마가 있는 항아리를 찾았습니다.

13 초록 고양이가 엄마를 데려간 일이 원인이 되어 초록 고양이가 엄마를 찾고 싶으면 따라오라고 했습니다.

14 글 ㉯에서 초록 고양이는 엄마를 항아리에 숨기고 꽃담이에게 찾으라고 하였습니다.

15 사건이 일어나는 장소는 변화할 수 있습니다. 이야기의 처음에서는 새로운 사건이 생기고, 끝에서는 사건이 해결되거나 마무리됩니다. 사건들 사이에는 원인과 결과 관계가 있어 자연스럽게 연결이 되며, 이야기의 전체 흐름을 알기 위해서는 중요한 일을 찾아봅니다.

17 꽃담이를 찾는 데 지켜야 할 조건은 항아리 뚜껑을 열어 봐서도 안 되고, 딸 이름을 불러서도 안 된다는 것입니다.

채점 기준
뚜껑을 열면 안 되고, 딸 이름을 부르면 안 되는 내용을 두 가지 모두 포함해 썼으면 정답으로 인정합니다.

18 엄마가 꽃담이를 찾는 데 지켜야 할 조건을 생각하면, 지형이가 말한 '동굴 안에 있는 항아리를 깨는 방법'만 가능합니다.

19 이어질 내용을 상상하는 방법은 사건의 흐름에 맞게 상상하여 쓰고, 이야기의 처음, 가운데, 끝을 생각하여 씁니다. 내가 만들고 싶은 인물을 흐름과 상관없이 자유롭게 넣고 쓰면 원인과 결과 관계가 이루어지지 않을 수 있어 적절하지 않습니다.

20 '만큼', '대로', '뿐'은 '-ㄴ/-ㄹ'로 끝나는 말 뒤에서는 띄어 써야 합니다.

서술형 문제 90쪽

01 (1) 예 동생에게 감나무를 빌렸다. (2) 예 욕심을 너무 많이 부려 금도 못 가져오고 집에도 오지 못했다. **02** (1) 예 「혹부리 영감」 / 「흥부 놀부」 (2) '욕심을 부리지 말자.'는 주제가 비슷하다. **03** 예 수현이는 자신의 뒤에서 달렸던 꼴찌가 아빠였다는 것을 알게 된다. **04** 예 아들에게 용기를 주기 위해 약한 몸으로 마라톤을 뛰어 꼴찌를 한 아버지의 아름다운 사랑을 뜻한다. / 친구의 놀림이 두려워 마라톤을 겁냈지만 끝까지 완주한 수현이는 비록 꼴찌를 했더라도 '아름다운 꼴찌'라고 할 수 있다.

01 장소의 변화에 따라 형에게 일어난 일을 정리해서 씁니다.

채점 기준
동생의 집에서는 감나무를 빌린 일을, 금으로 가득한 산에서는 금도 못 가져 오고 집에도 오지 못한 일을 썼으면 정답으로 인정합니다.

02 글쓴이가 전하고 싶은 생각은 '욕심을 부리지 말자.'이며, 같은 주제를 가진 옛이야기는 「흥부 놀부」, 「혹부리 영감」 등이 있습니다.

채점 기준
'욕심을 부리지 말자.'는 주제를 가진 옛이야기를 썼으면 정답으로 인정합니다.

03 이야기를 흐름에 따라 정리하기 위해서는 일이 일어난 차례대로 사건을 정리합니다.

채점 기준
수현이가 자신의 뒤에서 달렸던 사람이 아빠였다는 것을 알게 된 일을 썼으면 정답으로 인정합니다.

04 「아름다운 꼴찌」가 가진 의미인 '아버지의 사랑'과 '끝까지 노력하는 아름다움'을 적절한 까닭과 함께 적습니다.

채점 기준
'아버지의 사랑'과 '끝까지 노력하는 아름다움' 중 하나를 썼으면 정답으로 인정합니다.

수행 평가 91쪽

1 예 초록 고양이가 꽃담이를 항아리에 숨기고 엄마에게 찾으라고 했다. **2** 예 엄마가 항아리를 하나씩 깨뜨려서 꽃담이를 찾아낸다.

1 이 글에서는 초록 고양이가 꽃담이를 항아리에 숨기고 엄마에게 찾으라고 한 것이 중요한 사건입니다.

채점 기준
초록 고양이가 꽃담이를 숨기고 찾으라고 한 내용이 있으면 정답으로 인정합니다.

2 초록 고양이가 무엇을 하면 안 된다고 했는지를 생각하며 꽃담이를 구할 수 있는 방법을 생각하고 이어질 내용을 상상하여 씁니다.

채점 기준
초록 고양이가 제시한 조건에 맞는 방법으로 꽃담이를 찾는 내용을 썼으면 정답으로 인정합니다.

6. 회의를 해요

교과서 지문 학습 92~98쪽

01 ① 02 (1) ○ 03 ④ 04 (2) ○ 05 ④ 06 안전 게시판을 만들자. 07 ① 08 (3) ○ 09 풀이 참고 10 (1) ○ 11 예 다른 사람이 의견을 말할 때 귀 기울여 듣는 태도를 가져야 하고, 친구가 의견을 말할 때 끼어들지 않아야 합니다. 12 ㉮ 13 (3) ○ 14 폐회 15 예 (1) 표결이 끝난 다음에 의견을 말했습니다. / 회의 절차를 지키지 않았습니다. (2) 예 회의 절차에 따라 자신의 의견을 발표해야 합니다. 16 (1) 다앋따 (2) 내려노아라 (3) 마나서 17 ④

01 회의 절차를 안내하는 일은 사회자의 역할입니다.
②, ⑤ 기록자의 역할입니다.
③, ④ 회의 참여자의 역할입니다.

02 회의 주제를 정하는 일은 '주제 선정' 단계에서 하는 일입니다.
(2) '폐회' 단계에서 하는 일입니다.
(3) '결과 발표' 단계에서 하는 일입니다.
(4) '주제 토의' 단계에서 하는 일입니다.

03 글 ❸의 회의 절차는 '주제 토의'입니다. '주제 토의' 단계에서는 선정한 주제에 맞는 의견을 제시합니다.

04 기록자는 회의 날짜, 시간, 장소, 회의 내용을 기록하는 역할을 합니다.

05 ㉠에는 '표결' 절차와 관련된 내용이 들어가야 알맞습니다. '표결' 단계에서는 찬성과 반대 의견을 헤아려 다수결로 결정하는 일을 합니다.

06 '결과 발표' 단계에서 사회자는 학급 회의 주제가 "학교생활을 안전하게 하자."이고, 실천 내용은 "안전 게시판을 만들자."로 정했다고 회의 결과를 발표했습니다.

07 그림에서 아이들은 적절한 회의 주제를 정하기 위해 여러 가지 의견을 나누고 있습니다.

08 그림 ❸에서 '친구들이 공통적으로 관심을 보일 만한 주제가 아니다.'라고 ㉠이 회의 주제로 알맞지 않은 까닭을 말하고 있습니다.

09 점심밥을 먹을 때 누가 먼저 먹으면 좋을지 의견을 정한 뒤에 적절한 근거를 생각해 씁니다.

의견	(1) 예 4교시가 끝난 후, 자기 자리 정리를 빨리 끝낸 사람부터 먹었으면 좋겠습니다.
근거	(2) 예 친구와 장난을 치거나 해야 할 일을 미루는 습관을 고칠 수 있습니다. / 자기 스스로 해야 할 일을 해내는 습관을 기를 수 있습니다.

채점 기준
점심밥을 먹는 순서에 적절한 의견, 의견에 알맞은 근거를 제시한 경우 정답으로 인정합니다.

10 글 ㉮에서 회의 참여자는 사회자의 허락을 얻지 않고 갑자기 벌떡 일어나며 의견을 말했습니다.

11 회의 참여자 3은 회의 참여자 2가 의견을 말하는 중간에 말을 가로채며 의견을 발표했습니다.

채점 기준
경청하는 태도를 가지거나 친구가 말할 때 끼어들지 않아야 한다고 썼으면 정답으로 인정합니다.

12 장면 ㉰에서 사회자가 특정 회의 참여자에게만 여러 번 말할 기회를 준 것은 바람직한 행동이 아닙니다. 이런 문제점을 고치는 방법으로 "말할 기회를 골고루 주시기 바랍니다."와 같은 말이 ㉠에 들어가면 알맞습니다.

13 글 ❶의 회의 절차는 '표결'이고, '표결' 단계에서는 찬성과 반대 의견을 헤아려 다수결로 결정하는 일을 합니다.

14 사회자의 "이상으로 학급 회의를 마치겠습니다. 고맙습니다."라는 말로 보아 글 ❸은 회의 마침을 알리는 절차인 '폐회' 단계입니다.

15 글 ❶에서 회의 참여자 4는 실천 내용에 대한 표결이 끝난 뒤에 실천 내용을 제안하려고 했으므로 회의 절차를 지키지 않았습니다.

채점 기준
회의 절차에 따라 의견을 발표해야 한다는 내용이 있으면 정답으로 인정합니다.

16 '닿았다, 내려놓아라, 많아서'와 같은 낱말에 있는 'ㅎ' 받침은 소리가 나지 않습니다.

17 '좋아해요'는 [조아해요]로 소리 납니다.
① '낳았다'는 [나앋따]로 소리 납니다.
② '많은'은 [마는]으로 소리 납니다.
③ '입은'은 [이븐]으로 소리 납니다.
⑤ '먹을'은 [머글]로 소리 납니다.

단원 정리 평가 100~103쪽

01 (1) ○ (2) × (3) ○ 02 ② 03 ① 04 하면
05 예 회의록 06 풀이 참고 07 ③ 08 ④ 09 학생들이 스스로 노력하기보다 벌점만 피하면 된다는 생각을 할 수 있다. 10 ㉰ 11 ① 12 (2) ○ 13 예 안전 게시판을 만들자. 14 ⑤ 15 (1) 선정 (2) 예 마침 16 ⑤
17 ③ 18 (1) ○ 19 서율 20 ①

01 회의를 통해 여러 사람의 의견을 듣고, 문제를 해결하는 좋은 방법을 찾을 수 있습니다.

02 글 ❶에 나타난 회의 절차는 '개회'입니다. '개회'에서는 회의 시작을 알립니다.

03 글 ❷에 나타난 회의 절차는 '주제 선정'입니다. '주제 선정'에서는 회의 주제를 정합니다.

04 다양한 의견을 하나로 모으기 위해 많은 사람들의 의견에 따라 결정하는 것입니다.

05 기록자는 칠판이나 회의록에 내용을 기록합니다.

06 회의 참여자 1은 "깨끗한 교실을 만들자."를 주제로 제안했고, 회의 참여자 2는 "학교생활을 안전하게 하자."를 주제로 제안했습니다.

회의 참여자 1	(1) 깨끗한 교실을 만들자.
회의 참여자 2	(2) 학교생활을 안전하게 하자.

채점 기준
(1)에는 '깨끗한 교실', (2)에는 '학교생활을 안전하게'라는 말을 포함해서 썼으면 정답으로 인정합니다.

07 사회자의 첫 번째 말에 회의 주제가 나타나 있습니다.

08 회의 참여자는 주제에 대한 의견을 발표합니다.

09 회의 참여자 3은 벌점 제도는 학생들이 스스로 노력하기보다 벌점만 피하면 된다는 생각을 할 수 있다고 단점을 말했습니다.

채점 기준
'벌점만 피하면 된다는 생각'이라는 표현이 있으면 정답으로 인정합니다.

10 회의 참여자 4는 모둠별 안전 지킴이 활동을 하자는 의견을 제시했습니다.

11 찬성과 반대 의견을 헤아려 결정하는 것은 '표결' 단계에서 하는 일입니다.

12 이 회의 절차에서 27명 가운데 21명이 찬성한 "안전 게시판을 만들자."가 실천 내용으로 결정되었으므로, 참석 인원의 반 이상이 찬성한 것으로 결정된 것입니다.

13 글 ❷의 결과 발표를 통해 알 수 있습니다.

채점 기준
안전 게시판을 만들자는 내용으로 썼으면 정답으로 인정합니다.

14 '기록자'는 칠판이나 회의록에 회의 내용을 기록하는 일을 합니다.

15 회의 주제를 정하는 것은 '주제 선정' 단계에 대한 설명이므로 ㉮에는 '선정'이란 말이 들어가야 알맞습니다. '폐회' 단계에서는 회의 마침을 알리는 일을 하므로 ㉯에는 '마침', '끝남'과 같은 말이 들어가야 알맞습니다.

16 가정의 문제는 학급 회의 주제로 적절하지 않습니다. 반 친구들 모두의 관심을 끌지 못합니다.

17 '내 방 청소'는 우리 반 친구들이 공통으로 관심을 가질 만한 것이 아닙니다.

18 회의 참여자 1은 사회자의 허락을 얻지 않고 갑자기 벌떡 일어나 의견을 제시했습니다.

19 회의 참여자 3은 회의 참여자 2의 말을 중간에 가로채며 의견을 말했습니다.

20 사회자는 회의 참여자 2에게만 여러 번 말할 기회를 주고 있습니다. 사회자는 말할 기회를 골고루 주어야 합니다.

서술형 문제 104쪽

01 예 선정한 주제에 맞는 의견을 제시한다.
02 (1) 예 회의 절차를 안내한다. / 말할 기회를 골고루 준다. (2) 예 의견을 발표한다. / 다른 사람의 의견을 주의 깊게 듣는다. **03** (1) 사회자 허락을 얻지 않고 말했다. (2) 친구가 의견을 말할 때 중간에 말을 가로챘다. (3) 사회자가 말할 기회를 골고루 주지 않았다. **04** (1) 말할 기회를 골고루 준다. (2) 예 사회자의 허락을 받고 말한다. / 친구가 의견을 말할 때 끼어들지 않는다.

01 이 글에 나타난 회의 절차는 '주제 토의'입니다. '주제 토의'에서는 선정한 주제에 맞는 의견을 제시합니다.

채점 기준
회의 주제에 맞는 의견을 제시한다는 내용을 포함해서 썼으면 정답으로 인정합니다.

02 사회자의 역할은 회의 절차를 안내하고 말할 기회를 골고루 주는 것입니다. 회의 참여자는 주제에 대한 의견을 발표하거나 다른 사람의 의견을 주의 깊게 듣는 것입니다.

채점 기준
각 참여자의 역할을 모두 알맞게 썼으면 정답으로 인정합니다.

03 글 가는 회의 참여자가 사회자 허락을 얻지 않고 말한 상황입니다.
글 나는 친구가 의견을 말할 때 중간에 말을 가로채는 친구가 있는 상황입니다.
글 다는 사회자가 말할 기회를 골고루 주지 않고 특정 회의 참여자에게만 말할 기회를 주는 상황입니다.

채점 기준
각 회의 장면에서 회의 규칙을 지키지 않은 점을 모두 알맞게 썼으면 정답으로 인정합니다.

04 글 가와 나를 통해 회의 참여자가 지켜야 할 규칙을 생각해 볼 수 있습니다. 글 다를 통해 사회자가 지켜야 할 규칙을 생각해 볼 수 있습니다.

채점 기준
사회자는 말할 기회를 골고루 주어야 한다는 내용으로 쓰고, 회의 참여자는 사회자 허락을 얻고 말하거나 친구가 말할 때 끼어들지 않는다는 내용으로 썼으면 정답으로 인정합니다.

수행 평가 105쪽

1 (1) 예 학급 문고 정리를 잘하자. / 학급 문고 책이 찢어지지 않게 관리를 잘하자. (2) 예 쓰레기를 제대로 분리해서 버리자. / 올바른 쓰레기 분리배출 방법을 알리자.
(3) 예 위험한 공사장은 피해서 다니자. / 위험한 공사장을 지나갈 때 필요한 안전 수칙을 알리자. **2** 풀이 참조

1 그림 가는 학급 문고를 정리하는 상황, 그림 나는 쓰레기를 분리하는 상황, 그림 다는 위험한 공사장을 지나는 상황입니다. 각 상황의 문제를 해결하기 위한 회의 주제를 떠올려 씁니다.

채점 기준
각 상황에 나타난 문제를 해결하기 위한 회의 주제를 썼으면 정답으로 인정합니다.

2 친구들과 사이좋게 지내는 방법을 생각해 봅니다.

❶	의견	친구에게 바르고 고운 말을 사용하자.
	근거	(1) 예 거친 말을 사용해 다툼이 일어나는 일이 많기 때문이다.
❷	의견	(2) 예 친구에게 거친 말을 사용하지 말자.
	근거	친구가 싫어하는 별명을 부르거나 놀려서 서로 다투는 경우가 많기 때문이다.
❸	의견	(3) 예 오해가 생기면 대화로 풀자.
	근거	(4) 예 오해가 생겼을 때 서로 말을 하지 않으면 오해가 더 깊어져서 친구 사이가 멀어지기 때문이다.

채점 기준
회의 주제에 알맞은 의견과 근거가 잘 연결되게 썼으면 정답으로 인정합니다.

7. 사전은 내 친구

교과서 지문 학습 106~116쪽

01 창호지 **02** (1) 뽑 (2) 는다 (3) 밝 (4) 아서 **03** 잡다 **04** (1) ○ (2) × **05** ④ **06** ④ **07** ① **08** 예 문맥의 앞뒤 내용을 살펴보고 상황에 맞는 뜻을 찾아 짐작한다. / 낱말을 쪼개어 뜻을 짐작한다. / 비슷한 뜻의 낱말을 넣어 뜻이 통하는지 살펴본다. **09** ④ **10** 축광지 **11** (1) 예 일상생활에서 사용되는 것 (2) 예 문맥에 매일 사용될 수 있다고 나왔기 때문입니다. **12** (2) ○ (3) ○ **13** ③ **14** 요양원 **15** ㉮ **16** 예 처음에는 봉사 활동을 가기 싫었지만, 할머니께 책을 읽어 드리면서 보람을 느끼게 되고 봉사 활동을 하는 날을 기다리게 되었습니다. **17** (2) ○ **18** 예 피아노 / 리코더 등 **19** (1) × (2) ○ (3) ○ **20** ㉯ **21** 소정 **22** ④ **23** (2) ○ **24** 증발 **25** ④ **26** ⑤ **27** ①, ⑤ **28** 춤 **29** ② **30** ① **31** 죽은 어미 **32** ③ **33** ⑤ **34** 예 생명 앞에서 우쭐할 게 아니라 고맙고 겸손한 마음을 갖자. **35** ③ **36** 냉대

01 국어사전에는 첫 자음자가 'ㄱ, ㄲ, ㄴ, ㄷ, ㄸ, ㄹ, ㅁ, ㅂ, ㅃ, ㅅ, ㅆ, ㅇ, ㅈ, ㅉ, ㅊ, ㅋ, ㅌ, ㅍ, ㅎ' 순서로 실리므로, '갱지 → 벽지 → 창호지' 순으로 실립니다.

02 '뽑다'는 '뽑아서, 뽑으면, 뽑겠다'와 같이 쓰이므로 형태가 바뀌지 않는 부분은 '뽑'입니다. '밝다'는 '밝고, 밝아서, 밝으니'와 같이 쓰이므로 형태가 바뀌지 않는 부분은 '밝'입니다.

03 형태가 바뀌지 않는 부분인 '잡'에 '-다'를 붙여 기본형인 '잡다'를 만듭니다.

04 '좋아합니다'의 기본형은 '좋아하다' 입니다. '작은'에서 형태가 바뀌지 않는 부분은 '작'이고 형태가 바뀌는 부분은 '은'입니다.

05 두 번째 문단에서 종이는 다양한 종류와 품질을 가진 것으로 개발되고 있다고 하였습니다.

06 '물에 약하다'는 종이의 단점입니다.

07 '보급'이라는 낱말이 나오는 문장의 앞 문장에 '컴퓨터 사용이 일반화되어 생활필수품이 되었다'고 한 것에서 뜻을 짐작할 수 있습니다.

08 글을 읽다 모르는 낱말이 나오면 사전을 찾아보기 전에 대강의 뜻을 짐작해 봅니다.

> **채점 기준**
> 글에서 낱말의 뜻을 짐작하는 방법을 알맞게 썼으면 정답으로 인정합니다.

09 극비 문서로 사용되는 종이는 기록한 지 한 시간 뒤에는 자동으로 내용이 없어지는 종이입니다.

10 밝을 때 빛을 저장해 두었다가 어두울 때 스스로 빛을 내는 종이는 축광지입니다.

11 낱말의 뜻을 짐작할 때는 문맥의 앞뒤 내용을 살펴보거나 낱말을 쪼개어 뜻을 짐작해 봅니다.

> **채점 기준**
> '상용화'의 뜻을 알맞게 짐작하고 그 까닭을 타당하게 설명한 경우 정답으로 인정합니다.

12 전자 종이는 전자 신호를 이용해 원격으로 스스로 인쇄를 할 수 있고, 새로운 신호를 보내면 완전히 다른 내용으로 인쇄할 수 있습니다.

13 수아는 일요일 아침이라 더 자고 싶은데 엄마가 봉사 활동을 가자고 깨우시자 다시 이불을 뒤집어썼습니다. 요양원에 가서도 뭘 해야 할까 두리번거린 행동을 볼 때 수아는 봉사 활동이 쉽다고 느끼고 있지 않습니다.

15 '가다'와 '오다'는 뜻이 반대인 낱말입니다.

16 수아는 봉사 활동을 한 뒤에 보람을 느끼면서 봉사 활동의 의미를 깨닫게 됩니다.

> **채점 기준**
> 처음에는 좋아하지 않았지만 나중에는 의미를 깨닫고 보람을 느끼게 되었다는 내용으로 썼으면 정답으로 인정합니다.

17 (1) '책'이란 낱말이 '동화책'이란 낱말을 포함합니다.
(2) '요일'이란 낱말이 '일요일'이란 낱말을 포함합니다.

18 '악기'란 낱말은 '가야금', '드럼'이란 낱말을 포함합니다.

19 아주 오래전에 화성 표면에 물이 흘렀다는 증거가 있을 뿐 화성 표면에 많은 물이 흐르고 있는 것은 아

니다.

20 '관측'은 육안이나 기계로 자연 현상을 관찰하여 측정하는 일을 뜻합니다. 새로운 방법이나 형식을 사용하여 보는 일을 뜻하는 낱말은 '실험'입니다.

21 속담 사전은 속담의 의미를 알아볼 때 찾아봅니다.

22 2004년 미국의 쌍둥이 화성 로봇 탐사선인 스피릿 로버와 오퍼튜니티 로버는 물의 영향을 받은 암석을 발견했습니다. 이것은 화성 표면에서 오랜 시간에 걸쳐 물이 있다가 증발하는 과정이 반복되었다는 것을 알려 줍니다.

23 탐사선 큐리오시티는 화성에서 사람들이 사는 데 필요한 정보를 모으고 있습니다.

24 '증발'은 '어떤 물질이 액체 상태에서 기체 상태로 변함.'을 뜻합니다.

25 바퀴벌레, 까치, 돼지는 인간보다 훨씬 오랫동안 지구촌 주민으로 살아왔습니다.

26 '엄연히'는 '어떤 사실이나 현상이 부인할 수 없을 만큼 뚜렷하게.'라는 뜻입니다.

27 인간에게만 있다고 여겼던 능력이 다른 동물에게서 발견된다고 한 예로는 언어와 아름답고 훌륭한 감정이 있습니다.

30 고래는 다친 동료를 보살피거나 그물에 걸린 친구를 구하기 위해 그물을 물어뜯는가 하면, 다친 동료와 고래잡이배 사이에 뛰어들어 사냥을 방해하기도 합니다. 무언가로 괴로워하는 친구 곁은 오랫동안 함께 있어 주기도 합니다.

32 '숱한'은 '아주 많은'이라는 뜻입니다.

33 '다채(많을 다 多, 채색 채 彩)로운'은 '여러 가지 색채나 형태, 종류 따위가 한데 어울리어 호화스러운'이라는 뜻입니다.

34 인간은 지구의 막내라고 할 수 있으며, 인간에게만 있다고 여겼던 능력이 다른 동물에게서 발견되는 경우도 많다고 하였습니다.

채점 기준

인간만이 특별한 존재가 아니기 때문에 고맙고 겸손한 마음을 갖자는 내용으로 썼으면 정답으로 인정합니다.

단원 정리 평가 118~121쪽

01 ③ **02** ④ **03** ①, ③ **04** (1) 예 멀리 떨어져 있음. (2) 예 뒷부분에 멀리서 무선 신호를 보낸다고 되어 있으니까 거리가 떨어져 있는 것을 말하는 것 같습니다. **05** 상용 **06** ⑤ **07** (1) 반대인 (2) 높다 **08** ③ **09** 책 **10** ①, ⑤ **11** 이주자 **12** ⑤ **13** ⑤ **14** ① **15** 예 물이 있다는 것은 화성인 또는 외계인까지는 아니더라도 생명체가 있을 수 있다는 것을 뜻하기 때문이다. **16** ⑤ **17** ③ **18** 예 생명을 하찮게 여겨서는 안 된다. **19** ③ **20** 우진

01 '붙여'는 '붙이+어'입니다. 형태가 바뀌지 않는 부분은 '붙이'이고, 여기에 '-다'를 붙이면 기본형은 '붙이다'가 됩니다.

03 전자 종이는 전자 신호를 이용해 원격으로 스스로 인쇄를 하고, 지면의 인쇄 내용을 완전히 바꿀 수 있는 종이입니다.

04 '원격'의 뜻은 '멀리 떨어져 있음.'입니다. 뒷부분에 멀리서 무선 신호를 보낸다고 되어 있는 부분을 통해 낱말의 뜻을 짐작할 수 있습니다.

채점 기준

'원격'의 뜻과 짐작한 까닭을 썼으면 정답으로 인정합니다.

05 '상용'은 '일상적으로 씀.'이라는 뜻입니다.

07 '가다'와 '오다'는 뜻이 서로 반대인 낱말입니다. '낮다'와 뜻이 서로 반대인 낱말은 '높다'입니다.

08 '침침하다'는 '빛이 약하여 어두컴컴하다.'는 뜻입니다. 이와 뜻이 반대인 낱말은 '선명하다'입니다.

09 '국어사전', '위인전', '동화책'을 포함하는 낱말은 '책'입니다.

10 축제의 사회적 기능은 축제를 통하여 주민들이 화합하고, 고장에 대한 애정도 키우는 것입니다.

12 탐사선 마스 글로벌 서베이어가 찍은 화성의 표면은 고원 지대, 협곡, 화산 지형도 있음을 알 수 있습니다.

13 '퇴적'은 '많이 덮쳐져 쌓임.'이라는 뜻이고 '침식'은 '비, 하천, 빙하, 바람 따위의 자연 현상이 지표를 깎

는 일.'이라는 뜻입니다.

14 앞뒤의 문장이나 낱말을 살펴보면 물의 영향을 받은 암석이라는 것을 알 수 있습니다.

15 화성에 물이 있다는 것은 생명체가 있을 수 있다는 것을 뜻하기 때문에 과학자뿐 아니라 일반인들도 관심을 많이 갖고 있습니다.

채점 기준
화성에 물이 있다는 것은 생명체가 있을 수도 있다는 것을 뜻하기 때문이라는 내용으로 썼으면 정답으로 인정합니다.

18 '하찮게'는 '그다지 훌륭하지 아니하게. 대수롭지 아니하게.'라는 뜻이므로 그런 의미에 맞게 짧은 문장을 만듭니다.

채점 기준
'하찮게'의 의미에 알맞게 문장을 썼으면 정답으로 인정합니다.

19 '종종'은 '시간적, 공간적 간격이 얼마쯤씩 있게.'라는 의미로 쓰입니다.

20 속담 사전으로는 속담의 의미를 알 수 있습니다.

서술형 문제 122쪽

01 예 첫 자음자 'ㅎ'을 찾고, 모음자 'ㅐ'를 찾고 받침 'ㅇ'을 찾는다. 그다음에 두 번째 글자인 '성'을 찾는다. **02** 예 화성은 밝게 빛나는 붉은 천체이다. / 바이킹 우주선이 화성에 착륙했다. / 화성의 표면은 강줄기가 마른 것처럼 보이는 곳도 있고, 북극에는 두꺼운 얼음처럼 하얗게 보이는 부분도 있다. **03** (1) 한 낱말이 다른 낱말을 포함하는 관계 (2) 예 움직이다, 날다 / 노래, 민요 / 춤, 발레 **04** (1) 예 마음을 부드럽게 녹여 주는 따스함이 있다. (2) 예 괴로워하는 친구 곁에 있어 주는 고래의 마음이 따스하기 때문이다.

01 '행성'은 형태가 바뀌지 않는 낱말입니다. 첫 번째 글자 '행'의 첫 자음자, 모음자, 받침 순서대로 찾고 두 번째 글자도 같은 순서대로 찾습니다.

채점 기준
자음자, 모음자, 받침이 실린 순서를 설명하며 낱말 찾는 방법을 썼으면 정답으로 인정합니다.

02 이 글은 화성 탐사 내용에 대해 설명하고 있습니다.

채점 기준
글에 나오는 사실을 썼으면 정답으로 인정합니다.

03 고래는 포유동물의 한 예입니다. '고래'는 '포유동물'에 포함되고, '포유동물'은 '고래'를 포함합니다.

채점 기준
낱말 관계를 답안과 같이 쓰고 예를 알맞게 들었으면 정답으로 인정합니다.

04 '훈훈해지지요'는 '마음을 부드럽게 녹여 주는 따스함이 생기지요'라는 의미입니다.

채점 기준
마음이 따뜻해진다는 내용이면 정답으로 인정합니다.

수행 평가 123쪽

1 생명 **2** 형태가 바뀌지 않는 부분인 '닦'에 '-다'를 붙여 기본형인 '닦다'를 만들어 찾는다. **3** (1) 남을 존중하고 자기를 내세우지 않는 태도가 있음. (2) 예 교만 / 자만 / 거만

1 제시된 낱말들은 모두 '생명'이란 낱말에 포함됩니다.

채점 기준
'생명'이라고 썼으면 정답으로 인정합니다.

2 '닦아'는 형태가 바뀌는 낱말이므로 기본형을 만들어 국어사전에서 찾아야 합니다.

채점 기준
낱말에서 형태가 바뀌지 않는 부분과 기본형을 만드는 방법을 모두 설명했으면 정답으로 인정합니다.

3 '겸손'은 '남을 존중하고 자기를 내세우지 않는 태도가 있음.'이란 뜻입니다.

채점 기준
사전에서 찾은 낱말의 뜻과 뜻이 반대인 낱말을 모두 알맞게 썼으면 정답으로 인정합니다.

8. 이런 제안 어때요

교과서 지문 학습 124~129쪽

01 꽃밭에 꽃을 심었다. 02 ④ 03 예 꽃은 쓰레기가 없는 깨끗한 꽃밭에서 건강하게 자랄 수 있다. 04 날씨가 05 따뜻합니다. 06 풀이 참고 07 ① 08 ③ 09 민주 10 ㉯ → ㉰ → ㉱ → ㉮ 11 (3) ○ 12 예 기부 운동에 참여하면 어린이들이 깨끗한 물을 마시고 사용할 수 있습니다. 13 ④ 14 ② 15 풀이 참고 16 ① 17 ③ 18 (3) ○ 19 예 정확하고 깊이 있는 지식을 얻기 위해서 책을 펼칩시다.

01 지난 주말에 진영이가 동생과 함께 한 일은 글 가의 첫 번째 문장에 나타나 있습니다.

02 꽃밭에 쓰레기가 버려져 있어 실망한 마음이 글 가에 나타나 있습니다.

03 꽃밭에 쓰레기를 버리지 않으면 좋겠다는 제안에 대한 까닭으로 꽃은 쓰레기가 없는 깨끗한 꽃밭에서 건강하게 자랄 수 있다는 점을 들었습니다.

채점 기준
꽃은 쓰레기 없는 깨끗한 꽃밭에서 건강하게 자랄 수 있다는 까닭이 드러나 있으면 정답으로 인정합니다.

04 ㉠은 '무엇이+어떠하다'의 짜임입니다. '무엇이'에 해당하는 것은 '날씨가'입니다.

05 ㉠은 '무엇이+어떠하다'의 짜임입니다. '어떠하다'에 해당하는 것은 '따뜻합니다'입니다.

06 ㉡은 '누가+어찌하다'의 짜임이고, ㉢은 '무엇이+어찌하다'의 짜임입니다.

문장	누가/무엇이	어찌하다/어떠하다
㉡	(1) 우리 모두	(2) 운동을 합시다.
㉢	(3) 운동이	(4) 건강을 지켜 줍니다.

07 '무엇이'에 해당하는 부분이 '하늘이'이고, '어떠하다'에 해당하는 부분이 '푸르다'입니다.
② '누가+어찌하다'의 짜임입니다.
③ '무엇이+무엇이다'의 짜임입니다.
④ '누가+어찌하다'의 짜임입니다.
⑤ '누가+어찌하다'의 짜임입니다.

08 동영상에 나오는 아이는 깨끗한 물을 구하지 못해 어려움을 겪고 있습니다.

09 깨끗한 물을 구하지 못해 도움이 필요한 아이를 보고 "깨끗한 물을 보내 주는 기부 운동에 참여하고 싶어."와 같은 제안을 생각할 수 있습니다.

10 제안하는 글을 쓰는 과정은 '문제 상황 확인하기 → 제안하는 내용 정하기 → 제안하는 까닭 파악하기 → 제안하는 글 쓰기'입니다.

11 이 글의 문제 상황은 깨끗한 물을 구하지 못해 어려움을 겪는 아이들이 있다는 것이므로 '깨끗한 물을 보내 주는 기부 운동에 참여합시다.'가 제안하는 내용으로 알맞습니다.

12 깨끗한 물을 보내 주는 기부 운동에 참여하자는 제안에 어울리는 까닭을 씁니다.

채점 기준
기부 운동에 참여하면 어린이들이 깨끗한 물을 마실 수 있다는 내용이 들어가면 정답으로 인정합니다.

13 깨끗한 물을 마시지 못하는 아이들에게 물을 보내 주는 기부 운동에 참여하자는 내용을 제안하고 있으므로, 「당신의 1리터를 나누어 주세요」와 같이 제목을 정할 수 있습니다.

14 복도에서 미끄러져 넘어진 사례들을 글 1에서 제시하고 있습니다. 학교에서 발생하는 안전사고가 늘어나고 있다는 문제 상황을 제시하고 있습니다.

15 ㉠은 '누가+어떠하다'의 짜임입니다.

누가/무엇이	어찌하다/어떠하다
(1) 석고 붕대를 한 친구는	(2) 우리 반뿐만 아니라 다른 반에도 여러 명이 있다.

16 제안하는 글의 제목은 미리 정해 두고 쓸 수도 있고, 글을 다 쓴 후에 어울리는 제목을 붙일 수도 있습니다.

17 마지막 문단에 '복도에 안전 거울을 설치해야 한다'는 제안이 나타나 있습니다.

18 복도에서 일어나는 안전사고를 줄일 수 있다는 것을

제안하는 까닭으로 제시하고 있습니다.

19 사람들이 지식을 얻고자 할 때 독서를 하지 않고 인터넷을 검색하는 문제 상황을 해결할 수 있는 제안을 생각해 씁니다.

채점 기준
지식을 얻기 위해 인터넷 검색보다 책을 강조하는 표현이 나타나 있으면 정답으로 인정합니다.

단원 정리 평가 131~134쪽

01 ③ 02 ③ 03 꽃은 쓰레기가 없는 깨끗한 꽃밭에서 건강하게 자랄 수 있습니다. 04 유나 05 (2) ○ 06 ⑤ 07 ㉰ 08 (1) 내 옆에 앉은 친구가 (2) 노래를 부른다. 09 ① 10 (1) ㉱ (2) ㉰ 11 (1) ○ 12 ④ 13 ㉰ 14 서연 15 예 「당신의 1리터를 나누어 주세요」 16 (1) 문제 (2) 까닭 17 (3) ○ 18 ③ 19 복도 20 ㉰

01 진영이는 지난 주말에 동생과 함께 집 앞 꽃밭에 꽃을 심었습니다. 첫 번째 문장에 나타나 있습니다.

02 꽃밭에 쓰레기가 버려져 있어서 실망한 마음이 두 번째 문단에 나타나 있습니다.

03 꽃은 쓰레기가 없는 깨끗한 꽃밭에서 건강하게 자랄 수 있기 때문에 꽃밭에 쓰레기를 버리지 않으면 좋겠다고 제안했습니다.

채점 기준
두 번째 문장에 나타난 '제안하는 까닭'을 찾아 썼으면 정답으로 인정합니다.

04 진영이는 문제를 해결하기 위해 아파트 주민에게 글을 써서 붙이기로 했습니다. 제안하는 글을 써서 붙이는 것은 문제를 더 좋은 쪽으로 해결할 수 있도록 만들어 줍니다.

05 마지막 문장에 '깨끗해진 꽃밭'이 나타나 있습니다.

06 '훌륭한 사람의 일생을 기록한 글'은 전기문입니다. '물건의 특징과 쓰임을 설명한 글'은 설명하는 글입니다. '오늘 하루 겪은 일을 반성하는 글'은 일기입니다. '견문과 감상이 잘 드러나게 쓴 글'은 기행문입니다.

07 반찬을 남기는 친구가 많다는 문제 상황을 해결하기 위한 제안으로 적절한 것은 '잔반 없는 날'을 정하는 것입니다.

08 '어찌하다'는 움직임을 나타내는 말입니다.

09 '아주 크다'는 '어떠하다'에 해당하는 말입니다.
②, ③, ⑤ '어찌하다'에 해당하는 말입니다.
④ '무엇이다'에 해당하는 말입니다.

10 (1) '하늘이 푸르다'는 '무엇이+어떠하다'의 짜임입니다. (2) '운동이 건강을 지켜 줍니다.'는 '무엇이+어찌하다'의 짜임입니다.

11 이 글에는 아이들이 깨끗한 물을 구하지 못해 겪는 어려움이 나타나 있습니다.

12 ㉠ 다음의 문장이 '기부 운동에 참여하면'으로 시작되므로 ㉠에 들어갈 제안하는 내용은 '깨끗한 물을 보내 주는 기부 운동에 참여합시다.'가 적절합니다.

13 ㉠에는 '제안하는 내용'이 들어가야 알맞고, ㉡은 '제안하는 까닭'이 나타난 문장입니다.

14 제목은 긴 문장으로 자세히 쓰는 것보다 제안하는 내용이 잘 드러나도록 쓰는 것이 중요합니다. 제목을 미리 정해 놓고 쓸 내용을 정리해도 되고, 쓸 내용을 정리한 뒤에 제목을 정해도 됩니다.

15 제안하는 내용이 잘 드러나게 알맞은 제목을 붙입니다.

채점 기준
깨끗한 물을 보내 주자는 의미를 담고 있는 제목이면 정답으로 인정합니다.

16 제안하는 글을 쓰는 과정은 '문제 상황 확인하기 → 제안하는 내용 정하기 → 제안하는 까닭 파악하기 → 제안하는 글 쓰기'입니다.

17 제안하는 글을 쓸 때는 '제안하는 내용'이 실천 가능한 내용인지 고려해야 합니다.

18 사람들이 실천하기 어려운 내용을 제안하는 것은 바람직하지 않습니다.

19 첫 번째 문단에서 '복도'에서 발생한 안전사고에 대한 통계 자료를 제시하고 있습니다.

20 두 번째 문단에서 '□□신문에 따르면'이라고 자료를 밝히고 있습니다.

서술형 문제 135쪽

01 예 꽃밭에 쓰레기가 버려져 있다. **02** 예 꽃밭에 쓰레기를 버리지 않으면 좋겠습니다. 꽃은 쓰레기가 없는 깨끗한 꽃밭에서 건강하게 자랄 수 있습니다. **03** (1) 예 복도에 안전 거울을 설치해야 한다. (2) 예 복도에서 일어나는 안전사고를 줄일 수 있다. **04** 예 복도에 안전 거울을 설치해 주세요

01 진영이는 꽃밭에 쓰레기가 버려져 있는 문제를 해결하고 싶어 합니다.

채점 기준
꽃밭에 쓰레기가 버려져 있다는 내용이 있으면 정답으로 인정합니다.

02 제안과 그 까닭이 담긴 두 문장으로 된 글을 완성해 씁니다.

채점 기준
제안과 그 제안에 알맞은 까닭을 들어 두 문장으로 글을 썼으면 정답으로 인정합니다.

03 마지막 문단에 제안하는 내용과 제안하는 까닭이 나타나 있습니다.

채점 기준
제안과 까닭을 모두 알맞게 정리했으면 정답으로 인정합니다.

04 복도에 안전 거울을 설치하자는 제안이 잘 드러나게 제목을 붙여 보도록 합니다.

채점 기준
'복도', '안전 거울'이라는 낱말을 포함해서 썼으면 정답으로 인정합니다.

수행 평가 136쪽

1 (1) 욕심쟁이 혹부리 영감의 혹이 (2) 두 개가 되었어요. (3) 일곱 난쟁이는 (4) 잠들어 있는 백설 공주를 발견했어요. **2** (1) 예 아이들이 공을 찹니다. (2) 예 아주머니가 아이를 바라봅니다. **3** 풀이 참고

1 문장에서 '누가/무엇이'에 해당하는 부분을 먼저 찾아봅니다.

채점 기준
답안과 같이 구분하여 표의 빈칸을 모두 알맞게 채웠으면 정답으로 인정합니다.

2 그림 상황에 알맞은 내용으로 문장을 만들고 문장의 짜임에 맞는지 확인합니다.

채점 기준
그림 내용을 문장의 짜임에 맞게 하나의 문장으로 나타냈으면 정답으로 인정합니다.

3 제안하는 글에 들어가야 할 내용인 문제 상황, 제안하는 내용과 제안하는 까닭을 쓰고, 글에 알맞은 제목을 붙여 봅니다.

문제 상황	(1) 예 점심시간에 반찬을 남기는 친구가 많습니다. / 버려지는 반찬이 많아 환경에 부담이 되고 있습니다.
제안하는 내용	(2) 예 일주일에 하루를 정해서 '빈 그릇 운동'을 실천합시다. / '빈 그릇 운동'을 실천한 학생들은 다음 날 점심시간에 밥을 일찍 먹을 수 있도록 합시다. / 급식을 받을 때 먹을 만큼 받고, 배가 고플 땐 추가로 더 받읍시다.
제안하는 까닭	(3) 예 버려지는 음식물 쓰레기는 환경 오염으로 이어지기 때문입니다. / 일주일에 하루를 정해 다 먹는 습관을 가지다 보면, 매일 '빈 그릇 운동'을 실천할 수 있을 것이라고 생각합니다. / 처음부터 음식을 먹을 만큼 받는다면 반찬을 남길 일도 없고, 억지로 음식을 먹어야 하는 상황도 만들어지지 않기 때문입니다.
제목	(4) 예 '빈 그릇 운동'으로 환경을 보호합시다

채점 기준

상	문제 상황에 어울리게 제안하는 내용과 알맞은 까닭을 썼고, 제안하는 내용이 잘 드러나게 제목을 지었습니다.
중	문제 상황에 어울리게 제안하는 내용을 썼지만 까닭이 제안하는 내용을 뒷받침하기에 부족합니다.
하	문제 상황과 어울리지 않게 제안하는 내용과 까닭을 썼습니다.

9. 자랑스러운 한글

교과서 지문 학습 137~145쪽

01 ③ **02** 지후 **03** 예 평소에도 워낙 많은 책을 읽었기 때문이다. **04** 글은 말과 같아야 한다. **05** ④ **06** 예 '훈민정음' 28자를 완성했다. / 한글을 완성했다. **07** ③ **08** (1) 사람 (2) 발음 기관 **09** ㄱ **10** 은호 **11** ① **12** (1) 된소릿자 (2) 거센소릿자 **13** 예 한글은 쉽고 빨리 배울 수 있는 문자이다. **14** ② **15** 자음자와 모음자의 획을 더 하는 원리 **16** ㉯, ㉱ **17** ① **18** ③, ⑤ **19** ② **20** (3) ○ **21** 배재학당 **22** ⑤ **23** ⑤ **24** ㉯ **25** ⑤ **26** ④ **27** 예 한글 사랑, 나라 사랑 / 한글, 소중한 우리 글! **28** ⑤ **29** 한글 자음자와 모음자 **30** (1) 훈민정음 (2) 자음자 (3) 애민정신 (4) 모음자

01 세종 대왕이 새로운 문자를 만들기로 한 뒤 가장 먼저 말소리 연구에 관한 책을 구한 것으로 보아 책을 문자 연구에 활용하고자 했음을 짐작할 수 있습니다.

02 중국의 한자에 대한 자부심이 큰 신하들이 벌 떼처럼 일어날 것이 뻔했다는 것으로 보아 신하들의 반대를 걱정하여 문자 연구를 비밀로 했다고 말한 지후의 생각이 맞습니다.

03 세종 대왕이 평소에도 책을 많이 읽어 주변의 의심을 받지 않았던 것입니다.

채점 기준
평소에도 책을 많이 읽었기 때문이라는 내용으로 썼으면 정답으로 인정합니다.

04 ㉠은 '글은 말과 같아야 한다'는 세종 대왕의 생각을 '하늘'이란 예로 한번 더 강조하고 있습니다.

05 세종 대왕은 말과 글이 다르며 배우기 어려운 한자와는 다른 쉬운 문자를 새롭게 만들고자 결심했습니다.

06 세종 대왕은 시력이 점점 나빠졌지만 문자 연구를 포기하지 않았고, '훈민정음' 28자를 완성하게 됩니다. 훈민정음이 만들어진 뒤에 백성들의 삶이 나아졌습니다.

채점 기준
'훈민정음' 28자 또는 한글을 완성했다는 내용이 들어가면 정답으로 인정합니다.

07 이 글에서는 한글이 제자 원리가 과학적이고 독창적인 문자라는 특징에 대해 자음자와 모음자로 나누어 설명하고 있습니다.

09 'ㅋ'은 기본 문자 'ㄱ'에 획을 더하여 만든 글자이고, 'ㄲ'은 기본 문자 'ㄱ'에 같은 문자 하나를 더 써서 만든 문자임을 알 수 있습니다.

10 음소 문자인 한글은 적은 수의 문자로 많은 소리를 적을 수 있다는 특성을 지니고 있습니다.

11 배우기 쉽고 과학적인 까닭에 세계 언어학자들이 한글을 '알파벳의 꿈'이라고 표현하고 있습니다.

12 한글의 특징에 대한 예를 든 부분에서 거센소릿자와 된소릿자의 제자 원리를 잘 설명하고 있습니다.

13 이 글에 나타난 한글의 특성을 우수성으로 이해할 수 있습니다.

채점 기준
이 글에 나오는 한글의 우수성 중 한 가지를 썼으면 정답으로 인정합니다.

14 한글은 컴퓨터, 휴대 전화 등 기계화에 적합한 문자임을 밝히며 이에 대해 자세히 설명하고 있습니다.

15 휴대 전화에서 문자를 빨리 입력할 수 있는 이유를 묻는 것으로, 이는 ㉠ 앞 문장에 나타나 있습니다.

16 로버트 램지 교수가 한 말과 관련이 있는 것은 ㉯, ㉱입니다.

17 한글의 좋은 점을 여러 가지로 설명하고 있으므로 한글의 우수성을 알리고자 한 글임을 알 수 있습니다.

18 주시경이 열두 살이던 무렵 가족과 헤어져 서울 큰아버지 댁으로 갔고 이회종 선생님을 만나 한문을 배웠음을 알 수 있습니다.

19 "벌목정정, 나무 찍는 소리는 쩡쩡 울리고, 조명앵앵, 새들은 짹짹 울음을 우네."라고 선생님께서 풀이해 주신 내용을 확인합니다.

20 한문 공부가 힘들고 어려웠던 주시경은 선생님의 꾸지람 속에 한문 공부에 흥미를 잃고 있으므로 (3)과 같은 생각을 했으리라 짐작할 수 있습니다.

21 1894년 주시경이 배재학당에 입학했음을 주요 사건으로 정리할 수 있습니다.

22 한글은 한문과 달리 며칠 만에 읽고 쓸 수 있었던 것을 떠올린 뒤 ㉠과 같이 되었습니다.

23 인쇄소에서 집에 돌아오면 몹시 피곤했지만 주시경은 한글을 연구했습니다.

24 『대한 국어 문법』은 우리말 문법책입니다.

25 ㉠의 앞부분을 통해 우리나라에 힘이 없어 위태한 때에 우리글이 힘이 될 거라는 생각으로 열심히 한글을 가르쳤음을 알 수 있습니다.

26 우리글을 아끼고 사랑하는 것이 나라를 사랑하는 길임을 강조했고, 평생 우리글을 연구하고 가르쳤던 주시경의 삶을 생각해 보면 ④가 정답입니다.

27 우리글을 아끼고 사랑하는 마음을 담아 표어의 형식에 맞게 짧고 인상적으로 써 봅니다.

채점 기준
우리글을 아끼고 사랑하자는 내용으로 한 문장 이내로 썼으면 정답으로 인정합니다.

28 『훈민정음해례본』은 한글의 자음자와 모음자를 만든 원리를 자세하게 설명해 놓은 책입니다.

단원 정리 평가 147~150쪽

01 ①, ② **02** ② **03** ④ **04** ㉮, ㉰ **05** ⑤ **06** ④ **07** 훈민정음 **08** 예 글을 읽지 못해 억울한 백성이 줄어드는 등 훈민정음 창제 이전보다 백성들의 삶이 더 나아졌기 때문이다. **09** (1) 사람 (2) 하늘 (3) 땅 **10** 획 **11** 소리 **12** ⑤ **13** 예 휴대 전화의 한글 자판이 한글의 자음자와 모음자의 획을 더하는 원리에 기초하여 설계되었기 때문이다. **14** (1) ○ (2) ○ (3) × **15** 예 많은 사람이 한문만을 글로 여기고 우리글에는 관심을 가지지 않았기 때문이다. **16** 『대한 국어 문법』 **17** ① **18** ④ **19** 예 한글은 우리의 정신이 담긴 우리글이기 때문이다. / 한글은 자랑스러운 우리글이기 때문이다. **20** 『훈민정음해례본』

01 정확한 기록을 남길 수 있고 생각을 더 자세히 나타낼 수 있다는 것은 문자의 장점입니다.

02 나라가 안정을 되찾자 세종은 새로운 문자를 만드는 일에 온 힘을 기울였음이 본문에 나타나 있습니다.

04 세종 대왕은 새 문자를 만드는 일을 비밀리에 진행했고, 명나라에 가는 사신들을 통해 책을 구했습니다.

05 이 글을 통해 한자에 대한 자부심이 컸던 신하들이 많아 반대가 심할 것을 예상했음을 알 수 있습니다.

06 세종은 눈이 점점 나빠지고 있어 아예 시력을 잃기 전에 한글 창제를 위한 연구를 서둘렀을 것입니다.

07 글 (나)에서 오랜 연구 끝에 완성한 글자의 이름은 '훈민정음'임을 알 수 있습니다.

08 '훈민정음' 덕분에 글자를 쉽게 익히게 된 백성들의 삶은 이전보다 훨씬 나아졌기 때문에 '선물'이라고 한 것입니다.

채점 기준
백성들의 삶이 이전보다 나아졌다는 내용을 썼으면 정답입니다.

09 글 (가)를 통해 기본 모음자 각각의 의미를 알 수 있습니다.

10 글 (가)에서 설명하는 한글 자음자의 제자 원리에 따라 기본 자음자 ㄱ에서 획을 더하여 ㅋ을 만든 것입니다.

11 한글은 적은 수의 문자로 많은 소리를 낼 수 있는 음소 문자라는 특성을 고려해 볼 때, 정답은 '소리'입니다.

12 한글은 한자와 달리 말과 글이 일치하며, 독창적이고 과학적인 제자 원리에 따라 만들어진 문자입니다.

13 ㉡과 같은 연구 사례가 가능한 이유가 ㉡ 뒷부분에 잘 설명되어 있습니다.

채점 기준
휴대 전화의 한글 자판이 한글의 자음자, 모음자에 획을 더하는 원리에 기초하여 설계되었다는 내용으로 썼으면 정답으로 인정합니다.

14 주시경은 '한글'을 가르쳐 달라는 곳이 있으면 어디든지 달려갔습니다.

15 ㉠ 문장 바로 뒤에 당시 우리말 문법책이 없었던 까닭이 나타나 있습니다.

채점 기준

우리글에 관심이 적었다는 내용으로 썼으면 정답으로 인정합니다.

16 글 나에서 주시경이 1906년에 『대한 국어 문법』을 편찬했음을 밝혔습니다.

17 한글을 연구하고 한글을 가르치는 데 힘을 쏟았던 주시경의 삶을 미루어 보아 빈칸에 들어갈 알맞은 말은 '우리글'입니다.

18 한글을 아끼고 사랑하는 마음으로, 또한 그것이 나라를 지키는 길이라고 믿었기에 한 일이지, 최고의 교사가 되고 싶어 한 일이 아닙니다.

19 한글을 소중히 여겨야 하는 까닭은 무엇인지 생각해 봅니다.

채점 기준

한글을 소중히 여기는 마음을 담아 썼으면 정답으로 인정합니다.

20 『훈민정음해례본』에 관한 설명입니다.

서술형 문제 151쪽

01 (1) 적은 수의 문자로 많은 소리를 적을 수 있다. (2) 쉽고 빨리 배울 수 있다. (3) 컴퓨터, 휴대 전화 등 기계화에 적합한 문자이다. **02** 예 한글은 컴퓨터, 휴대 전화 등 기계화에 적합하여 오늘날과 같은 정보 통신 시대에 사용하기 좋기 때문이다. **03** 예 억울한 일을 당하는 백성들이 줄어들었다. / 여자들도 책을 읽고 편지를 쓸 수 있게 되었다. **04** (1) 예 『대한 국어 문법』이라는 우리말 문법책을 편찬했다. / 평생 한글을 연구하고 사람들에게 한글을 가르쳤다. (2) 예 한글을 사랑하고 아끼는 마음을 본받아야 한다. / 자신이 관심 있는 분야에 대한 꾸준한 노력으로 우리나라를 지키는 데 보탬이 되는 삶을 살았다.

01 각 문단의 중심 문장을 찾아봅니다.

채점 기준

답안처럼 중심 문장을 찾아 썼으면 정답으로 인정합니다.

02 앞 문장에 한글이 디지털 문자로서 탁월한 이유가 자세히 설명되어 있습니다.

채점 기준

한글은 기계화에 적합한 문자라는 내용이 있으면 정답으로 인정합니다.

03 글 가에 훈민정음이 완성된 후 백성들의 삶의 변화가 자세히 나타나 있습니다.

채점 기준

훈민정음이 생겨서 좋아진 점을 썼으면 정답으로 인정합니다.

04 주시경이 평생 한글을 아끼고 사랑했던 모습이나 꿈을 위해 노력한 모습은 본받을 만한 점입니다.

채점 기준

주시경이 한 일과 본받을 점이 의미적으로 잘 연결되었으면 정답으로 인정합니다.

수행 평가 152쪽

1 (1) 예 멋쟁이 옷 가게 (2) 예 예쁜 꽃집 **2** 예 어떤 가게인지 쉽게 알 수 있다. / 부르기 쉽고 기억하기 좋다. / 한글의 소중함을 느낄 수 있다. **3** 예 일기를 쓴 뒤 맞춤법을 꼭 확인한다. / 모르는 한글의 뜻은 사전에서 찾아본다. / 글을 쓸 때 반듯한 글씨체로 정성껏 쓴다.

1 다른 나라 문자로 쓰인 간판을 보면 어떤 뜻인지 잘 이해되지 않는 경우가 있습니다. 어떤 가게인지 쉽게 알 수 있도록 간판을 한글로 바꾸어 써 봅니다.

채점 기준

간판을 한글로 바꾸어 각각 '옷가게'와 '꽃집'의 의미로 썼으면 정답으로 인정합니다.

2 간판을 한글로 쓰면 부르기 쉽고 기억하기 좋습니다.

채점 기준

예시 답안 중 하나라도 썼으면 정답으로 인정합니다.

3 일상생활 속에서 한글에 관심을 기울이고 바르고 정확하게 한글을 사용하려고 노력해 봅니다.

채점 기준

일상생활 속 바른 한글 사용을 위한 실천 방법을 알맞게 쓰고 실천 여부를 표시했으면 정답으로 인정합니다.

10. 인물의 마음을 알아봐요

교과서 지문 학습 153~161쪽

01 ㉣ 02 ④ 03 (1) 예 피곤하고 지친 마음 (2) 예 밤이 되어 잠잘 시간이 되었을 때 04 ③ 05 ⑤ 06 깜짝 놀라고 당황한 마음 07 ⑤ 08 상훈 09 (2) ○ 10 ② 11 예 놀란 표정 12 ①, ⑤ 13 (2) ○ 14 ㉮ 15 ④ 16 ① 17 용궁 18 ④ 19 잠자리의 다리, 실 20 ② 21 ① 22 (1) ○ 23 (1) 예 신나는 마음 예 자전거를 타고 땅 위를 떠가는 것처럼 표현했기 때문입니다. / 행복한 눈과 입 모양으로 표현했기 때문입니다. 24 예 배가 아프기 때문입니다. 25 ⑤ 26 (1) ○ (2) ○ (3) ×

01 그림 ㉣의 인물은 손을 볼에 대고 고개를 숙이며 수줍고 부끄러운 마음을 나타내고 있습니다.

02 그림 ㉯에서는 깜짝 놀라고 무서운 마음을 짐작할 수 있습니다. 이 마음에 어울리는 상황을 생각해 봅니다.

03 그림 ㉰는 하품을 하며 피곤한 표정을 짓고 있습니다. 이와 어울리는 상황을 생각해 봅니다.

채점 기준
피곤한 마음과 피곤한 상황을 썼으면 정답으로 인정합니다.

04 철민이는 수업 시간에 집중하고 있지 않아서 책의 어느 부분을 읽어야 할지 몰랐습니다.

05 철민이는 책의 어느 부분을 읽어야 할지 몰라 당황하였습니다.

06 소민이는 자기가 알려 준 대로 철민이가 읽지 않자 머리를 번쩍이며 놀라고 있습니다.

07 선생님께서는 소민이가 책 읽는 것을 들으시고 "다음부터는 좀 더 크게 읽어라."라고 말씀하셨습니다.

08 소민이 얼굴에 그어진 선과 얼굴 표정, 흘리는 땀, 말풍선의 내용을 통해서 소민이가 긴장했음을 알 수 있습니다.

09 아이들은 산에 도착하자 더워서 겨울옷을 벗었고 일단 산 위로 올라가 보기로 하였습니다.

10 "길을 잃은 것 같아.", "어떡해. 수우야, 무서워!" 같은 말을 통해 낯선 세계에 오게 되어서 무섭고 당황스러운 마음을 짐작할 수 있습니다.

11 산 위에 올라간 아이는 무언가를 보고 "어?" 하며 깜짝 놀랐습니다.

12 아이들은 깜짝 놀랄 만한 광경을 보고 할 말을 잃은 것 같습니다.

13 장면 ⑮에서 커다란 용을 발견한 아이들의 놀란 마음이 눈알이 튀어나온 모습으로 재미있고 실감 나게 표현되어 있습니다.

14 만화에 나오는 인물의 마음을 실감 나게 표현하려면 상황에 어울리는 소리를 내고, 상황에 어울리는 말투와 몸짓으로 표현합니다. 표정이나 행동을 과장해서 흉내 내는 것도 좋습니다.

15 용은 아이들을 보고 오랜만에 사람을 본다며 반가워하였습니다.

16 아이들은 용이 말을 하는 점을 신기하게 생각하였습니다.

17 용은 오랜만에 찾아온 손님이라고 반가워하며 용궁으로 초대한다고 하였습니다.

18 장면 ㉓에서 남자아이는 용의 등에 타게 되어 신이 나는 표정을 짓고 있습니다.

19 장면 ❶에서 소년은 잠자리의 다리에 실을 매달아 날려 보냈습니다.

20 장면 ❸에서 집으로 돌아오는 길에 소년은 장수풍뎅이, 사마귀, 거미, 도마뱀, 꿀벌, 파리, 소를 만났습니다.

21 미소를 짓는 할머니의 표정에서 소년에 대한 사랑을 느낄 수 있습니다.

22 아이는 자전거를 잘 못 타기 때문에 엄마가 손을 놓으면 넘어질까 봐 겁이 나서 놓으면 안 된다고 말했습니다.

23 자전거의 중심을 잡고 혼자 타는 느낌을 표현하면서 눈썹과 눈, 입 모양을 행복하게 표현하고 있고 땅 위를 떠서 가는 것처럼 표현하고 있습니다.

채점 기준

아이의 행복한 마음과 그렇게 짐작한 까닭을 예시 답안처럼 썼으면 정답으로 인정합니다.

24 "아이고, 배야. 나 체했나 봐. 배가 아파!"라는 말을 통해 배가 아픈 상황이라는 것을 알 수 있습니다.

채점 기준

배가 아파서라는 내용으로 썼으면 정답으로 인정합니다.

25 준수 손에서 약을 빼앗으며 "안 돼!"라고 말하고 단호한 표정을 짓고 있는 것으로 보아, 미리는 준수가 급하게 약을 먹으려고 하는 것을 막고 주의를 주려고 하는 마음일 것입니다.

26 장면 ❺에서 미리는 준수에게 약을 먹을 때 설명서와 유통 기한을 확인하고, 미지근한 물과 함께 먹으라고 알려 주었습니다.

단원 정리 평가 163~166쪽

01 (1) 날아갈 것 같은 기쁜 마음 (2) 외롭고 슬픈 마음 **02** ② **03** ① **04** 예 발표하는 것이 부끄러워서 작은 목소리로 발표한 적이 있습니다. **05** ② **06** ④ **07** 예 깜짝 놀란 것 같습니다. / 신기한 광경을 보고 할 말을 잃은 것 같습니다. **08** ③ **09** ④ **10** ⑤ **11** ❶ **12** (1) 맵지 않다. (2) 너무 맵다. **13** ⑤ **14** ① **15** 예 엄마가 김치가 맵지 않다고 해서 먹었는데 먹어 보니 매웠다. / 공원에서 사납게 짖는 개가 너무 무서워서 지나갈 수 없었다. **16** ③ **17** ④ **18** (1)-㉮ (2)-㉯ **19** 유통 기한 **20** ④

01 두 팔을 벌리고 활짝 웃는 모습으로 기쁜 마음을 짐작할 수 있고, 무릎을 세우고 앉아 우는 모습은 외롭고 슬픈 마음을 짐작할 수 있습니다.

02 여자아이는 일어나 책을 읽고 있습니다. 긴장하여 땀을 흘리고 있습니다.

03 여자아이는 창피해하며 친구들이 목소리가 작다고 놀릴까 봐 걱정하고 있습니다.

04 여자아이는 수업시간에 작은 목소리로 책을 읽었습니다. 발표가 끝난 후에도 긴장하여 가슴이 뛰었고 친구들이 목소리가 작다고 놀릴까 봐 걱정했습니다.

채점 기준

여자아이와 비슷한 경험을 썼으면 정답으로 인정합니다.

05 만화에서 인물의 마음을 짐작할 때 인물의 수는 상관이 없습니다. 인물의 행동이나 표정, 말풍선, 배경을 살펴봅니다.

06 사람을 오랜만에 본 용은 반가워하였습니다. 아이들은 용을 처음 보고 큰 뱀이라고 생각하였습니다.

07 깜짝 놀라서 입을 크게 벌리고 눈을 크게 뜨고 있습니다.

08 용의 말풍선에 물음표가 있는 것으로 보아 자신의 눈앞에 보이는 것이 무엇인지 궁금해하며 확인하고 있음을 알 수 있습니다.

09 말을 하는 용을 처음 보기 때문에 놀라서 주춤거리며 말하는 것이 어울립니다.

10 인물의 마음을 실감 나게 표현하기 위해서 상황에 어울리는 목소리로 흉내 냅니다.

11 장면 ❶에서 소년은 개가 무서워서 조마조마한 마음으로 담 옆에 서 있습니다.

12 할머니가 맵지 않다고 하셔서 소년은 고추를 먹었지만, 소년에게는 너무 매웠습니다.

13 할머니의 입꼬리가 올라가 미소를 짓고 있는 것으로 할머니가 소년을 사랑하신다는 것을 짐작할 수 있습니다.

14 소년은 고추가 맵지 않다는 할머니 말씀에 고추를 먹었는데 실제로는 매웠기 때문에 놀라고 원망하는 목소리가 어울립니다.

15 소년처럼 무섭게 짖는 개를 만나 보았거나, 맵지 않은 줄 알고 먹었던 음식이 맵게 느껴졌던 경험을 떠올려 봅니다.

채점 기준

무서운 개를 만난 경험, 매운 음식을 먹은 경험 가운데 한 가지를 떠올려 썼으면 정답으로 인정합니다.

16 이 만화는 아이가 자전거를 잘 타지 못하다가 중심을 잡고 혼자 타면서 느낀 감정이 잘 표현되어 있습

니다.

17 아이는 자전거를 잘 타지 못해서 엄마가 손을 놓으면 넘어져 다칠까 봐 겁이 났습니다.

18 찡그린 표정을 보니 남자아이는 아파하는 것 같습니다. 약 상자를 열어 보는 행동을 보니 여자아이는 남자아이가 아파서 걱정하는 것 같습니다.

19 여자아이는 남자아이가 설명서와 유통 기한을 확인하지 않고 먹으려고 해서 약을 빼앗은 것입니다.

20 장면 ❺에서 여자아이는 단호한 표정으로 눈을 크게 뜨고 남자아이에게 약을 먹을 때 주의할 점을 말하고 있습니다.

서술형 문제 167쪽

01 예 인물이 한 말로 마음을 짐작할 수 있다. / 검은색 세로선이 그어진 인물 뒤편 배경으로 인물의 마음을 짐작할 수 있다. / 울퉁불퉁한 말풍선 테두리 모양으로 인물의 마음을 짐작할 수 있다. / 눈썹 모양(표정)과 이마의 땀으로 인물의 마음을 짐작할 수 있다. / 두 손으로 얼굴을 가린 행동으로 인물이 창피해하는 것을 짐작할 수 있다. **02** (1) 예 기쁘고 신나는 마음 (2) 예 자전거가 하늘을 나는 것같이 표현했다. **03** (1) 예 소년을 사랑하는 마음 (2) 예 할머니의 입꼬리가 살짝 위로 올라가 미소를 짓고 있기 때문이다. **04** 예 당황하고 짜증 나는 목소리로 말한다.

01 인물이 한 말과 행동, 표정, 말풍선 테두리 모양, 인물 뒤편 배경 등을 살펴보며 인물의 마음이 어떻게 표현되어 있는지 써 봅니다.

채점 기준
그림에 나타난 만화 표현 방법을 인물의 마음과 관련하여 두 가지를 썼으면 정답으로 인정합니다.

02 아이는 혼자 자전거를 타며 몸이 둥실 떠오르는 기분을 느꼈습니다.

채점 기준
자전거를 혼자 타게 되어서 기쁜 마음과 표현 방법을 예시 답안처럼 썼으면 정답으로 인정합니다.

03 할머니의 표정을 보면 입꼬리가 살짝 위로 올라가 있고 미소를 짓고 있습니다.

채점 기준
표정이나 행동을 보고 소년을 사랑하는 마음을 알 수 있다는 내용으로 썼으면 정답으로 인정합니다.

04 고추를 먹은 소년은 얼굴을 찡그리며 혓바닥을 내밀고 있습니다.

채점 기준
속은 기분이나 놀란 마음을 표현하는 목소리나 말투를 썼으면 정답으로 인정합니다.

수행 평가 168쪽

1 (1) 예 활짝 웃는 표정으로 보아 신나고 즐거운 것 같다. (2) 예 밟은 것이 무엇인지 궁금할 것 같다. (3) 예 개가 뛰쳐나오지 않을까 조마조마할 것 같다. **2** 예 말풍선에 "으악! 할머니! 너무 맵잖아."란 말을 넣는다. / 콧구멍에 매운 기운이 나오는 모습을 추가한다.

1 (1) 남자아이는 날아가는 잠자리를 보고 활짝 웃고 있습니다. (2) 남자아이는 무엇인가를 밟아 그 자리에 멈추었습니다. 밟은 것이 무엇인지 궁금할 것 같습니다. (3) 남자아이가 무섭게 짖는 개를 피해서 뛰어가고 있습니다. 개가 뛰쳐나올까 봐 조마조마할 것 같습니다.

채점 기준
각 상황에 알맞은 마음을 썼으면 정답으로 인정합니다.

2 남자아이는 고추가 너무 매워서 콧물이 났습니다. 안 매울 줄 알았다가 놀라고 당황한 것 같습니다. 남자아이의 놀라고 당황한 마음이 잘 표현되도록 그림으로 그려 봅니다.

채점 기준
장면 속 인물의 마음이 더 잘 드러나도록 알맞은 효과를 추가하여 그렸으면 정답으로 인정합니다.

❶ 지도로 본 우리 지역

개념 확인 문제 4~7쪽

1 지도 **2** 위성 사진 **3** (1) ○ (2) × **4** (1)-ⓛ (2)-ⓡ (3)-ⓖ (4)-ⓒ **5** 동, 서, 남, 북 **6** (1)-ⓛ (2)-ⓒ (3)-ⓖ **7** (1) ○ (2) × **8** 등고선 **9** (1) ○ (2) × (3) ○ **10** 안내도

실전 문제 8~9쪽

01 ② **02** ④ **03** 방위표 **04** ⑤ **05** 경찰서 **06** ② **07** 경찰서 **08** ④ **09** ㉠ 1, ㉡ 3 **10** (가) **11** ③ **12** (1) ○

01 위성 사진과 달리 지도에는 모든 것이 나타나 있지 않습니다. 지도를 이용하면 특정 지역의 위치를 알 수 있고 내가 모르는 장소를 쉽게 찾아갈 수 있습니다. 지도는 축척과 기호 등을 활용하여 땅의 모습을 일정한 형식으로 그려야 합니다.

02 위성 사진에는 그 지역의 모든 것이 사실적으로 나타나 있습니다. 지도에는 기호와 색깔 등을 활용하여 중요한 건물, 하천, 도로 등의 정보를 보기 쉽게 나타냅니다.

03 방위는 어떠한 방향의 위치를 일컫는 말입니다. 방위에는 동서남북이 있고, 방위표로 나타냅니다.

04 지도는 정해진 약속에 따라 그려야 합니다. 그리는 사람이 원하는 대로 자유롭게 그린 그림은 지도라고 할 수 없습니다.

05 지도를 보면 병원을 중심으로 북쪽에는 학교, 동쪽에는 경찰서, 남쪽에는 공원, 서쪽에는 우체국이 있습니다.

06 방위는 동서남북 방향을 일컫는 말입니다. 지도에서는 방위를 나타내기 위해 방위표를 사용합니다. 지도에 방위표가 없으면 지도의 위쪽이 북쪽이 됩니다.

07 지도에서 우체국, 학교, 시청, 병원의 위치는 알 수 있지만, 경찰서(◉)는 찾아볼 수 없습니다.

08 건물, 하천, 도로, 다리 등을 지도에 간단하게 나타내기 위해서 약속된 기호를 사용합니다. 지도에 사용된 기호의 뜻을 알려 주기 위해 범례를 표시합니다.

09 1:100,000 축척을 사용하는 지도에서 1 cm는 실제로 100,000 cm로 1 km를 나타냅니다. 지도에서 자로 잰 거리가 3 cm라면 실제 거리는 300,000 cm로 3km가 됩니다.

10 (가) 지도는 (나) 지도보다 실제 거리를 조금 줄인 지도로 (나) 지도보다 고장을 자세히 볼 수 있습니다. 더 넓은 지역을 보고 싶을 때는 (나) 지도를 활용하는 것이 좋습니다.

11 지도에서는 땅의 높낮이를 나타내기 위해 등고선과 색깔을 사용합니다. 등고선의 간격이 좁으면 경사가 급하고, 넓으면 경사가 완만합니다. 땅의 높이가 높을수록 진한 색으로 표시합니다. 그러므로 ㉡은 ㉠보다 연한색으로 나타내어야 합니다.

12 지하철을 타고 약속 장소에 갈 때 필요한 지도는 지하철 노선도입니다.

❷ 우리 지역의 중심지

개념 확인 문제 10~13쪽

1 중심지 **2** (1)-ⓛ (2)-ⓖ (3)-ⓒ **3** (1) × (2) ○ (3) ○ **4** 지도 **5** 행정 **6** 관광 **7** (1)-ⓛ (2)-ⓖ **8** 답사 **9** ⓒ → ⓖ → ⓡ → ⓛ

실전 문제 14~15쪽

01 중심지 **02** ② **03** ④ **04** ④ **05** ① **06** ⓒ **07** ⑤ **08** ② **09** (1) ○ (2) ○ (3) × **10** 경주시 **11** ③ **12** ⑤

01 사람들이 생활과 관련된 다양한 시설(도청, 교육청, 시장, 백화점 등)을 이용하기 위해 모이는 곳을 중심지라고 합니다. 중심지에는 사람들이 많이 모입니다.

02 사람들이 다른 지역으로 이동하기 위해서는 그 지역으로 가는 버스를 타야 합니다. 다른 지역으로 가는 버스를 이용하기 위해서는 버스 터미널로 가야 합니다. 버스 터미널에는 여러 지역으로 가는 버스가 많이 모입니다.

03 중심지에서는 시청, 도청, 우체국, 병원, 공연장 등 다양한 시설이 있습니다. 논, 밭, 양식장 등은 중심지가 아닌 곳에서 주로 볼 수 있습니다.

04 시장에는 사람들이 생활에 필요한 물건을 사기 위해 갑니다.

05 중심지에는 다양한 시설이 모여 있어 높고 낮은 건물들을 찾아볼 수 있습니다. 사람들이 많이 오고 가기 때문에 교통이 편리하고 도로가 발달하였습니다. 논밭은 중심지가 아닌 곳에서 많이 볼 수 있습니다.

06 중심지가 어디인지 알아보기 위해서는 어른들과 함께 중심지를 방문했던 것을 떠올려 볼 수도 있고, 지도에서 다양한 시설이 많이 모인 곳을 찾아볼 수도 있습니다. 또, 어른들께 중심지가 어디인지 여쭤볼 수 있습니다.

07 제시된 지도의 중심지에는 병원, 군청, 시장, 우체국 등이 표시되어 있지만, 공연장은 표시되어 있지 않습니다.

08 지역의 다양한 중심지에서 찾아볼 수 있는 대표적인 시설들은 다음과 같습니다.

〈다양한 기능의 중심지〉
- 행정의 중심지: 도청, 교육청, 시청, 군청
- 상업의 중심지: 백화점, 대형 할인점, 시장
- 산업의 중심지: 전자 제품 공장, 자동차 공장
- 관광의 중심지: 다양한 문화유산
- 교통의 중심지: 기차역, 버스 터미널, 공항

행정의 중심지(도청)

상업의 중심지(백화점)

산업의 중심지(공장)

관광의 중심지(문화유산)

09 (1) 대표적인 관광의 중심지로는 첨성대, 불국사 등이 있는 경상북도 경주시, 부소산성과 국립 부여 박물관이 있는 충청남도 부여군이 있습니다.
(3) 필요한 물건을 사기 위해서는 시장, 백화점 등이 있는 상업의 중심지로 가야 합니다. 산업의 중심지에는 다양한 공장들이 있습니다.

10 첨성대, 석굴암 등의 문화유산이 있는 곳은 경상북도 경주시입니다. 경주시에는 이 외에도 불국사, 천마총 등 수많은 문화유산이 있습니다.

11 포항시에는 대규모의 제철 공장과 로봇 연구소가 있습니다. 따라서 포항시는 산업의 중심지 역할을 한다고 볼 수 있습니다.

제철 공장

로봇 연구소

12 중심지 답사 계획을 세울 때는 답사 목적과 날짜, 장소, 준비물, 주의할 점 등을 정리합니다. 답사 후 느낀 점은 답사를 모두 마친 후 보고서를 쓸 때 필요합니다.

단원 정리 평가 17~19쪽

01 소영 **02** ⑤ **03** ④ **04** ①, ⑤ **05** 우체국 **06** ④
07 ④ **08** ③, ④ **09** ㉠ **10** ① **11** 민주 **12** ㉡, ㉣
13 ④ **14** ②, ④ **15** ㉡ **16** ① **17** ②, ④ **18** ③
19 ④ **20** ⑤

01 지도는 그리는 사람이 원하는 대로 그리는 그림과 다르고, 위에서 내려다본 모습을 나타냅니다.

02 제시된 지도에는 학교와 공원의 이름, 병원과 도청의 위치가 드러나 있습니다. 이 지역에 기차역이 있다면 이름과 위치는 알 수 있어도 기차역을 이용하는 사람의 수는 알 수 없습니다.

03 방위표의 동서남북은 과 같이 나타냅니다.

04 지도에 방위표가 없다면 지도의 아래쪽이 남쪽이 됩니다. 대구광역시보다 남쪽에 있는 도시는 부산광역시와 제주특별자치도입니다. 서울특별시와 인천광역시, 대전광역시는 대구광역시의 북쪽에 있습니다.

05 제시된 기호는 우체국을 뜻합니다.

06 지도에서는 땅이나 건물의 모습을 나타내기 위해 약속된 기호를 사용합니다. 기호를 사용하면 건물의 모양을 간단히 나타낼 수 있습니다.

07 축척은 실제 거리를 줄인 정도를 일컫는 말입니다. 지도에서 잰 거리가 같다 하더라도 축척에 따라 실제 거리는 달라집니다. 실제 거리를 많이 줄일수록 더 넓은 지역을 볼 수 있습니다. 반면, 실제 거리를 적게 줄일수록 어떤 지역을 자세히 볼 수 있습니다.
④ 우리나라 전도는 세계 지도보다 실제 거리를 조금 줄인 지도입니다.

08 지도에서 땅의 높이는 색깔과 등고선으로 나타냅니다.

09 지도에서 땅의 높이를 색깔로 나타낼 때는 높을수록 진한 색으로 표시합니다. ㉠의 색이 가장 진하기 때문에 가장 높다는 것을 알 수 있습니다.

> 〈색깔을 이용해 나타내기〉
> - 위에서 내려다보면 땅의 높낮이를 알기 어렵습니다.
> - 지도에서 땅의 높낮이는 다른 색을 사용하여 나타냅니다.
> - 땅의 높이가 높을수록 진한 색으로 표시합니다.
>   예 초록색 → 노란색 → 갈색 → 고동색
>
> 〈등고선을 이용해 나타내기〉
> - 등고선은 지도에서 높이가 같은 곳을 연결한 선입니다.
> - 등고선의 간격이 좁으면 경사가 급하고, 넓으면 경사가 완만합니다.

10 우리는 일상생활에서 알고자 하는 내용을 확인하기 위해서 안내도를 사용하고, 이용해야 하는 정류장을 알기 위해서 노선도를 확인합니다. 운전자가 모르는 길을 운전할 때는 흔히 내비게이션이라고 이야기하는 길 도우미를 활용합니다.

11 중심지에는 다양한 시설을 이용하고, 일이나 활동을 하려는 사람들이 많이 오고 갑니다. 그래서 도로와 교통이 발달합니다. 논과 밭은 중심지가 아닌 곳에서 주로 볼 수 있습니다.

12 중심지에서 주로 볼 수 있는 시설에는 시장, 시청, 버스 터미널, 병원, 은행 등이 있습니다. 염전과 양식장은 중심지가 아닌 바닷가 근처에서 볼 수 있습니다.

> 〈중심지에서 볼 수 있는 시설〉
> - 버스 터미널: 버스를 타고 다른 지역으로 이동할 수 있도록 버스들이 모이는 곳입니다.
> - 시장: 여러 사람이 모여 필요한 물건을 사고 파는 곳입니다.
> - 공연장: 연극이나 음악과 같은 문화 예술을 즐기기 위해 가는 곳입니다.
> - 우체국: 소포나 우편 등을 보내고, 저축이나 보험 상품 등을 파는 곳입니다.

13 시청, 구청, 군청 등은 다양한 행정 업무를 처리하기 위하여 찾아가는 곳입니다.

14 제시된 지도의 ㉠은 중심지이고, ㉡은 중심지가 아닌 곳입니다. 중심지인 곳에서 볼 수 있는 것은 시청, 교육청, 병원, 우체국 등이 있습니다.

15 밤을 따러 가는 체험은 중심지가 아닌 산에서 할 수 있습니다.

16 문화유산이 많은 곳은 관광의 중심지입니다.

> 〈다양한 중심지〉
> - 행정의 중심지: 행정 관련 일을 처리하기 위해 사람들이 모입니다.
> - 상업의 중심지: 필요한 것을 사기 위해 사람들이 모입니다.
> - 산업의 중심지: 회사나 공장에서 일하기 위해 사람들이 모입니다.
> - 관광의 중심지: 문화유산을 보기 위해 사람들이 모입니다.
> - 교통의 중심지: 교통수단을 이용하기 위해 사람들이 모입니다.

17 회사나 공장에서 일하기 위해 가는 곳은 산업의 중심지이고, 필요한 물건을 사기 위해 가는 곳은 상업의 중심지입니다. 사람들은 문화유산을 보기 위해 관광의 중심지에 갑니다.

18 중심지를 답사하는 과정은 '답사할 중심지 정하기 → 답사 계획 세우기 → 중심지 답사하기 → 수집 자료 정리 및 보고서 작성하기 → 발표하기'입니다.

19 ④ 면담은 중심지를 답사할 때 실시할 수 있으므로, 면담 결과는 수집한 자료를 정리할 때 필요합니다.

20 중심지를 답사할 때는 항상 안전에 유의하고, 꼭 어른과 함께 가도록 합니다. 답사할 때 면담 계획이 있다면 질문은 미리 준비하고, 사진 촬영은 반드시 미리 허락을 받아야 합니다. 답사할 장소에 방문하려면 미리 허락을 받고 시간 약속을 정하는 것이 좋습니다.

서술형 문제 20~21쪽

01 (1) 8개 (2) 예 지도에 쓰인 기호와 그 뜻을 나타내 지도의 정보를 좀 더 쉽고 정확하게 알 수 있기 때문이다. / 지도에 쓰인 기호와 뜻을 모두 외울 수 없기 때문이다. / 지도마다 쓰이는 기호가 다를 수 있기 때문이다. 등 **02** (1) ㉠ 우체국 ㉡ 시장 ㉢ 시청 (2) 예 지도의 위쪽을 북쪽으로 본다. 등 **03** (1) ㉠ 500 ㉡ 2.5 (2) 예 ★ 부분이 초록색이고, ♥ 부분이 갈색인 것으로 보아 ♥ 부분이 더 높은 곳이다. 등 **04** (1) (가) (2) 예 (가) 지역은 중심지로 높고 낮은 건물이 (나) 지역보다 많고, 도로와 교통이 발달하였다. 등 / (나) 지역은 중심지가 아닌 곳으로 논과 밭 등을 볼 수 있다. **05** (1) 상업 (2) 예 문화유산을 보기 위해 사람들이 모인다. / 자연 경관을 보기 위해 사람들이 모인다. 등 **06** (1) ㉠ 목적 ㉡ 장소 ㉢ 준비물 ㉣ 어른 (2) 중심지 모습을 사진으로 찍는다. / 중심지를 찾는 사람들에게 설문 조사를 한다. / 중심지 시설에서 하는 일을 면담한다. 등

01 (1) 학교를 나타내는 기호는 ▙입니다. 지도에서 이 기호를 사용한 곳을 모두 세어 보면 8개입니다.
(2) 동그라미 표시한 부분은 범례를 나타냅니다. 범례는 지도에 쓰인 기호와 그 뜻을 나타내며, 지도에 쓰인 기호의 뜻을 모두 외울 수 없기 때문에 범례가 필요합니다.

채점 기준
범례가 필요한 이유를 잘 설명하였으면 정답으로 합니다.

02 (1) 지도에서 학교를 기준으로 오른쪽이 동쪽, 왼쪽이 서쪽, 아래쪽이 남쪽, 위쪽이 북쪽입니다.
(2) 방위표가 없을 때는 지도의 위쪽을 북쪽으로 봅니다.

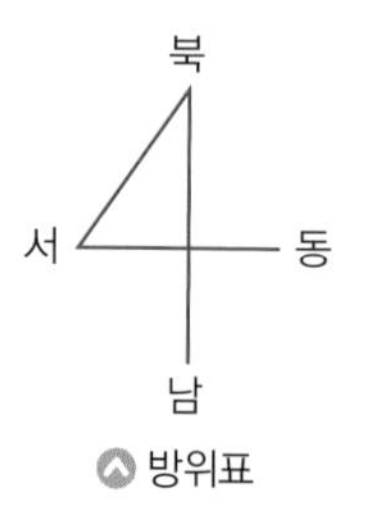

방위표

채점 기준
방위표가 없을 때는 지도의 위쪽이 북쪽, 오른쪽이 동쪽, 왼쪽이 서쪽, 아래쪽이 남쪽이라는 사실을 잘 설명하였으면 정답으로 합니다.

03 (1) (가) 지도는 지도에서 1 cm가 실제 거리 500 m인 1:50,000 지도이고, (나) 지도는 지도에서 1 cm가 실제 거리 2.5 km인 1:250,000 지도입니다.
(2) 지도에서 땅의 높이가 높을수록 진한 색으로 나타내는데 보통 낮은 곳부터 초록색 → 노란색 → 갈색 → 고동색 순서로 표시합니다. 지도에서 ★ 부분은 초록색, ♥ 부분은 갈색이므로 ♥ 부분이 ★ 부분보다 높은 곳임을 알 수 있습니다.

채점 기준
♥의 색깔이 ★보다 진한 색이기 때문에 ♥ 부분이 더 높은 곳이라거나 ★ 부분이 더 낮은 곳이라는 내용이 들어가면 정답으로 합니다.

04 (1) 우체국, 병원, 시장, 버스 터미널 등의 시설이 모여 있는 곳이 중심지라고 볼 수 있습니다.

(2) (가) 지역은 다양한 시설이 모인 중심지이고, (나) 지역은 중심지가 아닙니다.

채점 기준

중심지인 곳과 중심지가 아닌 곳의 차이점을 잘 썼으면 정답으로 합니다.

05 (1) 상업의 중심지에서 볼 수 있는 시설은 물건을 사고 파는 백화점, 대형 할인점, 시장 등입니다.

(2) 사람들이 관광의 중심지에 찾아가는 이유는 문화유산이나 아름다운 경치를 감상하기 위해서입니다.

채점 기준

문화유산, 자연, 경치 등을 보기 위해 사람들이 모인다는 내용이 있으면 정답으로 합니다.

06 (1) 답사 계획서에는 답사 목적, 장소, 날짜, 내용, 방법, 모둠원들의 역할, 준비물, 주의할 점 등이 들어가야 합니다.

채점 기준

똑같은 단어가 아니더라도 비슷한 단어로 표현하였으면 정답으로 합니다.

(2) 중심지를 답사할 때는 중심지 모습을 사진으로 찍거나, 사람들을 만나 다양한 활동을 할 수 있습니다.

채점 기준

답사할 때 할 수 있는 활동이면 정답으로 합니다.

수행 평가 22쪽

1 ㉠ 범례, ㉡ 높이, ㉢ 축척 **2** 예 지도에 실제 거리대로 그릴 수 없기 때문이다. / 지도에서의 거리가 실제로 얼마인지 알아야 할 때 필요하기 때문이다. 등 **3** 예 북구는 서구보다 북쪽에 있다. / 남구보다 동구가 더 높은 곳에 있다. 등

1 ㉠ 지도에 쓰인 기호와 그 뜻을 나타낸 것은 범례입니다. ㉡ 등고선은 땅의 높이가 같은 곳을 연결한 선입니다. ㉢ 축척은 지도에서 실제 거리를 줄인 정도를 보여 줍니다.

2 지도에 실제 거리대로 표현할 수 없기 때문에 실제 거리를 줄인 정도를 지도에 표시합니다. 실제 거리를 알기 위해서는 지도에서 거리를 잰 후, 축척을 보고 계산합니다.

채점 기준

실제 거리대로 지도에 나타낼 수 없다는 내용과 실제 거리를 알고 싶을 때 필요하다는 내용 중 하나라도 포함하고 있으면 정답으로 합니다.

3 제시된 지도를 보면 지역의 이름과 위치, 도로와 강, 산의 이름과 위치, 어느 지점의 높이, 다양한 시설 등을 알 수 있습니다.

수행 평가 23쪽

1 (1)-㉡ (2)-㉠ (3)-㉢ **2** 예 교통이 편리하다. / 사람이 많고 복잡하다. 등 **3** 예 우리 지역의 중심지는 서면이다. 서면에는 높은 건물이 많고, 사람이 많이 모이며, 지하철을 환승할 수 있다.

1 군청, 구청, 시청 등은 행정 업무를 처리하기 위해 찾아가는 곳입니다. 아픈 곳을 치료하기 위해서는 병원에 가고, 다른 지역으로 가는 버스를 타기 위해서는 버스가 모이는 버스 터미널로 가야 합니다.

2 중심지에는 다양한 시설을 이용하기 위해 사람들이 많이 모입니다. 그래서 대체로 도로가 발달하고 교통이 편리합니다.

채점 기준

중심지의 다양한 특징 중 한 가지를 잘 썼으면 정답으로 합니다.

3 각 고장이나 지역에는 다양한 중심지가 있습니다. 우리 지역을 대표하는 시설을 생각해 보고 우리 지역 중심지의 특징을 써 봅니다.

채점 기준

우리 지역 중심지에서 볼 수 있는 시설과 특징을 잘 썼으면 정답으로 합니다.

❶ 우리 지역의 문화유산

개념 확인 문제 24~27쪽

1 문화유산 **2** (1) × (2) ○ **3** 무형 **4** (1)-㉢ (2)-㉡ (3)-㉠ **5** 면담 **6** (1) × (2) ○ **7** 안내도 **8** 조상 **9** (1) × (2) ○

실전 문제 28~29쪽

01 ① **02** ㉡, ㉣, ㉤ **03** ④ **04** ③ **05** ③ **06** 혜원 **07** ① **08** ② **09** ④ **10** ⑤ **11** 문화재 지킴이 **12** ㉠, ㉢

01 건축물, 책, 탑과 같이 형태가 있는 문화유산을 유형 문화유산이라고 합니다.

02 예술이나 기술처럼 형태가 없는 문화유산을 무형 문화유산이라고 합니다.

03 우리나라 유네스코 세계 유산은 석굴암, 종묘, 판소리, 훈민정음 등이 있습니다.

〈세계 유산〉
유네스코(UNESCO)에서는 인류 전체를 위하여 보호되어야 할 뛰어난 문화유산을 세계 유산, 인류 무형 문화유산, 세계 기록 유산으로 등재하고 보호하고 있습니다.

04 우리 지역의 문화유산을 잘 알고 있는 사람을 직접 만나 질문과 대화를 통해 정보를 얻는 방법은 면담입니다.

〈면담할 때 주의할 점〉
- 약속한 시간을 지킵니다.
- 질문을 미리 준비합니다.
- 필요한 경우 허락을 받고 녹음할 수 있습니다.
- 예의바른 태도로 임합니다.

05 문화유산 조사 방법 중 인터넷 검색은 문화유산과 관련된 기관의 누리집에서 문화유산을 검색하는 방법입니다.

06 전시관에서는 규칙에 맞게 행동해야 하고, 함부로 문화유산을 만지면 안됩니다.

07 문화유산 안내도를 만드는 순서는 주제 정하기 → 자료 정리하기 → 백지도에 지역 표시하기 → 문화유산 사진 붙이고 설명 글 넣기 → 안내도 제목 쓰고 소개할 자료 배치하기 → 소개할 자료의 위치 나타내기입니다.

08 문화유산 소개 자료를 만드는 과정에서 깊이 배울 수 있고 우리 지역에 자긍심을 갖게 됩니다. 다른 모둠의 문화유산 소개를 들으며 다양한 경험을 공유하고 문화유산을 더 소중히 여기게 됩니다.

09 영상을 만들고자 할 때는 소개하고자 하는 주제가 잘 드러나도록 만드는 게 중요합니다.

▲ 영상

10 우리 지역 문화유산은 조상들에게 물려받았으며 후손들에게 물려 주어야 합니다. 그리고 민족의 정신이 담겨져 있고 우리의 역사가 담겨져 있어 소중합니다.

11 문화재 지킴이는 소중한 문화재를 보호하기 위해 자발적으로 홍보, 청소 등을 하는 사람이나 운동을 말합니다.

12 문화유산을 보호하기 위해 우리가 실천할 수 있는 것은 평소에 문화유산에 관심을 갖고 공부하기, 체험하거나 답사할 때 규칙 지키기 등이 있습니다.

〈문화유산을 보호하는 다양한 노력〉

구분	내용
국가가 하는 일	• 문화유산을 보호하는 기관을 세움. • 문화유산을 보호하는 법을 만듦.
지역 사회가 하는 일	• 문화유산을 알리는 축제를 엶. • 박물관을 만들거나 보호하는 방법을 마련함.
시민이 하는 일	• 문화재 지킴이 활동을 함. • 문화유산 관람 규칙을 잘 지킴.

❷ 우리 지역의 역사적 인물

개념 확인 문제 30~33쪽

1 역사 **2** (1) × (2) ○ **3** 주제 **4** 조사 계획서 **5** 현장 체험 **6** (1) ○ (2) ○ **7** 역할극 **8** (1) ○ (2) ○ (3) × (4) ○

실전 문제 34~35쪽

01 역사적 인물 **02** ② **03** ② **04** ㉠, ㉡, ㉣ **05** ① **06** ① **07** 문화 관광 해설사 **08** ⑤ **09** ① **10** ⑤ **11** 성철, 수민 **12** ④

01 훌륭한 일로 나라를 발전시키거나 위기를 극복하는 데 중요한 역할을 한 인물, 탁월한 예술 작품을 남기거나 많은 사람을 도운 인물을 가리켜 역사적 인물이라고 합니다.

02 임진왜란 때 특별한 활약을 한 역사적 인물은 이순신 장군입니다.

03 조사 계획서에는 선정한 역사적 인물과 그 주제, 조사 방법, 역할 분담 등이 있어야 합니다. ①, ③, ④, ⑤는 조사를 마치고 난 뒤 작성하는 보고서에 들어갈 내용입니다.

〈조사 계획서 만들기〉

역사적 인물	다산 정약용
주제	다산 정약용의 공부와 실천
조사 방법	• 도서관에서 위인전, 백과사전 찾아 읽기 • 인터넷 검색으로 자료 찾기 • 다산 문화관 답사하기
조사 내용	정약용의 일생과 업적
모둠 역할	• 인호: 정약용의 일대기 조사 • 승아: 수원 화성과 거중기 사진, 영상 자료 준비 • 라임: 정약용과 관련하여 방문할 만한 장소 찾아보기
주의할 점	• 사용하는 자료의 출처를 밝히기 • 친구들과 함께 의견을 나누며 계획 세우기

04 역사적 인물을 조사하는 방법은 인터넷 검색, 책이나 기록물 찾기, 현장 체험 등이 있습니다. ㉢은 소개하는 자료를 만드는 방법입니다.

인터넷 검색

책이나 기록물 찾기

05 역사적 인물과 관련된 곳을 방문하는 조사를 현장 체험이라고 합니다.

06 인터넷 검색은 시간과 공간의 제한을 넘어서는 장점과 특징이 있습니다. 그러나 직접 무언가를 만지거나 볼 수는 없습니다.

07 문화 관광 해설사는 문화유산, 역사적 인물을 알기 쉽게 설명해 주십니다.

08 노랫말을 바꾸어 우리 고장의 역사적 인물을 소개할 수 있습니다.

09 만화로 우리 지역의 역사적 인물을 소개할 때 인물의 생애와 업적을 나타내는 것이 중요합니다.

만화를 그려 역사적 인물 소개하기

10 우리 지역의 역사적 인물을 소개하는 발표를 들을 때 질문하고 싶은 내용을 적어 보고, 내가 미처 알지 못했던 내용을 차분하게 듣는 태도가 중요합니다.

11 조사와 소개를 마친 후 평가를 할 때 중요한 점에는 태도가 어떠한지, 소개하려는 주제가 잘 드러났는지, 협동하여 적절한 역할을 수행하였는지 등이 있습니다.

12 우리 지역뿐만 아니라 다른 지역에도 훌륭한 역사적 인물이 있습니다.

단원 정리 평가 37~39쪽

01 유형 문화유산 02 ①, ④ 03 ④ 04 ④ 05 ②
06 면담 07 ③ 08 ⑤ 09 ②, ④ 10 은경, 정배
11 문화재 지킴이 12 ③ 13 (1) 세종 (2) 김만덕 14 ④
15 ① 16 ③ 17 ① 18 ④ 19 ㉠ → ㉣ → ㉡ → ㉢
20 ⑤

01 문화유산은 예로부터 내려오는 문화 중에 후손들에게 물려줄 만한 가치가 있는 것을 말합니다. 탑, 건물, 책과 같이 형태가 있는 문화유산을 유형 문화유산이라고 합니다.

02 정선 아리랑과 같이 형태가 없는 문화유산을 무형 문화유산이라 하고, 강릉 농악, 삼화사 수륙재가 이와 같은 종류입니다.

03 제시된 강원특별자치도 문화유산을 통해 강원특별자치도의 역사를 알 수 있습니다.

04 문화유산을 직접 답사하고자 할 때 미리 문화유산에 대한 조사를 하면 더 실감나고 깊이 있게 배울 수 있습니다.

〈문화유산을 조사하는 방법〉

문헌 조사

인터넷 검색

면담

답사, 현장 체험

05 답사, 현장 체험은 직접 보고 조사하여 생생한 정보를 얻을 수 있습니다.

06 면담은 문화유산을 자세히 알고 있는 분에게 궁금한 점을 여쭈어볼 수 있는 조사 방법입니다.

07 문화유산을 소개하는 포스터에 문화유산이 만들어진 시기가 들어가면 좋습니다.

문화유산 포스터

08 안내도에는 지역에 있는 중요한 문화유산의 위치, 분포, 특징이 잘 구별되어 나타나 있습니다.

〈문화유산 소개 자료〉

- 포스터: 문화유산의 특징, 가치, 우수성을 소개하는 짧은 글과 함께 사진이나 그림이 있음.
- 소개 책자: 주제에 따라 한 가지 문화유산을 자세하게 소개하거나 다양한 문화유산을 한 번에 소개할 수 있음.
- 안내도: 지도를 활용하여 지역에 있는 중요한 문화유산의 위치, 분포, 특징을 알려 줌.
- 영상: 주제에 맞는 장면과 효과를 사용하여 흥미와 이해를 높임.
- 모형 만들기: 종이나 찰흙, 철사 등을 이용하여 모형을 직접 만들며 문화유산을 더 자세히 공부할 수 있고 전시를 할 수 있음.

09 문화유산은 조상으로부터 물려받았고 후손에게 물려 주어야 할 가치가 높은 것들이며, 우리의 역사를 담고 있습니다.

10 문화유산을 보호하기 위해 소중히 여기는 마음, 자랑스러워하며 널리 알리는 태도가 중요합니다.

〈문화유산을 소중히 여겨야 하는 까닭〉

- 우리 조상들에게 물려받았기 때문입니다.
- 우리 후손들에게 물려 주어야 하기 때문입니다.
- 문화유산에는 우리 조상들의 정신이 담겨 있기 때문입니다.
- 문화유산에는 우리의 역사가 담겨 있기 때문입니다.

11 문화재 지킴이는 우리의 소중한 문화유산을 보호하기 위해 청소, 순찰 등 다양한 활동을 합니다.

12 역사적 인물은 나라를 세우고 이끌어 나가고 나라를 구하려고 노력하였습니다. 또한 문화를 발전시키며 여러 사람들에게 도움이 되는 물건을 만드는 등 다양한 일을 하였습니다.

13 세종은 훈민정음을 만들고 과학 기술을 발전시킨 역사적 인물이고, 김만덕은 전 재산을 풀어 가난한 제주도 백성을 도와준 역사적 인물입니다.

14 역사적 인물의 조사 방법에는 문헌 조사, 인터넷 검색, 현장 체험 등이 있습니다.

〈우리 지역의 역사적 인물 조사 방법〉
- 인터넷 검색: 검색창, 관련 누리집에서 정보를 찾습니다.
- 책이나 기록물 찾기: 위인전, 백과사전, 관련 문서 등을 조사합니다.
- 현장 체험: 역사적 인물이 살았던 곳, 관련된 전시관을 방문하거나 문화 관광 해설사와 면담합니다.

15 역사적 인물을 소개할 때 뉴스의 형식을 통해 이야기를 전하는 방법이 있습니다.

〈역사적 인물을 소개하는 자료 만들기〉

뉴스	주제에 알맞은 내용을 기자가 취재하거나 아나운서와 인터뷰하는 상황으로 만들어 봄.
역할극	소개하고 싶은 내용을 등장인물과 주고받는 대사, 행동을 통해 표현함.
만화	인물을 흥미롭게 소개할 수 있는 그림과 대사를 적절히 구성하여 나타냄.
노래	인물의 성장 과정, 업적을 널리 알려신 노래 가사로 만들어 봄.

16 역할극에서는 인물의 생애와 업적, 고민과 결정이 함께 나타나도록 합니다.

17 우리 지역의 역사적 인물을 소개할 때는 역사적 사실을 바탕으로 만들어야 합니다.

18 소개 자료를 준비하며 모둠 친구들과 협력하고 성실하게 임하며, 자료를 사용할 때는 출처를 밝힙니다.

19 역사적 인물을 소개할 때는 발표 → 질문 → 평가 → 소감 나눔의 순서로 합니다.

20 역사적인 인물은 과거뿐 아니라 과거가 쌓인 현재에도 영향을 미친다고 할 수 있습니다.

〈우리 지역의 역사적 인물을 배우면서 느낀 점〉
- 우리 지역에 대한 자긍심을 느낍니다.
- 역사적 인물이 살았던 시대를 알 수 있습니다.
- 모둠에서 역할을 함께 수행하며 협동하는 자세를 배웁니다.
- 우리나라 역사에 대하여 배울 수 있습니다.

서술형 문제 40~41쪽

01 ㉠ 인터넷 검색 ㉡ 면담 **02** 예 질문을 미리 준비해 간다. 사전에 연락을 하여 만나는 시간과 장소에 늦지 않게 도착한다. 필요한 경우 허락을 받고 녹음을 한다. / 예의바르게 면담한다. 등 **03** (1) 무형 (2) 예 많은 관심과 지원을 받을 수 있다. / 우리 지역에 자부심이 생긴다. / 우리나라 전체에도 큰 이익을 준다. 등 **04** 예 문화유산을 소중하게 여기며 아끼기 / 문화유산에 관심을 갖고 자세하게 공부하기 / 문화유산을 자랑스럽게 생각하고 널리 알리기 / 문화유산을 체험하거나 답사할 때 규칙을 잘 지키기 등 **05** ㉠ 문화유산 ㉡ 문화 관광 해설사 **06** 예 역사적 인물의 일생과 업적을 자세하고 정확하게 알 수 있다. / 시간이 절약된다. / 여러 종류의 책에서 다양한 정보를 알 수 있다. 등 **07** 예 효과적으로 소사할 수 있다. / 무엇을 해야 할지 잘 알 수 있다. **08** 예 사용하는 자료의 출처를 밝힌다. 인터넷 검색 자료가 정확한지 여러 곳의 정보를 비교하여 본다.

01 문화유산을 조사하는 방법에는 책이나 기록물 찾기, 인터넷 검색, 면담, 답사 및 현장 체험이 있으며 선영이는 인터넷 검색의 특징을, 인호는 면담할 수 있는 상황을 이야기하였습니다.

사회

채점 기준

인터넷 검색과 비슷한 내용(인터넷, 누리집)이 있으면 정답으로 합니다.

02 면담을 할 때는 다음과 같은 주의 사항을 지킵니다.

- 약속한 시간을 지킵니다.
- 질문을 미리 준비합니다.
- 필요한 경우 허락을 받고 녹음을 할 수 있습니다.
- 예의바른 태도로 임합니다.

채점 기준

면담을 할 때 지켜야 할 규칙과 자세에 관하여 썼다면 정답으로 합니다.

03 (1) 기술, 예술과 같이 형태가 없는 문화유산을 무형 문화유산이라 하고, 건물이나 책과 같이 형태가 있는 문화유산을 유형 문화유산이라고 합니다.

(2) 우리 지역이나 나라의 문화유산이 유네스코에 등재되면 많은 관심과 지원을 받고 우리나라 전체에도 큰 이익을 줍니다.

채점 기준

세계 유산으로 등재되는 긍정적인 효과의 서술이면 정답으로 합니다.

04 문화유산을 보호하기 위하여 국가, 지역 사회, 시민이 할 수 있는 일이 있습니다. 학생들은 문화유산을 자랑스럽게 여기며 문화유산을 아끼는 활동 등을 하면서 문화유산을 보호할 수 있습니다.

채점 기준

정답의 예시 외에도 초등학교 학생들이 실천할 수 있는 내용이면 정답으로 합니다.

05 직접 현장을 찾는다면 역사적 인물과 관련된 문화유산을 관람하거나 문화 관광 해설사로부터 역사적 인물의 이야기를 듣고 질문하며 답을 얻을 수 있는 장점이 있습니다.

06 역사적 인물에 관련된 위인전을 읽으면 일생을 잘 알 수 있고, 관련된 백과사전을 찾아보면 자세하고 정확한 내용을 알 수 있습니다.

채점 기준

문헌 연구가 가진 장점을 나타내는 서술이라면 정답으로 합니다.

07 조사 계획서를 만들면 효과적인 조사 결과를 얻을 수 있습니다.

채점 기준

조사 계획서가 주는 이점이 들어가는 내용이면 정답으로 합니다.

08 조사 계획서에서 주의할 점은 사용하는 자료의 출처 남기기, 역할에 책임감 지니기, 인터넷 검색 자료를 한 곳에서만 보지 않기 등이 있습니다.

채점 기준

조사 계획서에서 필요한 주의할 점과 관련된 내용을 썼다면 정답으로 합니다.

수행 평가 42쪽

1 ㉠, ㉡ 2 예 문화유산을 소중하게 여기며 아낀다. / 문화유산에 관심을 갖고 자세하게 공부한다. / 문화유산을 자랑스럽게 생각하고 널리 알린다. / 문화유산을 체험하거나 답사할 때 규칙을 잘 지킨다. 등

1 문화유산은 역사와 전통이 담겨 있어 국가와 지역 사회, 시민이 함께 보호합니다.

2 문화유산을 보호하기 위하여 우리가 실천할 수 있는 방법은 정답과 같습니다.

채점 기준

정답과 같은 뜻을 포함하는 내용을 썼으면 정답으로 합니다.

수행 평가 43쪽

1 ㉠ 뉴스 ㉡ 역할극 2 생략

1 우리 지역의 역사적 인물을 소개하는 다양한 방법에는 뉴스 만들기와 역할극 하기가 있습니다.

2 **채점 기준**

우리 지역의 역사적 인물을 소개하는 자료와 그에 해당하는 적합한 이유를 쓰면 정답으로 합니다.

❶ 우리 지역의 공공 기관

개념 확인 문제 44~47쪽

1 공공 기관 2 (1) × (2) ○ (3) ○ (4) ○ (5) ×
3 (1)-㉢ (2)-㉡ (3)-㉠ 4 행정 복지 센터(주민 센터)
5 우체국 6 견학 7 조사 방법 8 조사 보고서 9 ㉢

실전 문제 48~49쪽

01 ③ 02 ② 03 보건소 04 ① 05 ⑤ 06 ③ 07 경찰서 08 학교 09 ④ 10 ⑤ 11 소방서 12 ③

01 주민 전체의 이익과 생활의 편의를 위해 국가에서 세우거나 관리하는 곳을 공공 기관이라고 합니다. ③ 백화점은 기업이 기업의 이익을 위해 세운 곳으로 공공 기관에 해당하지 않습니다.

02 공공 기관은 일부 개인의 이익이 아닌 주민 전체의 이익과 생활의 편의를 위한 것입니다.

〈공공 기관이 아닌 곳의 특징〉
기업의 이익을 위해 만들어진 곳으로, 국가에서 세우고 관리하지 않습니다.

03 감염병과 질병을 예방하고 치료하며, 임산부와 노약자의 건강을 위해 도움을 주는 공공 기관은 보건소입니다.

04 ② 불이 났을 때 도와주는 곳은 소방서입니다. ③ 예방 접종을 하는 곳은 보건소입니다. ④ 우편물은 우체국에서 보낼 수 있습니다. ⑤ 도로 등 시설을 관리하는 곳은 시·도청입니다.

05 우체국에서는 우편이나 택배를 보내주는 일을 합니다. 불을 끄는 곳은 소방서, 책을 빌려주는 곳은 도서관, 예방 접종을 하는 곳은 보건소, 주민 등록증을 발급해주는 곳은 행정 복지 센터입니다.

06 ③ 문구점은 국가에서 세우고 관리하는 공공 기관이 아닙니다.

07 교통정리를 해주고 주민의 안전을 위해 일하는 공공 기관은 경찰서입니다.

08 학교와 협력해서 일하는 공공 기관에 대한 설명입니다. 도서관, 경찰서, 소방서는 학교와 협력해서 일하는 공공 기관입니다.

〈공공 기관에서 만날 수 있는 직업〉

공공 기관	직업
경찰서	경찰관, 심리 상담사
보건소	의사, 영양사
소방서	소방관, 응급 구조사
학교	선생님
우체국	집배원

09 공공 기관을 조사하는 과정은 먼저 조사하고 싶은 공공 기관을 정한 후에 조사 방법을 정하고 공공 기관을 조사합니다. 마지막으로 조사 보고서를 작성합니다.

조사하고 싶은 공공 기관 정하기

조사 방법 정하기

공공 기관 조사하기

조사 보고서 작성하기

10 견학 가기 전에는 미리 전화로 견학이 가능한지 확인해야 합니다. 또 견학 때 맡을 역할을 미리 나누고 질문할 것도 미리 준비합니다. 그리고 견학 장소까지 어떻게 이동할지도 알아봅니다. 선준이가 말한 조사 보고서는 견학을 가기 전에 쓰지 않고 다녀와서 쓰는 것입니다.

〈견학 시 지켜야 할 예절〉
- 안전 수칙을 잘 지킵니다.
- 큰소리로 떠들지 않습니다.
- 물건 등을 함부로 만지지 않습니다.

11 불을 끄고 응급 환자를 구조하는 일을 하는 공공 기관은 소방서입니다.

소방서

12 공공 기관 조사 방법에는 견학, 누리집 방문, 지역 신문이나 뉴스 보기, 동네 어른들께 여쭤보기 등이 있습니다. ③ 우리나라 지형도는 우리나라 지형을 나타내는 지도로 공공 기관에 대한 정보는 얻을 수 없습니다.

❷ 주민 참여로 해결하는 지역 문제

개념 확인 문제 50~53쪽

1 지역 문제 **2** (1)－㉢ (2)－㉡ (3)－㉠ **3** (1) ○ (2) × (3) ○ (4) ○ **4** (1)－㉡ (2)－㉢ (3)－㉠ **5** (2) ○ **6** (1) ○ (2) ○ (3) ×

실전 문제 54~55쪽

01 ① **02** ③ **03** ⑤ **04** 소음 문제 **05** 주민 참여 **06** ⑤ **07** ④, ⑤ **08** ⑤ **09** ③ **10** 시민 단체 **11** ④ **12** ㉠ → ㉡ → ㉣ → ㉤ → ㉢

01 지역 문제란 지역 주민의 삶을 불편하게 하거나 지역 주민들 사이에 갈등을 일으키는 문제를 말합니다.

02 지영이의 일기를 보면 마을에 큰 병원 시설이 부족한 문제점이 나타나 있습니다. 이는 지역 문제 중 ③ 시설 부족 문제에 해당합니다.

03 제시된 그림을 보면 쓰레기가 아무데나 버려져 있습니다. 이는 쓰레기 무단 투기 문제에 해당합니다.

04 두 가지 사례 모두 원치 않는 소리로 인한 불편과 관련한 것으로 소음 문제에 해당합니다.

05 주민이 중심이 되어 지역 문제를 발견하고 해결 과정에 참여하는 것을 주민 참여라고 합니다.

06 지역 문제를 나에게만 유리한 쪽으로 해결하려고 참여하면 안 됩니다. 우리 모두에게 좋은 방향으로 고민해야 합니다.

07 주민 투표는 주민의 의견을 알아보는 것으로 주민 참여 방법 중 하나입니다. 지역 문제는 지역 주민들이 잘 알고 있으며 주민들의 생활과 관련 있는 문제이기 때문에 주민들의 의견이 반영되어야 합니다. 나와 직접적인 관련이 없더라도 지역의 문제에 관심을 갖고 참여해야 합니다.

08 지역 문제를 해결하는 과정에 참여하는 방법 중에는 컴퓨터를 통해 공공 기관 누리집에 의견을 올리는 방법이 있습니다.

09 많은 사람이 찬성하는 의견으로 정하는 방법을 다수결의 원칙이라고 합니다.

10 시민들이 스스로 모여 사회 전체의 이익을 위해 활동하는 단체를 시민 단체라고 합니다.

11 지역의 쓰레기 문제를 해결하기 위한 다양한 해결 방안이 나오고 있는 단계는 문제 해결 방안 탐색하기입니다.

12 지역 문제를 해결하는 과정은 '지역 문제 확인하기 → 문제 발생 원인 파악하기 → 문제 해결 방안 탐색하기 → 문제 해결 방안 결정하기 → 문제 해결 방안 실천하기' 순입니다.

단원 정리 평가 57~59쪽

01 ① **02** 소방서 **03** ②, ⑤ **04** 경찰서 **05** ③ **06** ① **07** ㉡, ㉢, ㉣ **08** ③ **09** ④ **10** 도서관 **11** 지역 문제 **12** ⑤ **13** ⑤ **14** 시설 부족 **15** ① **16** ② **17** ② **18** ② **19** ③ **20** 다 주민

01 공공 기관은 개인이 세우고 관리하는 것이 아니라 국가가 세우고 관리합니다.

02 화재를 진압해 주는 일을 하는 공공 기관은 소방서입니다.

03 보건소는 예방 접종을 하고 질병을 치료해 주며, 임산부와 노약자의 건강을 위해 도움을 주는 공공 기관입니다.

04 학교와 함께 일하는 공공 기관 중 학교 전담 경찰관을 배정하고 학교 폭력 예방교육을 실시하는 곳은 경찰서입니다.

05 출생 신고를 하는 곳은 행정 복지 센터, 편지를 보내는 곳은 우체국입니다. 고기와 채소를 사는 슈퍼마켓은 공공 기관이 아닙니다.

06 공공 기관이 없다면 주차 금지 구역에 차를 세워도 단속하는 곳이 없으며 책을 빌릴 곳도 없고 화재가 났을 때 도움을 받을 수도 없습니다. 또 다른 지역으로 우편을 보낼 수도 없습니다.

① 필요한 물건을 사는 슈퍼마켓이나 백화점 등은 국가에서 만든 기관이 아닌 기업이나 개인의 이익을 위해 만든 곳으로 공공 기관이 아닙니다.

07 공공 기관을 견학하기 전에는 미리 전화로 견학이 가능한지 확인해야 합니다. 또 질문할 것을 미리 준비해야 합니다. 견학 일정과 견학 장소로 이동하는 방법도 미리 확인합니다. ㉠ 조사 보고서 작성은 공공 기관 견학 후에 합니다.

08 견학을 하면 궁금한 점을 직접 여쭤볼 수 있고, 견학 장소를 직접 확인할 수도 있으며 일하시는 분을 만나볼 수도 있습니다. 또 주민들이 어떻게 이용하는지 그 현장을 볼 수도 있습니다. ③ 견학으로 공공 기관에 대해 조사하는 것은 직접 가야 하기 때문에 시간은 더 걸릴 수 있습니다.

09 조사 보고서에서 공공 기관이 하는 일을 적은 부분은 알게 된 점, 신기했다는 소감은 느낀 점, 더 궁금한 점은 더 알고 싶은 점에 해당합니다.

10 조사 보고서의 내용을 살펴보니 책을 빌려주며 독서와 관련한 일을 해주는 공공 기관으로 도서관인 것을 알 수 있습니다.

11 지역 문제란 지역 주민의 삶을 불편하게 하거나 지역 주민들 사이에 갈등을 일으키는 문제를 말합니다. 이는 각 지역의 환경에 따라 다양하게 나타나며 주민 생활 전체에 영향을 줍니다. 이를 해결하기 위해서는 주민 모두가 관심을 갖고 적극적으로 임해야 합니다.

12 공장에서 나오는 매연으로 공기가 뿌연 모습과 하천이 더러워진 모습은 모두 환경 오염과 관련 있는 문제입니다.

13 지역 문제는 우리 모두와 관련 있는 것으로 관심을 가져야 하며, 다양한 의견이 많이 나올수록 문제를 잘 해결할 수 있으므로 의견을 내도록 합니다.

〈지역 문제를 해결하는 과정〉
- 지역 문제를 해결하기 위해 주민 및 여러 관계자들이 모입니다.
- 자료를 분석하며 문제의 원인을 파악합니다.
- 좋은 해결 방안을 서로 제시하고 장단점을 고려해 좋은 방안을 찾습니다.
- 다수결의 원칙으로 의견을 정하지만 소수의 의견도 존중합니다.

14 △△ 지역에는 도서관이라는 시설이 없어서 주민들이 불편함을 느끼고 있습니다. 이는 시설 부족 문제입니다.

15 지역 문제에 참여하는 방법 중 주민들의 서명을 모아 문제를 해결하려 하였으므로 서명 운동하기 방법에 해당합니다.

서명 운동

16 시민 단체는 국가에서 세우고 관리하는 단체가 아니라 시민들이 스스로 모여 사회 전체의 이익을 위해 활동하는 단체를 말합니다.

사회

17 지역 문제를 해결하기 위한 과정 중 대화와 타협을 통해 가장 적절한 해결 방안을 정하는 단계로 문제 해결 방안 결정하기에 해당합니다.

18 주차와 관련한 이야기로 이에 해당하는 문제는 주차 문제입니다. 소음 문제, 시설 노후화 문제, 주택 문제, 환경 오염 문제는 등장하지 않습니다.

19 주차 문제를 해결하기 위해 제시된 방법 중에 도로를 보수 공사한다는 것은 적절하지 않습니다. 도로를 보수 공사하는 것은 시설 노후화 문제, 안전 문제에 대한 해결책입니다.

20 내 문제에만 관심을 갖고 다른 사람들의 문제에는 관심을 갖지 않는 '다 주민'과 같은 태도는 바람직하지 않습니다.

서술형 문제 60~61쪽

01 (1) 예 소방서, 행정 복지 센터 (2) 예 ㉠ 소방서 ㉡ 불이 난 곳에 출동해 불을 끈다. 등 **02** (1) 예 도서관 (2) 예 학생들에게 책과 관련된 독서 교육을 합니다. **03** (1) 보건소 (2) 예 어른들께 여쭤보기, 책이나 신문, 방송 찾아보기, 공공 기관 누리집 살펴보기, 공공 기관 견학하기 등 **04** 예 조사일, 조사한 공공 기관, 조사 방법, 조사를 통해 알게 된 점, 느낀 점, 더 알고 싶은 점 등 **05** (1) 쓰레기 무단 투기 문제(쓰레기 문제) (2) 예 쓰레기 문제와 같은 지역 문제는 그 지역에 사는 주민들이 잘 알기 때문에 지역 주민이 관심을 가져야 한다. **06** 예 대화를 통해 문제를 해결한다. 등 **07** (1) 주차 문제 (2) 예 주차 공간을 늘린다. 등 **08** 예 놀이터 시설을 고쳐 달라고 시청 누리집에 글을 올린다. 등

01 (1) 제시한 지도에 나타난 공공 기관으로는 소방서, 세무서, 행정 복지 센터, 중학교, 고등학교, 초등학교, 검찰청, 구청이 있습니다.

(2) 제시된 공공 기관 중에서 하나를 골라 공공 기관이 하는 일을 적습니다.

- 소방서: 불을 끕니다.
- 행정 복지 센터, 구청: 주민의 편의를 위해 일합니다.
- 학교: 학생들을 가르칩니다.
- 세무서: 세금과 관련한 일을 합니다.
- 검찰청: 사회에서 일어나는 범죄를 수사하고 국민의 생명과 재산을 보호하는 일을 담당합니다.

채점 기준
지도에 나온 공공 기관을 맞게 고르고 하는 일을 알맞게 썼으면 정답으로 합니다.

02 도서관, 경찰서, 소방서, 우체국 중에 하나를 골라 학교와 함께 하는 일을 적습니다.

㉠ 도서관: 학생들에게 책과 관련된 독서 교육을 합니다.
㉡ 경찰서: 학교 전담 경찰관을 배정하고 학교 폭력 예방 교육을 합니다.
㉢ 소방서: 학생들에게 화재 예방 교육을 하고 대피 훈련을 합니다.
㉣ 우체국: 학생들에게 저축과 관련된 교육을 합니다.

채점 기준
제시된 ㉠~㉣ 중에 하나를 골라 학교와 함께하는 일을 적으면 정답으로 합니다.

03 (1) 두 사람의 대화를 통해 보건소에서 하는 일임을 알 수 있습니다.

(2) 공공 기관이 하는 일을 조사하는 방법에는 어른들께 여쭤보기, 책이나 신문, 방송 찾아보기, 공공 기관 누리집 살펴보기, 공공 기관 견학하기 등이 있습니다.

채점 기준
공공 기관이 하는 일을 조사하는 방법 중 두 가지를 맞게 썼으면 정답으로 합니다.

04 공공 기관 조사 보고서에 들어갈 내용으로 조사일, 조사한 공공 기관, 조사 방법, 조사를 통해 알게 된 점, 느낀 점, 더 알고 싶은 점 등이 있습니다.

채점 기준
조사 보고서에 들어갈 내용으로 알게 된 것, 느낀 점, 더 궁금한 점 등 두 가지 이상이 들어가면 정답으로 합니다.

05 (1) 쓰레기 무단 투기 문제 또는 쓰레기 문제라고 쓰면 됩니다.
(2) 쓰레기 문제와 같은 지역 문제는 그 지역에 사는 주민들이 잘 알고 그 주민들의 생활과 관련이 있으므로 관심을 갖고 해결하도록 노력해야 합니다.

채점 기준
지역 문제는 지역 주민과 관련 있다는 내용이 들어가면 정답으로 합니다.

06 지역 문제의 해결을 위해 의견을 모으는데 의견이 다를 경우 충분히 대화와 타협을 한 후, 다수결의 원칙으로 의견을 모으고, 소수의 의견도 존중해야 합니다.

채점 기준
대화와 타협, 다수결의 원칙, 소수의 의견도 존중해야 한다는 내용이면 정답으로 합니다.

07 (1) 주차 공간 부족의 문제로 주차 문제입니다.
(2) 주차 공간 부족 문제를 해결하기 위해 공공 주차장을 짓는 등 주차 공간을 늘리는 방법을 생각할 수 있습니다.

채점 기준
주차 공간을 늘리자는 내용이면 정답으로 합니다.

08 놀이터의 시설이 고장 나면서 안전 문제가 생겼습니다. 시설을 고치기 위한 방법을 찾아 적으면 됩니다. 예를 들어 놀이터 시설을 담당하는 시청 누리집에 놀이터 시설을 고쳐달라고 의견을 올릴 수 있습니다.

채점 기준
놀이터 시설 고치기와 관련된 내용이면 정답으로 합니다.

수행 평가 62쪽

1 우체국, 경찰서, 교육청 2 예 예방 접종을 하러 보건소에 간적이 있다. 등 3 예 경찰서가 없다면 교통사고가 났을 때 교통정리를 도와주는 사람이 없어서 곤란해진다. 등

1 백화점, 아파트, 영화관은 공공 기관에 해당하지 않습니다.

2 공공 기관을 이용한 경험을 떠올려 적습니다.

채점 기준
공공 기관과 하는 일이 맞게 들어갔으면 정답으로 합니다.

3 공공 기관이 하는 일을 떠올리며 그 공공 기관이 없을 경우 어떤 일이 벌어질지 생각하며 적습니다.

채점 기준
공공 기관과 그 공공 기관이 없을 경우 생기는 문제가 알맞게 들어갔으면 정답으로 합니다.

수행 평가 63쪽

1 예 캠페인 활동을 한다. / 서명 운동을 한다. / 누리집에 의견을 올린다. 2 예 지역 문제는 지역 주민들이 가장 잘 알고 있다. / 시민 단체 활동에 참여한다. / 주민 제안을 한다. 등 3 예 신호등을 설치해 달라고 서명 운동을 한다. 등

1 캠페인 활동, 서명 운동, 누리집에 의견 올리기, 주민 투표, 주민 회의 참여, 설문 조사 참여, 시민 단체 활동 참여, 주민 제안 등을 통해 지역 문제 해결에 주민이 참여할 수 있습 니다.

채점 기준
캠페인 활동, 서명 운동, 누리집에 의견 올리기 등을 적으면 정답으로 합니다.

2 주민 참여가 중요한 까닭은 다음과 같습니다.

- 지역 문제는 그 지역의 모든 주민에게 영향을 미칩니다.
- 지역 문제는 지역 주민들이 가장 잘 알고 있습니다.
- 지역 문제 해결 과정에 주민들의 의견이 반영됩니다.

채점 기준
주민들과 관련 있고 주민들이 잘 알고 있나, 일을 세내로 하는지 확인해야 한다는 내용이 들어가면 정답으로 합니다.

3 신호등이 생기면 학생들이 더 안전하게 길을 건널 수 있으므로 신호등을 만들어 달라는 내용으로 서명 운동을 하여 해당 공공 기관에 제출합니다. 또는 누리집에 글을 올리고 주민 제안을 할 수도 있습니다.

채점 기준
신호등 설치와 관련하여 주민 참여할 수 있는 방법을 제시할 경우 정답으로 합니다.

1 과학자처럼 탐구해 볼까요?

개념 확인 문제 4~7쪽

1 감각 기관 2 (1) ○ (2) × 3 부피 4 무게 5 예상 6 분류 7 (1) × (2) ○ (3) ○ 8 추리 9 (1) ○ (2) ○ (3) ×

1 층층이 쌓인 지층

개념 확인 문제 8~11쪽

1 지층 2 여러 가지, 다르고, 줄무늬 3 다르기 4 먼저 5 퇴적암 6 크기 7 역암 8 물 풀, 종이컵 9 (1) ○ (2) ○ (3) ○

실전 문제 12~13쪽

01 ③ 02 ② 03 ㉠, ㉣ 04 ㉡, ㉣, ㉠, ㉢ 05 ⑤ 06 ㉠ 07 ④ 08 역암 09 ⑤ 10 ③ 11 ㉢ 12 ①

01 자갈, 모래, 진흙 등으로 이루어진 암석들이 층을 이루고 있는 것을 '지층'이라고 합니다.

02 ① 층마다 두께가 다릅니다.
③ 줄무늬가 보입니다.
④ 층마다 색깔이 다릅니다.
⑤ 만들어지는 데 오랜 시간이 걸립니다.

03 여러 가지 지층의 공통점은 줄무늬가 보이고, 여러 개의 층으로 이루어져 있다는 것입니다.

04 지층이 만들어져 발견되는 과정
❶ 물이 운반한 자갈, 모래, 진흙 등이 쌓입니다.
❷ 자갈, 모래, 진흙 등이 계속 쌓이면 먼저 쌓인 것들이 눌립니다.
❸ 오랜 시간이 지나면 단단한 지층이 만들어집니다.
❹ 지층은 땅 위로 솟아오른 뒤 깎여서 보입니다.

05 단단하고 만들어지는 데 오랜 시간이 걸리는 것은 실제 지층에 대한 설명입니다.

06 가장 아래에 있는 지층이 먼저 만들어진 것이고, 가장 위에 있는 지층이 늦게 만들어진 지층입니다.

07 퇴적암은 알갱이의 크기에 따라 이암, 사암, 역암으로 분류할 수 있습니다.

08 역암에 대한 설명입니다.

09 퇴적물은 그 위에 쌓이는 퇴적물의 누르는 힘 때문에 알갱이 사이의 공간이 좁아집니다.

10 퇴적암 모형을 만들 때, 물 풀을 넣어 모래 알갱이가 서로 단단하게 붙게 합니다.

11 알갱이 사이의 공간을 좁게 만들어주는 과정은 다른 종이컵으로 모래 반죽을 누르는 과정입니다.

12 모래로 만든 퇴적암 모형과 사암의 공통점은 모래로 만들어졌다는 것입니다.

2 지층 속 생물의 흔적

개념 확인 문제 14~17쪽

1 화석 2 퇴적물, 화석 3 (1) × (2) ○ (3) ○ 4 지층, 퇴적암, 화석 5 지층

실전 문제 18~19쪽

01 화석 02 ⑤ 03 ⑤ 04 동물 화석 05 ② 06 ㉣ → ㉡ → ㉤ → ㉠ → ㉢ 07 ④ 08 ㉠ 지층, ㉡ 화석 09 ⑤ 10 ⑤ 11 ② 12 ③

01 화석은 아주 오랜 옛날에 살았던 생물의 몸체와 생물이 생활한 흔적이 남아 있는 것입니다.

02 사진은 삼엽충 화석이며, 삼엽충 화석은 머리·가슴·꼬리의 세 부분으로 나눌 수 있고, 전체적인 모습이 잎을 닮았습니다.

03 ① 공룡 발자국은 화석입니다.

② 모래에 생긴 발자국은 화석이 아닙니다.
③ 고인돌처럼 사람이 만든 유물은 화석이 아닙니다.
④ 화석으로 옛날에 살았던 생물의 모습을 알 수 있습니다.

04 물고기 화석은 동물 화석으로 분류할 수 있습니다.

05 호수나 바다 밑에서 생물 위에 퇴적물이 계속해서 쌓이면 단단한 지층이 만들어지고, 그 속에 묻힌 생물이 화석으로 만들어집니다.

06 죽은 생물이나 나뭇잎 등이 호수나 바다의 바닥으로 운반됩니다. → 그 위에 퇴적물이 두껍게 쌓입니다. → 퇴적물이 계속 쌓여 지층이 만들어지고, 그 속에 묻힌 생물이 화석이 됩니다. → 지층이 높게 솟아오른 뒤 깎입니다. → 지층이 더 많이 깎여 화석이 드러납니다.

07 화석 모형과 실제 화석은 모양과 무늬가 비슷합니다.

08 찰흙 반대기에 찍힌 조개의 겉모양과 알지네이트로 만든 조개의 형태 모두 실제 과정의 화석에 비유됩니다.

09 화석을 이용해서 생물이 살았던 지역의 아름다운 모습은 알 수 없습니다. 그리고 아름다움은 주관적인 기준입니다.

10 오늘날 고사리가 잘 살 수 있는 환경은 따뜻하고 습기가 많은 지역이기 때문에 고사리 화석이 발견된 지역의 환경 역시 따뜻하고 습기가 많은 지역임을 짐작할 수 있습니다.

11 사진은 화석 전시실입니다.

12 공룡 뼈와 공룡알을 볼 수 있는 전시관 주제로 알맞은 것은 공룡입니다.

단원 정리 평가 21~23쪽

01 ② **02** ④ **03** ⑤ **04** ③ **05** (나) → (가) → (라) → (다)
06 ⑤ **07** 퇴적암 **08** ② **09** (1) (나) (2) 사암 **10** ④
11 ⑤ **12** 모래 **13** 화석 **14** ③ **15** ⑤ **16** 화석
17 ② **18** 서현

01 지층은 아래에서부터 수평하게 쌓입니다.

02 수평인 지층과 끊어진 지층의 공통점은 줄무늬가 보인다는 것입니다.

03 지층에서 가장 아래에 있는 층이 가장 먼저 쌓인 층이므로, (마) 지층이 가장 먼저 쌓인 것입니다.

04 ① 지층 모형은 수평하고, 실제 지층은 휘어진 모양입니다.
② 실제 지층만 단단합니다.
④ 지층이 만들어진 장소는 다릅니다.
⑤ 지층 모형은 만들어지는 데 시간이 짧고, 실제 지층은 만들어지는 데 오랜 시간이 걸립니다.

05 지층이 만들어져 발견되는 과정 : 물이 운반한 자갈, 모래, 진흙 등이 쌓입니다. → 자갈, 모래, 진흙 등이 계속 쌓이면 먼저 쌓인 것들이 눌립니다. → 오랜 시간이 지나면 단단한 지층이 만들어집니다. → 지층은 땅 위로 솟아오른 뒤 깎여서 보입니다.

06 각 층마다 쌓인 퇴적물이 달라서 줄무늬가 보입니다.

07 물이 운반한 자갈, 모래, 진흙 등의 퇴적물이 굳어져 만들어진 암석을 '퇴적암'이라고 합니다.

08 (가)는 이암, (나)는 사암, (다)는 역암입니다. 이암의 알갱이 크기는 매우 작고, 사암은 모래 알갱이 정도로 중간이며, 역암은 크고 작은 것이 섞여 있습니다. 알갱이의 크기가 작은 것부터 순서대로 나열하면, 이암＜사암＜역암 순서입니다.

09 사암은 주로 모래로 되어 있고, 손으로 만졌을 때 약간 거친 느낌이 듭니다. 그리고 알갱이의 크기는 중간 정도로 모래 정도의 크기입니다.

10 퇴적암 모형 만들기에서 물 풀을 넣고 섞어서 반죽을 만들어 주는 까닭은 모래 알갱이를 서로 붙여 주기 위해서입니다.

11 퇴적암 모형 만들기에서 다른 종이컵으로 모래 반죽을 눌러 주는 까닭은 알갱이들 사이의 공간을 좁아지게 하기 위해서입니다.

12 퇴적암 모형과 사암의 공통점은 모두 모래로 만들어졌다는 것입니다.

과학

13 아주 오래전에 살았던 생물의 몸체나 생활한 흔적이 남아 있는 것을 '화석'이라고 합니다.

14 ① 잎맥이 잘 보이는 것은 나뭇잎 화석입니다.
② 전체적 모습이 잎을 닮은 것은 삼엽충 화석입니다.
④ 머리, 가슴, 꼬리의 세 부분으로 나눌 수 있는 것은 삼엽충 화석입니다.
⑤ 오늘날 살고 있는 새의 발자국 모습과 비슷한 것은 새 발자국 화석입니다.

15 오늘날에 살고 있는 생물과 비교하여 동물 화석과 식물 화석으로 구분할 수 있습니다. 따라서 삼엽충 화석과 물고기 화석은 동물 화석이고, 고사리 화석과 나뭇잎 화석은 식물 화석입니다.

16 화석이 만들어져 발견되는 과정을 설명하고 있습니다.

17 화석 모형과 실제 화석의 공통점은 모양과 무늬가 비슷하다는 것입니다.

18 오늘날 고사리 화석이 잘 살 수 있는 환경은 따뜻하고 습기가 많은 곳이기 때문에, 고사리가 발견된 지역의 당시 지역 환경은 따뜻하고 습기가 많은 지역일 것입니다.

서술형 문제 24~25쪽

01 (가) : 지층이 수평으로 쌓여 있다. (나) : 지층이 끊어져 어긋나 있다. (다) : 지층이 휘어져 있다. **02** ㉣, 지층은 아래에 있는 층이 쌓인 다음, 그 위에 자갈, 모래, 진흙 등이 쌓여서 새로운 층이 생성되므로, 아래에 있는 층이 위에 있는 층보다 더 먼저 쌓인 것이다. **03** • 이암 : 알갱이의 크기가 매우 작다. • 사암 : 알갱이의 크기가 중간 정도이다. 또는 모래 알갱이 정도이다. • 역암 : 크고 작은 알갱이가 섞여 있다. **04** 모래 알갱이 사이의 공간을 좁아지게 하기 위해서 **05** (1) 동물 화석 : 삼엽충 화석, 새 발자국 화석 (2) 식물 화석 : 고사리 화석, 나뭇잎 화석 (3) 이유 : 오늘날에 살고 있는 생물과 비교하여 동물 화석과 식물 화석으로 구분할 수 있기 때문이다. **06** 퇴적물이 계속 쌓여 지층이 만들어지고, 그 속에 묻힌 생물이 화석이 된다. **07** 화석 모형은 만드는 데 걸리는 시간이 짧지만, 실제 화석은 만들어지는 데 오랜 시간이 걸린다. **08** (1) 삼엽충 화석 (2) 당시 이 지역은 바다였을 것이다.

01 ㈎는 수평인 지층, ㈏는 끊어진 지층, ㈐는 휘어진 지층입니다.

채점 기준
세 가지 모두 바르게 쓴 내용이면 정답

02 아래에 있는 층이 먼저 쌓인 것이기 때문에 ㉣이 가장 먼저 쌓인 층입니다.

채점 기준	
상	먼저 쌓인 지층과 그렇게 생각한 까닭을 바르게 쓴 경우
중	먼저 쌓인 지층과 그렇게 생각한 까닭 중 한 가지만 바르게 쓴 경우
하	답을 틀리게 쓴 경우

03 퇴적암은 알갱이의 크기에 따라 이암, 사암, 역암으로 분류할 수 있습니다. 이암의 알갱이 크기는 매우 작고, 사암은 모래 알갱이 정도로 중간이며, 역암은 크고 작은 알갱이가 섞여 있습니다.

채점 기준	
상	이암, 사암, 역암 알갱이의 크기를 바르게 설명한 경우
중	이암, 사암, 역암 알갱이의 크기를 일부만 바르게 설명한 경우
하	알갱이의 크기를 제대로 설명하지 못한 경우

04 퇴적암 모형을 만드는 과정에서 다른 종이컵으로 모래 반죽을 누르는 것은 지층에서 다져지는 과정으로, 모래 알갱이 사이의 공간을 좁아지게 하기 위해서입니다.

채점 기준	
상	까닭을 올바르게 쓴 경우
중	까닭의 일부만 쓴 경우
하	답을 틀리게 쓴 경우

05 화석을 동물 화석과 식물 화석으로 분류하는 것으로, 오늘날 살고 있는 생물과 비교하여 분류할 수 있으며, 새 발자국처럼 생물이 생활한 흔적이 남아 있는 것도 동물 화석으로 분류합니다.

채점 기준

상	동물 화석과 식물 화석으로 바르게 분류하고, 이유도 바르게 적은 경우
중	동물 화석과 식물 화석으로 일부만 바르게 분류하고, 이유도 일부만 바르게 적은 경우
하	답을 틀리게 쓴 경우

06 화석이 만들어져 발견되는 과정 중 지층이 만들어지고 그 속에 있던 생물이 화석이 되는 과정입니다.

채점 기준

상	과정을 바르게 쓴 경우
중	과정의 일부만 바르게 쓴 경우
하	답을 틀리게 쓴 경우

07 화석 모형은 만드는 데 걸리는 시간이 짧지만, 실제 화석은 만들어지는 데 오랜 시간이 걸립니다.

채점 기준

상	만들어지는 시간과 관련하여 차이점을 바르게 쓴 경우
중	차이점의 일부만 바르게 쓴 경우
하	답을 틀리게 쓴 경우

08 (1) 삼엽충 화석
(2) 삼엽충은 바닷속에서 생활했기 때문에 삼엽충이 살았을 당시 지역 환경은 바다였다는 것을 짐작할 수 있습니다.

채점 기준

상	화석 이름과 화석으로 알 수 있는 당시 환경을 바르게 쓴 경우
중	화석 이름과 화석으로 알 수 있는 당시 환경을 일부만 바르게 쓴 경우
하	답을 틀리게 쓴 경우

수행 평가 26~27쪽

1 (㉠, ㉣) 지층이 끊어져 어긋나 있다. / (㉡, ㉥) 지층이 수평으로 쌓여 있다. / (㉢, ㉤) 지층이 휘어져 있다. **2** 공통점 : 줄무늬가 보이고, 여러 개의 층으로 이루어져 있다. / 차이점 : 층의 두께와 색깔이 다르다. 수평인 지층, 끊어진 지층, 휘어진 지층 등 모양이 다양하다. **3** 동물 화석 – 삼엽충 화석, 물고기 화석, 새 발자국 화석, 공룡알 화석 / 식물 화석 – 고사리 화석, 나뭇잎 화석 **4** 오늘날 살고 있는 생물과 비교하여 동물 화석과 식물 화석으로 구분할 수 있기 때문에 **5** 오늘날 고사리는 따뜻하고, 습기가 많은 곳에서 잘 자란다. 따라서 화석 속 고사리가 살았던 당시 그 지역은 따뜻하고 습기가 많은 지역이었을 것이다.

1 지층의 모양을 비슷한 것끼리 묶고, 관찰하여 자세히 씁니다.

채점 기준

지층의 모양을 비슷한 것끼리 묶고, 각 지층을 바르게 설명한 경우만 정답

2 여러 가지 지층의 공통점과 차이점을 구분하여 씁니다.

채점 기준

상	공통점과 차이점을 둘 다 바르게 쓴 경우
중	공통점과 차이점을 일부만 바르게 쓴 경우
하	답을 틀리게 쓴 경우

3 화석을 동물 화석과 식물 화석으로 분류합니다.

채점 기준

상	동물 화석과 식물 화석으로 바르게 분류한 경우
중	동물 화석과 식물 화석으로 일부만 바르게 분류한 경우
하	답을 틀리게 쓴 경우

4 화석은 오늘날 살고 있는 생물과 비교하여 동물 화석과 식물 화석으로 분류할 수 있습니다.

채점 기준

오늘날의 생물과의 관련성을 이야기한 경우 정답

5 오늘날 고사리가 잘 사는 환경을 바탕으로 화석 속 고사리가 살았을 당시 지역의 환경을 짐작할 수 있습니다.

채점 기준

상	화석 속 고사리가 살았을 당시의 환경을 바르게 쓴 경우
중	화석 속 고사리가 살았을 당시의 환경을 일부만 바르게 쓴 경우
하	당시 환경과 관련이 없거나 오늘날 고사리가 잘 살 수 있는 환경과 관련이 없는 답을 쓴 경우

① 식물의 한살이

개념 확인 문제 28~29쪽

1 (1) 손 (2) 눈 (3) 크기 또는 길이 2 한살이 3 관찰 계획

실전 문제 30~31쪽

01 ④ 02 ⑤ 03 ① 04 강낭콩 05 ③ 06 ⑤ 07 ④ 08 ③ 09 ⑤ 10 ③ 11 ㉡ 12 ②

01 씨의 가격은 씨를 관찰할 때 살펴보아야 할 특징이 아닙니다. 씨의 모양, 색깔, 크기(길이), 촉감 등이 관찰해야 할 특징입니다.

02 채송화씨처럼 작은 씨앗을 관찰할 때에는 돋보기를 사용해야 합니다.

03 동전과 자는 씨의 크기나 길이를 비교할 때 사용합니다.

04 둥글고, 길쭉한 모양이며, 검붉은 색의 씨는 강낭콩입니다.

05 호두는 동그랗고, 주름이 있으며, 연한 갈색입니다.

06 • 여러 가지 씨의 공통점 : 단단하고 껍질이 있으며, 대부분 주먹보다 작습니다.
• 차이점 : 색깔, 모양, 크기 등의 생김새가 다릅니다.

07 식물의 한살이에 대한 설명입니다.

08 식물의 한살이 관찰 계획서에는 관찰자, 관찰할 식물, 선택한 까닭, 씨를 심을 날짜, 씨를 심을 곳, 씨를 심는 방법, 관찰 방법 등이 들어갑니다. 화분의 재료는 식물의 한살이 관찰과는 관계 없습니다.

09 식물의 한살이를 관찰할 때에는 강낭콩, 봉숭아 등과 같이 한살이 기간이 짧고, 잎·줄기·꽃·열매 등을 관찰하기 쉬운 식물을 선택하는 것이 좋습니다.

10 씨를 심은 뒤 물뿌리개로 물을 충분히 주어야 합니다.

11 씨는 씨 크기의 두세 배 깊이로 심습니다.

12 식물의 한살이를 알아보려면 씨가 싹 트고 잎과 줄기가 자라는 모습, 꽃이 피고 열매가 자라는 모습 등을 꾸준하게 관찰해야 합니다.

② 식물의 자람

개념 확인 문제 32~35쪽

1 물, 온도 2 텄습니다 3 떡잎 4 뿌리, 잎 또는 잎, 뿌리 5 물 6 끝부분 7 (1) ○ (2) × (3) ×

실전 문제 36~37쪽

01 ② 02 적당한 온도 03 ② 04 (나) 05 ④ 06 ② 07 물 08 ② 09 ④ 10 ④ 11 꽃 12 유나

01 실험에서 다르게 해 준 조건은 물이기 때문에 싹트는데 필요한 조건으로 생각한 것은 물입니다.

02 실험에서 다르게 해 준 것은 온도이기 때문에, 이 실험을 통해 알 수 있는 씨가 싹 트는데 필요한 조건은 적당한 온도입니다.

03 씨가 싹 트려면 물과 적당한 온도가 필요합니다.

04 물을 주어 싹이 튼 강낭콩의 속 모양은 잎이 싱싱하고, 색깔이 노랗습니다.

05 껍질이 벗겨지고 떡잎 두 장이 나오는 모습으로, 표시한 부분은 강낭콩의 떡잎입니다.

06 강낭콩은 씨가 부푼 후 뿌리가 나오고, 껍질이 벗겨지면서 떡잎이 두 장 나옵니다. 그리고 떡잎 사이로 본잎이 나옵니다.

07 물을 적당히 준 식물이 잘 자랐기 때문에 식물이 자라려면 물이 필요하다는 것을 알 수 있습니다.

08 이 실험에서 다르게 한 조건은 빛을 준 것과 차단한 것으로, 식물이 자라는 데 빛이 필요한 조건인지를 알아보는 실험입니다.

09 식물의 자람을 관찰할 때 식물의 잎을 떼어서 관찰하면 안 됩니다.

10 식물의 잎과 줄기가 자란 정도는 잎의 개수, 잎의 길이, 줄기의 길이, 줄기의 굵기를 측정하여 나타냅니다.

11 작은 몽우리가 커지면 꽃 봉오리가 되고, 꽃이 지고 난 자리에 작은 꼬투리가 보입니다.

12 식물이 자라면 꽃이 피고 열매를 맺는 까닭은 씨를 맺어 번식을 하기 위해서입니다.

❸ 여러 가지 식물의 한살이

개념 확인 문제 38~39쪽

1 한해살이, 여러해살이 2 (1) × (2) ○ (3) ○

실전 문제 40~41쪽

01 한해살이 식물 02 ③ 03 ⑤ 04 여러해살이 식물 05 ⑤ 06 ③ 07 ⑤ 08 ③ 09 ③ 10 ② 11 ⑤ 12 ㉣ → ㉡ → ㉤ → ㉠ → ㉢

01 한 해 안에 한살이를 거치고 일생을 마치는 식물을 '한해살이 식물'이라고 합니다.

02 ㉠은 열매를 맺어 씨를 만드는 과정이고, ㉡은 벼 꽃이 피는 과정입니다.

03 강낭콩, 벼, 옥수수, 호박 등이 한해살이 식물입니다.

04 여러 해 동안 살면서 한살이의 일부를 반복하는 식물은 '여러해살이 식물'입니다.

05 여러해살이 식물은 여러 해 동안 한살이의 일부가 계속 반복됩니다.

06 개나리, 감나무, 사과나무, 무궁화 등이 여러해살이 식물입니다.

07 사과는 여러해살이 식물로, 심은 후 몇 년이 지난 가을에 사과 열매를 볼 수 있습니다.

08 한해살이 식물과 여러해살이 식물의 공통점은 씨가 싹 터서 자라며, 꽃이 피고 열매를 맺어 번식하는 것입니다.

09 여러해살이 식물의 한살이 과정으로, 감나무가 해당합니다. 벼, 호박, 옥수수, 강낭콩은 한해살이 식물입니다.

10 여러해살이 식물 중에는 비비추, 민들레 등과 같은 풀 종류도 있습니다.

11 식물의 한살이 자료를 만들 때는 씨가 싹 터서 자라며, 꽃이 피고 열매를 맺어 다시 씨가 만들어지는 식물의 한살이 과정이 잘 나타나야 합니다.

12 옥수수는 한해살이 식물로, 씨가 싹터서 자라고 열매를 맺어 씨를 만들고 일생을 마칩니다.

단원 정리 평가 43~45쪽

01 ③ 02 껍질 03 ② 04 ③ 05 식물의 한살이 06 ② 07 ① 08 ⑤ 09 ⑤ 10 ③ 11 (1) ㉡ (2) 떡잎싸개 12 ③ 13 빛 14 ⑤ 15 ㉢ → ㉣ → ㉠ → ㉡ 16 ④ 17 ① 18 번식

01 사과씨는 둥글고 길쭉하며, 한쪽은 모가 나있으며, 갈색입니다.

02 여러 가지 씨의 공통점으로는 단단하고 껍질이 있으며, 대부분 주먹보다 크기가 작다는 것입니다.

03 식물의 한살이를 관찰할 때에는 강낭콩, 봉숭아, 나팔꽃, 토마토 등과 같이 한살이 기간이 짧고, 잎·줄기·꽃·열매 등을 관찰하기 쉬운 식물을 선택하는 것이 좋습니다.

04 씨 크기의 두세 배 깊이로 씨를 심습니다. 씨를 너무 깊게 심으면 공기가 잘 통하지 않아 씨가 쉽게 썩고, 너무 얕게 심으면 흙에 있는 물이 쉽게 증발되어 씨가 말라 버립니다.

05 식물의 씨가 싹 터서 자라며, 꽃이 피고 열매를 맺어 다시 씨가 만들어지는 과정은 '식물의 한살이'입니다.

06 감나무는 여러해살이 식물로, 한살이를 관찰하기에는 좋지 않습니다.

07 씨가 싹 트는 데 물이 미치는 영향을 알아보는 실험에서는 다른 조건은 모두 같게 하고, 물의 양을 다르게 해야 합니다.

08 씨가 싹 트려면 물과 적당한 온도가 필요합니다.

09 ① 강낭콩이 부풀어 있습니다.
② 껍질에 터진 부분이 있습니다.
③ 강낭콩의 크기가 커졌습니다.
④ 어린잎이 싱싱하고, 색깔이 노랗고, 뿌리가 자라 밖으로 나와 있습니다.

10 씨가 싹트는 과정은 씨가 딱딱했다가 부풀어 오르고, 뿌리가 나온 다음 껍질이 벗겨지면서 떡잎 두 장이 나옵니다.
(가)는 떡잎 사이로 본잎이 나오는 사진이고, (나)는 씨이고, (다)는 뿌리가 나오는 사진입니다.

11 옥수수는 씨가 싹 터서 자랄 때 본잎이 떡잎싸개에서 나옵니다. ㉠은 본잎, ㉡은 떡잎싸개, ㉢은 뿌리입니다.

12 물을 준 잎은 크기가 커집니다.

13 실험에서 빛을 준 경우와 빛을 주지 않은 경우로 실험을 하였기 때문에 다르게 한 조건은 빛입니다.

14 잎과 줄기가 자라면서 잎의 개수는 늘어납니다.

15 작은 몽우리가 커지며 꽃봉오리가 되고, 꽃이 지고 난 자리에 작은 꼬투리가 생깁니다. 꼬투리는 커지며 점점 더 많이 생깁니다.

16 강낭콩의 열매는 '꼬투리'라고 합니다.

17 한해살이 식물의 한살이 과정으로, 호박이 한해살이 식물입니다.

18 한해살이 식물과 여러해살이 식물의 공통점은 씨가 싹 터서 자라며 꽃이 피고 열매를 맺어 번식한다는 것입니다.

서술형 문제 46~47쪽

01 눈으로 모양과 색깔을 관찰한다. 손으로 촉감을 느낀다. 자나 동전을 이용하여 길이나 크기를 재어 본다. 등 **02** (1) ㉠ 크다 ㉡ 작다 (2) 색깔 : 연한 갈색이다. 모양 : 동그랗고 주름이 있다. **03** (1) 두세 배 (2) 너무 깊게 심으면 공기가 통하지 않아서 쉽게 썩고, 너무 얕으면 흙에 있는 물이 쉽게 증발되어서 씨가 마르기 때문이다. **04** 물을 주지 않은 강낭콩은 싹이 트지 않았고, 물을 준 강낭콩만 싹이 튼 것으로 보아, 씨가 싹 트려면 적당한 양의 물이 필요하다는 것을 알 수 있다. **05** (1) 뿌리가 자라 밖으로 나와 있다. (2) 뿌리와 잎은 있으나 납작하게 붙어 있다. **06** 잎의 개수를 센다. 잎의 길이를 잰다. 모눈 투명 종이에 잎의 본을 뜬다. **07** (1) 꼬투리 (2) 씨를 맺어 번식하기 위해서 **08** (1) 한해살이 식물 (2) 씨가 싹 터서 자라 꽃이 피고 열매를 맺어 번식한다.

01 오감을 이용하여 씨의 색깔, 모양, 크기를 관찰하는 방법을 씁니다.

채점 기준
2개 이상 쓰면 정답

02 (1) 호두는 동전보다 크고, 강낭콩은 동전보다 작습니다.

채점 기준
둘다 바르게 쓴 경우에만 정답

(2) 호두의 색깔과 모양을 관찰한대로 바르게 씁니다.

채점 기준	
상	색깔과 모양을 모두 바르게 쓴 경우
중	색깔과 모양 중 한 가지만 바르게 쓴 경우
하	색깔과 모양 둘 다 틀리게 쓴 경우

03 (1) 씨를 심는 깊이는 씨 크기의 두세 배 정도입니다.

채점 기준
바르게 쓴 경우만 정답

(2) 씨를 너무 깊게 심으로 공기가 잘 통하지 않아 씨가 쉽게 썩고, 너무 얕게 심으면 흙에 있는 물이 쉽게 증발되어 씨가 말라 버립니다.

채점 기준	
상	깊게 심은 경우와 얕게 심은 경우의 문제점을 바르게 쓴 경우
중	깊게 심은 경우와 얕게 심은 경우의 문제점 중 일부만 바르게 쓴 경우
하	답을 틀리게 쓴 경우

04 씨가 싹 트는데 물이 미치는 영향을 알아보는 실험으로, 물을 준 강낭콩만 싹이 튼 것으로 보아, 씨가

싹 트려면 물이 필요하다는 것을 알 수 있습니다.

채점 기준

상	알 수 있는 것을 바르게 쓴 경우
중	알 수 있는 것을 일부만 바르게 쓴 경우
하	답을 틀리게 쓴 경우

05 물을 주지 않은 강낭콩과 물을 주어 싹이 튼 강낭콩의 겉모양과 속 모양은 다릅니다.

- 물을 주지 않은 것은 씨가 둥글고 길쭉하며, 뿌리와 잎은 있으나 납작하게 붙어 있습니다.
- 물을 주어 싹이 튼 경우는 뿌리가 자라 밖으로 나와 있고, 잎이 싱싱하고 색깔이 노랗습니다.

채점 기준

상	관찰한 내용을 바르게 쓴 경우
중	관찰한 내용 중 일부만 바르게 쓴 경우
하	답을 틀리게 쓴 경우

06 잎과 줄기의 자람에서 잎의 자람을 측정하는 방법은 잎의 개수를 기록하거나 잎의 크기 측정하는 것입니다.

채점 기준

상	잎의 자람을 측정하는 방법을 두 가지 이상 바르게 쓴 경우
중	잎의 자람을 측정하는 방법을 한 가지만 바르게 쓴 경우
하	답을 틀리게 쓴 경우

07 (1) 강낭콩의 꽃이 지고 나면 생기는 열매를 '꼬투리'라고 합니다.

채점 기준

바르게 쓴 경우만 정답

(2) 꽃이 피고 열매를 맺는 까닭은 씨를 맺어 번식하기 위해서입니다.

채점 기준

'자손을 만들거나 번식을 하기 위해서 씨를 맺는다'고 한 경우 정답

08 (1) 한해살이 식물에 대한 설명입니다.

채점 기준

바르게 쓴 경우만 정답

(2) 한해살이 식물과 여러해살이 식물의 공통점은 씨가 싹 터서 자라 꽃이 피고 열매를 맺어 번식한다는 것입니다.

채점 기준

상	공통점을 바르게 쓴 경우
중	공통점의 일부만 바르게 쓴 경우
하	답을 틀리게 쓴 경우

수행 평가 48~49쪽

1 (가) 뿌리 (나) 떡잎 (다) 본잎 **2** 강낭콩에서 먼저 뿌리가 나오고 껍질이 벗겨진다. 그리고 땅 위로 떡잎 두 장이 나오고, 떡잎 사이에서 본잎이 나온다. **3** (1) 물 (2) ㉯ 적당히 준 ㉰ 주지 않은 (3) 식물이 잘 자라려면 적당한 양의 물이 필요하다.

1 땅속에서 먼저 나오는 것이 뿌리이고, 땅 위로 나오는 것은 떡잎입니다. 그리고 떡잎 사이에서 본잎이 나옵니다.

채점 기준

바르게 쓴 경우만 정답

2 그림을 보고, 씨가 싹트는 과정을 바르게 설명합니다.

채점 기준

상	씨가 싹 트는 과정을 바르게 설명한 경우
중	씨가 싹 트는 과정 중 일부만 바르게 설명한 경우
하	씨가 싹 트는 과정을 설명하지 못한 경우

3 (1) 식물이 자라는 데 필요한 조건을 알아보는 실험으로, 물의 양을 다르게 해야 합니다.

채점 기준

바르게 쓴 경우만 정답

(2) 탐구 결과, 잎이 잘 자란 것은 물을 적당히 준 것이고, 잎이 시든 것은 물을 주지 않은 것입니다.

채점 기준

바르게 쓴 경우만 정답

(3) 이 실험을 통해 식물이 자라려면 적당한 양의 물이 필요하다는 것을 알 수 있습니다.

채점 기준

바르게 쓴 경우만 정답

❶ 물체의 무게와 용수철저울

개념 확인 문제 50~53쪽

1 저울 **2** (1) ○ (2) × (3) × (4) ○ (5) ○ **3** 무게 **4** (1) ○ (2) × **5** 많이 **6** 일정하게 **7** 용수철 **8** (1) ㉡ (2) ㉠ (3) ㉢ **9** 영점 조절 나사

실전 문제 54~55쪽

01 ① **02** 저울 **03** ⑤ **04** ㉢ **05** ㉠, ㉡ **06** ④ **07** ④ **08** 100 **09** 무게 **10** (1) ㉡ (2) 영점 조절 나사 **11** ② **12** 200

01 ① 라면은 무게에 따라 가격을 측정하여 파는 물건이 아닙니다.

02 물체의 무게를 정확하게 측정하기 위해서 저울을 사용합니다.

03 용수철은 매단 추의 무게가 무거울수록 많이 늘어나기 때문에 가장 무거운 ⑤ 200g중인 추를 매달았을 때 가장 많이 늘어납니다.

04 손으로 용수철을 당길때, 용수철의 길이가 많이 늘어나게 당길수록 힘이 많이 듭니다.

05 지구는 무거운 물체를 가벼운 물체보다 더 세게 끌어당깁니다.

06 ① 지구는 모든 물체를 끌어당깁니다.
② 크기와 무게는 관계가 없습니다. 예를들어 같은 크기의 솜과 철의 무게를 비교하면 철이 더 무겁습니다.
③~⑤ 지구가 가벼운 물체보다 무거운 물체를 더 세게 끌어당깁니다.

07 ① ㉠에 용수철이 늘어난 길이는 6cm입니다.
②, ⑤ 추의 무게가 무거울수록 용수철이 많이 늘어납니다.
③ 용수철에 50g중인 추를 매달면 용수철은 5cm 늘어날 것입니다.

08 용수철에 매단 추의 무게가 20g중씩 늘어날 때마다 용수철이 2cm씩 일정하게 늘어납니다. 따라서 용수철이 10cm 늘어났다면 물체의 매단 물체의 무게는 100g중이라는 것을 알 수 있습니다.

09 가정용 저울과 체중계는 용수철이 무게에 따라 일정하게 늘어나거나 줄어드는 성질을 이용해서 만든 것입니다.

10 물체를 걸기 전 저울의 영점을 조절하는 부분은 ㉡ 영점 조절 나사입니다.

11 용수철저울의 눈금을 읽을 때는 표시 자와 눈높이를 맞추어 읽어야 합니다.

12 표시자가 가리키는 눈금은 200g중입니다.

❷ 수평 잡기의 원리

개념 확인 문제 56~57쪽

1 수평 **2** (1) 같은 (2) 멀리 **3** 양팔저울 **4** (1) × (2) ×

실전 문제 58~59쪽

01 ⑤ **02** ㉡ **03** ②, ③ **04** ③ **05** ㉠ 같은, ㉡ 가까이 **06** ㉡ **07** (1) ㉢ (2) 수평 조절 장치 **08** ④ **09** ① **10** ㉣→㉠→㉢→㉡ **11** 지우개<가위<필통 **12** ②, ⑤

01 같은 무게의 물체로 수평을 잡으려면 받침점으로부터 같은 거리에 물체를 놓아야 합니다.

02 받침점에서 같은 거리에 앉았을 때 ㉠쪽으로 기울어졌다면 ㉠이 더 무겁습니다.

03 무게가 다른 두 물체가 수평을 잡으려면 무거운 사람이 받침점에 더 가까이 앉거나, 가벼운 사람이 받침점에서 더 멀리 앉아야 합니다.

04 무게가 다른 물체로 수평을 잡으려면 가벼운 물체를 받침점에서 더 먼 거리에 놓아야 합니다.
오른쪽 2번에 1개가 놓였다면 왼쪽 2번에 1개를 놓으면 수평이 됩니다. 하지만 오른쪽 나무토막의 무

게가 2배가 되었기 때문에 거리는 왼쪽 2번보다 2배 더 멀리 놓아야(왼쪽 4번) 수평이 됩니다.

05 무게가 같은 물체로 수평을 잡으려면 각각의 물체를 받침점에서 같은 거리에 놓아야 합니다. 또, 무게가 다른 물체로 수평을 잡으려면 무거운 물체를 가벼운 물체보다 받침점에 더 가까이 놓아야 합니다.

06 ㉡이 ㉠보다 받침점에 더 가까이 있는데 수평을 이루고 있으므로, ㉡이 더 무거운 물체입니다.

07 저울에 물체를 올리기 전 저울대의 수평을 맞추는 것은 ㉢ 수평 조절 장치입니다.

08 ① 양팔저울의 받침점은 ㉡입니다.
② 수평 잡기의 원리를 이용한 저울입니다.
③ 세 개 이상 물체의 무게도 비교할 수 있습니다.
⑤ 저울접시는 받침점으로부터 같은 거리에 걸어서 사용해야 합니다.

09
- ㈎와 ㈏를 비교하였을 때, ㈎로 기울었으므로 ㈏보다 ㈎가 더 무겁습니다. ㈎>㈏
- ㈏와 ㈐를 비교하였을 때, ㈏로 기울었으므로 ㈐보다 ㈏가 더 무겁습니다. ㈏>㈐
- 무거운 순서로 나열하면 ㈎>㈏>㈐입니다.

10 먼저 저울대의 수평을 맞춘 후, 저울의 한쪽에 물체를 놓습니다. 다른 쪽 접시에 클립을 올리며 저울대의 수평이 되도록 하고, 수평이 되었을 때 클립의 개수를 세어 물체의 무게를 비교합니다.

11 양팔저울이 수평이 되었을 때 클립의 수가 적을수록 가벼운 물체입니다.

12 기준 물체로 사용하기 위해서는 모양과 무게가 일정해야 합니다.

❸ 여러 가지 저울과 간단한 저울 만들기

개념 확인 문제 60~61쪽

1 전자저울 **2** (1) ㉠ (2) ㉡ (3) ㉠ **3** 용수철, 수평잡기 **4** (1) × (2) ×

실전 문제 62~63쪽

01 ② **02** ③ **03** 전자저울 **04** ③ **05** ㉢ **06** ㉣ **07** 수평 잡기의 원리 **08** ④ **09** ④ **10** 수평 잡기의 원리 **11** ㈏ **12** ③

01 작은 무게부터 금속의 무게를 측정하는 등 무게를 정밀하게 측정할 때는 전자저울을 사용합니다.

02 체중계이며, 용수철의 성질을 이용한 저울입니다. 용수철을 이용한 저울은 물체를 측정할 수 있는 측정 범위가 있습니다.

03 전기적 성질을 이용해 화면에 숫자로 물체의 무게를 표시하는 저울을 전자저울이라고 합니다.

04 ㉠ 용수철저울과 ㉡ 가정용 저울은 용수철의 성질을 이용한 것입니다.
㉢ 디지털계량스푼은 전기적 성질을 이용한 것입니다.
㉣ 양팔저울은 수평 잡기의 원리를 이용한 것입니다.

05 적은 양의 가루 물질의 무게를 정확하게 측정할 때는 ㉢ 디지털 계량 스푼을 사용하는 것이 좋습니다.

06 수평잡기의 원리를 이용하고, 기준 물체가 필요하며, 물체의 무게를 직접 비교할 수 있는 저울은 ㉣ 양팔저울입니다.

07 나무판 양쪽에 종이컵을 올려놓고 수평 잡기의 원리를 이용해 물체의 무게를 측정하는 저울입니다.

08 ①, ②, ③은 수평 잡기의 원리를 이용한 저울이고, ④는 용수철을 이용한 저울입니다.

09 양팔저울의 저울대는 긴 막대 모양이어서 양쪽에 저울접시를 걸 수 있어야 하고, 수평을 잡아야 하므로 양쪽 모양이 대칭인 것이 좋습니다.

10 만들어진 저울은 수평 잡기의 원리를 이용한 것입니다.

11 ㈎쪽으로 기울었기 때문에 ㈏쪽에 고무 찰흙을 붙여 무게를 무겁게 해 주어야 수평을 잡을 수 있습니다.

12 모래는 크기가 너무 작고 모양도 일정하지 않기 때문에 기준 물체로 적합하지 않습니다.

단원 정리 평가 65~67쪽

01 무게 02 ④ 03 ㈎ 04 3 05 ④ 06 ③ 07 ④
08 ② 09 400 10 ③ 11 ㈎ 12 현서 13 ④ 14 ②
15 ③ 16 ①, ⑤ 17 ㉡ 18 (2) ○

01 지구가 물체를 끌어당기는 힘의 크기를 '무게'라고 합니다.

02 병원에서 몸무게를 잴 때, 우체국에서 등기 우편을 보낼 때 무게를 측정합니다.

03 무게가 무거울수록 용수철이 더 많이 늘어나므로 ㈎가 더 무거운 물체입니다.

04 추의 무게가 20g중씩 늘어날 때마다 용수철이 3cm씩 늘어납니다.

05 추의 무게가 20g중씩 늘어날 때마다 용수철이 3cm씩 늘어나므로, 100g중을 매달면 80g중을 매달 때보다 3cm 더 늘어나게 됩니다. 따라서 늘어난 길이는 15cm 됩니다.

06 무게가 20g중씩 늘어날때마다 2cm씩 늘어나므로, 용수철이 8cm 늘어났다면 매단 물체의 무게는 80g중이라는 것을 알 수 있습니다.

07 ㉣은 물체의 무게를 나타내는 '표시 자'입니다.

08 용수철저울을 사용할 때는 스탠드에 용수철을 걸고 영점을 조절한 후, 고리에 물체를 걸고 표시 자가 가리키는 눈금의 숫자를 단위와 함께 읽습니다.

09 표시 자가 가리키는 눈금은 400g중입니다.

10 무게가 같은 물체는 받침점에서 같은 거리에 올려놓아야 수평을 잡을 수 있습니다.

11 ㈎가 ㈏보다 받침점에서 더 멀리 있는데 수평을 이루었기 때문에 ㈎가 더 가벼운 물체입니다.

12 ㈏가 더 무겁기 때문에 ㈎와 ㈏를 받침점에서 같은 위치에 두면 ㈏쪽으로 기울어집니다.

13 양팔저울의 저울접시에 물체를 올려놓습니다.

14 ㈎는 ㈏보다 무겁고, ㈏와 ㈐의 무게는 같습니다. 따라서 물체의 무게를 비교하면 ㈎>㈏=㈐입니다.

15 수평을 이루었을 때 클립의 개수가 많을수록 무거운 것입니다.

16 ① 가정용 저울 ② 디지털 계량스푼 ③ 양팔저울 ④ 전자저울 ⑤ 체중계
- ①, ⑤는 용수철의 성질을 이용한 저울입니다.
- ②, ④는 전기적 성질을 이용한 저울입니다.
- ③은 수평 잡기를 이용한 저울입니다.

17 만든 저울은 수평 잡기의 원리를 이용한 저울입니다. ㉢ 체중계는 용수철을 이용한 저울입니다.

18 기준 물체로 사용하려면 모양과 크기가 일정해야 합니다.

서술형 문제 68~69쪽

01 (1) 예 사람마다 느끼는 무게가 다를 수 있기 때문이다. (2) 예 저울을 이용해서 무게를 측정해야 한다. **02** 추가 무거울수록 지구가 추를 끌어당기는 힘의 크기가 크기 때문이다. **03** (1) 15cm (2) 예 무게가 20g중씩 일정하게 늘어날 때마다 용수철의 길이도 3cm씩 일정하게 늘어나기 때문이다. 따라서 100g중인 추를 매달면 80g중인 추를 매달았을 때보다 3cm 더 늘어나기 때문에 15cm 늘어날 것이다. **04** 예 영점 조절 나사를 이용해서 표시 자가 눈금 '0'을 가리키도록 조절한다. **05** (1) ㈎ (2) 예 ㈎를 받침점에 가까이 놓는다. ㈏를 받침점에서 더 멀리 놓는다. **06** (1) 필통 (2) 예 측정하려는 물체를 한쪽 접시에 올려놓고, 다른 쪽 접시에 클립을 수평이 될 때까지 놓는다. 수평을 이루었을 때 클립의 개수를 세어 물체의 무게를 비교한다. **07** (1) ㉠ (2) 예 물체의 무게에 따라 용수철이 일정하게 늘어나는 성질 **08** 예 수평 잡기의 원리를 이용해서 무게를 재는 저울입니다.

01 (1) 어림할 경우 사람마다 느끼는 무게가 다를 수 있고, 무게 차이가 크지 않은 경우 구별하기 어렵습니다.

채점 기준

사람의 감각으로는 정확하게 무게를 알 수 없다는 의미가 포함되면 정답

(2) 저울을 이용해서 무게를 측정해야 합니다.

채점 기준

저울을 사용한다는 의미가 포함되면 정답

02 • 추가 무거울수록 지구가 추를 끌어당기는 힘의 크기가 크기 때문입니다.

채점 기준

• 지구가 추를 끌어당기는 힘과 관련지어 설명한 경우 정답 • 단순히 무게가 무거울수록 용수철이 많이 늘어난다고 서술하면 오답

03 무게가 20g중씩 일정하게 늘어날 때마다 용수철의 길이도 3cm씩 일정하게 늘어납니다. 따라서 100g중인 추를 매달면 80g중에 20g중이 늘어난 것이기 때문에 80g중인 추를 매달았을 때보다 3cm 더 늘어나 15cm 늘어날 것이라고 예상할 수 있습니다.

채점 기준

상	예상한 까닭을 정량적으로 설명한 경우
중	예상한 까닭을 '일정하게 늘어나기 때문이다'로 설명한 경우
하	답을 틀리게 쓴 경우

04 용수철저울을 사용하기 전에는 영점 조절 나사를 이용해서 저울의 영점을 맞추어야 합니다.

채점 기준

상	영점 조절 나사의 하는 일을 구체적으로 설명한 경우
중	'영점을 맞춘다'와 같이 용수철저울의 영점 조절 나사를 구체적으로 쓰지 않은 경우
하	답을 틀리게 쓴 경우

05 (1) 받침점에서 같은 거리에 놓았을 때 ㈎쪽으로 기울어졌으므로 ㈎가 더 무겁습니다.

(2) • 무게가 다른 물체가 수평을 이루려면, 무거운 물체를 가벼운 물체보다 받침점에 더 가까이 놓거나 가벼운 물체를 받침점에서 더 멀리 놓아야 합니다.

• ㈎를 받침점에 더 가까이 놓거나 ㈏를 받침점에서 더 멀리 놓아야 합니다.

채점 기준

상	두 가지 방법을 맞게 쓴 경우
중	한 가지 방법만 쓴 경우
하	답을 틀리게 쓴 경우

06 (1) 기울어진 쪽이 더 무거운 물체입니다. 풀은 가위보다 무겁고, 풀보다 필통이 무겁습니다. 따라서 필통이 가장 무겁다는 것을 알 수 있습니다.

(2) • 직접 물체를 비교하지 않고 기준 물체를 이용하는 방법이 있습니다.

• 물체와 수평이 될 때까지 기준 물체를 올려 놓고, 수평을 이루었을 때 기준 물체의 개수를 세어 무게를 비교합니다.

채점 기준

상	기준 물체를 이용한 방법을 구체적으로 설명한 경우
중	'클립을 사용한다.'와 같이 기준 물체에 대한 구체성이 부족한 경우
하	답을 틀리게 쓴 경우

07 (1) 바늘이 돌아가는 가정용 저울은 용수철을 이용한 저울입니다.

(2) 용수철이 무게에 따라 일정하게 늘어나는 성질을 이용해 물체의 무게를 측정할 수 있습니다.

채점 기준

용수철이 일정하게 늘어나는 성질을 이용한다는 의미가 포함된 경우 정답

08 만든 저울은 수평 잡기를 이용해 물체의 무게를 재는 저울입니다.

채점 기준

수평 잡기의 원리를 이용한다는 의미가 포함된 경우 정답

과학

수행 평가 70~71쪽

1 (1) 영점 조절나사 (2) 표시 자 (3) 무게 (4) 용수철저울에 물체를 거는 부분 **2** 예 용수철이 무게에 따라 일정하게 늘어나는 성질을 이용한 것이다. **3** (1) 예 감이 사과보다 더 무겁다. 감이 사과보다 받침점에 더 가까이 있는데 수평을 이루었기 때문이다. (2) 배, 감, 사과 (3) 예 배를 감보다 받침점에서 더 가까운 위치에 놓는다.

1 용수철저울은 영점 조절 나사, 표시 자, 눈금, 고리 등으로 구성되어 있습니다.

채점 기준

상	각 부분과 역할을 4가지 모두 맞게 쓴 경우
중	각 부분과 역할을 2~3개만 맞게 쓴 경우
하	각 부분과 역할을 1개 이하로 쓴 경우

2 • 용수철은 매단 물체의 무게에 따라 일정하게 늘어나는 성질이 있습니다.
• 일정하게 늘어나는 성질을 이용해 눈금을 매겨 저울로 사용할 수 있습니다.

채점 기준

상	무게에 따라 일정하게 늘어난다고 서술한 경우
중	일정함을 설명하지 않고, 무게가 무거울수록 많이 늘어난다고 서술한 경우
하	답을 틀리게 쓴 경우

3 (1) 무게가 다른 경우, 무거운 물체를 받침점에 더 가까이 놓아야 수평이 됩니다. 따라서 감이 더 무겁습니다.

채점 기준

상	감과 사과의 무게를 옳게 비교하고, 비교한 까닭을 수평 잡기의 원리를 이용하여 설명한 경우
중	감과 사과의 무게만 비교한 경우
하	답을 틀리게 쓴 경우

(2) (가)에서 감 > 사과, (나)에서 배 > 사과, (다)에서 배 > 감인 것을 알 수 있습니다. 따라서 무게를 비교하면 배 > 감 > 사과입니다.

채점 기준

순서가 모두 맞은 경우만 정답

(3) 배가 더 무겁기 때문에 배를 받침점에 더 가까이 놓아야 합니다.

채점 기준

상	배를 감보다 받침점에 더 가까운 위치에 놓거나, 감을 배보다 받침점에서 더 멀리 놓는다고 설명한 경우
중	'배를 앞으로 당긴다'와 같이 받침점과 같은 용어를 포함하지 않고 서술한 경우
하	답을 틀리게 쓴 경우

❶ 혼합물

개념 확인 문제 72~73쪽

1 혼합물 **2** 그대로입니다 **3** 물질 **4** (1) ㉡ (2) ㉠

실전 문제 74~75쪽

01 혼합물 **02** ① **03** ⑤ **04** ㉠ **05** ⑤ **06** (1) × (2) ○ (3) × **07** ㉡ **08** 주영 **09** (가) ㉢ (나) ㉠ (다) ㉡ **10** ①, ⑤ **11** ③ **12** ㉠, ㉡, ㉤

01 두 가지 이상의 물질이 성질이 변하지 않은 채 서로 섞여 있는 것을 '혼합물'이라고 합니다.

02 물은 한 가지 물질로 이루어져 있습니다.

03 김밥은 여러 가지 재료가 섞인 혼합물이며, 재료의 맛은 섞이기 전과 같습니다.

04 재료가 섞여도 맛이 변하지 않기 때문에 어떤 재료가 섞여 있는지 알 수 있습니다.

05 여러 가지 재료를 섞기 전과 섞은 후의 맛과 색깔은 같습니다.

06 (1) 소금은 한 가지 물질로 이루어져 있습니다.
(3) 혼합물은 다시 원래의 물질로 분리할 수 있습니다.

07 종류별로 나누는 ㉡ 과정이 혼합물의 분리 과정입니다.

08 원하는 구슬을 쉽게 찾아서 쓰기 위해서 구슬을 분리합니다.

09 사탕수수는 구슬 혼합물을, 설탕은 종류별로 분리한 구슬을, 사탕은 분리한 물질을 이용해 다시 만든 팔찌에 해당합니다.

10 ② 소금물에서 소금을 분리하는 것처럼 액체와 고체의 혼합물도 분리할 수 있습니다.
③ 혼합물은 물질의 성질이 변하지 않은 채 섞여 있는 것입니다.
④ 분리한 물질은 다른 물질과 섞여서 다양한 곳에 이용할 수 있습니다.

11 물에 설탕을 섞어 설탕물을 만드는 것은 혼합물을

만드는 과정입니다.

12 ㉢과 ㉣은 혼합물을 만드는 과정입니다.

❷ 혼합물의 분리(1)

개념 확인 문제 76~79쪽

1 (1) ㉢ (2) ㉡ (3) ㉠ **2** 알갱이의 크기 **3** 2 **4** 콩 **5** (1) ○ (2) ○ (3) × **6** (1) ㉡ (2) ㉠ **7** 자석 **8** 플라스틱 구슬 **9** (1) × (2) × (3) ○ (4) ○ (5) ○

실전 문제 80~81쪽

01 ④ **02** ㉢, ㉣ **03** ④ **04** ① **05** 작은, 큰, 재첩 **06** ⑤ **07** ㉠ 플라스틱 구슬, ㉡ 철 구슬 **08** ② **09** ③, ⑤ **10** (가) 자석, (나) 체 **11** ①, ⑤ **12** ⑤

01 콩, 팥, 좁쌀의 혼합물은 알갱이의 크기 차이를 이용해서 분리합니다.

02 • 콩, 팥, 좁쌀의 혼합물을 눈의 크기가 팥보다 크고 콩보다 작은 체를 사용하면 체 위에 콩이 분리되고, 팥과 좁쌀이 빠져 나옵니다.
• 팥과 좁쌀의 혼합물을 눈의 크기가 좁쌀보다 크고 팥보다 작은 체를 사용하면, 체 위에 팥이 분리되고 좁쌀이 빠져 나옵니다.

03 고춧 가루에 섞인 철가루는 자석에 붙는 성질을 이용해서 분리합니다.

04 모래와 자갈은 알갱이의 크기가 다르기 때문에 체를 이용해서 분리할 수 있습니다.

05 체 눈보다 작은 모래는 빠져나가고, 체 눈보다 큰 재첩은 체 위에 남게 됩니다.

06 철 캔과 알루미늄 캔은 자석에 붙는 성질의 차이를 이용해서 분리합니다.

07 자석에 붙지 않는 ㉠은 플라스틱 구슬, 자석에 붙는 ㉡은 철 구슬입니다.

08 철과 플라스틱 구슬의 혼합물은 자석을 이용해서 분리할 수 있습니다.

09 ① 콩과 좁쌀의 혼합물은 알갱이의 크기 차이를 이용해서 분리합니다.
② 바닷물에서 소금을 분리할 때는 증발을 이용해서 분리합니다.
④ 모래와 자갈의 혼합물은 알갱이의 크기 차이를 이용해서 분리합니다.

10 철 구슬을 분리할 때는 자석으로, 알갱이의 크기가 다른 쌀과 플라스틱 구슬을 분리할 때는 체를 이용합니다.

11 자석에 붙는 성질을 이용하여 철구슬을 분리하고, 알갱이의 크기 차이를 이용해서 쌀과 플라스틱 구슬로 분리합니다.

12 • (나) 도구는 체이고, 알갱이의 크기 차이를 이용해서 분리하는 도구입니다.
• 알갱이의 크기 차이를 이용한 예는 공사장에서 체를 이용하여 모래와 자갈을 분리하는 경우입니다.

❸ 혼합물의 분리(2)

개념 확인 문제 82~85쪽

1 (1) ㉠ (2) ㉡ **2** 거름종이, 깔때기 **3** 거름 **4** (1) × (2) × (3) ○ **5** (1) ㉠ (2) ㉡ **6** 증발 **7** ㉠, ㉡ **8** 거름 **9** 증발

실전 문제 86~87쪽

01 ④ **02** ㉠ 소금, ㉡ 모래 **03** ③ **04** 거름 **05** ㉡ **06** ③ **07** ④ **08** ② **09** ③ **10** ④ **11** ㉣ **12** ㉠

01 소금과 모래의 혼합물을 분리할 때는 물에 녹인 후, 거름장치로 걸러서 모래를 먼저 분리하고, 다시 빠져 나온 물질을 증발 장치를 이용하여 소금을 분리합니다.

과학

02 물에 잘 녹는 ㉠이 소금이며, 물에 잘 녹지 않는 ㉡이 모래입니다.

03 소금은 물에 녹고, 모래는 물에 녹지 않는 성질을 이용하여 거름 장치로 분리할 수 있습니다.

04 거름종이를 이용하여 물에 녹는 물질과 물에 녹지 않는 물질을 분리하는 것을 '거름'이라고 합니다.

05 소금물을 가열하면 물이 증발하여 점점 줄어듭니다.

06 ① ㈎에서 거름종이 위에는 모래가 남습니다.
② ㈎에서 거름종이 위에 남는 물질은 모래입니다.
④ ㈏에서 증발 접시에 남는 물질은 소금입니다.
⑤ ㈏에서 증발 접시에서 증발된 물질은 물입니다.

07 천으로 소금물과 메주의 혼합물을 걸러 냅니다. 따라서 거르는 역할을 하는 실험 도구는 거름종이입니다.

08 액체를 끓이면 물이 증발하게 됩니다. 염전에서 소금을 얻는 것도 물이 증발하는 원리를 이용한 것입니다.

09 거름 장치를 이용해 소금과 모래의 혼합물을 분리할 수 있습니다.

10 재생종이를 만들 때는 종이 죽과 색소 탄 물을 섞고, 종이 뜨기를 한 후, 종이를 틀에서 분리해서 말려줍니다.

11 거름 장치로 거르는 과정은 ㉣ 틀을 이용해서 종이를 뜨는 과정과 비슷합니다.

12 바닷물에서 소금을 얻기 위해 물을 증발시킵니다. ㉠ 과정에서 종이를 말리는 것은 물을 증발시키는 원리입니다.

단원 정리 평가 89~91쪽

01 ③, ⑤ 02 ⑤ 03 ①, ③ 04 ㉠, ㉢ 05 ② 06 ②
07 ㉠ 콩 ㉡ 팥 ㉢ 좁쌀 08 ③ 09 ③ 10 자석 11 ④
12 ① 13 모래 14 ③, ⑤ 15 ② 16 ③ 17 (1) ㉣
(2) ㉢ (3) ㉠ (4) ㉡ 18 ㉣

01 두 가지 이상의 물질이 성질이 변하지 않은 채로 섞여 있는 것은 혼합물입니다. 보기의 물질 중 혼합물은 꿀물과 바닷물입니다.

02 시리얼, 초콜릿, 말린 과일 등의 재료로 만든 간식은 재료를 섞은 후에도 맛이 변하지 않습니다.

03 ①, ③은 혼합물은 분리하는 예이며, ②, ④, ⑤는 물질을 이용하여 혼합물을 만드는 예입니다.

04 사탕수수와 사탕은 혼합물입니다.

05 혼합물을 분리하면 필요한 물질을 얻을 수 있고, 분리한 물질을 다른 물질과 섞어서 생활의 필요한 곳에 사용할 수 있습니다.

06 콩, 팥, 좁쌀은 알갱이의 크기가 달라서 체를 사용하면 빠르게 분리할 수 있습니다.

07 체에 남는 것은 체 눈의 크기보다 큰 알갱이입니다. 따라서 ㉠은 콩, ㉡은 팥, ㉢은 좁쌀입니다.

08 체를 이용하면 알갱이의 크기 차이로 혼합물을 쉽게 분리할 수 있습니다.

09 재첩을 잡을 때도 체를 이용하면 재첩과 흙을 분리하여 재첩을 쉽게 잡을 수 있습니다.

10 철 구슬과 플라스틱 구슬을 분리할 때는 자석을 이용합니다.

11 고춧가루와 철가루를 분리할 때는 철가루가 자석에 붙는 성질을 이용해서 분리할 수 있습니다.

12 철 캔은 자석에 붙고, 알루미늄 캔은 자석에 붙지 않기 때문에 이를 이용해서 철 캔과 알루미늄 캔을 분리할 수 있습니다.

13 거름종이 위에는 알갱이가 큰 모래가 남고, 소금물은 빠져나갑니다.

14 소금만 물에 녹는 성질을 이용해서 거름 장치로 모래를 분리하였으며, 소금물에서 물이 증발하는 성질을 이용해 소금을 분리하였습니다.

15 ㈎에서 걸러진 물질은 소금물이며, ㈏에서 가열하면 증발 접시에 물은 증발하고 소금만 남게 됩니다.

16 전통장을 만들 때 메주를 소금물과 섞은 혼합물을 천에 걸러서 된장과 간장을 만들게 됩니다.

17 (1) 소금물은 물이 증발하는 원리를 이용해서 분리

합니다.

(2) 고춧가루와 철가루 혼합물은 자석에 붙는 성질을 이용해서 분리합니다.

(3) 쌀과 모래의 혼합물은 알갱이의 크기 차이를 이용해서 분리합니다.

(4) 소금과 모래의 혼합물은 물에 녹는 성질을 이용해서 분리합니다.

18 종이는 물이 증발하면서 마릅니다.

서술형 문제 92~93쪽

01 (1) 예 팥, 얼음, 과일, 떡 등 (2) 예 여러 가지 재료들이 성질이 변하지 않은 채 섞여 있기 때문이다. **02** (1) 설탕 (2) 예 원하는 물질을 얻어서 우리 생활의 필요한 곳에 이용할 수 있다. **03** (1) 알갱이의 크기 (2) 예 강가에서 재첩과 흙을 분리한다, 공사장에서 모래와 자갈을 분리한다, 해변 쓰레기 수거 장비로 모래와 쓰레기를 분리한다 등 **04** (1) ㉠ 플라스틱 구슬 ㉡ 철 구슬 (2) 예 자석을 이용해서 철 구슬을 자석에 붙여 분리한다. **05** (1) 자석 (2) 예 철만 자석에 붙은 성질을 이용해서 납작못을 쉽게 분리할 수 있다. **06** 예 바닷물을 가두어 햇빛과 바람을 이용해 물을 증발시켜 소금을 분리한다. **07** (1) 모래 (2) 예 소금과 모래의 혼합물을 물에 녹이면 모래는 물에 녹지 않고, 소금만 물에 녹는다. 이 혼합물을 거름종이에 거르면 모래는 거름종이 위에 남고, 소금물은 빠져나오게 된다. **08** 예 (가) 모래와 재첩은 알갱이의 크기가 차이가 나는 성질을 이용했다. (나) 알루미늄은 자석에 붙지 않고, 철은 자석에 붙는 성질을 이용했다.

01 (1) 팥빙수에는 팥, 얼음, 여러 가지 과일들이 섞여 있습니다.

(2) 혼합물은 물질이 서로 성질이 변하지 않은 채 섞여 있는 것을 말합니다.

채점 기준

'여러 가지 재료들이 성질이 변하지 않은 채 섞여 있다'는 의미가 포함되면 정답

02 (1) 사탕수수에서 설탕을 분리할 수 있습니다.

(2) 혼합물을 분리하면 원하는 물질을 얻어 생활에 필요한 곳에 이용할 수 있다는 장점이 있습니다.

채점 기준

상	원하는 물질을 얻는다는 점, 이를 생활의 필요한 곳에 이용할 수 있다는 점을 모두 쓴 경우
중	원하는 물질을 얻는다는 점, 이를 생활의 필요한 곳에 이용할 수 있다는 점 중 한 가지만 서술한 경우
하	답을 틀리게 쓴 경우

03 (1) 알갱이의 크기가 다른 혼합물을 분리할 때 체를 사용하면 알갱이를 쉽게 분리할 수 있습니다.

(2) 알갱이의 크기 차이를 이용하는 예에는 모래와 재첩을 분리할 때, 모래와 자갈을 분리할 때, 해변 쓰레기 수거 장비로 모래와 쓰레기를 분리할 때 등이 있습니다.

채점 기준

상	알갱이의 크기 차이를 이용해서 분리할 수 있다는 개념과 예를 모두 맞게 쓴 경우
중	알갱이의 크기 차이를 이용해서 분리할 수 있다는 개념과 예 중 한 가지만 맞게 쓴 경우
하	답을 틀리게 쓴 경우

04 (1) 자석에 붙지 않는 물질이 플라스틱, 자석에 붙는 물질이 철입니다.

(2) 철이 자석에 붙는 성질을 이용하면 혼합물을 쉽게 분리할 수 있습니다.

채점 기준

상	자석에 철이 붙는 성질을 이용한다고 서술한 경우
중	자석을 이용한다고 서술한 경우
하	답을 틀리게 쓴 경우

05 (1) 철을 분리할 때는 자석을 이용할 수 있습니다.

(2) 철은 자석에 붙기 때문에 자석을 이용하면 쉽게 분리할 수 있습니다.

채점 기준

철로 된 물체가 자석에 붙는다는 의미를 포함한 경우 정답

06 햇빛과 바람을 이용해 바닷물을 증발시키면 소금을 얻을 수 있습니다.

채점 기준

물을 증발시켜 소금을 얻는다는 의미가 포함된 경우 정답

07 (1) 거름 종위 이에 남는 것은 입자가 큰 모래입니다.

(2) 소금이 물에 녹는 성질을 이용해서 소금을 물에 녹입니다. 소금물과 모래의 혼합물을 거름 장치로 거르면 소금물은 빠져나오고, 모래는 거름종이 위에 남습니다.

채점 기준

상	소금만 물에 녹는 성질, 거름 장치에서 모래가 분리되는 내용을 모두 서술한 경우
중	소금만 물에 녹는 성질, 거름 장치에서 모래가 분리되는 내용 중 한 가지만 서술한 경우
하	답을 틀리게 쓴 경우

08 (가)는 알갱이의 크기를 이용해 재첩과 모래를 분리하는 모습이고, (나)는 자석에 붙는 성질을 이용해 철 캔과 알루미늄 캔을 분리하는 모습입니다.

채점 기준

상	(가)와 (나)를 모두 알맞게 쓴 경우
중	(가)와 (나) 중 한 가지만 쓴 경우
하	답을 틀리게 쓴 경우

수행 평가 94~95쪽

1 (가) 자석, 철이 자석에 붙는 성질, (나) 체, 알갱이의 크기 차이 **2** (가) 예 자석을 이용해서 고춧가루에서 철가루를 분리한다, 자동 분리기로 알루미늄 캔과 철 캔을 분리한다, 쌀을 도정할 때 철가루를 분리한다 등 (나) 예 공사장에서 체를 이용해 자갈과 모래 분리한다, 강가에서 흙과 재첩을 분리한다, 해변 쓰레기 수거 장비로 모래와 쓰레기를 분리한다 등 **3** (1) 예 소금과 모래의 혼합물을 물에 녹인다. (2) ㉮ 모래, ㉯ 소금물 (3) ㉮ 소금, ㉯ 예 물을 증발시켜 소금을 얻는다.

1 크기가 다른 물질을 분리할 때는 체를 이용하고, 철을 분리할 때는 자석을 이용합니다.

채점 기준

상	(가)와 (나) 모두 맞게 쓴 경우
중	(가)와 (나) 중 한 가지만 맞게 쓴 경우
하	도구 이름만 쓰거나 답을 틀리게 쓴 경우

2 (가) 자석을 이용하는 예 : 철 캔과 알루미늄 캔을 자동 분리기로 분리하는 경우, 고춧가루와 철가루를 분리하는 경우, 쌀에서 철가루를 분리하는 경우 등

(나) 알갱이의 크기 차이를 이용한 분리 예 : 강에서 재첩과 모래를 분리하는 경우, 공사장에서 모래와 자갈을 분리하는 경우, 해변 쓰레기 수거 장비로 모래와 쓰레기를 분리하는 경우 등

채점 기준

상	(가)와 (나)의 내용을 모두 쓴 경우
중	(가)와 (나)의 내용 중 한 가지만 맞게 쓴 경우
하	답을 틀리게 쓴 경우

3 (1) 가장 먼저해야 하는 것은 소금과 모래의 혼합물을 물에 녹이는 것입니다.

채점 기준

물을 이용해서 녹인다는 의미가 포함된 경우 정답

(2) 거름종이에 남는 물질은 모래이고, 거름종이를 통과하는 물질은 소금물입니다.

채점 기준

상	두 가지 모두 맞게 쓴 경우
중	한 가지만 맞게 쓴 경우
하	답을 틀리게 쓴 경우

(3) 소금물을 증발 접시에서 가열하면 물이 증발해서 없어지고, 소금만 증발 접시에 남게 됩니다.

채점 기준

상	증발 접시에 남는 물질과 혼합물을 분리하는 방법을 모두 맞게 쓴 경우
중	증발 접시에 남는 물질만 맞게 쓴 경우
하	답을 틀리게 쓴 경우

만점왕 통합본
국어 · 사회 · 과학
단원 평가
4-1

구성과 특징

교과서 개념을 충실하게 반영하였으며 실전 문제로 교과 학습을 완벽하게 이해할 수 있도록 내용을 구성하였습니다.

단원 평가

다양한 문제를 풀어 보며 자신의 학습 상태를 점검하고 학교 단원 평가에 대비할 수 있도록 내용을 구성하였습니다.

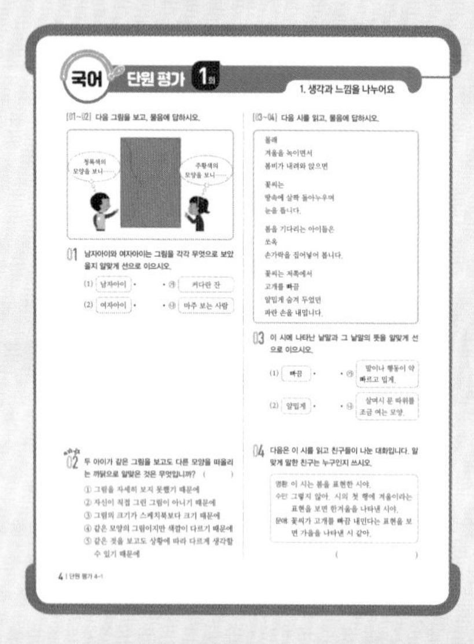

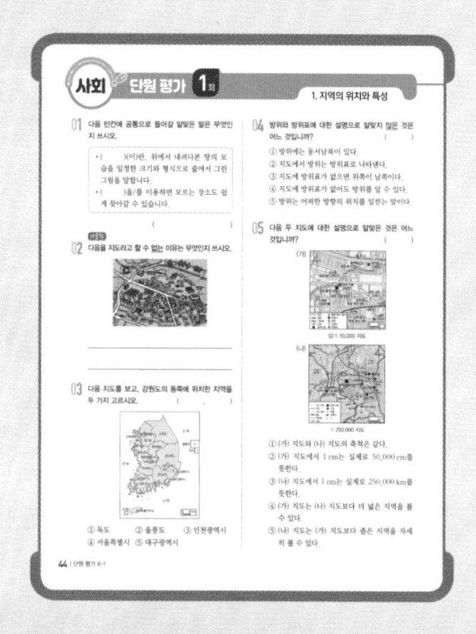

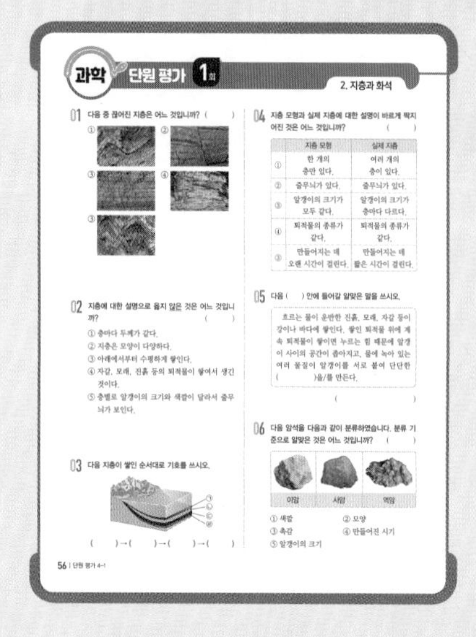

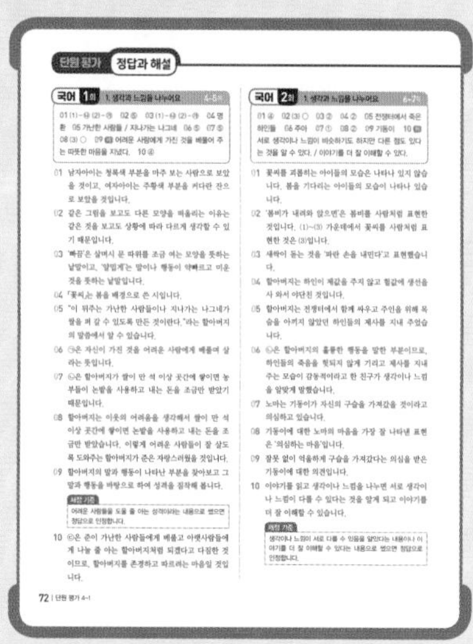

과목별 문제 풀이를 통해 자신의 학습 상태를 점검하고, 학교 단원 평가에 대비할 수 있습니다. 부족한 부분은 해설을 꼼꼼하게 읽어 주세요.

차례

[01~02] 다음 그림을 보고, 물음에 답하시오.

청록색의
모양을 보니…….
주황색의
모양을 보니…….

01 남자아이와 여자아이는 그림을 각각 무엇으로 보았을지 알맞게 선으로 이으시오.

(1) 남자아이 • • ㉮ 커다란 잔

(2) 여자아이 • • ㉯ 마주 보는 사람

02 두 아이가 같은 그림을 보고도 다른 모양을 떠올리는 까닭으로 알맞은 것은 무엇입니까? ( )

① 그림을 자세히 보지 못했기 때문에
② 자신이 직접 그린 그림이 아니기 때문에
③ 그림의 크기가 스케치북보다 크기 때문에
④ 같은 모양의 그림이지만 색깔이 다르기 때문에
⑤ 같은 것을 보고도 상황에 따라 다르게 생각할 수 있기 때문에

[03~04] 다음 시를 읽고, 물음에 답하시오.

> 몰래
> 겨울을 녹이면서
> 봄비가 내려와 앉으면
>
> 꽃씨는
> 땅속에 살짝 돌아누우며
> 눈을 뜹니다.
>
> 봄을 기다리는 아이들은
> 쏘옥
> 손가락을 집어넣어 봅니다.
>
> 꽃씨는 저쪽에서
> 고개를 빠끔
> 얄밉게 숨겨 두었던
> 파란 손을 내밉니다.

03 이 시에 나타난 낱말과 그 낱말의 뜻을 알맞게 선으로 이으시오.

(1) 빠끔 • • ㉮ 말이나 행동이 약빠르고 밉게.

(2) 얄밉게 • • ㉯ 살며시 문 따위를 조금 여는 모양.

04 다음은 이 시를 읽고 친구들이 나눈 대화입니다. 알맞게 말한 친구는 누구인지 쓰시오.

> 명환: 이 시는 봄을 표현한 시야.
> 수민: 그렇지 않아. 시의 첫 행에 겨울이라는 표현을 보면 한겨울을 나타낸 시야.
> 문애: 꽃씨가 고개를 빠끔 내민다는 표현을 보면 가을을 나타낸 시 같아.

( )

국어

[05~10] 다음 글을 읽고, 물음에 답하시오.

(가) 할아버지는 모처럼 일찍 사랑채에 건너온 준이 신기한 듯 동그란 눈으로 준을 바라보았습니다. 준은 다른 도령들과 함께 얌전히 꿇어앉아 ㉠ "사방 백 리 안에 굶어 죽는 사람이 없게 하라."라는 가훈을 크게 썼습니다.

붓글씨를 쓴 뒤에 할아버지는 준과 다른 도령들에게 희한하게 생긴 뒤주를 보여 주었습니다.

"이 뒤주는 가난한 사람들이나 지나가는 나그네가 쌀을 퍼 갈 수 있도록 만든 것이란다."

준은 쌀을 한 줌 꺼내 보았습니다. 할아버지의 훈훈한 마음이 전해지는 것 같았지요. 최 부잣집에는 가난한 사람들을 위해 쌀을 담아 놓은 뒤주가 있었습니다. 쌀 삼천 석 가운데 천 석을 불쌍한 사람들 돕는 데 썼다고 합니다.

(나) 그때 아랫마을에서 사람이 찾아왔습니다.

"대감마님! 아랫마을에 논이 하나 나왔는데, 대감마님께서 사시면 어떨까요?"

마을 사람들은 어디에선가 팔 땅이 나오면 할아버지에게 사라고 했습니다. 할아버지는 쌀이 만 석 이상 곳간에 쌓이면 농부들이 최 부잣집의 논밭을 사용하고 내는 돈을 조금만 받기 때문이었지요. 그래서 ㉡ 마을 사람들은 할아버지가 땅을 사면 오히려 좋아했습니다.

준은 할아버지가 무척 자랑스러웠습니다. 다른 사람들에게 베풀고, 잘 살도록 도와주며 아랫사람들에게도 나누어 줄 줄 아는 할아버지가 참 좋았습니다.

㉢ '나도 꼭 할아버지처럼 되어야지.'

준은 할아버지가 가르쳐 주신 가훈을 다시 한번 마음속 깊이 새겼습니다.

05 글 (가)에 나오는 뒤주는 누구를 위해 쌀을 담아 놓는 것인지 쓰시오.

(　　　　)

06 ㉠의 가훈 속에 담긴 뜻은 무엇입니까? (　　　)

① 가까운 이웃만 도와야 한다.
② 음식을 귀하게 여겨야 한다.
③ 굶지 않도록 성실하게 일해야 한다.
④ 붓글씨 연습을 게을리하면 안 된다.
⑤ 남의 불행을 넘기지 말고 도와주어야 한다.

07 ㉡에서 할아버지가 땅을 사면 마을 사람들이 좋아한 까닭은 무엇입니까? (　　　)

① 할아버지가 땅을 나누어 주어서
② 할아버지가 쌀을 비싸게 사 가서
③ 할아버지가 땅을 사면 풍년이 들어서
④ 할아버지가 배고픈 사람들을 도와주어서
⑤ 할아버지가 쌀이 만 석 이상 곳간에 쌓이면 논밭을 사용하고 내는 돈을 조금만 받아서

08 준이 할아버지가 자랑스러웠던 까닭으로 알맞은 것에 ○표 하시오.

(1) 할아버지의 재산이 많아서 (　　)
(2) 가훈을 붓글씨로 잘 쓰셔서 (　　)
(3) 어려운 사람들이 잘 살도록 도와주셔서 (　　)

서술형

09 이 글에 나타난 할아버지의 성격은 어떠한지 쓰시오.

10 ㉢에 나타난 인물의 마음으로 알맞지 않은 것은 무엇입니까? (　　　)

① 할아버지를 존경하는 마음
② 할아버지를 좋아하는 마음
③ 할아버지를 따르려는 마음
④ 할아버지를 방해하는 마음
⑤ 할아버지를 존중하는 마음

[01~03] 다음 시를 읽고, 물음에 답하시오.

몰래
겨울을 녹이면서
㉠ 봄비가 내려와 앉으면

꽃씨는
땅속에 살짝 돌아누우며
눈을 뜹니다.

봄을 기다리는 아이들은
쏘옥 / 손가락을 집어넣어 봅니다.

꽃씨는 저쪽에서
고개를 빠끔
얄밉게 숨겨 두었던
㉡ 파란 손을 내밉니다.

01 이 시에 대한 설명으로 알맞지 않은 것은 무엇입니까? ( )

① 봄의 모습이 나타나 있다.
② 봄비를 사람처럼 표현하였다.
③ 봄을 기다리는 아이들의 모습이 떠오른다.
④ 꽃씨를 괴롭히는 아이들의 모습이 나타나 있다.
⑤ 아이들이 땅속에 손가락을 집어넣는 모습을 떠올릴 수 있다.

02 대상을 ㉠처럼 표현한 것에 ○표 하시오.

(1) 꽃씨가 사과처럼 붉습니다. ( )
(2) 꽃씨는 깃털만큼 가볍습니다. ( )
(3) 꽃씨가 고개를 빠끔 내밉니다. ( )

03 ㉡은 무엇을 나타낸 표현입니까? ( )

① 얼음이 녹는 것 ② 새싹이 돋는 것
③ 꽃씨를 틔우는 것 ④ 봄을 기다리는 것
⑤ 손가락을 집어넣는 것

[04~06] 다음 글을 읽고, 물음에 답하시오.

(가) 준은 문득 작년 이맘때 일이 생각났습니다. 한 하인이 장사가 끝날 때쯤 생선 가게에 가서 헐값에 청어를 사 왔다가 할아버지에게 호되게 혼이 났었습니다.

"물건을 살 때는 아침에 가서 제값을 주고 사 오라고 했거늘 어찌 끝날 때쯤 헐값을 주고 사 오느냐? 헐값에 생선을 넘기는 생선 장수의 마음을 헤아릴 줄 모른단 말이냐?"

(나) 할아버지에게 화를 냈던 준은 슬며시 부끄러워졌습니다. 준이 집으로 돌아왔을 때, 할아버지는 제사를 준비하느라 바빴습니다. 밤이 되어 제사가 시작되었습니다.

그런데 제사가 끝나자 ㉠ 또 다른 제사가 시작되었습니다.

'왜 제사를 또 지내지?'

할아버지가 절을 하고, 아버지도 절을 했습니다. 준은 영문도 모른 채 절을 했습니다.

절을 한 뒤에 준이 하인에게 물어보았습니다.

"이건 누구 제사지?"

㉡ "전쟁터에서 함께 싸우고, 끝까지 그 곁을 떠나지 않았던 하인들의 제사입죠."

04 준의 할아버지가 청어를 사 온 하인을 혼낸 까닭은 무엇입니까? ( )

① 청어를 한 마리만 사 와서
② 청어를 너무 싼값에 사 와서
③ 청어가 아닌 생선을 사 와서
④ 싱싱하지 않은 청어를 사 와서
⑤ 청어를 너무 비싼 값에 사 와서

05 ㉠은 누구의 제사인지 쓰시오.

( )

06 ㉡을 읽고 인물의 말에 대한 생각이나 느낌을 알맞게 말한 친구는 누구인지 쓰시오.

> 주아: 하인들의 죽음을 헛되지 않게 기리고 제사를 지내 주는 모습이 감동적이야.
> 승엽: 제사를 두 번 지내는 것은 평소에 절약을 강조하시던 할아버지의 말씀과 맞지 않아.

( )

[07~09] 다음 글을 읽고, 물음에 답하시오.

> 그러다가 노마는 입을 열어 또 물었습니다.
> "너, 구슬 가진 것 좀 보자."
> "그건 봐 뭣 해."
> "보면 어때."
> "봐 뭣 해."
> 하고 기동이는 조끼 주머니를 손으로 가립니다.
> 정말 기동이가 그 구슬을 얻어 제 것처럼 가졌나 봅니다. 아니면 선선하게 보이지 못할 게 뭡니까.
> 노마는 더욱 의심이 났습니다. 그래서,
> "내가 잃어버린 구슬 네가 집었지?"
> "언제 네 구슬을 내가 집었어?"
> "그럼 보여 주지 못할 게 뭐야?"
> 그제는 기동이도 하는 수 없나 봅니다. "자아." 하고 조끼 주머니에서 구슬을 꺼내 보입니다. 하나를 꺼냅니다. 둘을 꺼냅니다. 셋, 다섯도 넘습니다. 모두 똑같은 모양, 똑같은 빛깔입니다. 노마가 잃어버린, 모두 똑같은 그런 파란 유리구슬입니다.
> 어쩌면 그중에 노마가 잃어버린 구슬이 섞여 있을 성싶습니다. 그래서 노마는,
> "너, 이 구슬 다 어디서 났니?"
> "어디서 나긴 어디서 나. 다섯 개는 가게서 사고 한 개는 영이가 준 건데, 뭐."
> "거짓부렁. 영이가 널 구슬을 왜 줘?"
> "그럼 영이한테 가서 물어봐."

07 노마가 기동이에게 구슬을 보여 달라고 한 까닭은 무엇입니까? ( )

① 기동이의 말을 믿지 못해서
② 기동이에게 구슬이 하나도 없어서
③ 기동이가 새로운 구슬을 갖고 있어서
④ 기동이가 먼저 구슬을 보여 주겠다고 해서
⑤ 기동이가 자기보다 구슬이 많은 것이 부러워서

08 기동이에 대한 노마의 마음은 어떠합니까? ( )

① 속상한 마음
② 의심하는 마음
③ 질투하는 마음
④ 부러워하는 마음
⑤ 도와주고 싶은 마음

09 다음은 이 글 속 어떤 인물에 대한 의견인지 쓰시오.

> 물론 아무런 잘못 없이 의심을 받아서 기분이 나빴겠지만 소중한 물건을 잃어버린 친구의 기분을 이해하고 자신의 구슬을 정확히 설명해 주는 것이 좋다고 생각한다.

( )

서술형

10 이야기를 읽고 친구들과 생각이나 느낌을 나누면 좋은 점은 무엇인지 쓰시오.

[01~02] 다음 글을 읽고, 물음에 답하시오.

오늘 하루는 전국적으로 맑은 날씨가 되겠습니다. 서울, 춘천은 19도, 강릉, 청주, 전주 등은 20도까지 낮 기온이 올라가겠습니다. 일요일에도 산책하기 좋은 날씨가 되겠습니다. 서울, 춘천은 20도, 청주와 진주 등은 21도의 따뜻한 날씨가 예상됩니다. 하지만 아침저녁으로는 5도에서 6도의 쌀쌀한 날씨가 예상됩니다. 일교차가 크니 감기에 걸리지 않도록 조심하세요.

01 이 일기 예보를 듣고 알 수 있는 내용이 아닌 것은 무엇입니까? (　　)

① 오늘은 전국적으로 맑은 날씨이다.
② 오늘 춘천의 낮 기온은 10도 정도이다.
③ 오늘 전주의 낮 기온은 20도 정도이다.
④ 일요일 서울의 낮 기온은 20도 정도이다.
⑤ 일요일은 아침저녁으로 일교차가 클 것이다.

02 춘천 나들이를 준비하기 위해서 일기 예보를 들으며 다음과 같이 메모하였습니다. 들으면서 쓴 방법으로 알맞지 않은 것은 무엇입니까? (　　)

- 오늘 날씨: 전국적으로 맑음
- 일요일 날씨 – 산책하기 좋은 날씨
  – 춘천 낮 기온 20도
  – 아침저녁으로 기온 차가 큼.
    - 나들이 가능
    - 따뜻한 옷 필요

① 목적에 맞게 썼다.
② 중요한 낱말을 썼다.
③ 중요한 날씨 정보를 썼다.
④ 나들이 갈 때 필요한 준비물을 썼다.
⑤ 들은 내용을 하나도 빠짐없이 다 썼다.

[03~05] 다음 글을 읽고, 물음에 답하시오.

(가) 매미는 발음근으로 소리를 냅니다. 매미는 수컷만 소리를 낼 수 있고, 암컷은 소리를 내지 못합니다. 매미의 배에 있는 발음막, 발음근, 공기주머니는 매미가 소리를 내게 도와줍니다. 그런데 암컷은 발음근이 발달되어 있지 않고 발음막이 없어서 소리를 낼 수 없답니다. 수컷은 발음근을 당겨서 발음막을 움푹 들어가게 한 다음 '딸깍' 하고 소리를 냅니다. 이 소리가 커지고 반복되면 '찌이이' 하고 소리가 납니다.
(나) 물고기는 몸속에 있는 부레로 여러 가지 소리를 냅니다. 부레 안쪽 근육을 수축하거나 부레의 얇은 막을 진동해 소리를 낼 수 있습니다. 물고기가 조용하다고 느끼는 이유는 우리가 들을 수 없는 높낮이로 소리를 내기 때문입니다.

03 물고기가 소리를 내는 데 이용하는 것은 무엇입니까? (　　)

① 배　② 부레　③ 발음막
④ 발음근　⑤ 공기주머니

04 이 글의 내용으로 알맞은 것은 무엇입니까? (　　)

① 수컷 매미는 발음막이 없다.
② 매미는 발음근으로 소리를 낸다.
③ 매미는 암컷만 소리를 낼 수 있다.
④ 동물들이 소리를 내는 방법은 모두 같다.
⑤ 물고기는 우리에게 들리는 높낮이로 소리를 낸다.

05 글 (가)의 중심 문장에는 ○표, 뒷받침 문장에는 △표 하시오.

(1) 매미는 발음근으로 소리를 냅니다. (　　)
(2) 매미의 배에 있는 발음막, 발음근, 공기주머니는 매미가 소리를 내게 도와줍니다. (　　)

[06~08] 다음 글을 읽고, 물음에 답하시오.

부자는 총각을 보자 버럭버럭 소리를 질렀어요.
"너 이놈, 허락도 없이 남의 나무 그늘에서 잠을 자다니!"
총각이 부스스 눈을 뜨며 물었어요.
"나무 그늘에 무슨 주인이 있다고 그러세요?"
"이건 우리 할아버지의 할아버지가 심은 나무야. 그러니 그늘도 당연히 내 것이지!"
부자 영감의 말에 총각은 기가 딱 막혔어요.
'이런 욕심쟁이 영감, 어디 한번 당해 봐라!'
총각은 욕심쟁이 부자를 혼내 주기로 했어요.
"영감님, 저한테 이 나무 그늘을 파는 건 어때요?"
부자는 귀가 솔깃했어요.
'아니, 이런 멍청한 녀석을 봤나?'
부자는 억지로 웃음을 참으며 말했어요.
"흠, 자네가 원한다면 할 수 없지. 대신 나중에 무르자고 하면 절대로 안 되네!"
부자는 못 이기는 척 나무 그늘을 팔았답니다.

06 부자가 화를 낸 까닭은 무엇입니까? (   )

① 총각이 잠을 깨워서
② 총각이 나무를 가져가려고 해서
③ 총각이 부자에게 소리를 질러서
④ 총각이 멋대로 자기 집에 들어와서
⑤ 총각이 허락 없이 나무 그늘에서 잠을 자서

07 부자가 총각에게 판 것은 무엇인지 찾아 쓰시오.

(   )

08 이와 같은 글을 간추리는 방법으로 알맞은 것을 두 가지 고르시오. (,   )

① 중심 문장을 연결해 글의 내용을 간추린다.
② 사건이 일어난 시간의 흐름에 따라 간추린다.
③ 사건이 일어난 장소의 변화에 따라 간추린다.
④ 이야기 속 재미있는 장면을 중심으로 간추린다.
⑤ 문제점, 해결 방안, 실천 방법 순서로 간추린다.

[09~10] 다음 글을 읽고, 물음에 답하시오.

(가) 석탄, 석유, 가스, 전기 같은 에너지 자원은 한없이 있는 것이 아니다. 다 쓰고 나면 더는 에너지 자원을 구할 수 없게 된다. 특히 석유는 우리나라에서는 나지 않아 외국에서 수입해 오고 있다. 이처럼 중요한 에너지를 어떻게 절약해야 할까?
(나) 우리가 에너지를 절약하는 방법은 두 가지로 나눌 수 있다. 먼저, ㉠ 에너지를 불필요하게 사용하지 않는 것이다. ㉡ 쓰지 않는 꽂개는 반드시 뽑아 놓고, 빈방에 켜 놓은 전깃불은 끈다. 그리고 뜨거운 음식은 식힌 뒤에 냉장고에 넣는다.
다음은, ㉢ 에너지 사용을 줄이는 것이다. ㉣ 가전제품은 에너지 효율이 높은 것을 쓰고, 조명 기구는 전기가 적게 드는 제품을 사용한다. 한여름에는 냉방기를 적게 쓰고 겨울에도 난방 기구를 덜 쓰도록 노력해야 한다.

서술형

09 에너지를 절약해야 하는 까닭은 무엇인지 쓰시오.

10 이 글을 읽고 중요한 내용을 간추리려고 합니다. 빈칸에 들어갈 내용을 ㉠~㉣에서 찾아 기호를 쓰시오.

문제점	
해결 방안 1	해결 방안 2
(1) ( )	㉢
실천 방법	실천 방법
㉡	(2) ( )

01 일기 예보를 듣기 전에 다음 내용과 관련된 생각을 떠올린 것에 ○표 하시오.

> 일기 예보를 들을 때 아는 내용이나 경험을 떠올린다.

(1) 나에게 필요한 내용을 써 놔야겠어. (　　)
(2) 작년 이맘때는 봄이었는데도 추웠던 것 같아. (　　)
(3) 일요일에 춘천으로 나들이 가도 좋은 날씨인지 확인하며 들어야겠어. (　　)

02 들은 내용을 간추리는 방법으로 알맞은 것은 무엇입니까? (　　)

① 중요한 내용을 길게 쓴다.
② 천천히 예쁘게 글씨를 쓴다.
③ 들은 내용을 자세히 모두 쓴다.
④ 읽으면서 쓸 때보다 빨리 쓴다.
⑤ 들은 내용 이외에 내가 상상한 내용도 쓴다.

03 들은 내용을 정리할 때 메모를 하면 좋은 점을 두 가지 찾아 기호를 쓰시오.

> ㉮ 나중에 기억하기 쉽다.
> ㉯ 모든 내용을 자세하게 다 적을 수 있다.
> ㉰ 중요한 내용을 빠짐없이 기억할 수 있다.

(　　, 　　)

[04~06] 다음 글을 읽고, 물음에 답하시오.

> (가) 개나 닭은 사람과 같이 성대를 울려 소리를 내지만 다양한 소리를 내지는 못합니다. 왜냐하면 성대나 입과 혀의 생김새가 사람과 다르기 때문입니다. 그래서 몇 가지 소리만 낼 수 있습니다. 동물들은 대개 서로를 부르거나 위협하기 위해서 소리를 냅니다.
>
> (나) 매미는 발음근으로 소리를 냅니다. 매미는 수컷만 소리를 낼 수 있고, 암컷은 소리를 내지 못합니다. 매미의 배에 있는 발음막, 발음근, 공기주머니는 매미가 소리를 내게 도와줍니다. 그런데 암컷은 발음근이 발달되어 있지 않고 발음막이 없어서 소리를 낼 수 없답니다. 수컷은 발음근을 당겨서 발음막을 움푹 들어가게 한 다음 '딸깍' 하고 소리를 냅니다. 이 소리가 커지고 반복되면 '찌이이' 하고 소리가 납니다.

04 개나 닭이 다양한 소리를 내지 못하는 까닭으로 알맞은 것은 무엇입니까? (　　)

① 발음근이 없어서
② 발음막이 없어서
③ 공기주머니가 없어서
④ 성대의 위치가 사람과 달라서
⑤ 성대나 입과 혀의 생김새가 사람과 달라서

서술형

05 글 (나)의 중심 문장은 무엇인지 쓰시오.

____

____

☆☆☆

06 이와 같은 글을 간추리는 방법으로 알맞은 것은 무엇입니까? (　　)

① 중심 문장을 연결해 글의 내용을 간추린다.
② 사건이 일어난 시간의 흐름에 따라 간추린다.
③ 사건이 일어난 장소의 변화에 따라 간추린다.
④ 이야기 속 중요한 사건을 중심으로 간추린다.
⑤ 여행하면서 본 일, 한 일, 들은 일로 나누어 간추린다.

[07~08] 다음 글을 읽고, 물음에 답하시오.

총각은 열 냥을 주고 나무 그늘을 샀어요.
"영감님, 제 나무 그늘에서 나가 주시지요."
"허허, 그러지. 이제 자네 것이니까."
부자는 콧노래를 부르며 집으로 돌아갔어요. 총각은 나무 그늘에 벌렁 드러누웠어요. 그리고 해님을 보며 빙긋이 웃었지요. 시간이 지나자 나무 그늘은 점점 부자 영감의 집 쪽으로 옮겨 갔어요.
마침내 나무 그늘은 부자 영감의 집 마당까지 길어졌지요.
'슬슬 시작해 볼까?'
총각은 성큼성큼 부자 영감의 집 안으로 들어갔어요.
"아니, 남의 집엔 왜 들어오는 거냐?"
부자 영감은 담뱃대를 휘둘렀어요. 총각은 나무 그늘에 서서 말했어요.
"하하하, 영감님, 여기는 제 그늘인걸요."
마당까지 들어온 그늘을 보고 부자 영감은 아무 말도 할 수 없었어요.

07 이 글에서 일이 일어난 장소의 변화를 빈칸에 알맞게 찾아 쓰시오.

집 앞 느티나무 그늘 → (   )

08 총각이 부자 영감의 집 안으로 들어간 까닭은 무엇입니까? (   )

① 부자 영감이 초대해서
② 부자 영감의 집 안이 시원해서
③ 부자 영감의 마당에 나무가 많아서
④ 자기가 산 나무 그늘이 부자 영감의 집 안으로 들어가서
⑤ 자기가 산 나무 그늘을 부자 영감이 다시 사고 싶다고 해서

[09~10] 다음 글을 읽고, 물음에 답하시오.

(가) 석탄, 석유, 가스, 전기 같은 에너지 자원은 한없이 있는 것이 아니다. 다 쓰고 나면 더는 에너지 자원을 구할 수 없게 된다. 특히 석유는 우리나라에서는 나지 않아 외국에서 수입해 오고 있다. 이처럼 중요한 에너지를 어떻게 절약해야 할까?
(나) 우리가 에너지를 절약하는 방법은 두 가지로 나눌 수 있다. 먼저, 에너지를 불필요하게 사용하지 않는 것이다. 쓰지 않는 꽂개는 반드시 뽑아 놓고, 빈방에 켜 놓은 전깃불은 끈다. 그리고 뜨거운 음식은 식힌 뒤에 냉장고에 넣는다.
다음은, ㉠ 에너지 사용을 줄이는 것이다. 가전제품은 에너지 효율이 높은 것을 쓰고, 조명 기구는 전기가 적게 드는 제품을 사용한다. 한여름에는 냉방기를 적게 쓰고 겨울에도 난방 기구를 덜 쓰도록 노력해야 한다.

09 글쓴이가 이 글에서 제시한 ㉠의 실천 방법으로 알맞은 것은 무엇입니까? (   )

① 빈방에 켜 놓은 전깃불은 끈다.
② 가전제품은 에너지 효율이 높은 것을 사용한다.
③ 조명 기구는 전기가 많이 드는 제품을 사용한다.
④ 한여름에는 날씨가 더우므로 냉방기를 많이 쓴다.
⑤ 겨울에는 날씨가 추우므로 난방 기구를 많이 쓴다.

10 이 글을 간추리는 방법으로 알맞지 않은 것은 무엇입니까? (   )

① 전개되는 내용을 덩어리로 바꾸어 본다.
② 문단의 중심 문장이나 중심 내용을 찾는다.
③ 시간의 흐름과 장소의 변화에 따라 정리한다.
④ 내용 전개에 따른 분류를 활용하여 간추린다.
⑤ 문제점, 해결 방안, 실천 방법으로 구분해 살펴본다.

[01~03] 다음 그림을 보고, 물음에 답하시오.

01 그림 ❶~❹에서 다음 상황과 가장 잘 어울리는 그림의 번호를 쓰시오.

꾸중을 듣고 뉘우치는 상황

( )

02 그림 ❸에서 "네?"라고 대답하는 말투로 알맞은 것은 무엇입니까? ( )

① 슬퍼하는 말투
② 주눅이 든 말투
③ 마음이 내키지 않는 말투
④ 기뻐서 마음이 설레는 말투
⑤ 무슨 뜻인지 잘 모르겠다는 말투

03 이 그림으로 보아 상황에 알맞은 표정, 몸짓, 말투를 사용하면 좋은 점은 무엇입니까? ( )

① 듣는 사람의 기분을 알 수 있다.
② 자신의 느낌을 잘 표현하기 어렵다.
③ 듣는 사람이 내용을 이해하기 어렵다.
④ 말하는 내용이 어색하게 표현될 수 있다.
⑤ 자신의 생각을 분명하게 전달할 수 있다.

[04~05] 다음 글을 읽고, 물음에 답하시오.

석우: 자, 멀리 찼지? 자, 네 차례야.
영택: ㉠ 잘 못할 것 같은데…….
석우: 에이, 해 봐. ㉡ 오, 민영택! 센데!

04 ㉠을 말할 때 영택이의 마음으로 알맞은 것은 무엇입니까? ( )

① 미안한 마음
② 즐거운 마음
③ 자신 없는 마음
④ 짜증 나는 마음
⑤ 피곤하고 귀찮은 마음

05 ㉡을 말할 때 알맞은 표정이나 몸짓은 무엇입니까? ( )

① 미안해하는 표정
② 엄지손가락을 위로 올리는 몸짓
③ 부끄러운 표정으로 볼에 손을 댄 몸짓
④ 너무 무서워하는 표정과 덜덜 떠는 몸짓
⑤ 집게손가락을 마주 대며 자신 없어 하는 표정

[06~07] 다음 글을 읽고, 물음에 답하시오.

그럼 지폐는 무엇으로 만들까요?
당연히 종이라고 생각하겠지만, 지폐는 솜으로 만들어요. 방적 공장에서 옷감의 재료로 사용하고 남은 찌꺼기 솜인 낙면이 그 재료이지요. 이 솜으로 만든 지폐는 습기에도 강하고 정교하게 인쇄 작업을 할 수 있으며 위조를 방지할 수 있다는 장점이 있어요. 그래서 오늘날 대부분의 국가들은 솜으로 지폐를 만들어요.

06 솜으로 만든 지폐의 장점을 두 가지 고르시오. (,)

① 습기에 강하다.
② 위조를 방지할 수 있다.
③ 정교하게 인쇄가 안 된다.
④ 만드는 데 비용이 많이 든다.
⑤ 금속을 사용하지 않아도 된다.

07 듣는 사람을 고려해 이 글의 내용을 소개하는 방법으로 알맞지 않은 것의 기호를 쓰시오.

㉮ 동생에게 말할 때에는 이해하기 쉬운 말로 말한다.
㉯ 친구에게 말할 때에는 관심 있어 하는 내용을 흥미롭게 말한다.
㉰ 여러 사람 앞에서 말할 때에는 예의 바르게 예사말을 사용한다.

( )

국어 활동

08 밑줄 친 낱말을 바르게 띄어 쓴 것은 무엇입니까? ( )

① 아는 것이 힘입니다.
② 나도 그럴줄은 몰랐어요.
③ 하다 보면 그럴수도 있지.
④ 너는 그걸 할줄 아는구나.
⑤ 그 일은 찬혜만 할수 있어요.

[09~10] 다음 글을 읽고, 물음에 답하시오.

보봉은 독일에 있는 생태 마을로, 태양 에너지, 녹색 교통, 주민 자치 등 환경 정책이 두루 잘 실현되고 있는 곳입니다. 보봉은 1992년까지 군대가 있던 곳이었습니다. 군대가 철수하고 난 뒤 마을 사람들은 이 지역을 어떻게 활용할지에 대해 고민하게 되었습니다. 여러 가지 활용 방안을 놓고 회의를 한 결과, 주민들은 이곳을 생태 마을로 만들기로 합의하였습니다. 마을 사람들은 이곳을 어떻게 생태 마을로 만들까 고민했습니다. 오랫동안 토론한 끝에 다음과 같은 실천 조항들을 만들었습니다.
"태양광을 우리 마을의 주 에너지원으로 합시다."
"자동차 사용을 줄이고 물을 아낄 수 있는 곳으로 만듭시다."
"콘크리트를 쓰지 않는 곳으로 만듭시다."
이런 노력으로 보봉은 생태 마을이 되었습니다.

09 보봉 마을 사람들이 만든 실천 조항이 아닌 것은 무엇입니까? ( )

① 물을 아껴 사용한다.
② 콘크리트를 쓰지 않는다.
③ 자동차의 사용을 줄인다.
④ 태양광을 마을의 주 에너지원으로 한다.
⑤ 대중교통보다는 개인 자동차를 사용한다.

10 이 글을 읽고 다음 내용으로 글을 쓸 때, 고려할 점으로 알맞은 것은 무엇입니까? ( )

부모님께 가정에서 환경 보호를 실천할 수 있는 일을 함께 하자는 제안을 하고 싶다.

① 부모님은 가족이므로 예사말로 쓴다.
② 학교에서 지킬 수 있는 환경 보호 방법을 쓴다.
③ 가정에서 지킬 수 있는 환경 보호 방법을 쓴다.
④ 자신이 자주 다니는 놀이터의 문제점을 쓴다.
⑤ 부모님의 상황과 상관없이 쓰고 싶은 내용을 쓴다.

01 다음 그림에서 말하는 사람의 표정에 대한 설명으로 알맞은 것에 ○표 하시오.

❶

제○회 학급 회의를
시작하겠습니다.

❷

제○회 학급 회의를
시작하겠습니다.

(1) 그림 ❶은 밝게 웃는 표정이고, 그림 ❷는 긴장해 굳은 표정이다. ( )

(2) 그림 ❶은 자신감 있는 표정이고, 그림 ❷는 장난스러운 표정이다. ( )

(3) 그림 ❶과 ❷ 가운데에서 상황에 어울리는 표정은 그림 ❷이다. ( )

서술형

02 회장 선거에 나가서 의견을 말할 때 알맞은 표정, 몸짓, 말투를 쓰시오.

03 표정, 몸짓, 말투를 사용해 말할 때 주의할 점으로 알맞은 것을 두 가지 고르시오. (,)

① 사용하려는 목적을 생각한다.
② 듣는 사람에게 맞게 사용한다.
③ 내가 제일 예뻐 보이는 표정만 짓는다.
④ 상황과 상관없이 내가 좋아하는 몸짓만 한다.
⑤ 표정, 몸짓, 말투가 서로 잘 어울릴 필요는 없다.

[04~05] 다음 글을 읽고, 물음에 답하시오.

[장면 내용]

어느 등교하는 길에 석우는 길에 있는 음료수 깡통을 발로 차며, 영택이에게도 차 보라고 말합니다. 다리가 불편한 영택이는 못할 것 같다고 말했지만, 석우가 음료수 깡통을 가져다주며 한번 차 보라고 용기를 줍니다. 영택이는 석우의 응원에 힘입어 목발을 짚고 음료수 깡통을 발로 차는 일을 해냅니다. 석우와 영택이는 환하게 웃으며 함께 학교에 갑니다.

석우: ㉠ 자, 멀리 찼지? 자, 네 차례야.
영택: 잘 못할 것 같은데…….
석우: 에이, 해 봐. 오, 민영택! 센데!

04 이 장면에서 석우는 영택이를 어떻게 도와주었습니까? ( )

① 영택이를 업어 주었다.
② 넘어진 영택이를 일으켜 주었다.
③ 친구들이 영택이를 놀리지 못하도록 했다.
④ 음료수 깡통을 가져다주며 한번 차 보라고 격려해 주었다.
⑤ 앞에 있던 음료수 깡통을 치워 영택이가 잘 지나갈 수 있도록 해 주었다.

05 ㉠을 말할 때의 말투로 알맞은 것은 무엇입니까? ( )

① 비아냥거리는 말투
② 밝고 장난스러운 말투
③ 섭섭하고 속상한 말투
④ 귀찮고 짜증 나는 말투
⑤ 소심하고 걱정스러운 말투

[06~07] 다음 글을 읽고, 물음에 답하시오.

육천 년 전, 드디어 사람들은 저마다 남는 물건을 바꾸기 시작했어요. 물물 교환이 시작된 거예요.

하지만 물물 교환은 쉽지 않았어요. 쌀을 가져온 농부가 어부의 고등어와 맞바꾸려면 어부 역시 쌀을 원해야 하잖아요? 그런데 어부가 원하는 것이 사냥꾼의 곰 가죽이라면 이 거래는 이루어질 수 없겠지요. 또 운 좋게 그런 상대방을 만나도 교환이 늘 순조롭지만은 않았어요.

"어부야, 고등어 한 마리랑 쌀 한 봉지랑 바꾸자."

"두 봉지는 줘야지."

그래서 인류는 물건의 가격을 매길 수 있는 제삼의 물건을 생각해 냈어요. 바로 돈이었지요. 기록에 전해지는 최초의 돈은 중국인들이 사용한 조개껍데기예요.

06 이 글에 나오는 물물 교환의 문제점을 두 가지 고르시오. (,)

① 원하는 물건이 서로 다르다.
② 물물 교환을 할 시간이 없다.
③ 물물 교환을 하는 사람이 없다.
④ 가치를 매기는 기준이 서로 다르다.
⑤ 물물 교환으로 사용할 물건이 부족하다.

07 이 글의 내용으로 보아 기록에 전해지는 최초의 돈은 무엇입니까? ( )

① 쌀
② 소금
③ 고등어
④ 곰 가죽
⑤ 조개껍데기

[08~09] 다음 글을 읽고, 물음에 답하시오.

"보봉은 오랫동안 군대가 머무는 곳으로 묶여 있어 생기라고는 찾아볼 수 없는 스산한 마을이었습니다. 지금의 보봉으로 새롭게 태어날 수 있었던 것은 주민들의 뜻과 의지가 있었기 때문입니다. 주민들이 스스로 생태 마을을 만들자고 결정했고, 주민의 실천으로 생태 마을을 이루었습니다. 차 없는 마을, 자원 순환 마을, 태양광 에너지 주택 마을, 이것은 모두 주민이 실천하지 않았다면 불가능했을 것입니다."

08 지금의 보봉 마을과 관련된 설명이 아닌 것은 무엇입니까? ( )

① 생태 마을
② 차 없는 마을
③ 자원 순환 마을
④ 생기가 없는 마을
⑤ 태양광 에너지 주택 마을

09 이 글을 읽고 든 생각으로 알맞은 것의 기호를 쓰시오.

㉮ 대중교통을 이용하는 것이 건강에 좋구나.
㉯ 우리나라에도 군대가 있는 마을이 있는지 찾아보고 싶어.
㉰ 마을을 바꾸는 데에는 주민의 실천이 정말 중요한 것 같아.

( )

10 겪은 일을 실감 나게 표현한 친구는 누구인지 쓰시오.

시아: 학급 회의 시간에 다른 친구들의 의견을 귀 기울여 들었다.
소은: 미술관에서 본 작품들에 대해 더 알고 싶어서 인터넷을 찾아보았다.
지형: 친구들과 축구 경기를 한 일을 말할 때 축구 경기를 하는 모습을 흉내 냈다.

( )

01 ㉠과 ㉡에 들어갈 말을 보기 에서 찾아 쓰시오.

보기
예상 사실 의견 기록

실제로 있었던 일을 (㉠)이라고 하고, 대상이나 일에 대한 생각이나 느낌을 (㉡)이라고 한다.

(1) ㉠: ( )
(2) ㉡: ( )

[02~03] 다음 글을 읽고, 물음에 답하시오.

정우와 함께 박물관 현장 체험학습을 다녀왔다. 박물관에는 우리 조상의 생활 모습을 담은 그림들이 전시되어 있었다. 그림에 나타난 조상의 생활 모습은 오늘날과는 많이 다르다는 생각이 들었다.

02 글쓴이가 다녀온 곳은 어디인지 쓰시오.

( )

03 이 글의 내용 중 사실을 나타낸 문장에는 ○표, 의견을 나타낸 문장에는 △표 하시오.

(1) 정우와 함께 박물관 현장 체험학습을 다녀왔다. ( )

(2) 박물관에는 우리 조상의 생활 모습을 담은 그림들이 전시되어 있었다. ( )

(3) 그림에 나타난 조상의 생활 모습은 오늘날과는 많이 다르다는 생각이 들었다. ( )

[04~06] 다음 글을 읽고, 물음에 답하시오.

우리는 울릉도에 가서 다시 독도로 가는 배를 탔다. 배는 항구를 떠나 독도로 향했다. 우리는 바다를 바라보며 독도에 대한 이야기를 나누었다. 한참을 지나 드디어 독도에 도착했다. 배에서 내려 독도에 발을 내딛는 순간 이상하게 가슴이 떨렸다. 수많은 괭이갈매기가 우리를 반겨 주었다.

독도에는 괭이갈매기뿐만 아니라 슴새, 바다제비 같은 새도 산다고 한다. ㉠ 또 멧도요, 물수리, 노랑지빠귀 들은 독도를 휴식처로 삼아 철마다 머물다 간다고 한다. 책에서만 보던 슴새나 바다제비를 직접 보니 신기하기만 했다.

독도는 화산섬이라서 식물이 잘 자라기 힘든 곳이다. 이러한 자연환경에서도 번행초, 괭이밥, 쇠비름 같은 풀이 잘 자란다고 한다.

독도에서 동해를 바라보니 가슴이 탁 트이는 것 같았다. 우리나라 동쪽 끝 섬인 독도를 아끼고 독도에 관심을 가져야겠다고 생각했다. 아름답고 생명력 넘치는 독도가 우리 땅이라는 것이 아주 자랑스러웠다.

04 글쓴이가 독도에서 직접 본 것은 무엇입니까? ( )

① 번행초 ② 쇠비름
③ 물수리 ④ 바다제비
⑤ 노랑지빠귀

05 ㉠의 사실로 무엇을 알 수 있는지 괄호 안의 알맞은 말에 ○표 하시오.

'슴새, 바다제비'는 항상 독도에서 사는 새이다. 그리고 '멧도요, 물수리, 노랑지빠귀'는 독도를 휴식처로 삼아 철마다 머물다 가는 (철새, 식물)이다.

서술형

06 글쓴이가 독도에 가서 생각한 것은 무엇인지 빈 곳에 알맞은 내용을 쓰시오.

- 독도를 아끼고 독도에 관심을 가져야겠다고 생각했다.
- ______________________________

[07~08] 다음 글을 읽고, 물음에 답하시오.

> 수박 옆으로 뻗어 올라간 줄기를 볼까요? 왼쪽 수박에서 위쪽으로 화면 한복판을 가로질러 둥근 곡선을 그리며 뻗어 올라간 줄기가 매우 인상적입니다. 줄기에 작은 수박 하나가 더 매달려 있군요. 수박 밑부분은 검게 표시해 땅임을 알 수 있게 해 주고 있네요.
> 수박 줄기 위로는 예쁜 나비 두 마리가 아름답게 날갯짓을 하고 있어요. 붉은 나비와 호랑나비인데, 모두 사실적으로 묘사되어 있군요. 나비의 색깔이 서로 대비를 이루어 인상적입니다.

07 이 글에서 설명한 그림에 나오는 식물과 곤충은 무엇인지 쓰시오.

(1) 식물: (　　　　　　　　)
(2) 곤충: (　　　　　　　　)

08 글쓴이가 그림에서 인상적이라고 한 점을 두 가지 고르시오. (　　,　　)

① 나비가 두 마리인 점
② 수박 밑부분을 검게 표시한 점
③ 나비의 색깔이 서로 대비를 이룬 점
④ 줄기에 작은 수박이 매달려 있는 점
⑤ 수박 줄기가 화면 한복판을 가로질러 둥근 곡선을 그리며 뻗어 올라간 점

국어 활동

[09~10] 다음 글을 읽고, 물음에 답하시오.

> **지리산 반달가슴곰, '세쌍둥이' 출산**
> 지난겨울 지리산에서 반달가슴곰이 세쌍둥이를 출산했다고 한다. 야생 반달가슴곰은 한꺼번에 두 마리 이상 새끼를 낳는 일이 드물다. 그런데 세쌍둥이를 낳은 것은 지리산의 자연 생태가 곰이 살아가는 데 알맞다는 증거라고 한다. 우리는 지리산의 자연 생태계를 보전하려고 노력해야 한다. 그러기 위해서는 숲을 가꾸고 사람들이 들어갈 수 없는 곳을 정해야 한다.

09 글쓴이의 의견은 무엇입니까? (　　　)

① 각 가정에서 작은 숲을 가꾸어야 한다.
② 지리산에서 반달가슴곰이 세쌍둥이를 낳았다.
③ 지구 온난화로 지난겨울 지리산은 유난히 따뜻했다.
④ 우리는 지리산의 자연 생태계를 보전하기 위해 노력해야 한다.
⑤ 반달가슴곰이 앞으로도 세쌍둥이를 낳을 수 있도록 연구해야 한다.

☆☆☆

10 다음 사실에 대한 의견을 가장 알맞게 말한 친구는 누구입니까? (　　　)

> 야생 반달가슴곰은 한꺼번에 두 마리 이상 새끼를 낳는 일이 드물다.

① 범수: 야생 반달가슴곰을 직접 보고 싶어.
② 도윤: 야생 반달가슴곰은 길들여지지 않은 동물이라 무서워.
③ 민재: 반달가슴곰, 흑곰, 불곰, 북극곰 등 세상에는 다양한 곰이 있어.
④ 여월: 지리산은 전라남도, 전북특별자치도, 경상남도의 세 도에 걸쳐 있는 산이야.
⑤ 솔균: 야생 반달곰이 예외적으로 세쌍둥이를 낳게 된 이유가 무엇일지 궁금해.

01 다음 중 '의견'을 말한 친구는 누구인지 쓰시오.

경수: 김밥은 단무지, 햄, 어묵, 달걀, 당근, 오이 등을 함께 넣고 돌돌 말아 만드는 음식이야.
성현: 김밥처럼 야채가 많이 들어가 있는 건강한 음식을 어린이들이 햄버거, 라면, 과자 대신 먹으면 좋겠어.
미나: 김밥에는 삼각 김밥, 꼬마 김밥, 참치 김밥 등 다양한 종류가 있어.

( )

02 다음 문장이 '의견'이 아니라 '사실'인 까닭은 무엇입니까? ( )

생일 선물로 꽃을 받았다.

① 실제로 있었던 일이기 때문이다.
② 자주 일어나는 일이기 때문이다.
③ 추측할 수 있는 일이기 때문이다.
④ 상상할 수 있는 일이기 때문이다.
⑤ 대상이나 일에 대한 생각이기 때문이다.

03 다음 중 '사실'을 나타낸 것은 무엇입니까? ( )

① 여행은 즐겁다.
② 책을 많이 읽자.
③ 봄에는 꽃이 핀다.
④ 교실을 깨끗이 쓰자.
⑤ 운동을 열심히 해야 한다.

04 ㉠~㉤이 사실과 의견 가운데 무엇에 해당하는지 기호를 쓰시오.

㉠ 본 일	㉡ 느낌
㉢ 한 일	㉣ 생각
㉤ 들은 일	

(1) 사실: ( )
(2) 의견: ( )

05 다음 문장에 대한 설명으로 알맞지 않은 것은 무엇입니까? ( )

㉠ 지난 방학 때 나는 가족과 함께 독도를 다녀왔다.
㉡ 우리는 울릉도에 가서 다시 독도로 가는 배를 탔다.
㉢ 독도에는 괭이갈매기뿐만 아니라 슴새, 바다제비 같은 새도 산다고 한다.
㉣ 독도에서 동해를 바라보니 가슴이 탁 트이는 것 같았다.
㉤ 아름답고 생명력 넘치는 독도가 우리 땅이라는 것이 자랑스러웠다.

① ㉠은 사실(한 일)을 나타낸 문장이다.
② ㉡은 사실(한 일)을 나타낸 문장이다.
③ ㉢은 사실(들은 일)을 나타낸 문장이다.
④ ㉣은 의견(생각이나 느낌)을 나타낸 문장이다.
⑤ ㉤은 사실(본 일)을 나타낸 문장이다.

[06~08] 다음 글을 읽고, 물음에 답하시오.

당시의 사람들은 수박이 아이를 많이 낳는 것을 상징하고 나비는 화목과 사랑을 ㉠ 상징한다고 생각했습니다. 그렇다면 이 그림 속의 수박과 나비는 아이를 많이 낳아 서로 행복하게 잘 살아가길 바라는 마음을 담고 있는 것으로 생각할 수 있겠지요.

그런데 가장 큰 수박 밑동을 보니 재미있는 일이 벌어졌습니다. 작은 쥐들이 커다란 수박을 열심히 파먹고 있는 게 아니겠어요? 수박 껍질을 뚫어 내고 수박씨를 먹고 있는 모습입니다. 그래도 수박의 붉은 속과 씨들이 그대로 드러나 있습니다. 참 재미있는 풍경입니다. 쥐들이 수박을 좋아한다는 것도 흥미로운 사실이지요. ㉡ 맛있는 수박을 먹고 있기 때문인지 들쥐들의 표정이 매우 만족스러워 보입니다.

06 이 글에 나오는 그림 속 쥐들은 무엇을 하고 있습니까? ( )

① 수박 겉을 핥고 있다.
② 수박 주위를 돌고 있다.
③ 수박 줄기를 먹고 있다.
④ 수박 밑동을 쳐다보고 있다.
⑤ 수박 껍질을 뚫어 내고 수박씨를 먹고 있다.

서술형

07 보기 의 내용을 참고하여 ㉠의 낱말을 넣어 알맞은 문장을 만들어 쓰시오.

보기
- 상징: 추상적인 개념이나 사물을 구체적인 사물로 나타냄.
  예 태극기는 우리 민족정신의 상징이다.

____

____

08 겪은 일에 대한 사실과 의견을 정리할 때, ㉡에 해당하는 내용을 정리하며 떠올릴 질문으로 알맞은 것은 무엇입니까? ( )

① 왜 했나요?
② 어떻게 했나요?
③ 어떤 느낌이 들었나요?
④ 누구와 함께 있었나요?
⑤ 언제 어디에서 있었던 일인가요?

09 겪은 일에 대해 사실과 의견이 잘 드러나게 글을 쓰는 차례대로 기호를 쓰시오.

㉠ 겪은 일 중에서 한 가지를 정한다.
㉡ 사실과 의견이 잘 드러나게 글로 쓴다.
㉢ 겪은 일에 대한 사실과 의견을 정리한다.

( ) → ( ) → ( )

국어 활동

10 다음 글에 나오는 사실 중 들은 일에 해당하는 문장을 두 가지 찾아 쓰시오.

지리산 반달가슴곰, '세쌍둥이' 출산

지난겨울 지리산에서 반달가슴곰이 세쌍둥이를 출산했다고 한다. 야생 반달가슴곰은 한꺼번에 두 마리 이상 새끼를 낳는 일이 드물다. 그런데 세쌍둥이를 낳은 것은 지리산의 자연 생태가 곰이 살아가는 데 알맞다는 증거라고 한다. 우리는 지리산의 자연 생태계를 보전하려고 노력해야 한다. 그러기 위해서는 숲을 가꾸고 사람들이 들어갈 수 없는 곳을 정해야 한다.

(1)	
(2)	

[01~02] 다음 글을 읽고, 물음에 답하시오.

(가) 어느 가을날, 까마귀가 떼 지어 날아와 감을 다 먹어 버렸습니다. 이 모습을 본 동생은 까마귀들에게 말했습니다.

"내 재산이라고는 이 감나무 하나뿐이야. 너희가 감을 모두 먹었으니, 나는 어떻게 살아가야 하니?"

까마귀 한 마리가 대답했습니다.

"당신은 마음이 착하고 욕심이 없군요. 감을 따 먹은 대신 금을 드릴게요. 저희가 모레 금이 있는 커다란 산으로 데리고 갈 테니 조그만 주머니를 만들어 두세요."

(나) 까마귀는 바다를 지나고 또 다른 바다를 지나, 이 산꼭대기와 저 산꼭대기를 지났습니다. 드디어 온통 금으로 가득한 산 위에 내려앉았습니다.

"여기가 바로 우리가 찾던 곳이에요. 금은 얼마든지 가져가도 좋습니다.

동생은 눈이 부신 금덩이들 한가운데에 서 있는 것을 알고 깜짝 놀랐습니다. 그는 주변에 흩어져 있는 금을 주머니에 주워 담았습니다. 우두머리 까마귀가 물었습니다.

"다 담았어요? 그러면 제 등에 오르세요. 제가 당신 집까지 데려다줄게요."

01 글 (나)에서 일이 일어나는 장소를 쓰시오.

( )

02 까마귀 떼가 동생을 도와준 까닭은 무엇입니까? ( )

① 동생이 동물을 좋아했기 때문에
② 동생의 겉모습이 멋졌기 때문에
③ 동생이 도와 달라고 했기 때문에
④ 동생의 감을 모두 먹었기 때문에
⑤ 동생과 산에서 놀고 싶었기 때문에

03 이야기에서 사건의 흐름을 파악하는 방법으로 알맞지 않은 것은 무엇입니까? ( )

① 이야기에 나타난 인물을 찾는다.
② 이야기에 나타난 장소를 찾는다.
③ 이야기에서 일어난 일을 찾는다.
④ 일이 일어난 차례는 신경 쓰지 않는다.
⑤ 이야기에서 일어난 중요한 일을 찾는다.

[04~06] 다음 글을 읽고, 물음에 답하시오.

(가) 드디어 마라톤 대회가 열리는 날입니다.

화창한 날씨는 수현이의 마음을 설레게 했습니다.

"우리 아들, 파이팅! 마라톤 잘 뛰고 와."

엄마, 아빠도 수현이에게 힘을 불어넣어 주었습니다. 출발선에 섰을 때, 같은 반 친구인 재혁이가 수현이의 등을 토닥이며 싱긋 웃어 보였습니다. 수현이는 끝까지 포기하지 않겠다고 다짐했습니다.

(나) 수현이는 너무 힘든 나머지 도중에 포기해야겠다고 생각하고는 몇 걸음 천천히 걸었습니다.

그때 등 뒤에서 사람들의 환호 소리가 들렸습니다.

"와, 조금만 더 힘내요!"

그것은 수현이와 100미터 이상 떨어진 거리에서 쓰러질 듯 달려오는 한 친구에게 보내는 격려의 소리였습니다. 수현이는 꼴찌가 아니라는 사실에 안도하면서 조금씩 힘을 내기 시작했습니다.

'이제 거의 다 왔어. 나도 조금만 더 힘을 내자!'

(다) 그날 밤, 모두가 잠든 시각이었습니다. 안방 문틈 사이로 아빠의 낮은 신음 소리가 들렸습니다. 그리고 가느다란 엄마의 목소리도 들렸습니다.

"당신도 몸이 약한데, 수현이 뒤에서 함께 뛰다니……. 너무 무리한 것 같아요. 병원에 안 가도 되겠어요?"

수현이는 그제야 알았습니다. 자신 뒤에서 꼴찌로 달렸던 사람은 바로 아빠였던 것입니다.

04 글 (나)에서 수현이가 마라톤 경기를 도중에 포기하지 않은 까닭은 무엇입니까? (   )

① 친구들과 약속했기 때문에
② 응원을 해 주시는 부모님 때문에
③ 먼저 앞에 간 친구들의 격려 때문에
④ 마라톤을 위해 열심히 연습했기 때문에
⑤ 뒤에 달리는 친구가 있다는 사실에 힘을 얻었기 때문에

05 마라톤 대회에서 수현이의 뒤에서 꼴찌로 달렸던 사람은 누구였는지 쓰시오.

(   )

06 이야기의 흐름으로 보아 글 (나)와 (다) 사이에 들어갈 내용으로 알맞은 것은 무엇입니까? (   )

① 수현이가 마라톤에서 완주했다.
② 재혁이가 수현이를 격려해 주었다.
③ 엄마, 아빠가 수현이를 응원해 주었다.
④ 수현이가 마라톤 대회를 위해 열심히 연습했다.
⑤ 수현이가 자신의 뒤에서 달렸던 사람이 누구인지 알게 되었다.

국어 활동

07 다음 중 밑줄 친 부분의 띄어쓰기가 잘못된 것은 무엇입니까? (   )

① 이제 우리 <u>셋 뿐이야</u>.
② <u>노력한 만큼</u> 얻게 될 거야.
③ 모두 구경만 <u>할 뿐이었어요</u>.
④ 솔직히 <u>아는 대로</u> 말해 봅시다.
⑤ 숨소리가 <u>들릴 만큼</u> 조용했어요.

[08~09] 다음 글을 읽고, 물음에 답하시오.

> (가) "너희 엄마는 내가 데려갔어."
> 초록 고양이가 말했어요. 빨간 우산을 쓰고 노란 장화를 신고 있었어요.
> 꽃담이가 말했어요.
> "우리 엄마를 돌려줘!"
> (나) 꽃담이가 항아리들이 놓여 있는 곳으로 갔어요. 초록 고양이가 비아냥거렸어요.
> "흥! 못 찾기만 해 봐라. 엄마를 영영 안 돌려줄 테야."
> 꽃담이는 킁킁 냄새를 맡았어요.
> "바로 이 항아리야!"
> 그 항아리에서 고소하고 달콤하고 향긋한 냄새가 났거든요. 바로 엄마 냄새였지요.

08 엄마를 데려간 인물에 대한 설명으로 알맞은 것은 무엇입니까? (   )

① 빨간 우산을 쓴 노란 고양이
② 노란 우산을 쓴 초록 고양이
③ 빨간 우산을 쓴 초록 고양이
④ 초록 장화를 신은 초록 고양이
⑤ 빨간 장화를 신은 초록 고양이

서술형

09 꽃담이가 엄마를 찾은 방법은 무엇인지 쓰시오.

____

10 이어질 내용을 상상하는 방법으로 알맞지 <u>않은</u> 것의 기호를 쓰시오.

> ㉮ 이야기의 처음, 가운데, 끝을 생각한다.
> ㉯ 내용이 자연스럽게 연결되지 않아도 된다.
> ㉰ 사건의 흐름에 맞게 이어질 내용을 상상한다.

(   )

[01~03] 다음 글을 읽고, 물음에 답하시오.

욕심이 생긴 형은 동생에게 감나무를 빌려 달라고 사정하였습니다. 동생은 형에게 감나무를 빌려주었습니다. 가을이 되자 또 까마귀들이 날아와 감을 먹었습니다. 형도 동생과 같이 말하였습니다. 그리고 형은 아주 큰 자루를 만들었습니다. 까마귀 우두머리는 형도 그 산으로 데려다주었습니다. 형은 무척 기뻤습니다. 자기가 동생보다 더 큰 부자가 될 것이라고 생각했습니다. 형은 큰 자루에 금을 꾹꾹 채워 넣고, 그것도 모자라 옷 속에도, 입 속에도, 그리고 귓구멍 속에도 가득 채워 넣었습니다. 까마귀가 말하였습니다.

"다 담았어요? 그러면 제 등에 오르세요. 제가 당신 집까지 데려다줄게요."

까마귀가 날아올랐습니다. 그런데 금 자루가 너무 무거워 형은 까마귀 등에서 떨어지고 말았습니다. 까마귀는 형을 금 산 위에 놓아두고 혼자 날아갔습니다.

01 형이 까마귀 등에서 떨어져 금 산에 남겨진 까닭은 무엇입니까? ( )

① 금 산에 살고 싶었기 때문이다.
② 동생을 보고 싶지 않았기 때문이다.
③ 까마귀의 등이 간지러웠기 때문이다.
④ 금을 자루에 더 담고 싶었기 때문이다.
⑤ 욕심을 부려 금을 너무 많이 담았기 때문이다.

02 글쓴이가 전하고 싶은 생각은 무엇입니까? ( )

① 동물을 사랑하자.
② 욕심을 부리지 말자.
③ 거짓말을 하지 말자.
④ 예의 바르게 행동하자.
⑤ 부지런한 사람이 되자.

03 이 글에서 일어난 일을 차례대로 정리할 때 ㉮에 들어갈 내용으로 알맞은 것은 무엇입니까? ( )

㉮
⬇
형은 까마귀 등에서 떨어져 금 산에 남겨졌다.

① 동생이 형을 집으로 초대했다.
② 동생은 금을 가져와 부자가 되었다.
③ 동생은 감나무가 있는 집 한 채만 받았다.
④ 형은 동생과 똑같이 말하고, 금 산에 갔다.
⑤ 형은 감나무가 있는 집 한 채만 동생에게 주고 나머지는 모두 자기가 차지했다.

[04~06] 다음 글을 읽고, 물음에 답하시오.

(가) 드디어 결승점에 도착했습니다!

깊은숨을 훅훅 몰아쉬는 수현이의 가슴이 산처럼 솟았다 가라앉기를 여러 차례 반복했습니다. 선생님과 친구들은 끝까지 포기하지 않고 달린 수현이를 향해 뜨거운 박수를 보냈습니다.

수현이는 꼴찌로 들어올 친구를 기다렸습니다. 그 친구에게 응원의 박수를 보내 주고 싶었습니다. 그런데 잠시 후, 그 친구가 결승점을 얼마 남기지 않고 경기를 포기했다는 사실을 알게 되었습니다. 수현이는 왠지 마음이 아팠습니다.

(나) 그날 밤, 모두가 잠든 시각이었습니다. 안방 문틈 사이로 아빠의 낮은 신음 소리가 들렸습니다. 그리고 가느다란 엄마의 목소리도 들렸습니다.

"당신도 몸이 약한데, 수현이 뒤에서 함께 뛰다니……. 너무 무리한 것 같아요. 병원에 안 가도 되겠어요?"

수현이는 그제야 알았습니다. 자신 뒤에서 꼴찌로 달렸던 사람은 바로 아빠였던 것입니다.

서술형

04 선생님과 친구들이 수현이를 향해 뜨거운 박수를 보낸 까닭은 무엇인지 쓰시오.

05 아빠가 수현이의 뒤에서 꼴찌로 달렸던 까닭으로 알맞은 것은 무엇입니까? (　　)

① 수현이를 뒤에서 보고 싶어서
② 마라톤 대회를 완주하고 싶어서
③ 수현이에게 용기를 주고 싶어서
④ 마라톤 대회에서 우승하고 싶어서
⑤ 수현이 친구들과 함께 달리고 싶어서

06 이 글에서 일어난 일을 보기에서 찾아 기호를 쓰시오.

보기
㉮ 수현이가 마라톤에서 완주했다.
㉯ 수현이가 자신의 뒤에서 달렸던 사람이 아빠였다는 것을 알게 되었다.

(1) 글 (가): (　　　　)
(2) 글 (나): (　　　　)

07 이야기를 읽고 흐름에 따라 정리하는 방법으로 알맞지 <u>않은</u> 것은 무엇입니까? (　　)

① 이야기에서 중요한 일을 찾는다.
② 이야기에 나타난 인물을 찾는다.
③ 이야기에 나타난 장소를 찾는다.
④ 일어난 일을 흥미로운 부분부터 정리한다.
⑤ 일어난 일을 처음, 가운데, 끝으로 정리한다.

08 '이야기에서 나타내려고 하는 생각'을 무엇이라고 하는지 쓰시오.

(　　　　　　)

[09~10] 다음 글을 읽고, 물음에 답하시오.

> 엄마가 말했어요.
> "우리 꽃담이를 돌려줘!"
> 초록 고양이가 수염을 쓰다듬으며 말했어요.
> "쉽게 돌려줄 수는 없어요. 딸을 찾고 싶으면 나를 따라와요."
> 초록 고양이가 장화 신은 발을 탁탁 굴렀어요.
> 커다란 동굴 안에 하얀 항아리들이 잔뜩 놓여 있었어요.
> "항아리는 모두 40개예요. 저 가운데 하나에 꽃담이가 들어 있어요. 어느 항아리에 들어 있는지 찾아보세요. 뚜껑을 열어 봐서도 안 되고, 딸 이름을 불러서도 안 돼요."
> 초록 고양이는 또 낄낄낄 웃었어요.
> "기회는 딱 한 번뿐이에요. 만일 틀린 항아리를 고르면, 딸을 영영 못 찾게 될 거예요."

09 엄마가 꽃담이를 찾는 데 지켜야 할 조건을 두 가지 고르시오. (　　,　　)

① 신호를 보내면 안 된다.
② 항아리를 깨면 안 된다.
③ 딸 이름을 부르면 안 된다.
④ 항아리 뚜껑을 열면 안 된다.
⑤ 꽃담이가 좋아하는 노래를 부르면 안 된다.

10 이 글을 읽고 이어질 내용을 상상한 것으로 알맞은 것에 ○표 하시오.

(1) 엄마는 꽃담이의 이름을 부르면서 꽃담이를 찾는다. (　　)
(2) 엄마는 동굴 안에 있는 항아리의 뚜껑을 열어서 꽃담이를 찾는다. (　　)
(3) 엄마는 화가 나서 동굴 안에 있는 항아리를 다 깨고 꽃담이를 찾는다. (　　)

01 회의가 필요한 까닭으로 알맞은 것은 무엇입니까? (　　　)

① 상대방을 설득하기 위해서
② 견문과 감상을 드러내기 위해서
③ 대상에 대해 구체적으로 설명하기 위해서
④ 문제에 대한 좋은 해결 방법을 찾기 위해서
⑤ 대상에 대한 생각과 느낌을 전달하기 위해서

[02~05] 다음 글을 읽고, 물음에 답하시오.

> 사회자: 이번 주 학급 회의 주제를 무엇으로 정하면 좋을지 말씀해 주십시오.
> 김영이 친구가 의견을 발표해 주십시오.
> 회의 참여자 1: 요즘 교실이 많이 지저분합니다. 그래서 "깨끗한 교실을 만들자."를 주제로 제안합니다.
> 사회자: 박지희 친구도 의견을 발표해 주십시오.
> 회의 참여자 2: 지난주에 복도에서 뛰다가 다친 친구를 봤습니다. 저는 "학교생활을 안전하게 하자."를 주제로 제안합니다.
> 사회자: 이제 어떤 주제로 할지 표결을 하겠습니다. 참석자의 반이 넘는 수가 찬성하는 것으로 주제를 정하겠습니다.
> 두 주제 가운데 첫 번째 주제에 찬성하시는 분은 손을 들어 주십시오. 두 번째 주제에 찬성하시는 분은 손을 들어 주십시오.
> 27명 가운데 18명이 두 번째 주제를 선택했습니다. 이번 주 학급 회의 주제는 "학교생활을 안전하게 하자."입니다.
> 기록자: (칠판이나 회의록에 내용을 기록한다.)

02 이 글은 회의 절차 중 무엇에 해당합니까? (　　　)

① 개회
② 표결
③ 폐회
④ 주제 선정
⑤ 결과 발표

서술형

03 김영이 친구와 박지희 친구가 제안한 의견은 무엇인지 쓰시오.

김영이	(1)
박지희	(2)

04 이 글에서 사회자는 회의 주제를 어떻게 정한다고 안내했습니까? (　　　)

① 문제의 심각성이 큰 것으로 주제를 정하겠다.
② 모든 사람들이 찬성하는 것으로 주제를 정하겠다.
③ 사회자가 판단했을 때 가장 적절한 것으로 주제를 정하겠다.
④ 참석자의 반이 넘는 수가 찬성하는 것으로 주제를 정하겠다.
⑤ 참석자의 반이 넘지 않는 수가 찬성하는 것으로 주제를 정하겠다.

05 이 글에서 이번 주 학급 회의 주제는 무엇으로 정해졌는지 알맞은 것에 ○표 하시오.

(1) 깨끗한 교실을 만들자. ( )

(2) 학교생활을 안전하게 하자. ( )

☆☆☆

06 회의 절차에 대한 설명으로 알맞은 것은 무엇입니까? ( )

① '폐회'는 회의 첫 번째 단계이다.
② '표결'은 결정한 의견을 발표하는 단계이다.
③ '결과 발표'는 회의 마침을 알리는 단계이다.
④ '주제 선정'은 찬성과 반대를 헤아려 다수결로 결정하는 단계이다.
⑤ '주제 토의'는 선정한 주제에 알맞은 의견을 제시하는 단계이다.

☆☆☆

07 회의에서 각 참여자의 역할을 알맞게 선으로 이으시오.

(1) 사회자 •
(2) 회의 참여자 •
(3) 기록자 •

• 의견을 발표한다.
• 회의 절차를 만든다.
• 회의 내용을 기록한다.
• 회의 절차를 안내한다.

서술형

08 다음 회의에서 '회의 참여자 1'이 잘못한 점은 무엇인지 쓰시오.

사회자: "친구들과 사이좋게 지냅시다."라는 주제에 맞게 의견을 발표해 주시기 바랍니다.
회의 참여자 1: (갑자기 벌떡 일어나며) 친구들끼리 고운 말을 썼으면 좋겠습니다.

09 회의에 참여하는 사람들이 지켜야 할 규칙이 아닌 것은 무엇입니까? ( )

① 사회자는 말할 기회를 골고루 준다.
② 기록자는 중요한 내용을 요약해서 기록한다.
③ 기록자는 회의 날짜와 시간, 장소를 기록한다.
④ 회의 참여자는 다른 사람의 의견을 존중한다.
⑤ 회의 참여자는 무조건 큰 소리로 또박또박 말한다.

국어 활동

10 다음 문장에서 밑줄 친 부분을 소리 나는 대로 쓰시오.

밥 먹을 시간입니다.

[ ]

01 다음은 회의가 필요한 까닭을 정리한 것입니다. 빈칸에 알맞은 말을 쓰시오.

- 문제를 해결하는 좋은 방법을 찾을 수 있다.
- 같이 해야 할 일을 결정할 수 있다.
- 여러 사람의 (　　　)을/를 들을 수 있다.

02 (가)와 (나)는 학급 회의의 절차 중 각각 무엇에 해당하는지 보기 에서 찾아 쓰시오.

보기
개회 - 주제 선정 - 주제 토의 - 표결 - 결과 발표 - 폐회

(가) 사회자: 이번 주 학급 회의 주제는 "학교생활을 안전하게 하자."이고, 실천 내용은 "안전 게시판을 만들자."로 정했습니다.
(나) 사회자: 이상으로 학급 회의를 마치겠습니다. 고맙습니다.

(1) (가): (　　　　　　)
(2) (나): (　　　　　　)

03 회의에서 기록자의 역할로 알맞은 것은 무엇입니까? (　　　)

① 의견을 발표한다.
② 회의 절차를 만든다.
③ 회의 내용을 알려 준다.
④ 중요한 회의 내용을 글로 남긴다.
⑤ 선정한 주제에 맞는 의견을 제시한다.

[04~06] 다음 글을 읽고, 물음에 답하시오.

사회자: 학교생활을 안전하게 하려면 실천해야 할 일이 무엇인지 발표해 주십시오.
이정수 친구가 의견을 발표해 주십시오.
회의 참여자 3: 안전 게시판을 만들면 좋겠습니다. 학교생활을 안전하게 하는 방법을 써 붙이면 안전사고를 예방할 수 있습니다.
사회자: 좋은 의견 고맙습니다.
윤지호 친구가 의견을 발표해 주십시오.
회의 참여자 4: 모둠별로 안전 지킴이 활동을 하면 좋겠습니다. 사고를 예방할 수 있기 때문입니다.
사회자: 좋은 의견입니다. 다른 의견은 없습니까?
신서윤 친구가 의견을 발표해 주십시오.
회의 참여자 5: 학교에서 위험한 행동을 했을 때 벌점을 받는 제도를 만들었으면 좋겠습니다. 벌점을 받지 않으려고 행동을 조심하면 서로 피해를 주는 일이 없을 것이기 때문입니다.

04 이 글의 회의 절차에서 하는 일에 대한 설명으로 알맞은 것은 무엇입니까? (　　　)

① 회의의 시작을 알린다.
② 찬성 및 반대 투표를 한다.
③ 친구들과 결정된 의견을 실천한다.
④ 친구 의견의 부족한 점을 이야기한다.
⑤ 선정한 주제에 맞는 의견을 제시한다.

서술형
05 사회자는 회의 참여자들에게 무엇을 발표해 달라고 하였는지 쓰시오.

06 '회의 참여자 4'가 다음 의견에 대해 근거로 제시한 것은 무엇입니까? (　　　)

> 모둠별로 안전 지킴이 활동을 하면 좋겠다.

① 재미있는 활동이기 때문에
② 사고를 예방할 수 있기 때문에
③ 모둠별 활동이 가장 효과가 좋기 때문에
④ 친구와의 관계를 좋게 만들 수 있기 때문에
⑤ 다른 학교에서 실시하고 있는 활동이기 때문에

07 다음은 회의 주제를 정하는 방법에 대한 설명입니다. ㉮~㉰에 공통으로 들어갈 알맞은 말을 쓰시오.

> • (㉮)해야 할 문제점을 찾는다.
> • 우리가 (㉯)할 수 있는 문제인지 생각한다.
> • 모두의 관심사인지 확인한다.
> • 실천할 수 있는 (㉰) 방법이 있는지 떠올린다.

(　　　　　　　　　)

08 회의 주제에 맞게 말할 내용을 정하는 방법으로 알맞지 않은 것은 무엇입니까? (　　　)

① 근거가 적절한 의견을 선택한다.
② 의견과 근거로 말할 내용을 정리한다.
③ 의견을 뒷받침할 수 있는 근거를 찾는다.
④ 의견이 자신에게 중요한 의미가 있는지 떠올린다.
⑤ 주제를 실천할 수 있는 여러 가지 의견을 떠올린다.

[09~10] 다음 글을 읽고, 물음에 답하시오.

> (가) 사회자: 우리가 어떤 일을 하면 친구들과 친하게 지낼 수 있을지 발표해 주십시오. 김용일 친구가 의견을 발표해 주십시오.
> 회의 참여자 2: 노래를 하나 정해 우리 모두가 한마음으로 기악 합주를 하면 좋겠습니다.
> (나) 회의 참여자 3: 우리 반 친구 모두가 '○○산 둘레 길 탐방하기'에 참여하면 좋겠습니다. 함께 걷고, 이야기도 하고, 음식도 나누어 먹으면 다시 친해질 수 있을 것 같습니다.

09 이 글은 회의 절차 중 무엇에 해당합니까? (　　　)

① 개회
② 표결
③ 주제 토의
④ 주제 선정
⑤ 결과 발표

10 회의 참여자의 의견으로 알맞은 것을 찾아 선으로 이으시오.

(1)	회의 참여자 2 •	•	둘레 길을 탐방하자.
		•	단체 사진을 찍자.
(2)	회의 참여자 3 •	•	기악 합주를 하자.

01 밑줄 친 낱말의 기본형을 쓰시오.

> 누나는 색종이 끝을 묶어서 꽃받침을 만든다. 엄마가 색종이를 찢으면 아빠는 꽃자루에 붙인다.

( )

[02~03] 다음 글을 읽고, 물음에 답하시오.

> 새롭게 개발되고 있는 종이 중에 ㉠최첨단 과학 기술로 만들어지는 것들이 있습니다. 그중 몇 가지를 예로 들어 보겠습니다. 첫째는 밝을 때 빛을 저장해 두었다가 어두울 때 스스로 빛을 내는 축광지입니다. 둘째는 종이에 인쇄되거나 쓴 내용이 복사가 안 되는 종이입니다. 셋째는 기록한 지 한 시간 뒤에는 자동으로 그 내용이 없어져서 ㉡극비 문서로 사용되는 종이입니다.

02 ㉠과 ㉡의 뜻을 짐작한 것을 찾아 알맞게 선으로 이으시오.

(1) ㉠ • • ㉮ 절대 알려져서는 안 되는 중요한 일.

(2) ㉡ • • ㉯ 시대나 유행의 맨 앞.

03 최첨단 과학 기술로 만들어지는 종이의 예를 한 가지만 찾아 쓰시오.

____

[04~05] 다음 글을 읽고, 물음에 답하시오.

> 우리 가족이 간 곳은 할머니, 할아버지 들이 계시는 요양원이었다.
> 뭘 해야 할까 두리번거리고 있을 때 안경 쓴 할머니가 나에게 오라고 손짓을 했다.
> "여기 책 좀 읽어 줄래? 내가 이래 봬도 예전에는 문학소녀여서 책을 많이 읽었는데 요즘은 눈이 침침해서 글씨가 잘 안 보이는구나."
> 할머니는 낡은 책 한 권을 내미셨다. 다른 책이 없어서 같은 책만 스무 번을 넘게 읽으셨다고 했다.
> 할머니는 눈을 감고 책 읽는 내 목소리에 귀를 기울이셨다.
> "할머니, 다음에 올 때 재미있는 책을 가지고 올게요."
> 나는 할머니와 약속을 했다.

04 이 글에서 알 수 있는 내용으로 알맞지 않은 것은 무엇입니까? ( )

① 수아네 가족은 요양원에 갔다.
② 할머니는 낡은 책을 갖고 계셨다.
③ 수아는 같은 책을 여러 번 읽었다.
④ 할머니는 수아에게 책을 읽어 달라고 하셨다.
⑤ 수아는 다음에 재미있는 책을 가지고 오겠다고 약속했다.

☆☆☆ **05** 다음 낱말의 관계와 같은 것에 ○표 하시오.

> 책 – 동화책

(1) 좁다 – 넓다 ( )
(2) 움직이다 – 날다 ( )

[06~07] 다음 글을 읽고, 물음에 답하시오.

(가) 화성은 중세 이전에도 하늘을 관측하던 과학자들에게 매우 중요한 ㉠천체였다. 화성은 밝게 빛나는 붉은 천체이기에 많은 사람이 관심을 가졌다. 1976년 미국의 바이킹 우주선이 화성에 착륙해 표면의 모습을 지구에 알려 주었다.
(나) 화성에 물이 있는지는 과학자들은 물론 일반인들도 관심이 많다. 물이 있다는 것은 화성인 또는 ㉡외계인까지는 아니더라도 생명체가 있을 수 있다는 것을 뜻하기 때문이다. 2004년에 미국의 쌍둥이 화성 로봇 탐사선인 스피릿 로버와 오퍼튜니티 로버가 서로 화성 반대편에 착륙했다. 이들 탐사선은 물의 영향을 받은 암석을 발견했다. 이 암석들은 물속과 물 밖의 환경이 번갈아 바뀌는 곳에서 만들어진 것이다. 이것은 화성 ㉢표면에서 오랜 시간에 걸쳐 물이 있다가 증발하는 과정이 반복되었다는 것을 알려 준다.

06 ㉠~㉢을 국어사전에서 찾으려고 합니다. 낱말이 사전에 실리는 순서대로 기호를 쓰시오.

( ) → ( ) → ( )

서술형

07 물의 영향을 받은 암석의 발견으로 알 수 있는 것은 무엇인지 쓰시오.

국어 활동

08 다음 밑줄 친 낱말의 뜻을 사전에서 찾을 때 어떤 낱말로 찾아야 합니까? ( )

"항아리에서 고약한 냄새가 나면 안 되거든."

① 고약한 ② 고약하고 ③ 고약하니
④ 고약해서 ⑤ 고약하다

[09~10] 다음 글을 읽고, 물음에 답하시오.

자연계에도 어른을 공경하는 문화가 있다면 지금 인간에게 무시당하고 고통받는 많은 동물의 마음은 나이 지긋한 어른이 한참 어린 아이에게 험한 욕을 듣고 흠씬 두들겨 맞았을 때의 느낌과 비슷할 거예요.
인간은 지구의 막내예요. 최초의 생명이 수십억 년에 걸쳐 다양하게 가지를 뻗으며 진화하는 과정에서 우연히 생겨난 생물의 한 종일 뿐이지요.
지구의 막내이지만 인간은 지능이 높고 다른 동물보다 뛰어난 점이 분명 있어요. 하지만 인간에게만 있다고 여겼던 능력이 다른 동물에게서 발견되는 경우도 많아요. 예를 들어 언어는 인간만이 가진 능력이라고 생각했는데, 꿀벌에게도 언어가 있다는 것이 밝혀졌어요. 인간은 말과 글을 사용하지만 꿀벌은 춤을 이용한다는 것만 다를 뿐이에요.

09 이 글에서 모르는 낱말의 뜻을 짐작한 것입니다. 어떤 낱말의 뜻을 짐작한 것입니까? ( )

매를 심하게 맞는 모양.

① 공경 ② 무시 ③ 한참
④ 흠씬 ⑤ 진화

10 이 글에서 알 수 있는 내용에 모두 ○표 하시오.

(1) 꿀벌의 언어는 춤이다. ( )
(2) 인간은 지능이 높고 지구의 어른이다. ( )
(3) 인간의 뛰어난 점이 다른 동물에게서도 발견된다. ( )

[01~02] 다음 보기를 보고, 물음에 답하시오.

보기
벽지 접는다 묶어서 갱지 찢으면

01 국어사전에서 가장 앞쪽에 실리는 것은 무엇입니까? ( )

① 벽지 ② 접는다
③ 묶어서 ④ 갱지
⑤ 찢으면

02 낱말의 형태가 바뀌는 낱말을 모두 찾아 쓰시오.

[03~04] 다음 글을 읽고, 물음에 답하시오.

최근, 컴퓨터는 사용이 일반화되어 생활필수품이 되었습니다. 처음 컴퓨터가 보급되기 시작할 때 많은 사람이 종이 사용이 점점 줄어들 것이라고 예상했습니다. 컴퓨터의 모니터가 종이를 대신할 것으로 여겼던 것이지요. 그러나 그 예상과는 반대로 종이 소비량은 오히려 점점 더 늘고 있습니다. 왜냐하면 모니터로 보는 것보다 종이에 인쇄하여 보는 것이 익숙하기 때문입니다. 또한 종이책은 전자책과는 다른 특유의 질감에서 오는 매력이 있기 때문이죠.

종이는 정보를 전달하는 매체로, 물건을 포장하는 재료로, 기타 여러 가지 용도로 쓰입니다. 종이가 가볍고, 값싸고, 비교적 질기고, 위생적이기 때문입니다. 이와 같이 종이는 많은 장점이 있어 생활에 많이 활용되고 있습니다.

서술형
03 컴퓨터의 모니터가 종이를 대신할 것이라는 예상과는 반대로 종이 소비량이 점점 더 늘어난 까닭은 무엇인지 쓰시오.

☆☆☆
04 현수가 이 글을 읽고 어떤 낱말의 뜻을 다음과 같이 짐작했을 때, 이 낱말은 무엇입니까? ( )

현수: 생활필수품이 되었다고 했으니 많은 사람들이 사용할 수 있게 되었다는 뜻인 것 같아.

① 보급 ② 인쇄
③ 특유 ④ 질감
⑤ 위생

05 다음 중 뜻이 반대인 낱말끼리 알맞게 짝 지어진 것은 무엇입니까? ( )

① 가다 – 찢다
② 날다 – 뛰다
③ 책 – 동화책
④ 낮다 – 움직이다
⑤ 침침하다 – 선명하다

[06~08] 다음 글을 읽고, 물음에 답하시오.

(가) 1997년에 미국의 화성 탐사선 마스 글로벌 서베이어는 화성의 궤도에 진입해 화성 표면의 모습을 상세하게 사진으로 찍어 지구로 보내 주었다. 이 사진에는 높이 솟은 고원 지대도 있고, 길게 뻗은 좁은 협곡도 있었다. 또 태양계 행성 가운데 가장 거대한 화산 지형도 있었다. 같은 해에 마스 패스파인더는 화성 표면에 ㉠ 착륙해 강줄기처럼 보이는 부분에서 화성 암석을 조사했다. 그 결과, 화성에서 강물의 침식과 퇴적 작용이 있었음을 확인했다. 이러한 것은 아주 오래전에 화성 표면에 물이 흘렀다는 증거이다.

(나) 미국의 화성 탐사선인 큐리오시티는 2012년에 화성의 적도 부근에 착륙했다. 이 탐사선은 화성 표면 바로 아래에 있는 얼음을 발견했다.

미국은 2030년까지 사람들이 화성을 여행할 수 있도록 준비를 하고 있다. 큐리오시티는 이 연구 과제의 준비 단계로서 화성에서 사람들이 사는 데 필요한 정보를 모으고 있다.

06 화성 탐사선의 활동 내용 중 가장 먼저 일어난 일의 기호를 쓰시오.

㉮ 화성 표면의 고원 지대, 협곡 사진을 찍었다.
㉯ 화성 표면 아래에 있는 얼음을 발견하였다.
㉰ 화성에서 사람들이 사는 데 필요한 정보를 모으고 있다.

(　　　　　　　　)

07 ㉠과 뜻이 반대인 낱말은 무엇입니까? (　　　　)

① 가라앉다　② 이륙하다　③ 이주하다
④ 착지하다　⑤ 이전하다

서술형

08 아주 오래전에 화성 표면에 물이 흘렀음을 말해 주는 증거는 무엇인지 쓰시오.

[09~10] 다음 글을 읽고, 물음에 답하시오.

(가) 인간은 엄연히 동물에 속하지요. 그것도 새끼를 일정 기간 몸속에서 키워 내보낸 뒤 젖을 먹여 키우는 포유동물이에요. 새끼를 갖고 키우는 방식에서 인간은 돼지나 개, 고양이와 다를 바 없어요. 그뿐인가요? 인간의 조상이 지구에 처음으로 나타난 때가 지금으로부터 20~25만 년 전이에요. 지구의 나이가 46억 년, 생명이 처음 생겨나 오늘에 이르기까지 40억 년쯤 되었으니 인간은 지구에서 아주 짧은 시간을 살아온 셈이에요. 그에 비하면 바퀴벌레, 까치, 돼지는 인간보다 훨씬 오랫동안 지구촌 주민으로 살아왔어요.

(나) 지구의 (　　㉠　　)이지만 인간은 지능이 높고 다른 동물보다 뛰어난 점이 분명 있어요. 하지만 인간에게만 있다고 여겼던 능력이 다른 동물에게서 발견되는 경우도 많아요. 예를 들어 언어는 인간만이 가진 능력이라고 생각했는데, 꿀벌에게도 언어가 있다는 것이 밝혀졌어요. 인간은 말과 글을 사용하지만 꿀벌은 춤을 이용한다는 것만 다를 뿐이에요.

09 다음 낱말들을 모두 포함하는 낱말을 글에서 찾아 네 글자로 쓰시오.

개　　돼지　　고양이

(　　　　　　　　)

10 이 글의 내용으로 보아 ㉠에 들어갈 낱말로 알맞은 것은 무엇입니까? (　　　　)

① 첫째　② 동료
③ 어른　④ 막내
⑤ 부모

[01~04] 다음 글을 읽고, 물음에 답하시오.

> 지난 주말에 저는 동생과 함께 집 앞 꽃밭에 꽃을 심었습니다. ㉠그런데 오늘 물을 주려고 보니 쓰레기가 꽃 주위에 흩어져 있었습니다. 그 모습을 보니 속이 상했습니다.
>
> 꽃밭에 쓰레기를 버리지 않으면 좋겠습니다. 꽃은 쓰레기가 없는 깨끗한 꽃밭에서 건강하게 자랄 수 있습니다. 우리가 노력하면 꽃밭을 더 아름답게 가꿀 수 있습니다.

01 이 글에 대한 설명으로 알맞은 것은 무엇입니까? (　　　)

① 설명하는 글이다.
② 제안하는 글이다.
③ 마음을 전하는 글이다.
④ 여행을 다녀와서 쓴 글이다.
⑤ 책을 읽고 생각이나 느낌을 쓴 글이다.

02 이 글에서 ㉠이 나타내는 것은 무엇인지 찾아 기호를 쓰시오.

> ㉮ 문제 상황
> ㉯ 제안하는 내용
> ㉰ 제안하는 까닭

(　　　　　　　　　　)

03 쓰레기가 꽃 주위에 흩어져 있는 모습을 본 글쓴이의 마음으로 알맞은 것은 무엇입니까? (　　　)

① 속상한 마음　② 궁금한 마음
③ 행복한 마음　④ 기대하는 마음
⑤ 조심스러운 마음

04 이 글에서 글쓴이가 제안하는 내용으로 알맞은 것은 무엇입니까? (　　　)

① 꽃을 정성스럽게 가꾸자.
② 꽃밭에 나무를 많이 심자.
③ 주말에는 꽃밭을 관리하자.
④ 꽃밭에 쓰레기를 버리지 말자.
⑤ 상대가 좋아하는 꽃을 선물하자.

05 제안하는 글에서 주로 사용하는 표현으로 알맞지 않은 것은 무엇입니까? (　　　)

① ~합시다.
② ~해 봅시다.
③ ~하면 어떨까요?
④ ~하면 좋겠습니다.
⑤ ~하는 것은 무엇일까요?

06 제안하는 글을 쓰는 과정에 맞게 순서대로 기호를 쓰시오.

> ㉮ 제안하는 글 쓰기
> ㉯ 문제 상황 확인하기
> ㉰ 제안하는 내용 정하기
> ㉱ 제안하는 까닭 파악하기

㉯ → (　　　) → (　　　) → ㉮

07 다음 글에 대한 설명으로 알맞지 않은 것은 무엇입니까? ( )

당신의 1리터를 나누어 주세요

물은 사람이 살아가는 데 매우 중요합니다. 우리는 어디에서든지 물을 쉽게 구할 수 있습니다. 그러나 동영상에 나오는 아이는 깨끗한 물을 구하지 못해 어려움을 겪고 있습니다. 많은 아이가 더러운 물을 마셔 생명이 위험할 수도 있습니다.

깨끗한 물을 마시지 못하는 아이들을 위해 기부 운동에 참여합시다. 기부 운동에 참여하면 어린이들이 깨끗한 물을 마시고 사용할 수 있습니다.

① 제안에 알맞은 까닭을 썼다.
② 제안하는 내용이 잘 드러나게 제목을 붙였다.
③ 문제를 해결하기 위한 자신의 의견을 제안했다.
④ 제안한 내용대로 했을 때 무엇이 나아지는지 썼다.
⑤ 어떤 점이 문제인지 다른 사람들이 알 수 없게 썼다.

08 다음 짜임으로 된 문장을 보기 에서 찾아 기호를 쓰시오.

보기
㉮ 영수가 축구를 합니다.
㉯ 날씨가 따뜻해졌습니다.
㉰ 버스가 달리고 있습니다.
㉱ 여자아이가 아주 큽니다.

(1) '누가+어찌하다'의 짜임 ( )
(2) '누가+어떠하다'의 짜임 ( )
(3) '무엇이+어찌하다'의 짜임 ( )
(4) '무엇이+어떠하다'의 짜임 ( )

[09~10] 다음 글을 읽고, 물음에 답하시오.

친구들이 복도를 지나다닐 때 앞을 보기 때문에 앞에서 누가 나타나면 미리 비킬 수 있다. 하지만 복도 끝부분에서는 누가 언제 튀어나올지 몰라 그곳에서 사고가 많이 일어난다. 친구들이 갑자기 튀어나오는 것처럼 보이기 때문이다.

우리 학교 앞 도로에 잘 보이지 않는 부분까지 볼 수 있도록 하는 거울이 있다. 이런 안전 거울을 학교 복도에 설치하면 복도에서 일어나는 사고를 줄일 수 있을 것이다.

복도에 안전 거울을 설치해야 한다. 그렇게 하면 학교 안에서 일어나는 안전사고를 줄여 학생들이 더 즐겁게 지낼 수 있을 것이다.

09 이 글에 나타난 안전 거울의 좋은 점으로 알맞은 것은 무엇입니까? ( )

① 재활용이 가능하다.
② 청소와 관리가 쉽다.
③ 간편하게 가지고 다닐 수 있다.
④ 잘 보이지 않는 부분까지 볼 수 있다.
⑤ 앞뒤의 양쪽 면을 모두 이용할 수 있다.

서술형

10 이 글에서 제안하는 내용과 제안하는 까닭은 무엇인지 쓰시오.

제안하는 내용	(1)
제안하는 까닭	(2)

[01~03] 다음 글을 읽고, 물음에 답하시오.

지난 주말에 저는 동생과 함께 집 앞 꽃밭에 꽃을 심었습니다. 그런데 오늘 물을 주려고 보니 쓰레기가 꽃 주위에 흩어져 있었습니다. 그 모습을 보니 속이 상했습니다.

꽃밭에 쓰레기를 버리지 않으면 좋겠습니다. (　　㉠　　) 우리가 노력하면 꽃밭을 더 아름답게 가꿀 수 있습니다.

01 이와 같은 글을 쓰는 목적으로 알맞은 것은 무엇입니까? (　　)

① 문제를 해결하기 위해
② 미안한 마음을 전하기 위해
③ 물건의 사용 방법을 안내하기 위해
④ 글을 읽는 사람에게 교훈을 주기 위해
⑤ 어떤 내용이 기억나지 않을 때 살펴보기 위해

02 ㉠에 들어갈 내용으로 알맞은 것에 ○표 하시오.

(1) 꽃밭에 쓰레기가 버려져 있었습니다. (　　)

(2) 물을 잘 주어야 꽃이 시들지 않고 싱싱하게 자랄 수 있습니다. (　　)

(3) 꽃은 쓰레기가 없는 깨끗한 꽃밭에서 건강하게 자랄 수 있습니다. (　　)

03 이 글을 붙이기에 알맞은 장소는 어디입니까? (　　)

① 학급 게시판
② 버스 정류장
③ 주민 알림판
④ 마을 도서관 입구
⑤ 진영이네 집 현관문

서술형

04 우리 주변에서 불편하다고 생각하거나 바꾸었으면 좋겠다고 생각한 점을 정리해 쓰시오.

문제 상황	(1)
제안하는 내용	(2)

05 제안하는 글을 쓰면 좋은 점으로 알맞은 것을 두 가지 고르시오. (　　,　　)

① 글을 빨리 쓸 수 있다.
② 들은 내용을 오래 기억할 수 있다.
③ 더 좋은 쪽으로 일을 해결할 수 있다.
④ 문제 상황과 해결 방법을 알릴 수 있다.
⑤ 이어질 내용을 실감 나게 꾸며 쓸 수 있다.

06 문장의 짜임에 대해 알맞게 설명하지 않은 친구는 누구인지 쓰시오.

유승: '어떠하다'는 상태를 나타내는 말이야.
경호: '어찌하다'는 움직임을 나타내는 말이야.
연화: "해적이 배에 타고 있다."는 '누가+어떠하다'의 짜임으로 나타낸 문장이야.

( )

[07~08] 다음 글을 읽고, 물음에 답하시오.

㉠물은 사람이 살아가는 데 매우 중요합니다. 우리는 어디에서든지 물을 쉽게 구할 수 있습니다. 그러나 동영상에 나오는 아이는 깨끗한 물을 구하지 못해 어려움을 겪고 있습니다. 많은 아이가 더러운 물을 마셔 생명이 위험할 수 있습니다.

07 이 글에 이어질 제안하는 내용으로 알맞은 것은 무엇입니까? ( )

① 물을 자주 마시자.
② 물이 왜 중요한지 알아보자.
③ 우리는 더러운 물을 마시지 말자.
④ 아이에게 위생적인 생활 습관을 길러 주자.
⑤ 깨끗한 물을 보내 주는 기부 운동에 참여하자.

08 ㉠을 문장의 짜임에 맞게 나누어 쓰시오.

누가/무엇이	어떠하다/어찌하다
(1)	(2)

국어 활동

[09~10] 다음 글을 읽고, 물음에 답하시오.

친구들이 복도를 지나다닐 때 앞을 보기 때문에 앞에서 누가 나타나면 미리 비킬 수 있다. 하지만 복도 끝부분에서는 누가 언제 튀어나올지 몰라 그곳에서 사고가 많이 일어난다. 친구들이 갑자기 튀어나오는 것처럼 보이기 때문이다.

우리 학교 앞 도로에 잘 보이지 않는 부분까지 볼 수 있도록 하는 거울이 있다. 이런 안전 거울을 학교 복도에 설치하면 복도에서 일어나는 사고를 줄일 수 있을 것이다.

(㉠) 그렇게 하면 학교 안에서 일어나는 안전사고를 줄여 학생들이 더 즐겁게 지낼 수 있을 것이다.

09 복도 끝부분에서 사고가 많이 일어나는 까닭은 무엇입니까? ( )

① 계단이 높아서
② 바닥이 미끄러워서
③ 누가 언제 튀어나올지 몰라서
④ 학생들의 시력이 좋지 않아서
⑤ 학생들이 실내화를 신지 않아서

서술형

10 ㉠에 들어갈 제안하는 내용을 쓰시오.

01 문자가 필요한 까닭을 알맞게 말한 친구는 누구인지 쓰시오.

수연: 그림을 발명하기 전에는 문자로 정보를 기록했어.
하민: 그림으로만 표현하면 내 생각을 정확하게 전달하기 어려워.
지유: 문자보다 그림으로 생각을 표현하면 더 자세히 나타낼 수 있어.

(　　　　　　　　)

[02~03] 다음 글을 읽고, 물음에 답하시오.

"글은 말과 같아야 한다. 글로는 '天(천)'이라고 하고, 말로는 '하늘'이라고 하면 안 된다. 쉽고 단순한 문자이지만, 그 안에 담긴 의미는 세상 어떤 것보다 깊어야 한다. 이 우주 만물에는 하늘과 땅이 있고 그 가운데 사람이 있다. 이 원리를 바탕으로 문자를 만들면 어떨까? 또 사람이 말소리를 내는 기관을 본떠 문자를 만드는 것도 좋을 것이다."

오랜 시간을 묵묵히 연구한 끝에 세종은 (㉠) 28자를 완성했습니다.

그 뒤, (㉠)은/는 백성들 사이에 퍼져 나갔습니다. 이제는 글을 읽지 못해 억울한 일을 당하는 백성이 줄었습니다. 한자를 배울 기회조차 적었던 여자들도 (㉠)을/를 익혀 책을 읽거나 편지를 썼습니다. (㉠)은/는 그야말로 세종이 백성들에게 준 가장 큰 선물이었습니다.

02 ㉠에 공통으로 들어갈 알맞은 말을 쓰시오.

(　　　　　　　　)

서술형

03 자신이 세종 대왕이라고 생각하고 백성들에게 한글을 소개하는 말을 간단히 쓰시오.

____

____

[04~06] 다음 글을 읽고, 물음에 답하시오.

첫째, 한글은 그 제자 원리가 독창적이고 과학적인 문자이다. 한글 모음자의 경우 하늘, 땅, 사람을 본떠 각각 '·', 'ㅡ', 'ㅣ'의 기본 문자를 먼저 만들고, 이 기본 문자를 합쳐 'ㅗ', 'ㅏ', 'ㅜ', 'ㅓ'와 같은 나머지 모음자를 만들었다.

한글 자음자의 경우 발음 기관의 모양을 본떠 'ㄱ, ㄴ, ㅁ, ㅅ, ㅇ'의 기본 문자를 만들고, 이 기본 문자에 획을 더하거나 같은 문자를 하나 더 써서 'ㅋ, ㄲ'과 같은 자음자를 만들었다.

04 한글 자음자와 모음자의 기본 문자는 각각 무엇을 본떠 만들었는지 알맞게 선으로 이으시오.

(1) 자음자 •　　　　• ㉮ 하늘, 땅, 사람

(2) 모음자 •　　　　• ㉯ 발음 기관

05 이 글을 통해 알 수 있는 한글의 특성은 무엇입니까? (　　　)

① 한글은 독창적이고 과학적이다.
② 한글은 중국의 문자와 비슷하다.
③ 한글은 동물과 식물의 모양을 본떠 만들었다.
④ 한글은 배우고 익히는 데 시간이 많이 걸린다.
⑤ 한글의 기본 문자는 여러 가지 소리로 읽을 수 있다.

06 한글에서 기본 문자를 바탕으로 하여 나머지 문자를 만든 원리가 아닌 것에 ×표 하시오.

(1) 모음자는 기본 문자를 서로 합쳐서 썼다. (　　)

(2) 자음자는 기본 문자에 획을 더하거나 같은 문자를 하나 더 썼다. (　　)

(3) 한글의 모음자는 소리의 변화가 없이 한 문자가 한 소리만 가진다. (　　)

[07~09] 다음 글을 읽고, 물음에 답하시오.

(가) '나무 찍는 소리 쩡쩡은 쩡이라 읽는 한자가 없어 정을 쓰고, 새 울음소리 짹짹도 짹이라 읽는 한자가 없어 새가 운다는 뜻의 한자 앵을 쓴 거야. '쩡쩡'과 '짹짹'이라 쓰면 훨씬 알아듣기 쉽고 본디 소리에도 가까운데 말이야.'

주시경은 답답한 마음에 철퍼덕 주저앉았어요. 그러고는 몇 해 전 배운 한글을 흙바닥에 끼적였어요. 십 년을 넘게 배워도 아직 다 깨치지 못한 한문과 달리 한글은 며칠 만에 읽고 쓸 수 있었어요.

그날 이후 주시경은 점점 한글에 빠져들었어요.

(나) 1894년 열아홉 살이 된 주시경은 배재학당에 입학해 지리, 수학, 영어 등 여러 가지를 공부하며 한글 연구에 필요한 지식을 다져 나갔어요. 주시경은 집안 형편이 어려워 수업이 끝나면 인쇄소에서 일하며 생활에 필요한 돈을 마련해야 했지요. 집에 돌아오면 몹시 피곤했지만 주시경은 한글을 연구했어요.

당시 우리나라에는 사람들이 두루 볼 만한 우리말 문법책이 없었어요. 많은 사람이 한문만을 글로 여기고 우리글에는 관심을 가지지 않았기 때문이지요. 주시경은 사람들이 쉽게 알아볼 수 있는 우리말 문법책을 만들기로 마음먹었어요. 도움이 될 만한 자료가 있다는 얘기를 들으면 먼 길도 마다하지 않고 찾아갔어요. 빌려 봐야 하는 자료는 일일이 베껴서 모았지요.

07 주시경이 열아홉 살이 되던 해에 한글 연구에 필요한 여러 가지 지식을 배우고 익힌 곳이 어디인지 찾아 쓰시오.

(　　　　　　)

08 이 글을 통해 알 수 있는 주시경의 삶에 관한 설명으로 알맞지 않은 것은 무엇입니까? (　　)

① 어렸을 때 한문 공부를 즐겨 했다.
② 열아홉이 되던 해에 배재학당에 입학했다.
③ 형편이 어려워 수업이 끝나면 일을 해야 했다.
④ 사람들이 쉽게 알아볼 수 있는 우리말 문법책을 만들기로 결심했다.
⑤ 우리말 문법책을 만드는 데 필요한 자료를 구하기 위해 먼 길도 마다하지 않았다.

서술형

09 글 (가)에서 주시경이 한자를 배울 때는 답답했지만 한글에는 푹 빠져든 까닭은 무엇인지 쓰시오.

____

☆☆☆

10 한글을 사랑하는 마음을 담은 표어로 알맞지 않은 것은 무엇입니까? (　　)

① 사랑해 우리말, 사랑해 우리글
② 한글을 바르게, 나라를 강하게
③ 한글, 우리의 빛나는 자부심
④ 세종 대왕의 가장 귀한 선물, 한글!
⑤ 특별한 멋을 원할 때, 한글보다 한자를

01 그림 문자로만 기록을 남기면 불편한 점을 알맞게 설명한 것을 두 가지 고르시오. (,)

① 그림 실력이 점점 늘어난다.
② 생각을 자세히 나타내기 어렵다.
③ 중요한 기록을 정확하게 남길 수 있다.
④ 서로 다른 뜻으로 알고 오해가 생길 수 있다.
⑤ 그림 문자를 벽에 새기면 아름다운 동굴이 된다.

[02~05] 다음 글을 읽고, 물음에 답하시오.

"명나라에 가는 사신들이 있거든 말소리 연구에 관한 책을 구해 오도록 하라."
"전하, 말소리 연구에 관한 책은 무슨 이유로 구해 오라 하시나이까?"
"허허, 그저 궁금해서 그런 것뿐이오. 과인이 관심을 둔 학문이 어디 한두 가지요?"
나라가 안정을 되찾자 세종은 새로운 문자를 만드는 일에 온 힘을 기울였습니다. 가장 먼저 한 일은 구해 온 책을 읽는 것이었습니다.
신하들은 세종이 새 문자를 만들고 있는 줄은 꿈에도 생각하지 못했습니다. 세종은 평소에도 워낙 많은 책을 읽는 터라 누구의 의심도 받지 않았습니다.
세종 또한 새 문자를 만드는 일을 철저히 비밀에 부쳤습니다. 신하들 중에는 중국의 문자인 한자를 쓰는 데 자부심을 느끼는 이가 많아 그들이 새 문자를 만들고 있다는 사실을 알았다가는 벌 떼처럼 들고일어날 게 뻔했기 때문입니다.

02 세종 대왕이 명나라로 가는 사신들에게 특별히 명령한 것을 알맞게 말한 친구는 누구인지 쓰시오.

주은: 명나라의 중요한 과학 기술에 관해 알아 오라고 했어.
현지: 한글을 연구하기 위해 말소리 연구에 관한 책을 구해 오라고 했어.
민호: 명나라와의 전쟁에 대비하기 위해 비밀리에 군사 정보를 알아 오라고 했어.

( )

03 세종 대왕이 새 문자에 대한 연구를 하는 동안 신하들이 나누었을 대화로 알맞지 않은 것은 무엇입니까? ( )

① "전하께서는 항상 책을 가까이하고 계시는군."
② "이번에는 말소리 연구에 관한 책을 찾고 계신다는데?"
③ "워낙에 다양한 분야에 관심이 많고 독서를 많이 하시는군."
④ "새 문자를 만들겠다고 어제 신하들 모두에게 발표하셨잖소."
⑤ "한자는 참으로 익히고 깨달을수록 멋진 글자라고 생각하지 않소?"

04 새로운 문자를 만들기 위해 세종 대왕이 가장 먼저 한 일은 무엇입니까? ( )

① 문자를 만들 계획을 모든 신하에게 알렸다.
② 말소리 연구에 관한 책을 구해 열심히 읽었다.
③ 백성들이 즐겨 읽는 책이 무엇인지 조사하였다.
④ 문자 만드는 일을 반대하는 신하들과 토론을 했다.
⑤ 명나라에 사신을 보내 새로운 문자를 만들고 있음을 알렸다.

서술형

05 세종 대왕이 새 문자에 대한 연구를 비밀에 부친 까닭은 무엇인지 쓰시오.

[06~08] 다음 글을 읽고, 물음에 답하시오.

(가) 한글은 쉽고 빨리 배울 수 있는 문자이다. 영어 알파벳이 스물여섯 자이지만, 소문자, 대문자, 인쇄체, 필기체를 알아야 하니 100개가 넘고, 현재 중국어에서 사용하는 문자는 약 3500자이며, 일본의 가나 문자 역시 모든 문자를 따로 익혀야 한다. 반면에 한글은 일정한 원리에 따라 만들어졌기 때문에, 기본이 되는 자음자 다섯 개, 모음자 세 개만 익히면 다른 문자도 쉽게 익힐 수 있어 문자를 배우는 데 드는 시간이 놀랄 만큼 절약된다.

예를 들어 한글의 자음자는 'ㄱ, ㄴ, ㅁ, ㅅ, ㅇ' 등과 같이 기본 문자를 바탕으로 새로운 문자를 만들어 그것들이 서로 연관 있는 소리임을 미루어 짐작할 수 있다. ㉠ 기본 자음자에 획을 더 그으면 거센소릿자가 되고 겹쳐 쓰면 된소릿자가 된다.

(나) ㉡ 한글은 컴퓨터, 휴대 전화 등 기계화에 적합한 문자이다. 오늘날과 같은 정보 통신 시대에 사용하기 좋은 '디지털 문자'로서 탁월하다.

06 글 (가)에서 알 수 있는 한글의 특성은 무엇입니까? (　　　)

① 독창적이고 과학적이다.
② 알파벳과 제자 원리가 비슷하다.
③ 쉽고 빨리 배울 수 있는 문자이다.
④ 컴퓨터, 휴대 전화 등 기계화에 적합하다.
⑤ 적은 수의 문자로 많은 소리를 적을 수 있다.

07 ㉠의 원리에 따라 만들 수 있는 자음자는 무엇인지 빈칸에 알맞게 쓰시오.

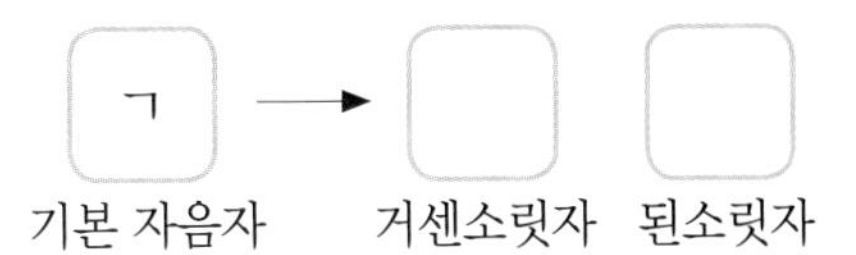

서술형

08 ㉡과 같은 한글의 특성을 바탕으로 실생활에서 느낄 수 있는 한글의 좋은 점을 한 가지만 쓰시오.

[09~10] 다음 글을 읽고, 물음에 답하시오.

1906년 주시경은 『대한 국어 문법』이라는 책을 펴냈어요. 이 책에는 한글과 우리말을 바르게 사용하기 위한 규칙인 문법이 실려 있었어요. 그 후로 ㉠ 주시경은 사람들에게 한글을 연구하는 학자로 널리 알려졌어요. 여기저기에서 한글을 가르쳐 달라고 주시경에게 부탁을 해 왔어요. 이 무렵은 다른 나라들이 서로 우리나라를 차지하려고 다투던 시기였어요. 우리나라는 힘이 없었지요. 주시경은 이런 어려운 때일수록 우리글이 힘이 될 거라고 생각하며 한글을 가르쳐 달라는 곳이 있으면 어디든지 달려갔어요. 주시경은 한글을 가르치며 늘 우리글을 아끼고 사랑하는 것이 나라를 사랑하는 길이라는 것을 강조했어요.

09 주시경이 ㉠과 같이 된 것은 무엇 때문인지 빈칸에 알맞은 말을 쓰시오.

한글 문법책인 (　　　　　　　　)을/를 편찬했다.

10 주시경에 관한 설명으로 알맞은 것에 ○표 하시오.

(1) 주시경은 한글 문법책을 만들었다. (　　　)
(2) 주시경은 한자를 가르치는 데 힘을 쏟았다. (　　　)

01 다음 그림에 나타난 마음으로 알맞은 것은 무엇입니까? ( )

① 외롭고 슬픈 마음 ② 피곤하고 지친 마음
③ 기쁘고 신나는 마음 ④ 걱정되고 괴로운 마음
⑤ 자랑스럽고 뿌듯한 마음

[02~03] 다음 장면을 보고, 물음에 답하시오.

아, 너무 창피해…….
애들이 뭐라고 할 거야……. 창피해.

02 다음 빈칸에 들어갈 알맞은 말을 보기에서 찾아 쓰시오.

보기
말풍선 말 행동 배경

두 손으로 얼굴을 가린 ( )을 보고 인물이 창피해하는 것을 짐작할 수 있다.

서술형

03 인물의 마음과 관련하여 인물 뒤편의 배경이 어떻게 표현되어 있는지 쓰시오.

____

[04~05] 다음 만화를 읽고, 물음에 답하시오.

자, 올라타라. 오랜만에 찾아온 손님이니 우리 용궁으로 초대하마!
1

재밌겠다! 타자, 타!
야!
2

3
괜찮을까?
꽉 잡아라.

4
가자!
우왓!
쿠아

04 누가 아이들을 용궁에 초대했는지 쓰시오.

( )

05 장면 ❷에서 남자아이의 마음을 실감 나게 표현하는 방법을 알맞게 말한 친구는 누구인지 쓰시오.

해나: 실망한 표정과 어깨를 축 늘어뜨리는 몸짓으로 표현할래.
석훈: 신난 표정과 들뜬 목소리, 앞으로 나서는 몸짓으로 표현할래.
나래: 굳은 표정과 몸을 벌벌 떨면서 뒷걸음질 치는 몸짓으로 표현할래.

( )

[06~08] 다음을 보고, 물음에 답하시오.

1 소년은 집으로 돌아오는 길에 장수풍뎅이, 사마귀, 거미, 도마뱀, 꿀벌, 파리, 소를 만났습니다.

2 무섭게 짖는 개를 만난 소년은 어떻게 지나갈까 고민했습니다.

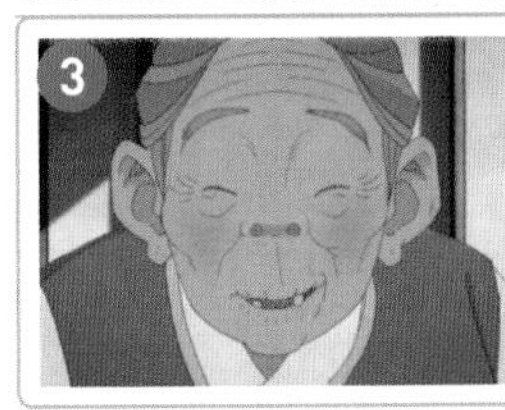

3 할머니께서는 고추가 맵지 않다고 하시며 소년에게 미소 지으셨습니다.

06 장면 ❶에서 소년은 어디로 가는 길인지 쓰시오.

( )

07 장면 ❷에서 소년이 담 옆에 서 있는 까닭은 무엇입니까? ( )

① 잠자리가 생각나서
② 할머니께 혼날까 봐
③ 친구와 더 놀고 싶어서
④ 짖고 있는 개가 무서워서
⑤ 집으로 가는 길을 잃어서

서술형

08 장면 ❸에서 할머니의 표정은 어떠한지 쓰시오.

[09~10] 다음 만화를 읽고, 물음에 답하시오.

오, 간다! 나 혼자 간다! 와, 이런 기분에 자전거를 타는구나. 뭐랄까……. 땅은 밟고 가지만
!

09 장면 ❶과 장면 ❹에서 여자아이의 표정은 어떻게 바뀌었는지 쓰시오.

( ) → ( )

10 장면 ❹에서 여자아이의 마음을 짐작할 수 있는 것이 아닌 것은 무엇입니까? ( )

① 여자아이의 눈빛
② 여자아이의 입 모양
③ 여자아이의 옷 색깔
④ 하늘에 떠 있는 듯한 모습
⑤ 여자아이가 생각하는 내용

[01~03] 다음 만화를 읽고, 물음에 답하시오.

01 장면 ❸에서 여자아이의 마음으로 알맞은 것을 두 가지 고르시오. (,)

① 즐거운 마음 ② 긴장한 마음
③ 설레는 마음 ④ 걱정하는 마음
⑤ 자신감 있는 마음

02 장면 ❸에서 여자아이의 마음을 짐작할 수 있는 것이 아닌 것은 무엇입니까? ( )

① 얼굴 표정
② 생각한 내용
③ 얼굴에 그려진 선
④ 뒤에 있는 친구들의 행동
⑤ 두 손으로 얼굴을 만지는 행동

03 여자아이와 비슷한 마음이 들었던 경험을 말한 친구는 누구인지 쓰시오.

> 소영: 동물원에서 호랑이를 봤는데 너무 무서웠어.
> 재영: 갖고 싶었던 장난감을 드디어 갖게 되었어.
> 지민: 피아노 발표회에서 연주를 하는데 손이 떨렸어.

( )

[04~05] 다음 만화를 읽고, 물음에 답하시오.

04 이 만화에서 아이들의 마음을 짐작한 것으로 알맞은 것은 무엇입니까? ( )

① 졸리다.
② 신난다.
③ 미안하다.
④ 당황스럽다.
⑤ 자랑스럽다.

05 장면 ❼에서 아이들의 표정으로 알맞은 것은 무엇입니까? ( )

① 긴장한 표정
② 장난스러운 표정
③ 부끄러워하는 표정
④ 활짝 웃고 있는 표정
⑤ 웃음을 참으려고 애쓰는 표정

[06~08] 다음을 보고, 물음에 답하시오.

06 장면 ❷에서 소년이 할머니에게 맵냐고 물어본 까닭은 무엇이겠습니까? (　　　)

① 매운 음식을 잘 못 먹어서
② 할머니에게 말을 걸고 싶어서
③ 음식이 얼마나 뜨거운지 궁금해서
④ 할머니보다 먼저 먹어 본 음식이어서
⑤ 할머니가 좋아하시는 음식이 궁금해서

07 장면 ❶~❹ 중 다음과 같은 마음이 느껴지는 장면의 번호를 쓰시오.

안심하는 마음

(　　　　　　　　)

☆☆☆
08 장면 ❹를 실감 나게 표현하는 표정이나 행동으로 알맞은 것은 무엇입니까? (　　　)

① 부끄러워하며 미소 짓는다.
② 지루해하며 하품을 크게 한다.
③ 걱정하는 표정으로 한숨을 쉰다.
④ 얼굴을 찡그리며 혓바닥을 내민다.
⑤ 굳은 표정으로 씩씩하게 인사를 한다.

국어 활동

[09~10] 다음 만화를 읽고, 물음에 답하시오.

09 장면 ❶에 대해 알맞게 설명한 것의 기호를 쓰시오.

> ㉮ 여자아이의 표정은 편안한 표정일 것이다.
> ㉯ 남자아이의 표정을 보니 맛있어하는 것 같다.
> ㉰ 남자아이의 모습을 겹쳐 그리니까 움직이는 것처럼 보인다.

(　　　　　　　　)

서술형

10 장면 ❹에서 여자아이의 마음을 표현하기 위해 사용한 방법을 한 가지 쓰시오.

01 다음 빈칸에 공통으로 들어갈 알맞은 말은 무엇인지 쓰시오.

- (　　　)(이)란, 위에서 내려다본 땅의 모습을 일정한 크기와 형식으로 줄여서 그린 그림을 말합니다.
- (　　　)을/를 이용하면 모르는 장소도 쉽게 찾아갈 수 있습니다.

(　　　　　　　　　　)

서술형

02 다음을 지도라고 할 수 없는 이유는 무엇인지 쓰시오.

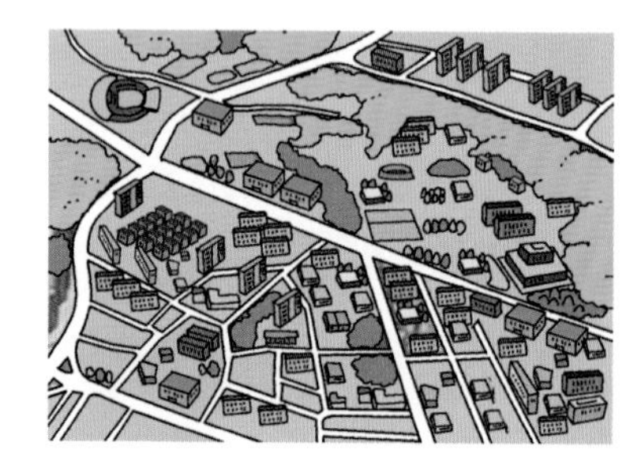

03 다음 지도를 보고, 강원특별자치도의 동쪽에 위치한 지역을 두 가지 고르시오. (　　　,　　　)

① 독도　② 울릉도　③ 인천광역시
④ 서울특별시　⑤ 대구광역시

04 방위와 방위표에 대한 설명으로 알맞지 않은 것은 어느 것입니까? (　　　)

① 방위에는 동서남북이 있다.
② 지도에서 방위는 방위표로 나타낸다.
③ 지도에 방위표가 없으면 위쪽이 남쪽이다.
④ 지도에 방위표가 없어도 방위를 알 수 있다.
⑤ 방위는 어떠한 방향의 위치를 일컫는 말이다.

05 다음 두 지도에 대한 설명으로 알맞은 것은 어느 것입니까? (　　　)

(가)

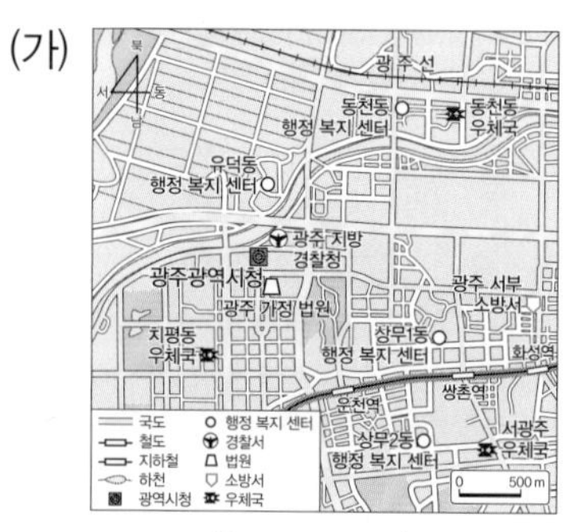

1:50,000 지도

(나)

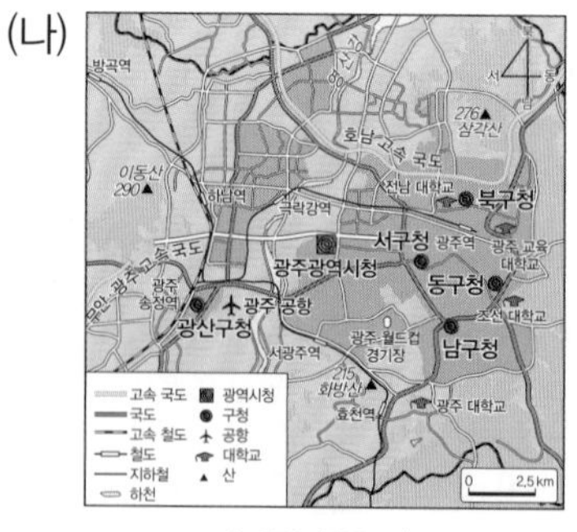

1:250,000 지도

① (가) 지도와 (나) 지도의 축척은 같다.
② (가) 지도에서 1 cm는 실제로 50,000 cm를 뜻한다.
③ (나) 지도에서 1 cm는 실제로 250,000 km를 뜻한다.
④ (가) 지도는 (나) 지도보다 더 넓은 지역을 볼 수 있다.
⑤ (나) 지도는 (가) 지도보다 좁은 지역을 자세히 볼 수 있다.

06 다음 ㉠, ㉡에 들어갈 알맞은 말에 ○표 하시오.

- 지도에서 땅의 높이가 높을수록 ㉠(진한, 연한) 색으로 표시한다.
- 지도에서 등고선의 간격이 좁을수록 경사가 ㉡(급 , 완만)하다.

07 다음 보기 에서 지역의 중심지에서 주로 볼 수 있는 것을 모두 골라 기호를 쓰시오.

보기
㉠ 염전　㉡ 병원　㉢ 교육청
㉣ 우체국　㉤ 비닐하우스

(　　　　　　)

[08~09] 다음은 경상북도 지역의 다양한 중심지를 나타낸 것입니다. 물음에 답하시오.

구분	위치	특징
행정의 중심지	안동시	행정 관련 일 처리를 위해 사람들이 모인다.
상업의 중심지	구미시	㉠
산업의 중심지	포항시	회사나 공장에서 일하기 위해 사람들이 모인다.
(㉡)의 중심지	경주시	문화유산을 보기 위해 사람들이 모인다.

서술형

08 위의 밑줄 친 ㉠에 들어갈 내용은 무엇인지 쓰시오.

____

09 위의 ㉡ 중심지에서 볼 수 있는 것을 두 가지 고르시오. (　　,　　)

① 석굴암　② 첨성대
③ 제철 공장　④ 경상북도청
⑤ 경상북도 교육청

10 다음 지도의 (가), (나) 지역에 대한 설명으로 알맞지 않은 것은 어느 것입니까? (　　)

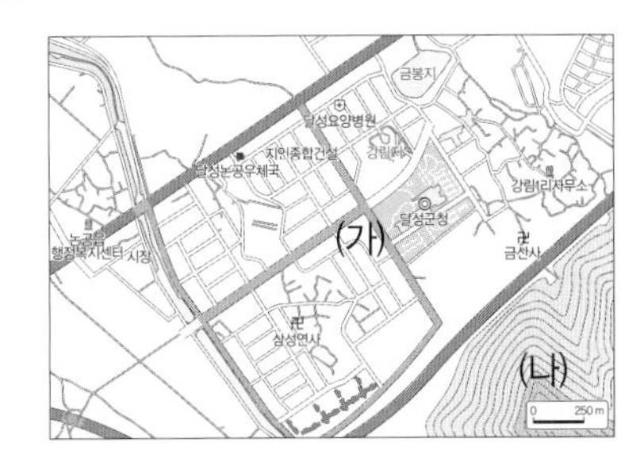

① (가) 지역이 고장의 중심지라고 할 수 있다.
② (나) 지역보다 (가) 지역 거리에 사람이 적다.
③ (나) 지역보다 (가) 지역에 도로가 더 발달하였다.
④ (가) 지역보다 (나) 지역에서 비닐하우스를 더 많이 볼 수 있다.
⑤ (나) 지역보다 (가) 지역에서 군청, 우체국 등의 다양한 시설을 찾아볼 수 있다.

11 중심지를 답사하는 과정 중, 다음 내용과 관련 있는 것은 어느 것입니까? (　　)

- 답사할 때 찍은 사진을 정리한다.
- 공공 기관에서 면담한 자료를 정리한다.
- 친구들 앞에서 발표하기 위한 자료를 만든다.

① 답사하기
② 답사 계획 세우기
③ 답사할 장소 정하기
④ 답사한 내용 친구들에게 발표하기
⑤ 답사 결과 정리 및 발표 자료 만들기

12 답사할 때 주의할 점으로 알맞은 것을 두 가지 고르시오. (　　,　　)

① 교통안전에 유의한다.
② 혼자 조용히 다녀온다.
③ 면담 내용을 녹음하려면 미리 허락받는다.
④ 공공 기관은 약속을 정하지 않고 방문한다.
⑤ 일하고 계신 분들의 모습을 몰래 사진을 찍는다.

01 지도에 대한 설명으로 알맞은 것은 어느 것입니까? ( )

① 모든 지도의 축척은 같다.
② 실제 모습을 그대로 그려야 한다.
③ 지도에는 한 가지 색깔만 사용한다.
④ 지도에는 강과 산의 위치와 이름, 시청, 기차역 등을 표시한다.
⑤ 길 앞에서 본 모습을 일정한 형식으로 줄여서 나타낸 그림이다.

[02~03] 다음을 보고 물음에 답하시오.

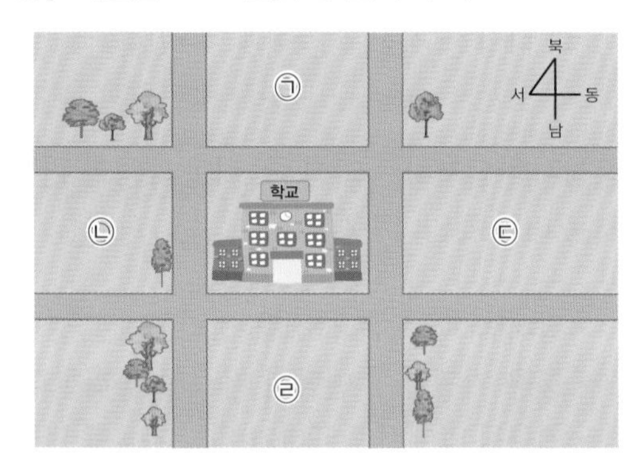

희선: 나는 편지와 소포를 보내러 학교 서쪽에 있는 건물을 찾아가야해.

02 위 내용을 볼 때 희선이가 찾아가야 하는 장소는 어디에 있는지 위 지도에서 찾아 기호를 쓰시오.

( )

03 위 내용을 볼 때 희선이가 찾아가야 하는 시설은 어디입니까? ( )

① 기차역 ② 시장 ③ 우체국
④ 경찰서 ⑤ 버스 터미널

04 다음 (가)와 (나)에 대한 설명으로 알맞은 것은 어느 것입니까? ( )

(가) 
위성 사진

(나) 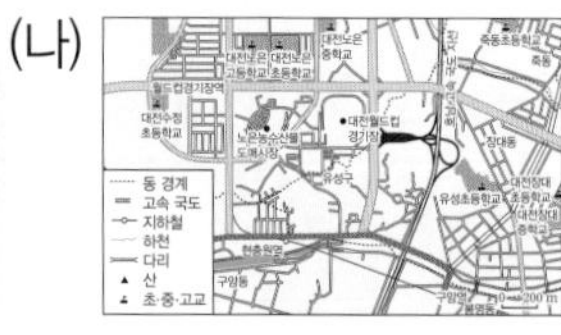
지도

① (가)와 (나) 모두 위에서 내려다본 모습이다.
② (나)는 그 지역의 모든 것이 다 나타나 있다.
③ (가)는 필요한 정보가 보기 쉽게 나타나 있다.
④ (가)는 원하는 곳의 위치를 쉽게 찾을 수 있다.
⑤ (나)는 확대해야만 원하는 곳을 정확히 볼 수 있다.

[05~06] 다음 지도를 보고, 물음에 답하시오.

서술형

05 위 지도처럼 방위표가 없을 때, 방위를 알 수 있는 방법은 무엇인지 쓰시오.

06 위 지도에 대한 설명으로 알맞은 것은 어느 것입니까? ( )

① 강원특별자치도는 경기도의 서쪽에 있다.
② 독도는 우리나라에서 가장 서쪽에 있다.
③ 부산광역시는 대구광역시의 북쪽에 있다.
④ 인천광역시는 서울특별시의 동쪽에 있다.
⑤ 제주특별자치도는 광주광역시의 남쪽에 있다.

[07~08] 다음 그림을 보고, 물음에 답하시오.

			▲
학교	우체국	다리	㉠

07 위의 ㉠에 들어갈 알맞은 이름은 어느 것입니까? ( )

① 논 ② 산 ③ 철도
④ 공장 ⑤ 시청

서술형

08 위 그림과 같은 표시를 지도에서 사용하는 이유는 무엇인지 쓰시오.

____

____

09 다음 산 그림에서 ★표시한 부분은 등고선에서 어디에 해당하는지 골라 기호를 쓰시오.

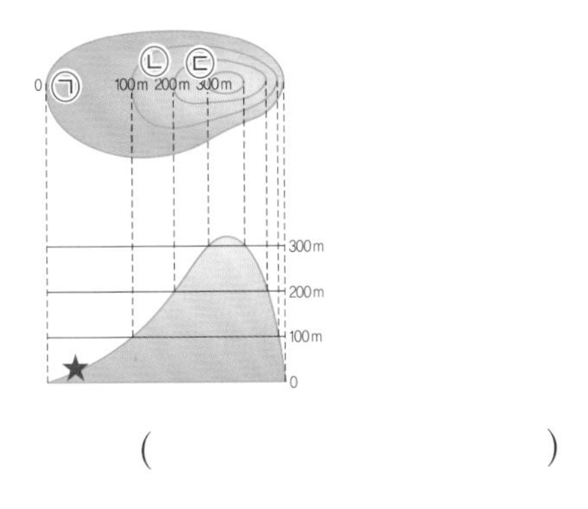

( )

10 다음 사진을 통해 알 수 있는 포항시의 역할로 알맞은 것은 어느 것입니까? ( )

제철 공장

로봇 연구소

① 행정의 중심지 ② 상업의 중심지
③ 교통의 중심지 ④ 관광의 중심지
⑤ 산업의 중심지

11 요리할 재료를 사기 위해 가야 하는 곳은 어디입니까? ( )

①

시청

②

시장

③

우체국

④

공연장

12 중심지 답사 과정 중 ㉠에 들어갈 내용으로 알맞지 않은 것은 어느 것입니까? ( )

> 답사할 중심지 정하기 → ㉠ 중심지 답사 계획 세우기 → 중심지 답사하기 → 자료 정리 및 보고서 작성하기 → 답사한 내용 발표하기

① 답사 날짜 ② 답사 장소
③ 답사 방법 ④ 모둠원들의 역할
⑤ 답사한 후 느낀 점

사회

01 다음 보기의 문화유산을 유형 문화유산과 무형 문화유산으로 각각 구분하여 기호를 쓰시오.

보기
㉠ 판소리 ㉡ 경복궁
㉢ 강릉 농악 ㉣ 상원사 동종
㉤ 정선 아리랑

(1) 유형 문화유산: (　　　　　　　　)
(2) 무형 문화유산: (　　　　　　　　)

서술형
02 다음과 같이 지역 문화유산을 조사하는 방법이 무엇인지 쓰고, 이 방법으로 조사하면 좋은 점을 쓰시오.

(1) 방법: (　　　　　　　　)
(2) 좋은 점: ______________________

____

03 다음 그림과 같이 문화유산을 답사할 때 지켜야 할 일로 알맞은 것은 어느 것입니까? (　　　)

① 질서를 지키지 않아도 된다.
② 쓰레기를 함부로 버리지 않는다.
③ 친구와 큰 소리로 대화를 나눈다.
④ 문화유산을 꼼꼼하게 만져보며 관찰한다.
⑤ 사진 촬영이 금지된 곳에서 영상을 찍는다.

04 다음은 문화유산 답사 보고서의 어떤 부분에 들어갈 내용입니까? (　　　)

강원특별자치도 정선 아리랑은 토착민으로부터 전해 내려오다가 조선 시대 초기부터 역사적으로 많이 알려졌다.

① 답사 주제 ② 답사 날짜
③ 답사 장소 ④ 새롭게 알게 된 점
⑤ 답사할 때 주의할 점

05 우리 지역의 문화유산을 보호하는 방법을 바르게 짝지은 것은 어느 것입니까? (　　　)

㉠ 문화유산에 그림을 그려 꾸민다.
㉡ 문화유산 주변을 깨끗이 청소한다.
㉢ 문화유산을 소중하게 여기며 아낀다.
㉣ 문화유산에 대해 좀 더 자세히 공부한다.
㉤ 문화유산에 대한 추억을 만들기 위해 낙서를 한다.

① ㉠ ② ㉡, ㉢ ③ ㉣, ㉤
④ ㉠, ㉡, ㉢ ⑤ ㉡, ㉢, ㉣

06 우리 지역의 역사적 인물을 조사하는 계획을 세우고 있습니다. 다음은 어떤 활동인지 쓰시오.

재범: 나는 인물의 일생을 조사할게.
효빈: 나는 인물이나 인물의 발명품 사진을 찾을게.
대근: 그렇다면 나는 조사한 자료를 보기 쉽게 정리할게.

(　　　　　　　　)

07 다음 주제를 해결하기 위해 승지네 모둠이 나눌 수 있는 역할로 알맞지 않은 것은 어느 것입니까? (　　)

다산 정약용의 공부와 실천

① 방문할 만한 전시관이나 박물관 찾기
② 도서관에서 위인전이나 기록물 찾기
③ 정약용의 업적을 인터넷 검색으로 찾기
④ 정약용이 태어난 집에 가는 방법 조사하기
⑤ 정약용을 잘 아는 사람이나 후손이 있는지 찾기

08 다음 그림과 같이 우리 지역의 역사적 인물을 조사하는 방법은 무엇입니까? (　　)

① 사진 찍기
② 책으로 알아보기
③ 현장 체험으로 알아보기
④ 문화 관광 해설사와 면담하기
⑤ 역사적 인물의 누리집에 들어가기

09 정약용의 일생과 업적을 직접 조사하기 위해 방문할 수 있는 장소로 알맞은 곳은 어디입니까? (　　)

① 제주도 공항　② 항공 박물관
③ 철도 박물관　④ 국립 민속 박물관
⑤ 다산 정약용 문화관

10 정약용을 조사한 뒤 역할극으로 소개할 때 주의해야 할 점으로 알맞은 것은 어느 것입니까? (　　)

① 정약용의 업적이 드러나지 않게 한다.
② 정약용과 관계없는 인물을 등장시킨다.
③ 역할극 특징에 맞게 대사는 넣지 않는다.
④ 연기를 잘하는 사람 혼자 모든 것을 준비한다.
⑤ 정약용의 일생과 업적이 드러나는 장면을 표현한다.

11 다음과 같은 지역의 역사적 인물 소개 방법의 특징이나 주의할 점으로 알맞지 않은 것은 어느 것입니까? (　　)

동요: 퐁당퐁당	
퐁당퐁당 돌을 던지자 누나몰래 돌을 던지자 냇물아 퍼져라 멀리멀리 퍼져라	남양주에 다산 정약용 목민심서 거중기 발명 백성을 위하는 실학을 연구해

① 노랫말을 바꾸어 부르면 기억하기 좋다.
② 인물의 업적이 잘 드러나게 가사를 바꾼다.
③ 인물의 성장 과정이 적절히 표현되면 좋다.
④ 노래를 최대한 길게 만들어서 나의 노력을 보여 준다.
⑤ 우리 지역의 역사적 인물을 소개하는 다양한 방법 중 하나이다.

서술형
12 우리 지역의 역사적 인물을 소개하는 활동을 마친 후 스스로 평가하는 항목을 한 가지 더 쓰시오.

• 모둠 활동에 적극적으로 참여했다.
• ＿＿＿＿＿＿＿＿＿＿

01 다음 판소리와 같이 형태가 없는 무형 문화유산은 어느 것입니까? ( )

① 종묘 ② 석굴암
③ 강강술래 ④ 상원사 동종
⑤ 미륵사지 석탑

[02~03] 다음은 우리 지역의 문화유산을 조사하는 방법입니다. 물음에 답하시오.

- 문화유산을 자세히 알고 있는 분과 (㉠)하여 질문과 대화를 통해 정보를 얻는다.
- 우리 지역 박물관이나 유형 문화유산을 직접 찾아가는 (㉡)을/를 하여 조사한다.

02 위의 ㉠, ㉡에 들어갈 알맞은 말은 무엇인지 쓰시오.
㉠: ( ), ㉡: ( )

03 위의 ㉠ 방법으로 문화유산을 조사할 때 주의할 점으로 알맞지 않은 것을 두 가지 고르시오. (,)

① 약속한 시간을 지킨다.
② 예의 바른 태도로 임한다.
③ 모든 질문은 즉흥적으로 한다.
④ 사전에 미리 연락하여 만나는 약속을 정한다.
⑤ 허락을 받지 않고 녹음을 하거나 영상을 촬영한다.

04 다음과 같이 우리 지역의 문화유산을 조사할 때 작성하는 것은 무엇입니까? ( )

답사의 목적, 장소, 날짜, 답사할 사람, 답사할 내용, 답사 방법, 역할 나누기, 준비물 등의 내용이 들어가도록 작성한다.

① 답사 계획서 ② 답사 보고서
③ 역할극 대본 ④ 면담 결과서
⑤ 문화유산 통계 자료

05 다음 ( )에 들어갈 알맞은 말에 ○표 하시오.

궁궐에 대해 궁금한 점을 (소방관 / 문화관광 해설사)에게 질문한다.

06 문화유산 안내도를 만들 때 가장 먼저 해야 할 일은 것은 어느 것입니까? ( )

① 주제 정하기
② 자료 정리하기
③ 문화유산 사진 붙이기
④ 문화유산 설명하는 글 쓰기
⑤ 소개할 자료의 위치 나타내기

07 다음 글을 읽고 느낀 점을 잘못 말한 사람은 누구입니까? (　　)

신라인의 미소로 잘 알려진 얼굴무늬 수막새는 일제 강점기에 일본인이 가져갔다가 1972년 국립경주박물관에 기증하였다. 현재 약 22개국의 해외에 20만 점이 넘는 우리나라 문화재가 존재하고 있다.

① 승훈: 우리 문화유산을 더욱 소중히 여겨야겠어.
② 선홍: 우리 문화유산에 대한 공부를 더 할 거야.
③ 유진: 지금이라도 돌아온 문화유산이 있어 다행이야.
④ 창균: 해외에 있는 우리나라 문화유산을 강제로 빼앗아와야겠어.
⑤ 민지: 다른 나라에 있는 우리 지역의 문화유산에 대해서도 알아보아야겠어.

서술형

08 다음 사람들을 역사적 인물이라고 말하는 까닭은 무엇인지 쓰시오.

• 세종　　• 이순신　　• 신사임당

09 다산 정약용의 공부와 실천을 주제로 알아보려고 할 때 조사할 내용으로 알맞은 것을 보기에서 모두 찾아 기호를 쓰시오.

보기
㉠ 정약용의 친척 이름은 무엇일까?
㉡ 정약용이 지은 책의 이름은 무엇일까?
㉢ 정약용이 열심히 공부한 이유는 무엇일까?
㉣ 정약용이 만든 거중기는 얼마에 살 수 있을까?

(　　　　)

10 뉴스 형식으로 역사적 인물을 소개할 때 특징이나 주의할 점으로 알맞지 않은 것은 어느 것입니까? (　　)

① 잘 알려진 노래의 노랫말을 바꾸어 부른다.
② 인물의 일생과 업적이 잘 드러나도록 한다.
③ 기자가 인터뷰하는 모습으로 꾸밀 수 있다.
④ 인물과 관계있는 사람이 등장하도록 한다.
⑤ 인물을 소개하는 기존 뉴스를 참고하여 만든다.

11 역사적 인물을 소개하고 발표할 때 올바른 태도는 어느 것입니까? (　　)

① 재미있는 내용이 나오지 않으면 딴짓을 한다.
② 다른 모둠의 발표를 주의 깊게 살펴서 듣는다.
③ 다른 모둠의 조사 내용을 비교하며 자신이 낫다고 여긴다.
④ 궁금한 점이 있으면 발표하는 사람의 말을 끊고 질문한다.
⑤ 친구들의 발표를 점수로 매겨 발표가 끝날 때마다 순위를 매긴다.

서술형

12 우리 지역의 역사적 인물을 소개한 뒤 서로 평가할 수 있는 기준을 한 가지 쓰시오.

사회

01 다음 중 공공 기관에 해당하는 것은 어느 것입니까? ( )

①

②
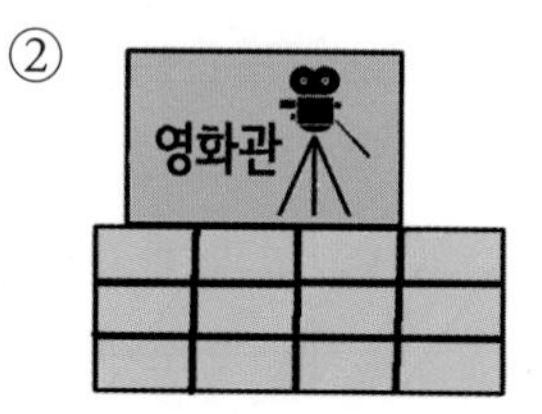

③
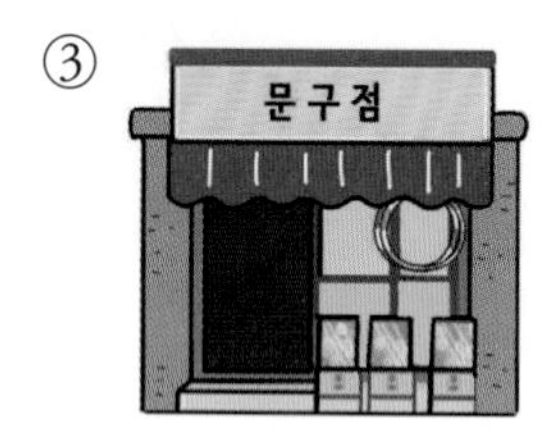

④
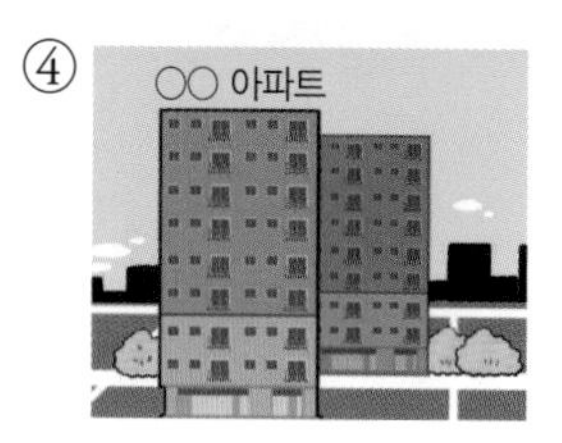

02 다음과 같이 망가진 시설을 관리하는 공공 기관은 어디입니까? ( )

① 학교 ② 도서관 ③ 우체국
④ 시 · 도청 ⑤ 박물관

서술형

03 오른쪽 공공 기관이 학교와 협력하여 하는 일은 무엇인지 쓰시오.

04 다음 동요의 빈 칸에 들어갈 공공 기관으로 알맞은 것은 무엇인지 쓰시오.

동요 〈그런 집 보았니〉

우리 동네 많은 집들 중에서
예쁜 집 속에 편지 쓴 사람들이
매일매일 찾아가는 집 보았니?
그럼요 그럼요 예쁜 집이죠
똑똑똑– 어디로 보내드릴까요?
친구에게 보내주세요! ( )

( )

서술형

05 공공 기관 조사를 위해 견학을 할 경우 지켜야 할 예절은 무엇인지 쓰시오.

☆☆☆

06 공공 기관에 대해 조사하고 조사 보고서를 작성하려고 할 때 들어갈 내용으로 적절하지 않은 것은 어느 것입니까? ( )

① 느낀 점 ② 조사 장소
③ 조사 방법 ④ 알게 된 점
⑤ 부모님 직업

07 조사 보고서를 쓸 때 더 알고 싶은 점에 들어갈 내용으로 알맞은 것을 두 가지 고르시오. (,)

① 지역 주민들을 잘 도와주셔서 감사했다.
② 지역 행사를 계획한다는 것을 알게 되었다.
③ 보건소는 모든 마을에 다 있는지 궁금하다.
④ 건물 안전 점검의 일을 한다는 것을 알게 되었다.
⑤ 다른 공공 기관과 협력해서 하는 일에는 무엇이 있을지 궁금하다.

08 다음에서 설명하는 주민 참여의 방법은 어느 것입니까? ( )

지역의 정책을 정하기 전에 여러 사람이 모여 다양한 의견을 나누는 회의이다.

① 민원
② 캠페인
③ 누리집
④ 공청회
⑤ 서명 운동

09 주차 공간 부족 문제에 대한 해결 방안으로 알맞은 것은 어느 것입니까? ( )

① 신호등의 개수를 늘린다.
② 신호 위반 단속을 철저히 한다.
③ 포장되지 않은 도로를 정비한다.
④ 과속 단속 카메라의 개수를 늘린다.
⑤ 저녁 시간에 공공 기관의 주차장을 주민들에게 개방한다.

[10~12] 다음 글을 읽고, 물음에 답하시오.

○○ 지역에는 하천이 흐르고 있는데 최근 이 하천이 오염되는 문제가 생겼다. 하천에서 악취가 나고 물고기들도 점점 줄어들게 된 것이다. 이 문제를 해결하기 위해 시민들이 스스로 모여 사회 전체의 이익을 위해 활동하는 단체인 ( )와/과 함께 지역 주민들이 하천 주변의 쓰레기를 치우고 하천을 깨끗하게 하자는 캠페인 활동을 벌였다. 그 결과 하천은 다시 깨끗한 모습을 되찾게 되었다.

10 위 지역에 나타난 문제로 가장 적절한 것은 무엇입니까? ( )

① 안전 문제
② 소음 문제
③ 환경 오염 문제
④ 시설 부족 문제
⑤ 교통 혼잡 문제

☆☆☆
11 위의 ( ) 안에 들어갈 알맞은 말은 무엇인지 쓰시오.

( )

12 위 사례와 관련하여 잘못 말한 사람은 누구인지 쓰시오.

유지: 주민들은 지역 문제에 대해 잘 알고 있어.
준하: 주민들이 지역 문제에 적극적으로 참여해야 해.
영진: 주민들이 신경 쓰지 않았어도 공공 기관에서 알아서 해결했을 거야.
아윤: 주민이 중심이 되어 지역 문제를 발견하고 해결 과정에 참여하는 것을 주민 참여라고 해.

( )

01 다음 설명과 관련 있는 공공 기관은 무엇인지 쓰시오.

우리 이모는 지난번 계곡에 고립된 사람들을 구했어. 또 불이 난 현장에도 출동해 불을 끄셔. 정말 멋지지?

( )

02 다음에서 설명하는 공공 기관은 어디입니까? ( )

- 도움이 필요한 주민들을 도와준다.
- 주민들의 행정과 민원 업무를 처리한다.
- 주민 등록증 발급, 출생 신고 등의 일을 처리한다.

①
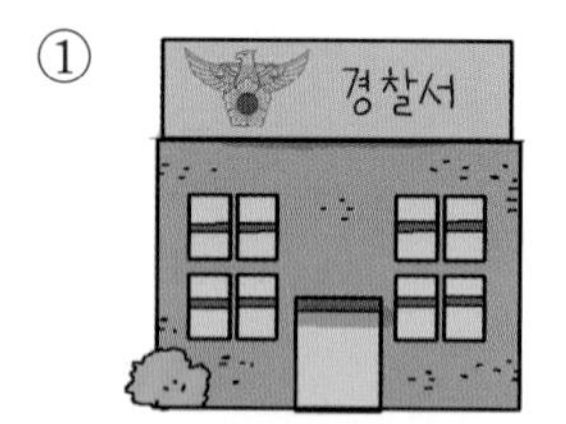

②

③ KOREA POST

④
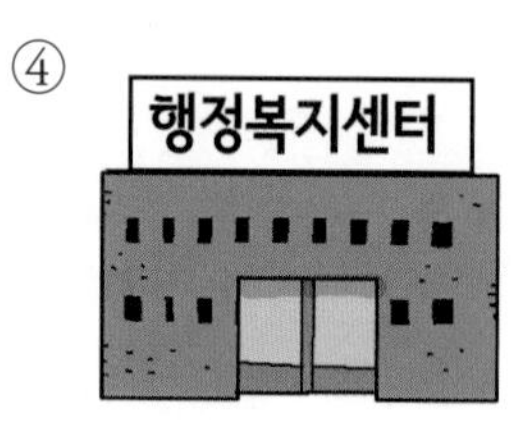

03 공공 기관을 이용하는 모습으로 알맞지 않은 것은 어느 것입니까? ( )

① 서점에서 책을 산다.
② 학교에서 공부를 한다.
③ 우체국에서 편지를 보낸다.
④ 보건소에서 예방 접종을 한다.
⑤ 구립 도서관에서 책을 읽는다.

04 다음에서 설명하는 공공 기관 조사하는 방법은 무엇인지 쓰시오.

- 공공 기관을 직접 방문하는 방법이다.
- 방문을 할 때에는 예절을 잘 지켜야 한다.

( )

05 누리집을 통해 공공 기관을 조사할 때의 좋은 점을 바르게 짝지은 것은 어느 것입니까? ( )

㉠ 일하시는 분을 직접 만나볼 수 있다.
㉡ 공공 기관 내부를 직접 확인할 수 있다.
㉢ 직접 방문하지 않아도 되어 시간이 절약된다.
㉣ 시간과 장소에 상관없이 편하게 조사가 가능하다.

① ㉠, ㉡ ② ㉠, ㉢ ③ ㉠, ㉣
④ ㉡, ㉢ ⑤ ㉢, ㉣

서술형

06 경찰서를 조사한 후 조사 보고서를 작성할 때 '알게 된 점'에 들어갈 수 있는 내용을 한 가지 쓰시오.

서술형

07 다음 선생님의 질문에 알맞은 대답을 쓰시오.

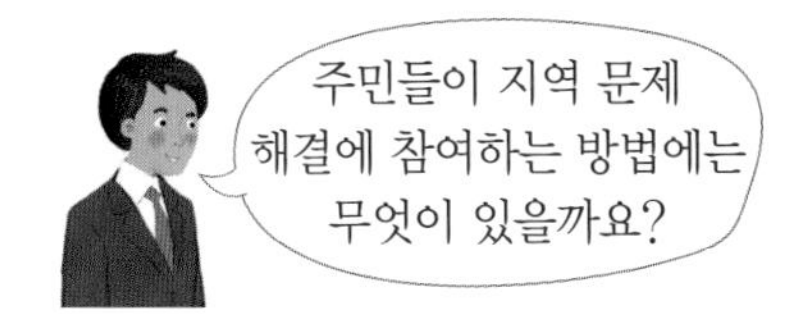

주민들이 지역 문제
해결에 참여하는 방법에는
무엇이 있을까요?

____

____

[08~09] 다음 그림을 보고, 물음에 답하시오.

08 위 그림에 나타난 지역 문제는 무엇입니까? (　　　)

① 안전 문제　② 소음 문제
③ 주차 문제　④ 시설 부족 문제
⑤ 쓰레기 무단 투기 문제

09 위 그림 속 문제에 대해 잘못 말한 사람은 누구입니까? (　　　)

① 은정: 주민들이 위험에 처할 수 있어.
② 지영: 우리 모두 적극적으로 문제 해결에 참여해야 해.
③ 성우: 고장 난 부분을 고쳐 달라고 주민 제안을 올려야겠어.
④ 윤희: 어떻게 해야 주민 모두에게 도움이 될지 고민해 봐야겠어.
⑤ 경윤: 나는 저 놀이터에서 놀지 않으니까 나는 신경 쓰지 않을래.

10 주민이 중심이 되어 지역 문제를 발견하고 해결 과정에 참여하는 것을 무엇이라고 합니까? (　　　)

① 견학　② 반상회
③ 공청회　④ 선거 운동
⑤ 주민 참여

11 다음에서 설명하는 지역 문제 해결 과정은 무엇입니까? (　　　)

> 지역 문제가 왜 생겨났는지 자료를 수집하여 확인해 본다.

① 지역 문제 확인하기
② 문제 발생 원인 파악하기
③ 문제 해결 방안 탐색하기
④ 문제 해결 방안 결정하기
⑤ 문제 해결 방안 실천하기

12 다음은 우리 지역의 쓰레기 문제를 해결하기 위한 방안의 장점과 단점입니다. 밑줄 친 부분에 들어갈 해결 방안을 보기에서 고르시오.

보기
㉠ 감시 카메라를 설치한다.
㉡ 쓰레기통을 더 설치한다.
㉢ 쓰레기 무단 투기 금지 관련 캠페인 활동을 한다.

〈지역 문제 해결 방안〉
____

장점	단점
길거리에 버려지는 쓰레기가 줄어들 것이다.	쓰레기통 관리를 해야 하고, 쓰레기통을 설치할 공간이 필요하다.

(　　　　　　　)

사회

01 다음 중 끊어진 지층은 어느 것입니까? (　　　)

① 
② 
③ 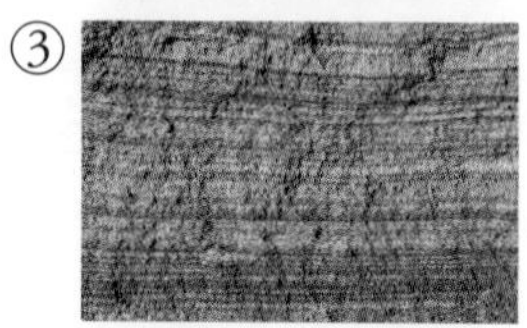
④ 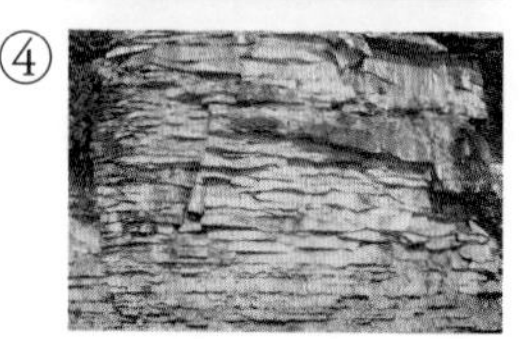
③ 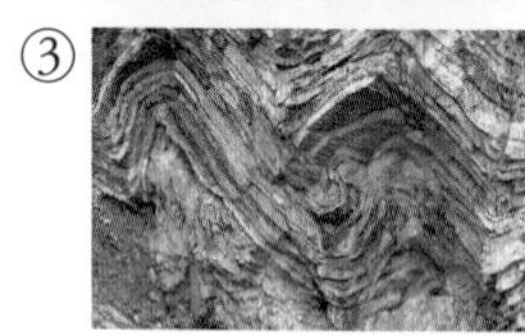

02 지층에 대한 설명으로 옳지 않은 것은 어느 것입니까? (　　　)

① 층마다 두께가 같다.
② 지층은 모양이 다양하다.
③ 아래에서부터 수평하게 쌓인다.
④ 자갈, 모래, 진흙 등의 퇴적물이 쌓여서 생긴 것이다.
⑤ 층별로 알갱이의 크기와 색깔이 달라서 줄무늬가 보인다.

03 다음 지층이 쌓인 순서대로 기호를 쓰시오.

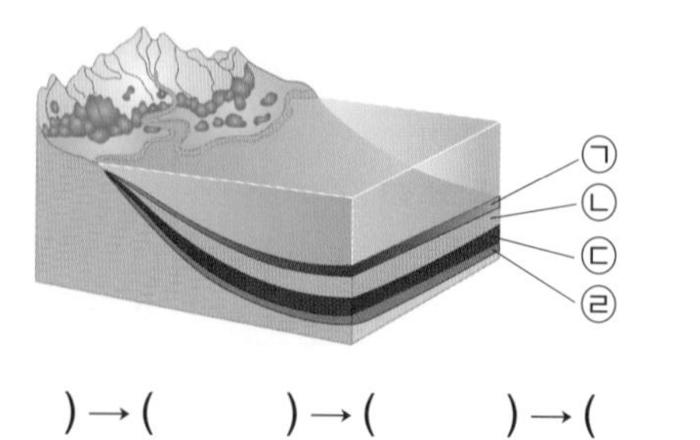

(　　　) → (　　　) → (　　　) → (　　　)

04 지층 모형과 실제 지층에 대한 설명이 바르게 짝지어진 것은 어느 것입니까? (　　　)

	지층 모형	실제 지층
①	한 개의 층만 있다.	여러 개의 층이 있다.
②	줄무늬가 있다.	줄무늬가 있다.
③	알갱이의 크기가 모두 같다.	알갱이의 크기가 층마다 다르다.
④	퇴적물의 종류가 같다.	퇴적물의 종류가 같다.
③	만들어지는 데 오랜 시간이 걸린다.	만들어지는 데 짧은 시간이 걸린다.

05 다음 (　　) 안에 들어갈 알맞은 말을 쓰시오.

> 흐르는 물이 운반한 진흙, 모래, 자갈 등이 강이나 바다에 쌓인다. 쌓인 퇴적물 위에 계속 퇴적물이 쌓이면 누르는 힘 때문에 알갱이 사이의 공간이 좁아지고, 물에 녹아 있는 여러 물질이 알갱이를 서로 붙여 단단한 (　　　　　)을/를 만든다.

(　　　　　　　　　)

06 다음 암석을 다음과 같이 분류하였습니다. 분류 기준으로 알맞은 것은 어느 것입니까? (　　　)

① 색깔　　② 모양
③ 촉감　　④ 만들어진 시기
⑤ 알갱이의 크기

[07~08] 다음은 여러 가지 화석입니다. 물음에 답하시오.

㉠ 삼엽충 화석

㉡ 고사리 화석

㉢ 나뭇잎 화석

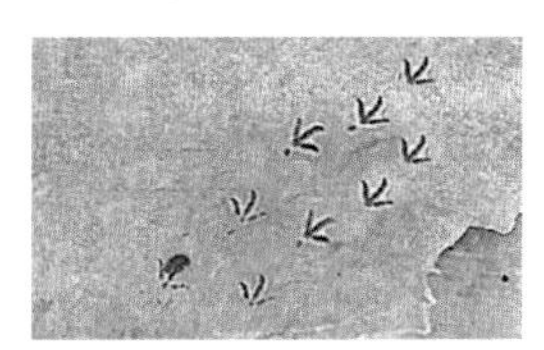
㉣ 새 발자국 화석

07 위 화석을 다음과 같이 분류했다면 분류 기준으로 적절한 것은 어느 것입니까? (　　　)

㉠, ㉣	㉡, ㉢

① 모양　② 색깔　③ 크기
④ 단단한 정도　⑤ 동물 화석과 식물 화석

08 위 화석 중 생물의 몸체가 아닌 생활한 흔적이 남아서 화석이 된 것의 기호를 쓰시오.

(　　　　　　　)

09 다음 ㉠, ㉡에 들어갈 말로 알맞게 짝지어진 것은 어느 것입니까? (　　　)

호수나 바닥에 운반된 생물의 몸체 위에 (㉠)이/가 계속해서 쌓이면 단단한 지층이 만들어지고, 그 속에 묻힌 생물이 (㉡)이/가 된다. 이 지층이 높게 솟아오른 뒤 침식이 되어 (㉡)이/가 드러난다.

	㉠	㉡
①	지층	화석
②	퇴적물	지층
③	지층	퇴적암
④	퇴적물	화석
⑤	화석	지층

10 보기에서 화석이 잘 만들어지는 조건으로 옳은 것의 기호를 쓰시오.

보기
㉠ 생물이 산 채로 묻혀야 한다.
㉡ 생물의 몸체에 천천히 퇴적물이 쌓여야 한다.
㉢ 동물의 털과 가죽은 화석으로 만들어지기 쉽다.
㉣ 식물의 잎, 줄기 같은 단단한 부분은 화석으로 만들어지기 쉽다.

(　　　　　　　)

11 산호 화석으로 알 수 있는 어느 것입니까? (　　　)

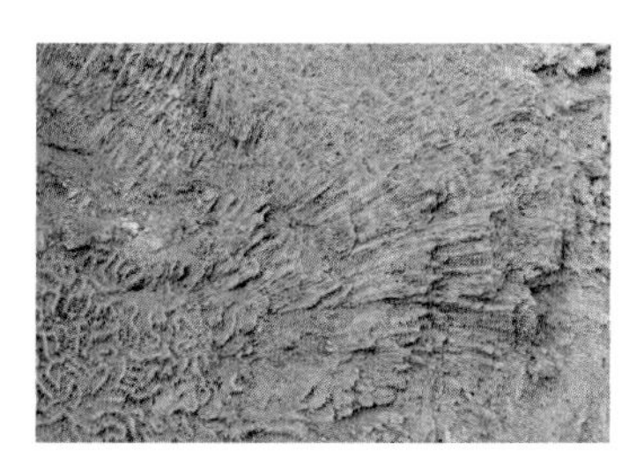

① 산호의 나이
② 물고기의 생김새
③ 연료로 이용되는 화석
④ 발견된 지역의 당시 환경
⑤ 같이 살았던 바다 속 생물

12 지층과 화석을 전시한 자연사 박물관의 전시실 주제로 적절하지 않은 것은 어느 것입니까? (　　　)

① 지층　② 화석　③ 공룡
④ 화산　⑤ 퇴적암

과학

01 다음 지층의 모양으로 알맞은 것은 어느 것입니까? ( )

① 수평인 지층 ② 휘어진 지층
③ 끊어진 지층 ④ 기울어진 지층
⑤ 뒤집어진 지층

02 실제 지층과 지층 모형의 공통점을 보기 에서 찾아 기호를 쓰시오.

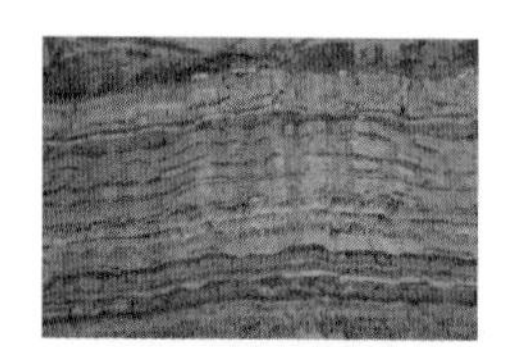 

보기
㉠ 줄무늬 ㉡ 단단한 정도
㉢ 만들어진 장소 ㉣ 지층이 만들어진 시간

( )

03 다음 지층에 대한 설명으로 옳은 것은 어느 것입니까? ( )

① 지층이 끊어져 있다.
② 각 층이 구부러져 있다.
③ 각 층의 색은 서로 같다.
④ 각 층의 두께가 모두 같다.
⑤ (마) → (라) → (다) → (나) → (가)의 순으로 쌓였다.

04 다음은 지층이 만들어져 발견되는 과정을 순서에 관계없이 나열한 것입니다. 순서대로 바르게 나열된 것은 어느 것입니까? ( )

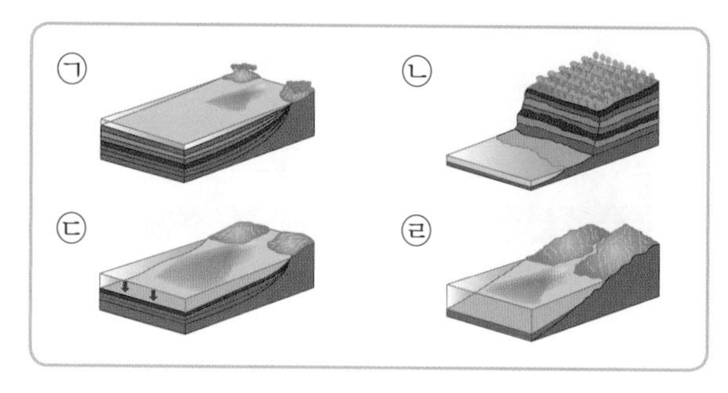

① ㉠ → ㉡ → ㉢ → ㉣
② ㉡ → ㉠ → ㉣ → ㉢
③ ㉢ → ㉡ → ㉠ → ㉣
④ ㉣ → ㉢ → ㉠ → ㉡
⑤ ㉣ → ㉡ → ㉠ → ㉢

[05~06] 다음은 여러 가지 퇴적암입니다. 물음에 답하시오.

05 위 퇴적암을 알갱이의 크기가 큰 것부터 순서대로 기호로 쓰시오.

( ) > ( ) > ( )

06 위 퇴적암의 이름을 바르게 나타낸 것은 어느 것입니까? ( )

	㉠	㉡	㉢
①	이암	사암	역암
②	사암	이암	역암
③	사암	역암	이암
④	역암	이암	사암
⑤	이암	역암	사암

07 다음은 퇴적암이 만들어지는 과정을 나타낸 것입니다. 이 중에서 다른 종이컵으로 반죽을 누르는 것과 관련 있는 과정의 기호를 쓰시오.

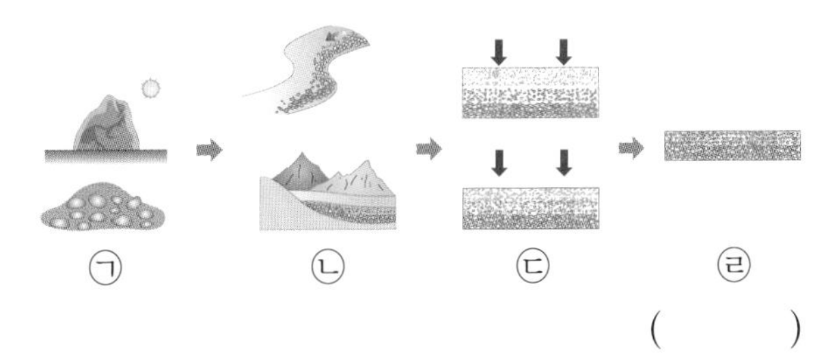

( )

08 모래로 만든 퇴적암 모형과 사암의 공통점으로 알맞은 것은 어느 것입니까? ( )

① 색깔
② 모양
③ 크기
④ 단단한 정도
⑤ 알갱이의 종류

09 다음 화석을 관찰한 내용으로 옳은 것은 어느 것입니까? ( )

① 모양이 잎을 닮았다.
② 타조알과 비슷하게 생겼다.
③ 식물의 줄기와 잎이 잘 보인다.
④ 가장자리가 갈라져 손 모양을 하고 있다.
⑤ 오늘날 살고 있는 물고기의 모습과 비슷하다.

10 다음은 화석이 만들어져 발견되는 과정을 순서에 관계없이 나열한 것입니다. 순서에 맞게 기호를 쓰시오.

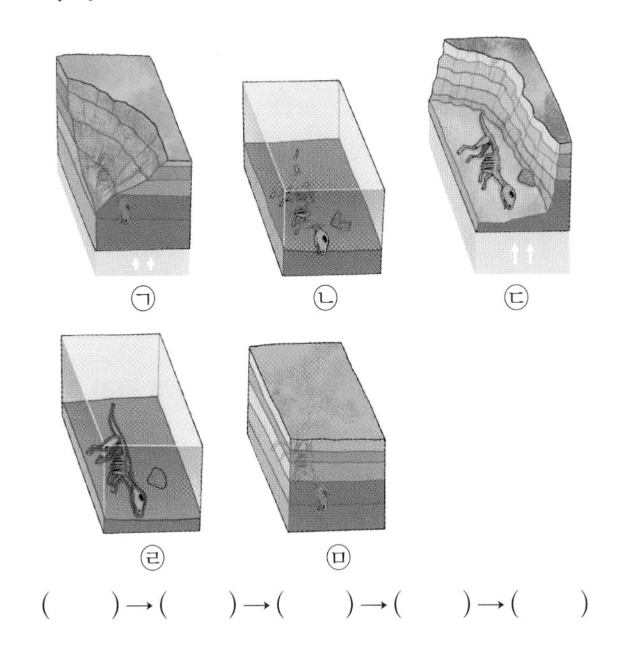

( ) → ( ) → ( ) → ( ) → ( )

11 화석 모형과 실제 화석에 대한 설명으로 옳은 것은 어느 것입니까? ( )

① 모양과 무늬가 비슷하다.
② 화석 모형이 더 단단하다.
③ 실제 화석은 만들어지기 쉽다.
④ 화석 모형의 무늬가 더 선명하다.
⑤ 실제 화석이 만들어지는 시간은 짧다.

12 화석의 이용에 대한 설명으로 옳지 않은 것은 어느 것입니까? ( )

① 생물의 생김새를 알 수 있다.
② 지층이 쌓인 시기를 알 수 있다.
③ 생물이 살았던 환경을 알 수 있다.
④ 화석 연료로 우리 생활에 이용된다.
⑤ 생물이 살았던 지역의 아름다움을 알 수 있다.

[01~02] 다음은 여러 가지 씨입니다. 물음에 답하시오.

01 다음에서 설명하는 씨를 보기에서 골라 이름을 쓰시오.

- 색깔은 연한 갈색이다.
- 가로 약 3cm, 세로 약 3cm 정도이다.
- 모양은 동그랗고 주름이 있다.

( )

02 보기에 있는 씨에 대한 설명으로 옳지 않은 것은 어느 것입니까? ( )

① 참외씨: 둥근 모양이며, 검은색이다.
② 강낭콩: 둥글고 길쭉하며, 검붉은색이다.
③ 봉숭아씨: 작고 둥글며, 어두운 갈색이다.
④ 채송화씨: 매우 작고 동그랗고, 검은색이다.
⑤ 사과씨: 둥글고 길쭉하며, 한쪽은 모가 나 있다.

03 식물의 한살이를 알아보기 위해 가장 먼저 해야 할 일은 어느 것입니까? ( )

① 꽃과 열매 관찰하기
② 잎과 줄기 관찰하기
③ 씨가 싹 트는 과정 알아보기
④ 식물이 자라는 조건 알아보기
⑤ 식물의 한살이 관찰 계획 세우기

04 식물의 한살이를 관찰하기에 적합한 식물끼리 바르게 짝지은 것은 어느 것입니까? ( )

① 강낭콩, 소나무
② 봉숭아, 향나무
③ 소나무, 향나무
④ 나팔꽃, 강낭콩
⑤ 소나무, 느티나무

05 씨가 싹트는 조건을 알아보기 위해 다음과 같이 실험을 한다면 다르게 한 조건은 어느 것입니까? ( )

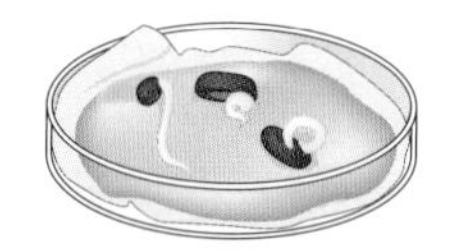
물을 준 것

물을 주지 않은 것

① 물　② 공기　③ 온도
④ 빛　⑤ 장소

06 다음은 싹이 튼 강낭콩의 겉모양과 속 모양입니다. 보기의 내용 중 옳은 것을 골라 기호를 쓰시오.

겉모양	속 모양

보기
㉠ 강낭콩이 부풀어 커졌다.
㉡ 어린잎과 뿌리가 작고 납작하게 말라 있다.
㉢ 뿌리가 자라 밖으로 나와 있다.
㉣ 껍질이 터진 부분 없이 떡잎에 붙어 있다.

( )

07 강낭콩 씨가 싹이 터서 자라는 과정에서 나오는 세 가지를 나오는 순서대로 바르게 나열한 것은 어느 것입니까? ( )

① 본잎 → 뿌리 → 떡잎
② 본잎 → 떡잎 → 뿌리
③ 뿌리 → 떡잎 → 본잎
④ 뿌리 → 본잎 → 떡잎
⑤ 떡잎 → 뿌리 → 본잎

08 식물이 자라는 데 필요한 조건을 알아보기 위해 다음과 같은 실험을 했습니다. 이를 통해 알 수 있는 것은 어느 것입니까? ( )

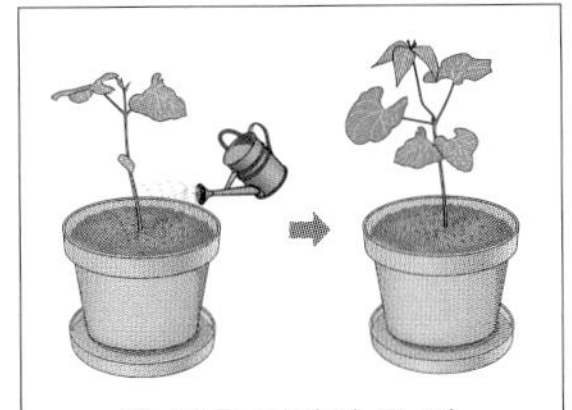
물을 적당히 준 것 → 잎이 잘 자랐다.

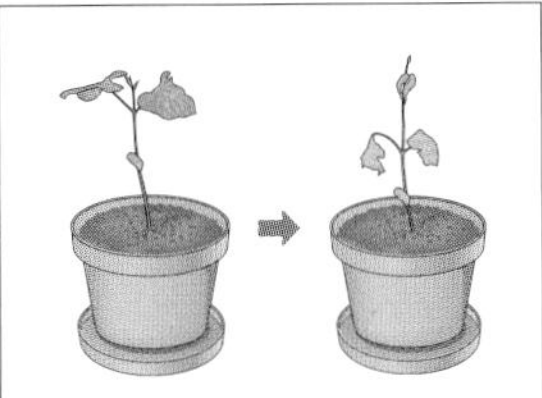
물을 주지 않은 것 → 잎이 시들었다.

① 식물이 자라는 데 물이 필요하다.
② 식물이 자라는 데 빛이 필요하다.
③ 식물이 자라는 데 양분이 필요하다.
④ 식물이 자라는 데 적당한 온도가 필요하다.
⑤ 식물이 자라는 데 적당한 화분이 필요하다.

09 씨가 싹 튼 다음 식물의 모습을 예상한 것으로 옳지 않은 것은 어느 것입니까? ( )

① 잎이 커질 것이다.
② 줄기가 자랄 것이다.
③ 줄기가 얇아질 것이다.
④ 식물의 키가 커질 것이다.
⑤ 잎의 수가 많아질 것이다.

10 다음은 강낭콩의 꽃과 열매가 생기는 과정입니다. ( ) 안에 공통으로 들어갈 알맞은 말을 쓰시오.

1. 작은 봉우리가 커져서 꽃봉오리가 된다.
2. 꽃이 핀다.
3. 꽃이 지고 난 자리에 ( )이/가 생긴다.
4. ( ) 속에 씨가 자란다.

( )

11 여러해살이 식물에 대한 설명으로 옳은 것은 어느 것입니까? ( )

① 여러해살이 식물은 모두 나무이다.
② 여러해살이 식물의 수명은 1~3년에 걸쳐 끝난다.
③ 여러해살이 식물에는 호박, 감나무, 사과나무 등이 있다.
④ 식물의 한살이 기간이 여러 해인 식물을 '여러해살이 식물'이라고 한다.
⑤ 여러해살이 식물은 씨에서 싹이 터서 자라고 꽃이 피고 진 다음, 열매를 맺고 수명을 다한다.

12 봄에 싹이 터서 자라고 꽃이 피고 열매를 맺어 씨를 만들고 일생을 마치는 식물은 어느 것입니까? ( )

① 개나리
② 감나무
③ 강낭콩
④ 무궁화
⑤ 사과나무

01 여러 가지 씨에 대한 설명으로 옳지 않은 것은 어느 것입니까? ( )

① 단단하다.
② 껍질이 있다.
③ 크기가 다양하다.
④ 대부분 주먹보다 작다.
⑤ 색깔과 모양이 비슷하다.

02 식물의 한살이 과정을 알아보기 위하여 강낭콩을 선택하는 이유는 무엇입니까? ( )

① 쉽게 기를 수 있어서
② 한살이 기간이 짧아서
③ 물을 주지 않아도 괜찮아서
④ 주변에서 쉽게 구할 수 있어서
⑤ 여러 해 동안 관찰할 수 있어서

03 다음은 화분에 씨를 심는 과정을 순서에 관계없이 나열한 것입니다. 순서대로 기호를 쓰시오.

㉠ 팻말을 꽂아 햇빛이 비치는 곳에 놓아둔다.
㉡ 화분에 거름흙을 $\frac{3}{4}$ 정도 넣는다.
㉢ 물뿌리개로 물을 충분히준다.
㉣ 화분 바닥에 있는 물 빠짐 구멍을 망이나 작은 돌로 막는다.
㉤ 씨 크기의 두세 배 깊이로 씨를 심고, 흙을 덮는다.

( ) → ( ) → ( ) → ( ) → ( )

04 씨가 싹 트는 데 필요한 조건을 알아보기 위한 실험 결과가 다음과 같았습니다. 이를 통해 알 수 있는 것은 어느 것입니까? ( )

▲ 물을 준 것 → 싹이 텄다.

▲ 물을 주지 않은 것 → 싹이 트지 않았다.

① 씨가 싹 트려면 빛이 필요하다.
② 씨가 싹 트려면 물이 필요하다.
③ 씨가 싹 트려면 공기가 필요하다.
④ 씨가 싹 트려면 바람이 필요하다.
⑤ 씨가 싹 트려면 적당한 온도가 필요하다.

05 씨가 싹 트는 데 필요한 조건 두 가지가 옳게 짝지어진 것은 어느 것입니까? ( )

① 물, 흙
② 햇빛, 공기
③ 물, 적당한 온도
④ 흙, 적당한 온도
⑤ 적당한 온도, 햇빛

06 다음은 씨가 싹이 터서 자라는 과정을 정리한 것입니다. ㉠, ㉡에 들어갈 말이 바르게 짝지어진 것은 어느 것입니까? ( )

먼저 뿌리가 나오고 껍질이 벗겨진다. 그리고 땅 위로 (㉠) 두 장이 나오고 (㉠) 사이로 (㉡)가/이 나옵니다.

	㉠	㉡
①	떡잎	뿌리
②	본잎	줄기
③	떡잎	본잎
④	줄기	떡잎
⑤	본잎	떡잎

07 옥수수 씨가 싹 터서 자랄 때 본잎이 나오는 곳의 기호를 쓰시오.

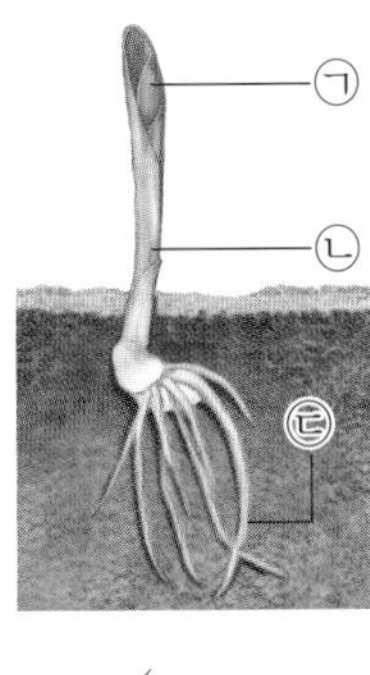

(   )

08 식물이 자라는 조건을 알아보기 위해 다음과 같이 실험을 한다면 다르게 한 조건은 어느 것입니까? (   )

물을 준 것

물을 주지 않은 것

① 빛
② 물
③ 양분
④ 온도
⑤ 식물의 종류

09 식물의 자람을 관찰하는 방법으로 옳지 않은 것은 어느 것입니까? (   )

① 잎의 개수 변화를 살펴본다.
② 잎의 길이 변화를 살펴본다.
③ 줄기의 길이 변화를 살펴본다.
④ 줄기의 굵기 변화를 살펴본다.
⑤ 잎을 두 장 떼어 내어 비교해 본다.

10 다음은 강낭콩의 꽃과 열매의 변화를 순서에 관계없이 나열한 것입니다. 순서대로 나열한 것은 어느 것입니까? (   )

㉠ 꽃이 지고 난 자리에 작은 꼬투리가 보인다.
㉡ 꼬투리가 더 커지고 많아진다.
㉢ 작은 몽우리가 더 커져서 꽃봉오리가 된다.

① ㉢ → ㉡ → ㉠
② ㉢ → ㉠ → ㉡
③ ㉡ → ㉠ → ㉢
④ ㉠ → ㉡ → ㉢
⑤ ㉡ → ㉢ → ㉠

11 다음의 벼의 한살이 과정입니다. (   ) 안에 들어갈 알맞은 말을 쓰시오.

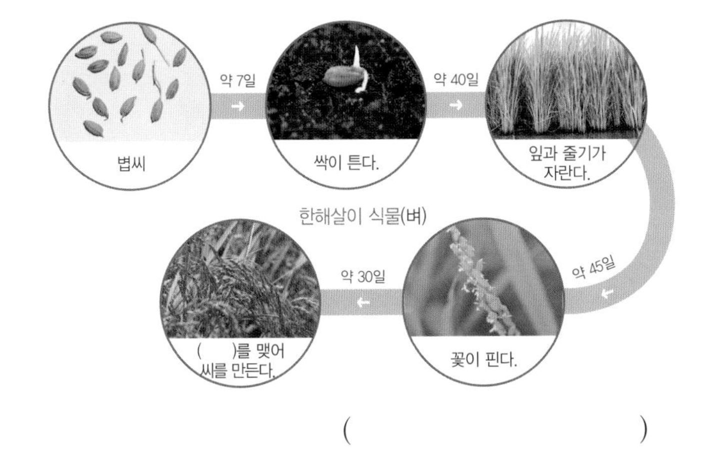

(   )

12 여러해살이 식물로 바르게 짝지어진 것은 어느 것입니까? (   )

① 벼, 강낭콩
② 호박, 옥수수
③ 감나무, 개나리
④ 무궁화, 옥수수
⑤ 강낭콩, 사과나무

과학

01 다음 중 생활 속에서 무게를 정확하게 측정하는 경우는 어느 것입니까? ( )

① 수영 경기를 할 때
② 학교에 갈 가방을 챙길 때
③ 슈퍼마켓에서 우유를 살 때
④ 병원에서 체온을 알고 싶을 때
⑤ 마트에서 과일이나 고기를 살 때

02 무게를 정확하게 측정하기 위해 사용하는 도구는 무엇인지 쓰시오.

( )

03 다음은 용수철에 물체를 매달았을 때 용수철이 늘어난 모습입니다. 물체의 무게를 비교한 것으로 옳은 것은 어느 것입니까? ( )

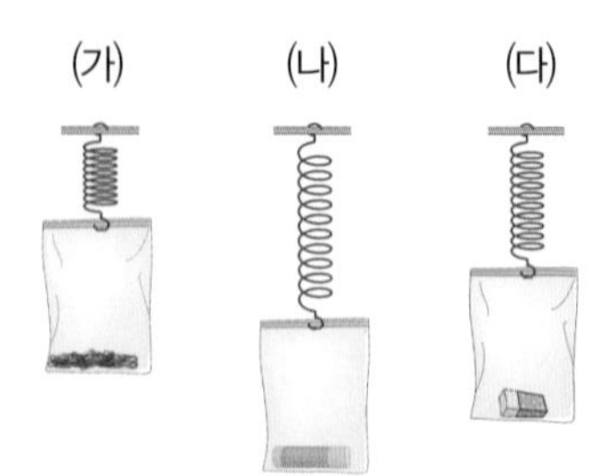

① (가) > (나) > (다)
② (가) > (다) > (나)
③ (나) > (다) > (가)
④ (나) > (가) > (다)
⑤ (다) > (나) > (가)

[04~06] 다음은 용수철에 20g중인 추를 한 개씩 매달아 가며, 늘어난 용수철의 길이를 나타낸 표입니다. 물음에 답하시오.

추의 개수(개)	0	1	2	3	4
늘어난 용수철의 길이(cm)	0	2	4	㉠	8

04 ㉠에 들어갈 용수철의 길이로 알맞은 것은 어느 것입니까? ( )

① 5cm
② 6cm
③ 7cm
④ 8cm
⑤ 10cm

서술형

05 위 실험 결과를 통해 추의 무게와 용수철의 늘어난 길이 사이의 관계를 쓰시오.

06 위 용수철에 지우개를 매달았더니 용수철이 12cm 늘어났습니다. 지우개의 무게는 몇 g중입니까? ( )

① 60g중
② 80g중
③ 100g중
④ 120g중
⑤ 140g중

07 용수철저울의 사용 방법에 대한 설명으로 옳지 않은 것은 어느 것입니까? ( )

① 사용하기 전에 용수철저울의 측정 범위를 확인한다.
② 물체를 용수철저울 고리에 걸어 무게를 측정한다.
③ 물체를 용수철저울에 매단 후, 영점을 조절한다.
④ 눈높이가 표시자와 같은 위치에서 눈금을 읽는다.
⑤ 물체를 매달고 움직이던 표시자가 멈추면 눈금을 읽는다.

08 물체를 다음과 같이 올려놓았더니 수평을 이루었습니다. (가)와 (나)의 무게를 비교한 것으로 옳은 것의 기호를 쓰시오.

(가) (나)

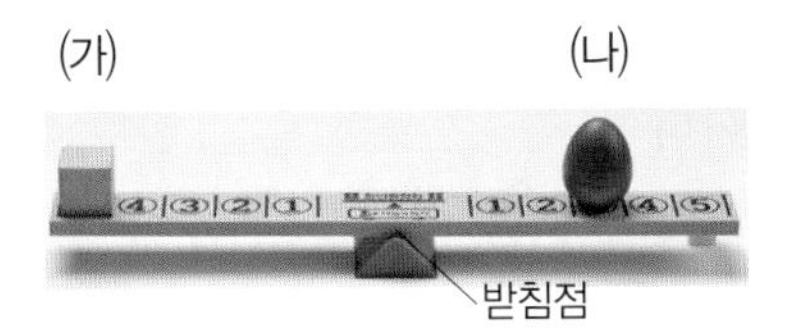
받침점

㉠ (가)는 (나)보다 무겁다.
㉡ (나)는 (가)보다 무겁다.
㉢ (가)와 (나)의 무게는 같다.

( )

서술형

09 무게가 무거운 사람과 가벼운 사람이 시소를 타려고 합니다. 시소가 수평을 이룰 수 있는 방법을 쓰시오.

[10~11] 다음은 양팔 저울을 이용해서 물체의 무게를 비교하는 방법을 순서없이 나타낸 것입니다. 물음에 답하시오.

㉠ 저울이 수평을 이룰 때까지 클립을 하나씩 올려놓는다.
㉡ 한 쪽 접시에 물체를 올려놓는다.
㉢ 수평을 이룰 때 클립의 개수를 세어 다른 물체와 비교한다.
㉣ 양팔 저울을 편평한 곳에 두고 수평을 이루고 있는지 확인한다.

10 양팔저울을 사용하는 순서에 맞게 기호를 쓰시오.

( ) → ( ) → ( ) → ( )

11 다음은 양팔 저울과 클립을 이용해서 여러 가지 물체의 무게를 측정한 결과입니다. 가장 무거운 물체의 이름을 쓰시오.

물체	연필	풀	지우개
클립의 수	23	56	40

( )

12 다음 여러 가지 저울 중 용수철의 성질을 이용한 저울이 아닌 것은 어느 것입니까? ( )

①
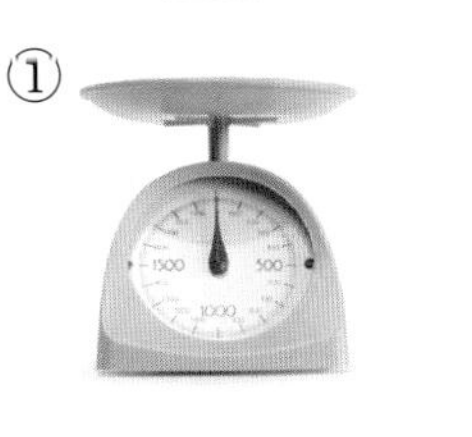

②
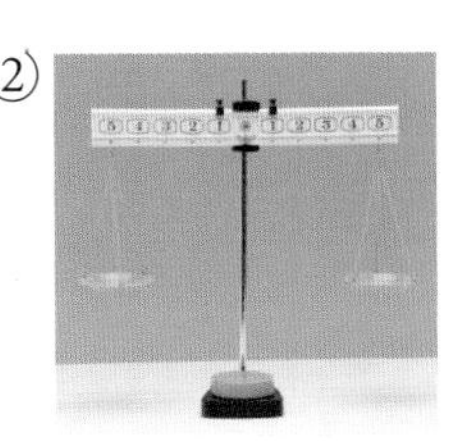

③

④
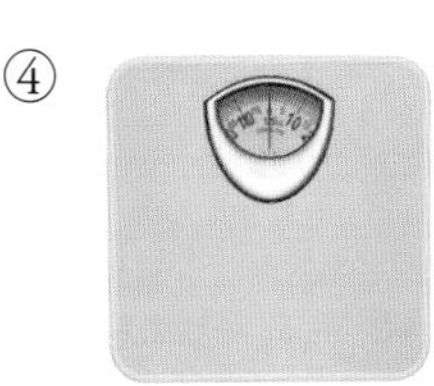

01 무게에 대한 설명으로 옳은 것을 두 가지 고르시오 (,)

① 물체의 크기를 말한다.
② 무게의 단위는 'N(뉴턴)'이다.
③ 자를 이용해서 측정할 수 있다.
④ 지구가 물체를 끌어당기는 힘의 크기이다.
⑤ 지구는 무거운 물체와 가벼운 물체를 같은 힘으로 끌어당긴다.

서술형

02 일상 생활에서 저울을 이용해 무게를 측정하는 예를 두 가지 쓰시오.

____

____

03 다음은 용수철에 걸어 놓은 추의 무게와 늘어난 용수철의 길이를 나타낸 표입니다. ㉠과 ㉡에 들어갈 내용이 알맞게 짝지어진 것은 어느 것입니까? ( )

추의 무게(g중)	0	20	40	60	㉠
늘어난 용수철의 길이(cm)	0	3	6	㉡	12

	㉠	㉡
①	70	8
②	80	8
③	80	9
④	90	9
③	100	10

04 용수철에 추를 걸었을 때 늘어나는 용수철의 길이가 가장 짧은 것은 어느 것입니까? ( )

① 20g중 추 한 개를 걸었을 때
② 20g중 추 두 개를 걸었을 때
③ 20g중 추 세 개를 걸었을 때
④ 50g중 추 한 개를 걸었을 때
⑤ 100g중 추 한 개를 걸었을 때

05 다음 용수철저울에 대한 설명으로 옳지 않은 것은 어느 것입니까? ( )

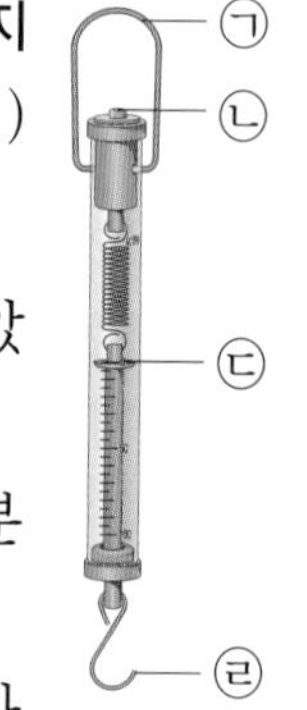

① ㉠은 손으로 잡는 부분이다.
② ㉡은 저울에 아무것도 매달지 않았을 때 영점을 조절하는 부분이다.
③ ㉢은 물체의 무게를 가리키는 부분이다.
④ 눈금을 읽을 때는 ㉢보다 눈높이가 높은 위치에서 읽는다.
⑤ ㉣은 물체를 거는 고리이다.

06 다음 저울들의 공통점은 어느 것입니까? ( )

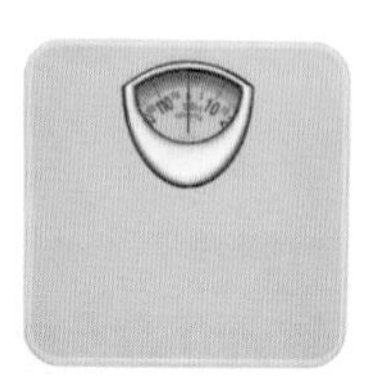

① 물체를 올려놓는 접시가 있다.
② 전기적 성질을 이용한 저울이다.
③ 용수철의 성질을 이용한 저울이다.
④ 수평 잡기의 원리를 이용한 저울이다.
⑤ 모든 물체의 무게를 측정할 수 있다.

07 무게가 같은 나무토막으로 수평을 잡으려고 합니다. 나무토막 하나를 다음과 같이 놓았다면, 나머지 나무토막 하나는 어느 위치에 놓아야 수평이 됩니까? ( )

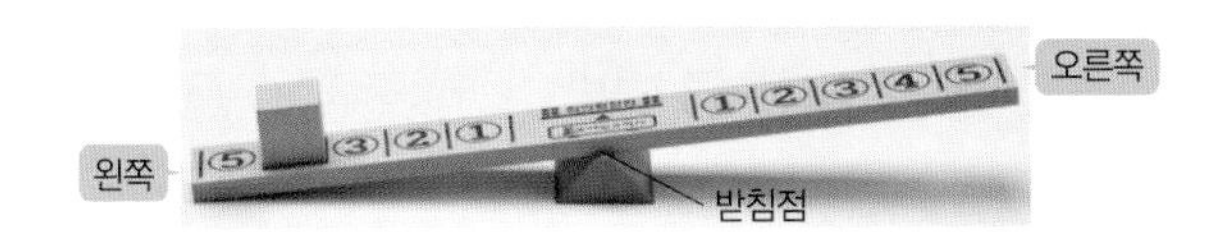

① 오른쪽 1번　② 오른쪽 2번
③ 오른쪽 3번　④ 오른쪽 4번
⑤ 오른쪽 5번

08 나무토막 1개와 나무토막 2개를 나무판자의 왼쪽과 오른쪽에 올려 수평을 잡으려고 합니다. 나무토막 1개를 왼쪽 4번 위치에 놓았다면 나무토막 2개는 어느 위치에 놓아야 하는지 쓰시오.

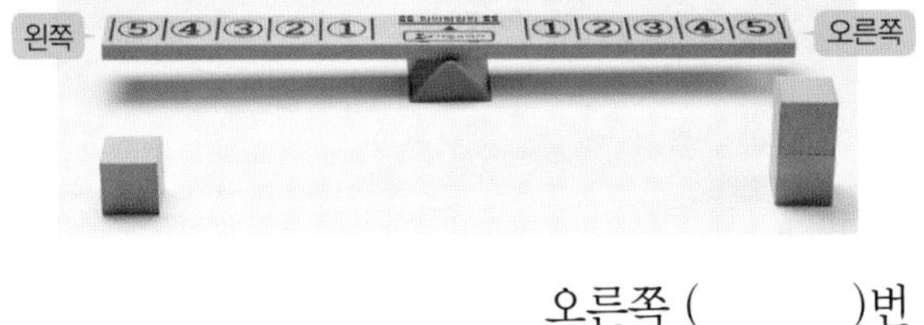

오른쪽 ( )번

09 다음은 친구들이 만든 저울입니다. 어떤 원리를 이용해서 만든 저울인지 쓰시오.

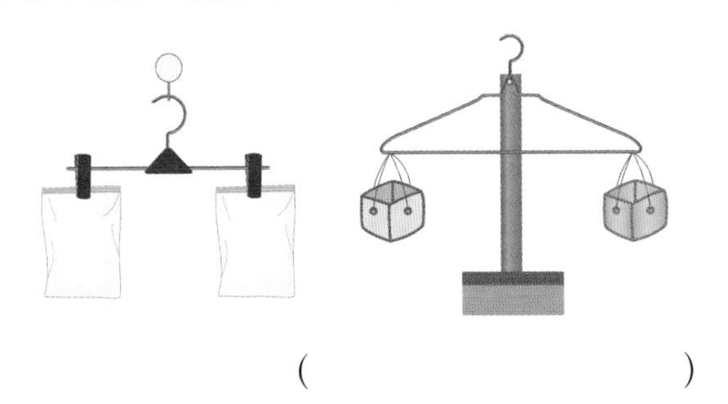

( )

[10~11] 다음은 양팔 저울로 물체의 무게를 비교한 모습입니다. 물음에 답하시오.

10 위의 물체를 무거운 순서부터 차례로 쓰시오.

( ) > ( ) > ( )

서술형

11 위의 지우개와 풀을 다음과 같은 나무판자에 올려 수평을 잡을 수 있는 방법을 쓰시오.

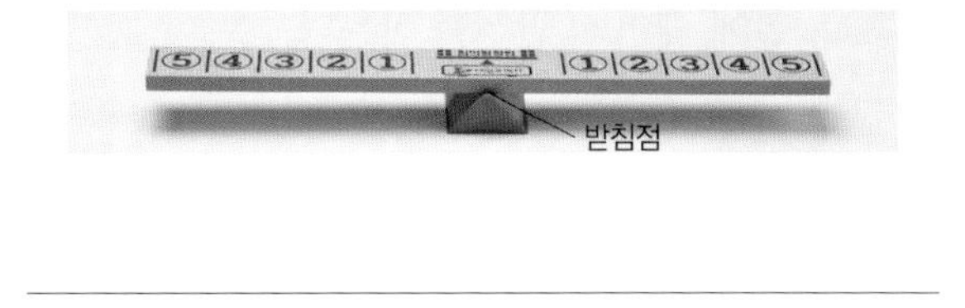

12 양팔 저울에서 물체의 무게를 비교할 때 기준이 되는 물체를 이용해서 비교하려고 합니다. 기준 물체로 사용하기에 알맞은 것을 두 가지 고르시오.
(,)

① 클립
② 자갈
③ 가는 모래
④ 10원짜리 동전
⑤ 크기가 다른 단추

과학

01 다음은 혼합물에 대한 설명입니다. (　　) 안에 알맞은 말에 ○표 하시오.

혼합물은 (한 가지, 두 가지)이상의 물질이 성질이 (변하여, 변하지 않고) 서로 섞여 있는 것을 말한다.

[02~03] 다음은 구슬로 나만의 팔찌를 만드는 과정입니다. 물음에 답하시오.

큰 그릇에 담겨 있는 ㉠다양한 종류의 구슬 혼합물을 관찰한 후 만들고 싶은 팔찌를 디자인한다. 구슬 혼합물 중 ㉡구멍 뚫린 플라스틱 구슬을 종류별로 분리한 뒤, 구슬을 실에 꿰어 ㉢팔찌를 만든다.

서술형

02 위와 같이 구슬 혼합물을 분리하면 좋은 점을 쓰시오.

03 다음은 사탕을 만드는 과정을 나타낸 것입니다. 위의 과정에서 ㉠을 사탕수수라고 한다면, ㉡과 ㉢에 해당하는 것은 무엇인지 쓰시오.

사탕수수　→　설탕　→　사탕

㉡ (　　　　), ㉢ (　　　　)

04 다음 중 혼합물을 모두 고른 것은 어느 것입니까? (　　)

㉠ 소금　㉡ 김밥　㉢ 꿀물　㉣ 팥빙수

① ㉠, ㉡
② ㉢, ㉣
③ ㉠, ㉡, ㉢
④ ㉡, ㉢, ㉣
⑤ ㉠, ㉡, ㉢, ㉣

05 다음과 같이 체를 사용하여 콩, 팥, 좁쌀의 혼합물을 분리할 때 이용하는 물질의 성질은 어느 것입니까? (　　)

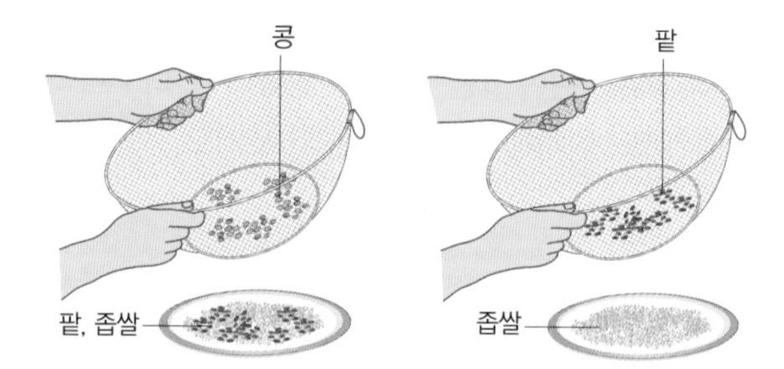

① 알갱이의 모양
② 알갱이의 색깔
③ 알갱이의 크기
④ 알갱이의 무게
⑤ 알갱이의 촉감

06 모래와 자갈을 분리하기에 알맞은 체의 기호를 쓰시오.

㉠ 눈의 크기가 자갈보다 큰 체
㉡ 눈의 크기가 모래보다 작은 체
㉢ 눈의 크기가 모래보다 크고, 자갈보다 작은 체

(　　)

07 철 캔과 알루미늄 캔을 분리할 때 이용할 수 있는 물질의 성질은 어느 것입니까? (　　　)

① 물체의 색깔
② 물체의 무게
③ 물체의 모양
④ 물체의 크기
⑤ 자석에 붙는 성질

08 다음 혼합물을 분리하는 데 공통으로 사용할 수 있는 도구는 어느 것입니까? (　　　)

- 흙에 섞인 철 가루를 분리할 때
- 고춧가루에 섞인 철 가루를 분리할 때
- 플라스틱 구슬과 철 구슬을 분리할 때

① 체
② 저울
③ 핀셋
④ 자석
⑤ 거름 장치

09 다음은 소금과 모래의 혼합물을 분리하는 과정을 순서없이 나타낸 것입니다. 순서에 맞게 기호를 쓰시오.

㉠ 혼합물을 물에 녹인다.
㉡ 혼합물을 증발 장치로 분리한다.
㉢ 혼합물을 거름 장치로 분리한다.

(　　　　) → (　　　　) → (　　　　)

[10~11] 오른쪽은 소금과 모래를 물에 녹인 혼합물에서 모래를 분리하는 실험입니다. 물음에 답하시오.

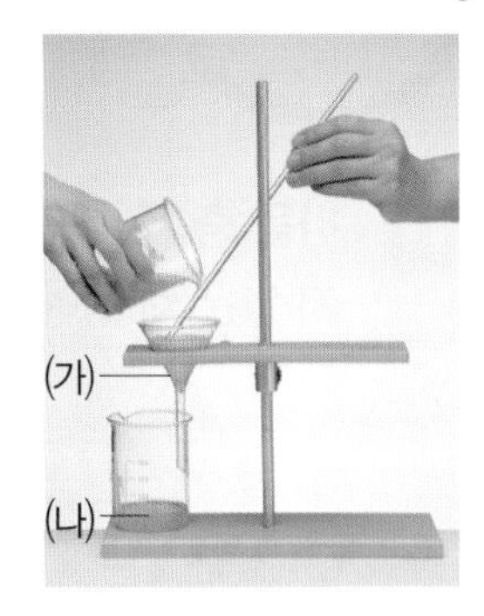

10 거름종이 위에 남는 물질(가)와 거름종이를 빠져나오는 물질(나)를 알맞게 짝지은 것은 어느 것입니까? (　　　)

	(가)	(나)
①	소금	모래
②	소금	물
③	모래	물
④	모래	소금물
③	없음.	모래

서술형

11 (가) 물질이 거름종이에 남게 되는 까닭을 쓰시오.

12 다음과 같은 장치로 분리할 수 있는 혼합물은 어느 것입니까? (　　　)

① 팥과 좁쌀의 혼합물
② 소금과 물의 혼합물
③ 소금과 설탕의 혼합물
④ 쌀과 철가루의 혼합물
⑤ 모래와 철가루의 혼합물

01 다음 중 두 가지 이상의 물질이 서로 성질이 변하지 않은 채 섞여 있는 것을 두 가지 고르시오. (　　,　　)

① 물
② 소금
③ 구리
④ 설탕물
⑤ 바닷물

02 다음 중 혼합물에 대한 설명으로 옳지 않은 것은 어느 것입니까? (　　)

① 두 가지 이상 물질이 섞여 있는 것이다.
② 소금을 물에 녹인 소금물도 혼합물이다.
③ 혼합물을 분리하면 원하는 물질을 얻을 수 있다.
④ 물질을 섞어 혼합물을 만들면 물질의 성질이 변한다.
⑤ 시리얼, 초콜릿, 과일을 섞은 혼합물은 섞이기 전과 맛이 변하지 않는다.

03 다음은 콩, 팥, 좁쌀의 혼합물입니다. 혼합물을 쉽게 분리하려고 할 때, 필요한 체의 개수는 몇 개인지 쓰시오.

(　　　　　　)

04 다음과 같이 혼합물을 분리할 때 공통으로 이용한 성질은 어느 것입니까? (　　)

- 강가에서 모래와 재첩을 분리한다.
- 해변 쓰레기 수거 장비로 모래와 쓰레기를 분리한다.

① 알갱이의 모양 차이
② 알갱이의 무게 차이
③ 알갱이의 크기 차이
④ 물에 녹는 성질의 차이
⑤ 자석에 붙는 성질의 차이

05 다음 중 크기가 같은 철 구슬과 플라스틱 구슬을 분리할 때 사용하는 도구로 적절한 것은 어느 것입니까? (　　)

① 체
② 자석
③ 거름 장치
④ 증발 장치
⑤ 알코올 램프

06 다음 중 혼합물을 분리할 때 이용하는 성질이 나머지와 다른 하나는 어느 것입니까? (　　)

① 팥에 섞여 있는 좁쌀을 분리
② 모래와 섞여 있는 자갈을 분리
③ 쌀에 섞여 있는 밀가루를 분리
④ 모래가 섞여 있는 재첩을 분리
⑤ 고춧가루에 섞여 있는 철 가루를 분리

[07~09] 다음은 소금과 모래의 혼합물을 분리하는 실험입니다. 물음에 답하시오.

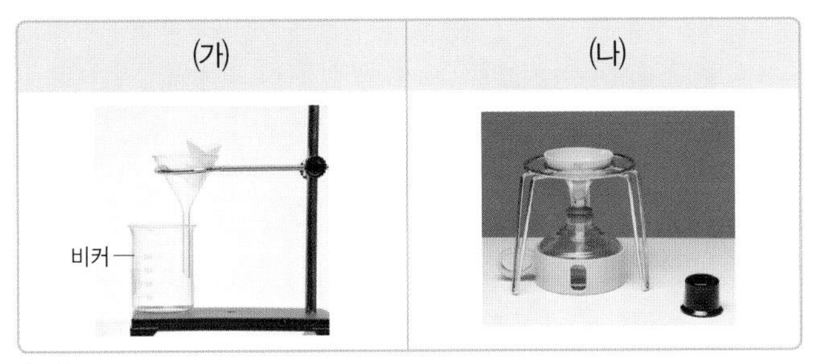

07 ㈎와 ㈏ 중 물에 녹는 물질과 물에 녹지 않는 물질을 분리하는 과정은 어느 것인지 쓰시오.

( )

08 위와 같이 소금과 모래의 혼합물을 분리하는 실험에 대한 설명으로 옳지 않은 것은 어느 것입니까? ( )

① ㈎는 거름 장치이다.
② ㈏는 증발 장치이다.
③ ㈎를 먼저 사용한 후, ㈏를 사용한다.
④ ㈏의 증발 접시에 생기는 물질은 모래이다.
⑤ ㈎에서 걸러져 비커에 모이는 물질은 소금물이다.

09 소금물로 검은색 종이에 그림을 그리고, 드라이기로 말리면 종이 위에 소금 알갱이가 남게 됩니다. 위의 실험에서 드라이기와 같은 역할을 하는 도구는 어느 것입니까? ( )

① 비커 ② 깔때기
③ 증발 접시 ④ 거름종이
⑤ 알코올램프

10 다음과 같이 염전에서 소금을 만들 때 이용되는 물질의 성질은 무엇입니까? ( )

① 알갱이의 크기
② 알갱이의 색깔
③ 물에 녹는 성질
④ 자석에 붙는 성질
⑤ 물이 증발하는 성질

[11~12] 다음은 된장과 간장을 만들 때, 메주를 소금물에 섞은 혼합물을 천으로 거르는 모습입니다. 물음에 답하시오.

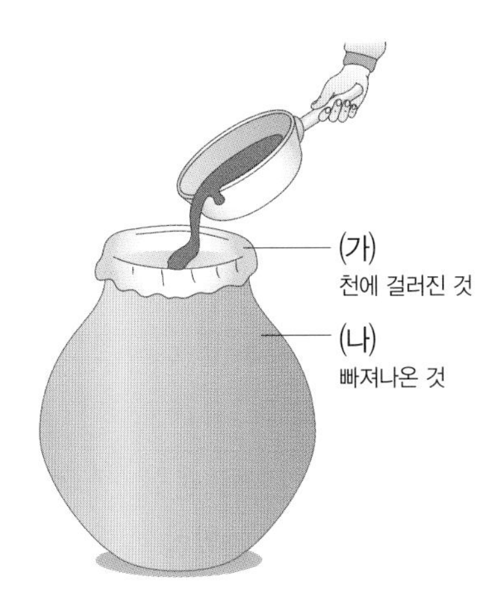

11 ㈎와 ㈏ 중 간장을 만드는데 이용하는 것은 어느 것인지 기호를 쓰시오.

( )

서술형

12 천은 혼합물 분리에서 어떤 역할을 하는지 쓰시오.

국어 1회 1. 생각과 느낌을 나누어요 4~5쪽

01 (1) - ㉯ (2) - ㉮ 02 ⑤ 03 (1) - ㉯ (2) - ㉮ 04 명환 05 가난한 사람들 / 지나가는 나그네 06 ⑤ 07 ⑤ 08 (3) ○ 09 예 어려운 사람에게 가진 것을 베풀어 주는 따뜻한 마음을 지녔다. 10 ④

01 남자아이는 청록색 부분을 마주 보는 사람으로 보았을 것이고, 여자아이는 주황색 부분을 커다란 잔으로 보았을 것입니다.

02 같은 그림을 보고도 다른 모양을 떠올리는 이유는 같은 것을 보고도 상황에 따라 다르게 생각할 수 있기 때문입니다.

03 '빠끔'은 살며시 문 따위를 조금 여는 모양을 뜻하는 낱말이고, '얄밉게'는 말이나 행동이 약빠르고 미운 것을 뜻하는 낱말입니다.

04 「꽃씨」는 봄을 배경으로 쓴 시입니다.

05 "이 뒤주는 가난한 사람들이나 지나가는 나그네가 쌀을 퍼 갈 수 있도록 만든 것이란다."라는 할아버지의 말씀에서 알 수 있습니다.

06 ㉠은 자신이 가진 것을 어려운 사람에게 베풀며 살라는 뜻입니다.

07 ㉡은 할아버지가 쌀이 만 석 이상 곳간에 쌓이면 농부들이 논밭을 사용하고 내는 돈을 조금만 받았기 때문입니다.

08 할아버지는 이웃의 어려움을 생각해서 쌀이 만 석 이상 곳간에 쌓이면 논밭을 사용하고 내는 돈을 조금만 받았습니다. 이렇게 어려운 사람들이 잘 살도록 도와주는 할아버지가 준은 자랑스러웠을 것입니다.

09 할아버지의 말과 행동이 나타난 부분을 찾아보고 그 말과 행동을 바탕으로 하여 성격을 짐작해 봅니다.

채점 기준
어려운 사람들을 도울 줄 아는 성격이라는 내용으로 썼으면 정답으로 인정합니다.

10 ㉢은 준이 가난한 사람들에게 베풀고 아랫사람들에게 나눌 줄 아는 할아버지처럼 되겠다고 다짐한 것이므로, 할아버지를 존경하고 따르려는 마음일 것입니다.

국어 2회 1. 생각과 느낌을 나누어요 6~7쪽

01 ④ 02 (3) ○ 03 ② 04 ② 05 전쟁터에서 죽은 하인들 06 주아 07 ① 08 ② 09 기동이 10 예 서로 생각이나 느낌이 비슷하기도 하지만 다른 점도 있다는 것을 알 수 있다. / 이야기를 더 잘 이해할 수 있다.

01 꽃씨를 괴롭히는 아이들의 모습은 나타나 있지 않습니다. 봄을 기다리는 아이들의 모습이 나타나 있습니다.

02 '봄비가 내려와 앉으면'은 봄비를 사람처럼 표현한 것입니다. (1)~(3) 가운데에서 꽃씨를 사람처럼 표현한 것은 (3)입니다.

03 새싹이 돋는 것을 '파란 손을 내민다'고 표현했습니다.

04 할아버지는 하인이 제값을 주지 않고 헐값에 생선을 사 와서 야단친 것입니다.

05 할아버지는 전쟁터에서 함께 싸우고 주인을 위해 목숨을 아끼지 않았던 하인들의 제사를 지내 주었습니다.

06 ㉡은 할아버지의 훌륭한 행동을 말한 부분이므로, 하인들의 죽음을 헛되지 않게 기리고 제사를 지내 주는 모습이 감동적이라고 한 친구가 생각이나 느낌을 알맞게 말했습니다.

07 노마는 기동이가 자신의 구슬을 가져갔을 것이라고 의심하고 있습니다.

08 기동이에 대한 노마의 마음을 가장 잘 나타낸 표현은 '의심하는 마음'입니다.

09 잘못 없이 억울하게 구슬을 가져갔다는 의심을 받은 기동이에 대한 의견입니다.

10 이야기를 읽고 생각이나 느낌을 나누면 서로 생각이나 느낌이 다를 수 있다는 것을 알게 되고 이야기를 더 잘 이해할 수 있습니다.

채점 기준
생각이나 느낌이 서로 다를 수 있음을 알았다는 내용이나 이야기를 더 잘 이해할 수 있다는 내용으로 썼으면 정답으로 인정합니다.

국어 1회 2. 내용을 간추려요 8~9쪽

01 ② 02 ⑤ 03 ② 04 ② 05 (1) ○ (2) △ 06 ⑤ 07 나무 그늘 08 ②, ③ 09 예 에너지 자원은 한없이 있는 것이 아니기 때문이다. 10 (1) ㉠ (2) ㉣

01 오늘 춘천의 낮 기온은 19도 정도입니다.

02 일기 예보를 들으며 메모를 할 때는 내용을 하나도 빠짐없이 다 쓰는 것이 아니라, 중요한 내용만 골라 짧게 씁니다.

03 글 (나)를 보면, 물고기는 몸속에 있는 부레로 여러 가지 소리를 냅니다.

04 매미는 발음근으로 소리를 냅니다. 수컷만 소리를 낼 수 있고 암컷은 소리를 내지 못합니다. 동물들이 소리를 내는 방법은 다릅니다. 물고기는 우리가 들을 수 없는 높낮이로 소리를 내기 때문에 우리는 물고기가 조용하다고 느낍니다.

05 글 (가)의 중심 문장은 '매미는 발음근으로 소리를 냅니다.'입니다.

06 부자가 총각에게 화를 낸 까닭은 총각이 허락 없이 나무 그늘에서 잠을 잤기 때문입니다.

07 부자는 총각에게 '나무 그늘'을 팔았습니다. 총각은 부자를 혼내 주기 위해 나무 그늘을 샀습니다.

08 주로 배경과 사건이 있는 이야기를 간추릴 때는 사건이 일어난 시간의 흐름이나 사건이 일어난 장소의 변화에 따라 간추립니다.

09 지구에 매장된 에너지 자원이 한정되어 있어 다 쓰고 나면 더는 에너지 자원을 구할 수 없게 되기 때문에 에너지를 절약해야 합니다.

채점 기준

에너지 자원은 한없이 있는 것이 아니기 때문이라는 내용으로 썼으면 정답으로 인정합니다.

10 먼저 해결 방안을 찾고 그에 따른 실천 방법을 찾으면 됩니다. 그래서 ㉠인 에너지 사용을 줄이는 해결 방안의 실천 방법은 ㉣이고, ㉡인 에너지를 불필요하게 사용하지 않는 해결 방안의 실천 방법은 ㉢입니다.

국어 2회 2. 내용을 간추려요 10~11쪽

01 (2) ○ 02 ④ 03 ㉮, ㉰ 04 ⑤ 05 매미는 발음근으로 소리를 냅니다. 06 ① 07 부자 영감의 집 마당 08 ④ 09 ② 10 ③

01 일기 예보를 들을 때 아는 내용이나 경험을 떠올리는 것과 관련이 있는 상황은 "작년 이맘때는 봄이었는데도 추웠던 것 같아."입니다.

02 들은 내용을 간추릴 때는 읽으면서 쓸 때보다 빨리 쓰고, 중요한 내용만 골라 짧게 씁니다.

03 들은 내용을 정리할 때 메모를 하면 좋은 점은 중요한 내용을 빠짐없이 기억할 수 있으며, 나중에 기억하기도 쉽다는 것입니다.

04 개나 닭이 다양한 소리를 내지 못하는 까닭은 성대나 입과 혀의 생김새가 사람과 다르기 때문입니다.

05 중심 문장은 문단의 내용을 대표하는 문장입니다.

채점 기준

'매미는 발음근으로 소리를 냅니다.'를 찾아 썼으면 정답으로 인정합니다.

06 중심 문장이 확실하게 드러나 있는 설명문을 간추릴 때는 중심 문장을 연결해 글의 내용을 간추립니다.

07 이 글에서는 '부자 영감의 집 앞 느티나무 그늘 → 부자 영감의 집 마당'으로 장소가 변화합니다.

08 총각은 자기가 산 나무 그늘이 부자 영감의 집 안으로 들어갔기 때문에 부자 영감의 집 안으로 들어갔습니다.

09 에너지 사용을 줄이기 위한 실천 방법은 가전제품은 에너지 효율이 높은 것을 쓰고, 조명 기구는 전기가 적게 드는 제품을 사용하고, 한여름에는 냉방기를 적게 쓰고 겨울에도 난방 기구를 덜 쓰도록 노력하는 것입니다.

10 이 글에서 전개되는 내용을 덩어리로 나누어 봅니다. 그 후 문단의 중심 문장 또는 중심 내용을 찾고, 내용 전개에 따른 분류를 활용해 전체 글의 내용을 간추립니다. 문제점 제시, 해결 방안 제시, 실천 방법 제안의 전개에 따라 내용을 간추릴 수 있습니다.

국어 1회 3. 느낌을 살려 말해요 12~13쪽

01 그림 ❷ 02 ④ 03 ⑤ 04 ③ 05 ② 06 ①, ②
07 ㉰ 08 ① 09 ⑤ 10 ③

01 꾸중을 듣고 뉘우치는 상황은 그림 ❷입니다. 대화 내용과 대답하는 아이의 모습을 보고 알 수 있습니다.

02 그림 ❸을 보면 기다리던 친구가 왔다는 소식을 듣고 기뻐서 마음이 설레는 말투로 "네? 벌써요?"라고 대답하는 것이 알맞습니다.

03 상황에 알맞은 표정, 몸짓, 말투를 사용하면 자신의 느낌을 잘 표현할 수 있고, 듣는 사람이 잘 알아들을 수 있으며, 자신의 생각을 분명하게 전달할 수 있습니다.

04 ㉠에서 영택이는 음료수 깡통을 잘 차지 못할 것 같다고 하므로 자신 없는 마음입니다.

05 ㉡을 말할 때는 석우가 음료수 깡통을 발로 찬 영택이의 성공을 축하해 주는 상황이므로 친구의 성공을 반기는 표정과 엄지손가락을 위로 올리는 몸짓이 어울립니다.

06 솜으로 만든 지폐는 습기에도 강하고, 정교하게 인쇄 작업을 할 수 있으며, 위조를 방지할 수 있다고 글에 나와 있습니다.

07 듣는 사람을 고려해 이 글의 내용을 소개할 때, 여러 사람 앞에서 말할 때는 높임말을 사용합니다.

08 '것', '수', '줄'은 단독으로는 쓸 수 없는 낱말입니다. 다른 낱말과 함께 쓰고, 쓸 때에는 '것', '수', '줄' 앞에서 띄어 써야 합니다.

09 보봉 마을 주민들은 태양광을 마을의 주 에너지원으로 하고, 자동차 사용을 줄이고, 물을 아껴 쓰고, 콘크리트를 쓰지 않겠다는 실천 조항을 만들었습니다. 자동차의 사용을 줄이기 위해서는 개인 자동차보다는 대중교통을 사용합니다.

10 이 글을 읽고 부모님께 가정에서 환경 보호를 위해 실천할 수 있는 일을 함께 하자는 제안을 할 경우, 가정에서 지킬 수 있는 환경 보호 방법을 씁니다.

국어 2회 3. 느낌을 살려 말해요 14~15쪽

01 (1) ○ 02 예 공손한 말투로 말한다. / 밝게 웃는 표정으로 말한다. / 바른 자세로 선다. 03 ①, ② 04 ④
05 ② 06 ①, ④ 07 ⑤ 08 ④ 09 ㉰ 10 지형

01 그림 ❶에서 말하는 사람은 밝게 웃는 표정이고, 그림 ❷에서 말하는 사람은 굳은 표정입니다. 이 가운데에서 그림 ❶의 표정이 상황에 어울립니다.

02 회장 선거에 나가서 의견을 말할 때에는 바르게 서서 공손한 말투로, 밝게 웃는 표정으로 말합니다. 손가락으로 기호가 몇 번인지 표시하면 더 좋습니다.

채점 기준

웃는 표정, 자신 있는 몸짓, 공손한 말투와 같은 내용으로 상황에 어울리게 썼으면 정답으로 인정합니다.

03 표정, 몸짓, 말투를 사용해 말할 때 사용하려는 목적을 생각하고 듣는 사람에게 맞게 사용합니다. 표정, 몸짓, 말투가 잘 어울려야 합니다.

04 이 장면에서 석우는 다리가 불편한 영택이에게 음료수 깡통을 가져다주며 한번 차 보라고 격려해 주었습니다.

05 ㉠은 석우가 영택이에게 음료수 깡통을 가져다주며 한번 차 보라고 말하는 장면이므로 밝고 장난스러운 말투가 어울립니다.

06 물물 교환의 문제점은 원하는 물건이 서로 다르다는 점과 가치를 매기는 기준이 서로 다르다는 점입니다.

07 기록에 전해지는 최초의 돈은 중국인들이 사용한 '조개껍데기'입니다.

08 생기가 없는 스산한 마을은 보봉 마을의 예전 모습이었습니다.

09 이 글에서 지금의 보봉으로 새로 태어날 수 있었던 것은 주민들의 뜻과 의지가 있었기 때문이며 주민이 실천하지 않았다면 불가능했을 것이라고 이야기하고 있습니다. 그러므로 ㉰가 알맞습니다.

10 겪은 일을 실감 나게 말한 친구는 축구 경기를 하는 모습을 흉내 낸 지형이입니다.

국어 1회 4. 일에 대한 의견 16~17쪽

01 (1) 사실 (2) 의견 02 박물관 03 (1) ○ (2) ○ (3) △ 04 ④ 05 철새 06 아름답고 생명력 넘치는 독도가 우리 땅이라는 것이 아주 자랑스러웠다. 07 (1) 수박 (2) 나비 08 ③, ⑤ 09 ④ 10 ⑤

01 실제로 있었던 일은 '사실'이라고 하고, 대상이나 일에 대한 생각이나 느낌은 '의견'이라고 합니다.

02 이 글은 정우와 함께 박물관으로 현장 체험학습을 다녀와서 쓴 글입니다.

03 (1)과 (2)는 있었던 일에 대해 쓴 문장이고, (3)은 일에 대한 생각을 쓴 문장입니다.

04 '슴새, 바다제비, 동해'는 글쓴이가 직접 본 것입니다. '멧도요, 물수리, 노랑지빠귀, 번행초, 괭이밥, 쇠비름'은 독도에 머물다 가는 철새와 풀이라고 설명한 것입니다.

05 '철새'는 철마다 머무르는 새를 뜻합니다.

06 글쓴이가 독도에 가서 생각한 것을 두 가지로 정리해 봅니다.

채점 기준

독도가 우리 땅이라는 것이 자랑스러웠다는 내용으로 썼으면 정답으로 인정합니다.

07 이 글은 「초충도」의 '수박과 들쥐' 그림에 대해 설명하면서 수박 줄기와 그 위에 나비의 모습을 설명한 부분입니다.

08 글에서 '~인상적입니다.'라고 표현한 부분을 찾아봅니다.

09 이 글에서는 지리산 반달가슴곰이 지리산의 생태계 덕분에 세쌍둥이를 낳은 일을 전하며 지리산의 자연 생태계를 보전하기 위해 노력해야 한다는 의견을 말했습니다.

10 ①, ②는 제시된 사실 전체가 아니라 '반달가슴곰'에만 초점이 맞춰져 있는 의견입니다. ③, ④는 반달가슴곰과 지리산에 대한 사실, 정보를 설명하고 있습니다.

국어 2회 4. 일에 대한 의견 18~19쪽

01 성현 02 ① 03 ③ 04 (1) ㉠, ㉢, ㉤ (2) ㉡, ㉣ 05 ⑤ 06 ⑤ 07 예 비둘기는 평화의 상징이다. 08 ③ 09 ㉠ → ㉢ → ㉡ 10 예 (1) 지난겨울 지리산에서 반달가슴곰이 세쌍둥이를 출산했다고 한다. (2) 그런데 세쌍둥이를 낳은 것은 지리산의 자연 생태가 곰이 살아가는 데 알맞다는 증거라고 한다.

01 경수와 미나는 김밥에 대한 '사실'을 이야기하고 있습니다.

02 실제로 있었던 일을 '사실'이라고 합니다.
⑤는 '의견'에 대한 설명입니다.

03 '봄에는 꽃이 핀다.'가 사실을 나타낸 문장입니다.
①, ②, ④, ⑤는 '의견'을 나타낸 문장입니다.

04 사실은 실제로 있었던 일(한 일, 본 일, 들은 일)을 나타내고, 의견은 대상에 대한 생각이나 느낌을 나타냅니다.

05 ㉤은 대상에 대한 생각이나 느낌이므로, 의견을 나타낸 문장입니다.

06 이 글에서는 쥐들이 수박 껍질을 뚫어 내고 수박씨를 먹고 있는 모습을 설명하고 있습니다.

07 예 교복에는 그 학교를 상징하는 그림이 달려 있습니다.

채점 기준

'상징'의 낱말 뜻을 바르게 사용하여 글을 지어 썼으면 정답으로 인정합니다.

08 '어떤 느낌이 들었나요?'는 겪은 일에 대한 '의견'을 정리할 때 떠올리는 질문입니다.
①, ②, ④, ⑤는 겪은 일에 대한 '사실'을 정리할 때 떠올리는 질문입니다.

09 겪은 일을 정한 뒤에 사실과 의견을 정리하고 글을 씁니다.

10 들은 일을 표현할 때 '~고 한다.'를 사용합니다.

채점 기준

들은 일을 나타낸 문장 두 가지를 모두 찾아 썼으면 정답으로 인정합니다.

해설

국어 1회 5. 내가 만든 이야기 20~21쪽

01 예 금으로 가득한 산 02 ④ 03 ④ 04 ⑤ 05 (수현이의) 아빠 06 ① 07 ① 08 ③ 09 예 냄새를 맡았다. 10 ㉯

01 글 (나)에서 일이 일어나는 장소는 '금으로 가득한 산'입니다.

02 까마귀 떼가 동생의 집에 있는 감나무 감을 모두 먹었기 때문에 동생을 도와주었습니다.

03 사건의 흐름을 파악할 때는 일이 일어난 차례를 살펴봅니다.

04 수현이는 뒤에 달리는 친구가 있다는 사실에 힘을 얻어서 마라톤 경기를 도중에 포기하지 않고 끝까지 달리겠다고 마음먹었습니다.

05 마라톤 대회에서 수현이의 뒤에서 꼴찌로 달린 사람은 '수현이의 아빠'였습니다.

06 글 (나)는 뒤에서 달리는 친구를 보고 힘을 얻어 수현이가 달리는 내용이고, 글 (다)는 뒤에서 꼴찌로 달린 사람이 아빠였다는 것을 알게 되는 내용입니다. 이야기의 흐름으로 보아 글 (나)와 (다) 사이에는 수현이가 완주한 내용이 들어가는 것이 알맞습니다.

07 '만큼', '대로', '뿐'은 단독으로는 쓸 수 없는 낱말입니다. 형태가 바뀌는 낱말 가운데에서 '-는', '-을', '-던' 등과 같이 '-ㄴ/-ㄹ'로 끝나는 말 뒤에서 띄어 써야 합니다. 그러나 수를 나타내는 말 뒤에서는 붙여 씁니다. 그래서 '셋뿐이야'로 붙여 써야 합니다.

08 엄마를 데려간 인물은 빨간 우산을 쓰고 노란 장화를 신은 초록 고양이입니다.

09 꽃담이는 항아리에서 엄마 냄새를 맡아 엄마를 찾았습니다.

채점 기준
엄마 냄새를 맡아서 찾았다는 내용으로 썼으면 정답으로 인정합니다.

10 이어질 내용을 상상할 때, 내용이 자연스럽게 연결되도록 상상합니다.

국어 2회 5. 내가 만든 이야기 22~23쪽

01 ⑤ 02 ② 03 ④ 04 예 수현이가 끝까지 포기하지 않고 달렸기 때문이다. 05 ③ 06 (1) ㉮ (2) ㉯ 07 ④ 08 주제 09 ③, ④ 10 (3) ○

01 형이 욕심을 부려 금을 너무 많이 담았기 때문에 까마귀 등에 탔다가 떨어져 금 산에 남겨지게 되었습니다.

02 욕심을 부리지 않은 동생은 부자가 되고, 욕심을 부린 형은 금 산에 남겨지게 되는 이야기의 내용으로 보아 글쓴이가 전하고 싶은 생각은 '욕심을 부리지 말자.'입니다.

03 형은 동생에게 감나무를 빌려 달라고 해서 동생과 똑같이 말하고 금 산에 갔습니다. 그러나 금 자루가 너무 무거워 까마귀 등에서 떨어져 금 산에 남겨졌습니다.

04 선생님과 친구들은 끝까지 포기하지 않고 달린 수현이를 향해 뜨거운 박수를 보냈습니다.

채점 기준
끝까지 포기하지 않았기 때문이라는 내용으로 썼으면 정답으로 인정합니다.

05 수현이에게 용기를 주고 싶어서 아빠는 수현이의 뒤에서 꼴찌로 달렸습니다.

06 글 (가)에서 일어난 일은 수현이가 결승점까지 달려 마라톤을 완주한 것입니다. 글 (나)에서 일어난 일은 수현이가 자신의 뒤에서 달렸던 사람이 아빠였다는 것을 알게 된 것입니다.

07 이야기를 읽고 흐름에 따라 정리할 때, 일어난 일을 흥미로운 부분부터 정리하는 것이 아니라 차례대로 정리해야 합니다.

09 엄마가 꽃담이를 찾는 데 지켜야 할 조건은 항아리의 뚜껑을 열어 보면 안 되는 것과 딸 이름을 부르면 안 되는 것입니다.

10 엄마가 꽃담이를 찾는 데 지켜야 할 두 가지 조건을 생각하면 꽃담이의 이름을 부르는 방법과 뚜껑을 여는 방법은 알맞지 않습니다.

국어 1회 6. 회의를 해요 24~25쪽

01 ④ 02 ④ 03 (1) 깨끗한 교실을 만들자. (2) 학교생활을 안전하게 하자. 04 ④ 05 (2) ○ 06 ⑤ 07 (1) 회의 절차를 안내한다. (2) 의견을 발표한다. (3) 회의 내용을 기록한다. 08 예 사회자의 허락을 얻지 않고 말했다. 09 ⑤ 10 [머글]

01 ①은 주장하는 글, ②는 기행문, ③은 설명하는 글에 대한 설명입니다. ⑤에 제시된 '느낌 전달'은 회의가 필요한 까닭으로 알맞지 않습니다.

02 이번 주 학급 회의 주제를 정하고 있습니다.

03 김영이 친구가 회의 참여자 1이고, 박지희 친구가 회의 참여자 2입니다.

채점 기준
두 회의 참여자의 의견을 모두 알맞게 썼으면 정답으로 인정합니다.

04 사회자는 '참석자의 반이 넘는 수가 찬성하는 것으로 주제를 정하겠습니다.'라고 안내했습니다.

05 이 회의에서 이번 주 학급 회의의 주제는 "학교생활을 안전하게 하자."로 결정되었습니다.

06 폐회는 회의의 마지막 단계이고, 결정된 의견을 발표하는 단계는 '결과 발표'입니다. 회의의 마침을 알리는 단계는 '폐회'이고, '주제 선정'은 회의 주제를 정하는 단계입니다.

07 사회자는 회의 절차를 안내하는 것이지 회의 절차를 만들지 않습니다.

08 회의할 때 회의 참여자는 사회자 허락을 얻고 말해야 합니다.

채점 기준
사회자의 허락을 얻지 않았다는 내용을 포함해서 썼으면 정답으로 인정합니다.

09 회의 참여자는 무조건 큰 소리로 말하면 안 되고 알맞은 크기의 목소리로 말해야 합니다.

10 '먹을'은 [머글]로 소리 납니다.

국어 2회 6. 회의를 해요 26~27쪽

01 의견 02 (1) 결과 발표 (2) 폐회 03 ④ 04 ⑤ 05 예 학교생활을 안전하게 하려면 실천해야 할 일 06 ② 07 해결 08 ④ 09 ③ 10 (1) 기악 합주를 하자. (2) 둘레 길을 탐방하자.

01 회의를 하면 문제를 해결하는 좋은 방법을 찾을 수 있고, 같이 해야 할 일을 결정할 수 있습니다. 이 과정에서 여러 사람의 의견을 들을 수 있습니다.

02 ㈎는 결정한 의견을 발표하는 내용이므로 '결과 발표'에 해당하고, ㈏는 회의 마침을 알리는 내용이므로 '폐회'에 해당합니다.

03 기록자는 회의 내용을 요약하여 기록하고, 회의가 열린 날짜와 시간, 장소를 기록합니다.

04 이 글에 나타난 회의 절차는 '주제 토의'입니다. 주제 토의에서는 선정한 주제에 맞는 의견을 제시합니다.

05 사회자의 첫 번째 말에서 알 수 있습니다.

채점 기준
'학교생활을 안전하게 하려면 실천해야 할 일'을 포함해서 썼으면 정답으로 인정합니다.

06 회의 참여자 4는 "모둠별로 안전 지킴이 활동을 하면 좋겠습니다. 사고를 예방할 수 있기 때문입니다."라고 의견과 근거를 말했습니다.

07 회의 주제를 정할 때에는 해결해야 할 문제점을 찾고 우리가 해결할 수 있는 문제인지 생각합니다. 그 다음에 주제가 모두의 관심사인지 확인하고, 실천할 수 있는 해결 방법이 있는지 떠올려 봅니다.

08 회의에서 의견은 회의 주제와 관련이 있고, 우리가 실천할 수 있어야 하며, 근거가 분명해야 합니다.

09 사회자가 의견을 발표해 달라고 안내하고 회의 참여자들은 의견을 발표하는 내용이므로, 이 글은 회의 절차 중 '주제 토의'에 해당합니다.

10 회의 참여자 2는 기악 합주를 하자는 의견을 말했고, 회의 참여자 3은 둘레 길을 탐방하자는 의견을 말했습니다.

해설

국어 1회 7. 사전은 내 친구 28~29쪽

01 묶다 02 (1)-㉯ (2)-㉮ 03 예 스스로 빛을 내는 축광지 / 종이에 쓴 내용이 복사가 안 되는 종이 / 기록한 지 한 시간 뒤에는 자동으로 그 내용이 없어져서 극비 문서로 사용되는 종이 04 ③ 05 (2) ○ 06 ㉡ → ㉠ → ㉢ 07 예 화성 표면에서 오랜 시간에 걸쳐 물이 있다가 증발하는 과정이 반복되었다. 08 ⑤ 09 ④ 10 (1) ○ (3) ○

01 '묶어서'에서 형태가 바뀌지 않는 부분은 '묶'입니다. 이 부분에 '–다'를 붙이면 기본형이 됩니다.

02 낱말의 뜻을 짐작할 때는 앞뒤 문장이나 낱말을 살펴보거나 낱말을 쪼개어 뜻을 짐작해 봅니다.

03 최첨단 과학 기술로 만들어지는 종이의 예로는 축광지, 복사가 안 되는 종이, 극비 문서로 사용되는 종이가 있습니다.

채점 기준

글에서 설명하고 있는 최첨단 종이 세 가지 중 한 가지를 적었으면 정답으로 인정합니다.

05 '책'이란 낱말은 '동화책'이란 낱말을 포함합니다. '좁다'와 '넓다'는 뜻이 서로 반대되는 낱말입니다.

07 물의 영향을 받은 암석으로 화성 표면에서 오랜 시간에 걸쳐 물이 있다가 증발하는 과정이 반복되었다는 것을 알 수 있습니다.

채점 기준

화성 표면에 물이 있다가 증발하는 과정이 반복되었다는 내용을 썼으면 정답으로 인정합니다.

08 '고약한'에서 형태가 바뀌지 않는 부분은 '고약하'입니다. 여기에 '–다'를 붙이면 기본형이 됩니다.

09 '흠씬'은 '매를 심하게 맞는 모양.'이라는 뜻입니다. 뒷부분에 '두들겨 맞았을 때'라는 내용을 보고 뜻을 짐작할 수 있습니다.

10 (1) 꿀벌에게도 언어가 있다는 것이 밝혀졌습니다. 꿀벌은 춤을 언어로 이용합니다.
(2) 인간은 지구의 막내라고 하였습니다.
(3) 인간의 뛰어난 점이 다른 동물에게서도 발견됩니다.

국어 2회 7. 사전은 내 친구 30~31쪽

01 ④ 02 접는다, 묶어서, 찢으면 03 모니터로 보는 것보다 종이에 인쇄하여 보는 것이 익숙하기 때문이다. / 종이책은 특유의 질감에서 오는 매력이 있기 때문이다. 04 ① 05 ⑤ 06 ㉮ 07 ② 08 예 화성 암석을 조사한 결과 화성에서 강물의 침식과 퇴적 작용이 있었다. 09 포유동물 10 ④

01 국어사전에 실리는 자음자의 순서를 생각해 보면 가장 앞쪽에 실리는 것은 '갱지'입니다.

02 낱말의 형태가 바뀌는 낱말은 사물의 움직임이나 성질, 상태를 나타내는 낱말인 '접는다, 묶어서, 찢으면'입니다.

03 컴퓨터가 생활필수품이 되었지만, 모니터로 보는 것보다 종이에 인쇄하여 보는 것이 익숙하고, 종이책은 특유의 질감에서 오는 매력이 있기 때문에 종이 소비량이 점점 더 늘고 있습니다.

채점 기준

예시 답안 중 한 가지를 썼으면 정답으로 인정합니다.

05 '책'과 '동화책'은 한 낱말이 다른 낱말을 포함하는 관계입니다. '가다'와 뜻이 반대인 낱말은 '오다', '낮다'와 뜻이 반대인 낱말은 '높다'입니다.

06 1997년 마스 글로벌 서베이어는 화성 표면의 모습을 사진으로 찍었습니다.

07 '착륙하다'는 '비행기 따위가 공중에서 활주로나 판판한 곳에 내리다.'라는 뜻입니다.

08 마스 패스파인더는 화성에서 강물의 침식과 퇴적 작용이 있었음을 확인했습니다. 이는 아주 오래전에 화성 표면에 물이 흘렀다는 증거입니다.

채점 기준

화성에서 강물의 침식, 퇴적 작용이 있었다는 것을 포함해서 썼으면 정답으로 인정합니다.

09 포유동물은 새끼를 일정 기간 몸속에서 키워 내보낸 뒤 젖을 먹여 키우는데 그런 점에서 인간, 돼지, 개, 고양이가 다를 바 없다고 하였습니다.

10 인간은 지구에서 아주 짧은 시간을 살았다고 하였습니다.

국어 1회 8. 이런 제안 어때요 32~33쪽

01 ② 02 ㉮ 03 ① 04 ④ 05 ⑤ 06 ㉰ → ㉱ 07 ⑤ 08 (1) ㉮ (2) ㉱ (3) ㉰ (4) ㉯ 09 ④ 10 (1) 예 복도에 안전 거울을 설치해야 한다. (2) 예 학교 안에서 일어나는 안전사고를 줄일 수 있다.

01 이 글은 문제 상황을 해결하기 위해 쓴 '제안하는 글'입니다.

02 ㉠은 쓰레기가 흩어져 있는 '문제 상황'을 제시하고 있습니다. '제안하는 내용'은 '꽃밭에 쓰레기를 버리지 말자.'이고, '제안하는 까닭'은 '꽃은 쓰레기가 없는 깨끗한 꽃밭에서 건강하게 자랄 수 있기 때문'입니다.

03 첫 번째 문단에 속상한 글쓴이의 마음이 드러나 있습니다.

04 두 번째 문단에 '꽃밭에 쓰레기를 버리지 말자'는 제안하는 내용이 나타나 있습니다.

05 어떤 내용을 제안할 때 하는 말을 생각해 봅니다. ⑤는 설명하는 글에서 주로 사용하는 표현입니다.

06 제안하는 글을 쓰는 과정은 '문제 상황 확인하기 → 제안하는 내용 정하기 → 제안하는 까닭 파악하기 → 제안하는 글 쓰기'입니다.

07 첫 번째 문단에 문제 상황이 제시되어 있으므로, 이 글은 어떤 점이 문제인지 다른 사람들이 알 수 있게 썼습니다.

08 '누가'는 사람, '무엇이'는 사람 이외의 동식물, 자연, 물건 등을 가리키는 말입니다. '어찌하다'는 움직임을 나타내고, '어떠하다'는 상태를 나타냅니다.

09 두 번째 문단에 '잘 보이지 않는 부분까지 볼 수 있도록 하는 거울'이라는 안전 거울의 좋은 점이 나타나 있습니다.

10 이 글에서는 복도에 안전 거울을 설치하자는 내용을 제안하고 있습니다.

채점 기준

복도에 안전 거울을 설치하자는 제안과 학교 안에서 일어나는 안전사고를 줄일 수 있다는 까닭을 모두 알맞게 썼으면 정답으로 인정합니다.

국어 2회 8. 이런 제안 어때요 34~35쪽

01 ① 02 (3) ○ 03 ③ 04 (1) 예 점심시간에 반찬을 많이 남겨 음식물 쓰레기가 많이 발생합니다. (2) 예 친구들이 급식을 남기지 않도록 적당한 양을 배식해야 합니다. 05 ③, ④ 06 연화 07 ⑤ 08 (1) 물은 (2) 사람이 살아가는 데 매우 중요합니다. 09 ③ 10 예 학교 복도에 안전 거울을 설치하자.

01 제안하는 글을 쓰는 목적은 문제를 해결하기 위해서입니다.

02 꽃밭에 쓰레기를 버리지 않으면 깨끗한 꽃밭에서 꽃이 건강하게 자랄 수 있습니다.

03 집 앞 주민들에게 제안하는 내용일 것이므로 '주민 알림판'이 가장 적절합니다.

04 우리 주변에서 불편하거나 바꾸었으면 하는 점을 떠올려 더 좋은 쪽으로 해결할 수 있는 제안을 떠올려 씁니다.

채점 기준

문제 상황과 그에 알맞은 제안 내용을 썼으면 정답으로 인정합니다.

05 제안하는 글을 쓰면 더 좋은 쪽으로 일을 해결할 수 있습니다. 그리고 문제 상황과 해결 방법을 알릴 수 있습니다.

06 '배에 타고 있다.'는 움직임을 나타내는 '어찌하다'에 해당합니다.

07 깨끗한 물을 구하기 어렵다는 문제 상황에 알맞은 제안하는 내용으로는 '깨끗한 물을 보내 주는 기부 운동에 참여하자.'가 적절합니다.

08 '무엇이+어떠하다'의 문장 짜임입니다. 먼저 '무엇이'에 해당하는 부분을 찾습니다.

09 복도 끝부분에서는 누가 언제 튀어나올지 몰라 그곳에서 사고가 많이 일어난다고 하였습니다.

10 두 번째 문단을 통해 '제안하는 내용'을 짐작할 수 있습니다.

채점 기준

복도에 안전 거울을 설치하자는 내용을 포함해서 썼으면 정답으로 인정합니다.

해설

국어 1회 9. 자랑스러운 한글 36~37쪽

01 하민 02 훈민정음 03 예 한글은 누구든지 쉽게 배울 수 있고, 말과 글이 같아 대부분의 소리를 쓸 수 있다. 04 (1)-㉯, (2)-㉮ 05 ① 06 (3) × 07 배재학당 08 ① 09 예 며칠 만에 읽고 쓸 수 있을 정도로 쉬웠기 때문이다. 10 ⑤

01 문자가 발명되기 전에 그림이 있었습니다. 또한 그림은 생각을 자세히 표현하거나 정확하게 전달하기 어려워서 문자가 필요합니다.

02 빈칸에 공통으로 들어갈 말은 세종 대왕이 만든 한글의 이름입니다.

03 백성의 어려움을 돕고자 쉽고 빠르게 익힐 수 있는 문자를 만들었던 세종 대왕의 마음을 헤아려 한글의 우수한 점을 정리해 봅니다.

채점 기준
한글의 우수성을 알맞게 썼으면 정답으로 인정합니다.

04 한글 모음자의 경우 하늘, 땅, 사람을 본떠 기본 문자를 만들었습니다. 한글 자음자의 경우 발음 기관의 모양을 본떠 기본 문자를 만들었습니다.

05 이 글은 한글의 제자 원리가 독창적이고 과학적이라는 것을 설명하고 있습니다.

06 (3)은 한글의 제자 원리에 대한 설명이 아닙니다.

07 열아홉 살이 된 주시경은 배재학당에 입학해 여러 가지를 공부하며 한글 연구에 필요한 지식을 다져 나갔습니다.

08 글 (가)에서 주시경은 한문 공부에 답답함을 많이 느꼈음을 알 수 있습니다.

09 십 년을 넘게 배워도 아직 다 깨치지 못한 한문과 달리 한글은 며칠 만에 읽고 쓸 수 있었기 때문에 한글에 빠져든 것입니다.

채점 기준
한글은 며칠 만에 읽고 쓸 수 있었기 때문이라는 내용으로 썼으면 정답으로 인정합니다.

10 ⑤는 한글보다 한자를 더 높이 평가하는 표어입니다.

국어 2회 9. 자랑스러운 한글 38~39쪽

01 ②, ④ 02 현지 03 ④ 04 ② 05 예 중국의 문자인 한자를 쓰는 데 자부심을 느끼던 많은 신하들의 반대에 부딪히지 않기 위해 비밀리에 진행했다. 06 ③ 07 ㅋ, ㄲ 08 예 한글로 전자 문서를 빨리 작성할 수 있다. / 휴대 전화 문자 보내는 속도가 빠르다. 09 『대한 국어 문법』 10 (1) ○

01 그림 문자의 불편한 점은 문자가 필요한 이유와 관련이 깊습니다.

02 세종 대왕은 새로운 문자를 만들기 위해 명나라에 가는 사신들에게 말소리에 관한 책을 구해 오라고 하였습니다.

03 세종 대왕은 신하들의 반대를 예상하여 새 문자 만드는 일을 철저히 비밀에 부쳤기 때문에 ④와 같이 말하지 않았을 것입니다.

04 한글 창제를 위한 자료를 수집하기 위해 관련된 책부터 읽었음을 알 수 있습니다.

05 한자를 쓰는 데 자부심을 느끼는 신하들이 반대할 것 같았기 때문입니다.

채점 기준
신하들의 반대 때문이라는 내용을 포함해서 썼으면 정답으로 인정합니다.

06 글 (가)는 다른 나라의 문자와 비교하며 한글이 쉽고 빨리 배울 수 있는 문자임을 강조하고 있습니다.

07 기본 자음자 'ㄱ'에 획을 더하여 거센소릿자 'ㅋ'을 만들고, 같은 'ㄱ'자를 겹쳐 된소릿자 'ㄲ'을 만들 수 있습니다.

08 컴퓨터, 휴대 전화로 한글을 입력할 때의 좋은 점이 무엇인지 생각해 봅니다.

채점 기준
한글이 디지털 문자로 좋다는 내용으로 썼으면 정답으로 인정합니다.

09 이 책을 펴낸 뒤에 ㉠과 같은 일이 생겼음을 글의 처음 부분에서 알 수 있습니다.

10 주시경은 한글 문법책을 만들었고 한글을 가르치는 데 힘을 쏟은 인물입니다.

국어 1회 10. 인물의 마음을 알아봐요 40~41쪽

01 ② 02 행동 03 예 마음에도 비가 내리는 것처럼 배경에 검은색 세로선이 여러 개 그려져 있습니다. 04 용 05 석훈 06 집 07 ④ 08 예 입꼬리가 살짝 올라가 있고 미소 짓고 있습니다. 09 예 무서워하는 표정 → 기분 좋은 표정 10 ③

01 눈을 감고 하품을 하는 모습에서 피곤하고 지친 마음을 짐작할 수 있습니다.

02 두 손으로 얼굴을 가린 것은 인물의 '행동'에 해당합니다.

03 배경에 검은색 세로선이 여러 개 그려져 있어서 비가 내리는 것 같고 인물의 마음에도 비가 내리는 것 같습니다.

채점 기준

배경에 검은색 세로선을 그려서 우울한 마음을 표현했다는 내용으로 썼으면 정답으로 인정합니다.

04 용은 오랜만에 찾아온 손님이라며 아이들을 용궁으로 초대했습니다.

05 남자아이가 한 말과 표정에서 용에 올라타고 싶은 호기심 어린 마음이 느껴집니다. 이런 마음은 신난 표정과 들뜬 목소리로 표현하는 것이 어울립니다.

06 소년은 집으로 돌아가는 길에 동물들을 만났습니다.

07 소년은 무섭게 짖는 개에게 물릴까 봐 조마조마한 마음으로 담 옆에 서 있습니다.

08 할머니의 입 꼬리 모양, 눈, 눈썹을 보면 미소 짓고 있음을 알 수 있습니다.

채점 기준

미소 짓고 있다는 내용을 포함해서 썼으면 정답으로 인정합니다.

09 여자아이는 자전거를 못 타서 넘어질까 봐 겁을 내다가 자전거를 탈 수 있게 되자 하늘을 나는 듯이 신나고 기쁜 것 같습니다.

10 여자아이가 하늘에 두둥실 떠 있는 듯이 표현되어 있고, 여자아이의 눈빛이 편안해지고 웃고 있는 것을 보고 여자아이의 마음이 신나고 기쁜 것 같다고 짐작할 수 있습니다.

국어 2회 10. 인물의 마음을 알아봐요 42~43쪽

01 ②, ④ 02 ④ 03 지민 04 ④ 05 ① 06 ① 07 ❸ 08 ④ 09 ㉰ 10 예 눈썹 모양을 물결처럼 그렸다. / 눈 모양을 날카롭게 표현했다. / 말풍선의 테두리를 날카롭게 그렸다. / 배경에 선을 그렸다.

01 많은 친구들 앞에서 책을 읽고 난 뒤에도 여자아이는 계속 긴장하고 있고, 친구들이 놀릴까 봐 걱정하고 있습니다.

02 여자아이가 생각한 내용, 얼굴에 그려진 선, 이마에 흐르는 땀, 두 손으로 얼굴을 만지는 행동을 통해 긴장된 마음, 걱정하는 마음을 알 수 있습니다.

03 여자아이와 같이 긴장된 마음, 걱정하는 마음이 들었던 경험을 말한 친구는 지민이입니다.

04 겨울에서 더운 날씨가 되고 심지어 배도 망가져 아이들은 당황스러워하고 있습니다.

05 낯선 세계에서 길을 잃은 것 같아 무서워하는 아이들은 긴장한 표정입니다.

06 소년은 매운 것을 잘 먹지 못하기 때문에 고추를 먹기 전에 할머니에게 고추가 매운지 물어보았을 것 같습니다.

07 고추가 맵지 않다는 말을 듣고 안심한 소년은 고추를 먹어 봅니다.

08 맵지 않은 줄 알았던 고추가 너무 매워 소년은 놀랐습니다. 고추가 매운 것을 표현하기에 알맞은 표정이나 행동을 생각해 봅니다.

09 남자아이의 모습을 겹쳐 그려서 움직이는 것처럼 보이도록 하였습니다.

㉮ 여자아이는 아픈 친구를 걱정하고 있습니다.

㉯ 남자아이의 표정은 괴로워하는 표정입니다.

10 여자아이는 약을 빨리 먹고 싶어 하는 남자아이를 막으며 약을 먹을 때 주의할 점을 알려 주려고 합니다. 말풍선의 내용, 말풍선의 모양, 표정, 배경을 살펴봅니다.

채점 기준

여자아이의 마음에 알맞고 장면에 나타난 표현 방법을 썼으면 정답으로 인정합니다.

사회 1회 1. 지역의 위치와 특성 44~45쪽

01 지도 02 예 정해진 약속에 따라 그리지 않았기 때문이다. / 그리고 싶은 사람이 마음대로 그렸기 때문이다. 등 03 ①, ② 04 ③ 05 ② 06 ㉠ 진한, ㉡ 급 07 ㉡, ㉢, ㉣ 08 예 사람들이 필요한 물건을 사기 위해 모인다. 09 ①, ② 10 ② 11 ⑤ 12 ①, ③

01 위에서 내려다본 땅의 모습을 일정한 형식으로 줄여서 그린 그림을 지도라고 합니다.

02 제시된 자료는 지도가 아닌 그림입니다. 정해진 약속대로 그린 것이 아니므로 지도라고 할 수 없습니다.

채점 기준
그림과 지도의 차이점에 대해 알고 이를 잘 설명하였으면 정답으로 합니다.

03 강원특별자치도의 동쪽에는 독도와 울릉도가 있습니다.

04 지도에 방위표가 없으면 지도의 위쪽을 북쪽으로 봅니다.

05 (가) 지도에서의 1cm는 50,000 cm, (나) 지도에서의 1 cm는 250,000 cm가 됩니다. (가) 지도는 (나) 지도보다 좁은 지역을 자세히 볼 수 있습니다.

06 지도에서 땅의 높이가 높을수록 색은 진해지고, 등고선 간격이 좁을수록 경사가 급합니다.

07 논, 밭, 염전, 양식장, 비닐하우스 등은 대부분 중심지가 아닌 곳에 있습니다.

08 상업의 중심지에는 백화점, 대형 할인점 등이 있어 원하는 물건을 살 수 있습니다.

채점 기준
필요한 물건을 구하거나 산다는 내용이 있으면 정답으로 합니다.

09 관광의 중심지 경주에서는 석굴암, 첨성대 등의 문화유산을 볼 수 있습니다.

10 중심지는 도로가 발달하고, 다양한 시설이 있어 사람들이 많이 찾습니다.

11 답사를 마치고 나면, 이를 친구들 앞에서 발표하기 위해서 조사 자료를 잘 정리하여야 합니다.

12 답사를 할 때에는 안전에 유의하고, 사진을 찍거나 면담 내용을 녹음할 때는 미리 허락을 받아야 합니다.

사회 2회 1. 지역의 위치와 특성 46~47쪽

01 ④ 02 ㉡ 03 ③ 04 ① 05 예 지도의 위쪽을 북쪽으로 본다. 06 ⑤ 07 ② 08 예 건물, 도로 등을 지도에 간단하기 나타내기 위해 09 ㉠ 10 ⑤ 11 ② 12 ⑤

01 지도에서는 강, 산, 시청, 기차역 등을 나타내기 위해 약속된 기호를 사용합니다.

02 지도에서 학교의 서쪽은 ㉡입니다.

03 희선이는 편지와 소포를 보내야 한다고 하였습니다. 편지와 소포를 보낼 수 있는 곳은 우체국입니다.

04 위성 사진은 그 지역의 모든 것이 나타나 있지만, 지도에는 필요한 정보가 보기 쉽게 나타나 있습니다. 위성 사진에서 원하는 곳을 정확히 보기 위해서는 확대해야 합니다.

05 지도에 방위표가 없을 때는 지도의 위쪽을 북쪽으로 보고 나머지 방향을 찾습니다.

채점 기준
지도의 위쪽이 북쪽이라는 내용이 포함되었으면 정답으로 합니다.

06 강원특별자치도는 경기도의 동쪽, 부산광역시는 대구광역시의 남쪽, 인천광역시는 서울특별시의 서쪽, 독도는 우리나라에서 가장 동쪽에 있습니다.

07 ㉠은 산을 나타내는 기호입니다.

08 지역의 실제 모습을 그대로 나타내면 지도가 복잡해져 알아보기 어렵기 때문에 기호를 사용합니다.

채점 기준
지도에 간단하게 나타내기 위해 사용한다는 내용이 있으면 정답으로 합니다.

09 지도에서 ㉠이 제일 낮은 곳, ㉢이 제일 높은 곳입니다.

10 제철 공장, 로봇 연구소가 있는 곳은 사람들이 일하기 위해 모이며, 이곳을 산업의 중심지라고 합니다.

11 사람들은 필요한 물건을 사기 위해 시장, 백화점, 대형 할인점 등으로 갑니다. 요리할 재료를 사기 위해서는 시장으로 가야 합니다.

12 ㉠ 답사 계획서에는 답사 목적, 날짜, 장소, 방법, 모둠원들의 역할 등이 들어갑니다.

사회 1회 2. 우리가 알아보는 지역의 역사 48~49쪽

01 (1) ㉡, ㉣ (2) ㉠, ㉢, ㉤ 02 (1) 면담 (2) 예 궁금한 점을 질문과 대화를 통해 쉽게 해결할 수 있다. 03 ② 04 ④ 05 ⑤ 06 예 역할 나누기 07 ④ 08 ② 09 ⑤ 10 ⑤ 11 ④ 12 우리 지역에 자부심을 갖게 되었다. / 일정을 잘 계획하고 그에 맞게 활동하였다. / 지역의 역사적 인물과 업적을 알게 되었다. 등

01 문화유산 중에 건물, 종, 탑과 같이 형태가 있는 것을 유형 문화유산이라 하고 노래, 춤, 줄타기 등 형태가 없는 것을 무형 문화유산이라고 합니다.

02 면담을 통한 문화유산 조사는 궁금한 점을 묻고 대화하며 쉽게 정보를 얻을 수 있는 장점이 있습니다.

채점 기준

실재감을 느끼거나 면담을 통해 얻는 이점의 내용이 들어가면 정답으로 합니다.

03 답사를 할 때에는 공공 질서를 잘 지키고 사진 찍는 것을 금지하지 않았는지 살펴봅니다.

04 문제에 나온 내용은 정선 아리랑을 조사한 뒤 새롭게 알게 된 내용입니다.

05 문화유산을 보호하는 방법에는 문화유산 소중히 여기기, 주변 청소하기, 자세히 공부하기 등이 있습니다.

06 모둠 활동으로 역사적 인물을 조사할 때 혼자서 하지 않고 적절히 역할을 나누어 해야 합니다.

07 역사적 인물을 조사하는데 태어난 집에 가는 방법은 필요한 정보가 아닙니다.

08 책으로 알아보기는 역사적 인물을 정확하고 자세히 알 수 있는 장점을 가진 조사 방법입니다.

09 다산 정약용 문화관, 다산 정약용의 생가는 경기도 남양주에 위치해 있습니다.

10 역할극을 만들 때 인물의 삶과 업적이 잘 드러나도록 하고 인물과 관계된 대상을 등장시킵니다.

11 노랫말을 바꾸어 부르면 흥미가 생기고 기억에 도움이 됩니다.

12 **채점 기준**

정답 예시와 내용이 비슷하게 쓰면 정답으로 합니다.

사회 2회 2. 우리가 알아보는 지역의 역사 50~51쪽

01 ③ 02 ㉠ 면담 ㉡ 답사 03 ③, ⑤ 04 ① 05 문화 관광 해설사 06 ① 07 ④ 08 예 훌륭한 일을 통해 나라를 발전시켰거나 위기를 극복하는 데 중요한 역할을 했기 때문이다. 09 ㉡, ㉢ 10 ① 11 ② 12 예 모둠이 서로 역할을 나누었는가 / 성실하게 참여하였는가 / 소개 자료가 주제를 잘 나타내었는가

01 무형 문화유산에는 강강술래, 줄타기 등이 있습니다.

02 우리 지역 문화유산을 조사하는 방법에는 문화유산을 잘 알고 있는 분을 만나 이야기를 들어보는 면담과 직접 관련된 장소에 찾아가는 답사가 있습니다.

03 면담을 할 때는 사전에 약속을 정하고 시간과 장소에 늦지 않으며 질문은 미리 준비해 가야 합니다.

04 답사 계획서는 답사를 하기 전에 만듭니다.

05 관광객에게 문화유산을 재미있고 알기 쉽게 설명해 주는 사람은 문화 관광 해설사입니다.

06 문화유산 안내도를 만들 때는 먼저 주제를 정해야 합니다. 그 뒤에 자료를 정리하고 백지도에 문화유산을 표기하여 사진과 설명을 넣고 검토합니다.

07 해외에 있는 우리나라 문화재를 강제로 빼앗아오는 것은 옳은 방법이 아닙니다.

08 우리나라 역사에 큰 획을 그은 인물을 역사적 인물이라고 합니다.

채점 기준

정답 예시와 비슷하게 쓰면 정답으로 합니다.

09 정약용의 친척 이름이나 거중기의 가격은 정약용의 업적을 알 수 있는 내용으로 적합하지 않습니다.

10 뉴스를 제작할 때 기존의 뉴스 형식을 참고하여 중요한 인물들을 함께 등장시킨 다음, 질문을 주고받는 형태로 인물을 소개할 수 있습니다.

11 다른 모둠이 발표할 때 주의 깊게 들으며 내가 조사하지 못한 다른 인물과 그에 대한 정보를 경청합니다.

12 **채점 기준**

상호 평가 기준으로 삼을 수 있도록 예시와 비슷한 내용이 들어가면 정답으로 합니다.

사회 1회 3. 지역의 공공 기관과 주민 참여 52~53쪽

01 ① 02 ④ 03 예 학교 전담 경찰관을 배정한다. 학교 폭력 예방 교육을 실시한다. 등 04 우체국 05 예 시설들을 함부로 만지지 않는다. 등 06 ⑤ 07 ③, ⑤ 08 ④ 09 ⑤ 10 ③ 11 시민 단체 12 영진

01 공공 기관은 국가에서 만든 기관으로 주민 전체를 위한 곳입니다. 영화관, 문구점, 아파트는 개인의 이익과 관련 있는 곳입니다.

02 지역의 시설을 관리하는 공공 기관은 시·도청입니다.

03 경찰서는 학교에 전담 경찰관을 보내고 학교 폭력 예방 교육을 합니다.

채점 기준
학교 폭력 예방 교육, 학교 전담 경찰관이 들어가면 정답으로 합니다.

04 편지를 보내는 것과 관련한 공공 기관은 우체국입니다.

05 공공 기관 견학 시에는 예절을 지켜 행동해야 합니다. 큰 소리로 떠들지 않고 함부로 물건을 만지지 않으며, 뛰거나 위험한 행동을 하지 않습니다.

채점 기준
안전 수칙을 지키고 큰소리로 떠들지 않거나 함부로 손대지 않는 등의 내용이 들어가면 정답으로 합니다.

06 조사 보고서에는 조사 일시, 조사 장소, 조사 방법, 알게 된 점, 느낀 점, 더 알고 싶은 점 등이 들어갑니다.

07 ①은 느낀 점, ②, ④는 알게 된 점에 해당합니다.

08 지역의 정책을 정하기 전에 여러 사람이 모여 다양한 의견을 나누는 공개 회의를 공청회라고 합니다.

09 주차 공간이 적은 문제에 대한 해결 방안으로 주차 공간을 늘리는 것이 적절합니다.

10 이 지역에 나타나는 문제는 하천의 오염에 따른 환경 오염 문제입니다.

11 시민들이 스스로 모여 사회 전체의 이익을 위해 활동하는 단체를 시민 단체라고 합니다.

12 지역 문제는 주민들이 가장 잘 알고 있고, 주민에게 영향을 주는 문제이므로 공공 기관에만 맡겨두지 말고 주민이 해결 과정에 적극적으로 참여해야 합니다.

사회 2회 3. 지역의 공공 기관과 주민 참여 54~55쪽

01 소방서 02 ④ 03 ① 04 견학 05 ⑤ 06 예 우리 지역의 안전을 책임지고 질서를 유지한다. 등 07 예 서명 운동을 한다. 등 08 ① 09 ⑤ 10 ⑤ 11 ② 12 ㉡

01 위험에 처한 사람을 구조하고 불이 난 곳에 가서 불을 끄는 일을 하는 공공 기관은 소방서입니다.

02 도움이 필요한 주민들을 도와주고 주민들의 행정 민원 업무를 처리하는 곳은 행정 복지 센터입니다.

03 ① 서점은 공공 기관이 아닙니다.

04 공공 기관을 조사하는 방법 중 직접 방문하는 방법을 견학이라고 합니다.

05 누리집을 통해 조사하면 직접 방문하지 않고 확인할 수 있어 시간을 절약할 수 있습니다.

06 알게 된 점에는 공공 기관 조사 후 알게 된 내용을 적습니다.

채점 기준
안전, 질서, 교통 등 경찰서에서 하는 일이 들어가면 정답으로 합니다.

07 주민들이 지역 문제에 참여하는 방법에는 서명 운동, 공청회 참여, 주민 회의 참여, 누리집에 의견 올리기, 시민 단체 활동 등이 있습니다.

채점 기준
주민 참여 방법 중 하나 이상 맞게 적었으면 정답으로 합니다.

08 놀이터의 사다리와 그네가 부서진 모습은 안전 문제와 관련한 것입니다.

09 안전 문제를 그냥 두면 주민들이 위험에 처할 수 있으므로 적극적으로 참여해야 합니다.

10 주민이 중심이 되어 지역 문제를 발견하고 해결 과정에 참여하는 것을 주민 참여라고 합니다.

11 지역 문제를 확인한 후 그 지역 문제가 왜 생겨났는지 자료를 수집하여 확인해 보는 단계는 문제 발생 원인 파악하기에 해당합니다.

12 길에 버려지는 쓰레기가 줄어들 것이라는 장점과 쓰레기통 관리를 해야 하고 쓰레기통을 설치할 공간이 필요하다는 단점이 나오는 해결 방안은 ㉡입니다.

과학 1회 2. 지층과 화석 56~57쪽

01 ② 02 ① 03 ㉣ → ㉢ → ㉡ → ㉠ 04 ② 05 지층 06 ⑤ 07 ⑤ 08 ㉣ 09 ④ 10 ㉣ 11 ④ 12 ④

01 ③, ④는 수평인 지층 ①, ⑤는 휘어진 지층입니다.

02 지층은 층마다 두께와 색깔이 다릅니다.

03 지층은 먼저 쌓인 것이 아래에 위치합니다.

04 지층 모형과 실제 지층은 둘 다 줄무늬가 보이고, 여러 개의 층으로 되어 있으며, 알갱이의 크기가 층마다 다릅니다. 지층 모형은 만들어지는 데 짧은 시간이 걸리고, 실제 지층은 오랜 시간이 걸립니다.

05 흐르는 물이 운반한 자갈, 모래, 진흙 등이 쌓인 뒤에 그 위에 계속해서 자갈, 모래, 진흙 등이 쌓이고 눌려 오랜 시간 동안 단단하게 굳어져 지층이 만들어집니다.

06 퇴적암은 알갱이의 크기에 따라 이암, 사암, 역암으로 분류합니다.

07 ㉠ 삼엽충 화석과 ㉣ 새 발자국 화석은 동물 화석이고, ㉡ 고사리 화석과 ㉢ 나뭇잎 화석은 식물 화석입니다.

08 동물의 뼈나 식물의 잎과 같은 생물의 몸체뿐만 아니라, 새 발자국과 같이 동물의 발자국이나 기어간 흔적도 화석이 될 수 있습니다.

09 죽은 생물이나 나뭇잎 등 그 위에 퇴적물이 계속해서 쌓이면서 지층이 만들어지고 그 속에 묻힌 생물이 화석이 됩니다. 이렇게 만들어진 화석은 지층이 솟아오른 뒤 깎이면서 드러나 화석이 발견되게 됩니다.

10 화석이 잘 만들어지는 조건은 죽은 생물이 썩거나 먹히기 전에 생물의 몸체 위에 퇴적물이 빠르게 쌓이고, 생물의 몸체에서 단단한 부분이 있어야 합니다.

11 오늘날의 산호는 얕고 따뜻한 바다에서 삽니다. 그래서 산호 화석이 발견된 지역은 과거에 따뜻하고 얕은 바다라는 것을 짐작할 수 있습니다.

12 지층과 퇴적암은 지층 전시실 주제로 적절하고, 화석과 공룡은 화석 전시실 주제로 적절합니다.

과학 2회 2. 지층과 화석 58~59쪽

01 ③ 02 ㉠ 03 ⑤ 04 ④ 05 ㉡, ㉠, ㉢ 06 ③ 07 ㉢ 08 ⑤ 09 ⑤ 10 ㉣ → ㉡ → ㉤ → ㉠ → ㉢ 11 ① 12 ⑤

01 지층이 끊어져 어긋나 있습니다.

02 실제 지층과 지층 모형은 둘 다 줄무늬가 보입니다.

03 ① 지층은 끊어져 있지 않습니다.
② 지층이 편평하게 쌓여 있습니다.
③ 각 층의 색은 서로 다릅니다.
④ 각 층의 두께는 서로 다릅니다.

05 퇴적암의 알갱이의 크기가 큰 순서는 역암>사암>이암 순서입니다.

06 ㉠은 주로 모래로 이루어진 사암이고, ㉡은 주로 자갈과 모래로 이루어진 역암이며, ㉢은 진흙과 같은 작은 알갱이로 이루어진 이암입니다.

07 퇴적암 모형 만들기에서 다른 종이컵으로 반죽을 누르는 과정은 알갱이 사이의 공간을 줄여주는 과정입니다. 실제에서는 퇴적물 위에 다른 퇴적물이 계속해서 쌓이면서 아래 있는 퇴적물이 눌려서 알갱이 사이의 공간이 줄어듭니다.

08 사암은 주로 모래로 이루어진 퇴적암입니다.

09 ① 모양이 잎을 닮았다. – 삼엽충 화석
② 타조알과 비슷하게 생겼다. – 공룡알 화석
③ 식물의 줄기와 잎이 잘 보인다. – 고사리 화석
④ 가장자리가 갈라져 손 모양을 하고 있다. – 나뭇잎 화석

10 화석이 만들어져 발견되는 과정은 호수나 바다 밑에서 생물 위에 퇴적물이 계속해서 쌓이면 단단한 지층이 만들어지고, 그 속에 묻힌 생물이 화석으로 만들어집니다. 시간이 지나면 지층이 높게 솟아 오른 뒤 깎여 화석이 드러납니다.

11 실제 화석이 화석 모형보다 단단하고, 색깔과 무늬가 선명하며, 만들어지는 데 오랜 시간이 걸립니다.

12 생물이 살았던 지역의 아름다움은 알 수 없으며, 아름다움은 주관적인 판단입니다.

해설

과학 1회 3. 식물의 한살이 60~61쪽

01 호두 02 ① 03 ⑤ 04 ④ 05 ① 06 ㉠, ㉢
07 ③ 08 ① 09 ③ 10 꼬투리 11 ④ 12 ③

01 호두는 동그랗고 주름이 있으며, 연한 갈색입니다. 크기는 가로와 세로 모두 약 3cm 정도입니다.

02 참외씨는 길쭉하고, 연한 노란색입니다.

03 식물의 한살이를 알아보려면 가장 먼저 해야 할 일은 관찰 계획을 세우는 것입니다.

04 식물의 한살이를 관찰할 때에는 강낭콩, 봉숭아, 나팔꽃, 토마토 등과 같이 한살이 기간이 짧은 식물을 선택하는 것이 좋습니다.

05 씨가 싹 트는 데 필요한 조건을 알아보는 실험으로, 한쪽은 물을 주고, 다른 한쪽은 물을 주지 않았습니다. 따라서 다르게 한 조건은 물입니다.

06 물을 주어 싹이 튼 강낭콩의 겉모양과 속 모양에 대한 설명을 찾는 것으로 물을 주어 싹이 튼 강낭콩이 부풀어 있고, 뿌리가 자라 밖으로 나와 있습니다.

07 씨가 싹 트는 과정은 먼저 뿌리가 나오고 껍질이 벗겨지고, 땅 위로 두 장의 떡잎이 나오고 떡잎 사이로 본잎이 나옵니다.

08 물을 적당히 준 식물이 잘 자랐기 때문에 식물이 자라는 데 물이 필요하다는 것을 알 수 있습니다.

09 식물은 자라면서 잎은 점점 넓어지고 개수도 많아지고, 줄기는 점점 굵어지고 길이가 길어집니다.

10 강낭콩의 꽃이 지고 난 자리에는 꼬투리가 생기고, 꼬투리 속에 씨가 자랍니다.

11 ① 여러해살이 식물에는 풀과 나무가 있습니다.
② 여러해살이 식물의 수명은 다양합니다.
③ 여러해살이 식물에는 개나리, 감나무, 사과나무, 무궁화 등이 있습니다.
⑤ 여러해살이 식물에는 씨에서 싹이 터서 자라고 겨울 동안에도 죽지 않습니다. 한살이의 일부가 반복됩니다.

12 한해살이 식물은 봄에 싹이 터서 자라고, 꽃이 피고 열매를 맺어 씨를 남기고 일생을 마치는 식물입니다.

과학 2회 3. 식물의 한살이 62~63쪽

01 ⑤ 02 ② 03 ㉣ → ㉡ → ㉤ → ㉢ → ㉠ 04 ②
05 ③ 06 ③ 07 ㉡ 08 ② 09 ⑤ 10 ② 11 열매 12 ③

01 여러 가지 씨는 색깔과 모양이 다양합니다.

02 식물의 한살이를 관찰할 때에는 한살이 기간이 짧고 잎, 줄기, 꽃, 열매 등을 관찰하기 쉬운 식물을 선택하는 것이 좋습니다.

03 망이나 작은 돌로 화분 바닥의 물 빠짐 구멍을 막습니다. → 화분에 거름흙을 $\frac{3}{4}$ 정도 넣습니다. → 씨 크기의 두세 배 깊이로 씨를 심고, 흙을 덮습니다. → 물뿌리개로 충분히 물을 줍니다. → 팻말을 꽂아 햇빛이 비치는 곳에 둡니다.

04 물을 준 것은 싹이 텄고, 물을 주지 않은 것은 싹이 트지 않았기 때문에 씨가 싹 트려면 물이 필요하다는 것을 알 수 있습니다.

05 씨가 싹 트는 데는 적당한 물과 온도가 필요합니다.

06 강낭콩이 싹이 트는 과정은 먼저 뿌리가 나오고 껍질이 벗겨지고, 땅 위로 두 장의 떡잎이 나오고 떡잎 사이로 본잎이 나옵니다.

07 ㉠은 본잎, ㉡은 떡잎싸개, ㉢은 뿌리이고, 씨에서 뿌리가 나오고 본잎이 떡잎싸개에 둘러싸여 나옵니다.

08 한쪽은 물을 주고, 다른 한쪽은 물을 주지 않았습니다.

09 식물의 자람을 관찰할 때는 잎을 떼서 비교하면 안 됩니다.

10 강낭콩의 꽃과 열매의 변화는 먼저 작은 몽우리가 커지더니 꽃봉오리가 되고, 꽃이 지고 난 자리에 작은 꼬투리가 보입니다. 꼬투리가 점점 더 커지고 많아지게 됩니다.

11 벼의 한살이 과정에서 꽃이 핀 다음에는 열매를 맺어 씨를 만듭니다.

12 한해살이 식물에는 강낭콩, 벼, 옥수수, 호박 등이 있고, 여러해살이 식물에는 개나리, 감나무, 사과나무, 무궁화 등이 있습니다.

과학 1회 4. 물체의 무게 64~65쪽

01 ⑤ 02 저울 03 ③ 04 ② 05 예 20g중인 추가 한 개씩 늘어날 때마다 용수철의 길이는 2cm씩 늘어난다. 06 ④ 07 ③ 08 ㉡ 09 예 무거운 사람이 가벼운 사람보다 받침점에 가까이 앉습니다. 10 ㉣ → ㉡ → ㉠ → ㉢ 11 풀 12 ②

01 과일이나 고기의 무게에 따라 가격을 매깁니다.

02 무게를 측정하는 도구는 저울입니다.

03 물체가 무거울수록 용수철이 많이 늘어납니다.

04 용수철은 20g중인 추 1개를 매달 때마다 2cm씩 늘어나므로 추 3개를 매달면 6cm 늘어나게 됩니다.

05 20g중인 추가 한 개씩 늘어날 때마다 용수철의 길이는 2cm씩 늘어납니다.

채점 기준

추의 무게(개수)와 늘어난 용수철의 길이가 맞게 서술된 경우 정답

06 용수철은 20g중인 추 1개를 매달 때마다 2cm씩 늘어나기 때문에 물체를 매달았을 때 12cm 늘어났다면 물체의 무게는 120g중이라는 것을 알 수 있습니다.

07 물체를 매달기 전에 영점을 조절해야 합니다.

08 무게가 다를 때, 무거운 물체가 가벼운 물체보다 받침점에 더 가까이 놓여야 수평이 됩니다. 따라서 받침점에 가까운 쪽이 더 무거운 물체입니다.

09 무거운 물체가 가벼운 물체보다 받침점에서 가까워야 수평을 이룰 수 있습니다.

채점 기준

무거운 사람이 가벼운 사람보다 받침점에 가까이 앉는다. 또는 가벼운 사람이 무거운 사람보다 받침점에서 멀리 앉는다와 같이 물체의 무게와 받침점과의 거리를 모두 설명한 경우만 정답

10 수평이 된 양팔 저울의 한쪽에 물체를 놓고, 다른 한쪽에 무게가 일정한 클립을 저울이 수평이 될 때까지 올려 놓습니다. 수평을 이루면 클립의 개수를 세어 다른 물체와 비교합니다.

11 클립의 수가 많을수록 무거운 물체입니다.

12 양팔저울은 수평잡기를 이용한 저울입니다.

과학 2회 4. 물체의 무게 66~67쪽

01 ②, ④ 02 예 시장에서 야채, 과일, 생선, 고기 등의 무게를 잴 때, 우체국에서 택배를 보낼 때, 요리를 하면서 재료의 양을 측정할 때, 운동 경기에서 선수의 몸무게에 따라 체급을 나눌 때 등 03 ③ 04 ① 05 ④ 06 ③ 07 ④ 08 2 09 수평 잡기의 원리 10 풀 > 가위 > 지우개 11 예 지우개를 풀보다 받침점에서 먼 거리에 놓아야 한다. 또는 풀을 받침대에 가깝게 놓는다. 12 ①, ④

01 ① 물체의 무거운 정도가 무게입니다.
③ 저울을 이용해 무게를 측정합니다.
⑤ 지구는 무거운 물체를 더 큰 힘으로 끌어당깁니다.

03 추의 무게가 20g중 씩 늘어날 때마다 용수철의 길이는 3cm씩 늘어납니다.

04 매단 추의 무게가 적을수록 용수철이 짧게 늘어납니다.

05 용수철저울의 눈금을 읽을 때, 눈높이가 표시 자와 같은 위치에서 눈금을 읽어야 합니다.

06 가정용 저울, 용수철 저울, 체중계는 물체의 무게에 따라 용수철이 일정하게 늘어나거나 줄어드는 성질을 이용한 저울입니다.

07 같은 무게의 물체로 수평을 잡을 때는 받침점에서 같은 거리에 두어야 합니다.

08 왼쪽 4번에 나무토막 1개를 올리면, 반대쪽에는 나무토막 무게는 2배 늘었으니 거리는 절반 가깝게 놓아야 수평이 됩니다.

10 풀은 가위보다 무겁고, 가위는 지우개보다 무겁습니다. 따라서 풀 > 가위 > 지우개의 순서입니다.

11 무거운 물체가 가벼운 물체보다 받침점에 가까이 있어야 수평을 잡을 수 있습니다. 또는 가벼운 물체가 무거운 물체보다 받침점에서 멀리 있어야 수평을 잡을 수 있습니다.

채점 기준

'지우개가 풀보다 받침점에서 먼 위치에 있어야 한다.' 혹은 '풀이 지우개보다 받침점에 가까이 있어야 한다.'로 물체와 받침점까지의 거리를 옳게 설명한 경우만 정답

12 기준 물체로 사용하기 위해서는 크기가 적당히 작고, 모양과 무게가 동일한 물체여야 합니다.

과학 1회 5 혼합물의 분리 68~69쪽

01 두 가지, 변하지 않고 02 예 원하는 구슬을 쉽고 빠르게 찾아 팔찌를 만들 수 있다. 03 ㉡ 설탕, ㉢ 사탕 04 ④ 05 ③ 06 ㉢ 07 ⑤ 08 ④ 09 ㉠ → ㉢ → ㉡ 10 ④ 11 예 모래는 알갱이의 크기가 크기 때문에 거름종이를 빠져나가지 못한다. 12 ②

01 두 가지 이상의 물질이 성질이 변하지 않은 채로 섞여 있는 것이 혼합물입니다.

02 혼합물을 분리하면 원하는 물질을 쉽고 빠르게 찾아 필요한 곳에 사용할 수 있습니다.

채점 기준

원하는 물질을 쉽고 빠르게 찾아 필요한 곳에 사용할 수 있다는 의미가 포함되면 정답

03 사탕수수의 즙을 짜내고, 분리하여 설탕을 얻습니다. 분리한 설탕을 다른 물질과 섞으면 다양한 종류의 사탕을 만들 수 있습니다.

04 소금은 한 가지 물질로 이루어진 것입니다.

05 체를 이용하면 체 눈보다 큰 알갱이는 빠져 나가지 못하고, 체 눈보다 작은 알갱이는 체를 빠져 나갑니다.

06 혼합물을 분리하기 위해서는 체 눈의 크기는 알갱이의 크기가 큰 것보다는 작고, 알갱이의 크기가 작은 물체보다는 커야 합니다.

07 철 캔은 자석에 붙고 알루미늄 캔은 자석에 붙지 않기 때문에 자석을 이용해서 분리할 수 있습니다.

08 철 가루나 철 구슬은 자석을 이용하면 쉽게 분리할 수 있습니다.

10 거름종이 위에는 모래가 남고, 소금물이 거름종이를 빠져나갑니다.

11 알갱이의 크기가 큰 모래는 거름종이를 빠져나가지 못합니다.

채점 기준

알갱이의 크기와 관련지어 까닭을 설명한 경우 정답

12 증발 장치로는 물과 가루 물질의 혼합물을 분리할 수 있습니다.

과학 2회 5 혼합물의 분리 70~71쪽

01 ④, ⑤ 02 ④ 03 2개 04 ③ 05 ② 06 ⑤ 07 (가) 08 ④ 09 ⑤ 10 ⑤ 11 (나) 12 예 알갱이 크기 차이를 이용해 메주와 소금물을 분리한다.

01 두 가지 이상의 물질이 서로 성질이 변하지 않은 채 섞여 있는 것은 혼합물입니다. 설탕물과 바닷물은 혼합물입니다.

02 혼합물을 이루고 있는 물질의 성질은 섞이기 전과 같습니다.

03 좁쌀보다 크고 팥보다 작은 체, 팥보다 크고 콩보다 작은 체가 필요합니다.

04 체와 같은 도구를 이용해 알갱이의 크기 차이로 혼합물을 분리하는 예입니다.

05 철과 플라스틱이 섞여 있을 때에는 자석을 이용하여 철로 된 물체를 쉽게 분리할 수 있습니다.

06 ①~④는 알갱이의 크기 차이로 혼합물을 분리하는 예이며, ⑤는 자석에 붙는 성질을 이용해 혼합물을 분리하는 예입니다.

07 물에 녹는 물질은 거름장치를 통과하고, 물에 녹지 않는 물질은 거름종이에 남습니다.

08 (나)의 증발 접시에는 소금이 남게 됩니다.

09 드라이기는 물을 증발시킬 때 사용하는 도구입니다. 드라이기와 같은 역할을 하는 것은 알코올램프입니다.

10 염전에서는 바닷물을 증발시켜 소금을 얻습니다.

11 천 위에 남는 물질로는 된장을, 천에 걸러진 물질로는 간장을 만듭니다.

12 천은 알갱이의 크기 차이를 이용한 체와 같은 역할을 합니다. 알갱이가 큰 메주는 천 위에 걸러지고, 알갱이가 작은 소금물은 천을 빠져 나옵니다.

채점 기준

상	'알갱이의 크기 차이를 이용해서 메주와 소금물을 분리한다'는 의미를 바르게 설명한 경우
중	'알갱이의 크기 차이를 이용해서 메주와 소금물을 분리한다'는 의미를 일부만 바르게 설명한 경우
하	답을 틀리게 쓴 경우